상상의 아테네

베를린 · 도쿄 · 서울

상상의 아테네
베를린 · 도쿄 · 서울

기억과 건축이 빚어낸 불협화음의 문화사

전진성 지음

천년의상상

■ 일러두기

1. 이 책은 근래에 필자가 집필한 다음 연구논문들을 수정, 보완해 반영하였다.
   · 「도시, 트라우마, 숭고: 공간의 문화사 연구를 위한 방법론의 모색」, 『역사학보』, 제204집(2009), 315~356쪽.
   · 「프로이센 고전주의와 서울: 포스트식민주의 도시공간에 대한 탐구」, 『독일연구. 역사·사회·문화』, 제22호(2011), 7~48쪽.
   · 「19세기 독일 역사주의 건축의 사례를 통해 본 심미적 역사주의」, 『한국사학사학보』, 제24집(2011), 165~198쪽.
   · 「통일독일 수도 베를린의 발명: 도시공간의 형성과 기억의 도구화에 관하여」, 『대구사학』, 제106집(2012), 91~122쪽.
   · 「유럽중심주의를 위한 변명: 헤겔의 [역사철학 강의]」, 『서양사론』, 제114집(2012), 352~380쪽.
   · 「희망의 공간을 꿈꾸며」, 『공예+디자인』, no. 4(2012), 101~107쪽.
   · 「비스마르크의 환대: 『마구회람실기』에 나타나는 근대 일본의 자기모색과 프로이센」, 『사총』, 80집(2013. 9), 91~124쪽
   · 「포스트식민주의 이론의 한계점으로서 서양사: 김택현 교수의 비판에 답하여」, 『서양사론』, 제120집(2014), 252~294쪽
   · 「'텍토닉'의 식민성: 베를린, 도쿄, 서울의 프로이센 고전주의 건축 유산」, 『미술사학보』, 제43집(2014), 65~95쪽
   · 「"현대"건축의 식민성에 관하여」, 『건축리포트 와이드』, 43(2015), 21~27쪽.

2. 각 장 간에 서로 연결되는 내용이 있는 경우 그 관련 장의 소제목을 대괄호 속에 묶고 별색 글자로 처리하여 독자의 이해를 돕고자 하였다.

3. 단행본과 정기간행물에는 겹낫표(『 』)를, 논문·단편·지도 등에는 낫표(「 」)를, 영화나 무대공연 등에는 홑꺾쇠(〈 〉)를 썼다.

4. 외국 인명과 지명, 작품명 등은 국립국어원의 외래어 표기법과 용례를 따르되, 이미 국내에 출간된 단행본이 있을 경우 그에 따랐다. 다만 아주 예외적인 몇몇 경우는 학계의 굳어진 표현을 따랐으며, 일제강점기 신문이나 잡지 등은 당시 표현과 표기를 그대로 인용하였다.

5. 책에 쓰인 각종 도판은 본문에서는 간단한 설명만 넣었고, 자세한 출처는 책 뒷부분에 자세히 명기했다.

지은이의 말

서울에서 태어나 강북도 강남도 아닌 한강 한복판의 섬에서 자란 필자가 별 인연도 없던 부산에 자리 잡게 된 지도 벌써 15년이 흘렀다. 서울 밖은 다른 나라인 줄 알고 살다가 그로부터 멀어도 한참 먼 항구 도시에서 살아가면서 내 고향을 거리 두고 살펴보게 되었다. 필자가 유학시절을 보냈던 베를린도 마찬가지이다. 너무도 허름하여 이곳이 과연 '선진국'의 수도가 맞는지 의심할 정도였던 프롤레타리아트 도시 베를린은 현재 번듯한 국제도시로 변모하여 격세지감을 느끼게 한다. 누추하지 않으면 도발적인 차림의 노동자, 이주민, 거리예술가, 동성애자, 그리고 퇴색한 거리와 버려진 연립주택이 가득했던 1990년대의 베를린에 대한 향수가 이 책을 쓰게 만들었다. 20대 청년으로 베를린의 중심가 운터덴린덴을 처음 접했을 때의 흥분이 아직도 생생하다. 당시 사회주의 동독의 체취가 고스란히 남아 있어 꽤나 낯설었으면서도 청소년기에 막연히 동경했던 고대 그리스가 갑자기 내 앞에 나타난 듯 느꼈다. 그곳은 세속적이기 그지없던 내 고향과는 참으로 달라 보였다. 이 책은 내 정체성의 일부를 형성했던 도시들에 바치는 헌사이다.

　이 책은 하나로 엮기에는 어울리지 않는 세 도시 베를린, 도쿄, 서울을 다룬다. 베를린과 도쿄는 소위 '위로부터의 근대화'를 이룩한 후발 제국의 수도라는 공통점을 지닌 데 반해, 도쿄와 서울은 오랜 역사적 인연을 지닌 동일 문화권 안의 제국-식민지 관계였다. 별 관련이 없어 보이는 서울과 베를린이 하나로 엮일 수 있는 것은 제국 일본의 수도였던 도쿄를 매개로 하나의 독특한 지리적 상상이 시간과 공간의 장벽을 뛰어넘어 영향력을 행사했기 때문이다. 고대 그리스에 대한 가히 종교적인 동경이 프로이센 왕국의 수도였던 베를린을 상상의 아테네로 만들었고 이는 지구 반대편에 위치한 일본이 신흥 제국의 수도 도쿄를 상상하는 모델이 되었으며, 종국에는 일제 식민지가 된 조선의 수위도시 경성에까지 지울 수 없는 흔적을 남겼다.

　이 책은 한 나라의 수도를 창조하는 데 있어 특정한 지리적 상상과 결부된 기억 행위가 주요하게 작용한다는 점을 주로 건축적·도시계획적 재현을 통해 규명한다. 건축과 도시계획은 공학적 기술이기에 앞서 하나의 담론이자 정치적 테크놀로지이다. 흔히 '중앙청'이라는 이름으로 기억되는 옛 조선총독부 청사는 베를린의 심장부를 수놓았던 건축가 프리드리히 싱켈의 장엄하고 강직한 건축기풍을 고스란히 투영했다. 싱켈이 상상했던 아테네가 국왕과 신민이 일체화되는 프로이센식 권위주의 국가의 이상을 내포했던 만큼, 그 과도한 상상력이 식민지 조선에까지 여파를 남긴 것은 결코 우연이 아니다. 대륙을 뛰어넘어 얽힌 근대수도의 계보학은 도시 간의 관계사나 영향사를 넘어 건축적 재현을 포함하는, 도시에 대한 담론의 형성에 주목한다는 점에서 엄밀한 의미의 문화사적 접근이라 할 수 있다.

이 책은 '상상의 아테네'라는 담론의 기저에 놓여 있던 보다 근본적인 담론을 문제 삼는다. 이른바 '모더니티' 내지는 '근대'라는 이름으로 포괄되는 가공할 담론은 유럽의 변방국이던 프로이센 왕국과 극동의 메이지 일본, 그리고 이후 식민지 조선 모두에 혁명적 변화를 요구하는 동시에 그것을 억누를 반혁명의 논리마저 제공했다. 그것은 위기이자 기회였다. '상상의 아테네'는 권위주의 국가 프로이센을 '모던'하게 치장하는 역할을 수행했으며 일제의 식민지에서는 무조건적으로 타당한 '근대문명'의 모습으로 관철됨으로써 식민지 피지배자들의 거부의사를 원천 봉쇄하고 이들의 의식마저 식민화하는 결과를 초래했다. 실로 상상의 아테네는 양풍 건축의 눈부신 경관 위에 흐릿하게 투영된 현실의 그림자에 불과했다. 모던한 도시의 환등상이 식민지의 비참한 현실을 호도했던 것이다. 이와 같은 모더니티의 민낯을 우리는 '식민성'이라 명명한다.

이 책은 수도 서울의 식민지도시적 성격에 주목함으로써 대한민국이라는 국가 전체의 성격을 이해하는 실마리를 제공한다. 모더니티와 식민성의 모순을 고스란히 떠안은 채 탄생한 대한민국은 그 태생적 모순을 일제로부터 물려받은 문화민족주의의 논리와 냉전적 반공주의의 창검으로 불식하려 해왔다. 이 가운데 문화민족주의는 민족의 유기체적 통일성을 강조하는 독일적 정신세계에서 발원하여 반혁명적 부국강병을 모색하던 제국 일본의 사상적 본류를 형성한 것으로, '문화통치'의 전략적 온기 속에 식민지 조선에도 뿌리를 내렸다. 민족적인 것은 의외로 반민족적 질서에 의존해왔다. 스스로 '서양'이 되고자 했음에도 서양이 주도한 근대문명의 틀 안에 끝내 안착하지 못했던 일제는 그것을 넘어서고자 '동양'을 모순적 대립자로 소환했었다. 서양과 동양, 근대적인 것과 민족적인 것의 연금술적 결합이야말로 동아시아 문화민족주의의 본질이었던 것이다. 근대화를 실현할 민족의 주체적 역량을 강조하는 대한민국의 문화민족주의가 식민지 과거에 뿌리를 두고 있다는 사실은 뼈아픈 역설이다.

결국 이 책은 수도 서울의 현실을 호도하는 그릇된 담론을 넘어서려는 시도이다. '모던'하면서 '한국적'인 수도란 늘 공염불에 불과했다. 조선총독부 청사가 그 근대적 외관 덕분에 오래도록 민주공화국의 심장부로 군림하다가 갑작스레 식민지 과거의 수치스러운 유산이라며 척결되었다는 사실은 이 땅에 이식된 근대문명이 반민족적 내지는 식민주의적 원죄를 지녔음을 알려준다. 물론 이에 대한 해결책으로서, 존재한 적도 없었던 민족의 성소를 부활시키는 방안은 그저 눈속임에 지나지 않는다. 민족의 성소로 부활한 경복궁은 한국인의 가슴에 사무친 추억의 장소도, 미래한국의 이정표도 아니며 기껏해야 낡은 문화민족주의를 고수하는 박제된 공간일 뿐이다. 우리가 희망을 걸어야 할 곳은 오히려 치열한 현실의 한복판이다. 바로 이곳에서 우리는 주어진 담론적 질서에 길들여지는 동시에 그것을 은연중에 넘어선다. 베를린-도쿄-서울을 횡단해온 건축과 도시경관은 모더니티라는 특수한 담론질서가 어떻게 보편적 진리로 관철되고 또 어떻게 물질적 현실과 유리되는지에 대한 최적의 증언을 제공할 것이다.

감사의 말

이 책의 주제를 탐색하기 시작한 것은 2008년 11월 일본 오사카에서 개최된 한중일 독일사학자 학술모임에서 "포스트식민주의적 '기억의 터'로서의 프로이센 고전주의"라는 제목으로 발표를 하면서였다. 문화사의 새로운 차원을 보여주겠다는 나름 야심찬 포부로 출발한 작업이었지만 갖가지 우여곡절을 겪었다. 한국 사회의 지적 풍토에서 자신의 주제를 일관되게 밀고나가기란 쉽지 않은 일이다. 전혀 생소한 학문 영역에 무모하게 뛰어든 대가로 정처 없이 길을 헤맸을 뿐만 아니라 영역 침범을 죄악시하는 학계의 차가운 반응이 필자의 충천하던 사기를 꺾어놓았다. 어느덧 많은 시간이 흘러갔으며 집필이 일정한 궤도에 오르기 전까지는 스스로도 이 주제에 대한 확신을 갖지 못했다. 주위 여러 분의 따뜻한 격려와 구체적인 도움이 없었다면 집필을 도중에 포기하기 쉬웠을 것이다.

먼저 필자에게 청년시절부터 시각문화에 대한 전반적 관심을 일깨워주신 김영나 서울대 고고미술사학과 교수님(현 국립중앙박물관장)께 심심한 사의를 표한다. 지루한 역사학을 떠나 미술사와 미학 분야로의 길을 고심하던 필자에게 이 모두를 포괄할 수 있는 시각문화라는 대로를 열어준 은인이시다. 우리 시대를 대표하는 원로 건축가 조성룡 성균관대학교 건축학과 석좌교수님께도 무한한 존경과 감사의 뜻을 전하고 싶다. 교수님의 공간 철학이 고스란히 담긴 선유도는 필자에게 도시공간에 대한 모든 영감의 원천이 되었다. 교수님께서는 학창시절 건축학과 수업 한번 받아본 적 없는 문외한인 필자를 이끌고 수차례나 당신의 건축물을 직접 안내해주시어 시야가 트이게 만드셨다. 미국 시카고 대학교 사학과 마이클 가이어Michael Geyer 교수님은 필자가 현대건축의 메카 시카고에서 2009~2010년 1년간 연구년을 보낼 수 있도록 초대해주셨고, 당신의 콜로키엄에서 발표할 기회를 주셨으며 이후 한국을 방문하셨을 때 독일 문헌보다 한국 문헌을 파고드는 것이 학계의 관심을 얻는 데 보다 효과적일 것이라는 구체적인 조언까지 해주셨다. 같은 학과에 재직하시는 한국사 연구자 브루스 커밍스Bruce Cumings 교수님은 필자가 그곳에서 연구년을 보낼 때 마침 학과장으로서 행정 업무를 잘 처리해 주셨을 뿐만 아니라 당신의 동아시아 세미나에 참여할 수 있도록 허락해주셔서 필자가 동아시아 근현대사에 대한 기본적 안목을 얻도록 도와주셨다. 콜레주 드 프랑스의 로제 샤르티에Roger Chartier 교수님은 2010년 암스테르담에서 개최된 제21회 세계역사학대회 도시문화 분과의 지정 논평자로서 이 책의 주제로 발표한 필자에게 충분히 설득력 있는 주장이라는 격려의 말씀을 해주셨고 곧이어 손수 이메일을 통해 구두 논평의 원문을 보내주셨다. 책으로만 접하던 거장의 뜻밖의 격려가 이 작업을 포기하지 않도록 만들었다.

　　독일 유학시절의 벗인 아르파트 클리모Arpad von Klimó 미국 가톨릭대학교 교수는 필자가 2010년 2월 미국 피츠버그 대학교에서 이 주제로 강연할 수 있는 값진 기회를 마련해주었고 바로 이 자리에서 처음 만난 김정희·박정호 박사님께서는 아직 동아시아에 대한 지식이 일천하던 필자에게 일본 근대 도시사에 대한 소중한 정보를 주셨다. 경희대학교 사학과 박진빈·민유기 교수님은 2010년 10월 도시사학회에서 이 주제로 발표할 기회를 마련해주셨고 순천대학교 사학과 강성호 교수님은 2012년 6월 한국독일사학회에서 동일한 주제로 발표할 기회를 주셨다. 2014년 9월 미국 캔자스시티에서 개최된 제38차 독일학회German Studies Association 연례대회의 'Transnational German Space' 세션에서 필자의 주제발표를 지정 논평한 시카고 소재 드폴 대학의 폴 자스콧Paul P. Jaskot 교수님은 전문 건축사학자 입장에서 '텍토닉'에 대한 필자의 해석을 검토하면서 관련 건축학 문헌도 소개해주셨다. 홍익대학교 예술학과 전영백 교수님은 2014년 10월 미술사학연구회 가을 심포지엄 "미술과 도시: 재현과 매개의 시공간"에서 발표할 것을 제안하셨고 그 덕분에 발표와 더불어 『미술사학보』에도 논문을 게재할 수 있었다. 이 심포지엄의 주역이셨던 김미정 박사님은 이후 필자가 필요로 하는 자료들을 손수 도서관에서 찾아 보내주시는 호의를 베푸셨다. 『건축리포트 와이드』의 발행인 전진삼 선생님은 필자에게 현대건축의 식민성에 관한 에세이를 전문 건축지에 실을 기회를 제공해주셨고 동일지의 정귀원 편집장님은 이 책에 필요한 사진 자료를 선뜻 구해주셨다. 부산대학교 영어영문학과 김용규 교수님은 명저 『혼종문화론』(2013)을 필자에게 선사하여 라틴아메리카에서 발원한 '트랜스모더니티'와 '식민성' 이론을 처음 접할 수 있게 해주셨다. 부산대학교 건축학과 우신구 교수님은 이 책의 초고를 처음부터 끝까지 정독하시고 전문가로서의 견해를 피력해주셨으며 몇몇 중요한 용어를 바로잡아주셨다. 포항공과대학교 김춘식 교수님은 독일 조차지 칭다오에 관한 독보적 연구자로, 칭다오의 건축물 관련 자료를 일일이 스캔하여 보내주시는 큰 수고를 해주셨다. 대구대학교 역사교육과 나인호 교수님은 이 주제의 가치와 연구 가능성 여부, 그리고 기본 개념에 관해 필자와 토론하며 참으로 독일사 전문가다운 식견을 보여주셨다. 이 모든 분께 심심한 사의를 표한다. 그리고 얼마 전 정년퇴직하신 이기복 교수님과 김용진 교수님을 비롯한 부산교육대학교 사회교육과 교수님들께 교대의 커리큘럼 운영에는 별로 도움이 되지 않을 분야의 연구를 곁에서 묵묵히 지켜보고 성원해주신 데 대해 진심으로 감사의 말씀을 드린다. 특히 신임 양병일 교수님은 까다로운 19세기 일본 문헌을 독해하는 데 결정적 도움을 주셨다. 부산교대 학술정보관 김경희 선생님과 사회교육과 고소영 조교님은 방대한 자료를 구하고 정리하는 데 크나큰 도움을 주셨다. 진심으로 감사드린다.

　이 책을 집필하는 데 있어 가장 어려웠던 부분은 일본과 관련한 부분이었다. 서양사 연구자가 턱없이 부족한 일본어 실력으로 도전하기에는 아무래도 벅찼다. 다행히 건국대학교 일어교육과 박삼헌 교수님이 주관하신 「근대 일본의 형성과 서양 문명: 이와쿠라 사절단의 서양 도시 체험과 근대성」 연구팀에 합류함으로써 비로소 혼돈의 늪에서 벗어날 수 있었다. 이와 더불어 2008년 오사카 학회 이래 교류하게 된 일본인 동료 연구자들의 관심과 도움이 큰 힘이 되었다. 독일과 일본의 법제교류사를 연구하는 다키 가쓰히로瀧井一博 국제일본문화연구센터 교수님은 당신 저서의 영역본 및 한국어본 책을 선사하여 이 책의 취약 부분을 보완하는 데 큰 도움을 주셨으며 오사카 시립대학 인문학 대학원 기타무라 마사후미北村昌史 교수님은 연구실을 방문한 필자에게 브루노 타우트_{Bruno Taut}가 일본 건축계에 끼친 영향에 관한 소견과 더불어 이에 관한 당신의 논문을 전해주셨다. 독일 근현대사 연구자인 오사카 대학 대학원 언어문화연구과 신도 슈이치_{進藤修一} 교수님은 바쁜 보직 일정에도 불구하고 필자와의 토론을 위해 교토와 도쿄까지 일부러 와주셨고 식민지 조선과 만주 일대에서 활동했던 건축가 나카무라 요시헤이_{中村與資平}에 대한 귀한 논문까지 구해주셨다. 프랑스 경제사 연구자인 도호쿠 대학 경제학과 오다나가 나오키_{小田中直樹} 교수님은 서강대학교 사학과 임지현 교수님이 소장으로 계시던 한양대학교 비교역사문화연구소 회합을 통해 처음 알게 된 이래로 깊은 우정을 나누게 되었고 2013년 교토와 2014년 도쿄에서 개최된 일본 전국서양사학자대회에 필자를 초청하여 이 책을 위한 많은 토론과 자료 수집을 가능하게 해주셨다. 또한 일제 식민지 건축에 관한 문헌도 구해주셨으며 현재는 이 책의 일본어판 번역과 출판까지 돕고 있다. 깊은 감사의 말씀을 드린다.

　이 책이 나오는 데 그 누구보다 결정적 역할을 해주신 분은 천년의 상상 선완규 대표님이다. 이제 막 자리잡고 있는 신생 출판사로서는 별로 탐나지 않을 종류의 학술도서임에도 출판 제의에 선뜻 응해주셨다. 선 대표님과의 인연을 다시 잇게 해주신 분은 국문학자 이승원 박사님으로 수년간 함께 연구한 옛 동지의 몫을 톡톡히 해주셨다. 이분들께 어찌 마음 깊은 곳으로부터의 고마움을 표현할지 모르겠다. 마지막으로 변변치 못한 아들에 대한 믿음과 기대를 변함없이 유지하시고, 늘 내 마음 한가운데서 나를 지탱해주시는 부모님, 그리고 매일매일 천금 같은 '힐링'을 제공해주는 나의 가족, 아내 민정과 세윤·세린에게 무한한 고마움과 사랑을 느낀다.

2015년 7월　전진성

목차

■ 지은이의 말 · 5

■ 감사의 말 · 9

프롤로그 '근대'라는 환(등)상 · 19

　　　　서울 한복판에 드리운 그림자 · 21

　　　　모더니티의 이면 · 31

　　　　건축과 도시경관, 정치적 테크놀로지 · 41

에필로그 기억의 터와 희망의 공간 · 619

　　　　슈프레 아테네의 부활 · 621

　　　　희망을 꿈꾸는 공간 · 632

■ 주 · 640

■ 도판 출처 · 720

■ 참고문헌 · 728

■ 찾아보기 · 768

I부 프로이센 고전주의를 찾아서

I 베를린, 중부 유럽의 아테네   57

슈프레 강가의 아테네: 그리스 열풍과 독일의 민족문화 · 63 | 프로이센과 아테네 ·
7 | 프리드리히 광장 · 76

2 민족과 국왕 사이에서: 프로이센의 궁정건축가 싱켈   93

미적 혁명으로서의 프로이센 고전주의 · 95 | 프로이센 고전주의의 여명, 신위병소 ·
104 | 왕립극장과 구박물관 그리고 유원지 · 108

3 텍토닉과 프로이센의 국가이념   125

텍토닉의 원리 · 127 | 국가 텍토닉 · 132 | 시간의 텍토닉, 역사 · 140 | 역사주의자
싱켈 · 147

4 독일제국의 역사주의 건축   157

'문화민족'과 역사주의 건축 · 159 | 싱켈의 계승자 고트프리트 젬퍼 · 163 | 역사주의
건축의 본령, 네오르네상스 양식 · 169 | 제국주의의 첨병, 네오바로크 건축 · 181

5 역사주의와 도시계획   187

싱켈과 렌네의 신고전주의 도시건축 · 190 | 호프레히트 계획안 · 195 | 현대적 도시
계획의 등장 · 204 | 슈프레 아테네에서 슈프레 시카고로 · 215

2부 아시아의 프로이센을 넘어

I   독일 역사주의 건축의 결정판, 칭다오   225
     문화제국주의 · 228 | 독일제국의 동아시아 거점도시 칭다오 · 232 | 영국과 프랑스의
     식민지도시들과의 차별성 · 236 | 칭다오 도시계획과 역사주의 건축 · 245

2   메이지 일본과 프로이센: 이와쿠라 사절단의 시선   259
     일본의 서구화 · 261 | 『실기』의 기본 노선 · 266 | 서구세계의 체험 · 272 | 『실기』에
     서 프로이센의 위상 · 279

3   국가적 텍토닉으로서의 제국헌법   285
     '아시아의 프로이센'을 꿈꾸며 · 288 | 프로이센식 헌법의 제정 · 292 | '국체國體'의
     구현으로서 제국헌법 · 295 | 서구화와 일본화 · 304 | 일본의 문화민족주의 · 312

4   도쿄의 발명   325
     에도에서 도쿄로 · 328 | 긴자 벽돌거리의 등장 · 330 | '관청집중계획'과 중심의 발명
     · 339 | '도쿄시구개정조례' · 346

5   '빅토리아' 혹은 '빌헬름'?: 메이지 시대의 공공건축   355
     영국인 건축가 조사이어 콘더가 끼친 영향 · 357 | 일본 근대 건축의 대명사 다쓰노
     긴고 · 362 | 독일파 건축가 쓰마키 요리나카 · 367 | 제국의 도구이자 도상으로서 건
     축 · 378

3부 아테나의 섬뜩한 환등상

I 도시계획과 식민주의   391

제국 일본의 편집증과 분열증 · 393 | 일본식 도시계획의 탄생 · 396 | 제도부흥계획
에서 식민지도시계획으로 · 404 | 만주국 수도 신쿄의 과시적 모더니티 · 414

2 한성에서 경성으로   429

한성부 도시개조 사업 · 431 | 경성 시구개수 사업 · 435 | 도시계획의 합리성? · 450
| '조선시가지계획령' · 455 | 도시계획의 식민성 · 465

3 싱켈에게 바치는 오마주?: 경복궁 앞에 세운 조선총독부 청사   471

"경복궁 없어지네" · 473 | 경복궁의 이념 · 476 | 경복궁의 모진 운명 · 481 | 조선총
독부 청사의 등장 · 487 | 조선총독부 청사의 건축적 특징과 공간성 · 498 | 시공간의
식민화 · 511

4 경성의 역사주의 건축물들   525

탁지부 건축소가 이식한 프로이센 고전주의 · 527 | 선은전광장의 대두 · 540 | 1920
년대의 역사주의 건축 · 547 | 경성의 모더니즘 건축 · 557 | 멜랑콜리의 도시 · 574

5 총독부 청사와 경복궁 사이에서   583

모더니티와 식민성의 싸움터, 서울 · 585 | 텍토닉의 회화: 여의도 국회의사당 · 589 |
대한민국의 문화민족주의 · 600 | 역사 바로 세우기? · 610

'근대'라는 환(등)상

사람은 누구나 자기 처지에 맞는 신을 모신다.

—

헨리 데이비드 소로,
『콩코드 강과 메리맥 강에서 보낸 한 주간』(1849)

서울 한복판에 드리운 그림자

시도 때도 없이 출몰하는 망령처럼 옛 중앙청 자리는 종종 우리의 시선을 부담스럽게 만든다. 적어도 현재 40대 이상의 서울 시민들은 그곳에 타의 추종을 불허할 압도적 건물이 우뚝 서 있었던 것을 기억한다. 한국인을 가슴 뛰게 만드는 시끌벅적한 광화문 현판 제막식도, 야심찬 경복궁 복원 사업을 알리는 크레인의 바쁜 움직임도 가히 '남근phallus'을 연상시키는 묵직한 거석의 망령을 거두어내기에는 역부족이었다. 중앙청의 빈자리는 복원된 광화문에 가려 있고 새로운 장소로 거듭날 때까지 아직은 공터와 다름없는 상태이지만 그럼에도 여전히 우리의 시선을 멈추게 하고 우리의 위치를 가늠케 하는 일종의 소실점을 이룬다.

사라진 중앙청, 복원된 광화문

압도적 남근이 거세되자 산세가 드러났다. 인왕산의 자태는 여느 산과 견줄 바 없이 제왕적이지만 그것을 가로막고 있던 거대한 석조 건물에 비하면 차라리 모성적이다. 인왕산의 넉넉한 품속에 그 기운을 가득 받은 광화문과 경복궁이 들어앉아 있다. 제 모습을 찾은 광화문과 복원 중인 경복궁은 훨씬 자연스럽고 개방적이지만, 그래도 대한민국

수도 서울의 구심점으로 기능하기에는 뭔가 부족해 보인다. 주변의 현대식 건물들보다도 산뜻해 보이는 유적 아닌가.

현재의 광화문과 경복궁이 본래의 '제 모습'을 복원했거나 복원 중이라고는 하나 어차피 태조 4년(1395)에 준공된 본래의 모습이 아니라 임진왜란 때 폐허로 전락한 후 270여 년 만인 고종 5년(1868)에 중건된 모습을 기준으로 삼았음은 주지의 사실이다. 더구나 중건 이후에도 여러 차례 화마를 겪었고, 재건된 지 10년도 채 되지 않은 1896년 벽두에 고종이 세자와 함께 경운궁(덕수궁)으로 거처를 옮김으로써 다시금 폐궁으로 전락했다는 사실도 다 아는 비밀에 속한다. 인왕산 호랑이가 어슬렁거릴 정도로 버려진 궁을 제국 일본이 손쉽게 접수하여 상당 부분 훼철하고 그 자리에 압도적인 서양식 석조 건물을 세워 식민지배의 사령탑인 총독부 청사로 사용했으며 그 건물을 기본 축으로 삼아 서울의 공간질서를 재편했다는 사실은 무엇을 말해주는가? 광화문과 경복궁을 '복원'하는 일이 소위 '민족정기'를 회복하고 우리가 이 땅의 주인으로 제대로 서는 첩경이라는 세간의 인식은 과연 합당한가? 복원 사업에 대한 찬반과는 별개로, 그것이 수도 서울의 왜곡된 역사와 어그러진 공간을 바로잡을 수 있다는 논리는 별로 설득력이 없어 보인다.

조선총독부 청사는 해방 이후에도 미군정청, 중앙청, 아주 짧게는 인민군 청사로, 그리고 최후에는 국립중앙박물관으로 사용되면서 항상 수도 서울의, 아니 대한민국 전 국토의 중심을 유지했었다. 무엇보다 1948년 8월 15일 대한민국 건국이 그곳에서 선포되었는데, 그날의 경축식 사진은 초등학교 교과서에 실릴 만큼 널리 유포되었으며 한국전쟁기 9·28 서울수복 당일 그곳에서 태극기를 게양하는 사진도 민주공화국의 도상圖像이라 할 만큼 국민 뇌리에 깊이 새겨졌다. 그리 멀지 않

1948년 8월 15일 당시의 중앙청에서 개최된 대한민국 정부 수립 경축식, 문교부, 「사회 6-2」
(1990)

1950년 9·28 서울 수복 후 태극기를 게양하는 모습

은 과거의 이 같은 사정에 비추어 볼 때 패망 이후 이렇다 할 부흥운동
도 없었을 만큼 민심과 유리되었던 옛 조선왕조의 유적에 대한 정체 모
를 향수는 물론, 이와는 대비되는 대한민국 현대사의 본산에 대한 사무
친 적대감 또한 이해하기 쉽지 않다.

　전통이란 본래부터 있던 것을 '복원'한 것이 아니라 현재의 요구에
따라 '발명'된 것이라는 학설은 더는 재론이 필요 없을 만큼 학계의 정
설로 자리 잡았다. 문제는 사회의 다양한 요구에 따라 여러 전통 간의
갈등과 괴리 혹은 착종이 발생하는 가운데 이들을 선택하거나 배제하
는 '정치적 결정'이 과연 충분히 납득할 만한가에 있다: 왜 민주국가에
굳이 왕궁이 필요한가? 민족의 자랑스러운 '문화유산'을 공들여 보존하
는 것에야 반대가 있을 수 없겠으나 기왕에 파괴된 것을 굳이 큰 비용
을 들여서까지 복원할 필요가 있을까? 외세에 의해 짓밟힌 민족적 자
존심을 세우기 위함인가? 과연 (혈세를 쏟아 부어) 복원된 왕궁이 중심
부에 들어앉은 도시에서도 시민적 권리와 공공의식이 아무런 차질 없
이 고양될 수 있는가? 설사 약간의 모순이 있더라도 이는 미래를 기약
하는 관광 산업의 효과로 정당화될 수 있는 것일까?

　확실히 중앙청 철거와 경복궁 재건은 단번의 정치적 결정으로 논
의를 마감하기에는 너무도 심대한 사안이다. 무엇보다 한 도시의, 그것
도 한 나라 수도의 기억과 정체성이라는 무거운 주제가 만만치 않은 하
중으로 우리를 짓누른다. 먼저 식민지배의 유산, 특히 상이한 문화 간
의 충돌과 민족적 정체성의 균열이라는 역사적 문제가 대두된다. 보다
현실적으로는 수도의 공간질서 및 경관을 결정짓는 도시계획상의 구조
와 도시민들의 일상적 체험 간의 괴리라는 문제가 자연스레 제기된다.
그리고 보다 포괄적으로는 우리의 현실을 여전히 정치적·문화적으로

지배하는 '모던' 내지는 '근대'라는 관념의 속성에 관한 꽤나 까다로운 질문들이 해답을 기다리고 있다. 이 모든 문제의 핵심부에는 모종의 그림자가 드리워 있다. 사라진 중앙청의 빈자리를 맴도는 흐릿한 그림자! 그것은 대한민국 수도 서울, 아니 지구상에 존재하는 모든 '포스트식민지postcolonial 도시'에 출몰하여 역사의 선명한 빛을 빨아들이는 망령이다.

옛 중앙청과 아테나 여신

이 흐릿한 그림자는 어떠한 개념으로도 명료하게 정의될 수 없으며 어떠한 상징적 기표로도 올곧게 재현될 수 없기에 이 장소와 연루된 이념적 편린들을 통해 간접적으로만 드러낼 수 있을 뿐이다. 그 편린의 하나가 고대 아테네의 부활이다. 코발트색 감도는 에게 해 연안에 늘 푸른 청춘과 같은 고전문화를 창조했던 아테네! 이 유서 깊은 도시는 수호신 팔라스 아테나Pallas Athena로부터 올리브나무를 선물로 받았는데, 페르시아 전쟁의 참화 속에서도 올리브나무의 새싹이 돋는 모습을 통해 승리와 번영의 신탁을 받았다는 일화가 있다.[1] 그야말로 사멸과 부패를 초극하는 부활의 도상이다. 그러나 엉뚱하지 않은가? 중앙청의 그늘진 기억 속에 하필 아테나 여신을, 눈부신 황금 투구를 쓴 그녀의 위풍당당한 재림을 떠올린다니 말이다. 이는 실로 상상력의 과잉이 아닐 수 없으며 심지어 악의적 호도로 매도되기 십상이다. 다른 곳도 아닌 바로 이 민족적 수모와 수난의 본거지에서 올리브나무와 고대 아테네의 부활을 운운하는 것이 가당키나 한 일인가? 아무리 장대하고 수려한 석조 건물이라 해도 남의 나라 법궁法宮을 훼철한 자리에 버젓이 들

지혜와 전쟁의 여신 아테나, 기원전 6세기경 아티카 지역의 접시

어앉아 위세를 과시하던 건물을 감히 아테네의 파르테논 신전 등과 견줄 수 있다는 말인가? 적어도 한국인의 통상적 민족감정으로는 사악한 일제의 잔재와 인류적 차원의 위대한 문화유산을 상호 비교하는 것 자체가 어불성설이다.

확실히 중앙청은 파르테논 신전과는 시대적으로나 장소적으로 그리고 무엇보다도 그 정치적·역사적 가치를 놓고 볼 때 너무나 동떨어져 있다. 그러나 원형의 '모방'이 아니라 '희화'라는 차원으로 본다면 이야기는 달라진다. 근대 일본이 자신의 국가적 정체성을 수립하는 데 있어 독일 프로이센의 모델로부터 큰 영향을 받았음은 주지의 사실이다. 일제의 프로이센 수용은 단지 법제와 군제, 과학기술 영역만이 아니라 민족적 정체성의 가장 뿌리 깊은 핵심에까지 걸쳐 있었다. 그런데 정작 근대 독일은 민족적 정체성이라는 점에서는 극히 예외적 사례에 속한다. 수많은 나라로 갈려 있던 독일어권 지역에서 공통의 민족적 뿌리 찾기는 자연스러운 체험에 바탕을 둔 기억의 장소가 아닌 관념적으로 설정된 외딴 공간에서 이루어졌다. 다름 아닌 고대 그리스! 근대 독일의 지식인들은 거리상으로나 시대적으로나 머나먼 그곳을 동경하며 상상 속의 동질성을 모색했다. 당시의 '그리스 열풍'을 주도했던 것은 독일 지역의 맹주로 급부상한 군사 강국 프로이센이었다. 이른바 프로이센 고전주의preußischer Klassizismus는 이러한 흐름의 문화예술적 결정판으로, 중부 유럽의 아테네로 자처하던 수도 베를린에서 활짝 꽃피웠다. 무엇보다 건축의 영역에서 프로이센 고전주의는 고대 그리스의 부활을 가장 명징하게 표현했으며, 이는 동양의 베를린이 되고자 했던 일제의 수도 도쿄에 일부분이나마 제법 유사한 형태로 이식되었다. 도쿄를 상상의 아테네로 만들어가던 일제는 스스로의 필요에 따라 쇠잔한 식민지 조선의 심장부에 프로이센 고전주의의 제도적·정치적·공간적·미학적 원리를 이식했다. 조선총독부 청사야말로 그 시각적 위세나 입지, 기능 면에서 분명 이 새로운 이념의 도상이었다. 그것은 초라해질 대로 초라해진 옛 왕도王都에 한겨울밤처럼 깊고 긴 암영을 드리웠다. 본의 아니게 팔라스 아테나가 일제 식민지 수위도시首位都市 경성의 수호신이 된 것이다.

그러나 사람은 누구나 자기 처지에 맞는 신을 모실 뿐이다. 지극히 동떨어져 보이는 외래 이념을 수도 서울과 관련짓는 작업은 그저 독일 문화가 일제를 통해 이 땅에 전파되어 한국 근대문화의 형성에 기여했음을 밝혀내고자 함이 아니다. 고대 그리스가 근대 독일일 수 없었듯 근대 일본이 근대 독일일 수는, 더욱이 한국이 고대 그리스일 수는 없는 법이다. 한국인은 아테나 여신을 숭배하지 않는다. 이는 각각의 '민족문화'가 근본적으로 상이하기 때문이 아니라 오히려 정반대로 전파되어야 할 '민족문화'라는 실체가 아예 존재하지 않기 때문이다. 독일 문화, 일본 문화, 한국 문화는 미리 주어진 실체가 아니라 각종의 정신적·물질적 실천을 통해 창출된 일정한 성과물에 신성神性의 후광을 덧씌운 것에 지나지 않는다. 따라서 아무리 그것들 간의 상호영향 관계에 주목한다 해도, 민족문화가 특정 시대에 국한되지 않는 역사적 상수로 상정되는 한 일종의 '본질주의'에 고착되기 마련이다. 이는 문화사 연구가 피해야 할 방법론적 오류에 속한다.

민족문화와 민족적 정체성이 원리상 주체의 자기의식이라기보다 오히려 타자의 시선에 가깝다는 견해는 이미 많은 연구자가 동의하는 바이다. 미국의 중국학 연구자 레이 초우Rey Chow가 현대 중국 영화의 사례를 들어 설명한 바 있듯이 보는 행위보다 보이고 있는 상태가 소위 민족문화 정립에 결정적이다. 이는 항상 서구의 시선을 염두에 두지 않을 수 없는 비서구세계의 문화에서 보다 분명하게 드러나는 사실이다. 서구 세계의 관객들에게 중국 문화의 정수를 보여주고자 하는 장이머우張藝謀 감독의 〈붉은 수수밭〉 같은 영화 속에서 "보이는 객체는 이제 바라보는 주체를 쳐다보고 있다".[2] 이 같은 이치로 따져볼 때 자신을 바라보는 주체가 각각 달랐던 독일과 일본 그리고 한국에서 상이한 문화적 양상이 전개된 것은 실로 자연스러운 일이다.

모더니티의 이면

　　베를린으로부터 도쿄를 거쳐 서울로 이어진 프로이센 고전주의의 영향력은 이를 문화접변acculturation이나 문화해체deculturation로 보든, 쿠바의 사회과학자 오르티스Fernando Ortiz의 이론에 따라 상호적인 '문화횡단transculturation'으로 보든 간에3 문화 간 '번역'의 문제를 제기한다. 번역이란 이질적인 것이 소위 '토착적인 것'에 영향을 주거나 오염시킬 가능성을 허용하는 과정이다. 그런데 여기에는 두 가지 기본 가정이 깔려 있다. 한 문화공동체와 다른 문화공동체 사이에는 통약불가능성incommensurability이 존재하며 이러한 양자 간에는 소위 '원본'과 번역된 것, 혹은 말하는 이와 듣는 이 간에는 엄연한 위계관계가 성립한다는 것이다.4 아테네라는 '원본'과 그것의 프로이센식 모방 그리고 프로이센 고전주의와 그것의 일본식 모방, 일제의 '근대문명'과 그것을 이식한 식민지 조선 사이에는 동등하지 않은 관계가 분명히 존재한다. 이 같은 관계의 불균형성은 환원주의적인 두 항의 자명성이 문제시될 때, 다시 말해 양자가 모두 상상의 산물, 실로 교묘히 연출된 환등상phantasmagoria이라는 것이고 따라서 결국 흐릿한 그림자에 지나지 않는다는 점을 인정하게 될 때 비로소 해소된다.

'근대'는 독불장군인가

이러한 접근은 '민족(문화)'의 자명성뿐만 아니라 이들 간 상호관계의 자명성까지 문제 삼는다. 상호관계를 논하려면 우선 식별 가능한 상대방이 전제되어야 하며, 서로 호혜적이지는 않더라도 최소한 쌍방향적인 영향력 행사를 인정해야 한다. 근래에 역사학계에서 발언권을 획득한 이른바 '횡단민족사transnational history'가 바로 그러한 입장을 취한다. 여전히 지배적 권력기구인 민족국가 체제를 더는 주어진 '설명항explanans'이 아닌 '설명되어야 할 주제explanandum'로 재규정함으로써 민족사를 횡단적 관계망 속에 다시 자리매김하려는 시도는 이론적으로나 경험적으로나 상당한 설득력을 지닌다. 특히 독일과 일본의 관계가 매우 유용한 사례를 제공한다. 근대에 범지구적으로 이루어진 민족국가 수립과 팽창에 뒤늦게 동참하여 상실된 주권을 회복하고 역사의 객체가 아니라 주체가 되고자 발버둥치는 모습과 그 과도한 지배의지가 내부에 대해서나 외부를 향해서도 지극히 공격적으로 관철되는 과정은 양자 모두의 국가적·사회적 형태나 민족적 자기정체성에 지대한 영향을 끼쳤으므로 이 점을 기준으로 삼아 양자의 공통점과 차이를 비교·분석해보거나 상호 영향관계를 살펴보는 작업은 흥미롭기 그지없다.[5]

그러나 관계의 '동등성'이 '동시대성coevalness'을 보장하지는 않는다. 민족문화의 통약불가능성을 해체하여 그것의 내적 균열과 불안정한 경계선을 드러낸다 해도, '공존'하는 다양한 문화의 유동성을 인정한다 해도, '횡단민족사'는 전 지구적 규모의 공시적 교환과 투쟁을 담아내기에는 역부족이다. 식민지 조선의 '근대'가 독일이나 일본의 '근대'와 쌍방적 관계로 설정된다 한들 그들과는 일정한 시간적 격차가 존재한다고 간주되며 식민지의 저항은 늘 제국이라는 체제의 틀 내부로, 잘해야 그것'에 대한' 것으로 환원된다. 식민지는 결코 근대문명의 활로를 모색하는 동급의 경쟁자일 수 없는 것이다.

'근대'란 본래 독불장군 성격을 지닌다. 그것은 마치 나를 따르라고 명하는 사령관의 단호한 외침과도 같다. 물론 사령관은 결코 눈에 띄는 법이 없다. 일반적으로 '근대'는 역사적 시대 개념으로 사용되지만 적어도 이 개념이 '모던modern'이라는 용어와 관련되는 한 중성적인 기술記述 개념으로 한정할 수 없다. 왜냐하면 '모던'이란 단어의 음가에는 실제로 사람들의 공포와 상상력을 자극하던 이미지들이 얽혀 있기 때문이다.[6] '모던'은 그 자체가 어떤 강력한 요구와 압박이다. 그것은 늘 최신의 현재이고자 하는 감각이다. 늘 새로운 현재가 요구됨에 따라 주어진 현실은 뒤로 밀려나고 '비非모던'으로 간주되는 것들과의 '차이'가 끊임없이 생산된다. 주체와 객체, 실재와 가상, 원본과 번역본, 그럼으로써 결국 서양과 동양이 구분된다.[7]

이처럼 과잉된 자기표현과 개입의 논리는 시간과 공간의 혁명적 재조정을 야기하는바 이는 '역사'라는 개념에서 가장 전형적이고도 명징한 표현을 얻는다. 역사는 새로움을 앞당기는 현재라는 계기를 통해 늘 시간을 압박한다. 하나의 현재에서 그다음 현재로 끊임없이 이어지는 '진보'의 흐름이 균질화된 선형적 시간의 거푸집을 이루어 지리적 공간을 재편한다. 제반 민족국가의 영토들이 진보의 도상에서 높은 단계로부터 낮은 단계로 정렬된다. 전제정/입헌정, 중세/근대, 봉건주의/자본주의의 이항대립적 발전 도식이 지구상의 지역 구분으로 탈바꿈하여 "처음에는 유럽, 그러고는 여타 지역"이라는 지극히 일방적인, 실로 제국주의적 팽창의 의지를 노골화하는 '세계사'의 거대서사가 등장한다. 인류의 세계사가 이처럼 유럽 밖 '타자'의 박탈과 통합의 형식으로 구축됨에 따라 결국 서양과 동양의 '동시대성'은 부정되고 역사는 모든 민족이 제 차례를 기다리는 일종의 대기실로 변한다. 인도계 미국 역사가 차크라바르티Dipesh Chakrabarty가 적절히 지적했듯 '아직은not yet'이야말로 근대 서구가 창조해낸 '역사'의 본원적 존재양태라고 할 수 있다.[8] 참으로 역설적인 것은 역사가 이처럼 미래에 대한 기대에 전적으로 의존함에 따라 정작 현재의 경험적 공간은 여지없이 소외되고 만다는 점이다.[9] '모던'은 늘 새로운 현재를 요구함으로써 현재의 존립을 사실상 불가능하게 만든다.

'모던'이라는 용어의 의미론적 속성에 비추어 볼 때 식민지배의 설움을 겪은 비서구세계에서 이른바 '대안적 근대'를 찾으려는 지적인 시도는 근대문명에서 비서구세계의 동등한 지분을 주장함에도 불구하고 여전히 '동시대성'을 찾아주지 못한다. 왜냐하면 '근대'를 여전히 필연적인 역사 단계로 규범화함으로써 그 '외부'의 가능성을 원천적으로 차단하기 때문이다. 대안적 근대는 서구식 '근대'와 견주어지지 않고는 독자적 현재가 되지 못한다. 이 같은 방법론적 '물화reification'는 '모던'이 늘 새로운 재현임을, 불안정한 경계 설정임을, 민족·인민·시민사회·국민경제 등 일견 공고해 보이는 집단적 구성체와 정체성의 과도한 상상임을 은폐한다. 설사 서양 근대문명이 타 문명과의 접촉을 통해 서양이 거꾸로 영향받은 산물이라 강변한다 해도—예컨대 근대적 노동분업이 산업혁명 이전 신대륙의 식민지 경영에서 연원한다는 주장처럼—이는 비서구 지역에서 선구적으로 나타난 '근대적' 요소를 일종의 조숙한 발전으로 규정하여 서구의 단일하고 유일무이한 역사 안에 약간의 자리를 내주는 데 지나지 않는다. 이 같은 손쉬운 다원주의는 '모던'이란 것 자체가 본원적으로 시공간의 무리한 '구조조정'으로 인한 변위, 탈구, 지연에 다름 아님을, 그럼에도 마치 아무런 문제가 없는 듯 보편적 진리를 가장하는 은폐의 메커니즘임을 간과한다. 이러한 문제점으로부터는 이른바 포스트식민주의postcolonialism도 결코 자유롭지 않다. '포스트post'라는 접두어가 은연중 선형적 시간을 전제하면서 유럽 외부의 세계를 유럽과의 만남이라는 단일한 역사 안으로 편입해버리기 때문이다.[10]

  국내의 '식민지 근대' 담론도 기본적으로 근대가 역사적 필연이라는 가정에 입각해 있다.[11] 비록 일제가 한국 근대화의 기틀을 마련해주었다는 식의 조야한 논의를 넘어 근대가 해방과 억압의 측면을 동시에 가진다고 본 것은 식민지 근대를 서구 근대의 변종이나 일탈로 평가절하하지 않을 가능성을 열어주지만, 이러한 접근은 부지불식간에 근대의 외부는 존재하지 않는다는 선입관을 굳히는 역할을 수행한다.[12] 한국적 '식민지 근대' 담론에서 가장 눈여겨볼 점은 친일파 청산이라는 사회적 요구에 대한 해법으로 저항과 협력을 이분법적으로 파악하지 않고 계급, 인종, 문화, 언어 등 다양한 차원에서의 착종과 모순으로 보는 접근방식인데, 여기에는 '식민화'와 '근대화'가 현실 속에서는 명확히 분리되기 힘든 흐름이었다는 나름 새로운 인식이 깔려 있다. 이러한 인식은 식민지 현실을 복합적·중층적으로 보게 하지만, 동시에 그 현실의 성격을 오히려 제한하는 결과를 낳는다. 과연 식민지 토착민의 저항을 '근대적' 제국에 대한 협력의 포기나 중단, 대체 혹은 연장으로밖에는 볼 수 없는 것일까? 그것은 정말로 늘 '모던'했던가? '식민지 근대' 담론은 주로 '모던'한 사회체제 내부의 구조적 불평등에 시선을 고정함으로써 식민지배권력과 토착민 지배층 간의 이데올로기적 '공모'를 지나치게 강조하는 경향이 있다.[13] 과연 식민지에서의 민족적·인종적 차별은 제국 본토에서 만연하던 사회적 차별의 논리적 확장에 불과한 것일까? 토착민의 저항은 포스트식민주의 문화이론가 호미 바바Homi K. Bhabha가 말한, "유사하지만 아주 똑같지는 않은" 일종의 "모방mimicry"으로서 겉으로는 과격해 보일지라도 제국의 권위를 그저 "내재적으로 위협"하고 반항하는 차원에 머물렀던 것일까?[14]

한국적 '식민지 근대' 담론의 독특한 점은 '대안적 근대'를 논하기보다는 모든 근대가 '식민지 근대'라는 가정에서 출발한다는 것이다. 이러한 가정은 '근대' 개념을 풍부하게 하지만, 결국은 '대안적 근대' 담론과 마찬가지로 '근대에 대한 대안'을 상상하지 못하게 한다. 그렇다면 출구는 없을까? 과연 근대의 '외부'란 존재할 수 없는가? 아르헨티나 출신의 전방위적 문화이론가 월터 미뇰로Walter D. Mignolo가 말하는 "식민지적 차이colonial difference"가 새로운 사유의 빗장을 연다. 그에 따르면 다른 무엇으로 환원불가능한 "식민지적 차이"를 강조한다는 것은 소위 "모더니티"를 하나의 "신화"로, 즉 서구라는 특정 지역의 신화로 격하함을 의미한다. 미뇰로는 대신 "서구적 모더니티의 어두운 이면"으로서 "식민성coloniality" 개념을 제안한다. "식민성 없이 모더니티는 존재하지 않으며, 존재할 수도 없다."[15]

식민성이라는 감옥

식민성은 정치질서로서의 식민주의가 종식된 이후에도 여전히 지속되는 정치적·문화적·인종적·인식론적 권력구조를 뜻한다. 식민지에서의 차별과 저항은 단지 제국 본토의 모방이 아니라 전혀 이질적인 구조의 산물이다. 식민성을 인식하는 일은 단지 서구가 주도한 근대를 비판하고 해체하는 차원을 넘어 억압되고 은폐되어온 다양한 '타자'들을 역사의 수면 위로 끌어올리려는 시도이다. 그렇지만 미뇰로의 주장은 모더니티를 식민성으로 대체하자는 것이 아니다. 오히려 식민성을 모더니티의 '외부'로, 물론 전혀 별개의 외부가 아니라 '구성적 외부'로 자리매김하자는 것이다. 오래전에 독일 철학자 에른스트 블로흐Ernst Bloch가 근대의 특징으로 지적한 바 있는 "비동시적인 것의 동시성"은 이제 모더니티와 식민성 간의 새로운 관계 설정으로 재전유된다.

 '식민성'은 '모더니티'를 다른 눈으로 바라보도록 만든다. (포스트)식민지가 지니는 차이를 논하는 순간 오래도록 보편적인 것으로 간주되어왔던 제반 근대적 가치와 규범은 이내 불안정해지고 만다. 모더니티는 더는 역사적 필연성을 담지한 규범적 개념이 아니라 식민지배에 나선 서구의 자기재현적 담론이자 이로 인해 직간접적으로 초래된 모든 트라우마적 기억의 총칭이 된다. 그것은 모든 비동시적 '타자'들의 동시대성을 지칭하는 데 불가피한 이름이 된다. 이러한 차원에서 모더니티는 그 자체가 모더니티의 내부와 외부, 서양과 동양, 제국과 식민지, 모더니티와 안티모더니티 사이를 '횡단'하는 이른바 '트랜스모더니티transmodernity'로 재정립된다. 접두어 '트랜스'는 항상적 유동성을 암시한다. 이러한 이론적 대안을 제시한 주역은 미뇰로도 그 일원인 라틴아메리카 문화연구 집단 '모더니티/식민성 그룹Grupo modernidad/colonialidad'이다. 이들은 라틴아메리카의 암울한 현실을 기존의 모더니티 담론을 뛰어넘는 '횡단'적 사고를 통해 극복하고자 한다.[16] 이 연구 집단의 영감을 샘솟게 한 원천으로 꼽히는 철학자 엔리케 두셀Enrique Dussel에 따르면, 모더니티가 순전히 유럽적 현상이라는 견해는 그저 "신화"에 불과하다. "모더니티는 분명 유럽적 현상이기는 하지만 비유럽적 타자와의 변증법적 관계 속에서 구성된다". 독일계 아르헨티나 출신으로 멕시코에서 활동하는 두셀의 시각으로는 비유럽적 타자야말로 모더니티의 "궁극적 내용"에 해당한다. "트랜스-모더니티"라는 새로운 범주는 모더니티와 그로부터 부정된 타자들이 서로의 생산적 관계를 통해 스스로를 공동 실현하는 과정, 다시 말해 "모더니티가 스스로 성취할 수 없었던 것의 공동 실현"을 상상할 수 있도록 만든다.[17]

그러나 이러한 모색은 단순한 조화론과는 거리가 멀다. '모더니티/식민성 그룹'의 주요 구성원인 키하노Anibal Quijano가 제시한 '권력의 식민성colonality of power' 이론이 이를 말해준다. 이 이론 틀은 유럽이 도입한 지구적 차원의 권력 모델이 시공간에 구애받지 않는 보편적 원리로 간주되면서 식민주의를 넘어 끈질기게 작동한다는 점에 착안한다. 서구를 주체로 삼고 나머지 세계를 객체로 삼는 소위 합리적 지식의 패러다임은 "피지배자의 상상력의 식민화"를 야기하여 인종적·민족적 차별을 내면화한다. 이처럼 뿌리 깊게 작동하는 '권력의 식민성'이야말로 모더니티로 환원되지 않는 "식민지적 차이"를 낳는 산실이다. 키하노는 서구식 권력 모델의 이론적 핵심을 사회적 총체성에서 찾는데, 그 중 하나가 원자론적 구조기능주의이며 다른 하나가 낭만주의적 유기체론이다. 이 중 후자는 사회의 각 부분이 뚜렷한 위계를 지닌다고, 즉 나머지를 지배하는 부분과 그것 없이는 존립할 수 없는 나머지 부분들로 나뉘며 이들이 하나의 완전한 총체를 이룬다고 가정한다. 이러한 논리야말로 피지배자의 상상력을 식민지배의 틀 속에 가두는 "식민성의 감옥"에 다름 아니다. "한 특정 종족의 특정한 우주론적 비전이 보편적 합리성이 되어야 한다는 허식만큼 비합리적인 것은 없다."[18]

키하노의 '권력의 식민성' 이론은 라틴아메리카의 포스트식민지적 현실에 대한 고뇌에서 비롯된 것이지만 보다 광범위하게 활용될 수 있다. 대한민국 수도 서울에 이식된 프로이센 고전주의는 독일 특유의 낭만주의적 유기체론과 친족관계를 이루었으며 이는 제국 일본에 특유의 권위주의 정치체제와 강압적 식민지배를 정당화하고 식민지 공간의 '차이'를 무화하는 논리를 제공했다. 이처럼 특정 지역의 문화적 이념이 상이한 지배권력 간의 보편적 언어로 탈바꿈된 것은 '권력의 식민성'이 작동하는 방식을 전형적으로 보여준다고 할 수 있다.

대한민국 수도 서울의 일그러진 근대는 독일 수도 베를린에서 꽃핀 프로이센 고전주의의 순수성을 자못 의심스럽게 만든다. 근대수도 베를린, 도쿄, 서울에 흐릿하게 드리운 아테나 여신의 그림자는 사실상 우리에게 무언의 압력을 행사하는 모더니티의 환등상이다. 절대적인 믿음과 복종만을 요구하는 그녀는 독선적일 뿐 아니라 가히 반동적인 신이다. 고전주의의 찬란한 서광을 받으며 부활한 팔라스 아테나는 독일 민족문화에 불가침의 신성을 부여해준 지극히 근대적인 여신인 동시에 '권력의 식민성'이라는 냉혹한 신탁을 내리는 트랜스모더니티의 여신이기도 하다. 베를린, 도쿄, 서울에서 아테나 여신은 감히 거역할 수 없는 권능으로 갖가지 제물을 요구한다. 베를린에서는 혁명적 열정을, 도쿄에서는 아시아적 전통을, 서울에서는 식민지 토착문화를 희생시킨다. 이처럼 제각기 다른 여신의 모습은 여신의 지고한 신성을 추락시킨다. 서울에서의 적나라한 민낯으로 인해 베를린에서의 눈부신 모습도 무색해지고 만다. 중부 유럽의 아테네는 일제 식민지 수위도시 경성과 하등 다를 바 없는 상상의 아테네, 다시 말해 반동적 이데올로기

가 관철되는 살벌한 현실의 공간임이 분명해진다. 이처럼 '식민성'이라
는 외부적 관점을 통해 '모더니티'의 감추어진 측면이 백일하에 드러난
다. 설사 프로이센 고전주의가 식민주의와 직접 연루되지는 않았다 해
도 그 '모던함' 자체는 무자비한 식민주의적 전유의 가능성을 열었다.
찬란한 모더니티와 칠흑 같은 식민성, 다시 말해 모더니티의 내부와 외
부는 상호 불가분하게 얽혀 있는 것이다.

건축과 도시경관, 정치적 테크놀로지

　여간해서는 실체를 가늠하기 힘든 환등상적 이미지가 어떻게 역사 서술의 올곧은 대상으로 자리 잡을 수 있을까? 『오리엔탈리즘』의 저자 사이드Edward Said가 언급한 이른바 '심상지리imaginative geography' 개념이 방법론적 출구를 연다. 주지하다시피 이 개념은 유럽 문명이 자신의 정체성을 공고화하기 위해 동양 문명과의 지리적 거리와 문화적 차이를 이념적으로 극단화했던 담론적 전략을 지칭한다. 그것은 완전히 자의적 관념임에도 실제성을 확보할 수 있었는데, 사이드에 따르면 담론이 사실로 간주되도록 하는 것 자체가 중요한 담론 전략이었다.[19] 상상의 아테네라는 독일적 심상지리는 마치 서구 문명의 우월성을 입증하려는 듯 압도적인 시각적 권위를 내세우며 일제 식민지에 관철되었으며, 이 같은 모더니티 특유의 과도한 개입과 위장의 논리는 필연적으로 분열과 모순, 혼성화, 망각 등의 역풍을 수반했다.

근대수도에 새겨진 심상지리

　서구 근대의 심상지리와 트랜스모더니티의 양상을 가장 명시적으로 보여주는 곳이 근대의 수도다. 18세기 말 이래 서구의 수도들은 부르주아지가 표방한 민주주의와 민족문화의 산실로 거듭났다. 프랑스혁명과 같은 정치적 대혁명은 기존의 종교적·왕정적 의례 공간을 민주주의의 공론장으로 전환시켰다. 도시공간은 공개적 집회와 합리적 토론이 이루어지는 장소로서 시민적 공공성의 모형이 되었다. 또한 박물관 같은 새로운 기관은 비록 외양은 옛 궁전이나 사원과 다를 바 없었지만 민족공동체의 공공적 기억과 문화적 이상의 수호자로서 도시의 신성한 중심부에 자리 잡았다. 수도는 가장 전형적으로 근대의 도시경관cityscape을 보여준다. 가로숏길, 광장, 공공기념비, 주택지, 아케이드 그리고 군중의 쉴 새 없는 흐름은 기능적 질서에 의해 총괄되고 계열적으로 반복되어 시각적 통일성을 제공한다. 개방성과 권위, 역동성과 체계성, 다양성과 균질성이 하나의 유토피아적 전체로 구조화 ― 상징화 ― 되어 있다. 그러나 이 같은 외관상의 통일성은 냉혹한 배제의 공간이라는 도시의 현실을 은폐하지 못한다. 거주민들은 결코 단일한 이해관계와 성향을 갖지 않는다. 도시는 정치적 차이를 공간적으로 재현한다. 빈민이나 식민지 출신 이주민 등 유토피아의 '외부'가 그늘진 주변부로서 도시 안에 공존한다. 이처럼 분절되고 이질적인 근대의 수도들은 다양한 행위와 상상의 복합체이기에 이들이 형성되는 역사를 단일하고 연속적인 민족사의 전형으로 보는 것은 무릇 '신화' 창조에 다름 아니다.[20]

근대수도의 신화를 창조하는 데 결정적으로 기여한 것이 바로 도시계획이었다. 지배권력의 의도에 따라 일련의 전문가 집단이 각종 이데올로기적 표상과 기술적 수단을 동원하여 건축물이나 시설물의 입지를 선정하고 가로체계를 구축하고 도시의 경계를 설정한다. 근대의 수도들은 잘 갖추어진 도시 인프라와 더불어 직선적인 가로경관을 선보임으로써 압도적 권위와 기술적 역량을 과시한다. 가로를 수놓는 개별 건축물들의 장식적 파사드façade가 미적 통일성을 구현하여 도시경관의 조감도적 구성을 보완한다. 근대의 도시계획가들은 건축물 양식이 도시민의 집단정체성을 물질적으로 구현하는 데 그치지 않고 그 정체성에 대한 새로운 시각을 상징적으로 재현하도록 안배했다. 건축은 이제 스스로 세상의 변화를 선도하게 된다.

도시계획이 도시의 경관을 근본적으로 바꾸어놓기 전부터 이미 서구 건축은 새로운 상징적 질서를 실행에 옮기고 있었다. 소위 '원근법perspective' 원리는 본래 건축에서 시작된 것이다. 주위 공간을 흡수하는 소실점에 선적 좌표를 수렴시키는 기하학적 투시법인 '선형 원근법'은 피렌체의 건축가 브루넬레스키Filippo Brunelleschi가 거대한 돔의 건축이라는 난제를 해결하기 위해 고안한 원리에 바탕을 두고 있다. 그가 설계한 유명한 피렌체 돔Duomo의 천장은 기하학적 면들의 교차점으로, 바라보는 자의 눈과 신성한 우주를 상징하는 개개의 지점들을 연결해주는 모든 상상적 선들을 조직하는 중심으로 기능한다. 건축의 정신으로부터 개화한 원근법적 공간은 부동하는 '단안monocular 시각'에 의하여 상상적으로 구성된 조형공간으로, 무한히 열려 있고 연속되며 통일되어 있다. 이 공간은 하나의 중심점을 기준 삼아 부분적 공간들이 세계를 둘러싸는 총체적 공간을 축소한 소우주이다. 이 선적 좌표 안의 모든 대상은 우주를 구성하는 요소들에 대한 계산된 평가에 기초하여 제자리를 찾게 된다.[21]

이처럼 공간을 배치하는 '근대적' 원리인 원근법은 수학 공식에 바탕을 두고 있기는 하지만 사실은 지극히 주관적인 구성물이다. 원근법을 이론화한 알베르티Leon Battista Alberti의 유명한 『회화론』에는 공간의 수직적 세로 좌표를 평평한 표면에 선형적으로 배치시키는 이른바 시각적 피라미드가 등장하는데, 그 꼭짓점인 안구眼球의 상대적 위치가 그림

피렌체 소재 '꽃의 성모마리아Santa Maria del Fiore' 성당 돔과 시가지

꽃의 성모마리아 성당의 천장화, 조르조 바자리Giorgio Vasari 작, 〈최후의 심판〉(1572~1579)

표면상 지점들의 위치를 결정한다. 눈과 그것이 바라보는 대상 그리고 그 사이의 거리가 만들어내는 원근법적 공간은 사실상 주관적 '관점'에 따라 인위적으로 구성되는 것이다. 눈과 대상 사이의 평형이 만들어내는 균질적 공간은 사실은 안구가 평면이 아니라 볼록한 표면임을 감춘다. 이처럼 바라보는 위치와 보이는 위치 간의 자연스러운 차이(와 얽힘)가 부정됨으로써 보이는 대상에 대한 바라보는 주체의 지배력이 관철된다.[22] 이러한 원근법적 공간이야말로 '권력의 식민성'을 입증할 수 있는 최상의 사료이다. 근대수도의 위용에 찬 바로크풍 도시공간에 바로 이 원근법 원리가 고스란히 관철되는바 시각적 피라미드의 투시도법적 전망vista에 맞추어져 넓고 길게 뻗은 기념비적 대로와 건축물들의 행렬이 마치 영광스러운 기념일의 군사 퍼레이드를 위해서만 이 길이 존재하는 듯 보행자의 시선을 압도한다. 대개 승전기념탑이나 개선문 등이 이러한 공간에 원근법 특유의 소실점을 제공한다. 그리고 거주민들의 범용한 일상은 전망에서 사라진다.[23]

　　제국으로부터 (포스트)식민지까지 근대수도들이 제공하는 원근법적 공간은 지배권력의 '주관적' 의도를 수학적 진리의 가상 아래 은폐한다는 점에서 지극히 '모던'하다. 동시에 빈민굴이나 식민지 토착 건축물의 강제 철거 등 냉혹한 배제의 기억이 지울 수 없는 상흔으로 도처에 남아 있다는 점에서 '트랜스모던'하기도 하다. 그것은 공간이라는 범주를 원론적으로 재검토하도록 자극한다. 공간은 본래가 상관적 성격을 지닌다. 공간은 단지 인간의 경험을 그 안에 담아내는 그릇이나 뒷배경이 아니라 인간과 재화 간의 관계, 건조환경, 일상적 실천과 정치적 전략 또는 지각, 표상, 기억 등 이른바 상징화의 과정과 두루 연관된다.[24] 공간이란 그 자체가 재현된 공간성이다. 독일 철학자 하이데거

Martin Heidegger가 정식화했듯이 공간은 결코 인간존재에 앞서 주어져 있지 않으며 역으로 인간이 상상력을 통해 세계 안의 다양한 사물들에 각각 제자리를 부여함에 따라 '공간성Räumlichkeit'의 순수한 표상이 성립한다. "공간은 공간화Einräumung하는 한에서만 공간이다."[25]

하이데거의 주장처럼 공간이 사물들에 제자리를 부여하는 실천, 즉 '공간화'의 결과로 등장한 재현된 '공간성'에 다름 아니라면 '영토', '국경', '지방' 등 지리적 차이를 본질화하며 고립시키는 근대적 공간 개념은 재고되어 마땅하다. 그러한 공간들은 재현된 것이 아니라 영구불변의 실체인 듯 가정된다는 점에서 끈질기게 작동하는 '권력의 식민성'을 입증한다. 분명 도시계획적 구성과 건축적 양식이 생산하는 도시의 '위상체계topology'는 순수한 기능적 필요성보다는 (식민)지배권력의 의도를 철저히 반영한 것이다. 그렇지만 이는 일방적으로 주입된 것이기보다는 그 의도에 대한 도시민들 나름의 수용을 반영한 결과이자 이를 위한 새로운 전제를 이루는 것이다. 마르크스주의 문화이론가 앙리 르페브르Henri Lefèbvre의 용어를 빌린다면, 소위 전문가들이 생산하는 원근법 같은 "공간의 표상들representations of space"은 현실 속에서는 이미지와 상징, 정념, 기억 등을 통한 아래로부터의 정서적 동화에 의해 주체적 "재현의 공간들spaces of representation"로서 작동한다.[26]

이처럼 공간을 항상적인 실천적 개입의 장으로 보는 한 도시경관에 대한 주목은 '권력의 식민성'을 넘어설 수 있는 하나의 효과적 방법이 된다. 도시를 살아 있는 공간으로 생산하는 여러 층위는 가로와 샛길, 공공건축물의 양식, 쉴 새 없는 인파와 교통의 흐름 등 도시경관에 고스란히 각인된다. 도시에 대한 시각중심적 접근은 지배와 통제의 조감도적 혹은 투시도법적 시각에 매몰되지 않는 한, 오히려 상이한 층위

들 간의 복합적 관계를 들여다보게 된다는 장점이 있다. 특히 건축양식
은 그 자체가 설명이라기보다는 차라리 증언에 가깝다. 그것은 변화하
는 현실의 양상을 직설적이기보다는 증상적으로 표출함으로써 근대도
시의 모더니티와 식민성에 대해 많은 것을 말해준다.[27]

　건축은 우선 특유의 공간화 방식을 통해 우리의 신체와 일상생활
을 유도하고 길들임으로써 개개인에 대한 사회적 통제를 가능케 하는
일종의 정치적 테크놀로지 면모를 지닌다. 말없이 버티고 선 벽과 지붕
은 분명 특정 부류의 사람들을 향해 말을 걸고 그들을 모여들게 한다.
건축물의 양식은 그 시각적 선명함을 통해 일정한 의미를 전달한다. 어
떤 심오한 사상이나 정치적 언설보다도 우리 눈앞에 현존하는 하나의
건축물이야말로 강력한 자장磁場을 형성한다. 그렇지만 거리에 놓인 건
축물은 특정 부류의 사람들에게만 보이는 것은 아니다.[28] 초대받지 않
은 행인들에게 충격과 관심 혹은 부러움이나 분노를 자아내는 와중에
어느덧 건축물은 앙리 르페브르가 말한 주체적 재현의 공간으로 거듭
난다.

담론 형성체로서의 도시경관

　어느 도시에서든 권력이나 자본의 논리에 포섭된 거시적 체제와
현실의 미시적 일상생활 공간 사이에는 일정한 틈새가 있다. 일상생활
은 반복되고 규칙적인 행위를 요구하는 권력과 자본의 논리를 투영해
내는 동시에 갖가지 개별적 행위로 이루어지며 이 행위들은 차이와 갈
등으로 점철된다.[29] 일상은 지배권력의 조감도적 혹은 투시도법적 시선

으로는 투시할 수 없는 비가시성의 장막을 친다. 이렇게 본다면, 건축과 도시경관에 주목하는 시각중심적 접근은 투시도법적 시선에 안주하는 대신 오히려 그 시선이 멈추는 지배와 일상의 틈새를 드러냄으로써 비가시성의 장막을 슬며시 걷어낸다. 이처럼 보이지 않는 것에 시선을 집중하는 자세야말로 문화사 서술의 미덕이 아닌가.

　가시성과 비가시성의 영역이 보다 심각한 갈등을 빚는 (포스트)식민지도시들에서 시각중심적 접근의 필요성은 더욱더 절실해진다. 건축과 도시계획이 서구의 '제국도시'들에서 제국의 영광과 민족사적 정체성을 가시화하는 데 기여했던 반면 식민지도시들에서는 식민주의자들이 토착민의 역사를 부정하고 자신들의 문화적 우월성을 입증하는 데 활용되었다. 따라서 포스트식민지도시들에서 식민주의가 남긴 유산과 새로이 구축된 위상체계는 필연적으로 괴리될 수밖에 없는데, 그 틈새에는 기존의 위상체계에 감각적으로 길들었으면서도 이를 물질적으로 변형하는 도시민의 일상이 놓여 있다. 서울 시민들은 대체로 일제의 유산인 소위 '근대기 건축물'과 반듯반듯하게 닦인 가로들을 일상의 자연스러운 건조 환경으로 받아들이며 이를 활용해 각자의 물질적 실천에 임한다. 동시에 일제의 유산을 제거하고 광화문과 경복궁을 복원하는 것에도 대체로 긍정적이다. 이 같은 모순적 행태는 모더니티와 식민성의 간극에서 비롯된다. '모던'한 도시공간의 스펙터클은 결코 식민지의 처참한 기억을 불식시키지 못한다.

　일제의 총독부 청사로 지어진 후 해방을 거치며 용도 변화를 겪었던 중앙청은 사실상 동아시아에 이식된 프로이센 고전주의의 금자탑이었다. 이 웅대한 건축물과 그것이 위치하던 장소에 대한 인상 깊은 기억은 민족의 찬란한 역사에 대한 믿음과 필연적 갈등을 빚는다. 이 갈등의 지점을 무언가 다른 것으로 채우려는 강박증이 생기는 것은 어쩌면 불편한 기억을 덮어버리고자 하는 당연한 욕구의 발로인지도 모른다. 그런데 이 같은 기억과 역사 간의 갈등은 실은 현대의 도시들에서 전반적으로 발견되는 현상이다. 민족의 유산을 수호하는 공공장소로서의 수도라는 지극히 근대적인 관념이 점차 시의성을 상실한 후 어느덧 도시공간은 과거와 단절되어 순간순간 교체되고 명멸하는 양상을 띤다. 문화이론가 후이센Andreas Huyssen의 표현을 빌리면, 도시라는 양피지에는 파편화된 기억이 끊임없이 씌고 지워진다. 이에 따라 균질적이며 연속된 역사의 시간은 균열과 모순에 처한다.[30]

과연 근(현)대 건축과 도시경관은 역사를 수호하는 최후의 보루일까 아니면 파편화된 기억의 온상일까? 과연 지배세력의 이데올로기적 도구일까 아니면 오히려 이에 맞서는 주체적 재현의 공간일까? 굳이 이 중 한편에 속하지 않더라도 건축 내지는 건조의 공간이 특정 이데올로기로는 완전히 수렴될 수 없는 물질적 실천의 산물임은 분명하다. 따라서 그것은 늘 새로운, 일시적인, 불완전한 재현일 뿐이다. 문화사가의 지적 정복욕을 자극하는 대상인 '실재'란 오로지 상이한 재현들 간의 차이 내지는 균열 속에서만 살며시 제 모습을 드러낼 뿐이다. 이렇게 볼 때, 마치 이전에는 아무것도 없었던 듯 스스로를 유일무이한 재현으로 내세우는 모더니티의 이데올로기는 '실재'로부터 실로 멀리 벗어나 있다.

현대의 도시는 확실히 역사와의 갈등에 시달리는바 그 독특한 재현의 양상을 프랑스 역사가 피에르 노라Pierre Nora는 "기억의 터lieux de mémoire"라는 광의적 개념에 담았다. 그것은 '역사'와는 대척점을 이루는 것으로, 기억을 보존하거나 불러일으키기보다는 오히려 기억의 부재를

환기하는 공간을 가리킨다. 과거의 생생한 기억을 담고 있던 "기억의 환경들milieux de mémoire"이 사라진 자리에 남은, "더는 누구도 거주하지 않는 집"인 "기억의 터"는 국가적 기념시설이나 관광지로 단장하거나 학문적 연구의 대상으로 삼는 등 오로지 인위적 연출을 통해서만 존립이 가능하다.[31] 역사의 부침 속에서 본래적 '기억의 환경'을 상실한 서울과 같은 도시들은 자신의 혼란스러운 기억을 인위적으로 선별·편집하여 유서 깊은 민족적 '기억의 터'를 창조한다. 역사의 소진이 부득불 값비싼 대용물을 낳은 것이다.

사라진 중앙청과 복원되고 있는 경복궁은 모두 그러한 기억의 터로 볼 수 있다. 과거에 식민지 시절을 경험한 도시는 서구의 그렇지 않은 도시들보다 더욱 인위적이고 이데올로기적 성향이 강한 기억의 터를 생산하기 마련이다. 서구 대도시들의 경우 기억의 환경이 서서히 와해되면서 기억의 터에 의해 비교적 조심스럽게 대체되는 과정을 밟는 반면, 포스트식민지도시는 식민지 시절의 기억의 환경을 의도적으로 파괴한다. 왜냐하면 치욕적인 과거와의 불편한 관계가 기억의 극단적 단절을 초래하여 이를 극복하려면 더욱 극단적인 방법이 요청되기 때문이다. 포스트식민지도시 서울의 공간은 맥락을 결여한 전통과 국적 불명인 현대의 비대칭적 병립 그리고 양자를 매개할 근대기 유산의 실종으로 특징지을 수 있는바 시민들의 균열된 기억이 비교적 잘 다듬어진 유적과 초고층 마천루의 뒤편에 함몰된 지층처럼 남는다. 외형적 활기에도 불구하고 서울은 구조적으로 비어 있다.

이처럼 기억과 망각의 예술이라 할 수 있는 건축과 도시계획은 그 본성상 기술적 사안이기에 앞서 담론적인 것이다. 고대 아테네와 그 분신인 프로이센 고전주의에 대한 기억과 망각 속에서 베를린·도쿄·서울이 근대적 수도로 만들어지는 과정은 건축설계와 도시계획 그리고 도시민들의 반응 등을 망라하여 푸코Michel Foucault식의 '담론 형성체 formations discursives'로 다루어질 수 있다. 꽤 오래전에 제시되었건만 여전히 호소력을 잃지 않은 이 방법론적 전략은 물질적 과정과 정치적 행위의 과정을 모두 차별 없이 재현의 문제로 취급하며 재현되는 대상보다는 오히려 재현의 주체와 매체, 범위와 척도 등이 늘 새롭게 창출되는 재현의 과정 자체에 주목한다.[32] 이러한 전략에 의거할 때 비로소 프로이센 고전주의의 역사적 위상이 민족사적 본질주의나 건축사적 전문지식에 매몰되지 않고 전면적으로 논의될 수 있다. 예컨대 프로이센 고전주의 담론 형성에서 핵심적이었던 건축함의 본성에 대한 사유는 단지 건축사적 사안이 아니라 통일성과 합리성을 앞세운 모더니티의 담론적 형성과 결부된 한 묶음의 재현으로 취급된다. 이와 마찬가지로, 고대 아테네의 문화적 정수를 부활시키려 했던 지극히 유럽적인 이념이 이후 동아시아 나름의 시간과 공간의 맥락에 따라 변모되는 과정도 왜곡이나 변질 등과는 다른 차원에서 논의할 수 있게 된다. 서울의 중앙청에 기입된 독일 문화의 이념적·시각적 기호들이야말로 민족문화의 연속적 '전파'가 아니라 특정한 담론 형성체의 불연속적 '재배치'로, 달리 말해 또 하나의 동등한 재현으로 다루어지는 것이다. 결국 상상의 아테네를 찾아가는 과정은 기원을 추적하는 발생학이기보다는 오히려 동맹, 교류, 거점으로 이어진 관계망을 복원하고자 하는, 이른바 '계보학 généalogie'에 훨씬 가깝다.[33]

베를린에서 꽃핀 프로이센 고전주의는 기본적으로 고대 아테네에 대한 지리적 상상을 담론화한 것이다. 상상의 아테네라는 '심상지리'는 에드워드 사이드의 방법론을 통해 효과적으로 분석될 수 있는바 그는

동양이라는 '타자'에 대한 고정관념이 강해질수록 서양이라는 정체성
도 강화되는 모순적 관계에 주목하는 접근법을 "대위법적 독해contrapuntal
reading"라고 지칭했다.³⁴ 프로이센 고전주의가 지극히 독일적 담론이었던
만큼이나, 서울에 이식된 프로이센 고전주의는 전적으로 일본적인 담론
이었다. 일본제국의 심상지리는 한편으로는 독일제국을, 다른 한편으로
는 아시아 주변국들을 대상화함으로써 그 '대위법적' 관계 속에서 일제
자신의 위상을 확보하는 데 기여했다.³⁵ 결국 고정된 것은 죽어 있는 것
뿐이다. 식민주의자의 심상지리는 피식민자들이 살아가는 현실의 공간
에 이식될 때 원래의 것과는 겉만 유사할 뿐 속은 전혀 다른 것으로 변
모하고 만다. 독일제국의 외딴 식민도시 '칭타우Tsingtau'—현재의 칭다
오靑島—는 결코 베를린의 축소판일 수가 없고, 제국 일본의 식민지 수
위도시 '게이죠京城'는 도쿄의 모사일 수가 없다. 프로이센 고전주의는
대륙을 횡단하는 와중에 본래 모습을 알아보기 힘들 만큼 변모된 심상
지리로, 새로운 (반)민족적 기억의 터로 재탄생했다.

　따라서 세 개의 수도 베를린·도쿄·서울은 주어진 지리적 실체가
아니라 각 국면마다 새롭게 등장하는 '재현의 공간들'로, 즉 항상 상이
한 지배권력에 따라 상이하게 재현되는 한편 이미 도시민의 감각을 길
들인 위상체계가 새로운 재현의 요구와 끊임없이 갈등을 빚는 '뒤얽힌'
과정이라는 관점으로 접근해야 옳다.³⁶ 민족의 뿌리 깊은 수도라는 담
론은 어설픈 농담에 지나지 않는다. 유구한 역사가 제자리를 찾지 못한
곳, 베를린·도쿄·서울은 여전히 건재하지만, 어쩌면 아직도 존재하지
않는 수도이다.

I부

프로이센
고전주의를 찾아서

베를린에도 전통과 역사를 지닌 장소들이 있긴 하지만

도시 자체는 어떠한 전통도 역사도 없다.

그것은 하나의 신도시다. 내가 이제까지 본 것 중

가장 새로운 도시다.

—

마크 트웨인, 「베를린: 유럽의 시카고」(1892)

베를린, 중부 유럽의 아테네

〈그리스 번영기 관상Blick in Griechenlands Blüte〉은 19세기 독일의 건축가 카를 프리드리히 싱켈Karl Friedrich Schinkel이 손수 제작한 판화 작품이다. 국왕의 총애를 한 몸에 받으며 명성을 구가하던 건축가가 1824년 생애의 두 번째 이탈리아 여행을 앞두고 착수했던 이 작품은 고대도시의 신전 건설 장면을 파노라마식으로 묘사하고 있다. 오른편에는 공사가 진행 중인 신전의 이오니아식 오더order, 柱範를 지닌 원주 앞에서 일련의 남성들이 대리석 프리즈frieze를 옮기고 있는데 이들의 나신은 마치 전사들처럼 영웅적 풍모를 보여준다. 그림의 후경에는 이상적인 고대도시와 해안 풍경이 은은하게 펼쳐진다. 이 작품의 주제와 풍취는 당시의 시대상을 고스란히 반영한다. 오스만튀르크의 오랜 지배로부터 벗어나기 위해 그리스인들이 벌이던 수년간의 독립전쟁과 바로 몇 해 전에 나폴레옹의 멍에를 떨치고 일어섰던 '해방전쟁'의 기운이 독일 청년층과 지식인들의 가슴을 사로잡고 있던 때였다. 활발한 기운으로 충만한 고대 그리스의 모습은 자유와 해방을 약속하는 신시대의 도상이었던가? 그러나 작품의 실제 제작 동기는 '해방'과는 거리가 멀었다. 이 작품은 프로이센 공주와 네덜란드 왕자의 결혼식 선물용으로 베를린 시의 위탁을 받아 제작된 것이었다. 1825년 완성되어 오래도록 베를린의 국립미술관이 소장하던 이 작품은 1945년 연합국의 공습으로 유실되었고 현재 남아 있는 것은 빌헬름 알보른August Wilhelm Julius Ahlborn의 1826년 복사본으

로, 캔버스에 그린 유화 작품이지만 원작을 고스란히 재생한 것으로 알려져 있다.[1]

이 작품이 제공하는 것은 해방이 아니라 새로운 도시에 대한 약속이다. 건축가가 그린 그림인 만큼 건축에 대한 은유가 화면을 지배하고 있으며 해안가 풍경도 석조의 인공환경이 압도한다. 그러나 작품이 보여주는 것은 완성된 건물이 아니라 오히려 역동적 생성의 과정이다. 화면의 왼편은 거의 기초공사에 가까운 단계를 보여주며 오른편 하단에 보이는 열주colonnade는 현기증이 날 정도로 밑도 끝도 없기에 초인적 역량을 요하는 난공사를 짐작게 한다. 굳건해 보이는 이오니아식 원주들

1부 프로이센 고전주의를 찾아서

<그리스 번영기 관상>(1826),
빌헬름 알보른 작, 유화

과 순백의 프리즈 위에 양각된 신과 영웅들 그리고 일하는 남성들의 다
부진 나신은 이 모든 작업을 주재하는 어떤 권능을 암시하는 듯하다.
제목에서 엿보이듯 이 작품에는 이상향을 동경하는 전능한 권력의 시
선이 담겨 있다. 그것은 황금기 그리스처럼 융성의 기운이 가득하고 흐
트러짐 없이 잘 계획되어 있으며 지극히 남성적인 도시, 새로운 민족의
수도를 요구하고 있는 것이다.

  흔히 '슈프레 강가의 아테네Spree-Athen'로 불리던 베를린은 이 그림
속 '심상지리'를 일정하게 구현한 신수도였다. 그곳에는 고대 그리스의
기운이 감도는 유서 깊은 중심가가 있다. 프랑스 수도 파리의 샹젤리제

와 비교될 만한 운터덴린덴Unter den Linden은 이름 그대로 '보리수나무들 아래' 펼쳐진 길고 넓은 가로이다. '유원지Lustgarten'라는 소박한 이름을 가진 장방형 공원을 중심으로 한쪽 끝은 되블린Alfred Döblin의 소설 제목으로 유명한 알렉산더 광장Alexanderplatz으로, 다른 한쪽 끝은 베를린의 숭례문 격인 브란덴부르크 문Brandenburger Tor까지 연결된다. 고대 아테네의 아크로폴리스로 들어서는 관문인 프로필레온Propylaeon을 모방한 그 웅장한 문으로부터 인근의 왕궁도시 포츠담까지 기나긴 가로가 이어진다. 운터덴린덴의 '소실점'과도 같은 유원지의 빈터를 일련의 공공건축물이 둘러싸고 있다. 공원 바로 앞에는 위풍당당한 열주가 전면을 장식한 구박물관Altes Museum이 서 있고, 길 건너 맞은편에는 후일 동독 정부가 파괴하여 통일 이후 재건을 중비 중인 베를린 왕궁Berliner Schloß이, 그리고 웅장한 네오바로크 양식의 베를린 돔교회Berliner Dom, 병기고로 쓰이던 역사박물관Zeughaus, 도쿄 제국대학이나 시카고 대학의 제도적 모델이 된 베를린 대학(정식 명칭은 프리드리히 빌헬름 대학Friedrich Wilhelm Universität, 현재 명칭은 훔볼트 대학Humboldt Universität), 또한 고대 그리스 신전 풍의 국립오페라극장Staatsoper이 원환을 이루고 있다. 예술과 역사, 학문, 종교 그리고 국가의 권위가 공간적 일체성을 이루고 있는 것이다.

운터덴린덴의 위상학을 구축하는 데 가장 결정적 역할을 했던 인물은 프로이센의 궁정건축가 프리드리히 싱켈이다. 고대 그리스 건축에서 미와 덕성의 조화를 발견한 싱켈은 중부 유럽에 고대 아테네를 부활시킨다는 이상에 따라 군사강국 프로이센의 척박하기 이를 데 없던 수도 베를린을 변모시키는 일련의 작업에 착수했다. 무엇보다 중심대로인 운터덴린덴을 전 유럽인이 동경할 만한 권력과 문화의 중심지로 만드는 일이 급선무였다. 이 유서 깊은 가로가 "슈프레 강가의 아테네"

로 변모되기 위해서는 새로운 건축 기법의 도입과 공간의 대대적 재편은 물론, 전적으로 새로운 역사적 정체성이 요구되었다.

슈프레 강가의 아테네:
그리스 열풍과 독일의 민족문화

   싱켈의 이 과도한 심상지리는 과연 어떠한 발상에서 나온 것일까? 왜 독일인이 시간적으로나 공간적으로 멀고 먼 고대 그리스를 그토록 동경한 것일까? 당시 유럽에서 고대세계에 대한 동경은 보편적 현상이었다. 이른바 신고전주의neoclassicism 사조는 르네상스 이래 다양한 가지를 친 광의의 고전주의와는 달리 18세기 중엽 고대 그리스와 로마 문화의 '재부흥'으로 시작된 예술 및 제반 사상의 흐름을 일컫는다.[2] 폼페이, 헤르쿨라네움, 파에스툼 등 고대유적 발굴을 직접적 계기로 유럽의 귀족문화에 의해 굴절되지 않은 본래의 고대문화에 대한 관심이 증대되었다. 바로크와 로코코 예술의 화려함과 기교함, 그 지나친 쾌락적 성향은 이에 대한 반발로 보다 엄숙하고 진지하며 객관적이고 단순 명료한 표현을 갈구하도록 만들었다. 이에 따라 단순히 과거로 회귀하여 고대를 모방하는 것이 아니라 그러한 무기력한 형식주의에서 오히려 벗어나 현재와 과거의 다름을 기꺼이 인정하고 고대의 '고전성'을 현재의 모습으로 부활시키고자 하는 새로운 요구가 팽배하게 되었다. 19세기 영국 최고의 산문가 월터 페이터Walter Pater가 명징하게 표현했듯이, 고대의 문학과 예술에서 찾을 수 있는 "본질적으로 고전적인 요소"는 다름 아닌 "아름다움 속에 깃든 질서의 속성"으로, 이는 "표준성, 순수함, 절

새로운 혁명국가의 이념을 표현한, 파리의 팡테옹

제" 등과 같은 성질을 포함한다.[3]

특히 건축 분야에서 '고전성'에 대한 요구가 두드러졌다. 많은 유럽 건축가가 르네상스와 바로크, 로코코 예술의 전범에 싫증이 나 있던 차에 고대유적의 발굴은 오래도록 교과서처럼 여겨온 르네상스의 고대건축 이론에서 벗어나 고대 건축의 실례를 직접 탐구할 절호의 기회를 제공했다. 지나치게 고압적이지도 불필요하게 사치스럽지도 않으며 훨씬 간결하고 기능적인 고대 건축의 형식은 새로운 전범이 될 만한 가치가 있었다. 신고전주의 건축이야말로 고대로부터 형태만이 아닌 이성적 사고를 배워 건축을 물리적 실재로 인식하게 된 근대건축의 출발이었다. 이 같은 새로운 사고는 대혁명과 새로운 국민국가 시대의 도덕적 이상에 부응하는 것으로 받아들여졌다. 소위 '혁명건축'을 표방한 신고전주의 건축은 수플로Jacques-Germain Soufflot의 기본설계로 그의 제자 롱들레Jean-Baptiste Rondelet가 완성한 팡테옹Panthéon처럼, 부분과 전체의 완전무결한 조화를 추구했던 고대 로마의 미적 이상을 '모방'하여 새로운 혁명국가의 이념을 표현했다.[4] 장식의 절제와 직선 및 직각의 사용, 기하학적 공간들의 통일체, 건축의 기능에 부응하는 합목적적 형태라는 이념은 박물관, 도서관, 극장, 은행, 정부관청 등 공공건축물에 매우 적합했다. 나폴레옹의 개선문으로부터 빅토리아 중산계급의 주거지에 이르기까지 다채로운 형식의 신고전주의가 근대 유럽의 대도시들을 풍미했다.[5]

남부 독일에 위치한 바이에른 왕국의 건축가 레오 폰 클렌체Leo von Klenze와 북독일 프로이센의 건축가 싱켈은 신고전주의 건축의 대표주자들이다. 외면적 장식성보다 기능과 형태의 조화를 강조하고, 무엇보다 간결함과 도덕적 품격을 중시한다는 점에서 이들의 건축은 가히 신고전주의의 전형이었다. 그런데 베를린 건축학교Bauakademie 출신인 이 두 건축가에게서는 파리의 건축학교 에콜 데 보자르École des Beaux-Arts가 대변하던 소위 '혁명건축'과 비교해 색다른 점이 발견된다. 무엇보다도 고대 그리스에 철저히 경도되어 있다. 이는 유럽 전역에서 이미 상당히 진척되어 있던 그리스 재발견과는 결이 달랐다. 그리스 예술이 절대적 미로 신격화됨으로써 로마의 지위가 전례 없이 추락했던 것이다.[6]

고대 그리스에 대한 독일인들의 남다른 열정은 18세기에 고대 그리스로의 문화적 전환을 이끈 미술사가 빙켈만Johann Joachim Winckelmann의 사례에서 가장 선명하게 입증된다. 그는 호사스러운 바로크 예술을 거부하고 고대 그리스 예술의 "모방Nachahmung"만이 참된 길임을 강조했다. 물론 그가 단순히 형태의 모방을 주장한 것은 아니었다. 오히려 그리스 문화의 전체적 상 속에 그리스 예술을 위치시킴으로써 다른 문명권과는 비교도 되지 않을 정신적 우월성을 찾아내고 이를 이상적 규범으로 삼고자 했다. 1755년에 발간한 『회화와 조각예술에서의 그리스 작품의 모방에 관한 고찰』에서 빙켈만은 고대 그리스 예술이 자유롭기 그지없던 도시국가의 모습 그대로 최상의 미와 도덕적 교훈을 결합하고 있다고 역설했다.[7] 이는 프랑스인들이 대체로 같은 라틴 문화권인 로마를 문화적 전범으로 삼았던 것과 대조를 이룬다. 이제 신고전주의의 전범은 로마가 아니라 황금기 그리스였다.

물론 이 같은 그리스 열풍은 단지 독일만의 현상은 아니었고 18세기 말부터 19세기에 걸쳐 전 유럽에 만연한 문화적 대세였다. 특히 영국에서는 그 열기가 독일에 못지않았다. 이미 18세기 중반 건축가 스튜어트James Stuart와 레벳Nicholas Revett은 그리스 건축물들의 상세도를 담은 『아테네의 고적』을 발간했으며, 19세기 들어서는 이오니아식 열주로 그리스 신전의 분위기를 연출한 대영박물관이 런던 한복판에 등장했다. 이곳에 파르테논 신전의 조각 장식을 떼어 온 소위 "엘긴 경의 대리석Elgin Marbles"이 전시된 것은 영국에서 일어난 그리스 열풍의 진상을 극명하게 보여준다.[8] 그러나 고대 그리스 항아리를 찬미한 키츠John Keats와 불굴의 프로메테우스를 찬양한 셸리Percy Bysshe Shelley의 낭만적 시상詩想이 있기 위해서는 빙켈만의 미술사가 선행되어야 했다. 빙켈만이야말로 그리스에 대한 근대적 이미지와 역사적 가치를 창출해낸 선구자였다.[9]

프로이센 왕국의 변경 지역에서 구두수선공의 아들로 태어난 빙켈만은 타고난 재능 덕에 독일 바로크 궁정문화를 이끌던 작센Sachsen 왕국의 후원을 받게 되고 더 나아가 로마 교황청의 고대유물 담당관이라는 남부럽지 않은 지위로 올라섰으면서도 궁정문화의 허식에 대한 프로메테우스적 반역을 감행했다. 정신적 갈등을 느끼던 그에게는 고대 그리스 문화야말로 가식 없는 자연, 사회적 관행으로부터 해방된 천재성, 정신적 자유의 이상향이었다. 고대 그리스인들의 자유롭고도 공적인 시민생활은 근대의 개인과 사회의 전범을 제시해주는 것으로 보였다.[10] 이러한 발상에는 두말할 나위 없이 급진적인 정치적 함의가 내포되어 있었다. 빙켈만 당대로부터 한 세대 후에는 국민국가 건설이 유럽 전역을 지배하는 흐름이 되고 급진파는 고대 공화국에서 자유와 민주주의의 원천을 찾게 된다. 실제로 혁명기 프랑스에서 흔히 스파르타는 평등의 본산지, 아테네는 자유의 본산지로 간주되었다.[11] 그러나 이 같은 혁명적 기운은 복고왕정의 아성이던 독일 지역에서는 독일 문화의 특수한 원천과 사명에 대한 가히 종교적인 믿음으로 대체되었다.

독일에서 일어난 그리스 열풍은 종교개혁 이래의 복음주의 전통에서 비롯된 신인문주의Neuhumanismus 정신과 밀접히 결합되어 있었다. 신인

문주의는 그 이전의 르네상스식 인문주의와 달리 문학과 예술에 종교적 신성을 부여하고 여기에 강한 정치적 포부를 실었다.[12] 그것은 독일 특유의 '자기함양Bildung' 이상과 밀접히 결합되어 있었다. 그리스어의 파이데이아paideia, παιδεία와 친연성을 갖는 '빌둥Bildung' 개념은 기본적으로 협소한 엘리트층에 기대기는 했으나, 그럼에도 시대의 요구에 잘 부응했다. 프랑스혁명의 대의에 맞서 개인의 '정신적' 해방을 강조하는 독일식 보수주의 노선에 최상의 명분이 제공된 것이다. 프로이센의 문교부 장관을 역임하면서 교육 개혁을 주도했던 언어학자 빌헬름 폰 훔볼트Wilhelm von Humboldt는 '빌둥'의 원리야말로 개인으로 하여금 자기주도적 발전을 통해 자연적 미성숙으로부터 자발적 시민성으로 나아가게 함으로써 결국 시민적 의무감과 국가에 대한 충성심을 고취하리라 기대해 마지않았다.[13] 프로이센적 시각으로는 이러한 노선을 소위 '세계시민Weltbürgertum'과 배타적인 국민국가 간의 조화로 볼 수도 있겠으나[14] 실제로는 국민국가의 요구에 세계시민성이 짓눌렸다고 보는 편이 보다 적절할 것이다.

이 같은 신인문주의적 '자기함양'을 위해 고대 그리스에 대한 깊은 이해는 필수적이라 간주되었다. 사실 독일어권 지역의 느슨한 연합체이던 신성로마제국이 해체되자 독일을 한데 묶어줄 정치적 구심점이 부재한 상태였다. 무엇보다도 신교와 구교가 팽팽히 맞서는 종교적 분열상이 하나의 조국을 상상하기 힘들게 만드는 주요한 원인이었다. 동떨어진 이교도 문명인 고대 그리스가 소환된 것은 바로 이러한 맥락에서였다. 고대 그리스에 대한 가히 신앙에 가까운 열망을 노래한 횔덜린Friedrich Hölderlin의 서한소설 『휘페리온』, 빙켈만에 이어 그리스 조각을 예술의 영원한 이상으로 제시한 괴테Johann Wolfgang von Goethe가 예술이라는

"내면적 지성소"로 들어서기 위해 만든 동인지 『아테네 관문Propyläen』,[15] 이후 영국과 아메리카로 건너가 '고전학Classics'이라는 새로운 분야로 자리 잡게 되는 베를린 대학과 괴팅겐 대학의 '고대학Altertumswissenschaft' 등은 광범위하게 퍼지던 그리스 열풍의 극히 일부에 지나지 않았다.[16]

초기의 그리스 애호가들이 이상적 진선미에 대한 귀족적 관조에 머물렀던 반면, 19세기에는 국가가 나서서 제도적 기반을 마련했다. 대학과 인문계 고교Gymnasium를 포함한 고등교육기관에서는 고대 그리스어 시와 문법이 늘 필수교과 지위를 유지했으며, 그 밖에 박물관과 연구소 등 각종 공공기관을 통해서도 그리스에 대한 지식과 관심이 널리 확산되어 독일 특유의 '교양시민계층Bildungsbürgertum'이 형성되는 데 크게 이바지했다. 이러한 경향은 20세기 초까지 지속되어 고대 페르가몬 왕국 신전 일부의 밀반입과 아마추어 고고학자 슐리만Heinrich Schliemann의 트로이 발굴로 이어진다.[17] 독일인들이 로마보다도 훨씬 멀고 더 오래된 고대 아테네로 시선을 향했던 것은 참으로 특이하지 않은가?

어느 모로 보나 독일인의 그리스관觀은 사실보다는 필요에 근거한 것이었다. 실제로 독일 저술가들은 고대 로마의 작가들과 로마 시대의 그리스 조각품 복사본 또는 이탈리아 인문주의자들과 프랑스 철학자들의 저술에 의존하면서도 마치 자신들이 처음 그리스를 발견한 것처럼 과장했다. 빙켈만이 그 전형적인 예였다. 그는 실은 그리스에 가본 적도 없었다.[18] 비록 고대학, 언어학, 역사학 혹은 인종학 등 근대과학의 베일을 쓰기는 했으나, 예컨대 독일어와 그리스어 사이의 친족관계 및 이에 근거를 둔 아리안족의 혈통적 계보 등은 현재는 일종의 역사적 에피소드 이상으로는 여겨지지 않는다. 실로 근대과학이 객관성과 비정치성을 전면에 내세울수록 오히려 현실권력을 옹호하는 이데올로기라는 혐의가 더욱 짙어진다. 고대 그리스 민주정을 근대 민주주의의 전범으로 삼은 공화주의자들의 논리만큼이나 고대 그리스를 논하면서 정치를 삭제하고 이상적 진선미만을 내세우는 고전학자들의 논리는 적잖이 이데올로기적이었다.[19] 신인문주의를 추구하던 독일 지식인들이 성취해낸 그리스의 '발명'은 사실상 거의 '역사 왜곡'에 가까웠다. 과도한 관념성이란 실은 혁명적 변화에 대한 두려움, 미래를 전망할 수 없는 정치적 좌절의 표현이었을 뿐이다. 확실히 근대 독일의 그리스 이미지는 민주주의의 이상과는 거리가 멀었다. 한 저명한 책 제목이 냉소적으로 표현했듯이, "독일에 대한 그리스의 압제"가 근대 독일의 문화 지형도를 결정지었다.[20]

　이 같은 독일식 그리스 수용은 근본적으로 반혁명의 기운을 지니고 있던 낭만주의의 조류로부터 지원을 얻었다. 독일 낭만주의Romantik는 타국의 고유한 문화를 부정하는 프랑스 계몽사상가들의 혁명적 독단에 대한, 문학가와 예술가의 반역으로부터 샘솟았다. 억누를 수 없는 충동과 열정이 꿈과 사상, 문장과 리듬의 새롭고 기이한 아름다움을 낳았다. 중세적 신앙의 신비함이 속된 현실에 대한 반역의 정신 속에 되살아났다.[21] 독일 낭만주의자들은 자신들의 뿌리인 중세에 대해서만이 아니라 고대 그리스에 대해서도 깊은 동경을 품었는데, 이는 일견 모순적으로 보일 수 있지만 이 둘이 공동의 적을 마주하고 있었기에 서로 무리 없이 보조를 맞출 수 있었다. 로마에서 유래한 자연법과 이에 뿌리를 둔 프랑스 계몽사상에 대한 독일 지식인의 적대감은 워낙 가슴에 사무친 것이었기에 이에 반하는 것이라면 악마와도 손을 잡을 터였다.[22] 고대 그리스는 로마 시대보다는 차라리 중세에 가깝게 느껴졌으며 심지어 이웃나라 프랑스보다도 심리적으로는 훨씬 가까웠다. 낭만주의에

　　　　　　　　　　　　　　　1부　프로이센 고전주의를 찾아서

발할라 전경

불을 댕긴 작가 실러Friedrich Schiller와 슐레겔Friedrich Schlegel이 독일인을 가리켜 "근대의 그리스인"이라 칭했던 것은 결코 우연이 아니었다.[23]

　독일 동남부 도나우 강 연안의 골짜기에 세워진 '발할라Walhalla'는 아테네 파르테논 신전을 연상시키는 독일 민족의 신전이다. 독일이 나폴레옹으로부터 해방된 1814년에 민족적 기념비로 기획되었으나 궁핍하던 시절이기에 1830년에 이르러서야 착공되었고 그로부터 12년이 지나서야 완공되었다. 설계자는 당대 최정상 건축가 레오 폰 클렌체였다. 건축물의 구상은 훨씬 이전부터 이루어졌다. 1806년에 천년을 이어온 독일제국, 일명 '신성로마제국'이 프랑스 나폴레옹 군대에 의해 해체되고 독일 지역의 상당 부분이 나폴레옹 휘하의 라인동맹Rheinbund에 편입되었으며 라인 강 좌편이 프랑스에 귀속되는 등 심각한 민족적 굴욕을 당하자 바이에른 왕국의 황태자 루트비히Ludwig Karl August가 나서서 독일 민족의 부활을 상징하는 민족적 기념비를 구상했던 것이다. 그는 1825년에 루트비히 1세로 즉위한 후에야 비로소 발할라 착공을 재촉할 수 있었다.

　당대의 그리스 열풍에 휩쓸려 있던 루트비히 1세는 대리석 열주로 둘러진 그리스 신전의 페립테로스peripteros 형식을 빌려 민족적 정체성을 표현하고자 했다. 그러나 건물 명칭 '발할라'는 그리스가 아니라 게르만 신화 속의 전쟁 영웅이다. 존재하지 않는 민족의 정체성이 어차피 머나먼 과거의 상상 속 세계에서 찾아진 만큼 게르만 신화와 그리스 신화의 차이는 별반 문제가 되지 않았다. 1842년에 개관한 이 건물의 중심은 단연 '영예의 사원Ruhmestempel'이다. 2000년 독일사를 주름잡은 200명에 달하는 인물, 예술가, 정치가, 과학자, 군주의 흉상과 명판이 줄을 이어 설치되었다.[24] 이들은 마치 고대의 영웅들처럼 아득한 시간의 베일을 둘러쓰고 있다. 말하자면 아테나 여신의 자랑스러운 후예들이 민족주의의 성스러운 제단 위에 부활한 것이다.

프로이센과 아테네

그리스에 대한 낭만주의적 동경은 사실상 새로운 정치적 구심점에 대한 열망이었다. 통일된 국가가 부재할 때 정치의 결핍을 메꿔준 것이 다름 아닌 문화였다. '조국Vaterland'에 대한 끓어오르는 연모의 감정을 맺어주는 것은 모국어와 전통문화 그리고 공통의 역사에 대한 자부심이다. 그러나 독일어권 지역은 언어 말고는 특별한 문화적 동질성을 찾기 힘들었다. 구교와 신교가 팽팽히 맞서고 있는 종교적 대치 상황 속에서 이교도 문명인 고대 그리스가 대안적 조국의 이미지를 제공해주었다. 푸르른 하늘로 솟은 순백의 대리석 신전을 연상시키는 그리스야말로 종교전쟁의 처참한 기억으로부터 자유로운 신독일의 도상이었던 것이다.

가장 그리스적인 것이 가장 독일적인 것이었다. 낭만주의와 고전주의의 독일식 결합은 사실상 불만족스러운 현실의 산물이었다. 중세라는 관념만큼이나 그리스라는 관념도 그 이상적 이미지를 통해 현실에 대한 비판의 준거점을 마련해주었다. 낭만주의 작가 프리드리히 슐레겔이 마치 자신의 고향을 잃어버린 것처럼 애석해했듯 고대 그리스는 더는 되돌아올 수 없는 "황금시대"로 기억되었고, 그 시대가 낳은 시詩는 완전한 조화를 실현한 "예술과 취미의 원형"이었다.[25]

이처럼 중세와 그리스에 대한 시선이 교차된 낭만주의는 독일 전역에서 번성했으며, 특히 『황태자의 첫사랑』이 꽃피던 고도古都 하이델베르크는 무한한 영감의 원천을 제공했다. 그러나 낭만주의의 진정한 수도가 권력의 지형도에 따라 새로이 등장하게 된다. 독일의 맹주로 자리를 굳힌 프로이센의 수도 베를린이 바로 그곳이었다. 괴테가 제2의 고향으로 삼았던 바이마르와 실러가 대학교수직을 수행하던 예나가 고전주의 문학의 아성이었다면, 베를린은 낭만주의 문학의 아성이었다.[26] 독일의 전래 민요를 엮은 『소년의 마술피리』의 작가 아르힘 폰 아르님Ludwig Achim von Arnim이 1809년 하이델베르크에서 베를린으로 주거지를 옮긴 것은 매우 상징적인 사건이었다. 그가 주도하여 1811년에 창립된 '독일 오찬회Deutsche Tischgesellschaft'는 베를린이 명실상부한 낭만주의 운동의 구심점으로 자리 잡는 데 결정적 역할을 했다. 이 모임에는 폰 아르님과 더불어 협회 창립을 주도한 국가이론가 아담 뮐러Adam Heinrich Müller, 현직 군인이자 군사학 전문가 클라우제비츠Carl von Clausewitz, 철학 교수 피히테Johann Gottlieb Fichte, 종교학 교수 슐라이어마허Friedrich Schleiermacher, 법학 교수 자비니Friedrich Karl von Savigny, 하이델베르크에서 폰 아르님과 『소년의 마술피리』를 함께 집필한 작가 브렌타노Clemens Brentano, 그리고 젊은 건축가 싱켈 등 각 분야를 아우르는 그야말로 당대 최고 지성이 참여했다. 이 모임의 정치적 지향성은 뚜렷했다. 독일 민족의 고유한 문화를 계승하고 발전시킴으로써 민족의 해방과 통일을 쟁취하자는 것이었다.[27]

　　베를린에서 낭만주의와 고전주의의 정신은 장중한 혼례를 치렀으며 그 결과 '프로이센 고전주의'라는 강건한 태아를 잉태할 수 있었다. 문학과 정신과학, 음악, 회화, 조각, 공예 그리고 건축 등 각 분야에서 고대 그리스의 상상적 이미지를 통해 독일 민족문화를 만들어가는 지난한 작업이 펼쳐졌던 것이다. 물론 프로이센만이 그리스의 발명에 매진했다고 보아서는 곤란하다. 그것은 유럽 전역에 걸친 흐름이었고 독일 내에서도 프로이센만의 현상은 아니었다. 그러나 프로이센에는 확실히 독특한 점이 있었다. 신흥 군사강국으로 대두했지만 문화적으로는 약소국에 지나지 않던 프로이센 왕국에 고대 그리스를 재생하는 일은 문화적 차원을 넘어 지정학적 필연성으로 받아들여졌다. 당시 서유럽에 지배적이던 로마 지향적 라틴 문화와 가톨릭의 아성에 대항하기 위해 프로이센의 지식인들은 개신교적 색채가 짙게 깔린 그리스-게르만 문화의 계보를 발명해냈다. 보다 개명되고 열린 교회를 지향하는 이른바 '문화프로테스탄티즘Kulturprotestantismus'의 수호자를 자처한 프로이센 왕국은 가톨릭 권역으로 남은 남독일과는 달리 로마의 흔적이 없는 '순수한' 그리스를 상상할 수 있었다. 라틴권보다 훨씬 순수하고 강직한 정신을 지향하는 이 대안적 문화 노선은 중부 유럽의 떠오르는 강대국에 국가적 정체성과 사명을 제공해주었다.[28] 기존에 없던 새로운 중심을 창출하기 위해서는 전적으로 새로운 심상지리가 도입되어야 했던 것이다.

19세기 초의 국제정세도 이러한 흐름이 촉진되는 계기를 마련해주었다. 1829~1830년에 벌어진 오스만 제국에 대한 그리스인들의 해방전쟁은 독일인들에게 바로 얼마 전 자신들이 나폴레옹 제국에 대해 벌인 해방전쟁을 상기시켰다. 당시 독일만이 아니라 유럽 전역을 휩쓴 '친그리스주의philhellenism'는 문화적 동경의 차원을 넘어 공화주의, 자유주의, 민족주의, 심지어 인종주의까지 다양한 정치적 이데올로기가 경쟁하는 장이었는데,[29] 이 중 프로이센 왕국의 친그리스주의는 지극히 보수적인 국가주의 성향을 띠었으며 이는 이후 프로이센 중심으로 통일된 독일제국으로 고스란히 이어졌다. 안으로는 단일한 민족문화를 고취하고 밖으로는 오스만 제국의 붕괴로 빚어진 권력의 공백에 파고 들어 이 지역에 게르만-그리스 문명을 재건한다는 다분히 십자군적 발상을 전개했던 것이다. 독일제국이 적극 추진한 올림피아와 페르가몬 등의 발굴은 단순히 고고학적 성과만은 아닌 명백히 제국주의적 진출의 일환이었다.[30]

　　19세기 초의 신인문주의를 상징하는 인물인 빌헬름 폰 훔볼트는 프로이센 특유의 친그리스주의가 갖는 기본 성격을 가늠하게 해준다. 그는 특정한 정치 이데올로기에 경도되기에는 너무도 균형이 잘 잡힌 지식인이었지만 프로이센식 국가주의로부터는 전혀 자유롭지 못했다. 1807년 『그리스 자유국가들의 쇠퇴와 몰락의 역사』라는 저서에서 그는 고대 아테네의 역사에 조국 프로이센의 역사를 투사하면서 문화적으로 꽃피었지만 정치적으로는 분열되었던 고대 그리스의 비극적 운명을 독일 민족의 운명과 동일시했다.[31] 그에게 그리스는 역사적 과거라기보다는 독일 민족의 운명을 예고하는 신탁과도 같았다. 이제 중부 유럽에 부활한 아테네제국은 그 문화적 위업을 굳건히 이어갈 것이었다. 그의 신앙고백적 표현에 따르면, 오로지 그리스에 대한 지식 속에서 "우리는 우리 자신이 되고 싶은 모습의, 창조하려는 바의 극치를 발견한다".[32] 이처럼 상상 속의 중심점, 현세의 모든 것을 초월하고 판단할 수 있는 이상적 기준점이 바로 그리스였다.

프리드리히 광장

　　그리스가 독일 민족주의의 이념적 준거로 자리 잡기 이전부터 프로이센 고전주의는 다양한 분야에서 새싹을 피우고 있었다. 아직 여타 유럽의 신고전주의와 구별되는 독자적 이념과 형식을 찾지는 못했지만 이후 화려하게 꽃필 토양이 미리부터 조성되었다. 18세기의 베를린에서 신고전주의 문화를 선도한 것은 단연 건축 분야였으며 대표적 인물은 궁정건축가 크노벨스도르프Georg Wenceslaus von Knobelsdorff 남작이었다. 전형적인 궁정건축가였던 그는 팔라디오Andrea Palladio의 '성기盛期 르네상스Cinquecento' 건축에 깊은 영향을 받았으며 프랑스풍의 로코코 실내장식을 선호했다는 점에서 엄밀한 의미의 신고전주의자는 아니었다. 그렇지만 크노벨스도르프는 바로크 건축의 현란한 실루엣 및 양각과 음각을 과도하게 남발하는 파사드와는 거리를 두고, 18세기 북유럽 개신교 국가의 많은 건축가가 그러했듯 단순하고 명료한 형태를 추구했다. 그가 국왕의 명을 받아 설계를 주도했던 프리드리히 광장Forum Fridericianum은 프로이센 신고전주의의 출발을 알리는 기념비적 장소였다.

프로이센 왕국의 수도 베를린은 13세기 이래 쾰른Cölln이라는 지명을 지닌 중세 성곽도시와 그 오른쪽의 강 연안에 자리 잡은 베를린이라는 도시가 느슨하게 연결된 이중도시 체제를 오래도록 유지했었다. 15세기 초에는 남독일 호엔촐런Hohenzollern 가문의 프리드리히가 중부 유럽 전역에 걸쳐 군림하던 신성로마제국 황제로부터 북독일 브란덴부르크 변경령Mark Brandenburg과 그곳의 '선제후Kurfürst, 選帝侯' 작위를 거금을 주고 사들였다. 본래 그는 남독일 뉘른베르크 변경령을 지키는 변경백Markgraf이었는데, 제국 전체에 단 일곱뿐인 선제후의 지위로 급상승했던 것이다. 15세기 중엽에는 선제후의 궁성이 쾰른 북부에 세워지면서 이중도시 '베를린-쾰른Berlin-Cölln'이 호엔촐런 가문의 지배권 아래 복속되었다. 17세기 초엽에 이르면 브란덴부르크 변경령은 옛 독일기사단이

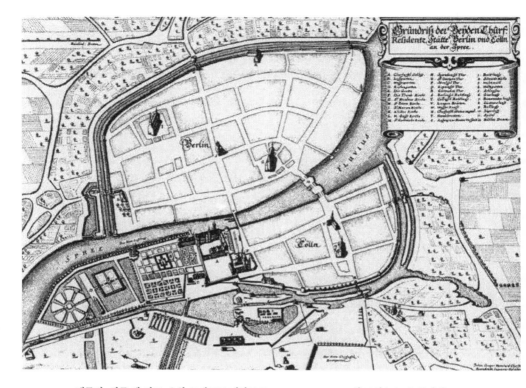

베를린-쾰른 옛 지도, 요한 그레고르 멤하르트Johann Gregor Memhard의 도안(1652), 동판화

발트 해 연안에 건립한 프로이센 공국Herzogtum Preußen과 동일한 선제후의 지배 아래 놓이게 되어 브란덴부르크-프로이센Brandenburg-Preußen으로 확장된다.[33]

　　17세기에 30년간의 종교전쟁을 치르는 동안 이중도시 주위로 둥그렇게 방벽이 둘러졌으며, 전쟁이 끝난 후에는 쾰른 서편에 선제후령 프리드리히스베르더Friedrichswerder, 선제후의 사냥터로 이어지는 긴 보리숫길Lindenalle, 그리고 북쪽 지역인 도로텐슈타트Dorotheenstadt와 남쪽 지역인 프리드리히슈타트Friedrichstadt가 외곽에 구축되었다. 17세기 중엽에 제작된 옛 지도는 슈프레 강 양안으로 나뉜 베를린-쾰른의 구조와 방벽을 보여준다. 지도 왼편 하단에는 향후 운터덴린덴으로 발전할 '보리숫길'이 나타나 있다. 18세기 초에 이르면 일종의 정치적 거래에 의해 프로이센 왕국Königreich Preußen이 성립되면서 그 주역인 프리드리히 1세Friedrich I.가 베를린-쾰른을 외곽 도시들과 통합해 행정도시 및 수비대 둔 도시로 전환시켰다. 프로이센의 왕도王都 베를린이 탄생하는 순간이었다. 파리나 로마에 비하면 거의 황무지에 가깝던 변방의 수도 베를린은 18세기를 거치며 왕실의 후원을 받는 섬유업을 중심으로 산업 및 상업의 중심지로 발전을 거듭했으며 흔히 '프리드리히 대왕Friedrich der Große'이라 불리는 프리드리히 2세 치하에서 비로소 문명국 수도로서의 풍모를 갖추게 되었다.[34]

　　18세기 중엽의 '7년전쟁'을 승리로 이끈 프리드리히 2세는 열강 반열에 든 프로이센의 위신에 걸맞도록 유럽 여느 도시와 비교해도 손색이 없을 유려한 궁전을 수도에 건립하고자 했다. 베를린 시내에는 이미 궁성이 존재했다. 15세기에 지어진 호엔촐런 가문의 오래된 궁을 프리드리히 1세의 명에 따라 궁정건축가 안드레아스 슐뤼터Andreas Schlüter가

1698년에 확장공사를 개시하여 세운 도시 안의 궁전이 있었다. 유원지 맞은편에 위치했던 이 왕궁은 이후 다시금 확장되었으며 통상 '베를린 궁Berliner Schloß'으로 불리게 된다.[35] 그러나 프리드리히 2세가 구상한 왕궁은 이보다 훨씬 원대했다. 조각품과 부조로 화려하게 장식될 이 궁전은 오로지 국왕의 위업을 찬양하는 목적으로 지어질 터였다. 그러나 곧 계획이 대폭 축소되어 바로크 건축물이 늘어선 이른바 '오페라극장 앞 광장Platz am Opernhaus' 건설계획으로 변경되었다. 국왕의 명에 따라 크노벨스도르프는 보리숲길의 북쪽 부지에 넓게 펼쳐진 건물군을 설계했다. 이 건물군의 안쪽에는 정원이 자리 잡고 뒷면에는 팔라디오의 원근법식 가로의 영향을 받은 소위 삼면의 마당cour d'honneur과 반원형 주랑이 진을 치게 되며, 앞쪽에는 오페라극장이 독립 건물로 서 있는 널따란 광장이 들어설 예정이었다. 한마디로 유럽 절대왕정이 선호하던 전형적인 바로크풍 도시계획이었다.

　'오페라극장 앞 광장'은 고대 아테네의 옥외 시장 및 광장인 아고라Agora와 고대 로마의 포룸 로마눔Forum Romanum의 분위기를 재현하고자 했다. 그것은 실현만 되었더라면 파리의 콩코르드 광장Place de la Concorde이나 런던의 트라팔가 광장Trafalgar Square에 비견될 거대한 중앙 광장이었다. 물론 베를린에도 광장이 전혀 없지는 않았다. 베를린의 중심대로 중 하나인 프리드리히가Friedrichstraße에 면해 있는, 옛 헌병Gens d'Armes 연대의 병영이 자리 잡고 있던 장소에 17세기 말 왕실의 명에 따라 장다르멘 시장Gendarmenmarkt이 만들어지기는 했으나 주로 열병식 장소로 활용되었을 뿐 도시의 중심부로 자리 잡지는 못했다. 또한 18세기 초에 국운을 끌어올린 영웅 프리드리히 빌헬름 1세Friedrich Wilhelm I.가 추진했던 두 가지 계획, 즉 유원지Lustgarten를 왕실 가족의 개인 소유에서 '궁성 앞 광장

Schloßplatz'으로 바꾸는 계획과 기존의 도시방벽 너머의 경사진 부지를 부왕을 기리는 기념비를 지어 파리식 루아얄 광장Place Royale으로 조성하려던 계획 등은 모두 흐지부지되고 말았다.[36]

　　이런 점에서 볼 때 프리드리히 2세의 계획은 수도 베를린의 발전도상에서 뚜렷한 전환점이었다. 기존 계획이 성곽을 중심으로 한 중세 도시의 틀 안에서 이루어졌던 데 반해, 새로운 '프리드리히 광장'은 근대국가의 '통치'를 시각적으로나 기능적으로도 구현할, 수도의 진정한 중핵을 만들고자 했던 것이다. 프리드리히 2세가 즉위 직후 곧바로 개시한 이 대규모 건설계획은 그가 황태자이던 시절부터 구상하던 것이었으며 크노벨스도르프는 황태자가 거주하던 라인스베르크 성Schloß Rheinsberg을 지으며 이미 미래의 권력자와 돈독한 관계를 맺고 있었다. 원대한 구상은 프리드리히 2세가 즉위한 1740년 곧바로 실행에 착수되었지만 여러 악재를 만나 원래 계획이 어긋나고 만다. 해당 부지의 중앙부에 작은 궁을 소유하고 있던 왕의 먼 친척이 매각을 거부하는 어이없는 사태가 발생했고 또 유럽 열강이 사활을 걸었던 슐레지엔전쟁의 발발로 건설 일정에 차질이 생겼으며, 더 나아가 국왕 자신도 어느덧 심경의 변화를 일으켜 번잡한 베를린 대신 인근도시 포츠담의 왕궁 쪽으로 관심이 기울고 있었다. 그럼에도 불구하고 설계의 일부는 변형된 형태로나마 실행에 옮겼다. 1747년부터 원래 계획된 부지에서 좀 떨어진 다소 경사진 장방형의 부지 위에 일련의 고전풍 건물들이 세워진 것이다.

　　왕립오페라극장Königliche Hofoper을 필두로, 바로 그 옆의 남서 방향 모서리에 로마 판테온을 연상시키는 성 헤트비히 성당St. Hedwigs-Kathedrale, '유원지' 동측에 돔교회Domkirche, 그리고 코린트식 열주로 장식된 정면 돌출

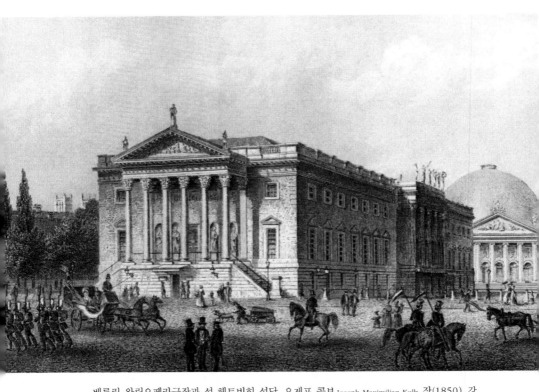

베를린 왕립오페라극장과 성 헤트비히 성당, 요제프 콜브Joseph Maximilian Kolb 작(1850), 강판화

왕립도서관과 오페라극장 앞 광장(현재 구도서관과 베벨 광장)

부가 오페라극장과 비슷하고 나중에 독일 최고 대학의 본관으로 탈바꿈하는 하인리히 왕자궁Palais des Prinzen Heinrich, 오페라극장 서쪽 맞은편에는 특유의 오목한 파사드 때문에 '장롱Kommode'이라는 별칭을 갖게 되는 왕립도서관Königliche Bibliothek(현재의 구도서관) 등이 차례로 등장했다. 이들 중 유일하게 원래 계획 그대로 지어진 것은 크노벨스도르프가 설계한 왕립오페라극장(현재의 국립오페라극장)으로 프로이센 고전주의의 진정한 출발을 알리는 기념비적 건축물이었다.[37]

최초 광장 설계안의 잦은 변경에 따라 이 건물의 위상도 변했지만 그럼에도 광장 전체가 '오페라극장 앞 광장'이라 불릴 정도로 중심적 위상을 얻었으며 크노벨스도르프 자신의 건축미학이 가장 충실히 구현된 작품이었다. 영국풍 팔라디오 양식에 착안한[38] 이 건물은 여섯 개의 기둥을 지닌 주랑현관, 즉 포르티코portico가 군더더기 없이 간결하고 지나치게 웅장하지 않다는 점에서 그리스 신전을 쏙 빼닮았을 뿐만 아니라 서로 다른 층의, 상이한 기능과 장식을 지닌 세 개의 실내공간이 마치 고대 그리스의 야외극장과도 같이 자연스러운 조화를 이룬다. 아폴로 홀과 군중에게 인사하는 발코니 그리고 무대는 연회가 있을 때는 문을 열어 하나의 방처럼 활용하도록 설계되었다. 착공 후 겨우 1년여가 지난 1742년 12월에는 채 완성되지 않은 건물에서 초연이 이루어졌다.[39]

건물의 중심적 위상에 걸맞게 사방에서 보이도록 배치된 오페라극장은 그 풍모와 배치에서 프리드리히 광장 기획의 기본 성격을 여실히 드러낸다. 그것은 예술을 숭배하는 신전으로 봉헌되었다. 이 건물이 보여주는 그리스 신전의 분위기는 사실 로마 신전 모티프를 도입한 것으로 유명한 팔라디오의 로톤다 별장Villa Rotonda을 참조했다고 알려져 있다. 이탈리아풍 귀족 취향은 프리드리히 2세가 가장 선호하던 것으로,

1부 프로이센 고전주의를 찾아서

실제로 그는 오페라극장의 기본안을 스스로 설계하고 크노벨스도르프에게는 그 안을 고스란히 실현만 시키라고 요구했던 것으로 전해진다. 왕이 거주하던 황태자궁Kronprinzenpalais 바로 옆에 세워진 오페라극장은 여섯 개 기둥을 지닌 전형적인 신고전주의 포르티코가 내부 구성과 유리된 채 자체적 비례를 고수하고 있으며 측면 계단이라든지 거칠게 마감한 대들보 처리는 건물보다는 거리 여건에 맞추어졌다. 원주가 떠받치는 박공에서는 음악을 관장하는 신 아폴론이 비극시 및 비가의 여신인 멜포메네Melpomene와 희극시 및 여흥의 여신 탈리아Thalia를 대동하고 있는데, 이는 신고전주의적이기보다는 차라리 로코코적 모티프다.

슐레지엔전쟁이 끝난 후 국왕은 프리드리히 광장에 대한 흥미를 잃고 포츠담의 상수시Sanssouci 궁전 건설에 열의를 보였다. 왕족과 귀족의 도시 포츠담에 등장한 분홍색과 백색이 어우러진 아담한 크기의 프랑스풍 로코코 왕궁이 수도 베를린 도심부의 널따란 공공광장을 대체한 것이었다. 스스로 건축가로 자처하며 낡은 취향을 고집하던 국왕은 신고전주의를 추구하던 크노벨스도르프와 사사건건 불화를 겪고 결국 하인리히 왕자궁 설계부터는 바로크 건축가 요한 보우만 1세Johann Boumann d. Ä를 기용하는데, 이러한 난맥상은 시대의 한계에서 비롯된 필연적 결과였을 것이다.[40]

야심차게 기획되었던 '오페라극장 앞 광장'은 하인리히 왕자궁을 북단으로 성 헤트비히 성당을 남단으로 삼는 정도의 규모에 머물렀다. 이곳에 바로크 도시공간 특유의 대칭과 조화가 결핍된 것은 일차적으로는 끝까지 매각이 안 되고 예정 부지의 중앙을 막아선 슈베트 궁Palais Schwedt 때문이지만, 보다 근본적으로는 슐레지엔의 수호성인 헤트비히에게 봉헌된 성 헤트비히 성당처럼 슐레지엔전쟁 후 종교적 관용을 정치적으로 선전하기 위해 좁은 모서리 공간에 웅장한 가톨릭 성당을 끼워 넣거나, 하인리히 왕자궁이나 돔교회처럼 전체 공간의 구성보다 개별 건물의 외양에 더 치중했기 때문이다.[41]

비록 여러 가지 이유로 말미암아 소기의 목적이 달성되지는 못했지만 '오페라극장 앞 광장', 즉 프리드리히 광장은 수도 베를린의 면모를 일신하는 계기가 되었다. 개개의 독보적 건축물이 집적되어 학문과 예술이 살아 숨 쉬는 새로운 경관을 창출했던 것이다. 마치 고대도시가 부활한 듯 보이는 이 새로운 풍경에 활력을 불어넣은 것이 바로 중심대로인 운터덴린덴이었다. 예정보다 훨씬 축소된 프리드리히 광장에 횡단도로로 합류한 이 가로는 이미 17세기 중반부터 옛 선제후들의 사냥터이던 티어가르텐Tiergarten과 베를린 왕궁 간의 연결도로로 개발되었으며 18세기 초에는 프리드리히 빌헬름 1세가 티어가르텐 너머 서쪽으로 왕후의 여름궁전인 샤를로텐부르크 궁Schloß Charlottenburg까지 왕이 개인적으로 사용하던 길을 공공도로로 선포함으로써 '중심대로'라는 특별한 위상을 얻게 되었다. 운터덴린덴은 18세기를 거치며 관공서와 주택지로 가득한 화려한 거리로 변신했고 결국 프리드리히 광장 건설에 힘입어 새로운 심상지리의 원근법을 이루는 소실선이 된다.[42]

1825년경 그려진 작자 미상의 한 에칭 작품은 '오페라극장 앞 광장'으로부터 베를린 왕궁 방향으로 바라본 경관을 사진처럼 묘사하고 있다. 전경의 좌측에는 베를린 대학으로 용도가 변경된 옛 하인리히 왕자궁, 그 맞은편에는 왕립오페라극장, 작품의 중앙부 좌측에는 나중에 싱켈이 지은 신위병소Neue Wache와 병기고 건물Zeughaus이, 우측에는 황태자궁이, 후면 우측에는 베를린 왕궁 일부가, 좌측에는 유원지의 나무들이 보인다.

'오페라극장 앞 광장'의 열병식(1825년경), 작자 미상, 식각요판화aquatint

브란덴부르크 문의 현재 모습

프리드리히 광장은 본래의 원대한 구상에서 상당히 축소되었고 대중들 사이에 인지도도 별로 높지 않았으며 두 세기가 지난 후 사회주의 동독 정권이 들어서면서부터는 혁명가 베벨August Bebel의 이름을 딴 '베벨 광장Bebelplatz'으로 개칭되어 이미지가 완전히 바뀌었다.[43] 그렇지만 반드시 실패한 사업은 아니었다. 왕립오페라극장 건설을 시작으로 신흥 군사강국 프로이센의 수도 베를린을 '발명'하는 대대적인 작업의 서막이 올랐을 뿐이었다.

광장 건설과는 별도로 프리드리히 2세는 베를린에 상징성 있는 공원을 만들라고 크노벨스도르프에게 주문했다. 이미 오래전 두 사람은 라인스베르크 성에서 프랑스풍 정원을 만드는 일에 의기투합한 경험이 있었다. 베를린의 관문인 브란덴부르크 문 바로 앞에는 '동물(정)원'이라는 명칭을 지닌 티어가르텐이 서쪽 방향으로 기다랗게 놓여 있었는데, 이곳을 파리의 공원들에 뒤지지 않는 명실상부한 '베를린 공원Parc de Berlin'으로 만들기로 했다. 이를 위해 먼저 배수로를 만들어 축축한 땅을 다스리고 공원의 전체적 중심축을 구축했다. 이 축을 결절점으로 삼아 운터덴린덴으로부터 베를린 서쪽의 샤를로텐부르크 궁까지 길고 넓은 가로를 연결하는 작업이 개시되었다.[44] 현재는 동독 치하의 노동자 봉기를 기념하여 '6월 17일 거리Straße des 17. Juni'라 불리는 이 웅장한 대로는 중간에 여덟 개의 길로 갈라지는 교차로가 있으며 여기에는 이후 보불전쟁(프로이센·프랑스 전쟁)의 승리를 기념하는 '승전기념탑Siegessäule'이 하늘 높이 솟게 된다. 티어가르텐은 이후 그 모습이 크게 변모되지만 일반 시민들의 공공장소로 기획된 독일 최초의 공원이었다. 그것은 절대왕정의 권능을 드러내는 프리드리히 광장과 더불어 베를린의 면모를 근대도시로 일신하는 기획의 일환이었다. 프랑스혁명이 발생하기 이전

1부 프로이센 고전주의를 찾아서

부터 이미 프로이센 고전주의의 기본적 공간질서는 제자리를 잡아가고 있었다.

프리드리히의 시대가 저물 무렵 프로이센에는 새로운 건축의 기운이 왕성했다. 프랑스풍 로코코 양식과 이탈리아풍 팔라디오 양식을 선호하던 프리드리히 대왕 자신이 말년에는 그리스풍을 지닌 독일식 양식을 찾았고 그의 사후에 곧바로 지어진 브란덴부르크 문은 새로운 전범으로 자리 잡았다. 원래는 '평화의 문Friedenstor'이라는 이름으로 지어진 이 기념비적 건축물은 슐레지엔 출신의 건축가 랑한스Carl Gotthard Langhans가 설계했는데, 아테네 프로필레온의 예를 따라 저부조bas-relief로 장식된 수평의 엔타블러처entablature가 상고上古 그리스의 엄격한 풍모를 자아낸다. 상단에 놓인 사두마차Quadriga는 당대 최고의 조각가 고트프리트 샤도Gottfried Schadow의 걸작품으로, 날개 달린 평화의 여신이 마차를 끌고 있다. 이 마차상은 곧 역사의 파란에 휩쓸리고 만다. 베를린을 점령한 나폴레옹 군대가 탈취하여 파리로 옮겨졌다가 해방전쟁의 승리에 힘입어 원위치로 복귀한 마차상은 이내 전차상으로 탈바꿈된다. 평화의 여신이 승리의 여신 빅토리아Viktoria로 변형되고 여신의 손에는 독수리 장식으로 마감된 철십자가봉이 새로이 첨가되었다. 샤도의 원작품에서는 평화의 여신이 월계수 장식 트로피를 들고 있었는데 제왕적 독수리 장식을 한 호전적 분위기의 철십자가봉으로 대체된 것이다. 이 작업은 한 무명의 젊은 건축가가 맡게 되는데, 그가 바로 '슈프레 강가의 아테네'를 창조하여 불멸의 이름을 남기는 건축가 싱켈이었다.[45]

민족과 국왕 사이에서:
프로이센의 궁정건축가 싱켈

프랑스혁명과 잇따른 침략 전쟁은 프로이센 왕국의 정치적 진로만큼이나 프로이센 고전주의의 진로에도 결정적 영향을 끼쳤다. 나폴레옹의 군홧발에 짓밟힌 프로이센은 부국강병을 위해 '위로부터의 근대화'를 서두르며 아래로부터 치고 올라오는 모든 종류의 불온한 움직임을 사전에 차단하고자 부심했다. 문화적 측면에서도 혁명적인 프랑스와는 다른 가치가 전 방위적으로 모색되었던바 프로이센 고전주의는 바로 그러한 모색의 핵심 중 하나였다. 본래 신고전주의는 현재와 과거의 급격한 단절보다는 오히려 연속성에 비중을 두는 사조로, 보수적인 독일에 이르러 비로소 혁명적인 프랑스와는 다른 고유의 색채를 드러내며 완연히 발현될 수 있었다.

미적 혁명으로서의 프로이센 고전주의

파리에서 군중이 바스티유 감옥을 습격할 때 베를린에서는 평화롭게 브란덴부르크 문을 짓고 있었다. 정치적 혁명은 프랑스적인 것이지 독일적인 것은 아니었다. 독일의 혁명은 그저 외적 조건을 바꾸는 것이 아닌 진정한 정신의 혁명이어야 했다. 프랑스인은 새로운 국가를 건설했지만 독일인은 영원불멸의 위대한 예술품을 창조할 것이었다. 독일

은 로베스피에르 대신 괴테를 낳았다. 이 같은 발상은 낭만주의자 슐레
겔이 주창한 '미적 혁명' 개념에서 가장 명시적 표현을 얻었다.[1]

프로이센 고전주의 건축은 정치적 혁명을 대체한 일종의 미적 혁
명의 일환으로, 국가의 상징적 구심점을 수도의 도심에 형상화해내고
자 했다. 그전까지 별로 특별치 않던 왕도王都 베를린은 프로이센 부흥
의 도상으로 거듭났으며, 더 나아가 독일 민족 전체의 문화적 구심점으
로 상상되기 시작했다.[2] 브란덴부르크 문을 설계한 랑한스 외에 하인리
히 겐츠Heinrich Gentz, 다비드 길리David Gilly와 그의 신동 아들 프리드리히
길리Friedrich Gilly 등이 주도하여 상상의 아테네를 구현해나갔던 것이다.
간결하고 소박하면서도 장대한 고대 그리스 건축에 대한 경도는 새로
운 로마제국을 사칭하면서 과장된 위용을 내세우던 나폴레옹식 신고전
주의, 소위 '제국 양식empire style'에 대한 반발의 소치였다.[3] 다비드 길리
가 운영하던 사립 건축학교가 1799년 이래 국왕의 인가를 받은 베를린
건축학교Bauakademie로 승격되면서 파리의 에콜 데 보자르에 맞서는 새로
운 아성이 구축되었다.

그러나 프로이센 고전주의 건축의 명실상부한 대변자는 다비드 길
리의 문하생이던 궁정건축가 카를 프리드리히 싱켈이었다. 1781년 베
를린 인근의 소도시 노이루핀에서 태어난 싱켈은 수도 베를린으로 상
경하여 건축가이자 관료로 출세했다. 그의 개인적 성공은 나폴레옹의
속박으로부터 해방을 쟁취하고 유럽의 열강으로 확실하게 자리를 굳혀
간 프로이센의 국가적 도약과 결을 같이했다. 그는 프리드리히 빌헬름
Friedrich Wilhelm 3세 치하(1797~1840)의 궁정건축가이자 건설부의 수장이
었으며, 왕위를 이은 프리드리히 빌헬름 4세는 황태자 시절부터 싱켈
의 전폭적 지지자였다. 심지어 싱켈 사후에는 페르지우스Ludwig Persius와

슈튈러Friedrich August Stüler 등 그의 제자들까지 적극 지원함으로써 한 위대한 건축가의 이념을 실현하는 데 앞장섰다. 역사적으로 볼 때 싱켈이 활동한 시기는 나폴레옹 몰락 이후의 '왕정복고Restoration' 시대였다. 싱켈은 빌헬름 4세가 황태자이던 시절, 마치 라인스베르크 시절의 프리드리히 2세와 크노벨스도르프처럼 의기투합하여 수도 베를린의 공공기념물과 공공장소를 건립하는 대규모 기획에 착수함으로써 독일 문화와 개신교 교회의 수호자라는 프로이센 왕정의 전통적 이상을 공간적으로 구현하는 데 이바지했다.[4]

신고전주의자 싱켈은 본래 고딕건축 옹호자였다. 나폴레옹의 멍에로부터 해방을 염원하던 젊은 예술가 싱켈은 동년배의 여느 지식인처럼 고딕을 독일의 민족적 양식이라 여겼다. 18세기 신고전주의가 추구하던 기하학적 비례의 비개성적 원리에 그는 오히려 비판적인 편이었다. 고딕이야말로 삶의 한계를 초월하는 무한한 자유와 더불어 분열된 민족구성원들의 유기적 통일을 가능하게 할 근본원리임을 그는 확신했다. 싱켈은 베를린의 대표적 낭만주의자들 모임인 '독일 오찬회'의 일원이었다.

그러나 나폴레옹이 역사의 무대에서 퇴장하고 왕정복고가 이루어지는 1815년을 기점으로 싱켈의 생각은 큰 폭으로 변모한다. 그해에 싱켈은 프로이센의 국가적 건설 사업을 총지휘하는 건축 수석책임관Geheimer Oberbaurat이라는 높은 지위에 올랐는데, 곧 그는 이전의 고딕 취향을 버리고 신고전주의자로 거듭나게 된다. 이것은 사실상 정치권력과의 타협의 소산이었다. 프로이센 왕정은 민족주의가 불러일으키는 혁명적 기운을 달가워하지 않았으며 보다 질서 잡힌 고전주의 취향을 선호했기에 싱켈은, 스스로의 표현에 따르면, "예술을 통한 안정Kunstruhe"을 지향하는 신고전주의자로 거듭남으로써 비로소 국왕의 신뢰를 얻어 주요한 건축 프로젝트들을 수행할 수 있었다.[5]

과연 싱켈의 이 같은 '전향'을 어떻게 이해해야 할까? 단순히 출세를 위한 변절이었을까? 아니면 권력에 순응할 수밖에 없는 건축가의 필연적 운명인가? 아니, 아주 단순하게 생각해볼 때 그저 나이를 먹어가며 철이 든 것인가? 어떠한 이유에서건 싱켈의 전향이 자신의 뜻을 접고 권력의 빛을 쫓아간 것임에는 이론의 여지가 없다. 사실상 건축가에게 다른 길은 없었다. 그러나 싱켈의 신고전주의가 본래부터 지극히 민족주의적이었으며 프랑스식 혁명건축과는 대립적인 세계관에 근거했다는 데 주목할 필요가 있다. 고딕으로부터 신고전주의로 전향하기는 했으나 싱켈의 건축은 처음부터 끝까지 반$_反$프랑스적 기조를 유지하였다.

싱켈의 다소 불분명한 이념적 지향성을 이해하는 데 하나의 실마리가 될 만한 것이 있다. 1820년대 내내 싱켈은 대문호 괴테와 그 문하생들이 표방한 독일식 신고전주의에 매료되어 있었다.[6] 그것은 낭만주의와 고전주의의 독일식 결합이었다.[7] 프랑스혁명이 몰고 온 새로운 현실에 대한 불만이 이상화된 과거를 향한 무한한 동경을 낳았다. 신고전주의가 고대의 고전성을 원천으로 인간적인 문화의 부활을 추구했다면, 낭만주의는 계몽사상이 내세운 자연과 이성이라는 비판적 원리를 '역사'라는 새로운 종교적 원리로 대체했다. 양 사조는 과거를 이상화한다는 점에서 일치했다. 이제 역사는 기존의 종교가 그러했듯 모든 현존재에 질서를 부여하는 선험적 근거로 자리 잡았다. 역사란 혁명적 진보의 역정이 아니라 언어, 의례, 신화, 예술 등 문화적 형식을 통해 개성적으로 전개되는 인류적 공동체에 참여하여 자신의 가치와 정체성을 얻어나가는 인간들의 이야기라는 생각이 자명한 이치로 여겨졌다. 아득한 시간의 강을 거슬러 민족의 깊은 원천을 찾아나서는 것은 얼마나 감동적인 일인가![8] 낭만주의자 슐레겔의 어법에 따르면, 역사가는 혁명적 미래에 대한 희망의 전도사보다는 "과거에 대한 예언자"가 되어야 옳은 것이었다.[9]

젊은 싱켈의 영혼을 사로잡았던 고딕 열풍이야말로 이 같은 낭만주의 정신의 발로였다. 고딕은 단지 하나의 양식이 아니라 민족혼을 일깨우는 복음과도 같았다. 괴테의 찬탄을 받은 슈트라스부르크 대성당Straßburger Münster이나 싱켈의 스승이자 친구인 프리드리히 길리가 1794년 재건을 구상한 후 1815년에 이르러 건설에 착수한 동프로이센의 마리엔부르크 성곽Schloß Marienburg 등 고딕건축은 공약불가능한 민족문화의 개성을 표현하는 것으로 여겨졌다. 싱켈에게 고딕과 신고전주의, 중세의 신앙과 고대의 이성은 반드시 대립자는 아니었으며 아래로부터의 혼란스러운 충동 대신 오로지 프로이센 국가의 '질서'를 매개로 근대적 종합을 이룩할 수 있었다. 실제로 싱켈의 작업 대부분은 공공건축이나 왕가의 궁정건축 또는 도시계획과 고적 보호에 바쳐졌으며, 고딕과 신고전주의 양식의 도입은 독일 민족문화를 상상하는 데 일조했다.[10]

따라서 신고전주의로의 '전향'은 결코 고딕과의 단절을 의미하지 않았다. 1824년 싱켈은 국왕의 명에 따라 베를린 도심에 프리드리히스베르더 교회Friedrichswerdersche Kirche라는 이름의 고딕건축물을 짓기 시작한다. '프리드리히스베르더' 지역은 그 옛날 선제후령으로 개척되었으며 한때는 큰 공설 시장이 자리 잡았던 곳으로 시민들의 주택과 관청이 즐비하게 늘어서 있었다. 따라서 지나치게 웅장한 건물은 주변과 어우러지기 힘들었다. 1828년에 준공된 이 교회는 단순한 직사각형 평면성이

프리드리히스베르더 교회 입면도와 평면도

나지막하지만 뚜렷한 탑들에 의해 수직의 각을 이루며 분할되는 전형적인 북독일식 적색 벽돌건물이다. 두 개의 종탑을 좌우에 둔 중앙의 크고 긴 박공창이 입면을 지배하고 있다.[11]

19세기에 유럽 전역에서 화려하게 부활한 고딕은 중세 고딕의 복귀라기보다는 전혀 새로운 시대의 고딕, 소위 '네오고딕Neo-Gothic'이라 불린다. 네오고딕 양식은 주로 영국 건축물을 통해 국제적으로 널리 알려졌는데, 런던의 웨스트민스터 궁Palace of Westminster이 대표적 예로 꼽힌다.[12] 네오고딕은 유구한 역사적 양식에 근대의 정치적 의미를 부여했다. 19세기를 거치며 네오고딕 양식은 교회당에 국한되지 않고 관공서에도 널리 활용되었는데, 이는 근대세계에서 국가가 교회의 권한을 대체하고 스스로 주민의 삶과 죽음을 통제하는 대리교회로 자리 잡은 현실을 고스란히 반영한다.[13] 이처럼 과거와 현재의 연속성에 착안했다는 점에서 네오고딕은 신고전주의로부터 그리 멀리 있지 않았다. 영국을 필두로 주로 북유럽 국가를 풍미한 네오고딕건축에, 싱켈의 프리드리히스베르더 교회도 속한다. 싱켈은 이 건축물이 영국식 예배당을 참조했음을 스스로 밝힌 바 있다.[14] 그러나 이 건물의 특징은 양식 그 자체보다는 오히려 주제인데, 개신교 신앙과 프로이센 국가권력의 조화를 평면성과 수직성의 시각적 구현으로 나타냈다는 점이다. 싱켈이 의도한 바는 그 자신의 다음과 같은 언급에서 잘 드러난다.

이처럼 영원히 주목할 만한 시대에는 위대하고 신성한 기념비와 교회를 옛 독일적인 건축술이 지닌 감동스러운 양식으로 건립하게 될 것인바 그 것의 완전한 구현은 다음 시대에야 이루어질 수 있을 것이다. 다가올 시대에는 고대에 대한 경이에 차고 우호적인 회고를 통해 건축술의 개화가 중단됨으로써 이루어지리니, 이를 통해 보다시피 세계는 이 건축이라는 예술이 완성에 도달하기 위해 아직 필요한 요소를 자신 안에 녹여낼 수 있을 정도로 능란해져야 할 것이다.[15]

꽤나 고답적 어투이지만 여기서 우리는 시대가 변해감에 따라 "옛 독일적인" "감동스러운" 고딕 양식이 "고대에 대한 경이에 차고 우호적인 회고"에 기초한 신고전주의로 대체될 수밖에 없다는 냉철한 인식과 더불어 양자가 한데 녹아듦으로써만 비로소 건축예술이 완성에 이를 수 있다는 분명한 작가의식을 엿볼 수 있다. 여기에는 고딕이든 고전주의이든 또 다른 어떤 양식이든 간에 역사의 깊고 넓은 심연으로 침잠하여 옛 양식들에서 숨은 가능성을 발굴하고 이를 새로운 역사 전개에 부응시키는 일이야말로 건축가의 참된 과제라는 발상이 깔려 있다. 이제 필요한 것은 개개 형태의 차용이 아니라 그 모든 것을 한데 녹여내는 도상학적 질서 전체의 재편이었다.

외형상 초기 중세의 느낌을 주는 프리드리히스베르더 교회는 싱켈의 또 다른 작품으로서 신고전주의 건축물인 신위병소Neue Wache와 베를린의 상징적 중심인 유원지Lustgarten의 구박물관Altes Museum을 지척에서 굽어볼 수 있게 배치되었다. 신위병소는 국가의 권위와 영광의 상징이었고 구박물관은 시민들의 교육을 위한 장소였다. 두 건축물 모두 프리드리히스베르더 교회와는 여러모로 대비되었다. 양측은 각기 종교와 세속문화를 대변했고 길항관계를 통해 개신교 국가인 프로이센의 근본이념을 표현했다. 자족적·자연적·정태적 고전주의와는 대조적으로 첨탑으로 빛나는 고딕건축은 역동적이고 자기초월적이며 그리스도교적 정신성으로 충만해 보였다. 대조되는 두 종류의 건물을 서로 멀리 마주보

1부 프로이센 고전주의를 찾아서

프리드리히 길리의 프리드리히 대왕 기념비 설계안(1797)

게 배치한 것은 민족의 해방과 신성한 전통, 시민적 자유와 국가권력의 조화를 공간적으로 대변한 것으로 볼 수 있다.[16] 그러나 베를린 심장부에 깃든 이 같은 조화는 현실적으로 어떤 의미였을까?

　프로이센 고전주의 건축은 분명 급진적 혁명 노선과는 거리를 둔 지극히 보수주의적인 지향성을 지녔다. 싱켈에게 지대한 영향을 끼친 요절한 천재 프리드리히 길리는 이러한 방향을 선취한 바 있다. 젊은 건축가의 웅혼한 이상이 담긴 1797년의 '프리드리히 대왕 기념비 설계안Entwurf eines Denkmals für Friedrich den Großen'은 베를린의 새로운 관문을 위시하여 고대 그리스의 아크로폴리스를 연상시키는 대규모 광장을 기획했다. 기념비가 설치될 기단은 땅의 형상을 이루고 있으며 인공의 언덕 위에는 전형적인 페립테로스 형식의 신전이 놓이고 가장 원초적이면서도 기하학적으로 배치된 도리아 양식의 기둥들이 그 주변을 호위하고 있다. 한마디로 고대 그리스 특유의 원초적 강건함을 부각한 구상이었다. 이 원대한 기획은 떠오르는 왕국의 무한한 권력과 문화적 성취의 청사진을 제시한 것으로, 비록 실현되지는 못했지만 마리엔부르크 성곽과 더불어 민족의 역사에 대한 낭만주의적 관념과 신고전주의의 미적 규범 간의 이상적 결합을 보여주었다.[17] 그런데 이 같은 권력의 도상은 자유와 민주주의에 대한 혁명적 열정과는 거리가 멀었으며 억압적 현실만을 고스란히 반영했다. 1821년 그리스해방전쟁이 개시되었을 때 많은 자원병이 자유의 이상을 따라 그리스로 향했으나, 왕정복고의 기운이 지배하던 프로이센과 오스트리아, 작센 왕국 등지에서는 그리스행 금지령이 내려졌다. 혁명적 봉기의 기운을 사전에 차단하고자 했던 것이다. 그리스 예찬은 더는 해방의 논리가 아니었으며 오히려 해방을 막는 논리가 되었다.[18]

프로이센 고전주의의 여명, 신위병소

싱켈이 군왕으로부터 설계를 위촉받은 첫 번째 건물은 신위병소였다. 본격적인 프로이센 고전주의 건축물 제1호로 기록될 수 있는 신위병소는 프리드리히 빌헬름 3세가 직접 구상한 것으로, 일차적으로는 황태자궁 주변에서 교대근무를 하는 보초병들을 위해 지어졌지만, 이와 동시에 왕정복고 시대를 맞이하여 나폴레옹에 대한 해방전쟁의 찬란한 승리를 기리는 국가적 기념물의 성격도 있었다. 그것이 사실상 해방전쟁 이후 처음으로 기획된 공공건축물이었기 때문이다. 신위병소는 1818년 처음 문을 열었다. 실용적 기능과 상징적 기능을 고전적 형태 속에 조화롭게 결합한 이 건물은 프로이센 고전주의의 공간적·역사적

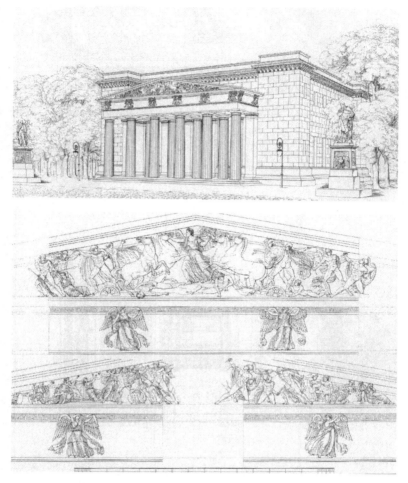

신위병소 투시도(위)와 박공 부분의 저부조 및 프리즈 장식

이상을 완벽하게 구현한 것으로 평가된다.[19]

양식상으로 볼 때 신위병소는 고대 로마와 그리스의 건축적 모티프를 적절히 변주했다. 사방으로 노출되어 있으며 네 개의 육중한 모서리 기둥을 지닌 정방형의 건물 형태와 중정中庭 구조가 고대 로마 시대의 병영castrum을 연상시키지만[20] 강직하고 장대한 도리아식 원주들과 박공이 이루는 주랑현관, 즉 포르티코는 영락없는 고대 그리스 신전의 모습이다. 싱켈 자신의 언급에 따르면, 도리아식 오더는 "진지하고 활력이 넘치며 강건한 성격을 지닌다".[21] 6개의 도리아식 원주는 고대 아테네의 아크로폴리스로 들어가는 웅장한 관문 프로필레온Propylaeon을 그대로 모방한 것으로 이미 브란덴부르크 문에서 첫선을 보인 바 있다. 신위병소는 아테네의 원형에 보다 근접해 있다. 그러나 그것은 옛 관문의 단순한 모사본이 아니었다. 원주들 위에는 자그마한 승리의 여신상 6개로 장식된 프리즈가 놓여 있는데, 본래 도리아식 오더는 프리즈를 3줄의 세로홈이 진 무늬, 즉 트리글리프triglyph와 그 사이의 빈 면인 메토프metope로 장식하는 것이 관례였다. 이 여신상들은 일찍이 브란덴부르크 문 위의 마차상을 제작한 프로이센 궁정조각가 샤도의 작품으로, 엔타블러처 위의 박공에는 해방전쟁기 프로이센의 활약상이 저부조로 표현되어 있다.

한눈에 보더라도 신위병소는 절제된 장려함을 보여주는 건축물이다. 양옆에 옛 하인리히 왕자궁과 병기고 건물이 우뚝 서 있어 자칫 왜소해 보이지만 압도적인 포르티코와 어느 한 부분도 빼놓을 수 없게끔 꽉 짜인 구성력이 그 점을 보완해준다. 그러나 질서와 균형이 잡힌 외관과는 달리 복합적 기능을 할 수 있도록 실제로는 비대칭적 평면을 이루는 것도 이 건물의 특출한 면이다. 이와 더불어 주변에 원래부터 있던

1부 프로이센 고전주의를 찾아서

밤나무숲이 일정하게 보존되어 마치 보초를 서듯 주위를 감싼다. 신위
병소는 본래의 실용적 목적에 맞게 불필요한 장식을 최대한 절제한 나
머지 지극히 단순명료한 외관을 보여주지만 그럼에도 국가기념물로서
손색이 없게 역사적 모티프들을 적절히 변주하면서 건물의 모든 구성요
소, 즉 원주와 프리즈, 박공, 동상과 부조를 통일적으로 결합해 프로이센
의 위대함을 아름답게 형상화해냈다. 여기서 세속 권력과 종교, 근대도
시와 역사는 조화로운 결합을 성취한다. 프로이센 국가는 전례 없이 신
성한 광휘를 띠고 자신의 권능과 사명을 의기양양하게 선언한다.[22]

신위병소는 베를린의 중심대로 운터덴린덴을 해방전쟁의 승전 퍼
레이드를 위한 '승전가도Via Triumphalis'로 재편하는 작업의 일환이었다. 신
위병소의 좌우 모서리 앞에 해방전쟁기의 사령관 샤른호르스트Gerhard J.
D. von Scharnhorst 장군과 뷜로Friedrich Wilhelm Freiherr von Bülow 장군의 대리석 조각
상을 설치한 것은 이 건물의 제작 의도를 분명히 말해준다. 곧이어 길
건너편에도 여타 장성의 조각상이 늘어서게 되어 국가권력의 시각적
재현을 완수해낸다.[23] 신위병소에 각인된 새로운 시공간질서는 이후 이
곳에 불어닥친 갖가지 역사적 풍파에도 불구하고 오래도록 끈덕진 힘
을 보여주었다. 심지어 20세기 말엽 동독과 서독이 통일된 이후까지 그
관성이 작용했음은 콜Helmut Kohl 정권이 1993년 11월 이곳을 독일연방공
화국의 '중앙 추모지zentrale Gedenkstätte'로 헌정했을 때 분명히 드러났다.[24]

신위병소는 제1차 세계대전 패전으로 독일제국이 무너지면서 용
도를 상실한 후 독일 전몰장병들을 기리는 '현충소Ehrenmal'가 되었다가
제2차 세계대전 중 크게 파손되었고, 전후 동독에 편입되면서 프로이
센 군국주의와 제국주의의 상징물로 여겨져 아예 폭파될 뻔했으나 체
제 선전의 효용성을 인정받아 "파시즘과 양차 대전의 희생자를 기리는

추모지"로 변모했다. 이곳을 동독군 경비대가 적군赤軍 특유의 과장된 몸짓으로 사열하는 모습은 이제는 사라진 동독의 아련한 추억으로 남아 있다. 이 풍진 장소는 통일 이후 다시 새로운 용도로 변모했다. 앞서 언급한 대로 통일독일의 '중앙 추모지'라는 다소 이색적인 지위를 얻은 것이다. 건물 바로 옆에 있는 유서 깊은 역사박물관(옛 병기고 건물) 관장 슈퇼츨Christoph Stölzl의 자문에 따라 내부를 리모델링했는데, 잡스러운 부착물은 떼어내고 중앙에 케테 콜비츠Käthe Kollwitz의 1937년 작품인 〈죽은 아들을 안은 어머니〉를 실제 인물 크기로 4배 확대한, 조각가 하케 Harald Haacke의 모사품을 설치하도록 했다. 많은 반대에도 불구하고 이 사업은 예정대로 진행되었다. 국가의 영광과 반성 사이 어정쩡한 위치에 머무른 이 사업은 통일 이후 등장한 새로운 독일연방공화국의 국가정체성을 하루 빨리 수립해야 한다는 강박관념의 소산이었다.[25]

신위병소의 이 같은 변천사는 상반되는 이데올로기들의 난맥상에도 불구하고 싱켈의 작품이 품고 있는 공간적·역사적 질서가 관성을 지녔음을 반증한다. 베를린 심장부에 자리 잡은 신위병소는 여태까지 늘 과제로만 남았던 진정한 '독일 민족국가'의 빛바랜 도상, 다시 말해 일종의 '기억의 터'인 것이다.[26]

왕립극장과 구박물관 그리고 유원지

싱켈로 대표되는 프로이센 고전주의 건축은 프랑스 신고전주의 건축에 깊은 영향을 끼친 로마 건축가 비트루비우스Marcus Vitruvius Pollio의 자연법적 건축론을 거부하고 로마식 아치arch 대신 수평적인 그리스식 아키트레이브architrave를 선호했다. 싱켈이 베를린에 지은 두 번째 걸작 왕립극장Königliches Schauspielhaus이 그 전형을 보여준다. 1821년 장다르멘 시장에 모습을 드러낸 이 건물은 고대 그리스 건축의 형태언어를 현재적 기능에 맞게 창조적으로 수용했다는 점에서 싱켈의 건축 전체를 이해하는 시금석을 제공한다. 본래 그 자리에는 랑한스가 설계한 극장이 자리 잡고 있었으나 1817년 여름 화재로 소실되자 시당국이 싱켈에게 고전극 전용극장을 만들어달라고 의뢰한 것이다. 새로운 왕립극장은 싱켈 자신이 분명히 밝히고 있듯 "그리스의 형식과 구조법을 따르려 시도" 했다.[27] 여섯 개의 이오니아식 열주로 이루어진 포르티코가 시선을 압도하는 이 건축물에는 신화 속 이야기를 묘사하는 박공의 부조와 조각품이 두루 설치되었으며 압권은 단연 건물 꼭대기에 놓인 태양신 아폴론의 사두전차다. 그 아래 포르티코의 박공 위에는 세 명의 뮤즈 여신이 올라서 있다.

　　고전적 문법에 충실한 이 건축물은 매우 혁신적인 모습도 보여준다. 건물의 중심축을 이루는 포르티코 앞에는 같은 폭의 웅장한 옥외계단이 펼쳐져 있다. 이는 관객을 배려한 처리로, 계단을 지나면 바로 극장이 나오고 양측의 반지하 입구를 통해서도 콘서트홀과 연습실로 입장할 수 있도록 설계되어 있다. 건물 전체는 수평적 아키트레이브와 외벽의 벽기둥으로 통합되는데 마치 피라미드처럼 한 덩어리로 처리된 느낌이다. 장방형의 거대한 주춧돌은 건물 전체가 비례에 어긋남 없이 넓게 펼쳐진 느낌을 준다. 이 건물은 실제로는 중앙의 돌출부avant-corps와 독자적 박공을 지닌 같은 높이의 양익부 곁채pavilion로 분할되어 있다. 중앙부는 2층이며 그중 위층은 고대의 야외극장처럼 반원형 객석 및 무대공간이 돌출부를 형성하는데 반원형 객석은 관객이 무대를 바라보

왕립극장 투시도

왕립극장 전경

고 배우의 음성을 듣기에 용이하도록 만들었다는 점에서 매우 혁신적이었다. 이 같은 공간 분할은 화재 방지라는 기능적 요청에 부합하는 측면도 있었다. 왕립극장이 또다시 화재로 소실되면 안 되기 때문이었다. 기능적으로 분할된 세 부분은 그럼에도 전체를 관통하는 돌림띠에 의해 하나로 통일되어 미적 완성도를 높인다. 이 건물의 외관에서 특히 눈에 띄는 부분은 돌출된 출입구와 빛을 한껏 머금은 큰 직사각형 창문으로 그 자체가 축제 분위기를 연출한다.[28]

싱켈의 왕립극장은, 싱켈 자신이 분명히 밝히고 있듯 아테네의 아크로폴리스 남단에 소재한 트라쥘루스Thrasýllus 기념물을 전범으로 삼았다.[29] 극장이 위치한 장소도 아크로폴리스와 비교될 만한 베를린 중심부의 광장 장다르멘 시장이었다. 왕립극장 옆에서 서로 마주보는 두 개의 교회, 즉 프랑스 돔Französischer Dom과 독일 돔Deutscher Dom이 함께 어우러져 삼각형을 이루었으며, 이는 혁명적 대립 대신 화해를, 시민의 공공적 삶과 역사적 전통의 조화를 추구한 프로이센 고전주의 건축의 이상을 구현한 것으로 볼 수 있다.[30]

프로이센 고전주의 건축의 여러 걸작 중 단연 대표 격으로 꼽히는 것은 역시나 싱켈이 설계한 작품으로, 유원지 북단에 널찍이 자리 잡고서 슈프레 강과 만나는 좁은 운하를 옆에 끼고 우뚝 서 있는 구박물관 Altes Museum이다. 웅대한 규모의 장방형 건축물로, 개관 당시에는 '신新박물관'이라 불렸다. 원래는 길 건너 베를린 왕궁을 정면으로 마주보는 위치였지만 현재는 왕궁이 사라지고 없어 구박물관만이 방문자를 첫눈에 압도할 만큼 웅장한 자태를 뽐낸다. 그러나 압도적 외관에도 불구하고 이 건물은 지척의 거리에 놓인 자그마한 신위병소와는 달리 국왕이 아닌 일반 시민들을 위한 문화시설이었다. 비록 프로이센 왕가가 수집

왕립극장 관객석 투시도

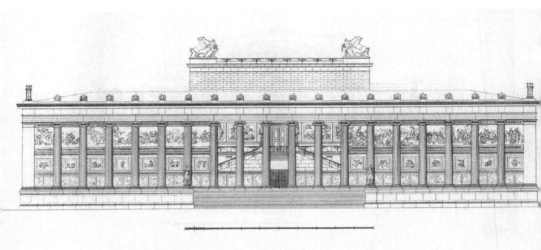

구박물관 입면도

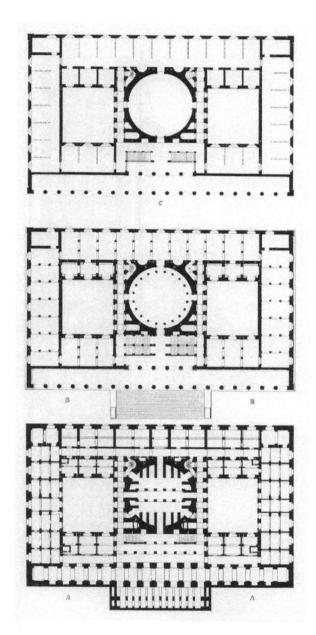

구박물관 평면도(위부터 지하, 1층, 2층)

한 미술품들을 소장하기 위해 지었고, 그래서 꽤 오래도록 왕립박물관이라는 명칭을 내걸었지만, 그럼에도 이 박물관을 설계한 싱켈 자신의 의도는 애초부터 분명했다. 그는 이 박물관을 일반 시민들의 고등교육 기관으로 설계했다. 싱켈은 예술이 갖는 도덕적 권위와 시민적 대의에 대한 원대한 이상을 품고 있었다.³¹

    1823년 싱켈은 프로이센의 국보 미술품들을 위한 새 박물관 건립을 위촉받았다. 프로이센의 왕립 아카데미는 늘어가는 수집품들을 수장하는 데 이미 한계에 달해 있었고 또한 나폴레옹이 약탈해 간 미술품들이 1815년 나폴레옹 몰락 이후 환수되면서 새로운 공간 마련이 더욱 절실해진 상태였다. 이에 싱켈은 새로운 건물을 짓자고 극력 주장했다. 그는 나폴레옹을 물리친 '해방전쟁' 이후의 새로운 시대를 맞이하여 민족 전체를 교화할 중앙박물관 건립이 반드시 필요하다고 보았다. 그리고 이는 이전의 아카데미에서 그러했듯 단지 학자와 예술가를 위한 것만이 아니라 보다 공교육적인 성격을 띠어야 했다. 이러한 싱켈의 의견이 전격 수용되어 오로지 미술 작품만을 위한 새로운 공공건물이 세워졌다. 물론 국가의 의도는 다른 데 있었다. 당시 부흥기에 있던 프로이센은 되찾은 국보를 일반 국민에게 개방함으로써 국가의 정치적 권위와 문화적 정통성을 주장하고자 했다. 따라서 구박물관이 1830년 프리드리히 빌헬름 3세의 회갑연을 기해 헌정된 것은 우연이 아니었다. 그렇다고 해서 이 건축물에 충만히 서려 있는 일종의 시대정신을 폄하할 필요는 없을 것이다. 건축은 예술가 홀로 자신의 상상력에만 의지해도 되는 회화나 조각 등과는 본질상 다르다는 점을 인정할 필요가 있다. 권력에 이바지한 허물이 있더라도 권력으로 다 이룰 수 없는 보편적 미를 창조한 공이 있지 않은가? 어쨌든 예술이 갖는 도덕적 권위와 시민적 대의에 대한 싱켈의 원대한 이상이 국가의 정치적 요구와 교차되는 가운데 세워진 구박물관은 건축적 완결성 면에서 타의 추종을 불허하는 프로이센 고전주의의 금자탑으로 자리 잡았다.[32]

1820~1830년대에는 독일 전역에 걸쳐 박물관 건립이 대세였다. 베를린에 구박물관이 건립된 1830년에 개관한 독일 남부 뮌헨 소재의 조각미술관Glyptothek은 클렌체가 설계한 이오니아식 양식의 전형적 신고전주의 건축물로, 열렬한 미술애호가였던 바이에른 공국의 루트비히 1세 개인의 소유였다. 독일에서 시민적 '공공성'은 프랑스에서처럼 혁명적으로 쟁취되기보다는 궁정문화의 점차적 변형 속에서 탄생했다. 옛 바로크 궁정에서 왕실의 영광을 드높이기 위한 목적으로 행해졌던 미술품 수집이 시간이 흐르며 신민을 교화하는 수단으로 변모해갔던 것이다.[33]

베를린 구박물관의 기획과 건설은 왕실이 아닌 프로이센 국가의 행정체제에 의해 이루어졌다. 국왕의 개인 소유였던 뮌헨의 조각미술관에 비하면 나름 진일보한 측면이 있었다. 이 사업을 이끈 프로이센의 궁정건축가 싱켈의 지향점은 궁궐 안에 갇혀 있던 미술품을 "공공에 유익하고 민족의 교화에 기여"할 수 있도록 재배치하는 것이었다.[34] 따라서 구박물관의 신고전주의적 풍모는 단지 외형적 양식에 그치는 것이 아니라 새로운 질서의 도상이었다. 구박물관은 그리스 아테네의 광장 아고라Agora에 있던 아탈로스의 스토아Stoa of Attalos를 닮은 장방형 건축물이었다. 정면의 웅장한 계단 위에 총 18개의 이오니아 양식 열주가 양측의 두 모서리 기둥 사이에 주랑을 이루는바 열주의 높이는 거의 12미터, 폭이 1.5미터, 주랑 전체의 길이는 83미터에 달한다. 이 기념비적 열주가 인상적인 것은 그 위용 때문이 아니라 통일된 질서와 절제된 아름다움 때문이다. 이들로부터 평평한 벽체가 후퇴하여 구분되며 가깝지만 긴장된 거리를 유지하고 있다. 모서리 기둥을 강조한 것이 전체 구성에 안정감을 가져오며 출입구 좌우에 설치된 청동 기마상이 균형미를 배가한다. 건물의 파사드를 지배하는 것은 온통 평평한 사각형이다. 주랑의 윗부분도 주변 건물들과의 균형을 고려하여 지붕 장식이 없는 평평한 코니스cornice로 처리되어 있다.

파사드 못지않게 신고전주의적 풍모를 보여주는 것이 실내공간이다. 출입구 쪽의 오목하게 들어간 부분인 알코브alcove 영역을 제외하고는 실내 전체가 입방체 외형 속에 완벽하게 감추어진 이 건축물은 도시의 속된 일상을 초월해 일종의 성전 같은 풍모를 띤다. 이는 안으로 들어가보면 더욱 분명해진다. 로마 판테온을 모델로 삼은 2층 규모의 원형홀rotunda은 완벽한 비례와 통일성을 갖추어 종교적 경외감마저 불러일으킨다. 20미터가 넘는 높이의 궁륭으로부터 자연광이 흘러들어오는 원형홀은 20개에 달하는 코린트 양식 원주들로 둘러져 세 부분으로 나뉘었으며 여기에 맞추어 고대 조각품이 질서정연하게 배치되어 있다. 엷은 갈색 벽면은 그리스가 연상되는 순백의 대리석 이미지에 조응하지만, 구조적으로 분할되면서도 단일체로 접합되는 공간의 구성방식은 싱켈 건축이 지닌 지극히 근대적인 요소라 할 수 있다. 홀은 양옆 중정을 연결하면서 각각의 전시실로 이어진다.

1층은 전적으로 조각 작품만을 위한 공간이었다. 작품들은 옛 갤러리에서처럼 벽을 따라 놓이거나 벽감에 위치하기보다는 공간을 세 부분으로 나누는 원주에 따라 질서정연하게 배치되어 있으며 각 조각품 밑에는 받침대가 설치되어 각 작품이 적절한 높이와 비례를 유지할 수 있도록 배려했다. 2층은 전적으로 회화 작품만을 위한 공간이다. 1층에

1부 프로이센 고전주의를 찾아서

구박물관 원형홀, 카를 에마누엘 콘라트Carl Emanuel Conrad 작(1830년경), 불투명 채색 수채화

서 각 조각품에 받침대가 설치되어 있듯이, 각각의 그림에는 적절한 프레임이 설치되어 작품의 고유성을 강조하였다. 목재 칸막이를 군데군데 세워 공간을 분리하였다. 이는 관람자가 한꺼번에 많은 작품을 대해야 하는 부담을 줄이고 가능한 한 자기만의 독립된 공간에서 개개의 작품을 감상할 수 있도록 배려한 것이다. 또한 진열방식에도 새로운 원리가 등장했다. 이전처럼 주제나 장식적 원리가 지배하기보다는 각 시대와 양식을 대변하는 진정한 대가의 작품을 선정하여 미술의 시대적 발전 과정을 한눈에 파악할 수 있도록 고안되었다. 그러나 무엇보다 고대 그리스 미술의 이상적 아름다움이 서구 미술에 끼친 영향을 보여주는 것이야말로 신고전주의자 싱켈이 주력한 부분이었다.[35]

　　싱켈의 역사의식을 보다 선명하게 드러낸 것은 구박물관 파사드 열주 뒤의 긴 외벽과 실내 계단부를 인상적으로 장식하기 위해 싱켈 자신이 기획한 광대한 프레스코화 연작이다. 이는 야외 미술관의 선구라 할 만한 것으로, 새로운 볼거리를 일반 시민과 방문객에게 제공했다. '인류 형성사 연작Zyklus aus der Bildungsgeschichte der Menschheit'이라는 전체 제목을 붙인 총 6개 연작의 프레스코화의 상세한 도안을, 싱켈은 1828년부터 1834년까지 작업해 끝마쳤으며 당대의 대표적 역사화가였던 코르넬리우스Peter v. Cornelius의 총지휘 아래 1855년까지 전 작품이 완성되었다. 고대 그리스 신화와 초기 인류 문화, 자연의 원초적 힘과 이로 인한 인류의 비극이 웅대한 스케일로 묘사되었으며, 이들 중 특히 중앙계단으로 이어지는 문간vestibule 상단에 그려진 연작에는 인류가 정신적 발전을 이뤄나가는 기나긴 여정이 묘사되었는데, 고대 그리스로부터 당대 유럽 문명, 특히 게르만 세계로의 직선적 발전 노선이 인류 전체의 문명사를 대변하는 것으로 그려졌다. 구체적 사건을 그리기보다는 주로 알레고

1부 프로이센 고전주의를 찾아서

리적 표현에 의지하였기에 역사라기보다는 신화 서술에 가까웠지만, 인류사 전체에서 프로이센과 베를린이 갖는 위상에 대한 분명한 의식을 담고 있었다. 이러한 역사의식은 구박물관 전체, 더 나아가 그것이 위치한 베를린 도심부 전체의 위상학을 관통하는 원리이기도 했다.[36]

공공기관으로서의 건축물이 이처럼 역사극이 펼쳐지는 무대로 기능한다는 발상은 건축의 형태와 구조를 크게 변모시켰다.[37] 구박물관 파사드 중앙부의 두 개로 갈라져 있던 계단이 만나는 계단참에는 일종의 전망대가 배치되어 내부로부터 곧바로 앞마당 격의 유원지와 시가지가 내려다보이도록 했다. 건너편에는 베를린 왕궁이 마주보고 서 있어 마치 국가권력과 시민문화의 조화를 시각적으로 웅변하는 듯했다. 저 멀리로는 프리드리히스베르더 교회와 장다르멘 시장이 시야에 들어왔다. 전체적으로 볼 때 구박물관 건물은 단일입방체적 형태와 구조적 공간 분할이 특징인바 각 부분, 파사드의 주랑과 벽체 그리고 실내공간이 서로 분리되면서도 한데 어우러져 완전한 전체를 이룬다. 건물 안팎에 걸쳐 "하나의 질서를 관철하는" "주요 형식의 단순성이야말로 핵심 관점"이라고 싱켈은 밝혔다. 여기에 "도시 안의 가장 아름다운 곳에 터를 잡고" 베를린의 심장부를 고양하는 입지적 조건마저 고려한다면,[38] 이론의 여지 없이 구박물관은 한 건축가의 원대한 이상이 국가의 대폭적 지원으로 실현된 보기 드문 예라 할 수 있다. 권력과 예술은 역사라는 새로운 지평에서 유기적 결합을 성취했다.

구박물관이 위치한 유원지Lustgarten에 대해서는 좀 더 살펴볼 필요가 있다. 18세기 초 프리드리히 빌헬름 1세는 이곳을 '궁성 앞 광장'으로 만들고자 시도했었는데, 한 세기 후에 싱켈이 구박물관을 건설하면서 이곳을 브란덴부르크 문과 왕궁을 잇는 승리가도의 종착점으로 재편했

구박물관과 돔교회가 보이는 유원지의 풍경, 작자 미상, 강판화

다. 싱켈의 '승리가도', 즉 새로이 정비된 운터덴린덴 거리는 지난 세기 프리드리히 대왕이 꿈꾸었던 '프리드리히 광장'의 이상을 일정하게 실현했다. 베를린의 상징적 중심이 불완전하게나마 구축되었던 것이다.

유원지는 싱켈의 구박물관과 요한 보우만 1세의 돔교회 그리고 범상치 않은 공원 조경이 돋보이던 곳이다. 싱켈의 평생에 걸친 동료이자 조경계의 싱켈이라 할 수 있는 페터요제프 렌네Peter-Joseph Lenné는 이곳을 프로이센 고전주의의 이상향으로 만드는 데 결정적 기여를 했다. 프로이센을 대표하는 조경예술가 렌네는 영국식 정원의 자연친화적 성격을 프로이센식 낭만주의 및 고전주의의 미적 이상과 결합하였다. 대문호 괴테마저 함께 소요해보기를 희구했을 만큼 고명한 예술가가 꾸민 유원지는 박물관의 원형홀을 가로지르는 중심축을 고스란히 받아들여 자신의 대칭축으로 삼았으며 생동하는 자연과 건축물의 기하학적 질서가 조화되도록 꾸며졌다.[39] 결국 유원지는 생동하는 사회적 변화 속에서도 각 부분이 유기적 전체를 이루는 프로이센 왕국의 도상으로 자리 잡게 되었다.

텍토닉과 프로이센의 국가이념

절대왕정의 비호 아래 일했음에도 불구하고 싱켈의 건축적 취향은 이른바 '구체제' 건물들이 표방하던 바로크적 호사와는 거리가 멀었다. 싱켈이 충정을 바친 대상은 분명 복고왕정이었으나 그 체제 자체가 혁명 이전의 것이 아니라 혁명의 역사적 결과였다. 건축가 싱켈은 19세기 초반을 살아간 근대인, 그것도 당시로서는 나름 혁신적이던 프로이센 국가의 고위 관료였다. 그는 구체제하의 허식적인 미의 탐닉에서 벗어나 새로운 가치를 추구했고 국가는 이를 기존 질서의 테두리 안에서 적극 지원했다.

텍토닉의 원리

신고전주의자 싱켈의 미학적 지향점은 다름 아닌 고대 그리스 건축물들이 보여주는 강직함, 미술사가 빙켈만의 잘 알려진 표현을 빌리자면 "고귀한 단순성과 고요한 장엄함$_{\text{edle Einfalt und stille Größe}}$"이었다. 이 표현은 빙켈만이 라오콘$_{\text{Laocoön}}$에 대해 했던 말이다. 주저『회화와 조각 예술에서 그리스 작품의 모방에 관하여』(1755)에서 빙켈만은 16세기 초 로마의 포도밭에서 우연히 발견된 고대 그리스의 걸작 라오콘이 자기 시대의 예술과는 대조적으로 지극히 스토아적이라고 주장한다. 극단적 고통에도 불구하고 "표정과 몸자세에서 어떠한 분노도 나타내지 않는다". 이 조각상에서 발견되는 "육체의 고통과 영혼의 위대함"이야말로 인간의 존엄함을 웅변한다.[1] 빙켈만은 이후 『고전고대 미술사』(1764)에서 "고통을 내면적으로 삭히기 위해 감정의 폭발을 자제"한 라오콘을 극찬하며 "가장 큰 고통이 서린 곳에서 또한 가장 큰 아름다움이 발견된다"라고 주장했다.[2] 내적 긴장을 극복한 상태로서의 미와 질서라는 이 같은 관념은 건축가 싱켈에게 고스란히 전수된다. 고딕의 솟구치는 열정을 고전주의의 엄격한 질서 안으로 수렴한 싱켈의 건축미학은 이목을 끄는 외형적 매력 대신 완전무결한 구성적 질서에 주안점을 두었다. 이제 여타의 예술 장르와 구별되는 건축 고유의 가치 기준 내지는 미적 원리가 자리 잡게 된 것이다.

건축의 자율성에 대한 인식은 이미 싱켈 이전의 신고전주의 건축 이론에서 싹텄다. 1753년에 프랑스 예수회 신부 로지에Marc-Antoine Laugier 는 당시 큰 반향을 일으킨 저서 『건축 에세이』에서 "자연으로 돌아가라"라는 루소J.-J. Rousseau의 언명에 착안하여 네 개의 나무기둥이 대들보를 받치고 그 위에 삼각형 지붕을 얹은 오두막을 건축의 원형으로 제시했다. 건물의 구조적 골격을 강조하면서 건축과 장식의 일치라는 의미로 '순수 건축'을 논한 것은 매우 혁신적인 발상이었으며 이는 국경 너머 독일 지성계에도 적지 않은 영향을 끼쳤다. 고상한 취향을 지녔던 괴테는 원시적 오두막에는 별 공감을 보이지 않았으나 로코코 예술의 지나친 장식성에 대한 로지에의 반감은 공유했다. 이는 그리스 건축에 경도된 베를린의 '길리 서클'에도 결정적 영향을 주었다.[3] 길리 서클의 일원이었던 싱켈은 새로운 건축적 신조를 다음과 같이 명징하게 정리했다.

1부 프로이센 고전주의를 찾아서

라오콘(바티칸 미술관 소장)

유럽의 건축술은 그리스 건축술과 동급으로, 그것을 이어간다. 가면무도회가 아니라 구축의 필연적 요소를 아름답게 형상화하는 것이 그리스 건축의 원리이며, 이를 이어가기 위한 원리로 남아 있어야 마땅하다.[4]

이 구절에서 주목할 점은 그가 고대 그리스 건축의 핵심 원리를 "구축의 필연적 요소를 아름답게 형상화"하는 것으로 규정하며 이를 가면무도회와 대조하고 있다는 것이다. 이 구절은 일단은 가식적인 바로크 및 로코코 건축에 대한 반감을 드러낸 것으로 볼 수 있지만 실은 그 이상을 암시한다. 서양 건축사에서 프리드리히 싱켈은 이른바 '텍토닉tectonics' 원리의 발견자로 알려져 있다. 독일 건축학에서 처음 자리 잡은 '텍토닉Tektonik'이라는 용어는 호메로스의 『일리아드』에 나오는 목수의 이름 '텍톤Tecton'에서 따온 것으로, 형식과 기능의 완전한 조화를 중시하는 건축원리를 지칭했다. 싱켈 자신은 이 용어를 사용하지 않았지만 대신 건축의 목적을 "이상적 합목적성ideale Zweckmäßigkeit"의 구현에서 찾음으로써 텍토닉의 이념을 선취했다.[5] 구체제하의 건축이 심지어 원주마저 군주의 위엄을 높이는 최상의 장식으로 취급했던 반면, 텍토닉은 과도한 장식성을 배제하고 "구축의 필연적 요소"만을 용인했다.[6] 외형적 매력보다 견고한 내적 구성을 우위에 두는 이 새로운 건축원리는 물론 기능주의와는 상관이 없었고 오히려 합목적성과 미적 형식의 유기적 통일을 지향했다. 이처럼 양식보다는 그 내적 본성에 따라 정의됨으로써 비로소 건축은 고유한 물리적 실재로 인식될 수 있었다.

생의 만년이자 경력의 절정기였던 1830년대 중반에 이르러 싱켈은 건축형식의 세 가지 토대에 대한 인식에 도달했다. 구조의 형식, 역사적 중요성을 띠는 형식, 자연의 전범으로부터 따온 형식이 그것이었다. 그는 건축예술이 구조·역사·자연 등 다양한 토대에서 비롯되지만, 어떠한 경우든 "전적으로 실용적 목적과 구조적 요소로부터" 해방되어 "두 가지 본질적 요소, 즉 역사적인 것과 시적인 것"을 되살리는 방향으로 나아가야 한다고 믿었으며 바로 이런 과업을 자신의 "필생의 사명"으로 삼았다.[7] "역사적인 것과 시적인 것"에 대한 싱켈의 강조는 예술품을 자연의 소산처럼 생성되고 진화하는 생명체, 그 유기적 전체로 파악한 괴테 예술론의 자취를 담고 있다. 그러나 이는 젊은 시절의 낭만주의 취향이 되살아난 것이기보다는 오히려 건축의 본령인 "실용적 목적과 구조적 요소"를 고립시키지 말고 역사적이고 시적인 차원으로 승화하는 것이야말로 건축예술이 나아갈 길임을 웅변하는 것이다. 예컨대 구박물관이 가장 여실히 보여주었듯 허구적 구조체인 포르티코와 실제적 구조체인 벽체의 형태를 유기적으로 결합함으로써 기능적 요소와 극적(시적) 요소를 동시에 구현한다는 것이다. 바로 이것이 텍토닉의 기본 원리였다.[8]

건축설계의 현장과 접목되어 있던 텍토닉론이 보다 진전된 논리적 체계성을 갖춘 계기는 한때 싱켈의 문하생이었던, 베를린의 건축가이자 고고학자 카를 뵈티허Karl Bötticher의 저서 『헬라인들의 텍토닉』(1844~1852)의 발간이었다. 고대 그리스 텍토닉의 역사를 탐구한 이 저작은 일단 텍토닉을 "건설과 실내치장 행위"로 협소하게 정의했지만 도리아와 이오니아 양식의 각 부분과 장식 들에 깔린 구조적 원리를 사유함으로써 "텍토닉의 내재적 역사"를 드러내고자 했다. 그의 사유의 출발점은 외재적 형식과 내재적 이념의 상보성이었다. 그에 따르면 생동하는 자연이 그러하듯이 "각 구성물의 개념은 그것의 형식에 표현된다". 그리고 "형식의 법칙"이야말로 창조의 원천으로 기능한다. 역학적 필연성에 지배되는 핵심형식Kernform과 그것에 상징의 옷을 입히는 예술형식 Kunstform이 상호작용함으로써 하나의 건축물이 탄생한다. 이들 두 형식 간의 관계는 역사적으로 변천한다. 핵심형식, 즉 구조적 형식이 그때그 때 필요에 따라 가변적인 데 반해 예술형식은 영속적으로 심화되어갈 뿐이다. 고대 이집트에서는 장식이 종교적 상징과 제의에 잠식되었던 데 반해 고대 그리스에 오면 종교적 이념이 약화되면서 구조와 장식, 형식과 이념의 조화가 이루어짐으로써 비로소 건축이 자율성을 획득한 다. 뵈티허에 따르면, 그리스 신전의 모든 부분은 기단으로부터 지붕의 각도에 이르기까지 하나도 남김없이 상징의 옷을 입고 있다. 예컨대 기 둥머리나 몰딩 등 각각의 장식적 형식은 종교적 이념을 상징화하는 동 시에 전체 건물에서 자신의 특정 위치를 대변함으로써 건물의 각 부분 이 접합Junktur되어 유기적 통일체를 이루고 있음을 암시한다.[9]

뵈티허는 자기 시대에 필요한 것은 고대 그리스에서 성취된 텍토 닉의 보편적 법칙을 이해하여, 단지 그리스 건축양식만을 모방하는 게 아니라 거기서 발견되는 형식과 이념의 통일성을 모방하는 일이라고 역설했다. 그 정의가 다소 협소하지만 뵈티허는 텍토닉을 기술적 원리 에 국한하지 않고 한 시대의 경향을 대변하는 역사적 원리로 제시했다. 동시에 그가 강조한 건축물의 유기적 통일성은 자기 당대의 현실을 반 영하는 정치적 원리이기도 했다.

국가 텍토닉

건축의 자율성은 건축의 정치성을 위한 토대를 제공해주었다. 텍토닉은 문자 그대로는 신고전주의 건축의 미학적·기술적 원리를 지칭했지만, 적어도 싱켈의 생각은 건축의 범위를 넘어선 것이었다. 그의 생각은 이른바 국가 텍토닉이었다. 하나의 국가는 유기적으로 구성된 건축물이어야 한다. 그 형태는 시대 여건에 따라 변화해 마땅하나 그 구조를 이루는 기본 원리에는 변함이 없다. 즉 어떠한 경우에도 국가의 각 부분은 마치 한 건물을 지탱하는 필수 구성요소들처럼 전체를 위해 기능해야 한다. 모든 신민은 국왕에 대한 자신의 책무를 다해야 한다.[10] 이는 프로이센 왕국이 표방하는 국가이념에 다름 아니었다. 이처럼 텍토닉이 꽉 짜인 통일성 원리에 집착했기 때문에 역사상 소위 '관헌국가 Obrigkeitsstaat'로 규정되는 특유의 권위주의 국가를 옹호했다는 비난을 피하기 힘들다.

관헌국가 프로이센은 잘 정비된 관료와 군사조직에 기반을 둔 강력한 입헌군주제 국가였다. 그것은 귀족적 요소와 민주적 요소를 결합한 특유의 군주정체제로 볼 수 있다. 프리드리히 대왕의 명에 따른 사법개혁으로 신분사회가 개혁되어 권위주의 국가와 사회계약론의 법적 원리에 입각한 시민사회가 결합된 프로이센 특유의 '국가시민사회 Staatsbürgergesellschaft'가 자리 잡았다. 1794년에 반포된 '프로이센국 각 주의 일반법Allgemeines Landrecht für die Preußischen Staaten'은 국왕을 절대적 주권자에서 국가수반으로 변모시키는 동시에 전통 토지귀족인 융커Junker를 필두로 하는 제반 신분을 국가가 공인한 직능협회Berufsverbände로 매개Mediatisierung 하고자 했다. 이로써 현실적으로 존재하는 신분제가 부르주아적-개인주의적 헌정체제로 흡수될 수 있었다. 이는 분명 전통과 신질서의 병립을 의도한 것이었다. 이 법에 의해 프로이센 국가는 스스로를 시민사회의 수호자인 동시에 공복으로 자리매김하면서 한편으로는 계획된 사회

개혁을 추진하고, 다른 한편으로는 의회가 추구하는 이익정치로부터의 자율권을 행사할 수 있었다.

프로이센이 취한 '위로부터의 개혁' 노선은 봉건사회 특유의 분산성을 극복하고 국가적 통일을 기했다. 이를 위해 제반 신분을 '매개'하는 장치가 바로 관료기구였다. 관료야말로 중용적 노선의 담지자였다. 이들은 장교 신분과 함께 국가의 통일성과 연속성을 보증하는 유일한 '신분'이었다. 국가는 신민들에게 관료 신분으로의 사회적 상승 기회를 열어줌으로써 부르주아적 의식과 공민 의식을 매개했다. 관료가 사회 개혁을 주도해나가면서 경제 영역에서도 변화가 초래되었다. 기존에 신분적·지역적으로 분할되어 있던 채무가 단일한 국가채무로 집중됨으로써 기존의 봉건적 경제체제는 와해되고 자본주의적 소유권 확립의 계기가 마련되었다.[11]

유기적으로 통합된 프로이센식 관헌국가 체제는 현실적인 권력기구일 뿐 아니라 이론적 뒷받침도 얻었는데, 대표적인 것이 철학자 헤겔 G. W. F. Hegel의 국가론이었다. 헤겔은 근대 시민사회에서 전통적인 사회적 유대로부터 벗어나 자율적 의식을 갖는 '인격체Persönlichkeit가 등장하는 것을 예의주시하면서 인격체가 자유를 절대화하는 경향을 근대의 위기로 파악했다. 헤겔의 시각에서 자유는 아무런 매개가 없다면 그저 추상적 자유에 그칠 뿐이기에 오로지 국가 안에서 국가를 통해서만 온전히 실현될 수 있다.[12] 『법철학 강요』에 따르면, 시민사회bürgerliche Gesellschaft는 인류 역사상 최초로 자기 이익을 목적으로 삼는 사적 개인Privatperson을 출현시킨다. 그런데 각각의 소유권자들은 자신의 소유를 실질화하기 위하여 서로 간에 어떤 유대를 필요로 한다. 이 유대는 공동의 의지와 권리를 보유함으로써, 한쪽 인격의 소유를 다른 쪽 인격의 소유로 양도

함으로써, 즉 계약Vertrag을 통하여 이루어진다. 계약이란 바로 이 계약 상태로 들어선 당사자들이 서로를 인격체이자 소유자로서 인정함 Anerkennung을 전제로 한다. 이때 인격은 본질적으로 또 다른 인격과의 관계로 들어서는데, 그의 주관적 욕구는 타인의 욕구에 의해 상호제약을 받게 된다. 이 같은 매개의 장을 헤겔은 "욕망의 체계System der Bedürfnisse"라고 부른다. 개별자의 주관적 이기심은 이처럼 추상화된 보편성을 창출하는 데 기여한다.[13]

그러나 시민사회에서 달성된 보편성이란 형식적일 수밖에 없다. 왜냐하면 각 개인의 특수한 목적이 그 내용을 이루기 때문이다. 시민사회 내에서 각종 직업단체 등을 통해 이루어지는 보편성의 제도화는 "정치적 국가politischer Staat"로 통합된다.[14] 헤겔에 따르면, 정치적 국가는 순수하게 시민사회 내부의 힘만으로 형성되는 국가인 만큼 "필요국가 내지는 오성국가Not-und Verstandesstaat"라는 본연의 성격을 넘어설 수 없다.[15] 근대 시민사회의 현실은 자체 내에서 개별화된 사적 영역과 정치적 국가의 보편적 질서로 다시금 이중화된다.

> 만약 국가와 사회가 혼동됨으로써 그의 사명이 소유와 개인적 자유의 안전 및 보호에 두어진다면 개별자 자신의 이익이야말로 통합의 궁극 목적이 될 것이므로 국가의 성원이 되는 것은 어떤 임의적인 것이 될 뿐이다.[16]

헤겔이 판단하기에 시민사회의 문제점에 대한 대안으로 등장한 정치적 국가는 아직 그 보편성이 상대적이므로 최종적 대안이 될 수 없다. 이에 비해 절대적 보편을 구현하는 것이 바로 '인륜적 국가sittlicher Staat'이다. 개별자의 주관적 의지가 인륜적 전체 안에서 통일된다는 의미에서 그것은 "즉자대자적an und für sich"으로 보편적인 국가이다.[17] 헤겔의 보수적 국가론은 사적 개인이 중추가 되는 근대 시민사회의 문제점에 대한 사유에서 비롯되었다. 개별자들이 상호인정을 통해 창출해낸 보편성이 여전히 개별자의 특수한 이해관계를 넘어서지 못한다는 자각은 방법론적 전도, 즉 일종의 역발상을 통해 절대적 보편성을 요청하게 만들었다. 이제 국가는 '정치적' 역할을 뛰어넘어 '인륜적' 사명까지 떠안은 존재로 격상된다.

국가가 '즉자대자적'인 인륜적 통일체라는 지극히 관념론적인 발상은 국가를 하나의 유기체로 보는 독일 낭만주의 전통과 만난다. 비록 헤겔 자신은 낭만주의에 대해 중세의 개별 권리들을 미화하는 데 그쳐 국가의 통일성을 인식하지 못한다고 비판하였지만,[18] 낭만주의 국가론은 국가를 자기목적화한다는 점에서 헤겔의 국가론과 공통분모를 지닌다. 계몽사상의 밋밋한 세계시민주의에 반대하여 민족공동체의 문화적 활력을 강조한 낭만주의는 사회계약론 등 국가의 존재이유를 기능적 필요성으로 설명하려는 어떠한 이론적 시도도 거부했으며 거룩한 신비를 담고 있는 정신적 존재로 국가를 격상했다.[19] 예컨대 대표적 낭만주의 이론가 중의 하나인 아담 뮐러Adam Heinrich Müller는 1809년의 저작 『국정의 요소들』에서 "국가에 대한 (일반화된) 개념이란 없다"라고 전제하면서 국가에 대한 다른 접근을 요구했다.

우리가 그처럼 숭고한 대상에 관해 파악한 사유가 확장된다면, 대상이 성장하고 운동하듯이 사유도 운동하고 성장한다면, 우리는 그 사유를 문제에 대한 개념이 아니라 문제의 이념, 국가의 이념, 생의 이념이라 부른다.[20]

국가가 잘 정리된 개념이 아니라 생명체처럼 '성장하고 운동'하는 것이라면 그 '숭고한 대상'을 파악하는 '사유'도 단순히 지시적 개념으로 그쳐서는 곤란하다. 그것은 우리 '생'의 모든 면을 아우르는 '이념'의 경지로 고양되어야 한다. 국가는 합리적 판단을 초월하여 무한대로 열린 신비함 그 자체이다. 따라서 그것은 과학적 인식의 대상이라기보다는 모든 것을 포괄하는 이념, 가히 신적 계시에 가깝다. 이 같은 낭만주의 특유의 국가유기체설을 헤겔의 관념론과 적절히 결합한 인물이 바로 로렌츠 폰 슈타인Lorenz von Stein이다. 그의 저작들을 통해 보다 구체적인 국가 텍토닉이 비로소 제 모습을 드러내기 시작했다.

헤겔 국가론의 세례를 받은 후 오스트리아 빈 대학 정치경제학 교수로 재직했던 로렌츠 폰 슈타인은 국가를 일체화된 존재로, 즉 최고 수준의 인격체Persönlichkeit로 인식했다. 그에 따르면 인격이라 함은 먼저 몸과 영혼이 있고 그다음으로는 자기결정적 본질을 갖추어야 하는바 더 높은 형태의 인격인 국가에서 영토는 몸이고 민족은 영혼에 해당한다. 국가란 자립적이고 자기의식적이며 자기행위적인 인격으로 상승한 공동체이다. 이처럼 국가를 하나의 생명체로 볼 때 생명을 이어나가는 데 필수적인 기능이 무엇인지 논하게 된다. 먼저 국가의 존재와 의지를 대변하고 그 인격적 통일성을 나타내는 국가원수, 국가의 통일성 안에서 개개 국민의 자기결정을 인정하는 국가의지 그리고 계속되는 갈등을 봉합하는 국가행위가 그것이다. 이러한 필수 기능은 이를 책임지는 국가기관을 요구한다. 국가의 통일적 자기이해는 군주의 역할이고, 국가의 의지를 형성하는 것은 입법부의 역할이며 국가의지를 관철하는 것은 행정부의 역할이다.[21]

폰 슈타인의 국가론이 방점을 찍는 것은 행정Verwaltung이다. 특히 '내적 행정innere Verwaltung '개념이야말로 그 이론적 중추를 이룬다. 그것은 국가 내의 개개인이 자신의 힘과 노력만으로는 도달할 수 없는 개인적 발전의 조건을 제공한다는 것으로, 국민 개개인의 최고 발전을 위해 일하는 '유기체적 국가' 본연의 업무에 해당한다. 개별자의 자유로운 자기 결정이 국가라는 전체 속에 이상적으로 수렴된 결과가 다름 아닌 헌법Verfassung이다. 그것은 "국가라는 개념과 국가 활동의 완성"이다. 그러나 헌법의 존재 자체가 국가의 유기적 통일성을 보장하지는 않는다. 동등한 권리와 동등한 인격을 지닌 개별자들의 전체로서 전개되는 공동체Gemeinschaft는 차이의 원리에 바탕을 둔 이익사회Gesellschaft의 현실에 위협받는다. 행정의 역할이 중요한 것은 바로 이 때문이다. 폰 슈타인은 토론만 거듭하는 의회에 비해 내각과 관료로 충원된 행정부는 변화하는 현실에 민첩하게 대응하는 장점을 지닌다고 보면서 유기체인 국가는 행정부를 매개로 현실과의 부단한 상호작용을 이룸으로써 이익사회의 현실에서 비롯되는 '사회 문제soziale Frage'를 해결해나갈 수 있다고 주장했다.[22] 오로지 행정부의 주도적 역할을 통해, 차이만이 강조되는 이익사회적 질서Gesellschaftsordnung가 유기체적 통일성을 구현하는 법적 질서Rechtsordnung로 대체될 수 있다는 것이다.[23]

로렌츠 폰 슈타인의 엄격한 헌정주의는 결국 특유의 군주론으로 이어진다. 법치국가에서 군주는 헌정의 통일성을 유지하는 존재로 머물고 행정부나 입법부에 명령할 실제 권한은 부여되지 않는다. 그렇지만 유럽의 유서 깊은 국가체제에서 여전히 왕정의 형식은 "자율적 인격체로서의 국가라는 존재의 가장 순수한 표현"이다.[24] 오스트리아의 법학 교수였던 폰 슈타인은 프로이센식 관헌국가의 절대왕정 체제와는 구별되는 '사회적 왕정soziales Königtum' 개념을 제시하는데, 이는 지배계급의 횡포로부터 피지배계급을 보호할 수 있는 유일한 기관으로 왕정을 자리매김한다. 그것은 군주와 신민, 국가와 사회의 유기적 전체성을 지향한다는 점에서 국가유기체설의 가장 순수한 표현으로 볼 수 있다.²⁵

　　로렌츠 폰 슈타인이 제안한 '사회적 왕정'은 완전한 구조적 통일성을 지향한다는 점에서 '이상적 합목적성'을 추구한 싱켈의 신고전주의 건축과 공통점을 지닌다. 양자 모두 현실 그 자체의 모습은 아니었지만 현실 안에서 꿈꾸어볼 수 있는 나름의 이상을 반영하고 있었다. 그것은 아리스토텔레스의 표현을 빌리면 프로이센―혹은 오스트리아 합스부르크― 왕국이라는 현실태entelecheia에 내재된 가능태dunamis였다고 할 수 있다. 이 같은 권력의 이념형은 미셸 푸코가 말하는 '통치성gouvernementalité' 개념을 상기시킨다. 근대국가의 권력 유형은 법률 조문상의 주권이나 개별화된 신체의 규율보다는 무리로서의 인간들 생명을 관리하는 방식으로 설명될 수 있다. 이른바 '생체정치biopolitique'의 등장으로 이전의 모든 권력기구는 통합되고 보완되어 국가가 마치 하나의 거대한 몸처럼 관리된다. 국가를 이루는 각 부분이 유기적으로 분할되고 배치되어 '인구' 등과 같이 한덩어리로 표상됨에 따라 '외부'의 존재는 철저히 부정되고 만다.²⁶ 근대국가 특유의 '통치성'은 다양한 형태의 기술적 수단에 의해 실행되는바 건축가 싱켈에게서 건축적 표현을 얻은 프로이센식 국가 텍토닉이야말로 그 전형을 보여준다.

　　프로이센 고전주의의 대표 걸작인 신위병소, 왕립극장, 구박물관이 보여준 '이상적 합목적성'은 분명 프로이센식 통치성의 표현이었다. 그것은 국가적 통일성을 기하기 위해 고대 그리스라는 한덩어리의 표상―'심상지리'―을 프로이센 왕국의 한복판에 들여왔다. 마치 구세주처럼 재림한 고대 그리스는 원래 모습과는 판이하게 다른 제왕의 형상을 띠고 있었다. 그것은 지극히 반혁명적이고 권위주의적인 관헌국가의 위협적 발톱을 드러냈다. 이상적이고 합목적적인 고대 그리스란 사실상 한 번도 제대로 존재한 적이 없는 가상으로, 현실 속에 존재하는 관헌국가의 뒤집힌 거울에 지나지 않았다.

시간의 텍토닉, 역사

텍토닉의 원리는 건축의 영역을 넘어 국가 통치의 영역까지 확대되는 와중에 어느덧 공간의 차원에서 시간의 차원으로 전이되었다. 이제 개개의 체험 공간 속에 분절된 기억의 편린들은 마치 통일된 국가처럼 하나의 전체 속으로 수렴되어갔다. 앞서 살펴보았듯이 싱켈에게 고딕과 신고전주의, 중세의 신앙과 고대의 이성은 대립자가 아니라 프로이센 국가의 문화적 지평에서 근대적 종합을 이룩할 수 있었다. 이러한 사고의 기저에는 하나의 시간적 도식이 깔려 있었다. 고대 그리스를 아르키메데스의 지렛대로 삼아 무한대의 시간이 일거에 떠받쳐졌다. 그 무한한 시간의 덩어리는 '역사'라는 이름을 얻게 된다. 그것은 체험된 시간들의 총체적 재편을 의미했다.

이러한 대대적 정신 혁명에 영감을 불어넣은 것은 무엇보다 빙켈만의 저작들이었다. 빙켈만의 '미술사'는 바자리Giorgio Vasari 이래 관례화된 '미술가 열전'과는 구별될 뿐만 아니라 단순히 시대적 배경에 대한 서술도 아니었다. 그것은 미술의 내재적 역사를 추구했다.

미술의 역사는 미술의 기원, 성장, 변화, 그리고 하락을 민족, 시대, 예술가들이 낳은 다양한 양식과 더불어 배우고 이를 가능한 한 많은 고대의 잔존 작품들로 입증해내고자 한다.[27]

빙켈만이 추구한 '미술의 역사'는 미술의 내재적 변천상을 민족의 정치적 변천과 하나가 되게 서술했다는 점에서 실로 독창적이다. 그것은 미적 영역에 대한 지식과 더불어 역사적 지식을 전달한다. 이처럼 미술의 이상적 전범에 대한 '교본'의 성격과 역사 서술의 성격을 동시에 지닌 것이 빙켈만의 미술사인데, 여기에는 해결되기 힘든 난제가 도사리고 있었다. 즉 고대 그리스 미술이 당시의 훌륭했던 공동체를 표현한다면 과연 그 공동체가 아련한 꿈처럼 사라져버린 지금 그 미술 본래의 정신을 복원하는 것이 가능할까? 빙켈만은 확신에 찬 고전주의자로서 자신의 규범을 포기할 수 없었지만 동시에 그 시대적 한계도 의식했다. 그는 고대 그리스의 미술이 도달한 영원한 미의 이상을 어떻게 다른 시대에도 '모방' 가능한 원천으로 삼을 수 있을지를 고심했다. 이는 보다 많은 경험적 자료를 제시한다고 해서 해결될 리 만무한 전적으로 이론적인 문제였다. 어차피 빙켈만은 아직 그리스가 오스만튀르크 지배 아래 놓여 있어 주로 문헌 자료와 로마 시대의 복사본에 의존할 수밖에 없었던 시대를 살았다. 빙켈만이 대결해야 했던 것은 오히려 모더니티라는 근본적 난제였다. 과거의 이상이 전적으로 낯설게 되어버린 유례없는 전환기에 직면하여 지침이 될 만한 규범을 찾는 것은 확실히 모순적인 작업이었다. 결국 빙켈만이 취한 방도는 '양식Stil'의 변천 과정에 주목하는 것이었다. 그것은 체계적 분석과 역사적 분석의 결합으로, 변화 속에서도 변하지 않는 규범을 찾으려는 불가능한 시도였다. 이에 따르면, 고전고대 그리스 미술은 고고 양식der ältere Stil, 장려 내지는 고급 양식der große und hohe Stil, 심미 양식der schöne Stil, 몰락의 양식Verfallsstil으로 변천되는 과정을 겪었으며 이는 각 시대의 정신과 정치적 여건은 물론 기후와 지리적 조건에도 의존했다. 이처럼 양식사로 재규정된 미술사는 각 시대로 분산되지 않는 총체적 체계를 획득할 수 있었고, 이에 따라 고대 그리스 미술은 시대를 훌쩍 뛰어넘어 근대미술에도 귀감이 될 수 있었다. 르네상스로부터 로코코 양식으로 이어져온 흐름의 종식—"몰락"—이 역사적 필연으로 간주되면서 고전고대 미술의 재림을 시발로 한 새로운 순환주기의 도래가 기정사실화되었던 것이다.[28]

빙켈만의 양식사적 미술사는 그리스 미술의 모방 불가능성에 대한 탈출구로 제시되었다. 미의 절대적 규범화와 역사적 상대화는 분명 모순되는 노선이었으나 이 모순은 미술사 전체의 구조적 재조정을 통해 일정하게 해소되었다. 이제 그리스는 과거가 아니라 오히려 미래의 가능성으로 재조정되었다. 결코 모방될 수 없는 공백의 지점 주위로 역사의 은하계가 회전하게 된 것이다.[29] 푸코가 『말과 사물』에서 고전주의 시대의 인식틀épistème의 특징을 중심의 실질적 부재로 인한 차이들의 혼재에서 찾았다면,[30] 이처럼 부재하는 중심을 축으로 삼아 오히려 역발상적으로 상이한 공간들과 시간들의 통일된 질서를 구축한 것이 바로 '역사'였다. 물론 이러한 전일적 체계가 일방적 구조조정과 냉혹한 배제를 통한 결과였음을 간과해서는 안 된다. 빙켈만이 고전고대 그리스 미술을 다루며 늘 강조했던 '자유'의 정신도 역사의 일방적 질서에 함몰됨으로써 혁명성을 상실하고 텅 빈 도식 안에 갇힌 심미적 자유로 축소되고 만다.[31] 설상가상으로 어이없는 인종주의적 배제의 논리마저 나타난다. 그의 주장에 따르면, 그리스인들처럼 적당한 기후와 알맞은 골

1부 프로이센 고전주의를 찾아서

격을 조건으로 갖춘 종족만이 아름다운 예술을 창조할 수 있다. "중국인과 여타 외딴 민족들의 (……) 납작하게 내려앉은 코는 하나의 탈구이다. 왜냐하면 그것은 신체의 나머지 골격을 이루는 형식의 통일성을 저해하기 때문이다."[32]

빙켈만의 양식사적 질서가 지닌 허구성은 그의 규범론적 라오콘 해석에 반대하는 독일 계몽사상가 레싱Gotthold Ephraim Lessing에 의해 적나라하게 폭로된 바 있다. 레싱의 비평에 따르면 라오콘은 고통을 내면적으로 극복한 것이 아니라 어차피 비명을 지를 수 없는 것이다. 왜냐하면 자칫 얼굴이 일그러질 위험이 있기 때문이다. 이는 공간적 형상화를 넘어설 수 없는 조각예술 영역의 본원적 한계에서 비롯된다. 따라서 라오콘은 결코 미의 영원한 이상이 될 수 없으며 인류 예술 전체의 역사적 발전 도상에서 특정한 위치를 부여받는 것이 마땅하다.[33]

빙켈만에게서 미완의 상태로 그쳤던 '역사'의 질서는 철학자 헤겔에 의해 가장 강고한 체계를 얻게 된다. 이 편집증적 철학자의 철저한 변증법 논리에 의해 고전주의적 '인식틀'은 와해되고 역사의 질서가 뿌리를 내리게 되었다. 그의 『미학 강의』는 역사의 질서를 가장 이념형적인 형태로 보여준다. 역사 전체를 관통하는 중심축은 "미의 이념"으로, 그것은 "자연미"로부터 출발하여 "예술미"의 다양한 단계를 거치며 결국 "미술schöne Künste" 개념으로 완성된다. 이 과정을 거치며 미의 이념은 각 예술 영역을 구속하던 특수한 물질성으로부터 완전한 자유를 획득해간다. 이처럼 미의 이념이 역사적으로 전개되는 과정은 새로운 역사의 질서를 가장 순수하고도 압축적으로 보여준다. 이제 모든 시대의 각 예술 장르는 역사의 전체 질서 속에서 저마다의 위상을 부여받게 된다. 매체의 특징상 물질성에 의해 지배되는 건축은 예술미의 초기 단계인 "고전적" 예술형식을 대표하며, 고대 그리스에서 이미 완성 단계에 도달한 것으로 간주된다. 이 시기에 미의 이념과 물질적 형식은 "어린이와 같이 조화로운" 결합을 이룬다. 이후 조화는 깨지고 마치 아이가 성장하듯 오랜 역사적 과정을 거쳐 "낭만적" 게르만 세계에 이르러서야 비로소 고대 그리스의 조화로운 예술미는 새로운 지평 속에서 부활한다.[34]

헤겔의 미학은 빙켈만이 시작한 양식사적 미술사를 미적 규범성에 고착된 고전주의와 완전히 절연시키고 역사의 시작점과 종결점을 잇는 꽉 짜인 일정의 궤도로 재편했다. 이에 따라 미적 가치는 오로지 역사적 가치, 다시 말해 역사의 전체 질서 내의 위상에 의해 규정될 뿐 영원한 규범을 논하기는 불가능해졌다. 이제 영원한 것은 오로지 역사의 질서 그 자체이다. 그것은 마치 살이 붙음으로써 기능할 수 있지만 더는 살이 오르지 않아도 버텨주는 우리 몸의 뼈대와도 같다. 그 뼈대가 해체될 때에야 비로소 유기체는 죽음을 맞이한다.

헤겔에 의해 가장 명료한 철학적 표현을 얻은 근대적 의미의 '역사'란 시간마저 전일적 통제하에 두려는 '통치성'의 구현이었다. 온갖 종류의 혁명과 혁신으로 점철된 '근대'의 현실은 모든 것이 과거로 휩쓸려가다 못해 심지어 미래까지 과거로 전락해버리는 자기모순을 초래한다. 과거·현재·미래 사이의 벌어진 틈, 달리 말해 시간성의 모순을 보다 높은 차원으로 승화하는 것이 바로 역사이다. 시간성의 모순이 일종의 창조적 역발상을 통해 수미일관한 역사 이야기로 재편되는 것이다. 역사는 미래에 대한 기대와 과거의 유산, 주관적 가치와 현실의 객관적 인식 간의 심각한 갈등을 자신의 총괄적 체계를 이루는 각각의 계기로 순치시킨다. 이를 통해 미래에 대한 주관적 희망은 시간의 머나먼

1부 프로이센 고전주의를 찾아서

지평선을 거슬러 올라가 이미 지나버린 동떨어진 과거에서 가능성을 발견한다. "역사가는 과거에 대한 예언자"라는 슐레겔의 명제는 바로 이 점을 지적한 것이다.

역사는 영구 불멸의 궁극 질서에 대한 믿음에 기초한 신학적·자연법적 전통에 쐐기를 박고 모든 존재의 일시성과 변화의 항구성을 가리키는 근대적 '세계관'으로 자리 잡았다. 이러한 양상은 미국 사상사가 프랭클린 보머Franklin L. Baumer의 표현에 따르면 "존재being에 대한 생성becoming의 우위"라고 특징지을 수 있다.[35] 역사는 말할 나위도 없이 혁신적인 세계관이었다. 그것은 과거의 절대적 권위를 무너뜨렸다. 역사를 진정으로 진보적인 세계관으로 도입했던 프랑스 계몽사상가들의 이른바 '역사철학philosophie de l'histoire'은 추상같은 법정의 카테고리를 역사에 도입했다. 그들은 역사의 법정에 현실세계를 소환하여 '이성raison'의 법으로 심판함으로써 더 나은 미래를 위한 끊임없는 변화를 요구했다. 그들에게 역사의 진행이란 일상적 현실의 흐름이 아니라 오로지 혁명적 계획의 완수였던 것이다. 이 같은 역사철학적 역사는 미래를 위해 끊임없이 현재를 희생시키는 '위기'를 초래하지 않을 수 없었다.[36] 이 위기가 특히 혁명적 변화를 완강히 거부하던 프로이센 관헌국가에 심각하게 받아들여진 것은 전혀 놀라운 일이 아니다.

헤겔 등 당대 최고의 프로이센 지성이 혁명이 초래한 혼돈을 정리하고 과거와 현재를 지혜롭게 조화시킬 수 있는 최상의 원리로 '역사'의 질서를 제시했던 것은 나름 시의적절한 선택이었다. 이는 바로 프로이센 궁정건축가 싱켈이 택했던 노선이기도 했다. 자연법 원리에 충실했던 프랑스 신고전주의에 대한 싱켈의 대안은 다름 아닌 역사의 원리였던 것이다. 고대 그리스 건축의 이상화에도 불구하고 이러한 기조는

'고전'의 규범성이 와해되던 당대의 문화적 상황에 대한 냉철한 인식에 기초한 것이었다. 공간의 '이상적 합목적성'을 추구한 텍토닉 원리는 실로 역사의 질서와 친연성을 갖고 있었다. 역사는 말하자면 시간의 텍토닉이라 할 수 있었다.

싱켈의 프로이센 고전주의 건축이 극복하려 한 것은 바로 진보적 역사 이념이 초래한 위기였다. 이 불멸의 거장이 창조해낸 건축물들은 계몽사상은 물론 그 적대자인 낭만주의도 넘어선 새로운 시공간원리를 대안으로 제시했다. 그것은 과거와 미래, 고대의 양식적 전범과 근대도시의 새로운 기능적 요구를 이상적으로 조화시키고자 했다. 새로움에 대한 막연한 동경에 대하여, 그리고 정반대로 과거에 대한 맹목적 추종에 대해서도 싱켈은 거부의사를 분명히 했다. 고대 그리스의 건축과 예술은 단지 미리 정해진 규범이 아니라 위대한 국가와 도시를 건설하기 위해 항상 새로운 영감을 얻을 수 있는 마르지 않는 샘이었다. 이처럼 기원, 생성, 발전의 원리가 불변의 법칙을 대체하고 목적론이 규범성을 대체하는 싱켈 건축의 지향성은 19세기 중엽 이후 서구 정신세계를 장악하게 되는 소위 '역사주의historicism'의 정신을 선취한 것으로 볼 수 있다.[37]

싱켈이 평생 관심을 기울였던 파노라마 기법은 자신의 역사적 관점이 지닌 핵심적 특징에 대해 말해준다. 젊은 시절 프랑스 파리를 첫 방문한 이래 싱켈은 파노라마 기법에 매혹되어 있었다. 나폴레옹 지배 하의 프로이센에서 건축 사업이 중단되어 일거리가 없을 때 그는 무대미술가로 전전하면서 디오라마를 제작했었다. 1815년과 1820년에는 오페라 〈마적Zauberflöte〉의 무대미술에 투시도 기법을 활용하여 관람객의 시선을 끌기도 하였다. 개별 장식물을 부각하고자 엇갈리게 배치하는 바로크식 극무대와는 달리 싱켈의 무대는 커다란 배경그림으로 완전히 둘러싸인 무대공간을 창조했다. 파노라마는 전체를 총괄하는 하나의 시점을 구성하여 개별 사건을 넘어 전체의 흐름을 바라보게 하는 장점이 있다.[38] 이러한 원리는 다름 아닌 텍토닉의 핵심 원리였고 시간의 텍토닉인 역사의 원리이기도 했다. 이는 구박물관 파사드 외벽의 역사화에도 고스란히 관철되었다.

그런데 이 같은 파노라마적 전체성은 실제로는 환(등)상에 지나지 않았다. 싱켈의 텍토닉적 건축예술은 현실과 이상의 조화를 추구하였으나 동시에 현실의 갈등을 은폐하는 기능도 있었다. 다시 말해 그것은 텍토닉적 관헌국가인 프로이센 왕국의 현주소를 알려준다. 국가와 신민, 권력과 예술, 기능과 형식, 현재와 과거 간의 텍토닉적 통일은 이들 사이의 갈등을 고대 그리스의 환등상 속에 은폐함으로써만 비로소 가능했던 것이다. 불멸의 거장이 젊은 시절부터 추구해왔던 건축의 유기적 통일성은 실은 역동적 자유와 해방을 위한 통일이 아닌 꽉 짜인 폐쇄적 통일성에 불과했던 것이다.

역사주의자 싱켈

싱켈은 신인문주의적 이상에 충실한 고전주의자였지만 시대의 흐름을 읽는 역사적 감각도 겸비했다는 점에서 확실히 거장이었다. 신위병소와 왕립극장, 구박물관의 사례가 보여주듯 싱켈은 결코 모방이나 절충주의에 머무르지 않고 전래된 양식적 기법을 이용하여 새로운 전범을 창조했다. 이런 점에서 싱켈은 고대 그리스 건축이 건축의 보편

법칙을 대변한다는 베를린 대학 고전학 교수 알로이스 히어트Alois Hirt의 입장과는 확연히 달랐다.[39] 싱켈의 후기 작품은 고전주의 양식으로부터 더욱 탈피하여 시대의 새로운 요구에 부응하고자 했다. 신고전주의 건축 기법에 관한 한 완성 단계에 도달해 있던 그에게 획기적 전환점을 제공한 것은 1820년대 말 수개월 동안 영국과 스코틀랜드 일대를 답사한 일이었다. 그것은 산업사회의 새로운 건조환경에 눈을 뜨게 하는 동시에 그 부정적 결과에 대해서도 인식할 수 있도록 만들어준 일대 계기였다.

싱켈은 공업도시 맨체스터 등지에서 벽돌벽과 주철로 마감된 지붕을 갖춘 공장 건물에 매료되었고 서민들의 연립주택에도 큰 관심을 보였다. 그러나 도시 전체의 양상에 대해서는 매우 부정적이었다. 그가 보기에 건축의 근본 원리를 고려하지 않고 오로지 기능만을 위해 지어진 무미건조한 건물들은 결코 미래의 대안이 될 수 없었다. 건축은 개개인을 역사의식을 갖춘 인류적 공동체의 개명된 일원으로 통합해내는 것을 본연의 임무로 삼아야 했다. 영국에 다녀온 이후 싱켈은 베를린에 백화점Kaufhaus과 화물처리장Packhof 등 이전과는 색다른 성격의 건물을 지으면서 자신의 이념을 구현하고자 노력했다.[40] 그러나 무엇보다 자신의 모교 베를린 건축학교Bauakademie의 신축 본관에서 새로운 이념은 가장 웅변적으로 표현되었다.

수개월간 영국을 방문했을 때 싱켈은 고교 동창생 페터 보이트Peter Christian Wilhelm Beuth와 동행했었다. 보이트는 프로이센의 고위 경제 관료로 조국의 뒤늦은 산업화를 성공리에 이끌 방안을 고심 중이었는데, 오랜 벗이자 동지인 싱켈과는 새로운 건축 재료와 산업 기술을 역사 지식 및 미적 감수성과 결합해야 한다는 대의에서 일치했다. 이들은 '독일 오찬

1부 프로이센 고전주의를 찾아서

회'에도 함께 참여하는 등 정치적 입장을 공유하였다. 이들의 의기투합은 베를린 건축학교에서 구체적 성과를 보였다. 1822년 이 학교는 미술아카데미의 법적 관할에서 벗어나 내무부 산하 무역산업국으로 이전했는데, 보이트가 바로 무역산업국 국장이었다. 프로이센의 공공건축 사업을 총괄하는 수장인 싱켈과 그의 벗 보이트의 의기투합에 힘입어 베를린 건축학교는 내부 개편과 더불어 전적으로 새로운 양식의 본관을 갖게 되었다.[41]

1832년 착공하여 1835년에 준공된 이 건물은 마치 고전고대 건축의 절대적 규범성에 이의 제기라도 하듯 공학부 건물 특유의 기능성에 부합하는 형태를 취했다. 적색 벽돌로 마감된 외벽에 각을 세운 창문들이 마치 열주처럼 늘어서 있어 여타의 장식적 처리를 대신한 이 건물은 골조와 재질이 그 자체로 파사드를 지배한다는 점에서 매우 혁신적이었다.[42] 그것은 전혀 그리스적이지 않았고 다분히 영국적인 느낌을 주었지만 그럼에도 불구하고 충분히 싱켈적이었다. 구조가 그 자체로 형태를 이룬다는 점에서 이 건물은 그리스 신전 같은 풍모를 띤 이전 작품들보다도 텍토닉 원리를 더욱 순수하게 구현했다고 할 수 있다. 구조적 격자를 사용한 정방형 평면, 직사각형 중정 및 최상층 테라스 등은 구조적 공간 분할과 단일체적 건축을 조화시킨 싱켈 건축미학의 백미를 보여준다.

물론 이 건축물은 고전주의의 형태언어를 완전히 포기하지는 않았다. 구조적 요소들로부터 독립된 순수하게 장식적인 요소들이 창틀이나 문틀, 지붕 등에 국한해 도입되었는데, 주로 테라코타를 사용한 점이 특징적이다. 밋밋한 노출벽을 유일하게 장식하고 있는 창문틀은 상부를 활모양 아치arch와 삼각면spandrel으로 처리하고 그 밑에 문설주 및

베를린 건축학교 입면도

베를린 건축학교 중앙 출입
구의 장식 도안

창틀받침을 두었으며 여기에 테라코타 패널을 설치하여 신화와 역사에서 따온 인류의 건축과 기술의 발달사 연작을 창조했다. 여기에는 괴수와 노루, 천사 등 자연과 문화를 상징하는 유서 깊은 모티프들이 대거 등장하는데, 이는 그야말로 "역사적이고 시적인" 건축의 차원을 보여주는 것으로, 건축학교에 걸맞은 교육적 기능을 염두에 두었음을 미루어 짐작할 수 있다. 이 연작은 출입구의 문틀 장식으로 이어진다.[43] 이러한 장식 처리에서 싱켈은 무엇보다 아치의 사용을 극도로 자제했는데, 창문틀의 아치도 거의 수평에 가까운 활모양을 취했으며 건물 지붕도 돔 대신 수평의 아키트레이브와 테라스를 쓴 것은 그리스 건축의 텍토닉에 대한 변함없는 신뢰를 말해준다. 건물 상부의 코니스 부분을 떠받친 까치발console에도 마치 암호문처럼 그리스 문양을 새겨 넣었다.[44]

베를린 건축학교는 건물 맨 위층에 싱켈이 자택을 마련하여 자신의 마지막 안식처로 삼았을 만큼 전환기를 살았던 한 위대한 건축가의 전 생애에 걸친 모색의 결론이라고 평가해도 무방할 것이다. 이 건물은 언뜻 보기에는 싱켈이 이전에 설계한 건물들과 동떨어진 듯하지만, 사실 싱켈이 이해하는 고전고대 건축의 본질에 가장 가까이 다가서 있었다. 바로크나 로코코 건축의 인위적 장식을 배제하고 자연에서 발견되는 가장 단순한 기하학적 형태를 응용하는 것이 그가 본래부터 추구하던 신고전주의 건축이었다. 자연이 역동적으로 생성, 진화하듯 건축도 특정한 형태에 머무를 이유는 전혀 없었다. 고대 그리스 건축이 자연과 인간문화의 조화로운 일체성을 추구했다고 본다면, 그 근본정신은 오히려 새로운 근대적 환경과 조화를 이룸으로써 찬란하게 부활할 수 있었다.

각각의 예술 작품은 그 구성 안에서 완전히 '새로운 요소'를 지녀야 한다.

설사 그 성격이 과거의 잘 알려진 미적 양식에 의해 고무된 것일지라도. 그 '새로운 요소'가 없이 예술 작품은 결코 그것의 창조자나 관람자의 진정한 관심을 끌 수 없다.[45]

이렇게 본다면 역사적 사고가 필요한 것은 과거에 집착해서라기보다는 다양한 형식이 끊임없이 변전했던 시간의 흐름에 주목하기 위해서였다. 이를 통해 특정 시대의 기능적 요구를 보다 포괄적인 인류적 공동체의 이상에 통합할 수 있다는 것이 싱켈의 확고한 믿음이었다. 싱켈의 텍토닉은 특정 양식이나 건물로 한정하기에는 너무도 원대했다. 건축학교 본관이 자리 잡은 곳은 베를린 도심부로, 특히 프리드리히스베르더 교회와 지척이었는데, 비록 양식은 다르지만 양자 모두 적색 벽돌로 마감되고 단순한 직각의 구조를 지닌 입방체 건물이라는 점에서 잘 어울리는 한 쌍이었다. 이들은 각각 과거와 미래의 모습을 대변했다. 저 멀리로 운터덴린덴의 주요 건물들과 구박물관이 시야에 들어온다는 점까지 고려한다면, 건축학교는 개별 건축물로서의 가치뿐 아니라 새로운 도시의 텍토닉적 질서를 염두에 둔 작품이었음이 분명하다. 싱켈이 직접 작성한 투시도는 그의 심상지리를 뚜렷이 드러내준다.

베를린 건축학교와 프리드리히스베르더 교회의 투시도

물론 싱켈의 심상지리는 수도 베를린에 국한되지 않았다. 사실 그는 왕실의 거의 모든 궁전을 도맡아 지었다. 베를린 남부와 포츠담을 잇는 호수변의 바벨스베르크 성Schloß Babelsberg은 황태자의 동생인 빌헬름 왕자에게, 소小글리니케 궁Schloß Klein-Glienicke은 카를 왕자에게, 나중에 나치 비밀경찰Gestapo 사령부가 되는, 베를린 빌헬름가Wilhelmstraße 소재의 알브레히트 궁Albrecht Palais은 알브레히트 왕자에게 헌정되었다.[46] 싱켈의 궁정건축 가운데 백미로 꼽히는 것은 포츠담 상수시 궁전의 가장자리에 위치한 샤를로텐호프Charlottenhof로, 프리드리히 빌헬름 4세가 황태자 시절 결혼식 선물로 받은 부지에 작은 규모로 지어졌다. 싱켈의 만년 작품으로, 이탈리아풍을 띠면서도 프로이센식 소박함을 드러내는 이 궁전은 그의 평생 동료인 페터 요제프 렌네가 꾸민 알뜰한 정원으로 둘러싸여 마치 농가와 같은 전원적 풍경을 자아낸다. 싱켈은 이러한 개별 궁전들을 넘어 베를린-포츠담 사이의 호수변 경관을 꾸미는 포괄적 기획을 동료 렌네와 함께 추진했다.[47] 이처럼 나라의 수도권 전체 풍경이 한 건축가의 심상지리에 의해 창조된 예는 더는 찾기 힘들 것이다.

싱켈은 심상지리만이 아니라 실제 작업의 지리적 범위에서도 스케일이 큰 건축가였다. 그의 작업 범위는 프로이센의 국경은 물론, 서유럽의 경계마저 뛰어넘어 저 멀리 그리스 아테네에까지 미쳤다. 그는 아테네 아크로폴리스의 폐허 위에 새로운 왕궁을 짓는 야심찬 기획을 추진한 바 있는데, 이는 독립국 그리스의 초대 군주에 오른 바이에른 공국 출신의 오토 1세Otto I.를 위한 왕궁으로, 공식 의뢰를 받아 설계 작업에 착수한 것이었다. 신고전주의자 싱켈에게는 꿈만 같은 기회였으므로 아주 정밀한 설계안을 마련했지만 그리스의 국내 사정으로 인해 실현되지는 못했다.[48]

이와 마찬가지로 실현되지는 못했지만 의미심장한 설계안을 남긴 것이 소아시아의 오리안다 성Schloß Orianda이었다. 러시아 황후 알렉산드라 표도로브나Alexandra Fjodorowna가 흑해 연안 크림 반도의 남서부 해안가에 고대 그리스풍 궁성건축을 공식적으로 의뢰해 왔다. 황후는 실은 프리드리히 빌헬름 1세의 딸이었기에 모국의 건축가에게 의뢰한 것은 극히 자연스러운 일이었다. 독일 출신인 만큼 그리스풍 건축을 선호한 것도 자연스러웠으나 정작 싱켈은 그곳에 전형적 신고전주의를 어느 정도 탈피한 천일야화풍 건축물을 시도해보고자 했다. 이 기획은 주문자와의 갈등을 빚기 전에 러시아의 재정 상황 악화로 중도에 철회되고 말았지만,[49] 유럽 바깥의 세계에 싱켈식 건축이 구현될 때 과연 어떠한 모

1838년 싱켈이 그린 오리안다 성 상상도 속의 해안가 테라스

습을 띠게 될지를 가늠해보게 한다. 아마 양식적으로는 고전주의에서 그 오리엔탈리즘적 변형에 이르기까지 개방적이겠으나, 적어도 근본정신에서는 철저히 프로이센적 심상지리를 구현할 것이었다. 싱켈이 오리안다 성 설계안의 일환으로 손수 그린 상상도가 추론의 실마리를 제공한다. 이 상상도는 흑해의 해안가를 무대로 여상주女像柱 포치porch가 있는 테라스 광경을 묘사하는데, 전형적인 고대 그리스 신전의 풍모를 보여주지만 이 건물이 지어질 지리적 위치를 고려해 살펴보면 그림 속 건물의 방향은 은연중 암시하는 바가 있다. 즉 해외를 향하는 프로이센의 시선을 느낀다면, 이는 해석의 과잉일까?

어쨌거나 싱켈의 건축은 특정한 양식적 형태에 집착하지 않았다. 그의 건축예술은 신고전주의와 네오고딕은 물론, 심지어는 모더니즘과 오리엔탈리즘 형태로까지 확장되었으며 기능적으로도 위병소, 극장, 박물관, 교육기관, 상업시설, 주택지 등에 폭넓게 적용되었다. 그것은 고대적 전범에 의존하면서도 현재의 용도에 맞게 쓰려 했다는 점에서 19세기 특유의 '역사주의'를 선도했다고 할 수 있다.[50] 물론 고대의 전범을 보다 자유로이 활용하려면 역사에 존재했던 모든 양식을 총체적으로 전유할 필요가 있었다. 이른바 '역사주의 건축'이 등장하기까지는 새로운 발상과 실천이 요구되었다. 역사주의의 혼성적 본성은 서양 고전고대의 건축유산을 근대 산업사회의 현실에 활용하는 데 효과적이었을 뿐만 아니라 이질적인 공간과 문명으로 전파하는 데도 호조건을 형성했다.[51] 불멸의 건축가 싱켈은 분명 이러한 흐름을 선취했다. 그의 원대한 심상지리와 미완의 오리안다 성을 향한 해외 진출의 꿈은 수십 년 후 제국의 이름으로 부활하게 된다.

1부 프로이센 고전주의를 찾아서

독일제국의 역사주의 건축

당대의 역사가들에 의해 흔히 '혁명의 시대'로 규정되던 19세기는 유럽에서 과거의 모든 유산이 와해되는 시기였으며 역사는 그 대안으로서 과거의 의미를 통해 현재의 의의를 찾을 새로운 계기를 열어주었다. 19세기 유럽의 정신세계를 풍미했던 역사주의는 뚜렷한 지향을 가진 이념이나 양식이 아니라 급격한 변화의 물결 속에서 과거와의 끈을 이으려는 19세기식 취향을 일컫는바 역사학이나 신학, 법학 등 '정신과학' 분야만이 아니라 예술과 건축 분야에도 큰 영향을 끼쳤다.[1]

'문화민족'과 역사주의 건축

역사주의는 존재하는 모든 것을 '역사화'하다 못해 결코 흔들릴 것 같지 않던 미적 규범마저 역사화했다. 18세기 중엽에 이르러 '미술fine arts'이 고유한 목적과 의미 및 역사를 지닌 독립적 가치 영역으로 정착되면서 고래의 미적 규범은 절대적 가치를 상실하고 각각의 역사적 양식들로 상대화되었다. 이제 미술은 특정한 양식적 전범을 '모방'하는 대신 모든 선행 시대의 양식을 총체적으로 마주하여 필요에 따라 자유롭게 취사선택—'인용'—할 수 있게 되었다. 미술은 이제 그 자체로 미술사 탐구가 되었다.[2] 이 같은 이른바 미술의 '역사화'는 미술의 자립화를 이끌어내는 동시에 미술의 새로운 문화적 사명을 창출하였다. 존재하는 모든 것이 변화하는 근대의 현실 속에서 미술은 일시적인 개별 존재를 시대 전체의 제유提喩로 형상화함으로써 잃어버린 문화적 전체성을 회복하는 역할을 부여받았다.[3]

회화 부문에서는 전통적 종교화의 알레고리가 지속적으로 활용되면서 과거의 기념비적 사건이나 인물을 주제로 삼는 역사화가 맹위를 떨쳤던 데 반해,[4] 건축 부문에서는 하나의 독자적 양식이 창출되었다. 통상적인 건축사 서술에서 '역사주의 건축'은 비더마이어Biedermeier와 아르누보arts nouveau 사이의 특정한 양식을 가리키며 네오고딕, 네오르네상스, 네오바로크 등 다양한 '네오neo-'의 흐름을 망라한다. 시기적으로는 부르주아지의 정치·사회적 헤게모니가 관철되는 1840년대에서 제1차 세계대전이 발발하는 1910년대 초반까지를 아우른다.

역사주의 건축은 불변의 자연법을 따르는 건축이 좋고 고전고대 건축에서 그 전범을 발견할 수 있다는 고전주의의 원리를 거부하였으며 특정한 양식적 전범에 머물기보다 이들을 현재의 요구에 맞게 활용하는 절충주의적 성향을 노정했다. 따라서 역사주의 건축 본연의 특징은 한 건물에도 여러 양식이 혼재하는 다원성에 있었다. 이는 현재가 과거의 결과라고 인정하면서도 현재의 특수성을 받아들이는 역사주의 특유의 발상에서 비롯된 것이다. 다시 말해 현재의 새로운 용도에 맞는 건물을 역사적 양식을 환기시키는 형태로 짓는 것이 역사주의 건축이었다. 심화되는 역사 연구에 힘입어 세밀히 고증된 역사적 양식이 역사적 선례가 없는 새로운 용도의 건물들, 예컨대 기차역이나 통신소, 심지어 광산 시설 건설에까지 관철되었다. 새로운 재료와 기법을 유서 깊은 형태언어와 결합함으로써 이루어지는 건축적 가능성은 끝이 없어

보였다.[5]

    이러한 흐름에는 19세기 유럽의 주역으로 등장한 부르주아 계급의 이해가 고스란히 반영되어 있었다. 1840년대부터 1873년 오스트리아 빈에서 대규모 주가폭락이 발생하기까지 서부와 중부 유럽은 비록 불완전했지만 자유주의적인 시민혁명을 일으켰을 뿐 아니라 본격적인 산업화 단계로 접어들면서 경제적 번영을 이룩했다. 이 중 가장 두드러진 곳은 역시 독일 지역으로, 기계공업과 전기화학공업을 발판으로 삼아 산업 생산이나 인구 성장 등 모든 면에서 여타 지역을 압도했다.[6] 독일사에서 흔히 '창업시대Gründerzeit'로 불리는 이 기간 동안 부르주아 계층은 사회의 안정적 '중산층Mittelklasse'으로 자리를 굳혔다.[7] 이들을 기반으로 독일 특유의 '문화Kultur' 이념이 탄생했다. 소위 '교양시민계층'이라는 자부심을 가졌던 독일 중산층은 한편으로는 지극히 비정치적이었으나 동시에 국가주의적 성향도 상당히 강했다. 이는 프랑스로 대표되는 서구 '문명Zivilisation'에 대한 원천적 적대감에서 비롯되었으며 독일인으로서의 민족적 정체성을 확립하는 근거를 제공해주었다.[8] 20세기 초반 독일 역사학계를 주물렀던 프리드리히 마이네케Friedrich Meinecke가 독일 민족을 프랑스 같은 정치적 공동체로서의 '국가민족Staatsnation'과는 구별되는 문화적 공동체, 즉 '문화민족Kulturnation'으로 규정한 것은 결코 놀라운 일이 아니었다.[9]

    1871년에는 독일의 최고 강자 프로이센이 숙적 프랑스를 누르고 독일제국을 탄생시켰다. 오랜 숙원이던 민족통일이 극적으로 성취되면서 민족의 수도에 대한 해묵은 논쟁도 종식되었다. 베를린은 자동적으로 독일제국의 수도가 되었다. 그러나 민족통합의 구심점이 되기보다는 옛 왕도의 전통을 이어나갔다. 독일제국 성립은 사실상 정치적 통일의 산물이 아니라 프로이센의 확장이었던 것이다.[10] 이러한 정세는 독일 전역에서 싱켈의 건축유산이 장기적 영향력을 행사하는 조건을 성립시켰다. 싱켈 자신은 특정 유파를 만드는 데 별로 관심을 기울이지 않았으나 독일제국의 건축은 확실히 싱켈의 유산에 지배를 받았다.[11] 고대 그리스를 이상적 전범으로 삼는 프로이센 고전주의의 시공간적 원리는 시대적 조건의 변화에 발맞추어 새로운 양상으로 전개되었다. 무엇보다 시간의 텍토닉으로 등장한 역사는 역동적 변화에 친숙하면서도 혁명의 성상파괴적 난동에는 공포를 느끼던 부르주아 계층에게 최적의 세계관을 제공했다. 역사주의는 과거와 미래를 무리 없이 연결한다는 점에서 꽤 매력적이었다. 과거의 양식을 영원한 '고전'으로 절대화하지 않는다는 점에서 역사주의는 신고전주의와 대립했으나 싱켈처럼 현재와 과거의 다름을 기꺼이 인정하고 과거의 형식에 현재적 내용을 담는 경우 양자는 차이보다 공통분모가 더 컸다.[12]

역사주의 건축의 호황에는 떠오르는 부르주아들의 '자기표현' 욕구가 큰 역할을 수행했다. '창업 시대'에는 주택 건설이 매우 활발했고 정치적 낙관주의가 팽배해 있었다. 따라서 부르주아들이 기능적 효율성을 제쳐두고 넓은 정원이 딸린 고색창연한 빌라를, 여력이 안 되면 최소한 궁전처럼 화려한 장식의 파사드가 돋보이는 복층형 주택을 선호한 것은 전혀 놀랄 일이 아니었다.[13] 부르주아 계층의 호고적 취미가 가장 여실히 표현된 곳은 다름 아닌 주택의 실내공간으로, 옛 귀족층의 미술양식과 장식 혹은 가구를 모방했다. 이 같은 경향은 분명 부르주아지가 귀족층에 동화되어가는 사회적 상황을 반영하는 것이었다.[14] 그러나 부르주아 계층은 호고적 취미로는 만족이 되지 않을 만큼 충분히 진취적이었다. 산업화를 추동해낸 근대기술을 역사적 양식의 건축물에 도입하는 일에 그들은 전혀 주저하지 않았다. 예컨대 철 제련 기술이 진보함에 따라 건물에 낭만적인 형태의 철탑을 올리는 것이 가능해졌으며 런던의 수정궁Crystal Palace이 웅변해주듯 유리가 건축물 전체의 주된 재료로 쓰이기 시작했다.[15]

확실히 역사주의는 급격한 변화의 흐름 속에서 정치적·사회적·문화적 입지를 구축해가던 유럽 부르주아지의 자기재현 양식 또는 집단기억의 양상이었다. 그것은 모험적이고 진취적인 기상을 한껏 과시했으나 시의성을 상실한 옛 형태를 고집하는 등 다분히 자기모순적 성격도 노정했다. 과거와 현재의 조화란 그저 수사적 표현에 불과했다. 역사주의 건축에서 일반적으로 엿보이는 특징은 역사적 전범에 따른 '예술적' 형태와 삶에서의 '실제적' 기능 간의 괴리이다. 19세기를 거치며 건축의 이론과 실제는 점점 더 멀어졌으며 다양한 변종과 탈구를 낳았다.[16]

싱켈의 계승자 고트프리트 젬퍼

19세기를 거치며 활용될 수 있는 역사적 양식의 범위는 서구 건축사 전체로 확대되었다. 역사적 미술양식에 대한 주체적 평가와 해석이 심화되면서 1840년대를 전후로 새로운 건축적 흐름이 등장했다. 이른바 '네오'라는 접두어를 동반하는 여러 사조가 한데 뒤섞여 자웅을 겨루게 된 것이다. 다양한 역사적 양식은 본래의 도상학적 의미에 대한 이해를 바탕으로 각각의 상이한 용도를 위해 자유로이 '인용'되었다. 교회가 주로 네오고딕 양식을 채택한 반면 관공서나 역, 은행 또는 상류 부르주아지 주택은 주로 네오르네상스Neo-Renaissance 양식을, 그리고 귀족 전용의 궁전이나 극장은 네오바로크Neo-Baroque 양식을, 공장의 본청은 이른바 '조지 양식Georgian style'이라 불리는 영국식 고전주의를 주로 채택했다. 역사의 드넓은 채석장에서 갖가지 옛 양식이 광물처럼 채취되었던 것이다.

역사주의 건축이 낭만주의적 네오고딕을 거치며 점차 고전주의적 요소를 탈각해가는 과정에서 과도기적으로 등장한 것이 이른바 독일식 '반원형 아치 양식Rundbogenstil'이다. 고전주의의 소극적 변용이라 할 수 있는 이 양식은 주로 독일 서부의 친親프랑스적인 라인연맹 국가들에서 유행하였는데, 고대 로마 건축의 전범을 일부 수용하면서도, 지나친 기념비적 요소에서 벗어나 근대 시민생활에 부응하는 기능적 요소를 적극 도입했다는 점에서 나폴레옹의 혁명적 프랑스와 반혁명적 프로이센 사이에 낀 라인동맹의 정치적 위상을 건축적으로 반영했다. 외형상 기존의 로마네스크Romanesque와 유사한 반원형 아치 양식은 건축가 휩시Heinrich Hübsch가 이론화하였는데, 이 양식의 특징을 그는 "융통성Schmiegsamkeit"에서 찾았다. 이는 과거의 특정한 양식적 전범에 집착하지 않고 실제 기능을 위주로 여러 양식을 항시 "교체 가능"한 방식으로 활용한 점을 지적한 것이었다. 1822년 『그리스 건축에 관하여』라는 저술에서 그는 그리스 건축의 텍토닉마저 지역 특유의 기후와 사회 환경에 기인하는 건축 재료와 건설 방식에서 비롯된 것이라고 주장했다. 양식의 성립은 사회의 요구에 부응하려는 건축 고유의 합목적성에서 비롯된다는 것이다. 이 같은 관점에 비추어 볼 때 원주를 건축의 규범으로 절대화하거나 끝이 뾰족한 아치를 독일적 양식으로 고집하는 것은 '융통성'이 부족한 사고에 지나지 않았다.[17]

휩시의 반원형 아치 양식은 유럽 북부의 기후 조건에 따른 채광의 절실함과 더불어 산업사회의 새로운 요구에 부응하는 건축적 대안으로 제시되었다. 기계로 값싸게 생산된 벽돌을 자재로 삼아 기성품 장식으로 꾸민 '병영식 임대주택Mietkaserne'이 늘어가는 근대도시의 한가운데에서, 그가 1828년에 집필한 한 소책자의 제목처럼, "어떠한 양식으로 지어야 할 것인가?"를 고심한 산물이었다. 주택의 안쪽이 아무리 허름하더라도 적어도 밖으로 드러난 파사드만큼은 역사적 양식에 따라 지음으로써 도시의 격을 높여야 한다는 것이 휩시의 생각이었다. 그에게는 반원형 아치 양식이야말로 건축의 예술성과 기능성을 함께 만족시킬 수 있는 시대적 대안이었다.[18]

휩시의 제안은 만족스러운 대안이라기보다 오히려 그간에 통용되던 양식적 전범의 붕괴를 암시하는 것이다. 역사적으로 전승된 형태와 그 실제적 기능 사이에서 더는 일치점을 찾기가 어려워졌다. 그 괴리는 소위 '네오르네상스' 양식의 건축에 이르러 보다 첨예해진다. 독일 네오르네상스 건축을 대표하는 고트프리트 젬퍼Gottfried Semper는 1851년『과학, 산업 그리고 예술』에서 당대의 예술이 부르주아의 상업적 이익에 종속되거나 공공장소의 장식품으로 전락하는 경향을 통렬히 비판하면서 예술은 도시적 삶의 유기적 통일성을 진작하는 데 기여해야 한다고 역설했다. 이를 위해서는 도시국가의 예술적 풍모와 도시민의 실제적 삶이 혼연일체를 이루는 데 기여했던 옛 이탈리아 르네상스 건축을 최상의 전범으로 삼아야 한다고 보았다.[19]

싱켈이 19세기 전반기의 독일 건축을 대표한다면, 젬퍼는 19세기 후반기에 가장 영향력 있던 독일 건축가로 꼽힌다. 젬퍼도 싱켈처럼 주로 박물관, 도서관, 극장 등을 설계했으며 공공건축물을 통해 도시 자체가 하나의 극장이 될 수 있다는 싱켈의 신념까지 고스란히 계승했다. 젬퍼는 베를린을 활동무대로 삼았던 프리드리히 슈튈러나 루트비히 페르지우스처럼 싱켈 문하에서 직접 배운 제자는 아니었으나 그를 포함해 같은 세대 건축가들에게 싱켈의 건축은 거장 사후에 정기 행사로 자리 잡은 '싱켈 축제Schinkel Fest' 등을 통해 실로 공동의 자산이 되어가고 있었다. 젬퍼가 싱켈의 건축으로부터 배운 점은 무엇보다 고대 그리스 건축에서 발견되는 예술과 자연형태의 유사성이라는 관념이었다. 모든 유기체가 그렇듯 건축물의 형태가 기능적 구조와 유리되지 않아야 한다는 전제에서 젬퍼의 건축은 출발했다. 물론 젬퍼는 그저 싱켈의 아류로 머물지는 않았다. 그는 뵈티허의 텍토닉 이론의 세례를 받았으며 고대 그리스를 이상화하는 대신 엄밀한 고고학적 탐구의 대상으로 삼았다. 또한 프랑스 건축으로 시선을 돌려 새로운 양식적 조류를 적극 받아들였다. 그는 프랑스에 귀화한 독일 출신 건축가 프란츠 가우Franz Christian Gau의 제자가 되었다.[20]

　　1860년과 1863년 두 권으로 출간된 『공예와 건축예술의 양식 또는 실천 미학』에서 젬퍼는 자연과학을 모델로 삼아 건축양식사를 조명했다. 이에 따르면 건축양식을 이루는 근본 동기는 네 가지의 물질적·기능적 범주, 즉 직물·도예·목공·석공으로 분류할 수 있다. 이들이 각 시대의 사회적 조건과 조우함으로써 건축의 변용이 이루어진다. 건축예술의 기원을 이루는 것은 공간적 울타리를 상징적으로 알리는 직물 휘장으로, 이것이 나무나 돌 등으로 만든 벽체로 변용됨으로써 건축이 시작된다. 이것이 젬퍼의 유명한 '피복Bekleidung' 이론이다. 건축이란 마치 알몸에 옷을 입히듯 공간을 양식화해가는 것이다. 직물 휘장과 같은 기존의 모티프가 사회적 여건의 변화에 따른 물질적 변용 과정을 거치

　　　　　　　　　　　1부 프로이센 고전주의를 찾아서

면서 새로운 건축양식이 등장한다. 예컨대 그리스 이오니아 양식 건축은 목공 특유의 텍토닉 구조가 석조 건물로 변용되는 와중에 양식화된 것이다. 본래 기둥의 견고함을 드러내기 위한 장식인 원주의 세로 홈 fluting이 기둥의 구조적 역할을 가리는 예술형식으로 자리 잡게 되는 식이다. 따라서 건물의 장식은 결코 구조에 덧씌운 부가물이 아니다. 젬퍼가 보기에는 모든 필수 구조를 형식화하여 은폐하는 것이야말로 기념비적 건축, 아니 예술 자체의 본성이다. 이 같은 발생학적 분석을 통해 젬퍼는 건축이란 순수하게 예술적이지도, 그렇다고 전적으로 기능적이지도 않고, 또한 순전히 자율적이지도, 완전히 사회에 종속적이지도 않으며, 오히려 양쪽의 타협 속에서 형성된다는 결론을 이끌어낸다. 건축에서 모방은 단지 기존 양식의 복제가 아니라 각기 기능적 요구나 상징성에 부합했던 기존의 양식적 모티프를 그때그때 재해석하는 창조 행위라는 것이다.[21]

젬퍼의 피복론은 싱켈의 신고전주의적 텍토닉 원리를 서구 건축사의 맥락 속에 자리매김함으로써 새로운 현실에 보다 유연하게 적용할 수 있도록 만들었다. 심지어는 건축물의 색채마저 금속이나 보석 같은 장신구를 뛰어넘는 최상의 "피복"으로 평가되었다. 젬퍼의 "다채장식 Polychromie" 이론은 그의 피복론이 일면적인 관념론적 해석을 지양하고 건축의 물질성에 주목했음을 알려준다. 순백의 대리석이 그리스 건축의 특징이라는 빙켈만류의 선입관에 대해 젬퍼는 전면 도전을 감행했는데, 물론 그가 첫 도전자는 아니었다. 1815년 고고미술사가 콰트르메르 드 켕시Quatremère de Quincy의 『새로운 관점으로 본 올림피아의 주피터 또는 고대 조각술』이 출간된 이래로 순백의 그리스 이미지는 동요했고 그리스 방문이 빈번해진 1820년대에 이르면 더는 고수할 수 없게 되었다. 새로이 발견된 고대 건축의 색과 장식을 19세기 신고전주의에 응용하려는 움직임은 이토르프Jacques-Ignace Hittorff 등 프랑스 건축가들이 선도했지만 독일에서는 젬퍼가 보다 체계적 이론화를 시도했던 것이다. 젬퍼는 프랑스 건축의 동향에 밝았는데, 그의 스승 가우가 이토르프의 벗이었다.[22]

젬퍼는 자신의 독창적 건축 이론을 펼치기 위해 건축사, 미술사, 미학은 물론 심지어 고고학과 인류학까지 넘나들었다. 그러나 이러한 경험과학적 접근은 이론과 실제를 결합하기는커녕 양식의 다원주의를 부각함으로써 양식이 실제 기능과 유리된 채 항상 교체 가능한 장식으로 축소되는 이율배반적 결과를 낳았다. 젬퍼가 설계한 건축물들은 싱켈의 건축물에 비해 과도하게 기념비적인 느낌을 준다. 위압적인 출입구와 과장된 비례 그리고 너무 육중한 느낌을 주는 거친돌마감rustication 등은 젬퍼의 심오한 이론이 실제 효과라는 면에서는 파사드를 강조하는 휩시의 건축과 대동소이하다는 평가를 낳게 한다.[23] 그러나 어떻게 평가하든 간에 젬퍼의 건축이 독일 역사주의 건축을 선도했음은 이론의 여지가 없다. 건축양식이 역사적으로 '생성'되어 한 시대를 대표하는 유기체적 전체, 일종의 '종합예술'로 승화될 수 있다는 발상은 싱켈의 신고전주의 건축과 역사주의 건축을 관통하는 이념적 핵심으로, 그누구보다 젬퍼에 의해 이론적 체계성을 획득하고 건축의 실제에 적용되었던 것이다.[24]

1부 프로이센 고전주의를 찾아서

역사주의 건축의 본령, 네오르네상스 양식

역사주의 건축 중에서도 가장 역사주의적인 것은 젬퍼의 이름으로 대표되던 네오르네상스 양식이었다. 그것은 고래의 미적 규범성에 의존하는 고전주의나 과거를 신비화하는 낭만주의와 달리 '성기 르네상스'의 건축언어를 '역사학적'으로 탐구하여 '원래 그대로' 재현하려는 경향으로, 건축사의 재현이 그 자체로 건축이 되는 역사주의 건축의 특성을 가장 전형적으로 보여주는 양식이다. 19세기 중엽에 이르면 낭만주의의 감성적 열기가 식어가고 학문적 엄격성이 그 자리를 대체한다. 옛 양식들을 세심한 역사적 고증을 통해 보다 객관적으로 재현하는 태도, 과거의 전승을 주어진 채로 받아들이지 않고 총체적으로 재검토하는 태도가 일반화함에 따라 원주, 벽기둥, 코니스, 난간, 프리즈, 조각상, 곡형 지붕과 맨사드 지붕창, 탑과 돔 등 고전주의 건축의 기본 요소와 모티프가 이탈리아 특유의 분위기를 띠며 되살아났다. 물론 형태와 기능 간의 괴리는 이를 통해 해소되었다기보다 오히려 첨예화하였다.

네오르네상스 양식은 본래 세련된 이탈리아풍을 진정한 상류문화로 선호하던 1830년대 입헌왕정의 양식으로 도입되었으나 1848년 혁명을 거치며 상승욕을 불태우던 부르주아 계층에게로 점차 양도되었으며 1870년대에 이르러 비로소 부르주아의 자기재현 양식으로 정착되었다. 네오르네상스가 지향한 것은 잃어버린 과거의 회복이 아니라 자유로운 개성의 부활이었으며 엄격한 고증을 통해 재현된 르네상스 건축의 다양한 양식적 요소들은 결국 부르주아의 자기재현과 상업적 이윤 획득에 동원되었다. 개인주의, 도시성, 과학성, 근대성, 그리고 고전성이야말로 네오르네상스 건축을 특징짓는 핵심요소였다.[25] 스위스 역사가 부르크하르트Jacob Burckhardt의 유명한 여행안내서『치체로네』(1855)와 문화사 서술의 걸작『이탈리아 르네상스의 문화』(1860)는 저자 특유의 귀족적 염세주의에도 불구하고 당대 부르주아 계층의 르네상스 애호를 선도했다.[26]

독일에서 네오르네상스 건축양식이 처음으로 활짝 개화한 곳은 싱켈식 신고전주의가 지배하던 '슈프레 강가의 아테네' 베를린이 아니라 '엘베Elbe 강가의 피렌체'로 불리던 드레스덴이었다. 작센 왕국의 수도였던 이곳에 1834년 무명의 젊은 건축가 젬퍼가 왕립미술학교 교장으로 부임하면서 새로운 기운이 생동한다. 그가 1838년에서 1841년 사이에 설계하여 준공시킨 드레스덴 왕립궁정극장Königliches Hoftheater이 독일 네오르네상스 건축의 출발을 알렸다. 괴테의 비극을 상연하며 개관한 이 유려한 극장은 드레스덴을 상징하는 유명한 바로크 건축물 '쌍둥이궁Zwinger'의 아치에 조응하는 특유의 반원형 파사드가 돋보이는 건물이었다. 둥근 벽면과 함께 아치창이 전면부 1, 2층 모두에 걸쳐 있다는 점에서 화려하기 이를 데 없는 이 건물의 형태는 독일식 엄격함과는 실로 거리가 멀었다. 젬퍼의 프랑스 취향을 드러내는 이러한 형태는 그 기능에도 잘 부합했는데, 광장에 면한 둥근 파사드는 안쪽에서 보면 강당의 벽으로 관객들의 좌석 배치를 고려했을 뿐만 아니라 건물 밖 보행자들에게도 친화감을 주도록 배려했다. 정사각형 형태의 3층 규모 파사드를 지닌 익부翼部는 무대 영역이었다. 이처럼 드레스덴 왕립궁정극장은 과감한 양식적 실험이었다. 드레스덴 왕립궁정극장에 구현된 르네상스 양식은 싱켈이 베를린에 남긴 유산과는 확실히 거리가 멀었고 당시에 유행하던 네오고딕이나 '반원형 아치 양식'과도 달랐다. 젬퍼는 양식적 모티프들의 깊은 원천인 르네상스 양식이야말로 조형적이면서 기능적

1부 프로이센 고전주의를 찾아서

드레스덴의 왕립궁정극장, 카를 토이버트Carl Täubert 작(1850년경), 채색 동판화

인 대안이라고 여겼다.[27]

왕립궁정극장 건립은 보다 포괄적인 건설계획 아래 편입되었다. 젬퍼는 곧이어 쌍둥이궁 궁정을 북쪽 강변으로 확장하여 대규모 '문화광장Kulturforum' 건설기획에 착수했는데, 이 대규모 사업의 구상 단계에서 베를린의 싱켈에게 찾아가 조언을 구했고 거장의 적극적 지지를 얻었다고 전한다.[28] 이 원대한 기획은 재정상의 문제로 설계변경이 이루어져 쌍둥이궁의 북동쪽 측면에 '회화관Gemäldegalerie'을 짓는 수준에서 마무리되었다. 1855년에 개관한 회화관은 비록 젬퍼가 완성한 것은 아니지만 그의 기본설계를 바탕으로 하여 지어졌다는 이유로 흔히 '젬퍼 미술관Sempergalerie'이라 불린다. 이 건물은 젬퍼의 궁정 설계도 원본과는 달리 쌍둥이궁과 직각으로 가로놓여 궁정의 울타리를 형성하고 있으며, 마치 로마 시대의 승리의 아치처럼 보이는 중앙 돌출부가 강변의 왕립궁정극장 앞거리로 이어지는 통로를 이룬다. 건물은 이 부분을 기준으로 좌우로 뚜렷이 나뉜다. 회화관은 전체적으로 네오르네상스 특유의 수평적 형태를 취했다. 거칠게 마감된 일층과 장식화된 돌림띠 그리고 난간을 지닌 코니스가 파사드를 지배하고 있다.

회화관은 전시 주제가 공간 구성에 고스란히 투영되었다는 점에서 매우 독창적이다. 엘베 강변의 왕립궁정극장에 면한 북측에는 고전적 주제가, 쌍둥이궁 쪽인 남측에는 근세 미술사가 표현되었다. 북측을 보면 중앙 돌출부의 코니스 위에는 고대 그리스 조각가 피디아스와 리시포스의 조상, 그리스 영웅 페리클레스와 알렉산더 대왕의 조상이 설치되어 과거와 현재, 예술과 정치의 결합을 나타낸다. 파사드를 따라 펼쳐진 창문 주위에는 고대 신화를 소재로 하는 메달과 인물상이 즐비하다. 이에 반해 남측에는 더욱 정교한 장식으로 조토, 홀바인, 뒤러, 코르

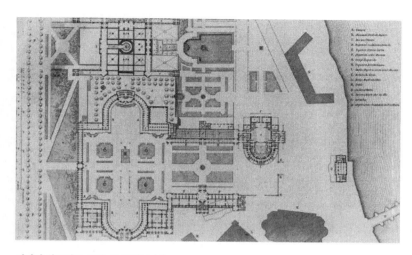

젬퍼의 쌍둥이궁 궁정 설계도(1841)

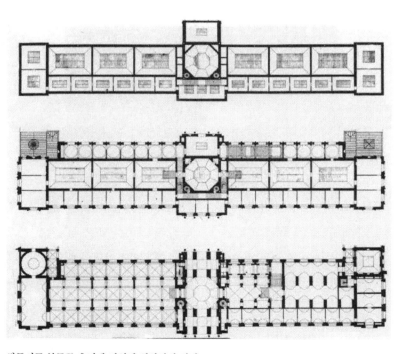

쌍둥이궁 북동쪽 측면에 건설된 회화관의 평면도

넬리우스의 상이 설치되어 근대 회화의 이탈리아적 기원과 독일의 후예들을 상기시킨다. 아치 위 두 개의 중심 벽감에는 라파엘로와 미켈란젤로가 유럽 예술의 최고 정점을 인격화하고 있다. 실내공간은 건물의 미술사적 메시지를 다시 한 번 전달한다. 문간을 넘어선 관람객은 두 개의 긴 프리즈 위에 있는 양각 작품을 만나게 되는데, 한 면은 중세에서 18세기까지 이탈리아 회화의 역사를 묘사하고, 다른 한 면은 독일과 북유럽의 화가와 후원자 들을 묘사한다. 천장의 회화는 고대의 폐허로부터 그리스도교 미술의 탄생을 보여주고 여타의 종교적 주제를 다수 다룬다. 관람객은 각 전시실로 발을 들일 때마다 한 양식에서 다른 양식으로 이어지는 기나긴 미술사를 탐사하게 된다.[29]

    젬퍼의 회화관은 르네상스를 주축으로 한 서구 미술사를 건축적으로 재현한 건물이다. 파사드와 조각품만이 아니라 여러 양식이 연쇄되는 전시공간의 배열에도 역사주의적 관념이 이상적으로 구현되었다. 네오르네상스 양식은 확실히 박물관 건축에 적합한 양식이었다. 부르주아의 주도권이 두드러졌던 박물관은 일반 관공서와는 구별되는 시민적 공공기관이었으며, 싱켈의 구박물관이 선구적으로 보여주었듯 역사를 혁명의 이념보다는 오히려 기원과 생성, 발전 등과 유사한 관념으로 이해시킴으로써 현재가 과거의 논리적이며 불가피한 귀결임을 설파하는 곳이었다. 박물관의 이 같은 성격은 당시 문화적 헤게모니를 추구하며 급격히 보수화되어가던 부르주아의 요구에 이상적으로 부응했는데, 기념비적이면서도 기능적 합리성을 갖춘 듯 보이는 네오르네상스 양식이야말로 부르주아 계급의 자기재현에는 안성맞춤이었다.[30]

    독일의 네오르네상스 건축은 젬퍼가 드레스덴에 남긴 마지막 작품에서 정점에 이른다. 1869년 9월 젬퍼의 기념비적인 왕립궁정극장이

1부 프로이센 고전주의를 찾아서

화재로 소실되자 이를 대체할 새로운 극장이 절실해져 다시금 젬퍼에게 건축 의뢰가 온다. 그는 1848년 3월혁명에 연루되어 드레스덴을 떠난 지 이미 오래였고 노회한 상태였지만 청년기의 열정을 불태울 뜻밖의 기회를 얻은 것이었다. 흔히 '젬퍼오페라Semperoper'로 불리는 신新궁정극장Neues Hoftheater은 독일 네오르네상스 건축의 정점을 찍은 작품이다. 젬퍼가 기본설계를 한 후 거의 7년에 걸친 공사를 거쳐 1878년 2월에 젬퍼의 아들 만프레트 젬퍼Manfred Semper가 끝내 준공했다.

이 건축물은 미적 형식뿐만 아니라 최상의 음향효과를 내기 위한 합리적 공간 구성이 돋보인다. 기능성 강화로 인해 양식상으로는 절충주의적 요소가 두드러져 보이는데, 특히 아치와 원주의 결합은 신고전주의는 물론 네오고딕, 심지어는 독일식 '반원형 아치 양식'에도 없는 젬퍼 특유의 건축언어였다.³¹ 건물에서 가장 시선을 끄는 부분은 사두마차를 상부에 얹은 정면부의 거대한 '실외 담화용 벽감exedra'으로, 왕관처럼 오목한 형태를 취하고 있다. 젬퍼가 평생 연구해온 '다채장식론'이 모자이크 대리석의 광휘 속에 구현되어 있고, 곡선 형태의 파사드와 거친돌마감으로 처리된 저층의 벽기둥들, 위층의 쌍을 이룬 코린트식 반기둥과 아치창, 또한 실내의 계단과 로비, 강당이 전체적으로 매우 극적인 모습을 연출한다.

신궁정극장은 옛 궁정극장보다 회화관으로부터 거리가 떨어져 있어 파사드와 익부를 좀 더 펼쳐 보일 수 있는 공간을 확보했다. 말 그대로 기념비적 성격을 띠는 이 건물은 조형성이나 크기에서 건너편의 유서 깊은 쌍둥이궁과 쌍벽을 이룬다. 후면의 북서쪽 방향 무대 배치용 건물에는 박공지붕을 설치하고 그 위에 그리스풍 리라를 정중앙에, 괴수 그리폰gryphon 장식을 양 측면에 올려 고전적 분위기를 살렸다. 남동

젬퍼가 설계한 드레스덴 신궁정극장(현재 모습)

신궁정극장의 중앙출입구와 실외 담화용 벽감(현재 모습)

쪽을 향한 정면부에는 말안장 모양의 지붕을 갖춘 무대 배치용 건물이 자리 잡고 관객석이 그보다 3개 층 아래로, 또 난간과 로비가 다시 2개 층 아래로 순차적으로 낮아진다. 익부는 한층 더 낮아진 상태로 1층의 정차용 포치를 갖추었다. 정면과 후면, 수직선과 수평선이 긴장된 통일을 이루는 것이 바로 이 건물의 구성적 특징이다. 거친돌마감으로 처리된 저층은 폭력적으로 느껴질 정도로 몹시 울퉁불퉁하다. 또한 아치창과 이중 벽기둥 윗면의 팽팽히 당겨진 것 같은 피륙 문양은 사뭇 젬퍼의 '피복론'을 연상시킨다.[32]

건물이 준공되고 얼마 지나지 않은 1878년 4월 『독일건축신문 _Deutsche Bauzeitung_』 제30호에는 신궁정극장의 입면도와 1층 평면도가 실렸는데, 이 기사의 필자이자 이 학술지의 편집자인 프리치Karl Emil Otto Fritsch는 젬퍼를 가리켜 "싱켈 이후 독일 건축술에 가장 깊고도 지속적으로 영향을 끼쳐온 대가"라고 찬양해 마지않았다.[33] 프리치의 시각에서, 첫 번째 궁정극장의 우아한 분위기와 달리 두 번째 것은 너무 엄격해 보일 수 있으며 각 부분이 너무 독립적으로 분할되어 유기체적 통일성을 이루어내지 못한다고 여겨질 수도 있으나 그런 비판은 그저 "익숙지 않음"의 표현일 뿐이다. 이 건물이야말로 오히려 "합목적성과 아름다움의 태동을 통해 내재적으로 추구된 건축적 유기체의 진리"를 보여준다는 점에서 "그 말의 최상의 의미에서 하나의 기념비"라는 것이 프리치의 견해였다. 무엇보다도 이 건물 특유의 '실외 담화용 벽감'이야말로 분할된 부분들을 통일하는 하나의 중심축으로, 건축가의 "텍토닉적 양심"을 만족시킨다고 필자는 강조한다.[34]

『독일건축신문』의 논조를 있는 그대로 받아들인다면 젬퍼의 네오르네상스 건축은 분명 싱켈이 대변하던 프로이센 고전주의의 창조적

Inhalt: Das neue Hoftheater zu Dresden. — Moth-Mess-Apparat. — Zur Betheiligung der Architekten an der diesjährigen Ausstellung der Berliner Kunst-Akademie. — Zur Frage der Vereinzelung der Pfosten. — Mittheilungen aus Vereinen: Architekten-Verein zu Berlin. — Vermischtes: Neuanlage von Wasserkünsten. — Neubauten in Festungs- und Thalverschlüssen. — Zott-Brücke des Fabrikshofs im Pariser Grand Hôtel. — Brief- und Fragekasten.

C. Z???? gez.   P. ???? X. A. Berlin.

Das neue Hoftheater zu Dresden.

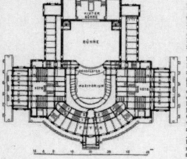

Grundriss vom Erdgeschoss.

Am 2. Februar d. J. ist nach nahezu siebenjähriger Bauzeit das an Stelle des 1869 durch Brand vernichteten Dresdener Hoftheaters aufgeführte neue Werk Gottfried Semper's in feierlicher Weise seiner Bestimmung übergeben worden.

계승으로 볼 수 있다. 실제로 싱켈은 젬퍼의 드레스덴 '문화광장' 기획을 적극 지지한 바 있다. 싱켈로부터 젬퍼로의 변화는, 말하자면 그리스식 스토아가 르네상스 궁으로 변용된 것인데,[35] 양자 모두 기념비적인 동시에 기능적이다. 그렇지만 결코 가볍게 생각할 수 없는 차이점도 분명 존재한다. 젬퍼는 자신의 마지막 걸작품 최상단의 사두마차에 그리스 주신酒神 디오니소스가 올라타 신부 아리아드네를 올림포스 산으로 이끄는 모습을 연출했다. 마치 프리드리히 니체Friedrich Nietzsche의 『비극의 탄생』(1872)을 건축적으로 대변한 듯한 이 같은 처리는 싱켈이 자신의 왕립극장 지붕 위 전차에 빛과 이성의 신 아폴론을 세운 것과는 사뭇 대조적이다. 이제 그리스는 아폴론적 조화가 아닌 디오니소스적 분열의 도상이 된 것이다.

이러한 분열은 역사주의 건축이 맞이해야 할 필연이었다. 18세기의 로코코 양식처럼 19세기 상류문화를 대변하던 네오르네상스 양식은 과거의 전통에 대한 진지한 관심과 기능적 합리성 추구라는 부르주아의 모순적 요구를 모두 만족시키고자 했다. 네오르네상스가 지배적 건축양식으로 자리를 잡아가는 과정은 프로이센 고전주의 특유의 공간적·시간적 텍토닉이 새로운 '담론 형성체'로 진화를 거듭하는 과정이라 할 수 있다. 젬퍼의 '피복론' 등을 통해 시도되었던 과거와 현재, 형태와 기능 간의 모순적 통일은 사실상 통일되지 못한 '외부'를 배제하고 억누른 결과에 다름 아니었다. 그것은 모든 정치적·사회적 분열을 딛고 수립된 독일제국의 현실상이었다. 독일제국이 해외로 팽창하고 산업기술의 발전이 증대되고 중산층의 경제적·문화적 요구가 증대될수록 과거의 양식을 엄격하게 재현하는 경향은 더는 시대에 맞지 않게 되었으며 보다 기능에 적합한 절충주의적 양식의 구사가 필요해졌다.[36]

1부 프로이센 고전주의를 찾아서

장식성 강한 파사드와 실용적 실내공간, 부르주아가 사는 밝은 앞채와 서민층이 사는 그늘진 뒤채는 상호 대립적이었다. 변화는 필연적이었다. 젬퍼의 신궁정극장이 등장한 이래 네오르네상스 양식이 점차 해체됨에 따라 역사주의 건축은 새로운 단계로 접어들었다.

제국주의의 첨병, 네오바로크 건축

역사주의는 불꽃이 꺼져가기 직전 더 과열된 모습을 보였다. 1890년을 전후해 역사에 대한 객관주의적 태도는 제국주의 팽창의 여파로 과열된 민족주의에 의해 잠식당하고 말았다. 이제 역사주의는 제국의 문화적 우월성을 선전하는 도구가 되었다. 역사는 더는 과거와 현재의 조화로운 결합을 대변하지 못하였고 묵시록적 구원과 자기초월의 서사로 변질되어갔다. 경제적으로도 불황의 장기화로 인해 자본의 흐름이 사적 소비재 시장으로부터 보다 큰 이익이 보장되는 공공 부문으로 이동했으며, 건축도 이에 발맞추어 규모를 키우고 역사적 소재나 양식을 활용하여 실용성보다는 순전한 과시용 스펙터클을 지향하게 되었다. 물론 과거를 공공의 차원에서 기념비화하는 것은 역사주의 본연의 성격이다. 차이가 있다면 초기 역사주의가 사라진 귀족문화에 대한 부르주아 계급의 집단적 동경을 표현했던 데 반해 후기의 역사주의는 제국주의의 노골적인 정치선전 도구로 전락했다는 점이다.[37]

1830년대부터 기차역 및 부대시설이 도시에 건설되면서 기존의 도시구조는 점차 와해되고 새로운 도시핵들이 도처에 생겨났는데, 전통적인 도시 중심부의 외곽에 펼쳐진 드넓은 공간에 대한 지배권을 확보하려는 부르주아들의 분투의 일환으로 역사적 정체성이 새삼 중요하게 부상했다. 많은 사람이 모이는 공공장소인 기차역이 기술적·산업적 진보와 부르주아의 문화적 업적을 선전하는 전시공간으로 자리 잡은 것은 결코 우연이 아니었다. 변화의 가속화로 현재와 과거가 점점 더 괴리될수록 과거의 문화전통을 과시적으로 복원하여 상실감을 '보상'하려는 욕구가 상승했다.[38] 후기 역사주의는 한편으로는 과거의 영광을 찬미하면서도 다른 한편으로는 현대문명의 기술적·문화적 위업을 극도로 과시했는데, 이는 이질적 건축 모티프들이 '혼성적'으로 결합되는 양상을 빚었다. 유서 깊은 알레고리들이 본래 의미와는 무관하게 도용되고 심지어 고대 이집트나 메소포타미아의 유적을 연상시키는 거창하고 추상적인 형태가 등장했다. 이제 역사는 정확히 인용할 수 있는 구체적인 시대가 아니라 어렴풋한 신화의 세계로 변질되었다. 이는 역사주의의 자기해체로 볼 수 있다.[39]

역사주의 건축의 새로운 흐름은 궁형의 돌출창, 돔과 큐폴라cupola, 쭉 펼쳐진 발코니 등의 장려한 바로크적 요소를 도입함과 더불어, 다양한 양식적 요소를 역동적인 선을 통해 총체적 시각 효과로 묶어내려 했다는 점에서 통상 '네오바로크 양식'이라 일컬어진다. 간혹은 독일 황제 빌헬름 2세의 전제군주적인 통치 스타일과 허례허식 그리고 자기과시를 조롱하는 의미에서 '빌헬름주의Wilhelminismus'라고도 불린다. 프랑스에서는 나폴레옹 3세 시대의 분위기를 담은 '제2제국 양식Second Empire style', 그리고 영국에서는 '앤 여왕 양식Queen Anne Style'이나 '네오팔라디오주의Neo-Palladianism'라고 불리는 식이다. 예컨대 네오팔라디오주의는 바로크의 전신前身인 마니에리슴mannerism의 비대칭적 역동성을 수학적 비율로 묶어내려는 시도로, 파사드의 각 부분을 분리시키는 거친 질감의 벽기둥과 높이를 달리하는 코니스가 그 특징이다. 인위적으로 설정된 수학적 통일성에도 불구하고 건물의 각 부분이 개개의 조각품처럼 해체되는 형태는 오대양 육대주에 걸친 대영제국의 도상으로도 볼 수 있다.[40] 전체적으로 볼 때 네오바로크 건축은 수평선과 수직선의 대립으로 인해 긴장감을 빚어내는 거석 구조가 그 공통 특징이다. 한마디로 말해 과장된 형태와 과장된 기능성이 불안한 제휴를 이룬 건축양식이었다.

통상 '형식주의자'로 알려진 미술사가 뵐플린Heinrich Wölfflin은 1888년의 저작 『르네상스와 바로크』에서 이들 두 양식을 단순한 형식적 차이만이 아닌 정신적 뿌리의 차이로 해석했다. 그는 기본적으로 조각적 성격을 지니는 르네상스와 진정으로 회화적인 바로크를 대비하며 후자에서 두드러지는 깊은 내면성이야말로 중세의 고딕 예술로부터 이어지는 북유럽 정신의 발로라고 역설했다.[41] 이러한 시각은 한 미술사가의 사견이라기보다는 당대의 문화적 경향을 일정하게 반영하는 것이다. 실로 네오바로크 양식은 민족정신의 부활이라는 거창한 역사적 사명을 부여받고 등장했다. 그것은 건축물과 도시공간을 단순한 기술적 업적이 아닌 민족의 거대한 '기념비'로 자리매김하고자 했다. 물론 그렇다고 해서 민족적 양식에 대한 사회적 합의가 있었던 것은 아니며 신고전주의, '반원형 아치 양식', 네오고딕, 네오르네상스 사이의 해묵은 주도권 다툼은 끊이지 않았다. 네오바로크는 하나의 뚜렷한 양식이라기보다는 오히려 그러한 양식을 둘러싼 '담론 형성체'로 볼 수 있다.

네오바로크 건축의 대표적 사례 하나는 독일제국의회Reichstag 의사당이다. 수도 베를린 한가운데에 세워져 제국의 정치적 통일성을 상징하게 될 이 건물에 대해 집권 세력은 줄곧 의심의 눈초리를 보냈다. 통일의 주역이면서도 프로이센 귀족의 정체성을 고수했던 제국의 수상 비스마르크Otto von Bismarck는 심지어 의사당을 베를린에서 먼 중서부의 소도시 카셀에 짓자고 제안할 정도였다.⁴² 공모를 통해 당선된 건축가 발로트Paul Wallot의 설계안을 일부 수정하여 1894년에 완공한 독일제국의 회 의사당은 독일의 민족적 건축양식이 무엇인가에 대한 지리한 논쟁의 결과물이었다. 통상적인 고딕은 너무 가톨릭적이었고 북독일형 벽돌 고딕은 개신교 색채가 너무 짙었으며 르네상스는 너무 부르주아적이었고 바로크는 너무 귀족적이었다. 고육책으로 서구 고전주의 건축의 여러 요소를 혼재시킨 이 작품은 보는 이에 따라 네오르네상스 혹은 네오로마네스크Neo-Romanesque 등 다양한 양식으로 분류될 수 있는데, 그 양식적 혼성성으로 인해 당대 비평가들로부터 혹독한 평가를 받았다. 의회의 존재 자체를 탐탁지 않아하던 빌헬름 2세는 이 건물을 "제국의 원숭이집"이라 불렀다.⁴³ 본래는 왕궁 주변이나 관청가인 빌헬름가에 세우려 했으나 황제가 거부함으로써 의사당은 결국 브란덴부르크 문 곁에 자리 잡았다.⁴⁴

비록 집권층을 썩 만족시키지는 못했으나 이 의사당은 정문으로만 출입이 가능할 정도로 충분히 권위주의적인 건물이었다. 무엇보다 철과 유리로 이루어진 육중한 돔이 독일제국의 강력함을 과시했다. 네오르네상스 양식이 부활시킨 돔 모티프는 본래는 하늘을 모방한 것이라는 종교적 상징성을 지녔다. 하늘은 땅을 감싸 안는 반구의 형태를 취함으로써 자신의 가장 완전한 모습을 드러낸다. 인간은 스스로 결코 도달할 수 없는 하늘을 지상에서 지어 올림으로써 지상의 실존과 천상의 구원을 실체화한다. 이처럼 건물의 중심에서 솟아올라 태양빛을 반사하는 돔은 건물을 신성한 존재로 격상하는 효과를 낸다.⁴⁵ 제국의회 의

1부 프로이센 고전주의를 찾아서

독일제국의회 의사당(1926년 촬영)

사당에서 유리 돔은 확실히 제국의 신성한 권위를 드높이기에 제격이었다. 그러나 동시에 건물 전체에서 가장 모던한 요소이기도 했던바 이러한 외관은 제국의 위엄과 투명하고 개방적인 민주주의 정치의 이원성을 체현했다.[46] 이 건물은 주로 벽돌을 사용한 여타 빌헬름주의 건축물과는 구별되지만 자연스러우면서도 견고한 구성과 제국주의 시대 특유의 활력적 형태를 결합했다는 점에서 시대정신을 전형적으로 대변했다. 독일제국의회 의사당이 전형적으로 보여주는 '빌헬름주의' 건축은 프로이센 고전주의에서 유래한 강직한 건축기풍과 조화를 이루면서도 이질적인 건조환경에 잘 적응할 수 있을 만큼 개방적이었다. 따라서 그것의 가장 정선되고 압축된 모습이 수십 년 후 독일과는 동떨어진 낯선 공간에 나타난 것도 전혀 놀랄 일이 아니다.

1부 프로이센 고전주의를 찾아서

5

역사주의와 도시계획

건축공간의 텍토닉적 통일성 구현이라는 프로이센 고전주의의 이상은 개개의 건축물을 넘어 도시공간 전체의 재편성을 촉진했다. 프로이센의 공공건설 사업을 총지휘하는 자리에 있던 싱켈의 건축에는 늘 도시 전체를 망라하는 '심상지리'가 개입되었기에 개별 건축설계와 이들을 통합하는 도시설계를 병행한 것은 극히 자연스러운 일이었다. 싱켈은 신위병소를 건설 중이던 1817년 베를린 도심에 대한 대대적 건설계획을 수립하여 국왕에게 제출한 바 있다. 이 설계안은 18세기의 '프리드리히 광장' 계획안을 비판적으로 계승한 것으로 더는 개별 건물에 매몰되지 않고 도심 전체의 원근법적 통일성을 기하고자 했다.[1]

프로이센의 수도 베를린은 18세기를 거치며 (군인 포함) 전체 인구가 5만 명에서 거의 17만 명으로 증가할 정도로 크게 성장하였기에 어떠한 방향으로든 기존의 도시구조를 개편하지 않을 수 없는 상황이었다. 18세기 중엽에는 옛 방벽이 기능을 잃고 허물어져갔지만 19세기 초엽까지도 중세적 구조를 지닌 도시핵과 서부의 신교외지역 간에 교통이 원활하지 않았다. 싱켈의 계획안은 이러한 과도기적 상황에 대한 실천적 개입이었다. 다분히 이상주의적이었던 이 계획안은 옛 '프리드리히 광장' 계획안과 마찬가지로 실현되기가 어려웠고 기존의 도심구조를 부분적으로 개수하는 차원에 그치고 말았지만,[2] 도시의 텍토닉적 구성이라는 새로운 방향성을 정립했다는 점에서 그 의의가 결코 작지 않다.

싱켈과 렌네의 신고전주의 도시건축

싱켈의 설계안에서 가장 두드러진 점은 도심에 남아 있는 방벽을 완전히 철거하고 왕궁과 브란덴부르크 문을 잇는 승리가도, 즉 운터덴 린덴을 완성함으로써 도시라는 유기체의 심장부를 구축하고자 했다는 것이다. 이를 위해 무엇보다 왕궁 맞은편 유원지와 강 건너편 운터덴린 덴을 잇는 석조 다리가 1824년에 준공되었다. 이른바 '궁성교Schloßbrücke' 는 18세기에 '궁성 앞 광장' 건설계획의 일환으로 지어졌던 옛 다리를 국왕의 명에 따라 철거하고 새로 지은 것인데, 싱켈 스스로 심미적인 것이 일차적 목표임을 분명히 밝힌 바 있다. 이 다리는 왕국의 수도에 걸맞은 우아한 건축적 형태와 상징적 조각품들로 장식되어 당시 계획 중이던 박물관 등 주위 건축물과 어우러지도록 하는 동시에 도시 안 물길의 흐름을 보다 원활히 하는 데도 기여할 것이었다.[3] 네 개의 강력한 화강석 대좌臺座로 분할된 완만한 아치가 양 측면을 이루는 궁성교는 주철로 처리된 난간이 아라베스크풍으로 장식되었으며, 그 사이사이로 전사와 승리의 여신 조상彫像이 네 쌍을 이루며 올라앉아 있다. 신위병소 앞에 샤른호르스트와 뷜로의 동상이 놓여 있듯 이곳 역시 해방전쟁의 기억이 지배한 것이었다. 물론 이들 조상은 비용 문제 때문에 싱켈 사후에나 실현된 것으로 알려진다. 어찌하였건 궁성교야말로 베를린의 심장부가 싱켈의 손에서 탄생했음을 웅변하는 기념비적 석교였다.[4]

궁성교가 신설되면서 유원지는 비로소 제 모습을 갖추어갔다. 맞은편의 왕궁과, 18세기에 요한 보우만 1세가 지은 돔교회, 그리고 이후 싱켈이 짓게 되는 구박물관까지 등장하면 그야말로 각 시대를 대표하는 건축물들의 앙상블이 펼쳐지게 되는 것이었다. 강변에는 산책로도

궁성교 도안

베를린 궁과 궁성교, 로에이요W. Loeillot 작(1857년 이후), 석판화

조성되어 시민의 발길을 끌어들였다.[5] 그렇지만 운터덴린덴에서 개개 건축물과 도시공간이, 시민과 국가가 진정으로 유기적 결합을 성취했는지는 확실치 않다. 싱켈이 운터덴린덴을 완성함으로써 연속적이고 통일적인 도시공간을 창조하려 했던 것은 분명하지만, 이는 사실상 권력의 재현을 위해 도시공간의 자율성을 희생시킨 것이 아닌가? 마치 극무대처럼 연출된 도시경관은 조화의 실현이라기보다는 차라리 조화의 환등상을 보여준 데 불과하지 않은가?[6] 싱켈의 도시건축이 드러내는 이 같은 근본적 문제점은 이후 역사주의의 난제로 남게 된다.

싱켈은 운터덴린덴을 포함하는 베를린 중구Mitte 지역의 건설 및 녹화 사업에 매진했으며 생애의 마지막 단계에서는 평생의 동료 페터 요제프 렌네가 주도한 좀 더 포괄적인 도시설계에 동참하게 된다. 1825년 베를린 토목경무청Baupolizei은 베를린 시내 미개발 지구의 건설 사업에 착수하는데, 당시 황태자 신분이던 미래의 프리드리히 빌헬름 4세가 이 사업을 적극적으로 이끌어 스스로 계획안까지 제시했으나 싱켈은 이에 동의하지 않고 토목경무청의 원안을 고수했다. 본격적인 베를린 건설 사업은 1840년 프리드리히 빌헬름 4세가 즉위하면서 곧바로 개시되었다. 이는 사실상 매우 긴급한 사안이었던바 급속한 산업화로 인해 농촌 인구가 도시로 유입되면서 베를린의 인구는 급상승했다. 1810년경 어림잡아 16만여 명이던 거주 인구가 1840년에는 두 배로 늘었던 것이다. 국왕의 명에 따라 렌네는 싱켈과 협력하여 베를린 시의 구조를 대대적으로 개편할 새로운 계획안을 마련했다. 유명한 '베를린과 근교 지역의 도시 미화 프로젝트Projectirte Schmuck-und Grenzzüge von Berlin mit nächster Umgebung'가 바로 그것이다. 가로숫길이 이어지는 널따란 환상環狀도로를 닦아 명칭 그대로 '장신구Schmuck' 같은 건축물 및 조형물, 그리고 공원들

로 미화하고자 한 이 계획안은 왕국의 수도를 구축하는 오랜 작업의 총
결산이자 새로운 산업도시의 기틀을 갖추는 출발점이었다.[7]

국왕이 즉위하고 얼마 안 되어 싱켈이 지병으로 사망하자 이 계획
은 전적으로 렌네에게 일임되었다. 프로이센을 대표하는 조경예술가
렌네는 포츠담 상수시 궁의 정원을 재설계한 경험이 있었고 1833년부
터는 베를린의 티어가르텐에 대한 전면적 재편성 작업에 몰두하고 있
었다. 렌네는 늪지와 야생 숲으로 뒤덮였던 티어가르텐을 그림 같은 인
공호수와 물길 그리고 꽃이 만발한 정원으로 변모시켰으며 일견 자연
스러워 보이지만 사실은 기하학적으로 구성된 숲속길을 닦았다. 영국
정원의 자연스러움과 이탈리아식과 프랑스식 정원의 유려함을 결합한
렌네의 조경예술이 베를린 시 전체에 대한 설계로 전화됨으로써, 비록
충분히 실현되지는 못했지만 향후 도시계획이 참조할 전범은 마련되었
다.[8] 산업화의 여파로 급성장하는 도시가 사영 업자들의 난개발에 휩쓸
리지 않고 고전건축으로 장식된 도로망과 충분한 녹지를 확보할 수 있
도록 재편성한 것은 분명 싱켈의 텍토닉이 역사주의로 진화해간 과정
으로 볼 수 있다. 또한 그것은 설령 의도된 바는 아닐지라도, 이후 제국
의 수도 베를린으로 가는 사전 정지 작업이 되었다.

베를린의 조경 사업을 총괄하는 감독관Gartendirektor 지위에 있던 렌
네는 베를린 중구를 새로운 아테네로 고양하려 했던 싱켈의 유지를 이
어 새로이 베를린에 편입된 미개발 지구도 도심부와 같은 원리로 구축
하고자 노력했다. 기본적으로 싱켈과 뜻을 같이한 신고전주의자였던
렌네는 동료 싱켈이 그러했듯 고정된 양식적 형태를 고집하기보다는
각각의 기능에 맞게 다양한 옛 양식을 변주하고자 했다. 렌네의 조경예
술에는 소수 특권층을 위해 자연을 귀족화하는 것이 아니라 일상인들

이 살아 숨 쉬는 도시에 일종의 녹색 허파를 제공한다는 대의가 깔려 있었다. 이러한 기본 발상에 힘입어 과거의 양식적 자원을 거대한 채석장으로 활용하는 역사주의의 원리가 베를린 외곽 지역에까지 일부나마 관철될 수 있었던 것이다. 예컨대 베를린 남부에서 티어가르텐에 이르기까지 장장 7.4킬로미터에 달하는 '국경수비대'라는 이름의 란트베어 운하Landwehrkanal가 조성되어 초목으로 단장되었으며 도시 동남부 외곽에 위치한 쾨페닉 벌판Köpenicker Feld에도 도심부 못지않은 가로망과 녹지대 건설이 추진되었다. 그야말로 노동자 계급의 운터덴린덴이라 할 만한 곳이 형성된 것이다.[9]

렌네의 야심찬 기획들은 비록 기술적·사회적 여건이 충족되지 않아 종이 위의 만리장성으로 그친 경우가 많았지만, 적어도 그가 1840년도 계획안에서부터 최우선 과제로 삼았고 그 이후에도 줄기차게 추진해온 하나의 사안만큼은 일정한 성과를 얻을 수 있었다. 그것은 바로 운하를 따라 베를린 남서부 외곽을 잇는 환상도로였는데, 프리드리히 빌헬름 4세가 교차로마다 기념비적인 광장을 만들라고 주문하며 적극 후원했었다. 그러나 이 계획은 국왕이 타계한 1860년대에 이르러 전혀 다른 분야의 전문성을 지닌 인물이 주도권을 쥐게 되면서 크게 수정된 형태로나마 실현될 수 있었다. 그는 철도 및 수로 기술자로, 1859년 젊은 나이인 33세에 베를린 경무총국Polizeipräsidium 소속의 공인 건축사이자 '베를린 교외 건설계획안 성안 위원회'의 위원장 직위에 오른 제임스 호프레히트James Hobrecht였다.[10]

호프레히트 계획안

　1830년대부터 궤도에 오른 공업화의 물결은 베를린의 인구수에 큰 변화를 가져왔다. 당대의 인구조사에 따르면, 1855년에 43만여 명으로 집계된 베를린 시 거주 인구는 해마다 2만~3만 명씩 증가하여 통일독일의 수도가 된 1871년에는 82만 5000명을 웃돌게 되고 1880년에는 이미 100만 도시를 넘어섰다. 1890년대 초에는 도시 외곽까지 포함하여 인구가 거의 200만 명에 육박하게 된다. 이 같은 인구 급성장은 도시 규모의 확장으로 이어져 티어가르텐 서북쪽의 모아비트Moabit와 그 바로 위의 베딩Wedding 등의 지구가 1861년 새로이 베를린에 편입되어 주로 농촌에서, 특히 동프로이센 지역에서 상경한 노동자층의 주거지로 자리가 잡혔다.[11]

　이제 기존의 바로크식 도시건축은 더는 현실의 요구에 부응하기 힘들어졌다. 19세기의 대도시는 공업화의 결과로 급증한 인구는 물론, 이들 상호 간의 보다 다면적이고 빈번한 접촉을 감당해야 했기에 체계적이고 원활한 교통망을 필수적으로 요구했다. 철도를 위시한 새로운 교통수단의 등장은 예전처럼 협소한 도심부만의 치장을 무의미하게 만들었다. 따라서 새로운 도시건축은 예술적 형태보다는 산업사회 현실에 맞는 기능성에 주안점을 두어 마땅했다. 물론 17세기 프랑스의 베르사유Versailles 궁전으로 대표되는 바로크적 형태언어는 새로운 시대에 활용될 여지가 있었다. 넓고 길게 뻗은 중앙가도와 공공광장, 방사형 가로체계 그리고 거리를 단일한 전망—'비스타vista'—으로 통합시키는 기념비적 건축물이야말로 19세기 대도시의 원형을 이루는 핵심요소로서 나폴레옹 3세 치하의 파리 개조에서 가장 선구적이고 전형적인 표현을 얻었다.

　1853년 당시 파리가 속해 있던 센seine의 도지사로 임명된 오스만 Georges-Eugène Haussmann은 황제의 명에 따라 중세적인 도시 파리를 새로운 제국의 수도로 개조하는 대역사에 착수했다. 국회의 투표를 거치지 않고 정부의 조례 포고령에 의해 토지 수용과 재개발 사업이 가능해지자 도심 한복판의 건물이 한꺼번에 수백 채씩 헐리면서 낡은 골목길도 순식간에 사라졌다. 1860년대 말까지 장기간에 걸쳐 진행된 대대적 건설 공사를 통해 가로수와 가로등, 벤치를 갖춘 널따란 대로boulevard가 방사형 또는 십자형으로 이어지고 상하수도와 통신 시설 등을 두루 갖춘 명실상부한 근대수도가 등장했다. 그것은 교통이 원활하고 채광과 통풍이 잘되는 밝고 위생적인 신도시였다. 오스만 계획에서 가장 두드러진 점은 도시의 대동맥 구실을 하는 간선도로 구축으로서 물리적 교통로 확보는 물론, 제국수도의 위용을 상징적으로 드러내는 역할도 맡았다. 간선도로는 도시 위생을 증진한다는 목적에도 부합했으며, 그 무엇보다도 건설 붐과 부동산 붐을 통해 대大부르주아지에게는 시세 차익을, 노동자 계급에게는 일자리를 제공하는 일석이조를 노렸다.[12]

　그러나 오스만의 파리 개조는 이른바 '보나파르티즘bonapartisme'이라 불리는 제왕적 권위주의 통치의 근본적 문제점을 안고 있었다. 살아 있는 도시에 대한 가히 외과수술적인 개입은 설사 그것이 도시의 인프라 개선을 통해 상업과 공업을 활성화하는 순기능이 있다 하더라도, 사회 하층민 입장에서는 지나치게 폭력적인 것이었다. 건설비를 충당하기 위해 건설 예정 지역의 인접 지역까지 헐값으로 강제매수하고 건설이 완료된 후에는 상승된 가격으로 매각처분한 조치는 추후 도시계획 분야에서 '초과수용excess condemnation'이라는 개념으로 정착되는바 이 전례

　　　　　　　　　　　　1부　프로이센 고전주의를 찾아서

없는 수법은 투기열에 의한 지가 폭등을 통제하기는커녕 오히려 공공 사업의 비용마저 토지 소유자에게 부담시킴으로써 결국 상류층만이 도심에 머물 수 있는 조건을 만들었다. 설령 부동산 가격과 임대료 상승만큼은 대대적 건설 사업에 따른 불가피한 결과였음을 인정하더라도, 어쨌든 드넓은 가로의 등장이 주로 바리케이드에 의존하던 대중 봉기를 더욱 어렵게 만들어 정치의 보수화를 촉진했던 것만큼은 분명하다. 바리케이드를 대체한 것은 제국의 위대함을 선전하는 기념비적 건축물들이었다. 파리의 가로는 갖가지 스펙터클이 펼쳐지는 극무대가 되었다.[13]

물론 이 같은 결과들을 모조리 오스만과 '보나파르티즘'의 책임으로 돌릴 수는 없을 것이다. 지가와 임대료 상승은 산업도시로의 인구 집중이 낳은 필연적 결과였으며 이 흐름을 되돌릴 수 없다면 노동자 계급이 교외로 밀려나는 현상도 불가피했다. 교외화 현상은 이 밖에도 시가전철을 위시한 교통기관의 발달에 힘입었으며, 또한 공장의 기계화와 대규모화로 말미암아 생산 시설과 노동자가 함께 이전한 결과이기도 했다. 그러나 어쨌든 이 같은 교외화 현상에 대해 무대책으로 일관하여 결국 외곽 지역을 빈민굴로 전락시켰다는 점은 오스만 정책의 씻을 수 없는 오점이다.

이와 대조적인 모습을 보여주는 것이 영국 런던의 사례이다. 개인의 이해관계를 존중하면서 도시 개선에 부분적으로만 개입했던 런던시 당국은 교외화의 흐름을 오히려 역으로 이용하여 도심부의 만성적 과밀화와 교통체증, 범죄, 위생 문제 등을 해결하는 수단으로 활용하고자 했다. 파리와는 달리 런던 외곽에는 새로운 교통수단을 염두에 둔 '공공주택 단지public housing'가 계획적으로 조성되었는데, 몰수된 토지의 소유자는 이익을 기대하는 부동산 회사나 건축 회사로부터 투기된 가격으로 변상을 받거나 새로운 건설 부지를 불하받는 방식으로 만일의 손해를 최소화할 수 있었다. 지극히 자유주의적인 런던식 정책 노선이 중앙집권적인 파리식 노선보다는 극심한 무질서를 예방할 수 있었던 것이다.[14]

아직 본격적인 '도시계획'이 자리 잡기 이전인 19세기 중엽에 베를린 시의 정책 입안자들은 파리, 런던과 근본적으로 다를 바 없는 문제에 봉착해 있었다. 한 나라의 수도를 과연 어떠한 모습으로, 어떻게 품위 있는 모습을 유지하면서도 산업사회 현실에 맞는 효율적 구조로 건설할 것인지가 문제였다. 이를 위해 파리와 런던의 사례는 분명 참조할 만한 모델을 제공했다. 싱켈과 렌네의 미적 유산이 지배하던 베를린에는 런던보다 파리 모델이 더 호소력 있었다. 문명과 진보를 상징하는 가로와 건축물을 통해 도시를 하나의 극무대로 만든다는 발상은 확실히 프로이센 고전주의의 전통과 상통하는 면이 있었다. 그러나 산업사회 현실에 부응한다는 면에서는 런던의 실용적인 노선이 훨씬 장점이 많았다. 무엇보다 도심부와 교외를 연결하는 교통수단을 확충하고 노동자 계급에게 주택을 공급하여 빈민촌 확산을 막는 것이야말로 베를린이 반드시 해결해야 할 시대적 과제였다.[15]

호프레히트의 베를린 확장 계획안은 바로 이러한 과제를 해결하기 위해 마련된 것이었다. 베를린 시의 범위는 17세기에 만든 방벽이 18세기 말엽에 이르면 거의 해체되어 대신 관세장벽이 세워짐으로써 대체적으로 규정되었는데, 19세기의 급격한 인구 증가에 따라 교통이 발달해 행정적 변화가 불가피했다. 1838년에 도입된 베를린-포츠담 간의 철도 노선은 짧은 시간 안에 급속도로 확대되어 1850년대에는 기존의 철도역들을 잇는 환상선이 등장했다. 이제 철도 시설은 도시공간을 이

1부 프로이센 고전주의를 찾아서

루는 필수불가결한 부분으로 자리 잡게 되었다. 이에 더하여 보르지히 Borsig 같은 굴지의 대기업 공장들까지 들어서자 상업 용지의 필요성은 물론 인구 증가에 따른 주택지 마련이 보다 절실해졌다. 이 같은 사회적·경제적 요구는 중세적 규모의 도시 베를린으로서는 도저히 감당할 수 없는 것이었다.[16]

일명 '호프레히트 계획안Hobrecht Plan'이라 불리는 '베를린 교외지역 건축계획안Bebaungsplan der Umgebungen Berlins'은 1862년에 공식 인가를 얻어 베를린 경무청 명의로 공포되었다. 향후 수십 년간 베를린 시의 구조에 지속적 영향을 끼칠 이 계획안은 프로이센의 수도가 파리처럼 화려하고 위용 넘쳐야 한다는 국왕의 요구를 반영하여 도로 신설과 건축 사업에 주안점을 두었다. 그러나 파리에서는 신작로 구축이 우선시되어 기존 건물들의 리모델링이나 철거에 주력했던 반면, 베를린에서는 새로이 편입된 미개발지에 주택지를 짓는 데 주력했으며 기존 도심부 거리 블록의 구획 방식과 크기를 고스란히 이식하고자 했다. 이 밖에 호프레히트 계획안은 방사성 및 십자형 교차로와 환상도로, 그리고 밀집 주택 건설에서는 파리의 모델에, 도시 위생에 대한 고려와 외곽의 운하 건설 등에서는 런던 모델에 입각했다.[17]

이 야심찬 계획안은 종합적일 뿐만 아니라 원대하기 그지없었다. 19세기 중엽 100년 앞을 내다보고 400만의 인구를 수용할 만한 대규모 도시를 계획한 것은 실로 파격적이었다. 물론 실제로는 불과 50여 년 만에 예상되었던 최고치 인구수를 넘어서버렸지만 말이다.[18]

19세기 중엽 베를린 시의 가장 주요한 이슈의 하나는 이미 싱켈이 만들어놓은 구도심이 아니라 바로 그 옆에 있던 티어가르텐과 모아비트 지구에 있던 총기 공장의 이전으로 비어버린 공간을 활용하는 방안이

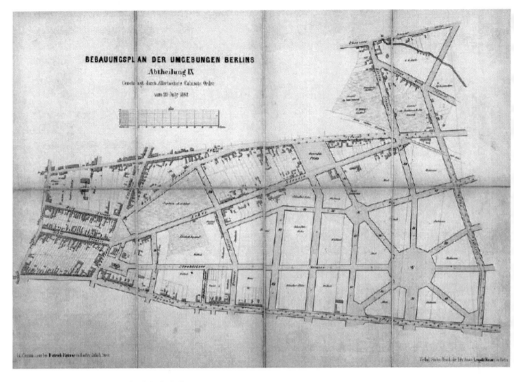

베를린 교외지역 건축계획안(1862)

었다. 이미 1830년대에 당시 황태자 신분이던 프리드리히 빌헬름 4세가 이곳을 주로 군사 관련 시설로 전용하는 계획안을 스스로 마련하여 관료집단과 마찰을 빚었다. 1862년의 호프레히트 계획안은 다분히 절충적 노선을 취했다. 새로운 국왕과 경무총국의 지지를 얻은 이 계획안은 가능한 한 베를린 도심부의 신고전주의적 경관을 해치지 않으면서 구도심 주변을 에워싸는 교통망과 생활편의 시설, 사무실, 주택 등을 근대 산업사회의 현실에 맞게 건설하고자 했다. 기본적으로 예술가 유형의 건축가가 아니라 토목 기술자였던 호프레히트가 실용성을 전면에 내세운 것은 당연하다. 대체로 철도 교통을 중심으로 도로의 유형을 정했으며 건축업자가 상승된 지가를 부담한다는 조건만 충족된다면 고층 건물군도 허용했다. 큰 폭으로 조성된 도로체계는 사실상 운하를 위해 필요한 공간을 확보해주었는데, 이는 도시의 배수체계를 합리화함으로써 위생 상태를 증진하는 데 크게 기여했다.[19]

새로운 운하 건설은 1873년에 착공되었다. 본래 운하 전문가였던 호프레히트는 도시 전체를 잇는 운하를 일종의 정화시설로 활용하고자 했다. 생활하수가 강물에 섞여 들어가 수질을 악화하지 않도록 관개시설을 구축해 폐수를 외곽으로 분산하는 체계가 도입된 것이다. 그런데 이 같은 기술적 합리성에 비하면 건축적 측면은 실로 부실하기 짝이 없었다. 공식 명칭과는 달리 뚜렷한 '건축계획'이 없는 것이 이 계획안의 특징이었다. 건물의 형태에 대한 지침이 없고 그저 가로의 폭과 광장·교차로·거리 블록의 크기, 건물 부지와 도로 부지 구분 등을 포함하는 이른바 '건축선Fluchtlinie'에 대한 규정뿐이었다.[20] 일찍이 1853년 4월 21일에 공포된 '베를린과 여타 경무청 관할 구역의 토목경무 규칙Bau-Polizei-Ordnung für Berlin und den weiteren Polizei-Bezirk'은 건축물 전체가 아니라 그 외벽만 건축선에 맞추면 되도록 규정했으므로 건축물에 대한 세부 항목이 추가되지 않는 한 도로상의 난개발을 조장하는 측면이 있었다.[21] 따라서 사영업자들의 투기가 만연하고 노동자 주거지에는 '병영식 임대주택'이 번성하게 되는 것은 시간문제였다. 1930년에 출간된 베르너 헤게만 Werner Hegemann의 『석화된 베를린』은 이에 대한 통렬한 비판으로 잘 알려져 있다. 건축물의 평면만 지정하고 입면은 자율에 맡기는 호프레히트식 '건축계획'이야말로 난개발을 초래한 원죄라는 것이 비판의 핵심이었다.[22]

그러나 호프레히트는 이미 1860년대에 자신의 노선을 변호한 바 있다. 그는 밀집된 공동주택이야말로 다양한 사회계층이 긴밀한 공동생활을 영위하게 함으로써 국가의 일체성을 강화할 수 있다고 주장했다. 그는 빈민층을 사회에서 배제하지 말고 "인륜적인, 국가 차원의 배려가 필요"하다는 점을 강조하며 이러한 대의에 입각한 것이 바로 자신의 계획안임을 분명히 밝혔다.[23] 실제로 호프레히트 계획안은 빈민층뿐만 아니라 각 계층의 사회구성원들을 배려한 측면이 있다. 예컨대 토지 소유자들에게 일정한 재량권을 부여하여 개발예정 부지의 개량이나 재분배를 위한 공동출자를 허용하는 방침은 국가권력에 의한 강제적 토지 몰수를 추진한 파리는 물론, 지주의 영리적 이해관계에 전적으로 의존한 런던의 경우와도 확연히 다른 점이었다.[24]

호프레히트의 계획안은 실용적이기는 했으나 확실히 프로이센 특유의 보수적 정신의 산물이었다. 산업도시의 난폭한 성장을 가능한 한 질서 잡힌 길로 유도하고 소외된 사회구성원들을 국가권력에 포섭하려는 시도는 분명 싱켈의 문제의식과 닿아 있었다. 비록 싱켈식의 예술적 대안이 아닌 기술적 해결 방안을 모색한 것이었지만 텍토닉적 발상은 고스란히 계승되었고 오히려 시대에 맞게 더 구체화된 측면이 있었다. 실제로 호프레히트는 건설공사를 진행해가면서 싱켈-렌네의 구도심을 가능한 한 손상하지 않았으며 1840년의 도시미화계획이 추진했던 베를린 남서부 외곽을 잇는 환상도로를 운하와 더불어 실현했다.[25]

그러나 도시의 현실은 보수적인 관료의 눈으로만 평가할 일이 아니다. 국가의 포섭 대상으로 간주된 사회의 하층민들에게 "석화된 베를린"의 현실은 실로 비정한 것이었다. 사실주의 작가로 알려진 빌헬름 라베Wilhelm Karl Raabe의 소설 『슈페를링가街 연대기』가 보여주는 베를린의 음습한 뒷골목 풍경은 이곳이 19세기 말엽 독일제국의 찬란한 수도라는 점이 믿기지 않게 만든다. 눈부신 가로등 불빛을 뿜어대는 운터덴린덴의 길게 뻗은 가로에서 그리 멀지 않은 곳에 자리 잡은 어두컴컴하고 꼬불꼬불한 슈페를링가는 한 도시의 상반된 두 얼굴을 보여준다. "해질녘과 야밤이 되면 이곳에서는 등잔불과 달빛이 예사롭지 않은 광채를 발한다." 저자의 시각으로는 도시 뒷골목에 숨어 있는 음습하고 담배연기 가득한 지하방이나 다락방이야말로 "전쟁과 평화, 비참함과 행복, 기아와 과잉, 삶의 모든 이율배반을 반영하는, 현실세계 속의 소중한 무대"이다. 이곳에서 이루어지는 그늘진 삶들은 싱켈식 텍토닉의 합목적적 질서가 배제한 것이 과연 무엇이었는지 알려준다.[26]

뒷골목만 문제가 아니었다. 베를린에서 가장 높이 솟아 있는 승전기념탑의 위용마저 제국수도의 '이상적 합목적성'을 대변하지 못했다. 보불전쟁 시 스당Sedan 전투의 승리를 기념하여 베를린의 신설 교차로에 높이 세워진 이 웅대한 탑이 실제로 도시 주민들에게 어떻게 받아들여지고 있었는지는 『1900년경 베를린에서의 유년시절』에서, 저자 발터 벤야민Walter Benjamin의 고백적 진술을 통해 드러난다. 아무런 편견 없던 어린 시절의 벤야민에게 황금으로 장식된 전승기념탑은 실로 영광스러움과는 거리가 먼, 그저 기념일의 퍼레이드 같은 형식적 의례만을 남긴 "돌로 된 묘비"로 비쳤을 뿐이다. 이 무고한 소년에게 베를린은 도저히 빠져나갈 수 없는, 앞뒤 꽉 막힌 형무소에 다름 아니었다. "도시에서 길을 잘 모르는 것은 별일 아니다. 그러나 도시에서 숲속마냥 길을 잃으려면 나름의 훈련이 필요하다."²⁷ 숨 막히는 통합과 비정한 배제의 공간, 이것이야말로 텍토닉의 논리적 귀결이 아니었던가?

현대적 도시계획의 등장

현대적 의미의 '도시계획'은 흔히 산업화된 대도시를 선구적으로 체험한 영미권의 소산으로 알려져 있다. 19세기 말에 등장하여 1909년 영국에서 통과된 최초의 도시계획법에 따라 자리 잡은 '도시계획town planning'이라는 용어와 기법, 그리고 이와 직결된 흐름으로서 세기의 전환기에 영국 의회 속기사 출신 하워드Ebenezer Howard가 주창해 장기적 영향력을 행사한 '전원도시garden city'의 이념, 또 1893년 시카고 세계박람회의 총감독을 맡았던 미국 건축가 번햄Daniel Burnham이 마찬가지로 1909년에 호반 도시 시카고의 '마스터플랜master plan'을 수립하면서 전개해나갔던 '도시미화운동city beautiful movement'이 바로 그것이다. 이 중 영향력이 특히 컸던 전원도시 이념은 교외화 현상을 도시 문제의 해결책으로 활용했던 영국식 정책 노선을 계승한 것인데, 근본적으로 달라진 점은 노동자층보다는 교육받은 중산층을 유인할 수 있는 소규모 위성도시를 지향하게 된 점이었다. 1903년 런던 북편에 소재한 레치워스Letchworth에 최

1부 프로이센 고전주의를 찾아서

초로 구현된 전원도시는 외부로부터의 투기열을 차단한 채 도심부와 주택지, 공업 및 농업 벨트가 일체화된 중산층 공동체를 지향했다.[28]

이처럼 다분히 '부르주아적'이고 실용적이었던 영미권의 '도시계획'은 사실은 중부 유럽에서 선구적으로 나타났던 '도시건축Städtebau'의 이념과 기법으로부터 자양분을 얻은 것이었다. 오스트리아 건축가 카밀로 지테Camillo Sitte의 1889년 저서 『예술적 원리들에 따른 도시건축』은 19세기 유럽의 대도시들에 만연했던 기능주의 경향에 반대하면서 도시건축에 대한 회화적 접근법을 주창하여 큰 반향을 일으켰다. 저작의 명성에 힘입어 오스트리아 수도 빈에 새로이 건립된 응용미술학교 교장 직위에 오르게 된 지테는 1903년 독일의 건축 관료 테오도르 괴케Theodor Goecke와 함께 월간지 『도시건축Städtebau』을 창간하여 자신의 저작이 설파했던 기능성과 심미성의 조화를 실제 설계에 적용하고자 시도함으로써 유럽 대륙을 넘어 영국에까지 영향을 끼쳤다. 그 대표적 증인은, 1909년 『도시계획의 실제』를 출간했으며 최초의 전원도시로 꼽히는 레치워스를 설계한 영국 건축가 레이먼드 언윈Raymond Unwin이다. 과밀도시를 피하고 하나의 유기체 도시를 추구한 그의 '도시계획'은 지테의 '도시건축' 원리를 비판적으로 계승한 것으로 알려져 있다.[29]

건축가 언윈은 레치워스의 공동 설계자인 평생의 동료 배리 파커Richard Barry Parker와 함께 당대 젊은 예술인들을 사로잡은 이른바 '미술·공예운동Arts and Crafts movement'에 투신하여 이를 건축의 실제에 적용하는 데 앞장섰던 인물이다. 산업혁명의 발상지인 영국에서 시작된 이 '운동'은 산업사회의 새로운 현실에 맞서 중세적 장인정신의 부활을 내세웠지만, 순수미술과 공예의 근대적 경계를 철폐하고자 시도함으로써 오히려 결과적으로는 미적 취향을 전통의 속박에서 해방하는 역할을 수행하게 된다. 프랑스 아르누보art nouveau의 생동감 넘치는 자연적 곡선미와 평면성을 수용하는 한편, 서민층의 실생활에 도움이 되는 디자인을 지향했다는 점에서 이 '운동'은 오스트리아 건축가 지테가 표방한 '도시건축'의 다분히 역사주의적인 지향성과는 결이 달랐다.[30] 전원도시 레치워스는 분명 전통적 건축양식이 지배하는 곳이 아니었다. 그렇지만 '도시건축'과 '도시계획'은 모두 과밀화된 산업도시에 대한 문제의식에서 출발했으며 미적 가치가 배제된 기능성을 배격했다는 점에서 공통성을 지녔다. 사실상 양자는 '모더니즘'으로 이르는 상이한 길로 볼 수 있다.

유럽 전역에 걸쳐 모더니즘은 이미 새로운 대세를 형성해가는 중이었다. 모더니즘은 모더니티에 반기를 든 문학과 예술을 일컫는 용어로, 기본적으로 자기모순적 성격을 지닌다. 모더니티를 일시적이고 우발적인 것으로 보며 예술이야말로 이러한 덧없음을 영원성과 교차시킬 유일한 대안으로 보았던 시인 보들레르Charles Baudelaire의 사례처럼, 모더니즘은 통속적인 '근대' 부르주아 문화에 대한 급진적 혹은 보수적 대응을 포괄한다.[31] 이러한 흐름에서는 독일어권 중부 유럽도 예외가 아니었다. 베를린과 뮌헨 그리고 빈에서는 일군의 인상주의 미술가들이 모여 아카데미와 미술관을 탈피하려는 '분리파Secession' 운동을 일으켰으며 독일판 아르누보인 이른바 '청년 양식', 즉 유겐트슈틸Jugendstil도 새싹을 피우고 있었다. 이들 모두 기성 예술과 문화의 일면성 및 통속성, 그리고 경직화에 반대하고 나선 움직임이었다.[32] 그러나 이를 모더니즘과 역사주의 간의 양식적 대결 구도로 보는 한 사안의 절반도 설명해내지 못한다. 왜냐하면 적어도 독일적 의미의 '역사주의'는 이미 그 자체로 충분히 '모던'했기 때문이다. 이는 영국의 '미술·공예운동'에 대한 독일

1부 프로이센 고전주의를 찾아서

측의 반응이라 할 수 있는 '공작연맹Werkbund'의 사례에서 가장 뚜렷하게 입증된다.

1907년 남독일 뮌헨에서 창립된 공작연맹은 산업사회의 새로운 요구에 부응하면서도 독일 민족문화의 전통에 입각한 독일적 디자인을 창조하자는 대의를 표방했다. 대학교수, 수공업자, 미술가, 건축가, 산업가, 정치가 등 독일제국의 엘리트 집단을 두루 포함한 공작연맹은 무엇보다 예술가와 산업가의 '연맹'으로 특징지어질 수 있는데, 영국식 '미술·공예운동'이 표방한 수공업 낭만주의를 비판하고 기계문명의 가능성을 민족의 번영에 적극 활용하고자 했다. 기계를 통한 '공작', 즉 응용미술에 대한 새로운 관심은, 이 단체의 창립을 주도한 헤르만 무테지우스Hermann Muthesius의 표현에 따르면, "소파 쿠션으로부터 도시계획까지" 넓은 외연을 지녔다.33 이후 '산업디자인'으로 불리는 응용미술과 새로운 건축의 산실이었던 공작연맹은 기계문명을 통해 독일 민족문화를 부흥시킨다는 유례없는 이상을 표방했던바 이 노선은 한마디로 보수주의적 모더니즘이라 규정할 수 있을 것이다.34

공작연맹의 주역으로, 제2대 회장을 역임했던 무테지우스는 이 단체의 성격을 대변하는 인물이다. 1861년생인 그는 베를린 공대에서 철학과 미술사, 건축을 공부하며 이후 독일제국의회 의사당을 설계하게 되는 파울 발로트Paul Wallot의 사무실에서 근무한 경력이 있었다. 이후 베를린의 한 건축사무소에서 일하게 되어 일본으로 4년간 파견되었다가 귀국한 후 토목 부문 관리로 잠시 활동하다가 1896년부터 1903년까지 런던 소재 독일대사관의 프로이센 기술·문화 담당관으로 봉직할 기회를 얻었다. 그는 런던에서 '미술·공예운동'을 체험하면서 영국 건축 전문가로 입지를 굳혔지만 그것을 옹호하지는 않았다. 그는 오히려 독일적 가치를 변호하는 입장이었는데, 심지어 1902년 출간된 저서 『양식 건축과 건축술』에서는 프랑스풍을 가미한 젬퍼의 건축을 비독일적이라고 비판하면서 이데올로기적 색채가 진한 '북방 예술'의 가치를 역설할 정도였다. 그럼에도 불구하고 무테지우스는 통상적 보수주의자와는 달리 과거지향적이지 않았다. 그는 싱켈의 고전주의를 현대 산업사회에 맞게 재해석한 독일식 모더니즘 건축의 선구자 페터 베렌스Peter Behrens와 협력관계를 맺었다. 베렌스는 당시 독일 굴지의 전기회사 AEG의 건축설계사로서 사소한 장식을 배제하고 견고한 형태를 지닌 공장건축의 양식을 실험하고 있었다. 이 두 사람은 독일 고유의 양질 노동과 건전한 취미를 조국의 산업 발전을 위해 적극 진작해야 한다는 대의로 의기투합했다.[35]

공예와 건축을 통합한 "대대적인 텍토닉적 종합예술"을 주창했던 무테지우스가[36] 초기의 공작연맹을 주도했다면, 제1차 세계대전 종전 직후인 1919년부터 1930년대 나치에 의해 해체되기 전까지 후기의 주역은 발터 그로피우스Walter Gropius와 미스 반데어로에Ludwig Mies van der Rohe 같은 모더니즘 건축가들이었다. 이들은 제1차 세계대전 이후 무테지우스의 보수주의적 노선과는 선을 긋고 보다 보편적인 미학을 추구했으며, '현대건축국제회의CIAM: Congrès internationaux d'architecture moderne'를 통해 대서양을 횡단하는 탈국적 연대를 모색했다. 이들은 1920년대 유럽과 미국의 건축계를 풍미한 소위 '국제주의internationalism'운동의 주역으로, 현대건축과 도시계획의 태동에 결정적 역할을 수행했다. 그러나 이 같은 신구세대 간 노선 대립에도 불구하고 공작연맹의 기본 성격에는 변함이 없었다.[37]

국제주의운동의 또 한 주역인 스위스 출신의 건축가 르코르뷔지에

1부 프로이센 고전주의를 찾아서

Le Corbusier는 심지어 입체파 미술에서 영감을 얻은 '순수주의purisme'를 표방하며 역사적 전통에 구속되지 않는 '순수한' 선과 면의 데카르트적 합리성을 추구했지만,[38] 기능성과 심미성의 조화라는 공작연맹의 대의에 기꺼이 보조를 맞추었다. 그는 비록 짧은 기간이지만 페터 베렌스의 건축사무소에서 경력을 쌓은 바 있고 베렌스가 추구하던 엄격한 고전주의적 모더니즘의 세례를 받았다. 집을 '거주 기계'로 보는 르코르뷔지에 특유의 기능주의적 사고는 이런 점에서 싱켈의 텍토닉에 뿌리를 두었다고 할 수 있다. 사실상 '국제주의'란 근대 산업사회의 새로움에 대한 무조건적 긍정이라기보다는 오히려 성찰적 대응이라 할 만한 것으로서 형태와 기능, 예술과 산업 간의 갈등을 봉합할 새 질서를 모색했다. 르코르뷔지에의 노선은 그의 독일인 동료였던 발터 그로피우스가 신생 국립교육기관 바우하우스Bauhaus의 초대 교장을 역임하면서 이곳을 대중의 일상에 부응하려는 현대건축과 산업디자인의 발상지로 키웠던 것과 맥을 같이했다.[39] 1920년대 중부 유럽의 정신세계를 장악한 비판적 합리주의, 이른바 '신즉물주의Neue Sachlichkeit'는 바로 이 같은 흐름의 총화였으며 모더니즘으로의 비상을 위한 탄탄한 활주로를 열었다.[40]

대량생산과 표준화를 추구했던 '모던'하기 이를 데 없는 공작연맹과 전통양식을 선호한 역사주의는 사실상 차이점보다는 공통점이 많다. 공작연맹이 전통문화를 부르주아의 물질문화 속에 재도입하는 경향을 보였다면, 역사주의도 이미 1860년대부터는 다양한 과거의 형태언어를 근대 산업시설의 건축에 활용하는 경향을 보여왔기 때문이다. 무테지우스가 보여준 새로움이란 건축과 디자인의 산업적 측면을 더는 감추려 하지 않았다는 것인데, 이런 점에서 공작연맹은 오히려 역사주

의 정신을 계승했다고 볼 수 있다.[41]

모더니즘 건축이 선호하는 건축 재료인 철과 콘크리트도 이미 역사주의 건축에 활용되고 있었다. 이들 새로운 재료의 등장으로 내력벽이 불필요해져 내부공간이 구조적 기능으로부터 자유로워짐에 따라 오히려 미적 형식을 구현하는 일이 가능해졌다. 철구조와 예술성의 통합은 이미 1840년대 중반에 뵈티허의 텍토닉 이론에서 논구된 바 있었다. 엄격한 고전주의 미학과 물질적 구조 및 재료에 대한 개방된 태도를 한데 결합했던 뵈티허는 철이야말로 가벼우면서도 벽을 자유롭게 함으로써 그리스 건축이나 중세건축보다 훨씬 우월한 양식을 가능하게 할 것이라고 기대했었다. 텍토닉은 모던한 건축 재료를 통해 위축되기는커녕 오히려 더 잘 구현될 여지가 있었다.[42]

네오바로크 양식으로 대표되는 후기 역사주의 건축은 시각적 효과로는 기념비적이면서도 양식상으로는 절충주의를 취했기에 다양한 기능에 적용될 수 있었다. 초기의 역사주의가 개개 건축물의 양식적 형태와 그것에 바탕을 둔 도시경관이야말로 시민정신과 선현들의 역사적 성취를 보여주므로 세대에 걸쳐 보존되어야 한다고 믿었던 반면, 후기 역사주의는 기념비적인 공공건축물을 산업 활동과 국가적 교통망의 결절점인 대도시의 이정표이자 선전장으로 삼으려 함으로써 개개의 건축물을 넘어 도시 전체의 구성과 경관에 뚜렷한 영향을 끼쳤다.[43]

후기 역사주의의 네오바로크적 도시계획의 세례를 받은 유럽의 대도시들에서 역사주의는 어느덧 자신과는 정반대로 보이는 모더니즘 정신과도 친화성을 갖게 되었다.[44] 양식적 절충주의의 심화는 엄격한 텍토닉적 구성의 가치를 보편화하는 역설적인 결과를 낳았다. 자연스러운 곡선미를 특징으로 하는, 독일판 아르누보 유겐트슈틸도 예외일 수 없었다.[45] 역사주의와 유겐트슈틸 건축의 조화로운 결합은 무엇보다 합스부르크 제국의 수도 빈의 환상도로인 링슈트라세Ringstraße에서 가장 극적인 표현을 얻었다. 1859년 기본설계안이 마련되어 다뉴브 강을 따라 도시를 감싸는 넓은 대로가 생겨나고 이 길을 따라 새로운 건축물, 즉 대학, 의회, 시청, 오페라극장, 박물관이 줄을 이어 건립되었다.[46]

링슈트라세는 후기 역사주의 건축의 결정판이었다. 1860년대에 시작되어 총 5.2킬로미터로 길게 이어지는 도로 위에 개개의 독립적인 아파트나 관공서, 대학 등을 주로 부르주아적 취향의 네오르네상스 양식으로 지었으나 1900년경 빈의 하천을 정비하면서 유겐트슈틸이 대거 도입되어 보다 절충주의적 색채가 강해졌다. 링슈트라세는 나폴레옹 3세 치하에서 오스만 남작이 재건한 파리의 가로에 비해서는 훨씬 덜 중앙집중적이었다. 전체적으로 하나의 중심이 아니라 수평적 연결을 강조하는 링슈트라세는, 빈의 도시문화를 연구한 쇼르스케Karl Schorske의 인상적 표현에 따르면, "상승기에 있는 오스트리아 자유주의 정신의 도상학적 목록"을 보여주었다.[47] 빈 부르주아 계급의 자기재현이라 할 수 있는 링슈트라세에서 역사주의와 모더니즘은 무리 없이 병존했다. 파리처럼 철도와 도로를 도심부에서 방사상으로 뻗어나가도록 설계했고, 균일한 크기의 현대식 모듈 건물이 네오고딕 양식의 시청사나 고트프리트 젬퍼가 기획한 네오바로크 양식의 '황제 포럼Kaiserforum'과 병존했다.

드레스덴의 심장부에 텍토닉을 적용했던 젬퍼가 링슈트라세 건설에 참여했다는 사실은 시사하는 바가 매우 크다. 그것은 현대 도시계획의 뿌리가 역사주의 도시설계 내지는 '도시건축'에 있었음을 입증하는 명징한 사례이다. 젬퍼의 황제 포럼은 빈 링슈트라세의 절정이었다. 그

고트프리트 젬퍼와 카를 하제나우어가 설계한 황제 포럼 조감도(1869)

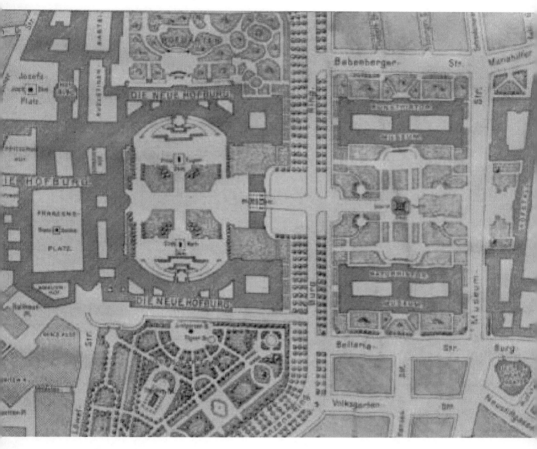

도심광장Burgplatz의 도면

곳은 수백년간 왕조의 보금자리였던 호프부르크Hofburg를 확장하여 도시의 중심핵으로 부흥시키자는 취지로 기획되었고, 1869년 젬퍼에게 설계가 맡겨졌다. 젬퍼와 그의 젊은 동료 카를 하제나우어Carl Hasenauer는 그해가 저물기 전에 황제 포럼 조감도를 완성하여 황제 프란츠 요제프Franz Josef에게 제출했다. 이에 따르면, 조감도 중앙 상부에 위치한 호프부르크에서 옛 성문Burgtor으로 이어지는 길에 중심축으로 500미터 길이에 달하는 광장터가 만들어지고 여기에 기념비적 건물들이 들어서게 된다. 조감도 전면의 양측 건물은 이후 빈의 대표 명소가 되는 미술사 박물관Kunsthistorisches Museum과 자연사 박물관Naturhistorisches Museum으로, 소실점에 위치한 호프부르크 궁전을 내려다보는 위치에 자리 잡았으며, 링슈트라세를 사이에 두고 오른편에 황제관저가, 왼편에는 제국 영빈관이 자리 잡았다. 현재 부르크 극장Burgtheater으로 불리는 북서쪽의 호프부르크 극장Hofburgtheater은 이 조감도에는 아직 나타나지 않는다. 전체적으로 볼 때 화면의 중심을 차지하고 있는 것은 황제의 옥좌가 놓인 호프부르크 궁전으로, 광장 전체의 건축양식을 지배하는 동시에 궁의 익부가 도시 공간에 개입함으로써 위계를 나타내는 엄격한 대칭구조를 만들어내고 있다.

그러나 황제 포럼의 원대한 조감도는 원안대로 실현되지 못했고 명칭대로 도시의 유일무이한 중심으로 자리 잡지도 못했다.[48] 1917년 2월 17일자 『독일건축신문』에 실린 도면은 젬퍼 계획안의 실제 결과를 보여주는데, '황제 포럼' 대신 '신호프부르크Die neue Hofburg'라는 명칭이 사용되었고 도면 중간에 가로로 놓인 링슈트라세가 그리 두드러져 보이지는 않지만 오른편에 위아래로 마주보는 두 개의 박물관을 비롯하여 전체 구조만큼은 젬퍼 계획안의 자취를 고스란히 담고 있다.[49]

슈프레 아테네에서 슈프레 시카고로

젬퍼의 '황제 포럼'을 중심핵으로 삼았던 링슈트라세는 현대 도시
계획의 진정한 출발지로 보아도 무방할 것이다. 비록 카밀로 지테 같은
과거지향적인 도시건축가에게는 이곳의 '모던'한 면모가 성가셨을 터
이지만[50] 이곳에서 역사주의와 모더니즘은 비교적 자연스럽게 어우러
졌다. 그렇다면 싱켈과 렌네의 프로이센 고전주의 전통이 살아 있으며
역사주의 건축과 공작연맹의 열기가 왕성하던 베를린의 도시계획은 과
연 어떠했을까? 링슈트라세 건설계획보다 별로 늦지 않았던 호프레히
트 계획안은 현대 도시계획을 선취한 면이 있는가? 표면적으로 보면
베를린의 현실은 오히려 도시계획이 반면교사로 삼아야 할 사례에 속
했다. 복층의 '병영식 임대주택'이 도심을 에워싸는 형국이었던 베를린
은 런던처럼 기능적이지도 파리나 빈처럼 품위 있지도 않았다. 다만 각
종 기업이 상주하고 최소한 값싼 임대주택이라도 지닌 대단위 노동자
층이 대기하고 있었기에 산업 측면에서는 미래가 밝은 편이었다.

베를린이 나름의 찬란한 건축전통에도 불구하고 무미건조한 임대
주택이 가득한 도시로 전락하게 된 데는 건축법령상의 문제가 적잖이
작용했다. 1953년의 '베를린과 여타 경무청 관할 구역의 토목경무 규
칙' 제10조는 베를린 건축공사의 핵심이 될 건축선을 경무총국의 전적
인 감독 아래 두었는데,[51] 이처럼 건설을 경찰력으로 통제하는 방침은
1794년의 '프로이센국 각 주의 일반법'에 구현된 관헌국가적 전통에
입각한 것이었다. 이는 다분히 권위주의적이면서도, 앞서 살펴보았듯
난개발까지 조장했다. 형식적인 건축제한선만 지키면 도시미관 따위는
고려하지 않아도 되었기 때문이다. 1875년의 '프로이센 건축 및 건축선

법Preußisches Bau-und Fluchtliniengesetz'은 지역 공동체에 좀 더 재량권을 부여하여 건축선을 지방행정기관장이 해당 지역 공동체의 동의와 지방 경무청의 허가를 얻어 결정할 수 있도록 만들었다. 이 법령은 사실상 지역 공동체의 재정적 어려움을 덜어주기 위한 것으로, 건설 사업이 지역의 여건에 맞게 자율적으로 이루어지게 됨으로써 비록 토지 몰수에 대한 손해 배상은 조합이 부담할지라도 건설 부지에 대한 개인이나 건축업자의 투기를 조장함으로써 지역 공동체의 이익은 보장했다. 더구나 공사와 유지 비용은 토지를 매입한 소유자가 부담하도록 규정했다.[52]

베를린의 건축 관련 법령은 한편으로는 권위주의적이면서도 다른 한편으로는 지나치게 영리적이었기에 이 도시 구도심의 건축전통과는 잘 맞지 않았지만 나름 미래지향적인 측면도 있었다. 이후 수차례 추가 법령을 제정해 지구별로 용도를 구별하는 체계가 수립되어 '병영식 임대주택' 확장에 쐐기를 박았다.[53] 이후 국제적 확장성을 보인 이른바 '용도지역제zoning'를 선취한 이 제도는 각 지구마다 건물의 높이와 밀집도를 차등 규정하여 건축물 유형에 대한 법적 통제를 가능하게 했다. 그러나 이 제도는 베를린보다는 독일의 여타 도시에 더 적극적으로 도입되었는데, 그 시초는 1893년 독일 중서부 프랑크푸르트Frankfurt am Main 시장 프란츠 아디케스Franz B. E. Adickes가 독일 연방의회에 제출했던 '도시 확장 및 용도지구별 공용환지법', 일명 '아디케스법Lex Adickes'으로, 도시 확장 사업을 두고 도심에는 높은 빌딩과 밀집을 요구하고 외곽에는 그 반대를 요구했으며, 토지를 적정하게 분할하고 시장가격을 부여하여 개발을 촉진하고자 했는데, 당시 지주층의 거센 반대에 부딪혔다. 결국 1902년에 가서야 제정된 '프랑크푸르트 시의 공용환지에 관한 프로이센법Preußisches Gesetz betreffend die Umlegung von Grundstücken in Frankfurt am Main'은 토지의

합리적 이용을 통해 도시 성장을 촉진하는 법률로서 현대 도시계획 발전사에 한 획을 그었다.[54]

독일 및 유럽의 여타 대도시들과 비교해볼 때 베를린의 도시계획은 성공적이라 할 수는 없어도 적어도 시대에 뒤떨어지지는 않았다. 1871년 독일제국 창건과 더불어 제국수도가 된 베를린은 독일 최대의 공업도시로 성장하면서 급격한 인구 증가를 감당해야 했음에도 장기판 같은 정방형 블록을 유지했으며 운하, 전기, 교통과 통신 등 도시 인프라의 모든 부문에서 선진적 면모를 보였다.[55] 1890년대 초에 베를린을 방문한 당대 미국 최고의 소설가 마크 트웨인Mark Twain은 넓고 곧게 뻗은 가로와 가스 및 전기로 된 가로조명 시설에 큰 감명을 받았다. 일간지 『뉴욕선New York Sun』에 기고한 연작 기행문에서 그는 "베를린은 유럽의 시카고"라면서도 다소 과장되게 서술했다. "시카고에는 고색창연한 구역이 여럿 있지만 베를린에는 별로 없다. 이 도시의 주요 구역은 바로 지난주에 만들어진 것처럼 보인다."[56]

그러나 미국 작가의 표피적 인상기와는 달리 정작 독일 지식인 대다수는 베를린의 현대적 면모를 그리 달갑게 여기지 않았다. 그들은 베를린이야말로 "미국화Amerikanisierung" 내지는 "미국주의Amerikanismus"의 첨병이라고 비판했는데, "슈프레 아테나는 사망하고 슈프레 시카고가 성장하고 있다"라는 정치가 발터 라테나우Walter Rathenau의 인상적 언명이 당대 분위기를 반영한다. 이후 그가 수상직을 역임하는 바이마르 공화국에 이르면 미국적인 수도 베를린에 대한 비판은 더욱 극렬해진다.[57]

세기말에 유행한 문화 비판의 조류에 다시금 고대 그리스가 끼어들게 된다. 변화된 여건 속에서 그리스는 문화적 갱생의 도상으로 거듭났다. 세기말에 중부 유럽의 지성계를 강타한 화제작인 율리우스 랑벤

August Julius Langbehn의 『교육자로서의 렘브란트』는 마치 꾸짖듯이 직설적인 어조로 당대 세태를 비난했는데, 특유의 논리적 비약을 행하는 가운데 그리스 문화를 다시금 쟁점으로 부각했다. 라테나우보다 훨씬 앞서 랑벤은 이주민들로 가득한 베를린을 미국 수도 워싱턴과 비교하면서 무엇보다 "상인정신"이 "양측 모두의 자립적인 정신생활을 방해"하고 있다고 성토했다. 그는 이들 "북아메리카풍" 도시들에 만연한 "다양한 교양물에 대한 조급한 수용과 사냥질"이 그저 "문화에 대한 도굴 행위"일 뿐이라고 평가절하하면서 고전주의에 치우친 당대의 고등교육과 '고대학'을 문제 삼았으나 사실은 그 자신이 고대 그리스 미술품에 대한 박사학위 논문을 쓴 고고학자였다. 랑벤은 빙켈만에 대해 논하면서 그가 그리스만을 중시하고 독일 예술을 도외시했다는 점을 지적하는데 그러면서도 "빙켈만의 정신이 독일에 끼친 영향 속에서 유용한 것과 해로운 것, 지고한 것과 변질된 것을 조심스럽게 분별"해낼 수 있다면 라틴적 바로크 문화로부터 렘브란트적—북유럽적—독일 문화로의 긍정적 변화를 위한 자극이 될 수 있을 것으로 기대했다.[58] 이러한 주장에서는 여전히 고대 그리스를 독일 민족문화의 기반으로 삼는 발상이 엿보인다.

『교육자로서의 렘브란트』는 당대 청년 지식층에 지대한 영향을 끼쳤고 여기에는 독일 공작연맹의 창립자 무테지우스도 포함된다['현대적 도시계획의 등장' 참조].[59] 공작연맹의 보수주의적 모더니즘이 암시하듯 고대 그리스와 모더니즘, '슈프레 아테네'와 '슈프레 시카고'는 실은 그다지 멀리 떨어져 있지 않았다. 베를린의 도시계획은 다름 아닌 싱켈식 텍토닉에 깊은 뿌리를 두고 있었기에, 심지어 '병영식 임대주택'들마저 슈프레 아테네의 심상지리에서 완전히 벗어나 있지는 않았다. 따라서 임대주택이 대거 건설되던 와중에도 이후 '박물관섬Museuminsel'으로 불릴 대규모 박물관 단지가 구박물관의 연장선상에 조성되었던 것은 별로 놀랄 일이 아니다. 젬퍼의 드레스덴 계획에 버금가는 이 원대한 시도는 싱켈의 제자 프리드리히 슈튈러 등이 주도하여 스승의 신고전주의 양식을 고수하는 보수적 지향성을 보였지만 구박물관 바로 뒤에 지어진 신박물관Neues Museum이 철제를 사용하는 등 내용적으로는 충분히 모던했다.[60]

그리스에 대한 뿌리 깊은 관심은 독일제국이 제국주의적 팽창 의지를 노골화하고 게르만적 요소를 부각하면서 일시적으로 하락하는 듯했다. 빌헬름 2세가 1890년 학교협의회 연설에서 독일의 대부분 인문계 고등학교가 고전 라틴어와 그리스어 교육을 지나치게 중시하는 나머지 정작 국어(독일어) 교육을 방치하고 있다고 책망했던 것이 그 대표적 사례이다.[61] 그러나 얼마 안 가 그리스 열풍은 게르만 인종주의와 결합되어 부활한다. 나치 시기에 학계에서 유행하게 된 '빙켈만 르네상스'는 독일군의 그리스 원정에 힘입어 더욱 이데올로기적으로 과격화했으며, 대중들 사이에서는 선전용으로 단순화된 그리스 이미지가 판쳤다. 소위 '기념비적 고전주의', 즉 반反모더니즘적이고 파시즘적인 형태를 띠면서 그리스 열풍이 다시금 독일 문화를 장악하였다.[62]

그리스에 대한 이 같은 반동적 전유는 물론 온전히 새롭기만 한 것은 아니었다. 본래 친그리스주의는 억압적인 오스만 제국과 나폴레옹의 억압체제와 대비되어 독일의 구체제를 정당화하는 논리로 설정되었으며 또한 세기말에는 산업도시에 대한 문화 비판의 논리로 활용되었다는 점에서 '반동적'까지는 아니더라도 지극히 '보수주의적'이었다. 아니, 많은 경우 이미 19세기 초반부터 제국주의적이었다. 소위 프로이센 중심주의Borussianismus를 표방한 19세기의 독일의 대표적 고대사가 드로이젠 Johann Gustav Droysen은 1833년 출간된 『알렉산드로스 대왕의 세계제국』에서 그리스 북부의 마케도니아에 조국 프로이센의 이미지를 부여했다. 아테네 등 남부 그리스에 비해 아직 문명화가 덜 되었지만 남부의 작은 도시국가들 간의 분쟁을 종결시키고 꿈만 같은 동방 원정을 감행하여 그리스 문명의 빛을 세상에 전파한 알렉산더 대왕의 마케도니아 왕국은 마치 프로이센의 미래를 예고하는 것만 같았다. 그 책을 읽는 독자는 고대 페르시아에 대한 서술에서 나폴레옹 제국에 대한 저자의 적의를 감지한다.[63] 그리고 곧이어 1836년에 출간된 『헬레니즘의 역사』 결론부에서 드로이젠은 헬레니즘 시대의 소아시아 식민도시 건설을 논하면서 일찌감치 "슬라브인 지역들의 게르만화"를 주장하기도 했다.[64]

물론 독일 문화를 지배한 친그리스주의 전체를 한 묶음으로 평가해서는 곤란하다. 어차피 상상적 관념이었던 만큼 논리적 명확성을 찾기란 무리일 것이다. 예컨대 친그리스주의가 '동양'에 대한 서양의 우월성을 공고화하는 식민주의적 지배 논리에 불과했다고 본다면, 이는 절반의 진실을 담고 있을 뿐이다. 왜냐하면 괴테와 슐레겔, 훔볼트 등 대표적인 그리스 찬미자들은 동시에 인도의 정신세계에도 흠뻑 빠진 자들이었기 때문이다. 산스크리트어에서 소위 '인도-유럽적' 가계도가 발견된다고 주장했던 독일 낭만주의자들에게 고대 그리스와 고대 오리엔트는 한줄기로 흘러드는 영감의 원천이었다. 그들이 적대시했던 것은 오히려 프랑스화된 궁정문화, 봉건적인 토지귀족 혹은 교조적인 성직자였다. 독일 고전학자들이 제국의 팽창을 노골적으로 옹호했던 것은 제1차 세계대전에 이르러서였고 이때조차 명시적으로 인종주의를 표방하지는 않았다.[65]

1부 프로이센 고전주의를 찾아서

상상의 그리스가 지배의 논리로 귀결되었음은 분명하지만 그것이 처음부터 프로이센이나 향후 생겨날 독일제국의 권력정치에 부합하는 식민주의적 함의를 지녔다고 본다면, 이는 지나치게 결과론적인 해석이다. 독일과 유럽의 경계를 넘어서면서 비로소 그것은 냉혹한 식민지배의 논리로 재편된다. 건축가 싱켈의 꿈을 담은 프로이센 고전주의는 이질적 환경에 접하여 전적으로 새로운 의미와 기능을 부여받음으로써 원래 자신 속에 잠재되어 있던 편집증적 지배의 논리를 극대화하게 된다. 이는 결코 예외적 현상이라 할 수 없다. 문화란 본래 '전파'되는 것이 아니라 '수용'되는 것이기 때문이다. 통시적이든 공시적이든 '문화의 연속성'이라는 논리는 자명하지 않다. 그것은 상이한 맥락에서 상이하게 활용되는 이데올로기라는 점에서 그 자체가 불연속적이다. 유럽의 바깥에 구현된 베를린은 실로 상상의 베를린일 수밖에 없었던 것이다.

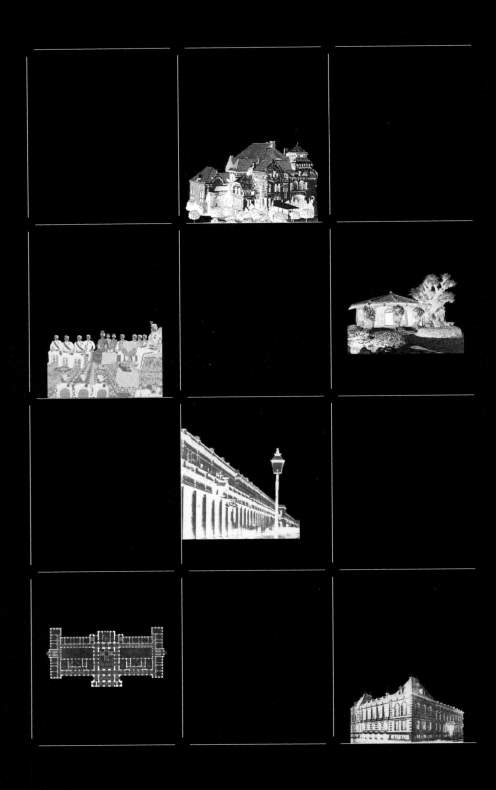

2부

아시아의
프로이센을 넘어

네덜란드인의 마음을 지닌 사람들이 중국에 산다면
몇 백 개의 네덜란드가 동양에 출현할지 모른다.
우리 일본인은 네덜란드인의 근면함에 가까울까?
아니면 게으른 중국인에 가까울까?

—

구메 구니타케,
『특명전권대사 미구회람실기』(1878), 제3권

독일 역사주의 건축의 결정판, 칭다오

싱켈의 프로이센 고전주의 건축은 본래 독일 '민족문화'의 창달을 지향한 것이었지만 프로이센과 독일제국의 경계를 넘어 국제적 영향력을 행사할 수 있었다. 싱켈 자신이 단아한 형태의 건축을 추구했듯이 그 영향력도 폭발적이기보다는 내밀하고 장기 지속적인 것이었다. 이러한 생명력의 비밀은 크게 보아 다음 두 요소에서 찾을 수 있다.

첫째로 개체와 전체, 기능과 형식, 현재와 과거의 텍토닉적 조화가 식민지배권력의 이데올로기로는 더없이 적합했다. 19세기 중엽 이후 구미 열강이 제국주의 시대로 돌입하면서 신고전주의는 식민지 공공건축물의 대표적 양식으로 자리 잡아 유럽 대륙을 넘어 세계 곳곳의 식민지에 뿌리를 내렸으며, 특히 동남아와 태평양 연안 식민지에서 건축과 장식의 주요 양식으로 발전한다.[1] 텍토닉적 통일성이 주는 특유의 견고하고 단호한 이미지야말로 서구 근대문명의 우월성과 권위를 시각적으로 대변하기에 안성맞춤이었던 것이다. 물론 식민지배라는 목적에는 '프랑스혁명의 건축'과 같이 미래지향적인 것보다는 역사주의적 요소를 가미한 건축이 훨씬 어울렸다. 실제로 식민지배세력과 식민지들의 각기 다른 사정에 따라 때로는 그리스풍 신고전주의, 때로는 네오르네상스 혹은 네오바로크 양식의 건축물들이 그에 상응하는 도시계획과 더불어 식민지 세계를 잠식해갔다. 이 중에서 특히 북독일풍의 정갈한 네오르네상스 건축은 과학적 객관성과 역사적 전통에 대한 부르주아적 믿음을 지구 보편적인 '문명'의 논리로 탈바꿈하는 데 크게 기여했다. 이 급격한 파동의 진원지는 물론 싱켈이었다. 젬퍼의 건축이 입증하듯 독일 네오르네상스 건축은 프로이센 고전주의 건축이 시대적으로 진화한 결과였다.

둘째로 싱켈 건축에서 배태된 텍토닉의 원리는 세세한 양식적 차이를 넘어 '건축함'의 본질로 이르는 공동의 장을 창출함으로써 모더니즘 건축의 형성에 심대한 영향을 끼쳤다. 페터 베렌스, 발터 그로피우스, 미스 반데어로에, 브루노 타우트Bruno Taut 등 독일 출신 건축가들은 당대를 지배하던 역사주의 건축에 대해서는 대단히 비판적이었지만 건축의 단순성과 통일성 그리고 기념비성에 대한 싱켈의 믿음에는 동의를 표했다. 현대건축과 도시계획의 태동에 결정적 역할을 수행한 이른바 '국제주의' 운동의 주역인 이들은 싱켈의 작품들로부터 현대건축에 필수적인 객관성과 기능성, 미적 감수성, 무엇보다 텍토닉을 배웠다. 이 프로이센 궁정건축가의 위업은 심지어 팔라디오가 그때까지 450여 년간 서구 건축에 끼친 영향에 견주어도 부족함이 없어 보였다.[2]

문화제국주의

프로이센의 고전주의 건축과 독일제국의 역사주의 건축이 이른바 모더니즘 건축의 원천인 동시에 식민지배의 효율적 도구였다면, 이는 상반된 양면이라기보다는 상호 동질적 이면으로 보아야 옳을 것이다. "구축의 필연적 요소"에 속하지 않는 것은 배제하는 텍토닉 원리와, 형태와 기능 간의 필연적 갈등을 은폐하는 모더니티의 논리는 사실상 동전의 이면이었다. 텍토닉이야말로 모더니티의 촉매 역할을 하며 프로이센 고전주의의 '트랜스모던'한 번성을 가능하게 했던 것이다. 또한 싱켈이 실내공간보다 파사드를 강조했던 것은 약점으로 작용하기보다 오히려 광범위한 활용 가능성을 열었다.

물론 프로이센 고전주의 건축이 그 자체로 식민주의의 함의를 가지고 있었다고 보기는 힘들다. 싱켈 생전의 프로이센은 실제로 별다른 해외 식민지를 갖지 못한 중형급 강국에 불과했다. 독일제국 창건 이후에도 재상 비스마르크의 해외 정책은 독일 국민의 경제적 이익을 수호하는 차원에 머물러 있었다. 뒤늦게 이룬 정치적 통일을 공고히 하려는 의도가 제국주의적 팽창의 욕구보다 강했던 것이다. 이 세기적 승부사의 냉엄한 현실정치적 판단으로는 서구 열강이 세계를 영토적으로 재편하는 과정에 독일제국도 개입해야 마땅하지만 그 일은 프랑스식 '문명화 사명mission civilisatrice'과는 상관없이 구체적 실익을 염두에 두는 것이어야 했다. 따라서 비스마르크는 노골적으로 영토를 침탈하는 '식민지'보다는 '보호령Schutzgebiet'이라는 용어를 선호했던 것으로 알려져 있다.[3]

1883년 독일식민협회Deutsche Kolonialverein가 창립되고 이듬해 비스마르크가 남서아프리카와 동아프리카 등지에서 독일 상인이나 정복자가 개별적으로 획득한 영지를 독일 보호령으로 삼음으로써 독일의 식민지 경영이 시작된다.[4] 그렇지만 독일제국은 대영제국이나 프랑스제국 같은 장기간의 식민지 건설 전통이 없었을 뿐 아니라 실제로 가장 빨리 종말을 맞이했다. 제1차 세계대전의 종식과 더불어 독일제국은 해체되었다. 기껏해야 30년 남짓 존속한 독일제국의 식민화 사업은 여타 제국들과는 달리 뚜렷한 '사명'을 내걸지 않았고 오히려 독일 지리학자 라첼Friedrich Ratzel이 1901년에 발표한 한 에세이의 제목처럼, 민족의 "생활

공간$_\text{Lebensraum}$"을 확보하는 데 주안점을 두었다. 한마디로 독일제국은 식민제국으로서는 결격사유가 많았다. 아프리카 식민지 일부에서는 토착민에게 굳이 독일어를 가르치고자 애쓰지도 않았던 것으로 알려져 있다.[5]

   그렇지만 독일 식민주의에 대한 평가가 1884년부터 1918년까지 독일이 식민지 내지는 보호령에서 실제로 행한 일에만 국한되어서는 곤란하다. 제국주의 모국의 주민들을 원거리 지역에 정착시키는 일련의 행태를 지칭하는 식민주의는 단지 경제적이거나 정치적인 혹은 군사적인 차원에 그치지 않는다. 특히 독일 식민주의는 실제적 식민화 사업에 비해 식민화 '담론'과 이에 수반된 오리엔탈리즘적 환상 혹은 학술적 연구 등에서 매우 앞섰으며 이런 점은 식민지보다는 독일제국 스스로에 더 큰 영향을 끼쳤다.[6] 성공적인 식민제국이 아니었던 독일제국에서 좀 더 두드러지게 나타나기는 하지만 식민지배를 위해 단지 실용적 차원 이상의 이데올로기적·문화적·심리적 요소가 두루 개입되는 것은 사실상 모든 식민제국에서 공통적으로 나타나는 현상이다. 예속된 타자에 대한 지나친 이상화와 멸시, 토착문화의 억압과 상업화, 적나라한 착취와 가부장적 훈육의 이데올로기는 지배의 도구로 쓰이기에는 너무 가식적이고 상호 모순적이었다.[7] 식민주의란 어차피 과도한 관념과 과도한 실행의 뒤범벅으로, 늘 식민지 토착민의 현실과 충돌을 빚었다.[8] 독일제국이 일찍 해체되었다고 해서 식민주의의 이 같은 일반적 문제점으로부터 자유로워졌다고 할 수는 없다. 비록 독일이 프랑스나 영국처럼 오랜 탈식민화 전쟁에 시달리지는 않았으나 대신 걷잡을 수 없는 민족주의의 열기를 유럽 안에서 해결하고자 함으로써 결국 더 큰 비극을 초래하고 말았다. 영국령 인도나 프랑스령 알제리에 비교될 수 있는 독

일 식민지는 실은 카메룬이나 토고가 아니라 동부 유럽이었던 것이다.⁹

독일제국의 식민주의는 여타 식민주의들과 원칙적으로 다를 바 없었지만, 영국이나 프랑스 등의 경쟁국을 의식하며 독자적인 '이념'을 개척하고자 부심했던 것은 사실이다. 독일 통일이 '문화민족'의 이념에 입각해 있었듯 독일제국도 문화적 영역을 특별히 강조했던 것은 놀라운 일이 아니다. 19세기 후반의 독일은 인문학과 사회과학에서는 물론, 의학·과학·기술의 영역에서 유럽 최고의 상한가를 달리고 있었기에 프랑스식 '문명화 사명'이나 앵글로색슨의 상업주의와는 대별되는 '과학적인' 식민통치를 전면에 내세울 수 있었다.¹⁰ 그렇지만 현실은 슬로건과는 사뭇 달랐다. 남서아프리카에서 독일제국의 지배는 지극히 실용적이고 즉흥적이었으며, 헤레로족Herero에 대한 무자비한 살육이 보여주듯 몹시 폭력적이었던 반면에, 남태평양 사모아에서는 오히려 토속문화를 가부장적으로 보호하며 마치 낙원을 꾸며주는 듯한 상반된 태도를 취했다.¹¹

독일제국이 '문화민족'의 이념을 전파하고 프로이센 고전주의에서 발원한 텍토닉의 원리를 '과학적인' 식민지배를 위해 도입한 유일한 사례는 독일과 같은 기후대에 속하고 고등문명을 지녔다고 간주된 중국에서 찾을 수 있다. 물론 이곳에서도 인종적 멸시나 폭압적 지배는 다를 바 없었으나 보다 세심한 계획과 전문적 행정 그리고 공적인 감독이 이루어졌다. 독일제국이 이처럼 중국에서 변화된 모습을 보여준 것은 중국 공략에서 앞서 있던 영국, 프랑스 등과의 대결 구도에서 비롯되었을 뿐 뚜렷한 '이념'이 개입되었다고 보기는 힘들다. 고문서와 언어 연구에 치중했던 독일의 동양학Orientalistik이 식민화 사업에 기여한 바는 별로 없었으며 20세기 이전까지는 여타 제국주의 열강에서 그러했듯 '식민주의 문화'가 독일 사회 곳곳을 잠식하고 있지도 않았다.[12] 특히 머나먼 동아시아에 대해서는 전반적으로 무관심하고 무지했다. 프리드리히 대왕의 포츠담 상수시 궁전에 있는 유명한 중국관Chinesisches Haus은 실로 로코코 궁정문화를 휩쓸던 '중국풍Chinoiserie'에 대한 고상한 취향 그 이상은 아니었다. 한철의 유행이 지나가고 그 자리를 곧이어 그리스풍 신고전주의와 인도의 정신세계에 대한 관심이 대체하게 된다. 심지어 청일전쟁이 일본의 승리로 끝난 이후에도 독일 정치가들은 유럽 열강의 세력구도 차원에서만 사고했으며 독일 황제 빌헬름 2세의 악의적인 '황화yellow peril'론은 경각심을 일깨우기는커녕 인종적 편견을 부추길 뿐이었다. 독일 지도자들이 일본과 동아시아를 국제정치의 한 축으로 심각하게 고려한 것은 1905년 러일전쟁 결과에 충격을 받고 나서였다.[13]

아직 동아시아를 특별히 주목하기 이전의 시점에 독일제국은 나름의 정치적 계산에 의거하여 머나먼 중국 대륙에 새로운 차원의 식민지 도시를 건설하고자 했다.[14] 아프리카와 남태평양의 '보호령'들과는 달리 중국에서 확보한 '조차지Pachtgebiet'는 형식적으로 99년간의 조차권을 얻어 독일 해군성Marinenministerium 관할에 속했다. 그리하여 독일제국의 위대함을 대내외에 선보일 '견본 식민지Musterkolonie'가 마치 독일군의 전격전처럼 빠른 속도로 건설되기에 이른다.

독일제국의 동아시아 거점도시 칭다오

1897년 식민지 쟁탈전에 열을 올리던 독일제국은 중국 산둥 성山東省에서 일어난 두 명의 독일인 가톨릭 선교사 피살 사건을 구실로 상하이

　　　　　　　　　　　　　2부 아시아의 프로이센을 넘어

에 있던 순양함대를 출동시켜 11월 14일에 자오저우 만(교주만膠州灣)을 점령했다. 그리고 중국 정부에 압력을 행사하여 이듬해 3월 6일에 자오저우 만 일대 50킬로미터 반경 지역에 대한 99년간의 조차권을 얻는 조약을 체결했다. 여기에는 철도부설권과 탄광채굴권도 포함되어 있었다. 독일 황제 빌헬름 2세는 그중 해안 지역인 칭다오青島를 상업항 및 군항으로 삼고 이곳에 총독부를 설치했다. 독일인들은 이곳을 '칭타우Tsingtau'라 불렀다.

칭다오는 원래 산둥 성 소속 칭다오 만 앞에 있는 작은 섬의 이름이었지만 후일 도시 이름이 되었다. 독일제국이 깃발을 꽂기 전에도 칭다오 만의 부두는 작지만 나름의 행정과 방위 체제를 갖추고 있었다. 물론 대규모 증기선이 안착하려면 항만과 방파제 건설이 필수적이었으므로 1899년 수립된 종합건설계획에 따라 아주 체계적으로 독일제국의 거점도시가 건설되었다. 항만과 광산을 연결하는 철도 노선인 자오저우 만-지난濟南선도 1904년에 이미 완공된다.[15]

독일이 동아시아에 첫발을 들여놓은 것은 1860년대 프로이센이 추진한 동아시아 원정 때였다. 중국, 일본, 시암(태국)과 통상조약을 맺고 독일인이 정착할 후보지를 찾으라는 국왕의 명을 받은 오일렌부르크 백작Friedrich Albrecht Graf zu Eulenburg이 군함을 앞세운 정복자의 모습으로 동아시아에 모습을 드러냈던 것이다.[16] 그러나 유럽 내에서 민족통일을 위한 일련의 전쟁에 몰두하던 프로이센으로서는 동아시아는 거의 다른 행성이나 매한가지였다. 1870년대 초반 동아시아에 독일 해군의 교두보와 항만 식민지, 이를테면 '독일의 홍콩'을 만들자는 지리학자 리히트호펜Ferdinand von Richthofen의 제안은 받아들여지지 않았다.[17]

독일제국 창건 후 적극적인 동아시아 진출이 시작된 것은 고전적인 외교정책을 펼치던 재상 비스마르크의 시대가 끝나면서였다. 독일 제국은 이미 1884년에 토고와 카메룬 등 아프리카 지역에 보호령을 확보함으로써 제국주의 국가 반열에 오를 수 있었지만 독일의 외교정책은 여전히 유럽 내의 세력 균형에 비중을 두고 있었다. 1890년 노회한 재상을 실각시킨 젊은 황제 빌헬름 2세는 시장과 영토를 둘러싼 열강들의 각축전이 극에 달한 시대에 더는 팽창 욕구를 숨기지 않고 이른바 '양지바른 곳Platz an der Sonne'을 찾아 나섰다. '세계정책Weltpolitik'이라는 슬로건 아래 독일제국은 본격적으로 제국주의 국가의 길을 걷게 되는데, 이 정책을 추진한 동력은 무엇보다 건함정책Flottenpolitik이었다. 알프레트 폰 티어피츠Alfred von Tirpitz 제독이 이끄는 해군성은 세계 각지에 독일 해군의 교두보를 확보하고 유지하여 경제적 실익과 정치적 영향력을 확대하려 했으며, 동아시아 지역에 군사교두보를 확보하는 일은 이러한 정책의 첫 시험대였다.[18]

독일제국은 1914년 제1차 세계대전이 발발하여 몇 달 만에 자오저우 만이 일본에 의해 점령될 때까지 17년간 이곳을 지배했다. 독일제국의 동아시아 거점이자 산업을 위한 판로를 제공했으며, 원료 공급지요 현지 독일 해군을 위한 석탄 공급처였던 이곳은 그야말로 반半식민지라고 할 수 있었다. 칭다오가 동아시아의 부유한 국제무역항으로 성장하게 되었다는 점에서 독일의 계획은 99년간의 조차권 기한을 채우지 못한 점만 제외하면 꽤 성공적이었다. 독일제국이 자오저우 만을 조차지로 택한 것은 지정학적 고려도 있었지만 무엇보다 산둥 반도의 풍부한 석탄 때문이었다. 이는 동아시아에 주둔하는 독일 해군을 위해 필요할 뿐 아니라 전체 중국 시장을 위한 출입구로도 활용될 수 있었다. 이처럼 실용적 목적을 우선시했음에도 영국령 홍콩과 대비되는 독일의

2부 아시아의 프로이센을 넘어

'견본 식민지'의 진가를 보여주어야 했기에 칭다오에는 병원, 학교, 기상관측소 등을 건립하였고 중국인 대부분에게도 문호를 개방하였다. 이는 아프리카 식민지에서 보인 것과는 사뭇 다른 모습이었지만 역시 토착민들을 일방적 지배의 대상으로 삼았다는 점에서는 별반 차이가 없었다.[19]

이 지역의 중국인 거주민들은 강제적 토지몰수와 이주 조치, 그리고 무엇보다 인종적 격리를 통해 주권을 유린당했다. 철도 노선의 부설도 중국인들의 이해와는 상관없이 순전히 외국인만을 위해 이루어졌기에 반발이 컸다. 독일 순양함대가 칭다오를 점령한 날부터 곧바로 실시된 토지정책은 자오저우 만 지역의 민간 토지매매를 금지하고 토지에 대해 행정적 독점과 통제를 강화했다. 이는 외래 투기상을 막아 사실상 염가로 토지를 구매하기 위한 조치였다. 자오저우 만의 독일 총독부는 토지에 대한 측량과 조사를 서두르고 직접 토지수매에 나섰다. 촌민들과 반강제적 담판을 벌여 쉽사리 넉넉한 공용 건설 부지를 확보할 수 있었다. 독일 정복자들의 이 같은 무자비한 행태와 청나라 정부의 투항적 자세로 인해 중국의 법질서가 크게 침해당하자 심지어 지역 관리들까지 불만을 가졌고 광범위한 저항운동에 돌입하게 된다. 1900년 중국 화베이華北 지역에서 발생한 '의화단의 난'이 독일제국의 자오저우 만 점령에서 비롯되었다는 사실은 결코 우연으로 볼 수 없다.[20]

선교정책에서도 독일제국은 중국인들의 원성을 샀다. 대포를 적재한 군함에 아편을 싣고 등장한 독일인 선교사의 이미지는 옛 가톨릭 선교사들의 이미지처럼 중국인들에게 심히 부정적으로 비쳤다.[21] 독일 개신교 선교사들은 주로 산둥 반도 남부에서 활동을 벌였는데, 산둥 반도는 하필 노魯나라 출신 공자의 고향이었고, 그 중심지인 지난 성은 오랜 행정도시로서 깊은 유교 교육의 전통을 자랑하는 곳이었으므로 선교사들의 입지는 협소할 수밖에 없었다. 독일제국은 보다 지능적인 문화정책을 강구하지 않을 수 없었다. 더구나 중국은 열강들이 치열하게 경쟁하던 반식민지 상태였으므로 독일 역시 차별화된 식민지 프로그램을 제공할 필요가 절실했다. 이에 독일 개신교 선교협의회는 1898년 덕화서원德華書院 설립을 필두로 대대적인 교육 사업을 칭다오에서 펼치게 된다. 의화단의 난을 진압한 후 강압통치 대신 문화통치로 전환하여 선교 활동과 교육, 위생 사업에 주력했다. 총독부는 친독 중국 엘리트를 확보하여 보다 장기적으로 독일의 상업적·정치적 이득을 도모하고자 했다. 1909년 독일과 중국 합작으로 설립된 덕화대학은 독일의 우수한 정신문화를 통해 중국인들의 마음을 사로잡고자 했다.[22] 이는 말할 나위도 없이 제국주의 침략정책의 한 방편이었다.

영국과 프랑스의 식민지도시들과의 차별성

독일 조차지의 도시 칭다오가 영국과 프랑스 등 여타 서구 열강의 식민지도시들과 구별되는 점은 독일 본토의 도시를 고스란히 옮겨놓은 것 같은 외관이었다. 이는 독일의 우수한 '문화'를 선전하기 위한 전략적 선택이었다. 이와 대척점에 놓여 있던 것이 영국의 경우로, 해당 지역의 토착문화를 존중하는 모양새를 갖춘 것이 특징이었다. 물론 지배자의 투시도법적 시선에 따라 도시의 축을 세우고 공간을 '합목적적으로' 재편했다는 점에서는 예외가 없었다. 건축적 외양의 다양성이 공간질서의 개방성을 보장하지는 않았던 것이다. 오히려 표피적인 다양성

2부 아시아의 프로이센을 넘어

인정이 고도의 통일성을 성취했다고 볼 수 있다.[23] 이처럼 식민도시에서 기술적·이데올로기적 실험을 거친 결과물들이 제국 본토의 도시들에 역으로 도입되어 장기적 영향력을 행사하는 것은 전혀 예외적 현상이 아니었다.[24] 도시계획은 서구 '문명'의 선진성, 그 '모던함'을 입증하는 고도의 전략이었으며 일상의 파괴와 지배를 마치 당연한 듯 만들어버리는 요술지팡이와도 같았다. '권력의 식민성' 개념으로 포괄될 수 있는 이 같은 지구적 대세 속에서 이른바 독일 '문화'도 예외일 수는 없었다.

노골적인 식민지배와 토착 지배자의 막후에서 실질적 지배권을 행사하는 이른바 '비공식적 제국주의informal imperialism'를 겸용했던 대영제국은 건축과 도시계획에서도 실용적 노선을 택했다. 1840년대에 제임스 와일드James William Wild가 이집트 알렉산드리아의 유럽인 거주구역에 지은 영국 국교회 성 마르크 교회St. Mark Church는 절충주의적 네오고딕과 모스크 양식을 결합함으로써 이집트 왕실의 근대화정책을 보조해주는 듯한 모양새를 취했다. 이후 이집트가 영국 보호령으로 전환되면서 이집트인의 지역적 이해관계보다는 다른 제국주의 경쟁국들을 보다 의식하게 되었지만 그렇다고 해도 영국만의 전형적인 식민지 건축양식을 개발하지는 못했다. 오히려 빅토리아 시대 특유의 다양성과 유연성이 오리엔탈리즘과 결합해 지역마다 토착화되는 모습을 보였다.[25]

영국령 인도에서는 보다 적나라한 식민지도시의 모습이 나타난다. 1857년 이후 공공사업국Public Works Department이 총독부의 한 부서로 설립되면서 공공건축과 도시계획을 본격 추진하게 되었는데, 새로 개척된 뉴델리New Delhi는 그 표본이었다. 물론 이곳에서도 대영제국 총독부는 영국적인 것과 토착적인 것을 결합하는 전략을 택했다. 비록 토착적인 것은 장식에 불과했지만 영국 식민지도시의 기본 특징은 유지되었다.

신도시 건축을 책임질 건축가는 에드윈 러티언스Edwin Landseer Lutyens와 허버트 베이커Herbert Baker였다. 이들의 설계 작업 중 가장 야심적이었던 것은 현재 인도 대통령의 관저로 쓰이는 옛 총독부 청사인 라쉬트라파티 바반Rashtrapati Bhavan이었다. 뉴델리 고원의 꼭대기에 세워진 이 건물은 본래는 총독관저로 지어져 '총독의 집Viceroy's House'이라 불렸으며, 인도의 수도를 캘커타에서 뉴델리로 옮기기로 결정 난 직후에 지어진 것이다. 영국 도시계획의 주도자 중 하나로 꼽히는 러티언스가 1912년 베이커에게 보낸 최초의 설계안은 전체적으로 고전주의적이면서도 색채와 세부에서는 인도적 요소가 가미된 것이었다. 원래 러티언스는 보다 고전주의적인 건물을 원했으나 정치적 압력에 굴복했다고 전해진다. 라쉬트라파티 바반은 총 340개의 방을 지닌 거대한 4층 건물이다. 타지마할Taj Mahal 등에서 보이는 옛 무굴제국의 양식적 요소를 가미한 이 건물에서 단연 시선을 끄는 부분은 거대한 돔으로, 인도적이면서도 영국적인 건물의 특징을 잘 드러낸다. 볏짚을 의미하는 '스투파Stupa' 형식을 취한 돔은 불교식 봉분封墳을 연상시키는데, 건물의 사방 모서리 대칭선이 만나는 중심점에 놓여 있으며 건물 나머지 부분의 전체 높이보다 두 배 이상 높다.[26]

지역의 토착전통을 새롭게 살린 영국식 식민지도시와 비교하면 프랑스는 말 그대로 '식민지도시'라는 정의에 훨씬 더 부합했다. 프랑스제국이 추구한 동화정책은 '문명화 사명'에 입각하여 식민지를 식민모국과 동일한 제도로 통합하고 식민지 토착민들을 식민모국의 국민과 동등한 권리, 교육, 문화적 혜택을 누리게 한다는 대의를 표방했지만, 이는 통치의 효율성을 위한 눈가림에 불과했다. 실제로는 서양인 구역과 식민지 토착민 구역을 엄격히 분리하여, 프랑스 보호령 모로코의 총

2부 아시아의 프로이센을 넘어

영국령 인도의 뉴델리 고원에 세운 옛 총독부 청사 라쉬트라파티 바반

감인 리요테Hubert Lyautey가 주창한 '이중도시'를 만들어냈으며, 서양인 구역도 본국을 위한 실험실 역할을 맡았다. 동화정책과 분리정책의 이러한 모순적 결합이야말로 프랑스 식민지도시의 특징이었다.[27]

북아프리카 이슬람 지역에 대한 프랑스의 식민통치는 1830년 알제리 점령에서 시작하여 1881년에는 튀니지를 점령하고 1912년에는 모로코를 보호령으로 삼는 순서로 전개된다. 알제리에서 이루어진 초기 식민화 사업이 무자비한 동화정책을 추진했던 반면, 튀니지와 모로코로 갈수록 점차 토착문화를 보호하는 방향으로 나아간 것은, 유럽인 구역은 적극 개발하고 토착 이슬람교도가 주거하는 구시가, 즉 메디나médina는 낭만적 소비의 대상으로 묶어두었다는 점에서 전형적인 '이중도시' 정책의 표현으로 볼 수 있다.[28] 그러나 적어도 1910년대에 프랑스령 모로코의 식민지도시 카사블랑카Casablanca에서 앙리 프로스트Henri Prost가, 1930년 프랑스령 알제리의 수도 알제Algiers에서 르코르뷔지에가 행한 도시계획은 분명 새로운 면모가 있었다. 보다 규격화된 건축, 보다 합리화된 공공서비스와 산업조직, 효율적인 순환도로, 통풍과 채광을 위시한 건축의 위생적 측면에 대한 보다 많은 관심 등 프랑스 본국에서도 충분히 개화하지 못했던 모더니즘 정신이 식민지도시에서 만개했던 것이다.[29]

하얀 집들이 빼곡한 지중해 연안의 항구도시 카사블랑카는 '프랑스령 시카고'라 불릴 정도로 실험적인 도시였다. 1907년 프랑스 군대가 모로코에 상륙한 이래 이 아름다운 항도에 대한 프랑스제국의 관심은 매우 컸다. 물론 이는 기본적으로 토착 메디나에 대한 관심이 아니라 부두를 중심으로 건설될 '신도시ville nouvelle'를 향한 관심이었다. 프랑스제국은 이곳이 모로코 내륙 요충지로 접근 가능한 최적의 장소라고 판단했다. 1910년 도시 최북단의 요새에 새로운 방파제를 조성하는 작업을 시작으로, 1915년에는 에콜 데 보자르 출신의 저명한 건축가 앙리 프로스트가 카사블랑카의 도시구조 개편에 착수했다. 카사블랑카의 오스만 남작이라 할 만한 선구적인 도시계획가 프로스트는 1919년 프랑스의 도시계획법인 이른바 코르뉘데법Iois Cornudet 제정을 계기로 보다 전면적인 도시계획에 돌입하여 부두 근처의 메디나를 과감히 쓸어버리고 중앙지구, 공업지구, 주거지구 등 세 개의 지구로 나뉜 유럽인 구역을 건설했다. 이를 위해 프로스트는 근대적 토지소유제와 더불어 독일식 용도지역제를 이 식민지도시에 선구적으로 도입했다. 이는 단순한 도로망 구축을 넘어 합리적인 도시블록을 구축하려는 시도였다. 프로스트의 계획안에서 가장 기념비적인 것은 신시가지의 중심에 자리 잡을 관청사광장Place Administrative으로, 프로스트가 처음 계획한 것은 아니었지만 리요테 총감의 적극적 행정 지원을 받아 구체적인 설계안이 마련될 수 있었다. 중앙우편국을 필두로 법원, 병무청, 극장, 승전기념비, 호텔, 가톨릭교회, 상업지구, 주거지구, 그리고 신형 메디나까지 포괄하는 원대한 계획이 차례로 실현되었다. 이 광장을 가로지르는 간선도로망도 계획의 주안점 중 하나였는데, 부둣가 방면으로 확장되면서 도시중앙부와 새로운 기차역을 연결하는 역전대로Boulevard de la Gare가 도시의 번화가로 자리 잡게 된다.[30]

1920년대 카사블랑카의 신시가지에서 만개한 모더니즘의 신선한 기운은 물론 '이중도시'라는 근본 관념을 탈피하지 못했으며 오히려 심화되었다. 식민지 토착민들 대부분은 현대적 도시계획의 수혜자가 될 수 없었으며, 건축가 프로스트가 간선도로를 활용하여 유럽인을 풍토병이나 전염병으로부터 보호할 수 있다는 이른바 '방역선cordon sanitaire'의 전도사로 나서면서 토착민은 더욱 소외되었다.[31] 이러한 무자비한 처사는 프랑스령 인도차이나에서도 유감없이 발휘되었다. 이 지역에서는 카사블랑카 같은 실험적인 모습보다는 비교적 고전적인 경관이 자리 잡았다. 프랑스의 베트남 식민지도시 하노이는 그 전형적인 모습을 보여주는바 공공건축물을 시각적 초점으로 삼아 가로를 통일적으로 꾸미고 새로운 광장과 공원이 건설되었다. 식민정부가 가장 먼저 건설한 동서 간선도로 중 하나인 짱띠엔 로Pho Trang Tien와 그 끝에 자리 잡은 하노이 오페라극장의 예가 대표적이다.[32] 물론 시대에 따라 약간의 변화는 있었는데 1923년부터 1931년까지 이 지역의 건축과 도시계획의 총책을 맡은 에브라르Ernest Hébrard는 카사블랑카 건설에도 참여했던 건축가로, 재임 기간 중 '방역선' 대신 용도지역제를 강화하는 방안을 강구하는 한편, 새로운 인도차이나 양식을 개발하고자 부심했다. 하지만 그는 '이중도시'의 필요성에 대해서는 이견이 전혀 없었다.[33]

프랑스제국의 식민지도시들은 편차는 있으나 식민지의 토착전통을 고려하지 않고 프랑스 '문명'의 우월성을 선보일 수 있는 노골적인 '이중도시'를 지향했다는 점에서 공통적이었다. 이러한 점에서 프랑스는 영국보다는 독일식 노선에 보다 근접해 있었던 것으로 보인다. 프로스트의 관청사광장 설계가 카밀로 지테의 『예술적 원리들에 따른 도시건축』의 이념을 구현했다는 사실은 시사하는 바가 크다.[34]

독일제국은 한편으로는 프랑스보다도 더욱 '원리주의적'이었으며, 또 한편으로는 아프리카 식민지도시들의 예에 보이듯 영국 못지않게 실용적이었다. 독일제국의 유럽 내 식민지도시라 할 수 있었던 알자스-로렌 지방의 수도 스트라스부르Strasbourg는 이른바 '문화제국주의'의 면모를 보여주는 명징한 사례이다. 보불전쟁 승리의 대가로 1871년 독일제국이 차지한 프랑스-독일 국경지대의 이 유서 깊은 도시는 알퐁스 도데Alphonse Daudet의 유명한 소설 『마지막 수업』이 민족주의적 격정으로 성토한 바 있듯 급속히 독일화되었는데, 이는 근대적 도시확장 사업과 병행되었다. 구도심에서 약간 떨어진 새로운 도로망 중심부에는 '황제 광장Kaiserplatz'이 건설되어 엷은 빛의 사암을 재질로 한 프로이센풍의 기념비적 건물들로 둘러싸이게 되었다. 대학과 관공서 그리고 여타 문화 시설이 원을 이루는 이곳은 베를린 운터덴린덴의 중심부를 압축적으로 재현한 모습을 보여준다. 어찌 보면 신생 독일제국의 건축문화를 대표할 도시는 베를린이 아니라 '슈트라스부르크Straßburg'라고 말할 수 있을 정도로 이곳의 도시계획은 싱켈식 텍토닉을 구현했다.[35] 한 세기 전에 이곳을 찾았던 대문호 괴테가 "강력하고, 투박한 독일 영혼으로부터 비롯된" 이곳의 대성당Straßburger Münster을 가리켜 "모든 부분이 전체를 향하는" 독일적 건축술의 결정판이라고 찬미했던 것은 이러한 변화의 전조와 같았다.[36]

유럽 내부에 자리 잡은 독일제국의 식민지도시가 고전주의의 형태언어에 집착했던 것은 역사주의의 개방적 형태언어로는 유럽 내에서 독일적 색채를 부각할 수 없다는 현실적 이유도 있었겠지만, 통일된 지배질서의 경계를 넘는 어떠한 탈선도 용인하지 않는 프로이센 국가의 텍토닉적 원리와 무관하다고 보기는 힘들다. 이는 유럽의 경계를 훌쩍 뛰어넘어 멀리 동아시아에 건설된 식민지도시들을 비교할 때 보다 분명해진다. 홍콩이나 상하이, 싱가포르 등 영국이 동(남)아시아에 건설한 식민지도시의 건축물들이 유럽 신고전주의의 형태언어를 따뜻하고 습한 지역풍토에 맞게 적절히 변주한, 이른바 '개항장 양식treaty port style'을 취했던 반면, 동아시아의 유일한 독일 식민지도시 칭다오는 지극히

슈트라스부르크의 황제광장, 1910년경 독일 엽서

독일적인 역사주의 양식을 구현했다. 비록 독일제국도 아프리카 식민
지들에서는 후기 빌헬름주의적 양식 요소를 지역풍토에 맞게 변형해
건물을 한 바퀴 두른 베란다라든지, 통풍이 잘되는 다락방, 개방된 통
로 같은 요소를 발전시켰으며,[37] 또한 대영제국 식민지들에서도 초창기
에 유행하던 열대식 방갈로bungalow 건축이 점차 줄어들면서 19세기 말
엽에 이르면 신고전주의 양식이 오히려 대세를 이루게 된다는 사실을
인정해야 하지만,[38] 기후가 비슷하고 문화 수준이 결코 낮지 않다고 간
주된 중국에서 비로소 민족문화의 '원형'에 대해 극도로 집착하게 된
것은 상상의 아테네라는 독일 특유의 '심상지리'가 식민지공간에 여지
없이 관철되었다고 하지 않을 수 없다.

물론 영국과의 경쟁은 늘 민감한 고려 사항이었다. 앵글로색슨의 상업주의를 비난하며 독일 '문화'의 정신적 우월성을 만방에 선전하는 것이야말로 독일 식민주의자들의 최대 과제였다. 1907년 상하이 조계지 내의 서양식 건축물이 즐비한 와이탄外灘 구역에 건립된 독일 클럽 German Club은 1920년대까지 상하이에서 가장 높은 건물이었다. 독일의 네오르네상스와 네오바로크 양식을 결합한 이 건물은 거대한 청동 첨탑으로 매우 독일적인 분위기를 연출했다.[39] 같은 시기에 산둥 반도의 칭다오에서는 본격적인 독일풍 시가지가 거의 완성 단계에 도달해 있었다. 그런 의미에서 칭다오는 '독일의 홍콩'이라기보다는 차라리 중국의 함부르크에 가까웠다. 이곳에 구현된 독일식 역사주의 건축은 텍토닉적 원리주의를 강하게 표방했다. 물론 역사주의 자체가 독일 문화의 전유물은 아니었으나 독일과 그 식민지도시에서 고유한 '담론 형성체'로 성장할 수 있었다.

칭다오 도시계획과 역사주의 건축

세기의 전환기에 역사주의 건축은 이미 역사주의의 본원적 경계를 넘어서 있었다. 후기의 절충주의적 역사주의는 도시 전체의 경관에 개입하면서 기능적 용도에 따라 유겐트슈틸 등 모더니즘 경향과도 뒤섞였다. 기능과 형식, 개체와 전체, 현재와 과거의 조화를 추구하는 역사주의 고유의 이상은 절충주의 심화로 인해 무색해졌다. 역사주의 건축의 마지막 불꽃이 작열하는 곳은 유럽의 식민도시였다. 종교개혁으로 유럽에서 지배력을 잃은 가톨릭교회가 비유럽 세계로 뛰쳐나가 세를 만회했듯이 역사주의는 전 지구적으로 팽창된 유럽 제국주의를 통해 그 식민지에서 부활한다. 식민지의 서구식 건축물들이 하나의 순수한 양식을 고수하기보다 절충주의적 성향을 띠었던 것은 식민지 저마다의 특수한 사회문화적·환경적 여건을 고려한 결과이기도 했지만 세기말 유럽 도시의 모습을 충실히 반영한 것이기도 했다.

머나먼 조차지의 도시 칭다오에서 독일제국의 후기 역사주의 건축은 한자리에 집결해 고유한 문화적 역량을 유감없이 발휘했다. 그것은 모국에서도 이루지 못한 성취로, 식민지배를 위한 효율적 기능과 유서 깊은 미적 형태 간의 텍토닉적 통일성을 구현했다. 아주 짧은 기간의 대대적 건설공사로 등장한 '견본 식민지'는 지리적 위치와는 무관하게 독일제국의 심상지리를 가장 선명하게, 가장 압축적으로 보여주었다. 독일 도시 '칭타우'는 독일 본토의 여느 도시보다도 독일적이었다.[40]

'칭타우' 건설은 독일제국의 국익에 이바지할 항만과 철도에 우선순위를 두었다. 이를 위해 가장 먼저 '자오저우 만 토지법Die Landordnung von Kiautschou'이 1898년 9월에 공포되었다. 영국이 홍콩에서 시행했던 정책을 모델로 삼은 이 법률은 독일 자본가들이 칭다오 중심지에 중국인 토지 소유자로부터 부지를 염가로 매입하고 건축할 수 있는 법률적 조건을 창출했다. 자오저우 총독부는 촌민들과 직접 토지수매 계약을 진행하여 토지를 대량 수매한 후 이를 독점적으로 판매했으며 판매 이후에도 세심한 규제와 처벌 규정을 통해 토지이용 실태를 감독했다. 이와 더불어 토지의 정밀한 측량을 통해 항구와 도시 건설을 위한 설계도 작성에 들어갔다. 같은 해 입안된 '칭다오 도시건설계획'은 이곳에 거주하던 해군 소속 공무원들이 수립했으며 이를 주도한 인물은 1897년 이 지역을 탐사한 해군항만건설과장 프란치우스Georg Franzius로 알려져 있다.

2부 아시아의 프로이센을 넘어

항만 건설공사에는 대규모 방파제를 위시하여 당시로서는 최신식 시설이 포함되었고, 해변의 평탄 작업과 해저의 준설 작업도 함께 이루어졌다. 항구의 중심부는 일종의 반원형 댐으로, 댐 위에 건설한 부두는 대규모 선박이 정박할 수 있고 철도와 곧바로 연결되도록 만들었다. 독일의 많은 은행과 회사가 철도부설권과 광산경영권을 획득하고자 앞다투어 몰려들었으며 계획대로 두 개의 노선이 신속히 부설되었다.[41]

두 차례에 걸쳐 마련된 도시계획안에 따라 도로, 상하수도, 수리, 제방 등의 건설을 차질 없이 추진하여, 이 과정에서 옛 부둣가 건물들은 일거에 철거되었다.[42] 도시 인프라를 건설하는 것만큼이나 중요한 일은 유럽인 거주구역 건설이었다. 칭다오 도시건설계획은 독일의 용도지역제를 처음으로 동아시아에 도입하여 도시 전체를 유럽인 거주구역과 상업구역 그리고 몇 개의 노동자 주거지역으로 나누었는데, 유럽인 지역은 계절과 기온 변화를 고려하여 칭다오 동남쪽에 배치하였다. 그곳은 풍광이 아름답고 공기가 청결했을 뿐 아니라 토착 주민이 적어 유럽인의 생활환경을 꾸리는 데 별로 지장을 받지 않았다. 도시 중심부는 자연스레 바다 전망이 좋다는 관하이산觀海山 남쪽 해안에 인접하여 건설되었다. 관하이산을 등지고 선 총독부 청사 앞에는 방사형 도로가 만나는 광장이 섰고 이곳을 통과하는 동서 간선도로의 양쪽 끝에 교회가 자리 잡았다. 칭다오 만에 면한 남쪽 주거지역 동쪽에는 각종 업무시설이 자리 잡았고 서쪽으로는 호텔과 별장이 들어섰다. 관하이산 서쪽 기슭에는 고급 주택지와 병원이 자리 잡았다. 도시건설계획안은 도로의 너비, 건축물의 높이, 건축 면적과 택지 면적의 비례를 명확히 규정하였으며 1898년에 공포된 건축조례는 3층 이상의 건물을 불허하는 동시에 구매한 건축 용지의 55퍼센트 이상 면적에 건축물을 짓지 못하도록 명문화함으로써 부동산 투기를 방지하는 한편, 정갈하고 쾌적한 생활공간을 창출하도록 유도했다. 정작 독일 본토에서는 불가능했던 엄격한 원칙이 머나먼 조차지에서 관철되었던 것이다.[43]

그러나 이러한 모습은 중국인 거주지에는 해당되지 않았다. 중국인 거주지역은 항구의 북쪽에 자리 잡아 유럽인 거주지역과 엄격히 분리되었다. 이 같은 인종격리정책은 중국인들의 불결한 위생으로 인한 질병 감염의 위험을 사전에 방지한다는 명분을 띠었지만, 당시 일본의 부상과 더불어 서구에 만연하던 '황화론'의 논리적 귀결로 보는 편이 옳다. 물론 이를 이후 등장하는 게르만 인종주의와 동일시하는 것은 지나친 비약이겠으나 이러한 식민지배의 경험이 장기적으로는 인종과 문화를 생물학적 차원으로 본질화함으로써 배타적이고 적대적인 사고를 조장했다는 점은 부인할 수 없다.[44]

칭다오 동남부의 유럽인 거주지역에는 빠른 속도로 독일풍 건축물들이 지어졌다. 총독 오스카 트루펠Oscar Truppel이 적극 나서 공사를 진두지휘했는데, 독일 본국과 유사한 기후 조건뿐 아니라 도시 근교의 라오산盧山에 풍부하게 매장된 화강석이 독일의 후기 역사주의 건축을 칭다오에 이식하는 데 결정적 기여를 했다. 건물들의 주된 구조 재료는 벽돌과 석재 및 목재였으며 외장에는 칭다오산 화강석을 장식적 요소로 사용하면서 주로 회벽에 연노란 채색이 선호되었다. 칭다오는 확실히 영국풍과는 구별되는 독일 네오르네상스와 네오바로크 양식이 관청사를 중심으로 만개했다. 가파르게 경사진 맨사드 지붕과 우뚝 솟은 탑루, 붉은 기와, 돔형 지붕 등이 그 주요한 특징이었다. 여기에 더하여 당시 독일과 오스트리아에서 절정에 달한 유겐트슈틸 요소가 과감하게 도입되어 항구도시에 어울리는 개방적이고 '모던'한 분위기를 연출했다. 유겐트슈틸은 총독관저에서 교회당, 심지어 약국에까지 활용되었다. 한마디로 칭다오 건축은 역사주의와 유겐트슈틸이 혼재된 절충주의 색채를 띠었다. 당대 독일의 건축을 가장 이념형적으로 반영했던 것이다. 장식을 최대한 절제하는 독일식 엄격함도 유지되었다.[45]

이후 중국인들이 칭다오 시청사로 사용하게 되는 총독부 청사 Gouvernements-Dienstgebaude는 1904년 건축가 말케Friedrich Mahlke가 설계하여 2년 후인 1906년 4월에 준공한 네오바로크 양식 건물이다. 관하이산 비탈의 언덕에 자리 잡은 이 건물은 중앙부와 양 날개 부분이 튀어나왔고 건물 본체의 높이는 20미터이며 총 5층으로 구성되어 있다. 서양 고전주의 전통에 따라 중심성과 대칭성이 강하게 표현되었다. 이 건물의 특징은 역시 파사드로, 칭다오 화강석으로 가공한 직방형 벽돌이 인상적이어서 지역주민들 사이에서는 '먹물병墨水甁'이라고 불렸다. 실내공간은 육중한 반원형 궁륭이 지배한다. 청사의 출입구로는 다리를 거쳐 진입할 수 있는데 옛 중세 성의 입구를 연상시킨다. 칭다오의 행정적 중심이라는 기능에 맞게 도심지의 중앙에 위치했으며 건물 앞에는 광장이 자리 잡았다.[46]

칭다오 남부의 신하오산信號山 비탈 언덕에 자리 잡은 유겐트슈틸풍의 독일 총독관저Gouverneurswohnhaus는 현재는 칭다오 시 영빈관 겸 박물관으로 쓰이는 건물이다. 총독부 토목건축국 건축부장이던 슈트라서 Strasser와 말케 등이 공동 설계하여 1907년에 준공한 이 건물은 유럽에서도 보기 드문 실험적 작품으로, 칭다오 시가의 원근법적 중심을 형성했다. 전체 3층으로 이루어진 건물의 화강석 외벽은 네모꼴을 취해 단아한 분위기를 자아냈으며 담장도 없어 연회용으로 더없이 적합했다. 중앙 출입구 위의 회녹색 화강석으로 이루어진 박공에는 닻의 쇠줄을 연

칭다오의 독일 총독부 청사

칭다오의 독일 총독관저

상시키는 장식물이 돌못으로 고정되어 시선을 끌었으며, 이와 더불어 박공의 모서리 부분은 선원의 매듭 문양으로 처리되어 항구도시의 면모를 부각한다. 앞서 언급했듯 이 건물은 유겐트슈틸의 요소로 가득한데, 주출입구 오른편에 배치된 파사드와 그것을 이루는 두 가지 색채의 화강석 패널, 박공 형태, 실내를 지배하는 네모꼴 패턴 등이 그것이다. 이 건물의 세 벽면은 모두 화강석으로 꾸며졌으며 배면에 부속된 온실은 철과 유리 같은 재료를 사용하여 매우 현대적인 느낌을 준다.[47]

칭다오의 유겐트슈틸 건축물 중에는 로트케겔Curt Rothkegel의 작품들이 눈에 띈다. 그의 설계로 1910년에 준공된 그리스도교회Christuskirche는 독일 개신교도 및 주둔군을 위한 교회로, 유럽인 빌라촌이 있는 동부 지역 끝의 작은 언덕 위에 세워졌다. 적당한 높이의 녹색 시계탑과 대지로 넓게 펼쳐지는 예배당으로 구성된 이 교회는 지붕에 붉은 기와를 얹고 연노란색 회벽을 강화석재로 마감했다. 건물 전체가 마치 옛 건물의 잔해처럼 보이며 코니스 부분도 대충 만든 두루마리 같은 형상을 하고 있다. 그야말로 역사주의와 유겐트슈틸의 독특한 절충이라 할 수 있다.

유겐트슈틸풍의 네모꼴 벽장식과 적색의 둥근 기와지붕이 눈에 띄는 칭다오 약국(의약상점)도 로트케겔의 작품으로 추정된다. 1905년 준공된 이 건물은 아치와 곡선이 그 어느 건물보다 돋보인다. 처마와 1층의 짤막한 기둥은 화강석으로 처리했다. 로트케겔은 상하이 조계지의 독일 클럽 설계에도 참여했다고 알려졌으며 심지어 바다 건너 한국에도 자취를 남겼다. 현재는 인천각으로 불리는 제물포의 존스턴 별장이 바로 그것이다. 이 건물은 러일전쟁 기간 중에 지어졌으며 붉은 기와지붕과 굴곡진 벽면, 변화무쌍한 창의 형태 등에서 칭다오의 유겐트슈틸 건축물들과 차이가 없다.[48]

로트케겔이 설계한 칭다오 그리스도교회

칭다오의 건축은 보수적이고 엄격하면서도 모던하고 개방적이었다. 이는 어쩌면 빌헬름 시대 독일제국의 이념형적 표현이었는지도 모른다. 건축가 한스 피트카우Hans Fittkau가 설계한 제국법원은 저층 부분의 석재마감 등에서 고전적 풍모를 띠지만 파사드에는 당시 유럽에서 확산되던 분리파의 영향이 나타나 있다. 50센티미터가량 깊은 문설주라든지 수직과 수평의 화강석 들보로 나뉘어 햇빛을 적당히 차단하는 창문 등이 그것이다. 이에 반해 루이스 바일러Luis Weiler 등의 공동 설계로 건립된 칭다오 중앙역사는 출입구 위의 장식적 박공과 멀리서도 보이는 육중한 시계탑 등 전형적인 독일식 네오르네상스 양식을 취하고 있다. 파사드는 화강석으로 처리되어 있다. 칭다오의 유럽식 건축물 중원경에서 가장 눈에 잘 띄는 54미터 높이의 쌍탑루를 지닌 성 미카엘성당은 싱켈의 프리드리히스베르더 교회를 연상시키는 건물이다. 건축가 신부인 프레벨Alfred Fräbel이 1900년에 설계한 것으로, 원래는 고딕 양식으로 지어질 계획이었으나 지연되어 1930년대 일제 치하에서 보다현대적 취향에 맞게 철근과 콘크리트 구조로 된 네오로마네스크 양식으로 지어졌다. 정상에 거대한 십자가가 설치된 쌍탑루로 인해 오랫동안 칭다오에서 가장 높은 건물이었다.⁴⁹

칭다오는 독일제국의 후기 역사주의 건축의 결실이 가득한 과수원이었다. 단시일 내에 총독의 감독하에 아무런 구애도 받지 않고 건설되었기에 당대 독일제국을 풍미하던 주요한 공공건축 양식이 한자리에 집결할 수 있었다. 칭다오의 독일풍 건축물들은 당대 유행에 따라 절충주의 색채를 띠었지만, 전체적으로 보면 독일 본토의 어느 곳보다 텍토닉의 원리를 충실히 구현했다. 이는 그곳이 다름 아닌 식민지였기 때문에 가능한 일이었다. 그러나 여기서 간과하지 말아야 할 점은 칭다오는

루이스 바일러 등이 공동 설계한 칭다오 중앙역사

베를린이나 빈일 수 없다는 단순한 상식이다. 비록 '견본 식민지'로까지 간주되며 독일 본토보다도 더 순수 독일적 모습을 띠었던 것은 사실이지만, 여기서 텍토닉은 독일에서 그러했듯 구조적 통일성의 원리가 아니라 정반대로 구조적 분리의 원리로 작동했다. 그것은 중심과 주변, 주체와 객체, 식민주의자의 현재와 피식민자의 과거를 철저히 분리한다. 모순의 양측은 통일되기보다 한쪽이 다른 한쪽에 기능적으로 종속될 뿐이다. 물론 이는 텍토닉의 식민지적 굴절이라기보다는 그 논리적 귀결로 보아야 옳을 것이다. 텍토닉의 편집증적 성향이 극대화한 것이다.[50]

중국인의 입장에서 보면 1897년 독일군의 자오저우 만 점령은 중국 현대사의 출발점으로 기록될 수 있을 만큼 일대 전환점을 제공했다. 반식민지로 전락하고 나서도 지지부진한 개혁에 불만을 느끼던 중국인들이 거리로 나섰기 때문이다. 1898년의 변법자강운동과 1900년에 발생한 의화단의 난은 위안스카이袁世凱의 철권통치와 이른바 '세계의 원수元帥'라던 발더제Alfred von Waldersee가 이끄는 독일 특무부대의 개입으로 무참히 짓밟혔지만 그들도 분노의 함성을 잠재울 수는 없었다. 농민이나 지방관료들은 지역민의 이해관계와 상충하는 철도 건설 등에 대해 무장투쟁을 벌였고 상인들은 전통상품 개발로 맞섰으며 광산업자들은 국가의 지원을 받아 근대적 운반수단 개발에 나섰다. 또한 지방관료들은 최소한 지역 엘리트들에 대한 문화적 헤게모니를 잃지 않고자 버텼다.[51]

1914년 제1차 세계대전이 발발하자마자 일본은 칭다오를 공격하여 몇 달 간의 전투 끝에 11월 7일 결국 점령했다. 그리고 이후 8년간 그곳을 지배했다. 일본인들이 아오시마あおしま, 세이토せい-とう 등으로 부르던 칭다오는 1922년 워싱턴 국제회의를 거쳐 중국으로 반환되었으

나 1938년 일본이 재차 점령하여 1945년 일제 패망 때까지 그 지배를 받았다. 많은 일본인이 바다 건너 칭다오로 왔고 순식간에 칭다오의 일본화가 이루어졌다.[52] 일본인들은 칭다오를 통해, 또한 칭다오에서 일본으로 이송한 독일인 포로들을 통해 독일의 건축과 도시계획을 직접 체험하고 배울 기회를 얻었다. 건축가 로트케겔도 독일인 포로의 한 사람으로 일본의 포로수용소에 끌려갔다가 1919년 파리 평화회의 개최 후에야 석방되었다.[53]

물론 일본은 이미 1861년에 프로이센과 조약을 체결한 바 있고 독일 본토의 정치와 문화로부터 많은 영향을 받고 있었기에 중국의 독일 도시가 특별히 새로울 것은 없었다. 더구나 1910년대에 이르면 이미 독일 본토의 주요 도시들에서는 모더니즘이 지배력을 얻어갔기에 칭다오는 독일 본토에 거꾸로 영향을 끼치는 '모더니티의 실험실'이라기보다는[54] 차라리 '모더니티의 쇼윈도'에 가까웠다. 쇼윈도에 무턱대고 감동하기에는 일본도 이미 매장 안으로 깊숙이 발을 들여놓은 상태였다. 제국 일본은 모더니티의 헤게모니를 놓고 서구 열강과 경쟁하는 중이었다. 그런데 좀처럼 해결되지 않는 난제가 있었다. 비록 독일도 그리스라는 환등상에 의존하기는 했으나 어쨌든 자신의 '민족문화'를 '모던'하다고 선전할 수 있었는데 일본은 그럴 수 없었다. 모던한 것은 자신의 민족문화가 아니라 이질적인 서양의 문화였던 것이다. 칭다오의 모던한 경관은 독일적일 수는 있어도 일본적일 수는 없었다. 과연 어떻게 '모던'하면서도 '일본적'일 수 있을까? 이 넘어서기 힘든 간극을 메우기 위한 선택이 다름 아닌 프로이센이었다.

메이지 일본과 프로이센:
이와쿠라 사절단의 시선

일본은 유일한 비서구 제국주의 국가였다. 동아시아에서 구미 열강의 힘의 공백 상태를 활용하여 일제는 자신의 지위를 굳혀갔으며 프로이센식 국가 텍토닉의 원리를 능동적으로 수용하여 열강 대열에 합류한 유일한 비서구 국가였다. 메이지 시대의 일본이 프로이센식 '위로부터의 근대화'를 택함으로써 군국주의의 길로 나아갔다는 사실은 비교적 널리 알려져 있다. 일본서구화론자들이 첫 단계에서는 '문명개화'의 주창자 후쿠자와 유키치福澤諭吉처럼 네덜란드에서 영국으로, 그다음 단계에서는 이토 히로부미伊藤博文처럼 영국에서 프로이센으로 관심의 대상을 이동시켰음은 주지의 사실이다. 제2차 세계대전 시의 동맹국이었던 관계로 독일과 일본의 친화성은 매우 자연스러워 보인다.

일본의 서구화

실제로 일본이 프로이센의 제도와 문화를 얼마나 선호했는지는 생각만큼 명확지 않다. 메이지 일본의 반半봉건적이고 권위주의적이며 국가주의적인 성향이 극히 보수적이었던 독일 역사학파 국가학의 영향이었다는 기존의 견해[1]에 대해서는 많은 이의 제기가 있어왔다.[2] 메이지 시대의 일본 지식인들은 당대 유행하던 문명개화운동의 일환으로 영국, 프랑스, 미국의 근대화 모델에 보다 많은 관심을 보였다.[3] 이와쿠라 사절단岩倉使節団이 1871년 12월부터 1873년 10월까지 거의 2년에 걸쳐 구미 각국을 탐방하고 돌아온 후 메이지 정부가 구미 각국에 유학생을 파견하고, 또 각 방면의 외국인 전문가를 초빙하여 일본인 현지 전문가들을 양성한 것은 잘 알려진 사실이다. 구미 각국의 위상과 장단점을 꽤 상세히 파악했던 메이지 정부가 특정 국가에만 기대기보다 각국으로부터 필요한 부분을 선택적으로 취하고자 한 것은 지극히 자연스러운 일이었다. 초기의 메이지 정부는 영국으로부터는 산업, 철도, 해군과 관련된 실무적 지식을, 프랑스로부터는 치안 경찰과 법률 및 교육 체제와 병법을, 프로이센으로부터는 군제를, 미국으로부터는 홋카이도 식민화를 위한 미개척지 농법을 받아들였다. 제국 일본이 세계 열강의 일원으로, 독일의 보수주의 세력과 강한 친화력을 유지하며 서구적 모더니티에 대한 총체적 반격을 개시한 것은 메이지 시대가 끝나고 한참 후의 일이다.[4]

건축과 도시계획 분야로 국한하더라도 조사이어 콘더Josiah Conder처럼 영국인으로서 일본에 건너가 현지 제자들을 양성하고, 또 야마구치 한로쿠山口半六처럼 일본인으로서 프랑스에 유학 가서 오스만식 도시계획을 배워 온 경우가, 도쿄 관청가를 설계한 독일인 건축가 뵈크만Wilhelm Böckmann과 엔데Hermann Ende의 경우보다 결코 비중이 작지 않았다. 혹자는 메이지 일본이 도시계획 기법은 독일로부터 배웠지만, 건축 사상에서는 오히려 영미권의 영향을 받았다고 보기도 한다.[5] 1914년 칭다오 점령으로 독일 건축과 도시계획의 실제를 자신의 영내에서 경험할 기회를 얻게 되었으나, 이미 이 시기 일본에서는 유럽 신고전주의 건축의 일본화가 완성 단계였다. 1914년 말 준공된 프랑스풍 신고전주의 양식

이와쿠라 사절단의 주역들, 샌프란시스코에서 촬영(1872). 전통 복장을 하고 가운데 앉아 있는 이가 사절단의 전권대사인 이와쿠라 도모미이다. 그 밖에는 왼쪽부터 기도 다카요시, 야마구치 마쓰카, 이토 히로부미, 오쿠보 도시미치

서양식 복장을 한
이와쿠라 도모미(1872)

의 도쿄 중앙역이 바로 그 정점에 해당한다. 그리고 이듬해부터는 미국 모더니즘 건축가 프랭크 로이드 라이트Frank Lloyd Wright의 기념비적 작품인 도쿄 제국호텔Imperial Hotel 공사가 개시된다. 1920년대에 이르면 모더니즘이 일본 건축계를 주름잡는다.[6]

메이지 일본에서 프로이센이 발휘한 영향력의 비중을 정확히 가늠하는 데는 이와쿠라 사절단의 경험에 주목하는 것이 매우 효과적이다. 호기심과 충격, 외경심, 한탄과 깨달음 등에 사무친 지극히 원초적인 서구 경험을 공유한 이 집단이야말로 근대 일본의 형성에 중추적 역할을 맡게 되기 때문이다. 메이지 정부가 수립된 지 3년여 만인 1871년 11월 12일 메이지 정부는 이와쿠라 도모미岩倉具視를 전권대사全權大使로 임명하고 기도 다카요시木戶孝允, 오쿠보 도시미치大久保利通, 이토 히로부미, 야마구치 마쓰카山口尙芳 등 정부의 핵심 인사가 대거 포함된 46명의 대규

2부 아시아의 프로이센을 넘어

모 사절단을 미국과 유럽으로 파견한다. 여성 5명을 포함한 43명의 유학생과 수십 명의 수행원이 동행하여 총인원이 107명에 달하였고 1년 10개월에 걸쳐 총 12개국을 방문하였다.[7] 공식 임무는 조약 개정을 위한 예비교섭이었다지만 왜 그렇게까지 대규모 사절단을 장기간 파견한 것일까? 역사상 선례도 없는 신정부를 세운 지 채 몇 년이 지나지 않아 그 기틀을 닦는 데 한시가 급했을 정부 요인들이 거의 2년 가까이나 자리를 비우고 외유를 한 까닭은 과연 무엇일까?

1853년 7월 8일 미국의 페리Matthew Calbraith Perry 제독이 공포스러운 '흑선'을 몰고 와 도쿄 만을 위협한 이후 1868년 1월 3일 메이지유신이 성사될 때까지 일본에서는 참으로 많은 변화의 물결이 일었다. 에도 막부江戸幕府 치하의 일본은 개국하여 서양 열강과 불평등한 통상조약을 맺고, 이에 분노한 서남부 지역의 하급 무사들이 '존왕양이尊王攘夷'를 내세우며 막부를 타도하고 왕정복고를 성사시켰다. 이 와중에 '양이'를 주장하던 수구 세력은 점차 힘을 잃고 이른바 '문명개화'의 새 물결이 열도를 장악했다. 굴욕적인 불평등 조약을 개정하려면 일본이 서양 문명국가의 기준에 부합하는 새로운 모습으로 거듭나야 한다는 생각이 확고히 자리 잡게 되었던 것이다.[8]

문명개화는 지극히 정치적인 기획이었다. 그것은 서구 열강에 버금가는 강력한 국민국가 건설을 목표로 삼았다. 이 용어를 조어造語한 근대 일본의 사상적 대부 후쿠자와 유키치는 대표작『문명론의 개략』에서 문명이란 "인간 지덕智德의 진보"를 의미한다면서 개인보다는 "국가 전체의 기풍이 중요"하다는 점을 강조했다. 그는 심지어 "나라의 독립이 목표이고 국민의 문명은 이러한 목표를 달성하기 위한 수단"이라고까지 말했다. 장차 일본인의 문명이 인류적 보편성을 향해 나아가는

문제는 "우선 일본이라는 나라와 일본의 인민을 존재하게끔 하고 난 이후에" 논의하면 될 일이었다.[9]

신생 메이지 정부는 그 무엇보다 자주적인 국민국가를 건설하기 위한 밑그림을 그리고자 했다. 바로 이것이 이와쿠라 사절단에 부여된 임무였다. 사절단은 근대 일본국의 탄생을 대내외에 알리는 동시에 서양 국민국가의 전체적 골격을 파악하여 그 결과를 일본의 국가적 개혁 프로그램으로 정식화하는 임무를 맡았다. 따라서 사절단의 주된 관심의 대상이 문명화된 '국민'보다는 문명 '국가'에 있었다는 점도 전혀 놀랄 일이 아니다.[10] 여행을 마치고 돌아와서 사절단의 일원이었던 구메 구니타케는 곧 『특명전권대사 미구회람실기』(이하 "『실기』")라는 총 5권의 묵직한 보고서를 발간한다.[11]

『실기』의 기본 노선

구메 구니타케는 이후 도쿄 제국대학 문과대 교수직을 수행하던 도중 일본 신도神道를 비판했다는 이유로 면직당했을 만큼 국수주의와는 거리가 먼 인물이었다. 그는 서양의 대국을 칭송하기보다는 오히려 대국들 사이에서 애국심을 함양하고 자주를 지켰던 소국에 주목했던 것으로 평가된다. 실제로 『실기』에는 벨기에, 네덜란드, 스위스 등 소국에 할당된 지면이 적지 않다. 또한 전형적인 부국강병론과 달리 부국론은 있지만 강병론은 발견되지 않는다는 점도 특기할 만하다. 하지만 후쿠자와 유키치의 악명 높은 문명·반개·야만의 3단계 발전론과 친서구적·반아시아적 관념이 동일하게 발견된다는 점을 가볍게 볼 수는 없다.[12] 『실기』는 구메라는 학자의 개인적 저술이 아니었기에 당대 일본 지배층의 입장을 가능한 한 충실히 대변하려 애쓴 것으로 보인다.

그렇다면 과연『실기』에서 프로이센에 대한 특별한 관심이 엿보이는가? 표면적으로는 전혀 그렇지 않다.『실기』는 대단히 실무적인 보고서였다. 그것은 '모더니티'라는 외국어를 배우기 위해 일본인 스스로 만들어낸 최상의 문법책이었다고 할 수 있다. 서구 근대문명을 이끌어가던 갖가지 기술, 경제원리, 사회제도, 법률, 예술기법, 지리적 인식, 그리고 국가의 흥망사를 두루 담았다. 그러나 이 텍스트는 주어진 '문법'을 전달할 뿐 아니라 스스로 새로운 의미를 생산한다.『실기』는 '미구회람'의 실제 과정과 내용뿐만 아니라 근대 일본의 세계상世界像 변화를 기록한 문서로, 새로운 '심상지리'의 도면 위에 서구 근대문명이라는 대상과 근대 일본이라는 주체를 자리매김해가는 과정을 고스란히 담고 있다. 그렇다면 그 속에서 프로이센의 위치는 과연 어디였을까?

『실기』 발간이 근대적 국민국가를 이룩하는 정치적 기획의 일환이었다면, 이를 단순한 보고서가 아니라 푸코Michel Foucault적 의미에서 '담론형성체formations discursives'의 주요한 계기로 취급해도 전혀 과도한 시도가 아닐 것이다.[13] 푸코는 주어진 대상을 담론이 다룬다기보다는, 역으로 담론 속에서 대상이 출현한다고 보고 그 출현의 조건을 구성하는 규칙들의 상호작용의 체계를 밝혀내고자 했다. 이를 위해서는 일정한 시공간에서의 다양한 단어와 개념, 언술이 포괄적으로 다루어져 마땅하지만, 하나의 텍스트도 마찬가지로 담론 형성체라는 관점에서 접근이 이루어질 수 있다. 하나의 텍스트에도 상이한 언표들, 분산되고 이질적인 언술들이 공존하는바 여기에는 질서, 상관관계, 위상, 기능, 변환의 규칙이 작용한다. 바로 이 규칙들이야말로 대상과 개념, 언술양식, 주제 선정의 조건을 생산해낸다. 이처럼 텍스트를 담론 형성체로 접근할 필요가 있는 것은 '저자'가 미리 정해진 '메시지'를 전달한다는 통념을 인정할 수 없기 때문이다. 저자와 메시지는 담론의 전제가 아니라 결과로 보는 편이 옳다. 이렇게 볼 때 『실기』에서 저자 구메가 사용하는 문명, 국권, 자주자립, 세계평화, 인민 등의 주요 개념과 서양과 동양, 독일과 일본 같은 지시대상의 용법은 저자가 전달하고자 의도하는 직접적 메시지보다는 이들을 엮어내는 구조적 질서에 주목하여 고찰할 필요가 있다.[14] 이들은 모두 포괄적인 '심상지리' 속에 기입된다. 물론 이들의 의미와 정체가 맥락에 따라 상대적이고 가변적이라면 이는 심상지리가 본질적으로 지닌 구성적 결함을 나타내는 것으로 볼 수 있다.

『실기』 제3권부터 살펴보자. 1873년 3월 15일 독일제국의 수상 비스마르크는 베를린에 체류 중이던 이와쿠라 사절단을 만찬에 초대했다. 만찬석상의 연설에서 당시 막 창건된 제국의 수상은 다음과 같은 의미심장한 언급을 했다.

> "현재 일본이 가깝게 교제하고 있는 나라도 많겠지만, 국권과 자주를 중시하는 우리 독일이야말로 일본이 가장 가깝게 지내야 할 나라가 아니겠는가?"[15]

신생국인 독일제국이 가능한 한 많은 우방을 만들어야 했던 절실함을 고려할 때 비스마르크의 언급은 평범한 외교적 수사로 볼 수 있겠으나 당시의 일본이 서구 열강과의 불평등 조약을 수정하기 위해 안간힘을 쓰던 아시아의 변방국에 지나지 않았음을 고려한다면, 당시 유럽 대륙 내 권력 실세의 일본에 대한 '구애'는 예사롭지 않다. 그렇다면

2부 아시아의 프로이센을 넘어

『실기』에 실린 비스마르크의 연설 기록은 독일제국이 상정하던 지정학적 구도에서 일본이 특별한 위상을 점하고 있었다는 증거로 삼기에 충분한가? 물론 그렇지 않다. 1861년 1월 프로이센의 특명전권대사 오일렌부르크 백작이 경쟁자인 오스트리아 사절단을 따돌리고 일본과의 통상조약 체결을 성사시켰을 때 프로이센의 주된 관심사는 자신의 세력권 내에 있던 관세동맹Zollverein의 상업적 이해를 도모하는 동시에 독일연방Deutscher Bund 내에서 오스트리아에 대한 우위를 확보하는 것이었다.[16] 그렇다면 동아시아에 대한 부차적 관심이 10년 만에 돌변했으리라고 보기는 힘들다. 따라서 이와쿠라 사절단이 독일 측의 환대에 깊은 감명을 받은 반면 정작 독일 측의 특별한 반응을 찾아보기 어려운 것도 그리 놀랍지 않다. 『쾰른인민일보Kölnische Volkszeitung』나 『신프로이센일보Neue Preussische Zeitung』 등 몇몇 일간지에 비교적 상세한 보도가 실렸지만 특기할 만한 논평은 찾아볼 수 없다.[17] 따라서 구메의 기록을 논함에 있어 독일의 입장보다는 오히려 일본의 입장에 주목하는 편이 적절할 것이다.[18]

『실기』를 담론 분석함에 있어 제기되는 까다로운 방법론적 문제는 텍스트의 지시대상인 프로이센과 지시하는 주체인 일본 간의 전도된 관계이다. 여기서 일본에 대한 프로이센의 태도는 프로이센에 대한 일본의 태도와 중첩된다. 과연 누가 누구를 지시하고 있는 것일까? 분명 텍스트의 '저자'는 일본인이다. 비스마르크와 프로이센은 여기서 오로지 일본인의 시선을 통해서만 모습을 드러낸다. 따라서 텍스트의 지시대상은 정확히 말해 일본에 호감의 눈길을 주는 존재로 일본인의 시선에 비쳐진 프로이센이라고 할 수 있다. 푸코는 담론이 어떤 '것'을 지시하기보다는 그것과 단어 '사이'를 오가며 지시대상의 정립을 주관하고 발화 주체의 위치를 배정해준다고 본다. 이렇게 볼 때 지시대상과 단어

사이에는 늘 간극이 존재하기 마련이다. 단어는 늘 지시대상 이상이나 이하를 지시함으로써 의미의 불안정성을 야기한다.

『실기』가 집필되고 간행된 1870년대는 아직 일본이 명시적인 친독일 노선을 택하기 이전이었다. 이와쿠라 사절단에게 독일은 유럽 전체에서 다소 뒤떨어지거나 별로 선도적이지 못한 지역으로 보인 듯하다. 독일은 전체적으로 통일적이지 못하며, 헤게모니를 잡은 프로이센도 풍속에서나 일반적인 국가경쟁력에서 아직 부족한 나라로 묘사된다. 그렇다면 사절단이 그 위치나 수준에 있어 유럽의 가장 중간적인 국가에 대해 느낀 친밀감은 어디서 비롯되었을까? 실제로 프로이센의 자기 정체성에서 일본이 친화성을 가질 점은 별로 없었다. 앞서 밝혔듯 프로이센이 자신의 국가적 정체성을 수립하는 데 결정적 계기가 된 것은 프랑스 나폴레옹의 경험이었으며, 이는 로마에 뿌리를 둔 라틴 문명에 대한 대립자로서, 고대 그리스에 대한 상상적 친화성을 낳았다. 이 같은 프로이센 나름의 심상지리가 『실기』에는 잘 드러나 있지 않다. 아직 일본인들에게 서구 특정 국가의 저반 사정에 대한 심도 있는 이해는 불가능했을 터이기 때문이다.

「프로이센」편은 지극히 현상기술적이다. 베를린이 아테네보다는 파리나 런던에 훨씬 가깝게 묘사되어 있다. 총설과 더불어 3개의 장이 할애된 베를린에 대한 기술은 전형적인 보고서 형식을 띠지만 가끔은 가차 없는 비판을 담은 진술도 등장한다. 런던이나 파리에 비하면 아직은 '이류도시'로, 거리에서 춘화를 공공연하게 파는 유일한 유럽 도시이고 이곳 학생들은 경찰도 피할 정도로 거칠다고 폄하한다. 런던이나 파리와 확연히 구별되는 베를린의 특징으로 부각되는 것은 이처럼 난폭한 기풍이다. 심지어는 여타 구미 국가들과는 달리 여성을 존중하는 태도가 결여되었다는 지적까지 나온다. "베를린에서는 미국인이나 영국인이 여성에게 일부러 겸손한 태도를 취하면 여성조차 비웃으며 이상한 습관이라고 말할 정도이다." 그러나 이 같은 후진국형 면모에도 불구하고 신흥국 프로이센과 "신흥도시" 베를린에는 미래가 열려 있다고 계속해서 강조된다. "마치 욱일승천하는 듯한 기세로 국위를 증강"하고 있는 프로이센의 가치를 발견한 것은 오래전이 아닌 "1861년 1월 프로이센과의 화친조약을 맺을 때"였음을 밝힌다. 이제 이와쿠라 사절단이 현지를 방문함으로써 프로이센의 가능성을 공식적으로 확인한 것이다.[19]

담론 분석이란 본래 언어의 항상적인 다의성polysemy과 의미의 비고정성을 전제로 삼는다.[20] 하지만 발화의 주체인 일본을 그저 담론적 효과로만 볼 수는 없을 것이다. 주체는 오히려 담론에 의해 충분히 말해질 수 없는 차원, 그 구성적 결여를 나타낸다. 라캉Jacques Lacan의 정신분석학 이론은 늘 여분으로, 비가시적으로, 무의식적으로 남는 주체에 대해 논한다. 기표signifiant들의 은유적이고 환유적인 유희를 통해 구조화되고 이를 통해 원래 말하려던 것보다 더 많이 말하는 주체는 언어적으로 구축되고 '기표들의 고리chaine signifiante' 구조에 의해 규정되지만 그로부터 태동하지는 않는다. 주체는 오히려 상징적 질서의 모순 속에 이 질서의 독립적 산물로서 스스로를 각인한다. 역사적 주체의 '욕망desir'은 상징적 질서 속에서 자신에게 배정된 위치와의 동일시에 만족하지 못하고 스스로에게 위치를 부여한 근원적 대상으로부터의 '응시le regard'에 시선을 맞추게 한다. 물론 응시는 장막처럼 불투명하며 결코 도달될 수 없다.[21] 이 같은 이론적 원리를 토대로 삼아 하나의 가설을 세워보자면, 일본인의 시선에 비친 프로이센은 일본인이라는 주체를 정립하는 응시인 동시에 일본인에게 주어진 위치를 넘어서기 위해 욕망하도록 자극하는 대상이라고 할 수 있다. 「프로이센」편에서 구메의 다음과 같은 언급은 매우 시사적이다.

> 프로이센의 사고방식은 영국이나 프랑스보다 우리나라의 사고방식과 매우 닮은 것이 있다. 프로이센의 정치·경제 사정을 연구하는 것이 영국과 프랑스의 사정을 배우는 것보다 이익이 많을 것이다.[22]

「프로이센」편은 찬양 일색이나 평가절하보다는 정치·경제·사회·문화 등의 실상에 대한 냉정한 평가에 의거한 긍정과 부정이 적절한 균형을 이룬다. 프로이센에 이르러 사절단은 비로소 서구 근대문명이라는 대상과 시선을 맞추게 된다. 마치 공정한 재판관이라도 되는 듯 담담한 평가는 소원함이나 무관심의 표현이기보다는 오히려 더는 대상에 압도되어 주눅 들지 않는다는 사실을 반증한다. 비록 대등한 눈맞춤은 아닐지언정 이제 가시권 내에 들어온 대상을 관찰자의 주체적 관점에 따라 이해하고 교감하게 된 것이다. 바로 이 눈맞춤의 부분적 일치와 필연적 불일치 속에서 근대 일본의 정체성이 요동친다고 상정할 때 「프로이센」편은 표면적 내용을 넘어 『실기』가 제공하는 전체 '심상지리'에서 특별한 위상을 갖게 된다.[23]

서구세계의 체험

앞서 언급했듯 『실기』는 근대 일본의 세계상 변화를 기록한 문서

2부 아시아의 프로이센을 넘어

이기도 하다. 구미 세계에 대한 견문을 넓히는 과정은 곧 일본의 세계상 속에 서구 근대문명이라는 대상을 정립함으로써 그 대상과의 관계를 통해 근대 일본이라는 주체를 확립해가는 과정에 다름 아니었다. 기나긴 여로에서 주목할 점, 배울 점을 발견할 때마다 끊임없이 일본과 비교해보고 일본인 자신에 대해 되묻는다. 이러한 변증법적 상호 과정은 누적적으로 심화되는데 그 핵심적 계기는 바로 서구 문명과 동양 문명 간의 '거리'이다. 이는 근본적으로 문명 수준의 차이를 말하지만 여기에 지리적 거리가 함수관계처럼 연동된다. 이처럼 주체와 대상이 구축되고 그 위상이 확정됨에 따라 비로소 새로운 심상지리가 제 모습을 드러낸다.

사절단이 일본에서 출항하여 끝없이 펼쳐진 태평양을 건너 미국에 이르렀을 때 그들은 조국과 자신들이 당도한 나라를 단순 비교하는 것은 원천적으로 불가능함을 깨닫는다. 미국은 일본과는 모든 면에서 가장 반대편에 선 나라로 파악된다. 일본은 "인구로 보면 미국과 거의 동수이다. 건국의 역사는 미국의 백배나 길다. 토지 면적은 3퍼센트에도 미치지 못한다."[24] 이처럼 전혀 이질적인 시간과 공간에 대한 충격적 체험이야말로 서구 근대문명과 접한 일본의 충격을 상기시키는 일종의 데자뷔가 아닐 수 없었다. 이후의 유럽 관련 기술이 도시 중심인 데 반해, 제1권 「미국」편은 도시보다는 지방의 자연적·인공적 환경에 대한 묘사의 비중이 크다. 장거리 철도여행을 통해 인적 없는 황야의 "광활함"과 사나운 폭포수의 "굉음"을 몸소 체험하면서 미개지의 개척 상황과 농업·광산·해운의 상황, 관개용수의 이용 상황 등을 두루 살핀다. 나이아가라 폭포 주변 강가의 현수교를 묘사하며 저자는 다음과 같은 인상적 논지를 펼친다.

다리에서 내려다보면 협곡의 흐름은 폭포의 여세를 몰아 거품을 띄우면
서 다리 밑을 흐르고 (……) 양 기슭의 암벽은 지금이라도 무너져 내릴 듯
위험하게 솟아 있다. (……) 만약 이런 곳에 크고 아름다운 철교 등을 세웠
다면 무슨 맛이 있으랴.[25]

이 같은 태도는 실로 아름다움을 초월한 압도적 체험을 토로한다
는 점에서 일종의 '숭고the sublime'라는 범주로 이해해볼 수 있다. 실제로
구메는 미시시피 강, 오대호, 나이아가라 폭포가 보여주는 "사나운 말
같은 흐름"을 아름다운 일본의 풍경과 대조하며 후자의 전형으로 세토
나이 해瀬戸内海를 언급한다.[26] 이 같은 '숭고'야말로 근대의 원체험으로,
이미 서구세계에서도 프랑스혁명 등 전례 없는 현실의 도래에 직면하
여 기존의 정치적·미적 질서를 무화하는 새로운 체험의 양상을 지칭하
기 위해 범주화되었다. 역사적 사건의 충격과 동형을 이루는 폭포수 같
은 압도적 자연과의 만남도 '숭고'의 전형적 모티프에 해당한다.[27] 이와
쿠라 사절단은 광대한 미국 대륙을 가로지르며 전통적인 동양의 아름
다움과는 극적으로 대비되는 근대 서양의 숭고를 논하게 된 것이다. 사
절단의 산수 유람은 조약개정 교섭을 둘러싼 제반 문제로 인해 원래 계
획보다 미국에 더 오래 머물러야 했던 실제 사정에서 비롯되었지만[28]
텍스트 내에서는 심상지리의 구조적 질서를 자리 잡게 하는 효과를 빚
는다.

미구회람의 첫 여정지인 미국에서 사절단의 이목을 사로잡은 것은
개개의 제도나 기술보다는 새로운 공간과 시간의 차원이었다. "미국이
라는 자유의 신천지"를 개척한 "거칠고 거대한 방식"은 이제 새로운 윤
리로 받아들여지게 된다. 자연을 극복하는 불굴의 의지, 그 "자주의 정

신"이야말로 일본이 배워야 할 첫 덕목이었다. "세계의 부는 자원이나 자본의 많고 적음에 있는 것이 아니고 그것을 이용하는 능력 여하에 있다는 것을 믿게 되었다."[29] 공간에 대한 이 같은 새로운 접근법은 자주적으로 미래를 열어가는 진보된 서양과 낙후된 동양 간의 시간적 거리에 대한 판단으로 자연스레 이어진다.

> 미국의 황량한 미개지도 사람이 모이면 개척된다. (……) 동양의 비옥한 토지라 해도 나라의 이익이 자연히 나오는 것도 아니고 수확물이 자연히 가치를 내는 것도 아니다. 사람의 힘을 쓰지 않으면 안 되는 것이다. 동양은 이런 상태에서 꿈속에서 2000년을 보내왔다.[30]

거의 자기비하에 가까운 이러한 판단은 사절단이 체험에 압도되었음을 나타낸다. 그리고 이처럼 흥분된 정신 상태에서 의식의 전환이 가속화되었음은 능히 짐작할 수 있다. 미 대륙 횡단이 근대라는 낯선 행성의 대기권으로의 충격적 진입이었다면 이제 유럽 각국으로의 종횡은 그 행성이 속한 은하계로의 비행에 해당한다. 제2권부터는 유럽편으로, 미국과는 달리 도시 중심으로 기술되어 있다. 바야흐로 서구 근대문명의 원천에 대한 탐색이 시작된 것이다.

특히 제2권은 통째로 영국에 할애되어 있다. 영국에 대해서는 처음부터 끝까지 온갖 찬사가 이어진다. 세계의 무역을 매개하는 최고 상업국으로서 자본주의 모국이며 산업과 기술, 정치 및 사회제도, 그리고 무엇보다 훌륭한 '기풍'에서 그야말로 역사적 진보의 상징으로 간주된다. 『실기』에서 영국은 의심할 바 없는 근대의 이념형 모델로 등장한다. 불가사의하기만 했던 근대성의 윤곽이 이곳에 이르러 보다 가시화됨에 따라 비로소 근대와 일본의 만남을 논할 수 있게 된다.

사절단은 일본과 유사한 규모의 작은 섬나라 영국이 어떻게 세계 최고의 '국부'를 이룰 수 있었는지 탐색해나간다. 「영국」편은 지면의 태반을 갖가지 산업 기술, 심지어 맥주 제조공정까지 자세히 소개하고 있다. 영국 각지의 공장들을 방문하면서 사절단은 영국이 이룩한 국부의 핵심에 석탄과 철이 있음을 깨닫는다. 그러나 미국에서도 발견했듯 보다 중요한 것은 인간의 의지라는 점을 강조한다. 영국에 와서 사절단은 근대문명의 비밀이 주어진 (자연)환경에 안주하지 않고 그것을 주체적—"자주적"—의지에 따라 주도면밀하게 재편하는 데 있다는 점을 깨닫게 되었다. 이러한 기본 원리가 산업뿐 아니라 국가와 사회 운영의 원리이기도 하다는 암시는 『실기』 곳곳에서 발견된다. 이제 근대란 사납게 쏟아지는 폭포수처럼 불가항력적 힘이 아니라 주체적 의지 여하에 따라 주도면밀하게, 보다 안정적으로 도입할 수 있는 가시적 대상이라고 판단하기에 이른 것이다. 런던의 대영박물관 관람에 대해 기술하는 중 저자는 근대적 시공간에 대한 소견을 이전보다 훨씬 자신감 있게 밝힌다. "진보란 결코 낡은 것을 버리고 새로운 것을 추구하는 것이 아니다."[31]

「영국」편에서 사절단의 정치적 보수성이 숨김없이 드러나는 것은 그리 놀랄 일은 아니다. 근대성이 더는 공포의 대상이 아닌 만큼 일본의 주류적 가치와 접목하는 일도 생각할 수 있게 된 것이다. 이제 '자주'는 '인민'이 추구해야 할 가치라기보다는 오히려 '법'의 논리와 만난다. 영국이 최상의 국부를 이룩하게 된 것은 다름 아니라 "법이 허용하는 범위 안에서 자주적 힘을 발휘"할 수 있었기 때문이라는 것이다.[32] 이 같은 태도 변화는 명시적 언설보다 의외로 스코틀랜드의 하일랜드 유람에 대한 기술에서 읽힌다. 아름다운 하일랜드의 경관은 미국의 자연이 주는 숭고함과는 달리 일본의 아름다움과 유사한 것으로 체험된다. 이는 서구 국가들과 일본 간의 일대일 비교가 비로소 가능해졌음을 암시한다. 하지만 그럼에도 문명과 자연이 아름다운 조화를 이루는 영국과 '정신력'이 부족한 동양의 일원인 일본 간의 '거리'는 심상지리상으로 너무나 멀었다. 영국은 오로지 배우고 따라가야 할 이상적 규범이었을 뿐이다. 사절단은 서구 근대문명이라는 광대한 은하계에서 길을 찾아 헤매는 일개 방랑객의 심정을 좀처럼 벗어날 수 없었다.

> 일본인은 서양을 마치 은하계와 같은 별세계로 생각하고 있으나 서양 상인은 세계를 마치 하나의 도시로 생각하고 있다. 얼마나 기세가 왕성한가?33

대륙으로 건너가면서 서양에 대한 사절단의 인식은 보다 구체화되고 개별화된다. 미 대륙에서 서구 근대문명의 숭고함에 압도되고 영국에서 근대성의 이념형을 획득했다면, 유럽 대륙을 다룬 제3·4권은 개별 국가들의 특징과 차이점에 대한 보다 객관적인 접근을 시도한다. 사절단이 유럽 대륙의 첫 여정으로 프랑스를 방문했을 때 그곳에는 아직 보불전쟁 패전의 기운이 감돌고 있었고 나폴레옹 3세가 영국에서 사망했다는 소식도 방문 기간 중에 접하게 된다. 영국과 비교할 때 프랑스에 대한 평가는 매우 박하다. 비록 보석이나 도자기, 직물 등의 세련된 취향을 바탕으로 영국보다 한 수 우위인 상품 시장을 높이 평가하고 일본과 비교하면 "거대한 빌딩과 왜소한 암자의 차이"라고도 할 만큼 수준 높은 건축 및 도시계획 그리고 예술 부문에 부족함 없는 찬사를 보내고는 있지만, 언어나 공업 제품, 도시경관에 깊이 배어든 "왕권의 허식적 외관"에 냉담한 시선을 보낸다. 또 놀랍게도 프랑스에 대해서는, 서양 국가에 대해서는 처음으로 일본과의 격차가 부분적으로나마 부정된다. "무모하고 경망스러운" 프랑스인은 같은 유럽인이면서도 "영국인이나 독일인과는 반대의 성격"을 지니는바 "인내와 노력이 부족"하고 "언제나 기민함으로 승부한다는 점에서 일본인의 품성과 닮았다"는 것이다. 프랑스에 대한 이 같은 가혹한 평가는 패전국이라는 선입견과 더불어 영국에서 되살아난 사절단의 보수적 지향성과도 무관하지 않을 것이다. 혁명의 정신이야말로 사절단이 원천적으로 배격하는 가치였다. 특히 혁명이 가져온 급진적 평등사상은 "경제에 어둡고 세상물정 모르는 서생이 멋대로 이상적인 공론으로 치달아 인간적인 박애주의만을 최선으로 여기고 이러한 논의를 경솔하게 뽐내는 것에 불과하다"라고 폄하된다. 이처럼 부정적인 시각에도 불구하고 프랑스 회람을 통해 사절단은 서구 자본주의에 대한 이해에 한 발 더 다가선다. 그리하여 미국은 유럽인의 개척지, 영국은 세계 무역의 중심지, 프랑스는 유럽의 가장 큰 시장이라는 다소 엉성한 심상지리가 자리 잡게 된다.[34]

프랑스를 떠나 벨기에와 네덜란드를 거쳐 도달한 프로이센은 프랑스보다는 덜 부정적으로 묘사되지만 미국이나 영국에 비해서는 훨씬 낮은 평가를 받는 듯 보인다. 심지어 벨기에나 네덜란드에 대한 평가보다도 부정적이다. 그러나 앞서 밝혔듯 문자 그대로의 내용만 가지고 프로이센에 대한 평가를 다 읽어낼 수는 없을 것이다. 예컨대 베를린의 중심대로인 '운터덴린덴'에 대한 기술은 파리의 '샹젤리제 대로'를 두고 연발하는 감탄사에 비하면 너무 무덤덤한 느낌을 주지만, 관련 구절을 자세히 들여다보면 용도가 구분된 4차선 도로라든지 주변에 늘어선 상점과 건축물의 번화한 모습 등을 예의주시하며 프로이센 특유의 문명적 저력을 감지하고 있음을 발견하게 된다.[35] 사절단이 파악하기에 프로이센은 문화적으로는 아직 영국이나 프랑스의 수준에 이르지 못했지만 통상과 농업생산력, 과학과 기술, 군사력에서는 이미 유럽의 중심에 속한다. 역사적으로도 프로이센은 유럽 중의 유럽이다. 유럽의 모든 것의 한가운데에 있다. 세계적 맹위를 떨치는 영국과 프랑스에 비해 프로이센은 유럽 안에 머물고 있는 만큼 유럽의 명암을 자신 안에 모두 지니고 있다. 『실기』는 프로이센을 포함하여 독일제국에 속한 네 개의 왕국과 일곱 개의 대공국, 여덟 개의 공국, 세 개의 한자Hansa 도시들에 대해 상세히 기술함으로써 독일이야말로 유럽 대륙의 심장부임을 알린다. "독일과 유럽의 관계는 매우 긴밀하고 중요하다."[36] 『실기』에서 프랑스에 대해 총 아홉 개의 장을 할애하고 그것도 파리 중심인 것을 감안하면 독일에 총 열 개의 장이 할애되었으며 프로이센만이 아니라 독일 전체를 비교적 폭넓게 다룬 점은 특기할 만하다. 독일에 대한 이처럼 높은 관심은 일본의 위상에 대한 인식과 대위법적 관계를 이룬다. 일본은 아직 여러모로 부족하지만 '국권과 자주'를 추구하는 동아시아 유일의 나라로서 동아시아의 맹주가 될 자격이 있다는 인식이 『실기』에서 누적적으로 상승한다.

『실기』에서 프로이센의 위상

프로이센 회람을 마친 후 제4권에서는 동프로이센을 거쳐 러시아로 향하면서 근대문명과는 뚜렷한 '거리'가 있는 다른 서양세계를 논하기 시작한다는 점에서 제3권의 「프로이센」편은 매우 중간적인 위치를 점한다. 미국과 영국에 대해서는 긍정적, 프랑스에 대해서는 다소 부정적이던 시선이 프로이센에 대해서는 지나치리만큼 중립적인 시선으로 바뀌는바 이는 곧이어 펼쳐지는 러시아와 남부 유럽 그리고 제5권의 귀항로에서 접하는 아프리카와 아시아 세계에 대한 지극히 부정적인 시선과도 큰 대비를 이룬다.

프로이센 회람 이후의 기록을 간단히만 살펴보아도 「프로이센」편의 위상은 보다 분명해진다. "불모의 땅" 러시아는 미국처럼 광활하지만 미국과는 달리 국가의 개척지로, 인민들은 자주적 의식을 결여한 상태로 간주된다. 이들은 종교적 신심은 강하지만 "몽매함"을 벗어나지 못하고 있다. 러시아의 광활한 대지 위의 집들은 심지어 "우리나라 홋카이도의 원주민 집도 이런 것일까 하고 상상할 정도"이다. 바로 이렇기에 러시아 경제가 일부 현란한 도시의 존재에도 불구하고 여전히 신용불량 상태에 놓인 것은 전혀 놀랄 일이 아니었다. 러시아 방문을 통해 사절단은 일본이 러시아를 다른 서양 국가들보다 두려워했던 것은 그저 쇄국 상태로 인한 무지가 낳은 "망상"에 불과했다고 확신한다.[37]

서양세계 내의 후진적 지역에 대한 비판적 시각은 러시아 외의 국가들에 대해 이야기할 때도 이어진다. 프로이센에 패해 독일연방에서 축출된 오스트리아에 대해서도 러시아와 하등 다를 바 없이 "인민에게 자주의 정신이 결여"되어 있다고 질타한다. 이러한 시각은 남부 유럽에 대해서도 마찬가지이다. "유럽의 문명개화한 여러 나라는 알프스 산맥을 경계로 남부와 북부로 나뉘는데, 습속상 한쪽은 근면한 반면 다른 한쪽은 게으르며, 따라서 빈부의 정도도 판이하다." 이탈리아 남단의 도시 나폴리에 대한 묘사는 특히 부정적인데, 부두에서는 지저분한 아이들이 떼를 지어 돈을 구걸하며 도로에는 배설물과 쓰레기가 방치된

2부 아시아의 프로이센을 넘어

다고 지적한다. 이러한 기술에는 이미 지중해 맞은편 북아프리카 도시들에 대한 부정적 시각이 선취되어 있다.[38]

지중해를 건너며 서양세계와 작별하고 이집트를 지나 홍해와 아라비아 해를 거쳐 중국 방면으로 향하는, 실로 반구를 횡단하는 기나긴 귀항로에 대한 기록은 온통 지저분하고 누추한 생활환경에 대한 묘사로 가득 차 있다. 가끔씩 수려한 자연에 대한 감동이 나타나기도 하지만, 비서구인들은 전체적으로 "문명과 거리가 먼 완고한 습속"에 젖어 진취적 정신을 결여하고 있다는 평가를 받는다.[39] 홍해 주변 열대지역에 사는 아라비아인에 대한 다음과 같은 묘사는 꽤 전형적이라고 할 수 있다.

> 그들은 다만 헛되이 삶을 유지하는 데 만족하여, 개화를 향해 걸음을 내디딜 생각도 없이 천년을 하루같이 거지와 다름없는 나날을 살아왔을 따름이다. 옛말에 비옥한 땅에 사는 백성은 게으르다고 했다.[40]

이에 비해 서양세계 밖에서 서양인이 이룬 업적에 대해서는 지극히 후한 평가를 내린다. 수에즈 운하 건설을 자세히 묘사하면서 그 주역이었던 프랑스 외교관 레셉스의 초인적 노력을 부각하고, 영국의 식민통치하에 있는 인도를 다른 지역에 비해 높이 평가한다. "인도인은 기질이 거칠고 용감하다. 영국인이 이들을 가르친 지 여러 해, 지금은 씩씩한 군인이 100만 명에 달한다." 영국 지배하의 홍콩도 후한 평가를 얻는다. "이 도시의 주민 대부분이 중국인임에도 불구하고 거리는 청결하다." 이러한 기술은 상하이 등 중국의 여타 지역에 대한 부정적 평가와 극명한 대조를 이룬다. "중국을 존경하고 그곳 물건이라면 그저 뛰어나다고 믿는 사람들은 이제라도 반성해야 할 것이다."[41]

이상과 같이 『실기』의 서술들은 실제에 대한 회람의 기록에 그치지 않고 북반구 국가 전체를 대상으로 문명적 서열을 매긴다. 기존에 자립적으로 분산되어 있던 공간과 시간이 단일한 관점 아래 재편되는 것이다. 이 지구적인 심상지리의 공간적·시간적 결절점에 바로 프로이센이 위치한다. 언뜻 사실 위주로 건조하게 기술된 듯 보이는 「프로이센」편은 북반구 국가 전체의 상상적 배치를 고려할 때 전혀 다르게 읽힐 여지가 있다. 프랑스에서 서양과의 거리감을 조금이나마 줄일 수 있었던 일본인은 프로이센에 이르러서는 좀 더 적극적으로 상대방의 환대를 받아들인다. 그 전에는 상대방을 마치 훔쳐보는 듯했던 시선이 이제는 상대방의 눈을 피하지 않고 직접 시선을 맞추려 하는 것이다. 이 시선은 그 이후 러시아에서 시작되는, 상대방을 깔보는 듯 내려다보는 시선과도 구별된다. 이처럼 상대방과 눈을 맞추는 시선 속에서 비로소 상대방은 하나의 대상적 전체로서 제 모습을 드러낸다. 서구 근대문명이 하나의 대상으로 구축됨으로써 그 대상을 바라보는 시선의 주체도 나름의 고정된 위치를 얻게 된다. 그리고 주체와 대상 사이에 놓인 세계는 자연스레 부차적 위치로 전락한다. 서양과 일본 사이의 아프리카와 아시아 세계(이에 더하여 러시아 같은 비서구적 서양세계)는 이미 방문 이전부터 서열이 매겨져 있었던 것이다.

　이 같은 지구적 심상지리는 베를린의 한 박물관에 대한 기술에서 고스란히 재현된다. 이와쿠라 사절단은 여느 유럽 도시에서처럼 베를린에서도 그곳 최고의 박물관을 탐방하는데 그 박물관의 이름을 명기하지는 않았지만 "그 광대함이 대영박물관을 능가할" 만한 "유명한 건축물"로서 "건물 앞에 돌을 깔고 꽃들로 장식된 커다란 광장이 있다"라고 한 점으로 미루어 운터덴린덴 중심부의 광장인 유원지 앞의 구박물

『실기』에 실린 스케치로 베를린의 중심대로인 운터덴린덴을 묘사한 것이다.

관을 말하는 것이 분명하다. 박물관에 대한 기술은 전시의 동선을 따라 이루어진다. 고대 그리스와 로마의 조각품을 전시하는 1층으로부터 서양 유화를 전시하는 위층으로 이어지는 설명은 뒷부분에서는 "아라비아 동쪽, 인도, 동남아시아, 동양 각국의 물건들"의 전시를 기술하는데, "동남아시아 도서부 야만인들"의 "흉악한 풍속"과 "일본과 중국의 물품들"을 확연히 구분하고 있는 점에 주목했다. "역시 일본과 중국은 동양과 동남아시아 중에서 문명국"이라는 진술은 이것이 베를린 중심가의 박물관에 대한 기술의 일부라는 점을 고려할 때 색다른 의미를 갖는다.[42]

구박물관은 의심할 여지 없이 새로운 독일제국의 심상지리를 명징하게 재현하고 있었으며 그곳에서 일본 문명이 차지하는 상대적으로 높은 위상은 비스마르크의 환대와 더불어 사절단을 고무하기에 충분했을 것이다. 그렇다면 과연 프로이센 한복판에 재현된 심상지리와 프로이센의 남다른 위상을 인정하게 된 일본의 심상지리 간에는 일치점이 존재했던 것일까? 『실기』에서 프로이센의 심상지리는 오로지 일본인의 시선을 통해서만 드러날 뿐이다. 그것은 단지 일본인이라는 주체를 정립하는 응시로, 일본인의 시선과 대위법적 관계를 갖는다. 양자 간의 거리는 결코 해소되지 않는다.

앞 권의 서술들과는 달리 프로이센의 실상에 대해 지나치리만큼 냉정한 평가를 내리고 있는 것은 역설적으로 프로이센과의 교감을 암시한다. 더는 대상에 압도되지 않고 보다 적극적으로 상대방의 환대에 임하게 되었다는 의미이다. 프로이센으로부터의 환대를 강하게 의식한다는 것은 환대에 기꺼이 응할 수 있을 만큼 스스로의 면모를 갖추어가겠다는 자의식의 발로인 만큼, 서구 근대문명에 대한 '외경심'의 단계를 이미 넘어섰다는 단적 증거로 볼 수 있다. 프로이센이 서양의 중심부에 속하면서도 아직 서양 근대문명의 기준치에 충분히 도달해 있지 못하다는 점이야말로 일본 측에 시사하는 바가 컸다. 프로이센을 서구과 비서구, 선진과 후진 세계를 매개하는 지도상의 소실점으로 자리매김함으로써 일본은 서구 근대문명을 자기 나름으로 대상화하고 새로운 심상지리 속에 스스로의 위치를 설정할 수 있었다. 결국 「프로이센」편은 일본인의 주체적 심상지리를 구축하기 위한 일종의 소실점으로서 프로이센을 재발견해간 기록으로 볼 수 있다. 이처럼 『실기』는 구미에 대한 정확한 정보를 제공하는 실용적 목표에 머물기보다는 오히려 다양한 개념과 언설이 상호작용하면서 주어진 담론의 질서를 불연속적으로 재편해가던 열띤 투쟁의 현장이었던 셈이다.

국가적 텍토닉으로서의 제국헌법

『미구회람실기』가 간행된 1870년대 말까지는 아직 일본이 독일식 근대화 모델을 본격적으로 채택하기 전이었다. 그러나 「프로이센」편이 표면적인 내용을 넘어 『실기』가 제공하는 심상지리에서 특별한 위상을 갖고 있으며 여기서 프로이센이 근대 일본의 자기정립을 가능하게 한 담론적 계기로 재발견되었다고 해석할 수 있다면, 1880년대부터 본격화되는 이른바 '독일로의 전환'의 단초를 『실기』에서 발견할 수 있다는 판단도 무리는 아닐 것이다. 사절단이 보기에, 영국과 프랑스의 그늘에 가려 별로 두드러지지 못했던 프로이센의 발견은 곧 일본 자신의 재발견이기도 했던 것이다.

그러나 동양의 일본은 서양의 독일과는 사실상 전혀 상이한 정치적·역사적·담론적 맥락에 속했음을 간과해서는 안 된다. 사이드가 지적했듯 "서양과 동양의 관계는 권력의, 지배의, 복합적인 헤게모니의 다변화하는 수준들의 관계이다."[1] 이는 오리엔탈리즘과 옥시덴탈리즘 모두에 공통적이다.[2] 따라서 유럽에서 독일이 지니는 위상과 동아시아에서 일본이 지니는 위상 간에는 필연적으로 균열이 야기된다. 이러한 틈새에서 근대 일본의 정체성이 요동쳤다면 '프로이센'은 일본이라는 근대적 주체를 생산하는 동시에 그 구성적 결여를 초래했던 담론 형성체로 규정할 수 있다. 곧이어 등장하는 일본식 오리엔탈리즘, 즉 동아시아 주변국들에 대한 모순된 담론이야말로 이처럼 내적으로 불안정했던 프로이센 담론의 역상逆像이라 볼 수 있다. 한편으로는 서양 열강과의 불평등 조약을 타파하고자 애쓰면서도 동시에 이웃나라 조선에 강화도조약을 무력으로 강압한 모순은 바로 이 같은 담론에서 비롯된 것이다.

'아시아의 프로이센'을 꿈꾸며

앞서 분명히 밝혔듯 일본이 찾은 근대문명의 이상적 규범은 영국이지 프로이센이 아니었다. 그렇지만 영국은 배워야 할 규범일 뿐 일본이 채택할 수 있는 역할모델은 아니었다. 아직도 불평등 조약의 굴레를 벗어나지 못한 상태이던 일본이 아시아의 영국을 꿈꿀 수는 없었다. 그렇다고 미국이나 프랑스가 모델로 적당하지도 않았고 오스트리아나 러시아는 더더욱 아니었기에 서구 열강 중 유일하게 남는 후보는 프로이센이었다. 그렇다면 프로이센 모델 채택이 일본의 정치현실에 의미하는 바는 과연 무엇이었을까?

'독일로의 전환'은 순수이념 차원만으로는 설명되지 않는다. 이를테면 일본 지배층 사이의 정치적 알력 관계도 크게 작용했다. 이후 육군과 해군 간의 알력으로 비화되는 조슈 번長州藩과 사쓰마 번薩摩藩 간의 갈등이 바로 그것인데, 메이지유신을 이끈 '유신 삼걸' 중 기도 다카요시는 조슈 번의 지도자였고 오쿠보 도시미치와 사이고 다카모리西鄕隆盛는 사쓰마 번의 지도자였다. 사이고 다카모리는 특히 정한론征韓論 주창자로 유명하다. 이후 메이지 정부의 '독일로의 전환'을 이끈 이토 히로부미는 기도 다카요시와 힘을 합쳐 정한론을 누르고 서구로 시선을 돌리게 한, 조슈 번 출신의 차세대 지도자였다. 이토 히로부미와 평생 정치적 노선을 함께했던 외무대신 이노우에 가오루井上馨도 물론 조슈 번 출신이었다. 그는 조선의 개화파 유길준과 윤치호 등을 지원하기도 했다고 알려져 있다.[3] 심지어 이토의 정적으로 그와 번갈아 내각총리대신에 올랐던 야마가타 아리토모山縣有朋마저 조슈 번 출신이었다. 그는 이와쿠라 사절단에 앞서 1869년 유럽에 파견된 경험을 바탕으로 1873년 프로이센 군대를 모델로 삼은 일본국 육군 창설을 주도했다.[4]

이처럼 조슈 번을 본거지로 한 친독일파의 득세로 프로이센적 근대화 노선은 근대 일본이 따라야 할 전범으로 확실히 자리 잡게 된다. 이러한 '전환'은 유학생 수만 봐도 쉽게 가늠할 수 있는바 메이지 시대 전체 국비 유학생 623명 중 86퍼센트가 넘는 539명이 독일에서 학업을 수행했다. 메이지 정부는 대부분의 장학금을 독일 유학생에게, 특히 베를린 대학교(프리드리히 빌헬름 대학교) 진학을 위해 수여했는데 수혜자들은 대개 의학·법학·경제학·철학·교육학을 공부하게 되었으며, 이와 더불어 베를린의 프로이센 군사학교Preußische Kriegsakademie 진학도 적극 장려되었다.[5]

위로부터의 근대화에 매진하던 일본이 구미 각국을 저울질하다 독일 쪽으로 기운 것은 저간의 사정상 충분히 이해할 만하지만 그 과정의 저변에 봉건적 세력관계가 작용했다는 사실은 더 많은 설명을 요한다. 그것은 일본에 이식된 프로이센 국가의 모델이 실제로는 '이식'이 아니라 전혀 새로운 담론 형성체임을 암시한다. 이에 대한 실마리를 주는 것이 『실기』에 실린 프로이센의 장군이자 정치가인 몰트케Helmuth Karl Bernhard von Moltke의 연설이다.

"현재 우리들이 바라는 것은 평화를 유지하는 것만이 아니다. 세계평화를 자신의 손으로 지켜내고, 독일이 유럽의 중심이자 전 유럽의 평화를 보호하고 있다는 이야기를 모든 나라로부터 듣고 싶은 것이 우리들의 희망이다."[6]

몰트케의 의회 연설문을 『실기』는 꽤 자세히 기록하고 있다. 이 연설이 실제로는 사절단 방문이 끝난 뒤 이루어진 것으로 사절단이 직접 청취한 게 아닌데도 자세하게 기록했다는 사실은 이 연설문의 내용이 그만큼 일본의 입장에서는 공명이 되는 것이었음을 입증한다. 이 점에서 볼 때 메이지 일본은 늦어도 이와쿠라 사절단의 구미 회람 이후부터는 서구의 공세를 막아내는 데 만족하지 않고 마치 독일이 유럽의 중심이 되고자 했듯 스스로도 아시아의 맹주가 되고자 하는 '희망'을 품었다고 할 수 있다. 적어도 『실기』라는 텍스트 속에서 프로이센은 메이지 일본이 욕망하는, 일본의 욕망을 견인하는 대상으로 자리 잡고 있다.

『실기』에서 일본의 프로이센화가 의미하는 바를 곱씹어보게 하는 또 한 구절이 베를린에서 수족관을 방문했을 때를 기술하는 대목이다. 베를린의 옛 관문인 브란덴부르크 문 근처 건물에 마치 "천연 동굴처럼" 설치된 수족관에 대해 저자는 규모나 실내구조에서 단연 "세계 최고"라고 경탄해 마지않는다. 사절단의 구미 회람 중 수족관 탐방은 처음이 아니었는데도 보고문적 성격이 짙은 『실기』에 굳이 주관적 감정까지 곁들여 지나치다 싶을 만큼 생생하게 수족관을 묘사한 것은 다소 의외라 할 수 있다.

이처럼 큰 뱀은 본 적이 없다. 이 뱀우리에 새끼 토끼 한 마리를 풀어놓자 토끼는 주저하면서 큰 뱀이 서리고 있는 곳으로 갔다. 그러자 뱀은 머리를 쳐들고 토끼를 가로채자마자 토끼의 배를 물었다. 토끼는 울부짖으며 괴로워하고 뱀은 문 입을 떼지 않은 채 피를 빨아먹는다. 3~4분쯤 지나자 토끼는 죽었다. 이처럼 잔혹한 모습은 혐오스러웠다.[7]

심지어 선정적으로 비치는 이 구절은 해석의 여지에 따라서는, 제국주의 시대로 접어들며 냉혹한 국제관계에 직면한 일본인들의 억압된 무의식이 은연중 표출된 것으로 읽힐 수 있다. 비록 독일에 이르러서는 이전 나라에서 받은 충격이 많이 가셨다고 해도 그 여파가 쉽사리 사라질 리 만무했다. 그러나 보다 의미심장한 것은 이 잔혹한 장면이 자연 속 현상이 아니라 인공환경에서 의도적으로 연출된 것임을 의식한다는 점이다. "큰 뱀은 열대 지방에 많이 산다. 서양 각국에서는 이것을 움막에서 키운다." 『실기』를 읽는 일본의 독자는 이미 미국과 영국, 프랑스 등을 다룬 서술을 통해 서양 제국의 폭력성이 단순히 파괴를 일삼는 원초적 힘이 아니라 오히려 생산하는 권력임을 자명하게 받아들인다. 저자 구메의 의도와는 상관없이 텍스트의 담론적 질서 속에서 수족관의 뱀은 새로운 세상을 열기 위해 낡은 체제를 파괴하는 근대화의 알레고리로 기능한다. 큰 뱀이 열대 숲이 아니라 베를린의 중심부에 놓여 있다는 것은 프로이센이야말로 그러한 창조적 파괴를 이끌어갈 미래의 권력임을 암시한다. 여러 차례 언급되는 이 나라의 거친 풍속은 오히려 이러한 성격을 부각하는 담론적 장치로 기능한다.

『실기』 서술에서 은연중 암시되듯 프로이센을 근대화 모델로 삼는다는 것은 일본이 자국은 물론 주변국들의 낡은 체제를 적극적으로 파괴하여 새로운 동아시아를 창출하겠다는 일종의 선전포고와도 같았다. 이는 프로이센 국가의 단순한 '이식'이 아닌, 동아시아에서 일본이 택

할 새로운 국가적 전략으로 보는 편이 옳다. 프로이센을 향한 일본의
시선은 일본을 향한 프로이센의 시선보다는 차라리 한국과 중국을 위
시한 아시아 주변국에 대한 일본의 시선과 짝을 이루고 있었던 것이다.
향후 프로이센이 일본 근대화의 모델이 되고 몰트케가 주창한 이른바
'세계평화'의 실현을 일본이 동양에서 주도하려 할 때, 그것은 이미 급
속히 식민화되고 있던 동양의 현실에서는 일본 자신에 의한 제국주의
적 침략으로 귀결되지 않을 수 없었다. 일본은 제국주의로부터 벗어나
기 위해 스스로 제국주의 국가가 되었다.[8]

프로이센식 헌법의 제정

후쿠자와 유키치의 자유주의적 문명개화 사상이 일종의 "나쁜 친
구"인 아시아 주변국들과의 관계를 청산하고 "탈아입구脫亞入歐"해야 한
다는 주장으로 전환되는 것이 조선에서 갑신정변의 실패 등 현실적 상
황의 전개에 대한 대응이었을 뿐 아니라, 보다 본질적으로는『문명론
의 개략』에 나타나는 '문명' 개념의 필연적 귀결이라는 해석은 이미 새
로운 것이 아니다.[9] 아시아는 '반개半開', 아프리카는 '야만'이라는 식으
로 일방적 발전단계를 상정하는 특유의 '문명사관'도 문제이지만, 후쿠
자와 자신이 만든 번역어이자 문명의 핵심 가치로 설정된 '자유'를 근
대 국민국가 형성이라는 목표에 남김없이 수렴한다는 점이 더 큰 문제
였다. 마치 프로이센의 헤겔 우파가 동아시아에서 부활한 듯한 형국이
었다.

근대적 국민국가 수립의 최우선 과제로 대두된 것은 다름 아닌 헌

법 제정이었다. 그것이야말로 문명화된 국가임을 선포하도록 해주는, 메이지 일본이 상정한 최상의 국가적 과제였다. 헌법 제정은 문명국가로서 독립성을 주장할 명분을 얻어 불평등 조약을 개정하고 국제사회의 어엿한 일원이 되는 것을 의미했다. 본래 이와쿠라 사절단을 파견한 기본 목적도 헌법 제정을 위한 정보 수집이었다고 할 수 있다.[10] 이와쿠라 사절단의 주요 일원이던 참의원 기도 다카요시는 구미 회람을 마치고 1873년 7월 말에 귀국한 후 곧바로 당대의 정론지 『신문잡지新聞雜誌』 10월호에 「기도 참의원 귀국연설木戶參議歸朝後演說」이라는 논설을 실었으며 이를 바탕으로 이듬해 7월 조정에 건언서를 올렸다. 여기서 기도는 "가장 시급한 과제"로, 의회에 휘둘리지 않는 상위의 통치자가 헌법의 체계적인 틀─"正規典則"─안에서 내각이 뒷받침하는 정부를 통해 인민의 의지를 하나로 모으는 국가를 구상했다. 그것은 사실상 절대주의적 성격이 농후한 입헌군주제를 의미했다.[11] 기도 다카요시를 선두로 하여 사절단의 주요 구성원들이 저마다 다양한 정치적 제안을 내놓았다.[12]

헌법은 근대국가라는 강고한 건축물을 이루는 텍토닉이었다. 이러한 의미의 헌법을 제정하는 데 있어 영감의 원천을 제공한 것이 바로 프로이센이었다. 이와쿠라 사절단의 주축의 한 사람인 참의원 오쿠보 도시미치는 1873년 3월 21일 베를린 체류 중 도쿄의 사이고 다카모리와 요시이 도모자네吉井友實에게 보낸 서한에서 독일은 여타 서구 국가와는 달리 "훨씬 거칠고 담백한 면모"를 지니고 있으며, "고명한 비스마르크와 몰트케 같은 위대한 스승들"을 배출하여 방황하던 자신에게 길을 제시해주었다고 명시적으로 언급했다.[13] 오쿠보의 이러한 언급을 단지 그의 개인적 취향으로만 볼 수는 없을 것이다. 비스마르크나 몰트케 같은 프로이센의 정치지도자들이 관념적 평화주의에 안주하지 않고 냉엄한 국제관계 속에서 출로를 열고자 한, 이른바 '현실정치Realpolitik' 노선은 서구 열강과의 불평등 조약을 개정하고자 염원했던 메이지 일본의 정치 엘리트들에게 신선한 충격으로 다가왔음이 분명하다.[14]

일본의 근대화에서 프로이센 모델이 갖는 비중에 대해서는 물론 논란이 가능하지만, 메이지 일본이 이르게는 이와쿠라 사절단의 구미회람을 계기로 늦어도 1880년대부터는 '독일로의 전환'을 시도했다는 것만큼은 분명한 사실이다. 프로이센의 군사적 승리와 민족통일, 이를 뒷받침한 관헌국가의 효율적 체계와 국민의 깊은 애국심은 "일본의 하르덴베르크Karl August von Hardenberg"(19세기 초두에 슈타인Karl Stein의 뒤를 이어 프로이센의 근대화를 이끈 재상)를 자칭하던 이토 히로부미와 일본 초대 외무대신을 지낸 이노우에 가오루, 일본국 육군의 창설자 야마가타 아리토모 같은 지배 엘리트들의 이목을 끌기에 충분했다. 무엇보다 후발국 일본이 프랑스 등지에서 나타난 근대의 모든 혁명적 기운을 잠재우고 그 정치적·사회적 활력을 국가역량 강화라는 단일한 목표로 수렴하려면 프로이센식 군대조직과 헌법이 무엇보다 절실해 보였다. 일본 엘리트들은 독일제국의 정치가 국민다수결이 아니라 '철혈'로 구축된 국가 텍토닉의 산물임을 간파했다. 1881년 9월, 이노우에 가오루 주도로 메이지 정부 실세들을 회원으로 둔 '독일학협회'가 창립된 것은 결코 우연이 아니었다.[15]

'국체國体'의 구현으로서 제국헌법

프로이센의 국가 텍토닉이 일본식으로 변용되면서 빚어진 모순적 결과 중 하나가 바로 '국체' 개념의 등장이다. 이미 『문명론의 개략』에서 후쿠자와는 이 개념을 논하면서 "체体는 합체의 의미이고, 또한 체제의 의미"라고 분명히 정의 내림으로써 한 국가의 일체성과 고유성을 강조한 바 있다.[16] 일종의 개념적 추상에 불과했던 이 용어가 공식화된 것은 메이지헌법이 반포된 이듬해인 1890년 10월 31일 반포된 「교육에 관한 칙어教育ニ關スル勅語」로, 천황에 대한 신민의 충성심과 효도심을 "국체의 정화"이자 "교육의 근원"이라 규정했다. 이러한 발상은 일본의 역사를 "만세일계萬世一系"로 주장하는 천황 중심의 역사관, 즉 황국사관皇國史觀에서 비롯되는바 마치 하나의 '몸体'처럼 최상부의 천황과 그 아래의 신민이 혼연일체가 된 국가를 상정하고 천황의 의지에 반하는 어떠한 정치적 이념이나 행위도 곧바로 반국가적·반역사적인 것으로 배척한다.[17] 보수적이다 못해 실로 반동적이기까지 한 '국체' 이념은 국가를 하나의 거대한 몸처럼 관리한다는 점에서 근대국가 특유의 '통치성'을 도입했다고 할 수 있다. 그것은 지극히 서구적인 '생체정치'의 일본적 변용이었던 것이다.

결국 근대 일본의 헌정체제 수립은 일본이 서구 문명의 원리와 어떻게 대면해나갔는지를 극명하게 보여준다. 프로이센식 국가 텍토닉 수용은 한편으로는 프로이센의 보수적 국가주의를 적극 도입하는 동시에 다른 한편으로는 독일식 합리성 대신 신화화된 일본상으로의 퇴행을 초래했다. 이는 '현실정치' 노선에 경도된 나머지 지나치게 방어적이고 냉담하기 그지없는 근대화를 택한 것이라 하지 않을 수 없다. 이러한 점에 비추어 볼 때 프로이센의 유산은 일본의 근대화 과정에서 연속되면서도 불연속된다고 할 수 있다.

1889년 공포되고 이듬해 발효된 대일본제국 헌법, 일명 메이지헌법이 독일인 법률고문 헤르만 뢰슬러Herman Rösler의 조언을 받았을 뿐만 아니라 개인의 무한정한 자유 대신 국가의 가부장적 역할을 강조하는 로렌츠 폰 슈타인[이 책의 1부 3장에서 '국가 텍토닉' 참조]의 학설을 고스란히 반영했다는 사실은 일본사의 기본상식에 속한다.[18] 메이지헌법은 오랜 각고 끝에 제정된 것이었다. 일본 친독일파의 수장 격이던, 당시 내무대신 이토 히로부미는 이미 1882년에서 1883년 사이에 일황의 명을 받은 사절단을 이끌고 독일과 오스트리아를 방문하여 거의 18개월 동안이나 현지에 머물며, 베를린에서 당대 최고의 헌법이론가 루돌프 폰 그나이스트Rudolf von Gneist와 그 제자 알베르트 모세Albert Mosse를, 그리고 오스트리아 빈에서는 '사회적 왕정' 이론을 펼치던 로렌츠 폰 슈타인을 만나 자문을 구한 바 있었다. 베를린에서 이토는 예상 밖의 난관에 부닥쳤다. 베를린 대학교 재학 시절 철학자 헤겔에게서 직접 국가론을 배운 폰 그나이스트는 헌법이란 개별적 법안과는 비교도 안 되는 고도의 정신적 산물이라 강변하며 동아시아 변방국 일본의 헌법 제정에 회의적 견해를 드러내더니 예정되었던 이토와의 정기 대담마저 제자 모세에게 일임해버렸다. 이 같은 경멸적 반응에 낙담한 이토는 빈으로 발길을 돌리고서야 비로소 최상의 지지자를 얻을 수 있었다.[19] 로렌츠 폰 슈타인과 이토 히로부미가 통했던 점은 무엇보다도 새로운 사회적 갈등과 국가의 권위를 조화시킬 방법으로서 국왕의 역할에 대한 입장이었다.

이토 히로부미가 독일행을 택한 배경에는 내부로부터의 위협이 있었다. 근대화의 새 물결에 부응하여 입헌 정부와 선거를 통한 의회의 설립을 요구하는 이른바 '자유민권운동'이 1881년에 이르러 정치적 위기 상황을 초래했던 것이다. 참의원 오쿠마 시게노부大隈重信가 1881년 3월에 국회의 다수당이 내각을 구성하는 영국식 의원내각제를 주장하는 의견서―「오쿠마 참의원 국회개설 건의大隈參議國會開設建議」―를 황실의 아리스가와 다루히토有栖川宮熾仁 친왕에게 제출했다.[20] 이 문서는 그해 안에 헌법을 제정하고 2년 내로 의회도 개설하여 영국식 정당내각제를 실시하자는 급진적인 의견을 담고 있었다. 이는 실로 정부 내부로부터의 반란과 같은 것으로, 1877년 사이고 다카모리 등을 주축으로 사쓰마 번 무사들이 일으킨 군사적 봉기 못지않은 위기감을 집권세력에게 불러일으켰다. 국가적 진로의 갈림길에서 일어난 이 사태는 장본인인 오쿠마와 더불어 정부 내의 관련자들이 1881년 10월 일거에 파면되는 것으로 일단 종결되었다. 거칠기 이를 데 없는 수습방식이었으나 집권세력이 양보한 점도 있었다. 9년 후인 1890년까지 국회를 개설한다는 약속이었다. 이 모든 결정의 배후에 바로 이토 히로부미가 있었다.[21]

그러나 자유민권운동의 파고는 쉽게 가라앉지 않았다. 비록 민권 사상가들도 대부분 국권을 중시하고 민권 신장을 그 수단으로 여기는 경우가 많았지만, 어쨌든 영국과 미국 그리고 프랑스식 부르주아 민주주의 혁명에 대한 열망은 메이지 일본의 권위주의 체제와는 화합을 이루기가 힘들었다. 이들은 이미 법률 영역에서도 교두보를 마련해둔 상태였다. 1870년대에 반포된 일본의 근대 민법전은 미쓰쿠리 린쇼箕作麟祥가 번역한 프랑스 민법을 기초로 편찬되었기에 자유주의적 요소를 많이 담고 있었다.[22] 1880년대에 이르러 자유민권운동은 뚜렷한 정치적 세력화를 추진하게 된다. 한때 사이고 다카모리와 함께 '정한론'을 표방했던 이타가키 다이스케板垣退助가 1881년에 자유당을, 그 이듬해에는 정부에서 축출된 오쿠마 시게노부가 입헌개진당을 결성했다. 이처럼 어수선한 상황 속에서 이토 히로부미가 의회에 비중을 두는 영국식 정치제도와는 확연히 구별되는 독일식 제도를 탐구하러 나선 것은 시사하는 바가 크다. 이토의 독일행은 이후 메이지헌법 제정의 주역이 되는 한 정치인의 개인적 성공의 계기였을 뿐만 아니라 역사적 갈림길에서 근대 일본의 선택이 어떠한 것이었는지를 상징적으로 보여주는 사건이다.

이미 오래전에 『실기』는 서양 근대국가들의 정치현실이 보여주는 부정적 측면을 예의주시하며 나름의 대안을 강구한 바 있다. 개인의 이익 추구를 정치의 원리로 삼는 서구식 의회민주주의는 적어도 일본의 풍토에는 적합하지 않다고 판단되었다. 『실기』 제5권은 독특한 인종론을 펼치는데, 백인종은 욕심이 많은 인종이고 황인종은 욕심이 적은 인종으로, 백인종이라고 무조건 문명인이라는 선입견은 버려야 한다고 설파된다.[23] 인종은 차이를 낳지만 그 자체로 서열의 원리가 될 수는 없다는 것이다. 이러한 인종론의 바탕 위에 정치론이 세워진다. 저자 구메는 제4권에서 서구적 정치원리와는 다른 동양적 정치원리를 새삼스레 강조한다.

> 서양의 인종은 재산에 대한 욕구가 왕성하여 아래로 인민들을 학대하고 착취하는 풍습을 갖고 있다. 이것만으로도 동양 도덕정치의 국가와는 특징이나 정황이 전혀 반대라는 것이 충분히 증명된다고 하겠다.[24]

차이를 낳는 것이 이처럼 특정 국가와 문명을 지배하는 기풍이라면 담론의 필연적 귀착점은 결국 일본 나름의 대안적 노선이다. "동양 도덕정치"의 가능성을 타진한 『실기』의 보수주의적 지향성은 이후 메이지 일본의 집권세력에게로 면면히 이어진다. 1881년 6월 '오쿠마 의견서'의 충격 속에서 당시 우대신右大臣 자리에 있던 이와쿠라는 대정대신서기관 이노우에 고와시井上毅에게 헌법 제정을 위한 사전 기초조사를 명했다. 이노우에는 '오쿠마 의견서'를 검토하면서 영국식 의회민주주의의 문제점을 파악한 뒤 그 대안으로 프로이센 헌법을 적극 참조한 「헌법의견서」를 작성했다. 여기에는 독일인 법률고문 헤르만 뢰슬러가 적지 않은 역할을 수행했다.[25]

그러나 이토 히로부미가 베를린과 빈을 다녀온 이후 헌법에 대한 기존의 접근법은 큰 변화를 겪게 된다. 이토는 유럽의 석학에게서 직접 배운 전문적 식견을 무기로 카리스마를 발휘했다. 그는 헌법 제정이 단순한 문서 작성이 아닌 총체적 제도 개혁이어야 한다는 점을 부각했다. 헌법 제정이 근대적인 국민국가 건설과 부국강병을 목표로 삼는다면, 역사적 변화에 보다 민첩하게 대응할 수 있는 행정부 구축이 우선이라는 점을 이토는 로렌츠 폰 슈타인으로부터 배웠다. 이에 따라 프로이센식 헌법의 기조에 고명한 빈 대학 교수의 독특한 행정론이 첨가된다. 내각이 뒷받침하는 행정부는 이권에 휘둘리는 의회와 정당으로부터 자율성이 있어야 할 뿐만 아니라 군주로부터도 독립적이어야 하는바 군주는 오히려 이를 통해 속된 현실정치로부터 벗어나 특유의 국가적 상징성을 유지할 수 있다. 일본식 입헌군주제는 군주권력과 의회권력이 대립하기보다는 오히려 군주제 아래서 입법부와 행정부가 균형을 이루는 것을 원칙으로 삼았다. 이는 기본적으로 군주가 의회를 억누르는 프로이센식 입헌군주제와도 차이가 있었다. 이토 히로부미가 도입한 이

같은 새로운 요소에 의해 프로이센 헌법의 일본적 수용은 보다 가속화되고 심화될 수 있었다.[26]

  1883년 독일에서 돌아온 이토 히로부미는 1884년 3월 궁내성宮內省 산하 헌법조사국을 신설하여 국장 자격으로 헌법 초안을 마련하는 총책을 맡았다. 그는 헌법 제정 이전에 행정개혁을 일정하게 마무리하고자 1885년에는 내각제도를 창설하여 스스로 초대 내각총리대신으로 취임했으며 1888년에는 헌법 초안을 심의하고 황제에게 조언할 수 있는 특별 권한을 갖는 일종의 원로원으로서 '추밀원樞密院'을 창설하여 이토 자신이 초대 의장을 맡았다. 1889년 1월 헌법 초안에 대한 추밀원의 심의가 완료되고 마침내 2월 11일, 때맞추어 옛 에도성 자리에 신축된 황궁의 정전正殿에서 '대일본제국헌법'이 반포되기에 이른다. 이로써 헌법 제정을 둘러싼 오랜 갈등은 결국 절대주의군주제와 입헌군주제 사이의 중도 노선을 지향하는 이른바 '점진파漸進派'의 승리로 막을 내렸다.[27]

  헌법 반포의 칙어에서 "불멸의 대전不磨ノ大典"임을 대내외에 천명한 메이지헌법은 인민이 정치적으로 획득한 것이 아니라 군주가 국민에게 하사하는 '흠정欽定 헌법'의 형식을 띠었다.[28] 속된 이익정치로부터 간섭받지 않는 도덕정치를 염두에 둔 것이 분명하다. 군주인 천황과 행정부의 막강한 권한을 명시한 이 유별난 헌법은 비록 귀족원과 중의원, 즉 상하원을 갖춘 의회의 설립을 재가했지만 행정부의 중심인 내각에 거의 전권을 부여하여 반드시 여당에서 충원되어야 할 필요가 없고 하원에 대한 책임도 없도록 만들었다. 정부의 예산은 의회의 승인을 거칠 필요도 없고 하원에는 기껏해야 증세에 반대할 권리만이 주어졌으며, 그마저도 예산이 확정되지 못하면 내각이 책임을 지고 천황이 이를 재

일본제국의 헌법 발포식 장면, 이노우에 단케이井上探景 작(1889)

결하도록 명시되었다. 예산 전횡을 용이하게 하는 이 같은 독소조항(제 6장 '회계')은 이토 히로부미가 베를린에서 루돌프 폰 그나이스트뿐만 아니라 심지어 황제 빌헬름 1세로부터 직접 권고받은 사항이 고스란히 관철된 것이었다.[29]

그러나 천황이 신민에게 하사한 메이지헌법은 단순히 수구적이기만 한 것은 아니었다. 천황 친정을 부정하고 천황이 주권자가 아니라 하나의 국가기관임을 천명한 것은 이와쿠라 진영과는 뚜렷이 구별되는 이토 히로부미의 주장으로, 이는 다름 아닌 빈 대학의 로렌츠 폰 슈타인 교수에게서 배운 '사회적 왕정' 개념이 부분적으로 반영된 것이었다. 물론 천황은 '사회'로부터 철저히 유리되어 신화적 아우라의 장막 뒤에 숨어버렸다. 형식적으로 천황은 유일한 통치권자로서 군통수권, 외교대권, 관제제정권은 물론 무소불위의 긴급칙령권까지, 이른바 '천황대권'을 거머쥐지만 실제로 이 역할을 맡는 것은 추밀원으로, 천황은 법을 초월하는 절대적 지배자이기보다는 오히려 법을 가능하게 하는 전제조건으로 기능한다. 이는 군주도 법에 구속된다는 입헌군주제의 통상적 원리와는 판연히 다르다. '짐朕'이라는 일인칭 대명사로 국가의 통일성을 상징하는 천황은 일체의 정치 현안에 개입하지 않고 오로지 최종 승인자라는 형식적 역할만 맡는다. 천황이라는 비어 있는 중심에 의해 비로소 제국헌법의 틀은 완성된다. '국체'가 법제화된 것이다.[30]

천황의 법적 위상은 늘 논란의 여지를 남겼다. 대표적인 헌법 논쟁으로, 통치권의 주체를 천황으로 상정하는 우에스기 신키치上杉愼吉와 통치권은 '법인'인 국가에 속하며 천황은 그 최고기관으로서 통치권을 행사할 뿐이라는 미노베 다쓰키치美濃部達吉 간에 치열한 논쟁이 전개되었으나 공론장 형성으로 나아가기는커녕 미노베가 테러를 당하는 등 우익의 폭력적 공세에 의해 재갈이 물렸다. 민감한 문제를 억지로 덮어둠으로써 밑도 끝도 없는 '천황대권'의 이름으로 군과 관료가 권력을 마구 휘두를 수 있는 조건이 마련되었던 것이다.[31] 이처럼 권력의 중심핵이 늘 모호하기 그지없었던 제국 일본의 모습과 묘한 일치를 이루는 것이 철학자 니시다 기타로西田幾多郞의 '절대무絕對無' 개념으로, 1911년 간행된 『선禪의 연구』는 서구 현상학의 '직관'보다 더욱 성찰적인 '자각'의 경지를 논하면서 주체와 객체, 유와 무를 모두 뛰어넘는 새로운 철학적 지평을 제시했다. 절대모순적 자기동일성의 지평을 일컫는 '절대무'는 선불교의 '무' 개념을 축으로 삼아 헤겔의 '절대정신'을 거꾸로 세운 논리로, 주체와 객체가 더는 이성에 의해 방해받지 않고 하나가 된다는 종교적 경지를 설파했다. 이는 일본인이라는 주체가 제국이라는 객체로 융해된다는 논리로 읽힐 만한 여지가 있었다. 여기서 주체와 객체를 초월하는 '절대무'에 해당하는 것은 물론 천황이다.[32]

실제로 제국 일본의 정치와 문화는 헌법에 명시된 것보다도 훨씬 권위주의적이며 폭압적인 방향으로 나아갔다. 메이지헌법이 제정되기 이전인 1882년 일본 황제는 '군인칙유軍人勅諭'를 반포하여 모든 군인과 선원의 암송을 명했는데 절대적 충성은 오로지 천황에게만 바치라는 내용이었다. 만일 군인이 천황에게만 충성해야 한다면 민간인 정권을 넘어뜨리는 일도 황제의 뜻이라는 명분만 내걸면 전혀 논리적 하자가 없었다. 1885년 프로이센식 군제 개혁이 이루어지고 근대적 국민개병제가 도입되면서 사실상 대부분의 일본 청년들에게 원체험을 제공한 것은 '문명개화' 사상이 아니라 규율과 복종을 체득하는 군복무였다.[33]

이러한 흐름을 대표하는 인물은 초대 내각총리 이토 히로부미가 아니라 그와 총리 자리를 다툰 야마가타 아리토모였다. 그는 처음에는 내무대신, 그리고 이토를 이어 두 차례 총리 자리에 오른 거물 정치인으로, 이토보다도 훨씬 보수적 지향성을 지녔다. 그는 군사훈련과 교육이야말로 민족의 생존에 결정적이라고 보았는데, 그가 염두에 둔 교육은 충성과 복종 그리고 규율을 체득시킴으로써 개인주의를 분쇄하는 데 주안점이 있었다.[34] 이토 히로부미가 로렌츠 폰 슈타인을 방문한 이래 "슈타인 참예參詣"라고 불린 일종의 지식순례 여행이 유행했을 때 야마가타도 이 여행에 나섰는데, 그의 발길은 베를린의 루돌프 폰 그나이스트에게로 향했다. 이 고명한 프로이센 법학자는 로렌츠 폰 슈타인보다 훨씬 보수적인 입장을 지니고 있었다. 야마가타는 1889년 5월 2주가량 매일 두 시간씩 그로부터 개인강의를 들었는데, 주로 국회 개설 시기상조론과 극단적 관치를 권하는 내용이었다. 이러한 노선은 곧바로 제국 일본에 관철될 수 있었다. 바로 그해 말에 야마가타가 총리로 취임하여 내각을 결성했던 것이다. 프로이센 군국주의의 진정한 계승자인 이 정치가의 권위주의 노선은 국내에 국한되지 않고 외교정책으로도 이어져 주권선主權線과 이익선利益線을 주개념으로 삼은 노골적인 영토확장론이 대두하게 된다.[35]

서구화와 일본화

메이지헌법은 근대적 입헌주의의 구현이라기보다는 오히려 그 패러디라는 인상이 짙다. 서구의 여느 헌법 못지않은 형식적 요건을 갖추었음에도 불구하고 그것은 단일한 목표에 집중되었다. 다름 아닌 일본이라는 국가의 지배권력을 대외적으로나 대내적으로 공고히 하는 일이었다. 실제로 메이지 정부가 최우선시한 정치적 과제는 14개에 달하는 서구 열강과의 불평등 조약을 개정하는 일이었다. 군사력 증강은 물론이거니와 서양 학문의 도입, 심지어는 의복과 매너의 표피적 서구화마저 이러한 원천적 목표를 위한 것이었다. 메이지 정부는 1899년 들어 서양 외교관이 일본 땅에서 마음대로 재판을 할 수 있도록 한 '영사재판권'을 폐지하는 쾌거를 이룬다. 이미 그 1년 전에는 관세자주권도 획득한 상태였다. 그렇다면 애초 서구로부터 얻고자 한 것을 다 얻어낸 이후에도 일본은 왜 서구화에 계속, 아니 이전보다도 더 맹렬하게 집착했던 것일까?

근대 일본의 국가적 정체성은 그 성격이 매우 복잡하였다. 독일로의 전환과 일종의 국가 텍토닉 도입은 일본이 서구로부터 자신을 보호하는 데 그치지 않고 스스로를 서구적 근대권력으로 자리매김하려 했음을 알려준다. 이는 한국과 중국 등 아시아 주변국들을 '일본의 오리엔트'로 배치하는 식민주의적 위상학의 토대가 된다.[36] 그러나 여기서 혼동하지 말아야 할 점은 서구화가 일본식 오리엔탈리즘을 낳은 원인은 아니라는 것이다. 논리상의 인과관계일 수는 있어도 역사적 선후관계에는 부합하지 않는다. 일본 근대사에 대한 발전단계론적 해석, 즉 메이지유신 이래 처음에는 서구화를 추진하다가 메이지 20년대(1887~1896)에 이르러 헌법 공포와 국회 개설로 국가 형성 과정이 일단락되면서 그 전까지의 맹목적 서구화에 대한 반성이 이루어져 결국 국위 회복과 영토 팽창으로 나아갔다는 식의 통상적 해석은 그러한 '맹목적' 서구화가 실은 사이고 다카모리 등이 주장하던 정한론을 억누르고 이루어진 것임을 간과한다. 메이지 일본의 모든 국가정책은 처음부터 끝까지 부국강병을 위한 것이었고 칼끝은 주변국을 향해 있었다. 다만 각

정파마다 방법상의 우선순위가 달랐을 뿐이다.

따라서 일본인의 서구적 정체성이란 세계 속에서 일본의 위상을 고민하는 지난한 담론 형성의 과정 중에 빚어진 효과일 뿐이다. 프로이센 고전주의는 그 효과의 일부이다. 따라서 단순히 일본이 아시아의 프로이센으로 변신했다기보다는 근대의 새로운 위상학적 질서가 자리 잡아가는 가운데 일본이 변화의 대상이 아닌 주체가 되고자 부심하면서 프로이센으로부터 도입한 시공간원리를 활용하게 되었다고 보는 편이 옳다. 프로이센 고전주의가 배태한 시공간질서는 일본에서 전혀 새로운 위상학의 근간으로 재배치된다.

이렇게 볼 때 서구화와 일본화는 상호 분리될 수 없는 현상이었다. 또한 일본의 이른바 '아시아주의'도 후쿠자와식 '탈아론'과 그다지 대립적이지 않았다. 일본의 아시아주의는 아시아 국가들과의 관계보다는 오히려 서구 열강에 대한 피해의식에서 비롯된 것이었다.[37] 역으로 일본의 서구화는 아시아와의 관계, 특히 중국과의 단절과 대결 구도 속에서 진행되어왔다. 한마디로 서구 지향의 일본과 아시아 지향의 일본은 발전 과정 속의 단계가 아니라 대위법적 상승이 이루어지는 관계였다. 따라서 아시아연대론이 아시아패권론으로 전환하는 것은 그저 시간문제였다. 저명한 문예비평가 다케우치 요시미竹內好가 일본의 아시아주의를 침략주의와 연대의식의 미묘한 분리와 결합에서 찾은 것은 충분히 일리가 있다. 그가 보기에 일본을 아시아보다 우월한 위치에 세워놓고 그 주도권하에서 구미 세력을 쫓아낸다는 발상은 모순적이기 그지없었다. 대동아전쟁은 "탈아脫亞가 흥아興亞를 흡수하고 흥아를 형해화해서 이용했던 궁극점"이었다. 그러나 전후 일본 지식인 특유의 거리두기는 그다지 멀리 나아가지 못했다. 다케우치 역시 후쿠자와의 탈아론만큼은 문명으로 다가가기 위한 노력이라 평가할 뿐 탈아를 위해 문명이 필요했다는 정반대의 생각에는 이르지 못했다.[38]

　　메이지 정부가 추구한 서구화의 진상은 무엇보다 건축 분야에서 명시적으로 드러난다. 메이지 초기에는 여타 부문과 마찬가지로 국적 불명의 혼성적 형태가 만연했었다. 서양식 건축은 공장이나 조선소에 초기 산업화의 일환으로 받아들여졌을 뿐이다. 유신 이전에도 일본에는 서양식 건축물이 존재했다. 이미 1860년대 중엽에는 대사관, 교회, 상업시설, 외국인 주거지가 간헐적으로 등장하여 시선을 끌었다. 서양과의 교류 창구인 데지마出島가 있던 나가사키가 특히 그 중심지였는데, 1862년부터 1864년 사이에, 동양 최대 규모를 자랑했으나 이후 원폭 투하로 파괴되는 우라카미現川 대성당이 지어졌고, 1863년 스코틀랜드 출신의 상인 토머스 글로버Thomas Blake Glover의 주택도 나가사키항이 내려다보이는 너른 언덕 위에 완공되었다. 전자는 로마네스크 양식이었고, 후자는 영국풍 조지 양식과 일본 토착 양식의 절충적 형태였다. 도쿄 인근에는 1859년 개항장 요코하마가 건설되어 곧 메이지 문명의 요람으로 자리 잡게 된다. 나가사키와 요코하마의 서양식 건축물은 홍콩 등 중국 '개항장 양식'의 선례로부터 영향을 받았다.[39]

　　그러나 서구 열강과의 불평등 조약에 의해 만들어진 '반식민지형' 도시가 점차 '부국강병형' 도시로 탈바꿈하면서 어느덧 방향을 선회하게 된다. 서구의 것을 최대한 정확히 모방하여 동일한 정치적·문화적 효과를 거두고자 한 것이다. 초청받은 서양의 건축감독관들이 일본과 서구의 혼성적 건축을 권고했을 때도 일본인들 자신은 오히려 엄격한 신고전주의나 네오르네상스 양식을 선호하는 경향이 있었다.[40] 명증한 사례로 들 수 있는 것이 도쿄 황궁 앞에 놓인 황거정문철교皇居正門鐵橋,

나가사키 구라바엔グラバー園, Glover Garden 소재 글로버의 주택

일명 니주바시二重橋로, 메이지헌법 반포를 앞둔 1888년 황궁 재건의 일환으로 준공된 그야말로 황궁을 상징하는 대표 시설인데도 일본의 전통 양식이 아니라 독일 네오르네상스 양식으로 지어진 점이 사뭇 의미심장하다.⁴¹ 이 다리는 완만한 각도를 지닌 두 개의 아치와 장식적 난간으로 이루어졌으며 양측에 각각 세 개씩 청동 전등이 설치되었다. 그런데 명칭 그대로의 '이중교'란 사실 석교 뒤에 놓인 철교를 지칭했는데, 독일 기술자 빌헬름 하이제Wilhelm Heise가 같은 해에 설계했다. 이 다리는 하나의 아치만 지닌 다소 무미건조한 모양이었으며 다리 양편 끝에 네 개의 전등이 독일로부터 수입되어 설치되었다. 전면 석교가 제자리를 지켰던 반면 뒤편 철교는 1964년에 다시 지어지면서 전등들 중 하나는 나고야 시 근교에 만들어진 메이지촌明治村으로 옮겨 보존되고 있다.⁴²

새로운 심상지리가 보다 직설적으로 표현된 사례는 이후 세워질 국회의사당 앞마당의 서양식 공원에 소재한 일본수준원점日本水準原点 표석이다. 1891년 5월에 건립된 이 표석은 지표면의 고도를 측정하는 데 있어 해와 달, 날씨, 침하에 영향을 받지 않도록 평균해수면을 산출하여 지상의 기준점을 마련한 것이다. 물론 이 표석이 있는 장소가 수준원점은 아니고 한때 일본군 참모본부의 육지측량부가 자리 잡았던 곳이다. 이 아담한 기념비는 근대 일본의 1세대 건축가에 속하는 사타치 시치지로佐立七次郎가 설계했는데, 도리아식 기둥과 부조로 장식된 박공 그리고 트리글리프와 메토프 장식이 유난히 눈에 띄는 엔타블러처와 중앙의 작은 계단이 정면부를 이루고 있다. '수준원점'이라는 표식과 그 아래 청동으로 된 국화 문장만 없다면 전체적으로 단출하면서도 빼놓을 데 없이 견고해 보이는 모습이 영락없는 프로이센 고전주의의 유산으로 볼 만하다. 근대 일본에서는 실로 땅의 기준점마저 프로이센 이

1888년 도쿄 황궁 앞에 준공된 석교 니주바시(현재 모습)

1891년 5월 의회의사당 앞마당에 준공된 일본수준원점 표석(현재 모습)

미지로 표상되었던 것이다.

　이러한 양상은 일본과 마찬가지로 서양 열강의 간섭을 받으면서도 독립국 지위를 유지한 태국의 경우와 사뭇 대조적이다. 일본 위정자들이 서양에서 온 건축감독관들로 하여금 서양 건축의 진수를 가르치게 하고, 소기의 목적이 달성된 후에는 곧바로 그들을 축출했던 것과 달리 태국의 지배세력은 서양 건축가들을 전폭적으로 후원하면서 그들에게 태국의 건축장인들보다 훨씬 많은 기회와 특권을 제공했다. 그 결과는 서양 고전주의 양식의 기둥과 창문이 태국 전통의 첨탑 아래 편입된 방콕 소재 차크리마하프라삿 궁전Chakri-Mahaprasad Hall 같은, 절충 양식의 우세였다.[43] 과연 이러한 차이는 어디서 비롯된 것일까? 서양세계마저 일본 중심으로 편입시키는 새로운 심상지리와 국가 텍토닉적 사고는 어떻게 가능했던 것일까?

일본의 문화민족주의

　서구의 표피적 수용에서 서구화에 대한 집착으로의 전환은 근대 일본의 위상학적 질서가 빚어낸 효과이다. 그것은 늘 모순 속에서 불안정한 상태를 이어갈 수밖에 없었다. 따라서 서구화에 대한 집착이 일본의 원천 문화에 대한 집착과 결합되는 모순은 필연적이었다. 앞서 살펴본 후쿠자와 유키치의 '문명' 개념은 기본적으로 부국강병을 지향하였으나 일본을 '반개'로 위치시켰다는 점에서 규범적 지위를 오래 유지하기는 힘들었다. '반개'의 위치는 식민지로 전락할지 모른다는 공포와 불안을 자극하는 동시에 야만으로 상정된 타자와의 거리를 끊임없이

2부 아시아의 프로이센을 넘어

생산해내야 했다.[44] 일본에 그저 상대적 입지만 제공할 뿐인 '문명' 개념은 어느덧 시의성을 잃고 그 자리를 '문화'가 대신하게 되었다. 1890년경부터 독일어 'Kultur' 개념의 번역어로 사용되기 시작한 '문화文化' 개념은 처음에는 '문명' 개념과 별반 차이가 없었으나 점차 독일어식 용법 그대로 물질적 풍요에 대비되는 정신적 깊이와 역사적 정통성이라는 함의를 지니게 되었다.[45] 다이쇼大政 시대(1912~1926)에는 서구와 구별되는 일본의 고유성을 강조하는 이른바 '문화주의'가 팽배하게 되는데, 비판적인 문화이론가 니시카와 나가오西川長夫에 따르면, 근대 일본의 문화 개념은 늘 배타적 '국민문화'를 의미했다.[46]

실제로 근대 일본의 독일식 '문화' 개념은 독일 최고 지성 중 한 사람의 전폭적 지지를 얻음으로써 국제적 정당성을 얻는 듯했다. 후기의 공작연맹을 대표하는 건축가 중 하나로, 독일 모더니즘 건축의 선구자로 꼽히는 브루노 타우트Bruno Taut가 1936년 일본 체류 중 집필하여 발간한 『유럽적 시각으로 본 일본 예술』은 일본의 전통건축에 대한 격찬으로 일관했다. 히노키 목재로 지어진 이세 신궁伊勢神宮이 "농부의 오두막"같이 "형태 그 자체로 구성이 될 만큼 개방적이고 단순"하여 "일본 문화의 장점을 한데 모은 결정체"라면, 교토 소재의 가쓰라이 궁桂離宮은 "아테네의 아크로폴리스와 그곳의 프로필레온, 파르테논과 하등 다를 바 없는 일본의 고전건축"으로, 출입구 앞뜰에 펼쳐진 대나무 빗물받이처럼 "모든 허식을 피한" 채 "그 기능을 마지막 세부까지 완전히 충족"함으로써 "고전적 단순성과 선명성"을 보여준다. 타우트의 관점으로는 이들 건물은 기능을 충족시킬 수 있는 가장 단순한 형식을 찾아 척도와 비례를 통일했다는 점에서 "완전히 모던하다". 이에 반해 수도 도쿄에 늘어가는 프랭크 로이드 라이트의 제국호텔류의 미국식 마천루는 "형식의 주관주의"에 빠져 "비일본적" 경향을 보여주는 "아쉬운" 사례였다. 타우트는 자연의 비례를 고스란히 담아 "그 구성의 완전한 순수함"을 보여주는 일본 전통건축이야말로 자신이 지향하는 현대건축과 일맥상통한다고 주장했다.[47]

이 독특한 저서는 1940년 출판사 메이지 서방明治書房에서 『일본문화사관』이라는 책으로 일역되어 엄청난 반향을 일으키고 수많은 '일본문화론'의 변종을 낳았는데, 서구의 영향은 물론 심지어 불교나 중국의 영향마저 비일본적이라고 배제하면서 오로지 신도와 천황제만을 일본문화의 근간으로 삼는, '순수함'에 대한 과도한 집착은 타우트 자신에게 그러했듯이 일본에서도 미래에 대한 특정한 기획과 직결되었다.[48] 1914년 독일 쾰른에서 공작연맹 주최로 개최된 국제전시회에서 독일관인 '유리집Glashaus'을 공동 설계하여 명성을 얻기 시작한 브루노 타우트는 주로 베를린에서 활동하다가 나치 치하의 박해를 피해 스위스로 이주한 후 '일본 인터내셔널 건축회'의 공식 초청을 계기로 1933년 일본에 망명을 와 있던 터였다. 경력에서 엿보이듯 그는 독일 모더니즘 건축의 발원지인 공작연맹과 깊은 관계를 맺고 있었고 베를린의 프로이센 고전주의 전통과 모더니즘 그리고 일본 전통건축을 중재하는 흥미로운 위치에 서 있었다.[49] 그가 이세 신궁이나 가쓰라이 궁 등지에서 발견하고 현대건축에서 계승하려 한 요체는 다름 아닌 기능과 미적 형태 간의 텍토닉적 통일이었다.

이 같은 연쇄의 고리는 비단 타우트에게서만 발견되는 것이 아니다. 가장 (서양)고전적인 것과 가장 일본(전통)적인 것이 연계되는 또 하나의 사례는 멀리 드레스덴에서 찾을 수 있다. 건축가 고트프리트 젬퍼는 젊은 시절 드레스덴에서 명성을 쌓아갈 때 그곳에 있는 일본궁

Japanisches Palais 내 유물실 개수계획안을 제출한 적이 있었다. 드레스덴에서 가장 오래되고 가장 컸던 이 궁전은 엘베 강 연안에 자리 잡은 바로크 양식의 궁으로 1715년에 건립되었고 아우구스트 2세—일명 '강력왕' 아우구스트August der Starke—의 일본 도자기 수집품을 보관하기 위해 확장 공사를 한 적이 있었다. 왕궁은 18세기 내내 개수되었고 드레스덴을 대표하는 쌍둥이궁의 설계자인 푀펠만Matthäus Daniel Pöppelmann도 참여했을 정도로 이 문화도시의 주요 건축물이었다. 1835년 봄에 개수 의뢰를 받은 젬퍼는 7개실을 밝은 다색 디자인으로 꾸몄다. 그는 각 방마다 테마를 부여하여 폼페이 방, 그리스 방, 르네상스 방 등으로 꾸몄는데 이 감각적인 접근이 당시 센세이션을 불러일으켰다.[50] 비록 젬퍼가 일본에 특별한 관심이 있었는지는 알려진 바 없지만, 적어도 그의 심상지리 속에서 일본과 서양 고전주의가 별다른 충돌을 일으키지 않았음은 분명하다. 어쩌면 일본은 서구인들이 여타 문명권에 대해 느끼는 혐오감이나 거슬림 없이 자신들의 심상을 자유로이 투영해볼 수 있는 백판과도 같다. "저편에là-bas" 놓인 일본이 "빛이 벽지가 되고 공허가 벽이 되어 아무것도 둘러싸지 않는" "기호의 진열장"이라는 프랑스 문예비평가 롤랑 바르트Roland Gérard Barthes의 지나치게 창조적인 오독은[51] 사실상 독일이 낳은 최정상 건축가 젬퍼에서 타우트로 이어지는 일본관과 일맥상통하는 것으로 보인다.

이른바 '자포니즘Japonisme'은 일반적 오리엔탈리즘과는 달리 서구의 고전주의 및 모더니즘 기획과 잘 어울렸기에 미래 없이 화석화되는 운명을 피할 수 있었다. 호쿠사이Hokusai와 안도 히로시게Ando Hiroshige라는 이국적인 이름과 결부된 일본 목판화의 단순함과 선명함, 탈원근법적 구성, 색채의 독특한 배합에 프랑스 인상주의 회화가 크게 빚졌다는 사실은[52] 서구 문화에 깊이 뿌리박힌 상상적 일본관의 일부만을 설명할 뿐이다. 어찌하였건 이러한 의도치 않은 호조건은 일본인의 입장에서 '서구 문명'을 자신의 입맛에 맞게 조리하는 이른바 '옥시덴탈리즘'을 펼칠 계기를 마련해주었다.

최초로 일본 미술사학의 체계를 세운 오카쿠라 덴신岡倉天心이야말로 일본식 옥시덴탈리즘의 선구자였다. 그는 1889년 발족한 제국박물관의 미술부장과 도쿄 예술대학의 전신 도쿄 미술학교 교장을 역임했으며 미국으로 건너가 보스턴 미술관 동양부장으로 재직한 경력이 있었다. 1890~1891년 도쿄 미술학교 강의록을 바탕으로 그의 사후에 간행된 『일본 미술사』는 덴치天智 황제의 치세(626~671)에 고대도시 나라奈良에 세워진 호류지法隆寺의 금당벽화나 대웅전 등 최고의 미술품들이 고대 인도와 그리스 미술에 연원을 두고 있다고 주장하면서 일본 미술이 서양 미술과 같은 기준으로 평가 가능한 대상임을 부각했다. 이러한 접근은 일본 문화를 중화 문화권에서 해방해 세계적 맥락 속에 새롭게 자리매김하려는 시도였다.[53] 이제 아시아와 서구는 모두 일본을 중심으로 한 새로운 심상지리 속에 편입되어야 했다.

오카쿠라의 미술사관은 일본 미술사에 대한 학술적 탐구를 시작했던 미국인 어니스트 페놀로사Ernest Francisco Fenollosa의 영향을 받은 것으로 알려져 있다. 도쿄 제국대학 교수로 활동하던 페놀로사는 전문적으로 훈련받은 미술사가는 아니었으나 하버드 대학교 재학 시절 깊은 감명을 받았던 헤겔 철학을 활용하여 일본 미술사를 체계화하고자 시도했다. 사후에 영문으로 발간된 그의 저서 『중국과 일본 예술의 시대구분: 동아시아 디자인의 역사 개요』(1912)는 미술사의 전개 과정에서 각 시대별로 도달된 지평이 계속해서 확장되어간다는 헤겔 미학의 구도를

2부 아시아의 프로이센을 넘어

충실히 따르면서도 동아시아 미술을 적극적으로 평가하기 위해 헤겔식 유럽중심주의를 넘어서는 신선한 모습을 보여주었다. 그러나 역시 전문 미술사가는 아니었던 만큼 페놀로사의 실제 분석은 서양과 동양을 일대일로 비교하는 수준에 그쳤다. 예컨대 중국 도시 항저우는 이탈리아의 베네치아와, 호류지 구세관음보살상의 신비스러운 미소는 모나리자의 미소와 비교되는 식이었다.[54]

페놀로사를 도와 자료를 정리하면서 미술사 연구를 시작한 오카쿠라는 서구의 방법론을 수용하여 일본 미술사를 체계화할 수 있었다. 그는 각 문화재를 분류하여 국보를 정점으로 하는 등급을 매기고 조각, 회화, 건축, 공예 등의 장르를 나눈 뒤 헤겔식 '시대정신'에 따라 시대별로 구분하는 방법론을 처음으로 제시했다.[55] 자신의 주저인『동양의 이상』(1903)에서 오카쿠라는 헤겔 미학에 따라 일본 미술사를 "상징적·고전적·낭만적" 시기로 나누었는데 이는 역사학에서 사용하는 고대·중세·근세의 시대구분에 정확히 대입되는 것이었다. 이러한 시대구분의 기준이 된 것은 불교의 차이로, 속세와 정토가 가깝지 않은 소승불교의 나라奈良 시대(고대), 사람과 불교 사이가 가까운 밀교의 헤이안平安 시대(중세), 깨달음을 강조하는 선종의 아시카가足利 시대(근세)로 나누었으며 미학적으로는 각각 숭고함을 지향하는 장려壯麗, 인간적 우미優美, 초탈적 고담枯淡이라는 세 가지 개념으로 특징지었다.[56]

오카쿠라의 방법론과 시각은 이처럼 지극히 서구적이었고 본인도 이를 분명히 자각하고 있었다. 그가 자신의 보스턴 미술관 강연록을 엮은『차茶의 책』은 니토베 이나조新渡戸稲造의『무사도武士道』와 마찬가지로 영어로 집필되고 발간되자마자 베스트셀러가 되었는데, 두 책 모두 서양인들이 동양에서 찾고자 하는 바를 정확히 짚어내어 그들의 열망을 충족시켰다. 서양의 언어―영어―와 사정에 능통했던 오카쿠라는 일본인이 배우려 드는 서양 문명에 대해 이미 서양인들 자신은 회의를 느끼고 있으며 오히려 동양에서 배우려 하고 있음을 간파했다.[57] 이는 일본으로서는 국운 상승을 위한 절호의 기회가 아닐 수 없었다. 차문화든 무사도든 간에 일본의 '문화'가 세계적 헤게모니를 주장할 수 있는 시점에 이른 것이다. 이제 필요한 것은 서양에 대한 무조건적 추종도, 일본 전통으로의 회귀도 아니며, 오히려 근대문명을 선도하고 초극할 수 있는 미래지향적 기획이었다. 따라서 오카쿠라가 1889년에 미술 잡지 『국화國華』의 창간사를 "미술은 나라의 정화다"라는 첫 문장으로 시작했던 것은 결코 우연이 아니었다.[58]

　　오카쿠라 덴신은 서양인들의 자포니즘을 충족시키는 데 머물지 않고 한 걸음 더 나아가 그것을 옥시덴탈리즘으로 역전시키려 했다. 영어로 집필되어 1903년 런던에서 출판된 『동양의 이상The Ideals of the East』은 서양중심주의에 맞서는 동양중심주의를 내세우면서 그 가장 핵심에 일본 문화를 위치시켰다. "아시아는 하나다"라는 첫 구절로 유명한 이 책은 불교와 힌두교를 포함한 인도의 종교, 유교와 도교를 중심으로 한 중국의 철학, 일본의 미술이 삼위일체가 되어 "동양의 이상"을 구현했다고 주장하면서 군사력이나 과학 위주의 서양식 문명보다 동양의 정신적인 문화가 우월하다고 판정을 내림으로써 마치 헤겔의 역사철학을 거꾸로 세운 듯한 모양새를 취했다. 이러한 시각은 동양을 보는 서양인의 눈을 강하게 의식하면서 이를 의도적으로 타자화하는 전략이었다. 타자화된다는 점에서는 사실상 동양도 마찬가지였다. 동양이 하나의 문화적 공동체라는 주장에도 불구하고 맹주는 어디까지나 일본이어야 했다. "끊어지지 않고 이어지는 황통이라는 독특한 축복, 정복당한 적

　　　　　　　　　　　　　　　2부　아시아의 프로이센을 넘어

없는 민족의 당당한 자신감, 팽창하지 않은 대가로 대대손손 전해진 관념과 본능을 지켜온 섬나라 특유의 고립 등이 일본을 아시아적 정신문화를 맡길 만한 보고로 만들었다." 저자는 "옛것을 잃어버리는 일 없이 기꺼이 새것을 받아들이는 불이일원론不二一元論의 정신"이야말로 일본 문화의 고유한 특성이라고 보면서 "아시아 문명의 박물관"이나 다름없는 일본이 아시아의 맹주가 되어야 하는 이유를 다음과 같이 간명하게 정리한다. "일본에 대한 아시아 대륙의 접촉이 언제나 새로운 생명과 영감을 낳았다는 사실은 아시아 대륙의 영광이다."[59]

서양중심주의적 자포니즘을 동양중심주의적 옥시덴탈리즘으로 역전시킨 오카쿠라식 전환은 어떤 면에서는 유럽 역사주의 정신의 본질과 통하는 점이 있다. 역사주의의 본령이 과거와 현재의 관계를 재조정하여 새로운 시공간의 질서를 창조하는 데 있다면, 일본의 입장에서는 서양이 창출한 근대적 지평 속에서 동양의 찬란한 '문화'를 재해석하는 일이야말로 현재와 과거의 관계를 재조정하는 역사주의 정신에 부합하는 일일 수 있는 것이다. 독일이 로마의 영향력으로부터 벗어나 고대 그리스를 찾았듯 일본도 중국에서 벗어나 고대 그리스와 자신을 직접 연결했던 것이다.

페놀로사와 오카쿠라의 깊은 영향 속에서 일본 고유의 신사와 사찰의 양식을 순수한 신고전주의의 지평으로 재해석한 인물이 있다. 일본 최초의 건축사가로 꼽히는 이토 주타伊東忠太였다. 도쿄 제국대학 공과 대학원생 시절이던 1893년 『건축잡지建築雜誌』에 실은 논문 「호류지 건축론法隆寺建築論」은 세계 최고最古의 목조건축물인 호류지가 "서양 고전 양식泰西クラシック式"을 포함하여 고대세계를 풍미하던 여러 양식의 정수를 고스란히 보존하고 있다고 주장했다. 그는 페놀로사가 호류지의 진가를 알아본 공이 있기는 하지만 회화와 조각품에만 관심을 두었다고 지적하면서 개개의 미술품을 그 자체로서 포괄하는 건축을 전체로 파악하고자 시도했다. 호류지를 이루는 건축적 구성부분들 중 특히 장대한 규모와 화려한 장식이 돋보이는 중문中門은 층간 높이와 기둥들 사이의 거리가 동일한 비례를 이룬다는 점과 더불어 중앙부 기둥과 모서리 기둥의 지름 간 비율 등에서 고대 에트루리아 사원과 닮은꼴이다. 기와지붕의 경사도 박공과 극히 유사하다. 또한 '장려'하기 이를 데 없는 금당金堂은 그 기둥의 윤곽이 돋보이는데, 중간이 불룩한 배흘림은 고대 그리스 건축의 '엔타시스エンタシス, entasis'와 동형을 이룬다. 결국 호류지는 "고대 동서교류의 역사"를 보여주는 최상의 유증으로 평가되었다.[60]

여기서 이토는 일본 최초로 건축사를 '건축미술' 내지는 '미술건축'의 양식사로 접근했다. 이토의 논지에서 특징적인 것은 호류지에 혼재된 이질적 양식들 가운데 중국의 육조 시대 양식과 '희랍인도식' 양식을 융합한 당나라 양식唐式이 삼한식三韓式과는 뚜렷이 구별된다는 주장이다. 한마디로 고대 서양 문화가 한반도를 거치지 않고 일본에 도래했다는 말이다. 이는 단순히 한반도에 대한 문화적 우위를 주장하는 것보다는 고대의 일본과 그리스를 직접 관련지으려는 데 주안점이 있었다. 아시아의 고대성을 잘 간직한 호류지가 동양의 파르테논 신전이 된 것이다. 이러한 파격적 사고에는 분명 헤겔 미학의 영향이 각인되어 있다. 고대 그리스가 근대 독일 문화에서 새롭게 부활하듯 자연 상태에서 막 깨어나 호류지라는 아름다운 빛을 발한 고대 일본 문화는 수많은 외래 문화의 부침을 겪고 나서 다시금 스스로에게 귀환한다. 머나먼 과거의 진본인 호류지야말로 서양과 대등하게 보조를 맞추어온 일본 문화의 생생한 유증으로, 현재의 민족문화 발전을 위한 변증법적 계기로 자

2부 아시아의 프로이센을 넘어

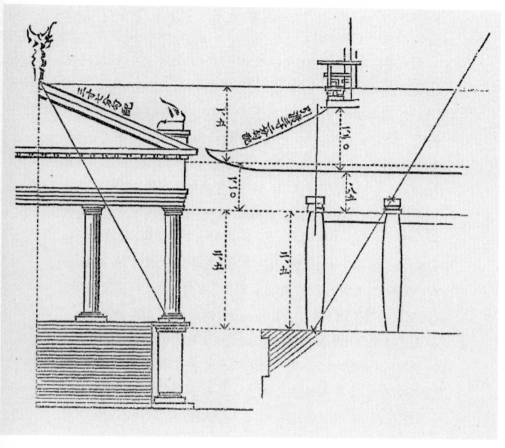

호류지 중문과 에트루리아 사원의 비례 비교. 이토 주타, 「호류지 건축론」(1893)

리매김되었던 것이다.[61] 이 논문은 좀 더 보강되어 1989년에 박사학위 청구 논문으로 제출되었다.

이토 주타의 「호류지 건축론」에서는 모든 문화의 원류가 그리스에서 비롯되었다고 믿는 서양중심주의적 편견과 그 원류에 일본을 관련지으려는 강박감이 엿보인다. 반면 20세기 들어 학제화되는 '동양사' 연구는 '동양'의 주변국만이 아니라 서양세계마저 타자화하는 전략을 취하게 된다. 시라토리 구라키치白鳥庫吉를 중심으로 한 실증파는 중국과 인도 등 아시아 대륙과 구별되는 일본만의 독자적 정체성을 만드는 동시에 '서양'마저 일본이 스스로를 비교해볼 수 있는 대상으로 정형화했다. 그렇지만 '동양사'는 기본적으로 서양식의 단선적 발전단계론을 탈피하지 못하여 서양을 완전히 일본적 심상지리 안에 편입하는 데는 일정한 한계를 노정할 수밖에 없었다. 일본이 특별하기는 하지만 아시아에 속했던 과거로부터 벗어날 길은 좀처럼 찾을 수 없었던 것이다.[62]

전방위적 사상가 가라타니 고진柄谷行人의 견해에 따르면, 근대 일본은 서양이 만들어놓은 '근대'의 틀 안에서는 온전히 제자리를 잡을 수 없었기에 결국 그 틀 자체를 문제 삼지 않을 수 없었다. 오카쿠라 덴신의 일본 미술사론이나 니시다 기타로의 철학은 헤겔식 역사변증법의 서양중심주의를 역전했을 뿐만 아니라 그 변증법 자체를 극복하여 일본적 세계관으로 재구성함으로써 이후 '교토 학파'가 전개하게 되는 '근대초극론'에 단초를 제공했다. 가라타니가 볼 때 '근대의 초극'이야말로 메이지유신 이래 일본 지성계가 도달한 최종 결론이었다. 그것은 근대세계에 일본의 자취를 남기는 유일한 길로 간주되었다.[63] 이러한 노선은 시라토리류의 '동양사'로는 성취할 수 없었던 불가능한 사명을 달성하고자 했다. 니시다 기타로 문하에서 수학한 '교토 학파' 제2세대에 속하는 철학자 미키 기요시三木淸는 "세계사의 통일 이념"을 주창하여 헤겔의 역사변증법에 맞서는 일본의 탈근대적 응전을 대변했다. 비록 미키 본인은 반체제 사범으로 몰려 옥사하는 운명을 맞지만, 그와 교토 학파의 이념은 중일전쟁 및 제2차 세계대전기의 일본 측 변호 논리로 활용되었다.[64]

그런데 이들의 논리는 사실상 독일식 '문화민족주의'와 지나치게 흡사했다. 앵글로색슨 문명 내지는 '미국화'에 대한 독일식 비판을 고스란히 일본에 옮겨다놓은 것과 같았다. 독일 건축가 브루노 타우트가 '순수' 일본 문화를 칭송하고 그 서양화된 변종을 힐난했던 것은 결코 우연이 아니었다. 전후 일본의 '무뢰파無賴派' 작가 사카구치 안고坂口安吳가 타우트의 베스트셀러와 동일한 제목의 『일본문화사관』이라는 책을 통해 타우트의 일본 찬양을 희화화한 것은 주목할 만하다. 사카구치는 전통이란 그저 우연적 소산일 뿐으로 가쓰라이 궁 따위는 없어도 그만이고 속악한 도시문화야말로 자신이 필요로 하고 사랑하는 것이라고 도발적으로 말했다.[65] 이 정도의 발상의 전환이 가능해진 것은 실로 엄청난 희생을 치르고 제국이 몰락한 뒤였다.

도쿄의 발명

이른바 '에도 막부江戸幕府'의 본거지에서 근대 일본제국의 수도 도쿄가 만들어지는 과정은 프로이센 고전주의의 텍토닉이 일본의 새로운 위상학적 질서를 정립하는 데 활용된 최초의, 그리고 가장 대표적인 사례이다. 도쿄는 역사적 전통과 나름 잘 정비된 체계를 갖춘 도시였다. 메이지유신 직전 일본은 세계에서 가장 도시화된 나라 중 하나였으며 도쿄는 100만이 넘는 세계 최대의 인구와 높은 경제 수준 및 문화 수준을 자랑하는 대도시였다. 물론 화재에 빈번히 노출되고 도로 시설이 부실한 중세적 도시이기도 했다. 임진왜란이 끝나 도쿠가와 이에야스德川家康가 에도 막부를 개설한 1603년부터 메이지유신이 단행된 1868년까지 근 두 세기 반 동안 에도는 막부 정권이 시행한 강력한 중앙집중화 정책과 거주체계의 재조정 결과로 크게 성장했다. 대표적인 것이 참근교대參勤交代 제도로, 지방의 영지를 소유한 다이묘大名가 에도와 자기 영지에서 격년으로 교대근무를 하도록 종용함으로써 에도의 인구수와 교통망, 경제활성화가 자연스럽게 이루어졌다. 중앙정부는 에도, 오사카, 교토를 직접 통제했으며, 1615년 겐나령元和令 반포로 하나의 성에 하나의 영지만 허용함으로써 다이묘의 입지는 축소되고 중앙의 위상이 그만큼 더 커졌다. 가히 혁명적으로 재조정된 질서 속에서 각 지방의 행정이 중앙에서 내려보낸 관리의 통제를 받게 됨에 따라 오히려 일상적 사안은 봉건적 농촌사회 내부에서 자치적으로 해결하는 관행이 굳어져 결국 경제적·문화적 활력은 넘치지만 자율적인 시민사회와 공공성의 발전은 지체된 매우 일본적인 조건이 형성되었다. 어쨌든 일본 나름의 합리성을 갖춘 사회질서가 강고하게 자리 잡고 있었기에 서구적 도시계획의 도입은 그렇게 시급하지도 용이하지도 않았다.[1]

에도에서 도쿄로

메이지 일본이 군대, 국민학교, 신사, 각종 직능단체, 심지어는 합법화된 매춘의 공간인 유곽을 통해 사회 전체를 전일적으로 통제하는 국가로 나아갔다면, 이는 위로부터의 자선과 주민들 간의 상호부조라는 도쿠가와 막부 시대의 전통을 새롭게 이어간 것으로 볼 수 있다. 마을 단위의 '자력自力' 내지 '자영自營'을 도덕적 이념으로까지 끌어올리며 국가의 목표에 자발적으로 참여하도록 동원하는 일본식 국가체제는 적어도 다이쇼 시대까지는 위로부터의 노골적 강압 없이도 비교적 원활하게 작동했다.[2] 일본의 전통적 상호부조의 사회체제가 근대의 전일적 국가체제로 변형되는 계기는 분명 메이지유신이었다. 1868년 벽두에 일어난 왕정복고 쿠데타는 사실상 최상부 권력을 옮긴 것뿐이기에 진정한 '천황친정'이 이루어지려면 다이묘들이 지배하는 지방의 영지를 어떻게든 처리해야만 했다. 1869년 7월에 즉각적으로 실시된 판적봉환 版籍奉還은 다이묘 소유의 영지版와 농민籍을 일단 황제에게 반납하게 하여 일본 전국을 다이묘가 통치하는 번藩과 중앙정부가 통치하는 부府·현縣으로 구역을 분할했으며 그로부터 2년이 지난 1871년 8월에는 번을 아예 폐지하고 현으로 대체함으로써 결국 전국을 중앙정부의 직할

2부 아시아의 프로이센을 넘어

지로 변경하는 이른바 폐번치현廢藩置縣이 실시되었다. 주요 도시에 시구市區라는 행정구역이 새로이 도입됨에 따라 1872년 최종적으로 에도의 성문들이 철거되었다.[3] 이 같은 급진적인 행정개혁은 통일적 구심력을 지니는 근대국가의 기틀을 마련한 것으로 평가될 수 있다. 그것은 혁명적이면서도 보수적이었던바 예컨대 중앙정부가 명령을 시달하고 지방의 관리가 실무를 맡아보는 이른바 '기관위임사무機關委任事務' 체제는 도쿠가와 막부 시대로부터 이어진 전통을 근대적으로 재편한 것이었다.[4]

이제 새로운 국가의 구체적 청사진이 마련되어야 했는데, 천황친정제와 행정부가 주도하는 중앙집권제, 인민들이 주장한 사민평등주의 등이 각축전을 벌이고 있었다. 따라서 갑작스레 황제가 거처하는 '제도帝都'로 탈바꿈된 도쿄는 새로운 국가이념을 시각적으로 웅변하는 공간으로 재건되어야 했다. 그러나 어떠한 도시를 어떻게 만들어야 할지에 대한 합의나 사전지식은 실로 전무했다. 사실 유럽에서도 도시계획 개념은 19세기 후반기에야 자리를 잡기에 일본의 도시가 특별히 후진적이었다고는 할 수 없다. 전통적인 조카마치城下町 질서는 영주의 성을 중심으로 사무라이 거주지인 부케지武家地, 상인이 거주하는 초닌지町人地, 신사와 사찰이 자리 잡은 지샤지寺社地라는 삼원적 공간으로 이루어졌는데, 이 공간을 근대적으로 재편하면서 주로 옛 성의 부지와 부케지를 지방관청 용지나 군용지로 전환하였다. 옛 다이묘들의 공간적 거점인 지방도시들이 중앙정부의 통일적 국토계획에 따라 일부는 현청이나 군청이 설치되면서 살아남고 일부는 해체되는 등 철저하게 재편되었다.[5]

이러한 변화에 가속도를 붙인 것은 정치 지도자들의 유럽 방문이었다. 유럽 도시를 제 눈으로 확인하고 온 이상 더는 고국의 현실에 만족할 수 없던 것이다. 1872년 나폴레옹 3세 치하의 프랑스 파리를 방문한 이와쿠라 사절단은 오스만식 도시 재건으로 이제 막 완공된 대로와 공공건축물, 교통망 등에 큰 감명을 받은 바 있었다.[6] 하지만 이 감명이 현실을 움직이는 수단으로 작동하려면 많은 것이 함께 고려되어야 했다. 메이지 시대는 사회적 격변의 시기로, 도시계획을 서두를 만한 여력이 없었다. 정치질서 확립, 재정 확충, 국민경제 성장 등 국력을 곧바로 신장할 수 있는 일들이 훨씬 시급했던 것이다.

산업 성장과 교통 기술의 혁신, 전염병으로 인한 치사율 증가로 인해 도시질서의 근본적 변화가 절실했지만, 도시계획에 우선권이 주어지려면 국력 신장이라는 대의와 직결되어야 했다. 외국인에게 일본의 근대화된 인상을 각인하고 불평등 조약을 수정하도록 하려면 다른 무엇보다도 수도의 경관을 바꾸는 일이 필요하다는 데 메이지 정부가 동의함에 따라 정부 측이 주도권을 쥐고 사업에 착수하였다. 당장 시급한 사업은 화재 방지를 위해 가능한 한 곧게 뻗고, 포장된 대로를 건설하는 일과 상하수도 시설을 정비하는 일이었다. 19세기 일본의 도시계획이 수도 도쿄에 대한 계획과 거의 동의어로 사용된 것은 우연이 아니었다.[7]

긴자 벽돌거리의 등장

'제국의 수도' 도쿄는 근대화된 에도가 아니라 새로운 역사적 공간으로 '발명'된 것이다. 도쿄 그 자체가 일종의 담론 형성체라고 볼 수 있다.[8]

1868년 10월 13일 교토의 일황이 쇼군將軍이 떠나버린 에도 성에 도착한 일은 역사적 정통성이 갖는 권위와 현실권력이 결합된 일대 사건으로, '발명'의 시작을 알리는 팡파르였다. 이미 같은 해 7월 신생 메이지 정부는 에도를 도쿄로 개칭하면서 '제도' 건설의 의지를 밝힌 바 있었다. 하지만 막부 치세 전성기에 130만을 자랑하던 인구가 1872년에는 절반 이하인 57만 명으로 대폭 감소한 데서 알 수 있듯이,[9] 과도기의 혼란은 쉽게 진정되지 않았고 쇼군에 대한 지역민의 충성심 또한 단번에 사라지지 않았다. 메이지 정부는 새로운 '제도' 건설에 대해 매우 적극적이나 비타협적인 자세를 밀고 나갔는데, 그것이 새로운 국가 정체성의 수립과 직결되는 과제였기 때문이다. 따라서 도쿄에 대해서는 도시의 외관과 구조의 대대적 개편을 추진했던 반면, 여타 도시에서는 지역경제 진흥에 주안점을 두고 도시구조는 손대지 않는 이중적인 정책이 자리 잡았다.[10]

옛 막부의 본거지인 에도 성이 근대제국의 수도로 탈바꿈하려면 전적으로 새로운 정체성과 도시구조가 창출되어야 했다. '국체' 개념으로 변용된 텍토닉 원리는 도쿄의 '발명'을 위해서도 소환되었다. 물론 단번에 성사될 일은 아니었다. 메이지유신 이래 최초의 공공건설 프로젝트로 알려진 '긴자 벽돌거리銀座煉瓦通り' 건설은 새로운 수도의 정체성에 대한 합의가 부재했음을 입증해주는 사례이다.

본격적인 사업 착수는 우연한 계기로 이루어졌다. 1872년 2월 말 황궁의 남문인 사쿠라다몬桜田門에서 발화한 화재는 북서풍이 불면서 광범위한 지역을 집어삼켰다. 이 지역에는 에도 시대에 은화 주조소가 있던 긴자 거리도 있었는데, 5만 명이 거주하던 총 3000개에 달하는 건물이 전소되고 말았다.[11] 긴자는 유서 깊은 니혼바시日本橋와 접했으며, 북으로는 도쿄의 상업 중심지인 마루노우치丸の内 거리가, 동으로는 쓰이지築地 지구의 외국인 거류지가 자리 잡고 있었고, 남으로는 신바시

역新橋驛이 그해 가을 완공 예정이었다. 신바시역은 도쿄와 요코하마 항을 잇는 일본 최초 철도의 종점이었으므로 요코하마에 도착하는 외국인 방문객에게 곧바로 노출되는 곳이 바로 긴자 거리였다. 따라서 메이지 정부는 기왕에 전소된 긴자를 이전 모습대로 재건하기보다는 제국 수도의 위용에 걸맞고 내화성이 있는 아주 새로운 모습으로 재생하고자 했다. 재무 담당부서인 대장성 관료들이 주축이 되어 이례적으로 단 6일 만에 신속히 사업안을 제출했다. 특히 후일 외무대신이 되는 친독일파 관료 이노우에 가오루는 자신의 서구화 정책을 실현할 좋은 기회로 여겨, 당시로서는 매우 대담하게도 서구풍 벽돌가옥으로 구성된 일종의 마치나미町並み(건물이 늘어선 거리)를 구상했다. 아직 메이지 정부가 제자리를 잡기 전이라 해당 법규도 없고 정해진 주무부서도 없었으므로 막부 체제를 무너뜨린 소수의 무사 엘리트들이 뜻을 펼치기에는 오히려 이상적인 상황이었다.[12]

도쿄의 상업지구인 긴자 거리를 재구축하는 작업은 메이지유신 이래 처음 시행하는 공공건설 프로젝트였던 만큼 논란도 시행착오도 많았다. 그러나 기술적·제도적 한계나 정치사회적 여건 미비가 본질적인 문제는 아니었다. 문제는 사업의 궁극적 목표에 있었다. '발명'되어야 할 제국수도 도쿄는 한마디로 정체성이 모호했다. 서구적인 것을 마냥 '모방'만 하기도, 그렇다고 토착적인 것과의 어설픈 절충도 그리 탐탁지 않았다. 중부 유럽의 아테네인 '베를린'과는 사정이 많이 달랐다. 베를린의 역사적 정체성을 두고 프로이센의 지배층과 중산층 사이에는 일정한 합의가 있었다. 유럽의 여타 주요 도시들 앞에서 베를린은 분명히 "슈프레 강가의 아테네"임을 과시할 수 있어야 했다. 이러한 합의는 세계대전의 파국이 오기 전까지 적어도 중산층 이상에서는 정치적 갈

〈도쿄 제2명소 긴자 벽돌거리 풍속도東京第貳名所銀座通煉瓦石之図〉, 우타가와 히로시게 3세歌川
廣重 3代目 작(1874~1875), 다색목판화錦絵

긴자 벽돌거리(1874년 모습)

등으로도 파기되지 않았다. 독일제국에 있어 고대 그리스는 제국 외부와 내부의 적들에 비해 그리 멀지 않아 보였다. 그러나 도쿄에 대해서는 그만한 합의가 없었다. 도쿄는 근대화된 에도가 아님은 물론 도쿄만灣의 베를린도 아니었고, 동아시아의 런던은 더더욱 아니었다.

메이지 정부는 긴자 거리를 확실히 유럽적인 모습으로 재생하기로 의견을 모았다. 설계자로는 영국인 건축기사 토머스 워터스Thomas J. Waters가 발탁되었는데, 그는 이미 1850년대부터 일본에서 활동하고 있었다. 주무부서로 정해진 건설부의 공식 의뢰를 받은 그는 일련의 2층짜리 벽돌건물이 즐비하게 들어서고 양옆에 가로수가 늘어선 곧게 뻗은 빅토리아풍 거리를 계획했다. 외국인도 만족할 정도로 도로의 폭을 넓히고 내화성이 강한 벽돌건물로 거리를 재생하는 것은 시각적 요소와 기능성을 함께 고려한 조치로, 이노우에 가오루 등 일본 관료들의 요구를 반영했음이 분명하다. 1872년에 계획되었고 1년여 만에 핵심부가 대체적 모습을 드러냈으며, 1877년 잇초메一丁目에서 핫초메八丁目까지 최종적으로 완공된 긴자 벽돌거리는 빈번한 화재 위험으로부터 벗어난 것만큼이나 매우 '문명화'된 모습을 연출했다. 벽돌건물들은 대부분 2층에 창문과 베란다를 갖추고 지붕은 트래스trass와 철근으로 처리되었으며 가로에 면한 1층은 아케이드를 이루었다. 개별 건축물보다 중시된 것은 전체적인 측면, 즉 파사드의 연속적 통일성이었다. 가로는 네 폭으로 확장되어 각각 27미터, 18미터, 14.4미터, 5.4미터의 너비를 갖추고 보도는 벽돌로, 차도는 쇄석碎石을 까는 매캐덤 공법macadamization으로 깔끔하게 포장되었으며, 가로수로 보도와 차도를 분리했다. 폭이 6미터에 달하는 보도의 등장은 일본 최초인 것으로 기록된다. 가로수를 따라 적절히 배치된 가스등도 최초의 등장이었다. 가스등을 통한 조명은 마치 '문명개화'를 상징하는 듯 보였다. 그러나 무엇보다 시사적인 것은 이면도로가 서양과 일본 양식이 혼합된 형태를 취한 반면, 전면도로만큼은 근대 서구의 양식을 따랐다는 점인데, 이는 이 대규모 건설 사업의 기본 성격을 고스란히 나타내준다.[13]

긴자 벽돌거리의 모습은 영국 건축가 존 내시John Nash가 설계한 런던 리젠트가Regent Street의 만곡형 주랑을 지닌 건물군 쿼드란트Quadrant에서 착안한 것으로 알려져 있다.[14] 런던 도심부에 위치한 리젠트가는 '섭정 왕자Prince-Regent'를 거쳐 1820년 왕위에 오르는 조지 4세George Ⅳ가 나폴레옹의 파리를 능가한다는 목표 아래 조성한 거리로, 소위 '조지 양식'의 메카로 알려져 있다. 기나긴 가도의 중간부에는 상업지구가 자리 잡았는데, 그 일부가 쿼드란트였다. 새로운 시대의 요구에 부응하여 요란한 장식을 극도로 제한하고 거리에 줄지어 선 열주의 나열과 간격에서 그리스적 규칙성을 추구했으며 군데군데 포인트를 주어 리듬감을 살린 것이 이 독보적 건물군의 건축적 특징이었다.[15] 물론 쿼드란트와 긴자 벽돌거리 사이에는 차이점이 많았다. 무엇보다 베란다 모티프는 메이지 초기 일본이 홍콩이나 상하이 등지에서 유행한 이국풍 절충주의, 이른바 '개항장 양식'의 간접 영향권 내에 있었음을 입증한다.

그러나 긴자 벽돌거리의 모습이 어떠한 건축양식에서 비롯되었는지를 확정하는 것은 큰 의미가 없다. 그보다는 당시 일본에서 외국인 초빙사招聘師로 근무하던 건축가 워터스가 두 세대 이전의 영국식 신고전주의 건축의 형태언어를 전혀 이질적인 환경에 도입했다는 점이 중요하다. 가스등 불빛이 넘실거리는 곧게 뻗은 벽돌거리가 당시의 보행자들에게 얼마나 충격을 주었을지는 능히 짐작해볼 수 있다.[16] 엄밀한 의미의 양식은 전혀 문제가 안 되었다. 워터스는 일본으로 건너온 이래

런던 리젠트가의 쿼드란트 삽화(1872)

증기기관을 사용하는 방적 공장 건축을 감독했으며 메이지유신에 즈음해서는 오사카 조폐국을 짓는 등 활발한 사업에 매진했으므로 기능에 위배되지 않는 한 양식적 형태에서는 매우 유연한 태도를 보였다.[17] 긴자 거리의 모습은 이후 목조건축에 익숙하던 일본의 목수 장인들에게 영향을 끼쳐 갖가지 변형을 낳게 되는바 이는 일반적으로 '의양풍擬洋風'이라 불렸으며 전문가들 사이에서는 '개화식開化式'이라는 용어가 회자되었다.[18]

긴자 벽돌거리는 원래 계획했던 993개 동 중 삼분의 일가량만 실현되었다. 비용이 예산액을 크게 상회했을 뿐 아니라 벽돌건물은 도쿄의 무더운 여름을 못 견디고 눅눅해질 것이라는 선입관으로 인해 생각보다 인기가 없어 사업이 조기에 마무리된 것이다. 어차피 주민의 의사는 도외시한 계획이었으며 대부분의 세입자들은 상승하는 집값 부담 때문에 축출되고 말았다. 그러나 장기적으로 보면 긴자 거리가 수입상품 상점 지역으로 인식되며 도쿄 최고의 상업지구로 성장하였기 때문에 본래 계획이 반드시 실패했다고는 볼 수 없다.[19] 보다 중요한 것은 긴자 벽돌거리가 서양인들의 시선을 염두에 둔 일종의 '진열장'으로 기획되었다는 점이다.[20] 그것은 소수 엘리트 관료들이 꾸민 모험적인 전시기획이었던 만큼 의욕에 비해 현실성은 떨어졌다. 벽돌건물은 '문명개화'의 물질적 구현으로서 지식인들 사이에서 예찬을 받기도 했으나 '의양풍' 건축물이 기껏해야 외국인의 이익을 채우는 겉치레, 흔히 쓰이던 표현으로 '간판'에 불과하다는 지배적 관념을 불식시키기에는 부족했다. 외국인의 치외법권이 엄연히 존재하는 주권찬탈의 현실 속에서 젊은 엘리트들의 치기 어린 서구 애호는 의심의 눈길을 피할 수 없었다. 결국 긴자 건설은 도쿄 중심부를 유럽 도시의 미학적 원리에 따

라 재건한 최초의 시도이자 실제로는 마지막 시도였다.[21]

'관청집중계획'과 중심의 발명

　1870년대 긴자 벽돌거리 기획이 기대만큼 큰 성공을 거두지 못한 채로 마무리되고 나서 1880년대에는 상이한 계획안들이 자웅을 겨루었다. 그 첫 발을 내디딘 것이 도쿄부지사 마쓰다 미치유키松田道之가 1880년 11월 2일 중앙정부에 상신上申한 계획안 「도쿄중앙시구계획 결정의 문제東京中央市區畵定之問題」였다. 이 계획안은 19세기 도시계획의 중심지로 간주되던 파리를 모델로 삼아 주로 도시 중심부의 재건에 초점을 맞추었다. 그것은 중산층의 구미에 맞는 수도의 모습을 제시했는데, 주요 도로를 확장한다든지 중앙의 상업지구를 재생한다든지 신항만을 구축한다든지 등 경제 활성화에 주안점을 두고 있었다. 특히 눈에 띄는 것은 기존의 인구밀집지역을 관통하는 새로운 가로를 건설하는 계획과 낡은 목조건물이 많은 슬럼가를 도시 중심부에서 몰아내고 부촌을 건설한다는 계획이었다. 그러나 이 계획은 곧 철회되었다. 일단 정치권의 지지가 전혀 없었고 실행할 수 있는 행정적 기구도 재정도 모두 결여되어 있었기 때문이다.[22]

　이 계획안이 간과한 것은 무엇보다도 제국의 수도에 필요한 상징성에 대한 고려였다. 메이지 시대 초기에 아직도 수도로서의 위상이 불분명했던 도쿄의 상징적 중심부는 사실상 비어 있는 상태였다. 대화재로 인해 황제의 어소御所가 전소된 이래 정부는 궁의 부지에 황궁과 정부청사들을 지을 계획이었으나 부지가 벽돌건물 짓기에 적합하지 않다는 외국인 초빙사들의 경고와 더불어 황궁의 건축양식에 대해서도 의견이 분분하다가 결국 황궁은 일본식으로, 부속건물들은 의양풍으로 짓는 절충안으로 의견이 모아져 1888년에야 황궁이 준공되었다. 그 건물 자체도 궁 안쪽은 순일본식 목조로, 입구 쪽은 일본과 서양의 혼합식—"화양식和洋式"—목조로, 궁내성 청사는 서양식 벽돌조로 건설했다.[23] 당시의 어지러운 정세만큼이나 어중간한 양식적 선택이었다. 황궁 건립이 지연됨에 따라 제도의 중심부에는 제국을 상징할 만한 건축물이나 대로가 존재하지 않았다. "황실의 거처皇居"로 변모된 유서 깊은 에도 성과 '개화식' 상업지구인 긴자 사이에는 무엇인가 특별한 것이 출현해야 했다.

그리하여 긴자 벽돌거리 건립의 대의를 계승하면서도 그보다 훨씬 전면적으로 제도의 중심부를 채우는 기념비적 기획이 등장하였다. 이번에도 주역은 이노우에 가오루였다. 그는 당시 외무대신 자리에 올라 있었다. 1886년 5월 이른바 '불평등 조약'을 개정하기 위해 서구 열강을 상대로 총력을 기울이던 이노우에는 외국 사절들에게 제국수도의 위용을 과시해야 할 필요성을 절감했다. 지나치게 실용적인 마쓰다의 계획안에 반대하던 그는 1887년 외무대신 자격으로 황궁 남쪽의 도시 중추부 히비야日比谷에 드넓은 대로를 건설하고 그 옆의 가스미가세키霞ヶ關 거리에 계획적으로 주요 정부청사를 배치하는 이른바 '관청집중계획官廳集中計畵'을 제안했다. 그것은 당시 유럽에서도 새로웠던 네오바로크풍의 도시계획으로, 그야말로 제국수도로서의 위용을 창출하는 것이 초점이었다. 어차피 옛 막부와 그의 가신들이 떠난 옛 에도 성 주변 부지가 텅텅 비어 있었기에 공공건축물을 짓기에 안성맞춤이었다. 바로 이곳에 기념비적 대로와 제국의회 의사당을 포함하는 공공건축물들,

공원, 그리고 도쿄 중추부의 남북을 잇는 도쿄 중앙역을 건립함으로써 새로운 제국수도의 위상학적 질서를 '발명'하고자 했던 것이다.[24]

이노우에는 1886년에 내각 직속의 임시건축국을 설립하여 이 업무를 담당하도록 하고 그 자신이 이 부서의 총책을 맡았다. 이 부서는 이후 1890년까지 4년간 존속하게 된다. 친독일파 이노우에는 도쿄의 경관에 잘 통합될 수 있는 서양식 건물군을 염두에 두었고 독일제국에 자문을 구했다. 수년간 베를린의 대사관에서 공사로 근무하고 있던 아오키 슈조靑木周藏 등의 노력으로 베를린의 '엔데-뵈크만Ende & Böckmann 건축사무소'를 공식적으로 소개받을 수 있었다. 이 사무소는 당시 독일제국의회 의사당 설계안 공모에서 2위를 차지한 바 있으며 신생 수도의 각종 공공건축 사업에 활발히 참여하였다. 사무소를 이끌던 빌헬름 뵈크만Wilhelm Böckmann은 1886년 일본에 와서 몇 개월 동안 체류했고 동업자 헤르만 엔데Hermann Ende도 1887년에 일본을 방문했다. 또한 베를린의 도심확장계획을 지휘했던 고위 관료 제임스 호프레히트[이 책의 1부 5장에서 '호프레히트 계획안' 참조]가 엔데와 함께 일본을 방문하여 한 달 반가량 머물며 엔데-뵈크만 건축사무소의 설계안을 보다 단순화하는 작업을 하게 된다. 이처럼 독일 건축가와 관료의 개입으로 베를린은 도쿄의 발명을 위한 모델이 되었다.[25] 빌헬름 뵈크만은 자신의 구상을 '일본광장Forum Japanum'이라고 지칭했다.[26]

1886년 4월 말에 도쿄를 방문한 뵈크만은 베를린 건축학교 교장을 역임했을 뿐만 아니라 『독일건축신문』의 공동편집자이기도 한 주류 중 주류의 건축가였다. 그는 작품으로나 직책으로나 프로이센 고전주의 건축의 계승자로 볼 만한 인물이었다. 동시에 그는 중국풍의 베를린 동물원Zoologischer Garten 건물들을 설계했을 만큼 역사주의적 절충주의를

히비야에서 본 관청가 조감도 도안(1887)

구사할 줄 아는 인물이기도 했다.[27] 일본 정부는 그에게 제국의회, 법원, 법무성, 경찰청 청사를 포함하는 관청가 전체 구역의 설계를 공식 의뢰하고 5년간 최고 건축고문 직책을 부여하기로 했다. 뵈크만은 일본 정부에 제출하여 인가받은 도면을 귀국 후 베를린에서 마무리했고 이듬해 5월 초에 헤르만 엔데가 그 완성된 결과물을 들고 일본을 찾았다. 이들의 설계안은 임대주택으로 가득한 베를린보다는 빈의 링슈트라세를 모델로 삼은 것이었다.[28]

설계안의 중심축을 이루는 것은 쓰이지에서 가스미가세키 거리로 이어지는 선이었다. 설계도면을 보면, 중앙을 좌우로 가로지르는 중심축을 확인할 수 있다. 중앙에 보이는 일본대로Japan-Avenue를 삼각형의 꼭짓점으로 삼아 천황대로Kaiser-Avenue와 황후대로Kaiserin-Avenue가 갈라져 중앙(정차)역에 이르며 일본대로의 왼편으로는 관청가 가스미가세키 거

2부 아시아의 프로이센을 넘어

'관청집중계획'의 설계도(1887)

리가 펼쳐지고 그 언덕 너머 국회대로Parlaments-Avenue가 제국의회 의사당으로 이어진다. 이 길은 도면 하단에 만곡을 그리고 있는 유럽대로Europa-Avenue와 만난다. 이러한 구도는 분명 메이지 정부의 신일본적 '심상지리'를 구현한 것이다. 천황과 황후가 합체되어 태동한 일본이 새로운 국가체제를 통해 개명된 세계와 만나게 된다는 것이다.[29]

이 계획안의 중핵이자 첫 세부 계획안의 대상은 제국의회 의사당議院이었다. 가히 민족적 기념비라 할 만한 이 건축물의 설계자로는 이미 독일에서 제국 의사당 설계 경험이 있는 엔데-뵈크만 건축사무소가 적격으로 여겨졌다. 평면의 전체 규모가 180×70미터에 달하는 이 건물은 황관 모양의 위풍당당한 돔을 중심으로 경사진 맨사드 지붕이 감싸는 파사드는 쌍을 이룬 원주들을 위시하여 강한 좌우 대칭성을 보여준다. 건물 중앙에는 계단부를 포함하는 팔면체의 홀이 자리 잡고 있으며 홀의 양익부에 넓은 복도가 펼쳐져 있다. 이러한 건물 모습은 엔데-뵈크만 건축사무소의 1872년 독일제국 의사당 설계안을 대폭 차용한 것이었다.[30] 1891년 『독일건축신문』 제25호는 입면도 도안을 첨부한 간략한 보고문을 통해 이 건물이 양식상으로는 네오르네상스를 취했으며, 주재료로는 다듬어진 자연석Werkstein을 사용하기로 했다고 전하면서 해외에서의 독일 건축가의 활약상을 만족스럽게 평가하고 있다.[31]

그러나 이 계획안은 일본 고유성이 너무 없다는 이유로 최종 승인을 얻는 데 실패했다. 사무소는 베를린 동물원의 중국풍 건물들을 설계한 경험을 살려 지붕을 목재로 처리한 절충형의 두 번째 안을 마련했으나 다시금 거부당했다. 결국 엔데-뵈크만 사무소의 동업자로 1887년 헤르만 엔데와 함께 일본을 방문했던 아돌프 슈테크뮐러Adolph Stegmüller에게 설계가 맡겨졌고 비용 절감을 위해 화강석과 벽돌을 일부 섞고 첫

일본의 제국의회 의사당 입면도 도안(1891)

번째 안을 좀 더 단순화한 형태로 건물이 지어졌다. 1890년 11월 29일 새 건물에서 제국의회가 개원했고 개원식에는 일황도 참석했다. 그러나 완공된 지 두 달여 만인 1891년 1월 전기 화재로 건물이 유실되는 사태가 발생했다. 이 사고는 『독일건축신문』에도 보고되었다.[32] 이후 제대로 된 의사당이 등장하기까지는 다시금 수십 년의 세월이 요구되었다.

'관청집중계획' 실행은 이렇듯 처음부터 순조롭지 못했는데, 예상 밖의 사고 때문만은 아니었다. 고비용 문제와 더불어 수도의 심장부마저 외국인의 손에 맡긴다는 점이 일본 지배층의 자존심을 건드렸다. 때마침 불평등 조약 개정이 수포로 돌아가면서 이노우에가 외무대신 자리에서 물러나자 '관청집중계획'의 수명도 다하였다. 신정부는 임시건축국을 폐지하고 계획을 대폭 축소했으며 1893년 3월을 기해 일본 정부와 계약을 맺은 모든 독일인 건축가를 축출했다.[33] 이 조치는 메이지 유신 이래 줄기차게 추진해온 서구화 정책이 일단락되었음을 알리는 상징적 사건이었다.

비록 '일본광장'은 출현하지 못했지만, 새로운 제국의 심장부를 구축하려는 바람은 사라지지 않았고 수도 도쿄에 장기 지속적 흔적을 남겼다. 엔데-뵈크만 사무소의 원안대로 실현된 것도 있었다. 가스미가세키 거리의 도쿄재판소와 사법성이었다. 이들은 건물 자체뿐만 아니라 새로운 유형의 일본 건축가들이 성장하는 데 발판을 제공했다. 쓰마키 요리나카妻木賴黃와 가와이 고조河合浩場藏는 각각 도쿄재판소와 사법성 설계에 참여했는데 두 사람 모두 베를린 유학생 출신으로, 특히 쓰마키는 이후 일본 최고의 건축 관료로 입지를 굳힌다.[34] 이러한 신세대 건축가의 형성과 더불어 '관청집중계획'은 제도적 유산을 뚜렷이 남겼다. 계획이 추진 중이던 1885년에 내무성과 경시청 주도로 독일인 빌헬름 횐 Wilhelm Höhn을 초빙하여 독일의 경찰제도를 일본에 이식함으로써 향후 일본이 독일식 건축규제 방식을 채택하는 계기가 마련되었다.[35]

'도쿄시구개정조례'

당시 일본의 국력에 비해 지나치게 원대했고 처음부터 구설수에 휘말려 갈팡질팡하던 '관청집중계획'은 이보다 훨씬 실용적인 법안으로 대체되었다. 1888년에 제정된 '도쿄시구개정조례東京市區改正條例'는 실은 '관청집중계획'보다 훨씬 오래전부터 구상되던 것이었다. 1873년 내무성이 창설되자마자 도쿄 도시계획을 연구하는 '시구개정위원회'를 발족하여 가동에 들어갔다. 이 위원회에는 "일본의 애덤 스미스"라고 일컬어지는 경제학자 다구치 우키치田口卯吉[36] 등이 소속되어 보다 전문적인 식견을 갖고 계획안을 준비해갔다. 그리고 긴자 벽돌거리가 채 완성되기도 전인 1876년에 내무성은 도쿄 시내 전체를 대상으로 하여 이미 존재하는 인프라를 구체적으로 개선하는 '시구개정市區改正' 계획 초안을 완성했다.[37]

시구개정은 긴자 건설계획에 비해 덜 야심차고 훨씬 실용적인 목표를 지향했다. 긴자 벽돌거리는 근대적 인프라 구축과 도로 정비에는 좋은 경험이 되었지만 시 전체로 확대하기에는 비용이나 제도적·문화적 측면에서 무리가 있었다. 도쿄는 에도 막부의 시대가 종식되기 전인 1850년대의 인구를 1890년까지도 회복하지 못했고 도시 확장도 멈춘 상태였다. 따라서 시구개정은 도시의 재활성화를 위한 아주 직접적인 사업, 즉 도로의 폭을 넓히고 직선화하고 포장하는 일, 상수도 시설 개선, 교량과 하천의 정비 등에 주안점을 두었다. 오스만의 파리 개조를 모델로 하여 메이지 일본이 만들어낸 도시정비의 방법인 시구개정은 도시계획과 건축법의 초보적 내용을 담고 있었으며 수도를 화려하고 장엄하게 꾸미기보다는 상업적 가치를 우위에 둔다는 점이 기본 특징이었다.[38]

1880년에 포괄적인 도쿄 재건안을 제시했던 도쿄부지사 마쓰다가 급작스럽게 병사한 후 후임자인 요시카와 아키마사芳川顯正가 1884년 11월에 새로운 계획안 「시구개정의견초안市區改正意見草案」을 중앙정부에 상신했고 이와 함께 16조로 구성된 '도쿄시구개정조례'를 선보였다. 그렇지만 이것이 곧바로 효력을 발휘하기에는 일본 국내의 정치 지형이 녹록지 않았다. 외무성이 주도한 관청집중계획이 한 차례의 폭풍을 일으키고 포기된 후 여러 부서 간에 도쿄 재건안을 놓고 치열한 경쟁이 펼쳐지다가 결국 내무성이 주도권을 쥐게 되었다. 갖은 우여곡절을 겪은 후 1888년 3월에 드디어 '도쿄시구개정조례' 법안이 최종 심의기구인 추밀원에 제출되지만 또다시 어려움에 봉착한다. 당시 추밀원 의장이던 이토 히로부미가 조례안이 지나치게 실용적이라며 반대하고 나섰던 것이다. 그는 관청집중계획을 추진했던 이노우에 가오루의 정치적 동지였다. 그러나 그의 정적이던 내무대신 야마가타 아리토모와 대장대신(재무부 장관) 마쓰카타 마사요시松方正義가 추밀원의 결정을 묵살하고 8월에 내각회의에서 법안을 승인해버림으로써 도쿄시구개정조례는 결국 제정될 수 있었다. "전 도시구역에 걸쳐 상업, 공중위생, 화재예방, 교통의 도시행정"을 원활히 함이 목표라고 공시된 이 조례안은 일본 최초의 도시계획법으로, 1919년 정식 '도시계획법'이 제정될 때까지 이후 30여 년간 도쿄의 공간질서를 지배했다.[39]

　도쿄시구개정조례가 제정된 1880년대는 일본 열도 전체의 경제와 도시구조에 본격적인 변화가 시작된 시기다. 위로부터의 개혁으로 탄력을 얻은 경제가 이 시기에 와서 실제적인 도시인구 증가로 이어졌다. 행정합리화의 일환으로 현縣의 수가 급격히 줄어들고 지방정부가 재편되었으며 1873년에는 일본판 농지개혁인 '지조개정법地租改正法' 제정으로 다이묘와 사무라이가 자신의 영지에서 세금을 징수할 수 있는 권한을 박탈당하고 근대적 소유권이 확립되는 등 일련의 개혁이 진전되어 도시경제 활성화에 크게 이바지했다. 또한 태평양 해안선을 따라 이어지는 철도 교통망의 입지는 1880년대 후반기의 도시 성장에 결정적 역할을 했다. 1872년 요코하마-도쿄 노선으로 시작된 철도는 이와쿠라 사절단이 철도를 이용해 구미 각국을 여행하고 돌아온 이후 보다 탄력을 얻게 되는데, 1890년대에는 새로운 행정망에 상응하는 전국적 철도망이 완비되었다. 영국 기술로 이루어진 철도망 건설은 군사적인 동시에 경제적인 목적도 있었다.[40] 도쿄시구개정조례는 이 같은 급격한 경제 성장에 발맞추어 제도帝都 도쿄를 국정지표에 맞게 관리하고자 마련한 것이었다.

그러나 총 315개에 달하는 가로의 구축 및 확장, 운하 개선, 국철 종점인 신바시역에서 우에노上野까지 간선철도 확장, 도쿄역 건설, 수많은 교량, 49개의 공원, 8개의 시장, 5개의 화장터, 6개의 묘지를 건설한다는 애초의 계획은 재정 부족으로 상당히 축소되지 않을 수 없었다. 도쿄에는 여전히 독립된 권한을 지닌 시장도, 관계 공무원도 없었으며 물론 시청사도 없었다.[41] 청일전쟁과 러일전쟁의 연이은 발발도 악재로 작용했다. 1888년의 도쿄시구개정조례는 비록 소기의 목표를 충분히 달성하지는 못했지만 일본 최초의 근대도시계획법이자 도쿄 재생을 위한 전면적 계획안이라는 점에서 의미가 깊다. 그것은 매우 실용적인 계획이었지만 오랜 연구와 논의를 거쳐 입안되어, 오스만의 파리 재건에서 발견되는 요소들, 즉 규모의 웅대함과 영구성 그리고 기념비성을 지향한 흔적이 역력하다.[42] 도쿄시구개정조례는 사실상 긴자 벽돌거리 건설계획과 관청집중계획의 연장선상에 놓였었다고 할 수 있다. 이제 도쿄의 발명은 더는 진열장의 전시기획에 머물지 않고 진정으로 새로운 위상학의 정립으로 나아갔던 것이다.

도쿄시구개정조례가 실행되면서 도쿄 핵심부인 지요다구千代田區에는 본래 이노우에 가오루가 구상했던 서양식 경관과 구조가 일정하게 실현되었다. 물론 관청사 대신 상업용 건물이, 권위 대신 실용성이 우세한 것은 이노우에라면 결코 용인하지 않을 사항이었다. 황궁 동편의

마루노우치 오피스빌딩가 계획이 대표적 사례인데, 1894년 미쓰비시 1호관三菱一号館이 준공된 이래 일련의 빅토리아풍 네오고딕 건축물들이 등장하여 시민들 사이에서는 "한 모의 런던一丁 ロンドン"이라 불리곤 했다. 또한 연이은 전쟁으로 시일이 많이 소요되긴 했으나 오랜 숙원이던 도쿄 중앙(정차)역이 1914년에 이르러 마루노우치에 완공된다. 그 밖에 도쿄 통근열차의 상징인 야마노테山手 순환선이 건설된 것도 이때였고, 더불어 미국으로부터 수입한 전차도 1895년 교토에서 운행되기 시작하여 1903년 8월부터는 도쿄에서도 볼 수 있었다. 전차 운행은 도쿄의 공간구조에 중요한 변화를 야기했다. 간선도로가 등장함에 따라 변두리 지역이 도시의 교외로서 활성화된 것이다.[43]

실용성이 우세했던 도쿄시구개정조례는 히비야와 가스미가세키 거리를 관청가 부지로 재지정함으로써 이노우에 가오루의 방침을 이어 갔다.[44] 하지만 본래 이노우에의 계획에 명시되었던 사항들 중 뒷전으로 밀려난 것이 여럿 있었는데, 그 하나가 공원 건립이었다. 부족한 기금이 그나마 대부분 사용된 곳은 히비야 공원으로, 베를린의 티어가르텐이 대폭 축소된 형태로 도쿄에 등장한 것 같았다. 그러나 이는 특정한 심상지리의 구현이라기보다 실은 황궁과 상업지구 긴자 사이에 틈을 주어 화재 시 불길이 황궁에 미치지 않도록 한 기능적 판단의 산물이었다.[45]

정작 황궁 건립은 여전히 미궁이었다. 비록 헌법 반포일에 맞추어 정전이 준공되기는 했으나 '궁성宮城' 전체는 미완의 상태였다. 궁성의 담장 밖 공간도 1888년 공사를 마친 후 일명 '궁성외원宮城外苑'으로 불리게 되었지만 이토 히로부미가 못 박아둔 방침에 따라 오랫동안 일체의 건조물을 허용하지 않았다.[46] 시간이 흐름에 따라 점차 이곳은 시민

2부 아시아의 프로이센을 넘어

에게 개방된 도심의 광장으로, 속칭 '황거 앞 광장皇居前廣場'으로 자리 잡아갔지만[47] 늘 미완의 상태였다. 비록 위엄은 있었으나, 아니 오히려 지나친 위엄 때문에 그것은 도쿄의 소실점으로 기능할 수 없었다. 1923년 간토 대지진關東大震災으로 긴자 벽돌거리 등 도쿄 도심의 상당 부분이 파괴되기 전에도, 아니 대지진 이후 복구 사업이 성공리에 완수되고 나서도 도쿄의 중심은 늘 비어 있었다.

도쿄시구개정조례가 이루지 못한 또 하나의 주요 사항이 바로 개개 건축물을 규제하는 조치였다. 조례는 도로 확장이나 수로 건설 등 인프라 구축에 집중하여 건축법규는 거의 등한시했다. 도쿄 시구개정위원회 소속으로, 의사이자 작가였던 모리 오가이森鷗外는 독일의 신생 건축법을 번역했다. 그는 독일에서 4년간 공중위생을 공부한 바 있었으며 당시 독일은 유럽에서 가장 선진적인 도시계획 체계를 갖춘 나라로 꼽혔다. 건축법을 제정해야 한다는 모리의 의견은 받아들여지지 않았지만 향후 독일식 도시계획은 도쿄의 공간성에 장기적 영향력을 행사하게 된다.[48]

모리 오가이는 법제보다 문필을 통해 더 큰 영향력을 행사했다. 그가 독일 유학을 마치고 1888년 귀국하여 1890년에 발표한 소설『무희』는 베를린의 도시공간이 일본인의 뇌리에 각인되는 하나의 계기를 이룬다. 일본 문학의 고전 반열에 오른 이 작품은 1880년대의 베를린을 고스란히 담고 있다. 주인공 오타 도요타로는 국비 유학생으로 "가장 모던한 유럽 도시의 중앙"인 운터덴린덴에 도착하여 수많은 기념물로 장식된 바로크적 공간에 압도되고 만다. "마치 곱게 빗은 머릿결같이 죽 뻗은 큰 길" 운터덴린덴은 "양쪽에 돌로 포장된 인도를 무리 지어 오는 신사 숙녀"와 "도로의 아스팔트 위를 소리도 내지 않고 달리는 갖가지 모양의 마차, 구름 위로 치솟은 건물" 등을 과시하며 랜드마크인 브란덴부르크 문을 지나 "반쯤은 천공에 떠 있는" 승전기념탑으로 이어진다. "가로등 찬란한 번화가를 가로질러" 갑자기 "좁고 어슴푸레한 거리로" 접어들었을 때 주인공은 여주인공 엘리제와 만난다. 가난한 무희인 엘리제는 제국수도 베를린의 이면을 대변한다. 그녀의 거주지로, 두 사람의 사랑이 꽃피게 되는 클로스터슈트라세Klosterstraße는 웅장하고 과시적인 운터덴린덴과는 대조적으로 미지의 그늘 속에 가려져 있다.[49]

> 발코니와 난간에 널어놓은 이불속청, 속옷 등을 아직 걷지 않은 집, 기다란
> 수염을 늘어뜨린 유대인 노인이 문 앞에 우두커니 서 있는 선술집(……).[50]

메이지 일본의 대표적 베스트셀러인 『무희』의 독자들은 베를린의 공간을, 인상에 머무르는 여행자적 시선이 아니라 주거자의 시선으로 속속들이 파악할 수 있게 된다. 베를린은 이제 더는 미지의 환상세계가 아니라 냉혹한 현실이다. 더구나 여주인공 엘리제를 버려두고 떠나는 일본인 남성 주인공의 모습은 비록 작중에서는 슬픔과 좌절감에 짓눌려 있지만, 서양 제국마저 자신의 의지에 따라 취사선택의 대상으로 삼는 제국 일본의 새로운 위상을 은연중 암시한다. 그러나 그것은 동시에 제국의, 그 수도의 중심으로부터 끊임없이 시선의 균열을 겪는 일본인의 자화상이기도 하다. 주인공 오타는 서구화의 이상과 현실, 근대적 자아와 봉건적 무의식 사이에서 피치 못할 갈등을 겪는다.

독일적인 시공간원리에 대한 일본인들의 경도는 일본이 아시아의 프로이센임을 입증하지 않는다. 그것은 오히려 역사적 정체성의 결여를 반증한다. 근대 일본의 위상학을 '발명'하고자 하는 노력은, 도쿄의

2부 아시아의 프로이센을 넘어

에도 성의 망루(현재 모습)

상징적 중심을 만들려는 노력과 더불어 번번이 실패로 귀결되었다. 도쿄에는 엄밀한 의미의 중심이 없다.[51] 황궁은 도심의 랜드마크가 되기에는 너무 은폐되어 있으며, '황거 앞 광장'은 중앙의 광장으로 기능하기에는 너무 드넓고 너무 비어 있다. 녹음 속에서 감추듯 자신을 드러내는 에도 성의 망루야말로 그러한 결여의 도상이다.

'빅토리아' 혹은 '빌헬름'?:
메이지 시대의 공공건축

일본 지배세력의 근대화 의지는 메이지 시대의 공공건축에서 가장 명징하게 표현된다. 그것이야말로 제국의 한가운데에 새로운 시공간 원리를 구현하는 가장 확실한 방법이었기 때문이다. 이 전례 없는 사업의 성공 여부는 구미에 유학을 보내 그곳의 건축과 도시계획을 배우도록 하는 일과 흔히 외국인 초빙사로 불리던 '감독관surveyor'을 통해 일본 내 전문가들을 양성하는 일에 달려 있었다. 외국인 초빙사들은 일본인들보다 훨씬 많은 급료를 받았지만, 그러한 우대는 한시적이었다. 정부는 종국에는 모두 일본인으로 대체한다는 복안이었다. 서양인들로부터는 취할 것만 취하면 된다는 생각이 깔려 있었던 것이다.

영국인 건축가 조사이어 콘더가 끼친 영향

1870년 창설된 공부성工部省 산하 토목국은 건축과 토목·도시계획·미술 분야에 관련된 일군의 외국인 전문가들을 초빙했는데, 대표적 인물로 프랑스인 부앙비유C. de Boinville, 이탈리아인 카펠레티G. V. Cappelletti, 미국인 브리진스R. P. Bridgens, 그리고 영국인 조사이어 콘더 등을 꼽을 수 있다. 1877년 약관 25세로 일본에 건너온 영국인 건축가 조사이어 콘더는 영국과 일본 사이의 초기 건축 계보를 상징하는 인물이다. 1872

도쿄 대학 구내의 조사이어 콘더 동상(현재 모습)

년 말 이와쿠라 사절단이 에든버러와 글래스고를 방문하면서 맺은 인연으로 일본에 오게 된 그는 1877년 제국공과대, 즉 고부 대학교工部大學校에 일본의 첫 건축학과 교수로 부임한 이후 지대한 영향력을 발휘했다.[1] 그가 설계한 여러 건축물 중 외국인과 최고위층 일본인을 위한 사교장인 로쿠메이칸鹿鳴館은 1883년 준공된 이탈리아 빌라풍 건물로, 무엇보다 화려한 서양식 연회장을 통해 일본의 건축가뿐 아니라 지배층 전반에 강한 인상을 남겼다.[2]

서양에서 건너온 건축가들과 토목기술자들에 힘입어 메이지 시대 초기 서양 건축술이 일본에 소개되었지만 강한 인상을 남긴 데 비해 뚜렷한 이해가 동반되지는 못했던 것으로 보인다. 목조건축에 익숙하던 일본의 토착 건축가들에게 서양식 건축물은 그저 신기했을 뿐 그 형태 언어에 담긴 의미를 이해하기는 힘들었다. 이른바 '의양풍' 양식이 나타난 것은 이 같은 몰이해를 반증한다. 물론 서양 건축가들 자신도 일본에 온 이상 특정 양식을 고집하지는 않았다. 어차피 양식은 '간판'이었을 뿐 유럽에서와 같은 사회·문화적 가치는 없었기 때문이다. 서양 건축가들은 대체로 서양 건축의 장식적 요소들을 건물의 목적에 맞게 자유로이 변주했다.[3]

토마스 워터스가 설계한 긴자 벽돌거리의 건물들이 그 전형이라 할 수 있지만 고부 대학교 교수 콘더가 설계한 마루노우치 오피스빌딩가의 미쓰비시 1호관도 절충주의적 면모로는 전혀 뒤지지 않았다. 1892년에 착공하여 1894년에 준공된 이 이색적인 적벽돌건물은 단순 형태의 벽기둥을 지닌 출입구와 백석으로 만든 창틀, 다소 뜬금없는 발코니 등이 양식적 규정을 어렵게 하지만, 박공 장식을 한 좁고 뾰족한 지붕창과 그 위의 꼭대기 장식 등으로 인해 빅토리아 시대 건축의 풍모를 보인다.⁴ 순수한 신고전주의 양식과는 한참 거리가 멀어 보이는 이 건물은 소위 '앤 여왕 양식Queen Anne Style'에 근접해 있다. 이 독특한 이름의 양식은 1870년대와 1880년대에 걸쳐 그 이전 수십 년간 영국을 지배하던 빅토리아풍 고딕 양식과 단절하여 보다 네오바로크적 웅장함을 추구했는데 일렬로 선 기다란 창문들, 중앙부의 삼각형 박공지붕, 벽면 모서리의 귓돌quoin 장식, 그리고 건물의 입면을 기존의 거리에 맞추는 방식 등이 그 특징이다.⁵ 이처럼 콘더의 건축은 워터스의 경우와는 달리 '개항장 양식'으로부터 확실히 벗어나 있으며 대영제국 본토의 경관을 도쿄 한복판으로 끌어들였다. 그렇지만 미쓰비시 1호관이 보여주는 지나치게 절충주의적인 모습은 여전히 '국적불명'이었다. 물론 이 같은 경향은 오래가지 않았다. 일본인 구미 유학생들이 학업을 마치고 귀국하면서 사정이 달라진 것이다.

영국인 건축가들의 활약은 정치적 흐름과는 별개로 진행되었지만 어느 사이엔가 정치적 상징성을 띠게 되었다. 변화의 주된 원인은 한때 경외의 대상이던 독일과의 뼈아픈 갈등이었다. 1895년 일본인들은 독일에 크게 실망했다. 청일전쟁 승리로 일본군이 뤼순 항을 점령하자 독일제국은 러시아·프랑스와 연합하여 일본군이 요동 반도에서 즉각 철수하도록 압력을 행사했다. 역사상 이른바 '삼국간섭'으로 기록되는 사건이었다. 이는 말할 나위도 없이 중국으로부터 더 많은 이권을 얻어내기 위한 제국주의적 처사로, 필요하다면 일본쯤이야 언제든 내칠 수 있음을 여실히 보여주는 사건이었다. 독일에 남다른 호감을 갖고 있던 일본으로서는 배신감을 느끼기 충분한 일이었기에 결국 일본이 영일동맹英日同盟으로 선회하는 결정적 계기로 작용했다.⁶ 이러한 정치적 배경을 고려할 때 건축계에서도 영국의 영향력이 점점 증대된 것은 실로 자연

2부 아시아의 프로어센을 넘어

조사이어 콘더가 설계한 미쓰비시 1호관 정면부(복원된 현재 모습, 미쓰비시 이치고칸 미술관三
菱一号館美術館)

스러운 현상이었다고 할 수 있다.

일본 근대건축의 대명사 다쓰노 긴고

1886년은 일본 근대건축사의 전개에서 참으로 의미 있는 한 해였다. 그해 3월 제국대학 법령이 발포되어 1877년 설립된 고부 대학교가 신생 도쿄 제국대학의 공과대학으로 통합되었고, 4월에는 제국공과대 졸업생을 중심으로 연구 및 직능 단체의 기능을 가진 조카 학회造家學會가 결성되어 1884년부터 고부 대학교에서 교수직을 수행하던 다쓰노 긴고辰野金吾를 회장으로 선임했기 때문이다. 이후 '조카'라는 용어는 1894년 이토 주타의 제안에 따라 좀 더 예술적 창작의 의미를 강조하는 '건축'이라는 용어로 대체되어, 조카 학회는 일본건축학회로, 조카 학과도 건축학과로 명칭이 바뀌었다. 그렇지만 1887년부터 발간되기 시작한 월간 『건축잡지』는 이미 '건축建築'이라는 용어를 사용하고 있었다.[7]

고부 대학교 교수 콘더의 일본인 제자 중 한 명이었던 다쓰노 긴고는 런던 대학교London University에서 수학하고 귀국하여 모교에서 교수직을 얻은 인물이다. 제국공과대의 소속 변경에 의해 곧 도쿄 제국대학 공과대 교수가 되었다. 다쓰노가 수학한 런던 대학교는 콘더의 큰할아버지로저 스미스T. Roger Smith가 건축을 가르쳤던 곳으로, 이곳에서 다쓰노는 당대에 유행하던 '앤 여왕 양식'의 영향을 받은 것으로 알려졌다. 고부 대학교에서 다쓰노를 가르친 세 살 연상의 스승 콘더는 일본으로 건너오기 전에 네오고딕의 명실상부한 대표자로 꼽히는 윌리엄 버제스William Burges의 사무실에서 2년간 배운 경력이 있었지만 스승 버제스처럼 고딕

2부 아시아의 프로이센을 넘어

다쓰노 긴고가 설계한 도쿄 제국대학 공과대학 건물

을 추구하지는 않았는데, 스승인 콘더에 비해 오히려 다쓰노는 버제스식 네오고딕과 네오바로크적인 앤 여왕 양식을 절충하여 일종의 네오팔라디오주의와 유사한 방향으로 나아갔다. 그럼으로써 다쓰노는 시대에 전혀 뒤떨어지지 않고 당대 유럽의 후기 역사주의 경향과 보조를 맞추어갈 수 있었다.[8]

　다쓰노 긴고는 일본 최초의 근대적 전문 건축가로 평가된다. 자신이 교수로 재직하던 도쿄 제국대학 공과대학 건물은 그의 초기 대표작으로, 1888년 도쿄대 혼고本鄕 캠퍼스에 세워졌다. 둥글게 깎은 한 쌍의 탑과 정삼각형 박공 등 고딕과 신고전주의를 결합했다는 점에서는 버제스식 네오고딕 건축의 영향이 짙지만 세 개의 아치형 출입구와 입방체 조합은 전형적인 네오팔라디오주의의 요소로서, 상이한 요소들 간에 적절한 균형을 이루어내고 있다. 런던 유학의 자취가 물씬 배어나는 작품이다.[9]

다쓰노의 그다음 대표작은 일본은행日本銀行 본관으로, 1890년에 설계를 시작해 1896년에 준공했는데, 1890년대 일본에서 가장 큰 위원단을 꾸리고 착수된 공공건축물이었다. 국립제일은행의 설립자이며 일본 자본주의의 개척자로 꼽히는 시부사와 에이이치澁澤榮一도 스폰서 중 한 명이었다. 다쓰노는 몇 년간 해외에서 작품을 구상했으며 버제스의 사무실로부터 도움을 받았다고 한다.[10] 그렇지만 일본은행은 일본 최초의 프랑스식 신고전주의 건축물로 기록된다. 작은 연못에 의해 길거리로부터 독립되어 있던 이 건물은 벽돌과 철을 주재료로 삼은 3층 건물로, 전체적으로 정방형의 구조에 직각으로 교차되는 세 부분이 연결되어 있다. 건물은 거칠게 마감된 부속건물로 둘러져 두 개가 한 쌍을 이룬 아치형 출입구가 두 개 뚫려 있다. 한 문은 작은 아치, 다른 문은 큰 아치 형태를 띠고 있다. 출입구를 통과하면 중정과 함께 고전주의적 형태의 포르티코가 등장한다. 포르티코는 복층으로, 상층부는 난간으로 둘러져 있다. 그 배후에는 일본 최초의 돔으로 기록되는 팔각형의 돔형 지붕이 설치되었으며 지붕 위에는 '황소 눈' 모양의 지붕창과 랜턴lantern이 부착되었다.[11] 일본은행 본관은 여러 개의 입방체가 조합되었다는 점에서 공학부 건물과 유사하지만 섬세한 비례와 균형이 좀 더 돋보이는 건물이다. 건물 전체를 흐르는 우아한 프랑스풍 신고전주의가 근대 일본의 자본주의적 번영을 나타냈다면, 독일 네오바로크 풍모가 강한 팔각형의 돔은 그러한 번영을 뒷받침하는 제국의 권능을 가시화했다. 무엇보다 중요한 사안은 바로 이런 건물을 일본인이 만들었다는 점이다.[12]

다쓰노는 자신만의 독특한 양식을 창조했다. 건물 입면을 기존의 거리에 맞추는 '앤 여왕 양식'과는 달리 다쓰노의 작품들은 파사드의

2부 아시아의 프로이센을 넘어

다쓰노 긴고가 설계한 일본은행 본관의 남쪽 전경

일본은행 본관의 중정과 포
르티코(현재 모습)

좌우 대칭을 유지했고, 부지가 각을 이루는 경우에는, 이후 도쿄 중앙역에서 보이듯 건물 모서리에 돔을 얹어 거리에서 두드러져 보이도록 만들었다.[13] 이처럼 서양 건축을 완전히 체득하여 나름의 독특한 양식 세계를 펼친 최초의 일본인 건축가 다쓰노 긴고의 사례는 서구의 역사주의 건축이 가졌던 복합적 측면이 일본에 면밀히 수용되었으며 특히 영국 건축의 영향력이 컸음을 웅변한다.

　세기말 일본에서는 서양의 건축양식을 완벽히 모방하는 것이 대세로 자리 잡았다. 당시 지어진 많은 공공건축물은 팔라디오풍 포르티코, 섬세한 처마 장식물, 벽기둥 장식, 웅장한 바로크 박공 등 유럽 고전주의 건축의 기본적인 형태언어를 공통적으로 보여준다.[14] 이제는 유럽과 마찬가지로 일본에서도 건축물 양식이 시공간원리를 적극 체현함으로써 근대 일본의 위상학적 질서를 수립하는 데 주요한 역할을 맡는다. 물론 서구와는 달리 일본에서는 이러한 건축양식이 특정 계층의 집단기억이나 자기재현의 양식일 수 없었고 오로지 국가권력의 '텍토닉'으로 작동했다는 점에서 본질적 차이가 있다. 이런 점에서 일본인들에게 영국풍 건축은 어딘가 흡족지 않은 면이 있었다. 새로이 부상한 제국 일본의 국가이념을 가시화하려면 외형적인 웅장함이나 디테일의 섬세함과는 다른, 일본적인 외유내강의 '혼魂'을 드러내줄 만한 이미지가 절실했다. 따라서 영국의 앤 여왕 양식이나 프랑스의 제2제국 양식에 비해 차분하면서도 강건한 이미지를 주는 프로이센 고전주의와 베를린과 함부르크, 브레멘 등을 중심으로 하는 북독일 네오르네상스가 도쿄 건축의 한 축을 이루게 되었다.

독일파 건축가 쓰마키 요리나카

일본 건축계에서 다쓰노 긴고와 여러모로 대비되는 인물이 쓰마키 요리나카였다. 양자의 경쟁관계는 일본 내 영국파와 독일파 간의 우위 다툼이었을 뿐만 아니라 학계와 관계官界의 미묘한 갈등이기도 했다.[15] 그러나 이는 엄밀한 의미의 건축적 노선 투쟁은 아니었다. 일본에 체류하던 빌헬름 뵈크만이 영국인 조사이어 콘더와의 친교를 기록하고 있듯이[16] 실제적으로는 이견이 그리 크지 않았다. 어차피 콘더와 그의 일본인 제자들은 후기 역사주의의 절충주의 노선을 지향했기에 선명한 노선 투쟁은 불필요했다. 문제는 권력이었다. 이노우에 가오루가 '관청 집중계획'을 추진한 이래 일본 중앙정부 일각에서는 프로이센식 국가주의를 상징할 수 있는 건축물과 도시계획을 강력히 요구하였고, 이는 쓰마키를 필두로 한 일군의 독일파 건축가들이 건축 부문 관료로 성장할 수 있는 길을 터주었다.

'엔데-뵈크만 건축사무소'가 도쿄 관청가에 실현한 대표적 건물인 도쿄 재판소와 사법성 청사는 강력한 프로이센 이미지와 실용적 기능을 일치시킨 사례로, 중도 포기된 관청집중계획의 정당성을 웅변하듯 특별한 위용을 보여주었다. 도쿄 재판소는 전체적으로 네오르네상스 양식에 가깝다. 파사드 중앙에 개방된 복도 곧 로지아loggia가 솟아오르는 듯한 형세로 거대한 돔을 지탱하고 있으며 그 양측에 두 개의 원형탑이 앞으로 돌출된 채 로지아를 호위하고 있다. 로지아는 세 개의 거대한 아치문을 지니고 그 하층부도 같은 형식으로 처리되어 있다. 건물 전체를 보면 네 개의 익부가 두 개의 중정으로 배분되고 짧은 연결용 익부가 서로를 연결하고 있다. 이 건물의 특징 중 하나인 아치형 로지

도쿄 재판소

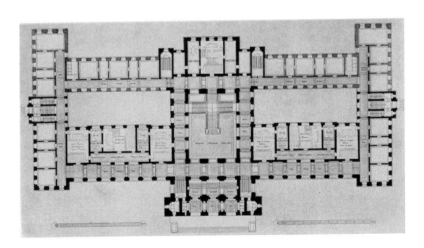

도쿄 재판소 평면도

아는 빌헬름 뵈크만이 일본에 처음 선보인 것이었다.[17] 이 웅대하고도 섬세한 건물의 공사는 1888년에 개시되었는데, 바로 그해 엔데-뵈크만 건축사무소 직원으로서 일본에 온 독일 건축가 리하르트 젤Richard Seel이 공사 책임자로 정해졌다. 일본 측의 협력자는 같은 해 베를린에서 유학을 마치고 귀국한 쓰마키로, 1893년 일본 정부가 여타 독일인 초빙사들과 더불어 젤을 해고하자 쓰마키에게 공사가 일임되었다. 도쿄 재판소는 1896년에 준공되었다.[18]

황궁의 남문인 사쿠라다몬 건너편에 자리 잡은 사법성司法省 청사는 관청가의 출발점에 위치한 건물로, 관청집중계획의 가장 확실한 유증이다. 자연석 대신 화강석과 메이지 시대 특유의 적색 벽돌을 사용한 이 건물은 과장되지 않은 벽기둥과 높이 치솟은 맨사드 지붕, 중앙과 모서리의 돌출부 등 전형적인 북독일 네오르네상스의 건축언어를 보여준다. 그러나 동시에 매우 독창적인 요소들이 가득하다. 바로크식 지붕창이 크게 단순화된 점이라든가, 관청의 기능적 요구에 따라 지나치게 길게 늘어진 파사드를 다섯 개의 부속부로 분할하여 중화한다는 점, 3층 건물에서 맨 아래층은 반 층만 사용했다는 점, E자형 평면, 그리고 무엇보다 지상층의 큼직한 아치 기둥들 위에 토스카나풍 열주로 로지아를 구성했다는 점이 참으로 이색적이다. 이 밖에 중앙 돌출부 양옆에 납작한 지붕의 신고전주의적 포르티코가 놓여 두 개의 출입구를 형성하고 있다는 점, 양 익부의 파사드마다 추가적인 로지아가 있는 점도 특이하며, 북독일 네오르네상스에서는 보기 힘든 베란다 모티프도 등장한다. 엔데-뵈크만 사무소의 사법성 청사는 이처럼 역사주의적 혼성성을 드러내면서도 통일성을 잃지 않고 안정된 전체를 이루고 있다. 이 건물의 공사는 도쿄 재판소와 마찬가지로 리하르트 젤이 총책임을 맡았고 독일

엔데-뵈크만 사무소가 설계한 사법성 청사

사법성의 중앙 돌출부(현재 모습)

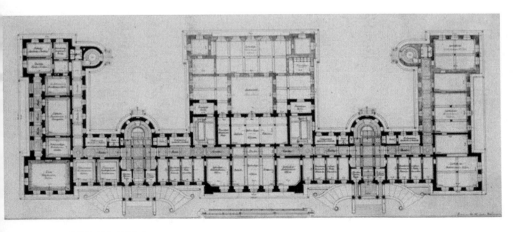

사법성 일층 평면도

인 기사 티체o. Tietze가 실무를 이끌었으며 일본인 중에는 베를린 유학파인 가와이 고조가 참여했다.[19] 가와이는 조사이어 콘더의 제자로, 대학원생 시절 독일 르네상스풍인 니주바시 건설에 참여한 경험이 있었다.[20]

도쿄 재판소와 사법성 청사는 확실히 프로이센적인 국가주의의 도상이었다. 독일 건축의 영향은 실제적 파급력보다도 그 시사점으로 인해 중요성을 지닌다. 비록 기능주의보다는 양식주의적 성향이 강하지만, 과장된 모티프나 불필요한 장식이 절제되고 각 부분이 유기적 결합을 이루어 차돌같이 단단해 보이는 프로이센식 공공건축물은 그야말로 제국의 권위를 상징하기에 안성맞춤이었다. 실제로 일본 건축가들이 독일로부터 얻어낸 가장 구체적인 성과는 벽돌조 기법으로,[21] 그것이 향후 일본 관청사의 기본 구조를 이루게 된다.

메이지 시대 일본 건축계의 한 축을 이룬 베를린 유학파의 수장 격이었던 쓰마키 요리나카는 다쓰노 긴고가 대변한 학계의 입장에 맞서 정부 측 입장을 대변하는 역할을 맡았다. 벽돌조의 기념비적 건축이야말로 궁극적 지향점이었다.[22] 다쓰노의 대학 후배 쓰마키는 조사이어 콘더에게서 배우다가 도미하여 코넬 대학교에서 학사학위를 취득했으며 1885년에 귀국하여 잠시 도쿄부청東京府廳을 거쳐 이노우에 가오루가 만든 임시건축국에 근무하게 되면서 가와이 고조, 와타나베 유즈루渡辺讓 등과 함께 관청집중계획에 참여했다. 그는 엔데-뵈크만 건축사무소 도움으로 베를린으로 건너가 수학한 후 1888년에 귀국했는데, 이때는 관청집중계획은 이미 흐지부지되고 그 대신 도쿄시구개정조례가 제정된 상태였다.[23]

쓰마키는 1905년부터 대장성 산하 건설국장을 역임하면서 자신의 건축노선을 도쿄 한복판에 구현할 절호의 기회를 얻었다. 그의 설계 작

1887년 베를린에서 쓰마키 요리나카와 가와이 고조, 와타나베 유즈루가 엔데-뵈크만 건축사무소 직원들과 함께 찍은 사진으로, 근대 일본 건축계의 한 진영을 명징하게 보여준다

업에서 가장 이목을 끈 것은 유서 깊은 니혼바시日本橋 신축이었다. 이 다리는 에도 시대 이래로 일본 전역의 거리상 위치를 가늠하는 중심점으로 기능했을 만큼 핵심적 위상을 지녔으나 인구밀집 지역의 목조 다리라는 취약성 때문에 소실과 재건을 반복했다. 메이지 시대를 거치며 제도 심장부의 원활한 교통이 한층 절실했기에 드디어 석조로 신축된 니혼바시가 1911년 4월 3일, 일본의 건국자로 알려진 진무神武 천황의 제삿날을 기하여 모습을 드러냈다. 화강석을 쌓아 만든 이 다리는 두 개의 완만한 아치와 홍예벽虹預覽으로 이루어졌으며 조각상을 올려놓는 대좌臺座와 장식적 난간이 설치되었다. 다리의 길이는 48미터밖에 안 되지만 폭이 27미터에 달하여 이용가치가 높았다. 다리 위 대좌에는 화려한 촛대형 전등과 청동으로 만든 신화 속 기린 및 사자 조각상이 놓여 이곳이 제국수도의 상징적 중심임을 상기시켰다. 이 조각상들은 쓰마키 자신이 고안했다. 니혼바시는 쓰마키가 베를린 유학 시절 자주 보았을 싱켈의 궁성교[이 책의 1부 5장에서 '싱켈과 렌네의 신고전주의 도시건축' 참조]와 여러모로 유사하다. 완만한 아치 형태와 조각상의 위치, 무엇보다 도시 심장부의 기념비적 석교라는 점에서 그러했다.[24]

　이른바 나라를 꾸미는 건축은 중앙정부 내 독일파 관료들이 주장하는 정책이었던 데 반해, 다쓰노 긴고가 대표하는 건축학계는 보다 개방적이고 실용적인 노선을 앞세웠다.[25] 따라서 독일파 건축가들의 활약이 적어도 메이지 시대 중기까지는 주로 관청사와 여타 국가 시설을 중심으로 이루어질 수밖에 없었다. 쓰마키가 설계하여 1894년에 준공한 도쿄부청이 섬세한 첨탑 지붕을 지닌 북독일식 네오바로크 양식을 취한 것은 그 전형적 사례에 속한다. 물론 과장된 벽기둥과 분리된 입방체들의 조합은 네오팔라디오주의, 그리고 박공창을 지닌 파사드의 전

니혼바시

니혼바시의 기린 장식

도쿄부청

체적 분위기는 네오르네상스 양식에 가깝다는 점에서 다쓰노 긴고 등 영국파 건축가들의 작품과 양식상 뚜렷이 구별되지는 않는다. 다만 수평면을 특별히 강조한 점은 분명 싱켈 이래의 독일 건축이 끼친 영향으로 볼 수 있다.[26]

1840년대에 독일 건축가 휩시가 역사주의 건축의 번성을 빗대어 말했던 "건축적 카니발"은[27] 세기 전환기의 일본을 묘사하는 데도 적당해 보인다. 그렇지만 역시 도쿄는 베를린이 아니었다. 싱켈의 정신에서 비롯된 독일 역사주의 건축이 일본에서 지녔던 색다른 의미를 파악하는 데 하나의 실마리를 제공하는 인물이 있다. 독일 공작연맹의 창립자 헤르만 무테지우스이다[이 책의 1부 5장에서 '현대적 도시계획의 등장'과 '슈프레 아테네에서 슈프레 시카고로' 참조]. 그는 젊은 시절 엔데-뵈크만 건축사무소의 도쿄 지부 사무소장으로 일한 경력이 있다. 일반적으로 무테지우스에게 공작연맹 창설의 직접적 계기를 제공한 것은 런던 근무 기간에 직접 경험했던 '미술·공예운동'으로 알려져 있지만 이보다 훨씬 이질적이었던 동아시아에서의 경험이 이 전도유망한 건축가로 하여금 당대 유럽을 지배하던 역사주의 문화에 거리를 두도록 했으리라 미루어 짐작할 수 있다. 그런데 여기서 좀 더 눈여겨보아야 할 대목이 있다. 뵈크만과 엔데 혹은 무테지우스처럼 독일인으로서 일본을 경험한 경우와 이토 히로부미나 쓰마키 요리나카처럼 일본인으로서 독일을 경험한 것은 매우 다르다는 점이다. 독일인이 타지에 독일 '민족문화'를 소개하고 이식하고자 주력할 때, 일본인은 반대로 타지의 문화에서 자신의 분신alter ego을 발견했던 것이다. 본래 분신이란 존재하지도 않는 나의 모습을 실재인 듯 착각하게 하는 효과가 있으며 그 효과를 유지하기 위해 그 분신에 집착하도록 만든다. 이렇게 볼 때 독일 문화에 대한 일본인들의 집착은 뚜렷한 이념적 선택이라기보다는 오히려 좀처럼 확인되지 않는 일본인의 정체에 대한 자괴감의 반증일 수 있다.

제국의 도구이자 도상으로서 건축

메이지 시대의 공공건축은 시간이 갈수록 오히려 순수한 신고전주의를 지향하여 심지어는 그리스와 일본 건축의 동일성을 상상하기에 이른다. 과연 이러한 '역주행'을 어떻게 설명할 수 있을까? 유럽에서는 '앤 여왕 양식', '제2제국 양식', '빌헬름주의' 등 역사주의적 절충주의마저 1910년대를 거치며 다양한 아방가르드 건축으로 탈바꿈해 자취를 감추어가고 있을 때, 왜 일본인들만은 유독 신고전주의를 고집한 것일까? 진정 프로이센 고전주의의 순수함으로 회귀하여 '도쿄 만灣의 아테네'를 건립하고자 한 것일까? 물론 그렇게 보이지는 않는다. 건축사적으로 보면, 20세기 초엽 역사주의가 모더니즘으로 넘어가는 과도기에 제국 양식이 추상화, 단순화되면서 그 효과로 초기 신고전주의로의 회귀 현상이 나타난다.[28] 이런 면에서 보면 일본 건축가들은 오히려 국제 조류를 잘 따랐다고 할 수도 있을 것이다. 그러나 이러한 건축사적 맥락보다 훨씬 중요한 것은 일본의 서양식 건축물이 비록 메이지 시대 초기에는 서구의 시선을 의식한 것이었을지라도 이후에는 분명 그 대상이 바뀌었다는 점이다. 서양 문명의 상징물들은 오히려 아시아 주변국의 시선을 염두에 둔 것으로 볼 수 있다. 다시 말해 그것은 아시아에서 일본의 위상을 정립하려는 노력의 일환이었다. 순수 신고전주의에 대해 일본인들이 품었던 열망의 본색은 이후 식민지 건축에서 여지없이 드러난다.

가타야마 도쿠마가 설계한 도구고쇼(아카사카 이궁)

그런데 아시아 주변국에 대한 일본의 공세적 태도는 실은 당당한 자신감에서 비롯되기는커녕 확고하지도 못한 주체를 과신하는 분열증의 표출에 가까웠다.[29] 밖으로는 동아시아의 중심이라고 내세우는 제국의 최고 중심부가 그다지 온전한 상태가 아니라는 사실은 제국의 지도자들을 곤혹스럽게 만들었다. 황궁 건립마저 정치적·재정적 사정으로 말미암아 거듭 유예되었던 제국 일본에서 그나마 외국 사절들에게 위신을 세울 수 있는 궁전은 황태자궁인 도구고쇼東宮御所 정도였다. 이후 황태자가 거주지를 옮기면서 아카사카 이궁赤坂離宮으로도 불리게 된 이 건물은 본래 청일전쟁 배상금으로 공사에 착수하여 러일전쟁 발발로 잠시 중단되었다가 1909년에야 비로소 완공된 이력을 지니고 있으며, 메이지 정부의 비타협적인 서구화 노선을 웅변하는 일본 최초의 서양식 궁전이었다.

도구고쇼의 설계자는 콘더의 제자이며 다쓰노 긴고의 동급생이던 가타야마 도쿠마片山東熊였다. 그는 다쓰노 다음으로 도쿄 제대 건축학과 박사학위를 취득한 기록이 있으며 프랑스 '제2제국 양식'의 옹호자로 알려져 있다. 그의 생애 마지막 작품에 속하는 도구고쇼도 베르사유와 루브르 궁전을 모델로 삼아 우아하기 이를 데 없는 네오바로크 양식을 취하면서 기본 구성은 원주와 박공을 지닌 신고전주의 원칙을 고수했다. 건물의 명칭이 알려주듯 벽돌조의 외벽을 분홍색 감도는 화강석으로 마감하고 양 익부를 한껏 펼쳐 모서리에 이르러서는 우아한 활 모양을 이룬다. 중정은 연결용 익부를 통해 이등분된다. 활 모양으로 굽어지는 양 지점에는 출입구가 자리 잡고 그 바로 위에는 별 모양의 장식적 큐폴라가 쌍으로 설치되었다.[30]

　　가타야마 도쿠마는 다쓰노 긴고 못지않은 근대 건축의 주역이었다. 초기작인 도쿄 시부야澁谷 소재 적십자병원은 독일 하이델베르크 대학병원을 모델로 삼았으며, 그 밖에 도쿄 중앙우체국, 나라와 교토의 제국박물관, 마지막으로 도쿄 국립박물관 본관 좌측의 동양관 효케이칸表慶館을 지었다. 주로 프랑스 '제2제국 양식'을 따른 그의 건축물들은 독일식 네오르네상스와는 확실히 차이가 난다. 사실상 가타야마는 일본 건축계에서는 대표적 거장이면서도 소수파에 속했다. 그의 건축은 어쩌면 한 시대를 이끌기보다는 오히려 마감하는 성격을 지녔다고 볼 수 있다. 1909년 준공된 도구고쇼와 효케이칸을 끝으로 그의 건축 인생과 더불어 서양 고전주의 건축의 시대가 일본에서 일단락되기 때문이다.[31]

　　메이지 시대의 공공건축은 '순수한' 신고전주의와 절충적인 역사주의, 독일풍과 영국풍 사이에서 일정한 '국민적 양식'을 찾는 데 실패한 채로 막을 내렸다.[32] 적어도 건축 부문에서는 '국체'의 정신이 관철되지 못했고 제국의 상징적 중심은 만들어지지 못했다. 그럼에도 양식에 대

2부 아시아의 프로이센을 넘어

한 합의가 전혀 없었던 것은 아니다. 영국풍, 프랑스풍, 독일풍 할 것 없이 일본의 근대건축 전반에 등장하는 주요 모티프가 있다. 바로 늑골 구조의 거대한 복층형 돔이다. 적색 벽돌건축물이 '문명개화'를 상징하는 도상이었다면, 이보다 훨씬 강한 시각적 인상을 주는 것이 돔이었다. 제국의 위용을 과시하기에 이보다 더 적합한 건축언어는 없을 듯 보였다.

유럽에서도 돔과 큐폴라는 늘 권력의 상징이었다. 그것은 기독교 문화권에서 천상을 암시했다. 항상 시선을 위로 향하게 하여 비가시적 소실점으로 모음으로써 인간의 영혼을 상승시키고 삶과 죽음을 초월하도록 고양했던 것이다. 지속성, 초월성 그리고 강력함이야말로 돔이 불러일으키는 시각적 효과였다. 대표적 사례가 라쉬도르프Julius Carl Raschdorff가 설계하여 1900년에 준공한 베를린 돔교회로, 베를린 중심부에 우뚝선 돔의 형상은 사회적 갈등으로 점철되던 독일제국에 시사하는 바가 컸다. 사실 교회의 본기능보다도 슈프레 강 건너편의 황궁을 연장하는 성격이 강했던 이 건물은 도시가 온통 주택지로 변질되는 것을 막고 확고한 기준점을 제공하고자 했다. 베를린 돔교회는 시민 중심으로 탈바꿈되어가던 도시공간에 대한 제국의 응답이었다. 그것은 국가권력을 시각화하려는 황제의 의도에 부응했으며 베를린 도시경관에 지대한 영향을 끼쳤다.[33]

일본인들은 돔이 지닌 이 같은 상징적 가치를 정확히 파악했던 것으로 보인다. 일본 최초의 돔은 다쓰노 긴고의 일본은행 본관에 등장했다. 여기서 보이는 독일 네오바로크의 풍모가 강한 팔각형 돔은 이후 도쿄 중앙역에 재등장한다. 본래 '중앙정차역中央停車場'으로 불리던 도쿄역은 일본에서 가장 잘 알려진 돔 건물로, 이 또한 다쓰노 긴고의 작품이다. 1896년 건설이 결정되고 1903년부터 설계에 착수했으나 청일전

라쉬도르프가 설계한 베를린 돔교회

쟁과 러일전쟁 등으로 지연되다가 1908년부터 본격적으로 건설에 들어가 1914년 12월에 마침내 완공되었다.[34] 도쿄 중앙역 건설은 메이지 일본의 숙원 사업이었다. 이미 1887년에 엔데-뵈크만 건축사무소가 관청가 주변에 중앙역 건립을 계획했었다.[35] 그로부터 수십 년 후에 모습을 드러낸 다쓰노의 중앙역은 335미터에 걸쳐 길게 옆으로 펼쳐진 철골구조의 3층 건물로, 적색 벽돌벽이 돋보이는 프랑스풍 신고전주의 양식을 취했으며, 좌우 현관 위에 각기 자리 잡은 늑골 구조의 거대한 돔은 네오바로크적 풍모를 보여준다. 프랑스 바로크 특유의 '황소 눈' 지붕창도 강한 인상을 풍긴다. 도쿄 중앙역은 마루노우치 빌딩가를 사이에 두고 황궁의 정면과 일직선으로 연결되는 위치에 자리 잡았는데, 이러한 입지적 특성을 적극 살려 중앙현관은 황실 전용으로 삼고 좌우는 민간용으로 개방했다.

돔이라는 형태가 근대 산업화의 전진기지인 철도역에 활용되었다는 사실은 매우 시사적이다. 도쿄 중앙역 건설에는 국가권력을 중앙집중화하고 제국의 새로운 기술력을 대내외에 선전하려는 의도가 짙게 깔려 있었다. 당시 철도의 의미는 지금과 같지 않았다. "역사의 기관차"라는 마르크스Karl Marx의 유명한 표현처럼, 철도는 역사의 진보를 상징했을 뿐만 아니라 실제로 자본주의를 이끄는 동력이었다. 도쿄 중앙역 건설은 좀 늦기는 했으나 세계적 추세에 보조를 맞추었다. 유럽에서 철도역은 역 광장을 중심으로 주위에 호텔, 사무실, 상점 등이 들어서 명실상부한 도시생활의 중심을 형성했으며, 이는 교회와 시청이 도시의 상징적 중심부를 차지하던 옛 모습과 대조되었다. 일본에서도 철도와 철도역은 근대 신기술의 승리와 사람·상품·정보가 전례 없이 유통되는 새로운 장을 마련함으로써 경제적·정치적·군사적 팽창의 거점으로

다쓰노 긴고가 설계한 도쿄 중앙정차역

자리 잡았다. 이런 점에 비추어 볼 때 도쿄 중앙역을 동아시아 식민화의 산실로 보는 것도 전혀 무리가 아니다.[36]

돔의 모티프는 제국 일본의 권능을 가시화하는 수단으로 근대 일본 건축가들에게 두루 활용되었지만 그 밖의 양식적 문제에 대해서는 합의가 없었다. 수도 도쿄의 상징적 중심이 그러했듯 근대 일본을 특징 짓는 건축양식은 여전히 부재했다. 일본 의회 의사당의 형태를 둘러싼 오랜 논란은 이 같은 합의의 결여를 입증하는 주요한 사례이다. 앞서 밝혔듯 엔데-뵈크만 건축사무소의 두 차례 설계안이 모두 거부된 다음 아돌프 슈테크뮐러의 안이 받아들여져 1890년에 건물이 완공되었으나 화재로 소실되었고, 그 후 오래도록 제대로 된 의사당이 지어지지 못하였다. 그동안 건축계의 동향은 크게 변했다.

국제적인 모더니즘 건축의 물결이 일본에도 밀려들었다. 직선을 조합한 기하학적 형태의 디자인을 창조한 독일과 오스트리아의 분리파 운동은 곡선을 선호하는 아르누보에 비해 일본인의 감각에 맞았다. 일본 최초의 모더니즘 건축운동은 다름 아닌 '분리파건축회' 창립이었다.

2부 아시아의 프로이센을 넘어

분리파를 의미하는 이른바 '세셋숀ゼ ッション'은 메이지 시대 말기부터 다이쇼 시대 초기 일본 건축계의 모더니즘을 상징하는 용어로 자리 잡았다.[37] 이러한 변화에는 건축공법상의 변화도 한몫을 했는데, 1923년의 간토 대지진 이후 메이지 시대의 문명개화를 상징하던 적벽돌 건축에서 철근콘크리트 건축으로의 급격한 변화가 이루어졌다.[38] 이와 더불어 서양인 건축가들의 개입도 적지 않은 영향을 끼쳤다. 일본의 전통건축과 모더니즘 건축을 직결한 브루노 타우트의 입장은 일본 건축에서 영감을 얻어 전원적 수평선을 강조했던 프랭크 로이드 라이트의 '초원 prairie 양식'과 함께 일본 건축계가 기존의 역사주의와 단절하는 계기를 제공했다.[39] 이들 외국인의 건축은 당시 '신흥 건축'이라 불렸는데, 1927년에는 간사이關西 지방의 건축가를 중심으로 '일본 인터내셔널 건축회'가 교토에서 결성되어 발터 그로피우스와 브루노 타우트 등 고명한 외국인 회원 열 명이 가입하는 기염을 토했다.[40]

　이 같은 혁신적 변화 속에서 '일본광장'의 마지막 여운이 드리웠다. 제국의회 의사당이 신축될 위치는 엔데-뵈크만의 옛 설계안에 지

일본제국의회 의사당 정면(현재의 일본 국회의사당 모습)

정된 그대로였다. 1918년에 건축 공모가 이루어져 두 차례 모집을 거쳐 최종 설계안이 채택되었다. 1등으로 당선된 와타나베 후크조渡辺福三의 설계안은 고전적 포르티코와 유겐트슈틸의 양 익부 그리고 주랑현관의 박공 위에 솟은 웅장한 돔 등 오래전 엔데-뵈크만 설계안의 기본 형태를 비교적 충실히 따랐는데, 이를 기본으로 삼고 여기에 3등으로 당선된 다케우치 신시치竹內新七의 안을 받아들여 피라미드식 지붕을 얹기로 했다. 의사당 건립은 역시 순조롭게 진행되지 못했다. 1925년 개수 작업 중이던 임시 의사당이 화재로 소실되는 등 또다시 진퇴양난을 거듭하다 1936년 11월에야 겨우 준공식을 치를 수 있었다.⁴¹

철골과 철근콘크리트 구조로 견고하게 지어진 제국의회 의사당은 준공 당시 공식적으로는 '근세식近世式'이라 천명되었지만 특정한 양식으로 규정하기에는 대단히 절충주의적인 건물이다. 신고전주의적인 기본틀에 피라미드식 지붕이 추가됨으로써 명확히 정의하기 힘든 건물이 되었다. 그 압도적 풍모는 일견 나치 건축가 알베르트 슈페어Albert Speer의 건축물을 연상시키기도 한다.⁴² "게르만적 텍토닉"에 대한 히틀러Adolf Hitler의 과격한 선전선동이 말해주듯 파시즘 미학의 기본 특징이 모더니즘과 신고전주의의 결합이며 과도한 자기과시가 늘 키치kitsch로 이어졌다는 점에 비추어 본다면,⁴³ 과도한 해석만은 아닐 것이다. 사실상 어떠한 뚜렷한 과거의 기억과도 연관성이 없는 공허한 형태언어를 남발하는 이 건물은 근대 일본의 분열된 정체성을 나타내는 도상임이 분명하다. 은폐된 황궁을 제외하고는 제국수도를 대표하는 가장 중심적인 건축물의 현주소였으니 말이다. 제국의 한가운데에서 제국의 통일된 정체성을 보증해야 할 지엄한 '국체'의 원칙이 어느덧 프로이센식 '텍토닉'의 희화로 전락하고 만 것이다.

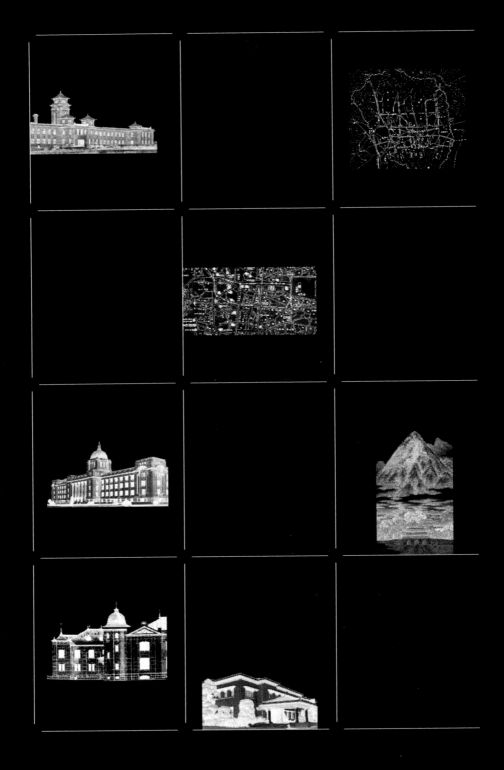

3부

아테나의 섬뜩한 환등상

모든 것은 섬뜩한 환등상에 지나지 않을 것이다. 우리 민족의 삶이
저 짧은 황금기의 그리스에 버금가거나 오히려 그것을 능가하는
조화로운 예술 작품의 경지로 발전할 때까지는 말이다.
이것이 실현될 때야 비로소 모든 수수께끼가 풀릴 것이다!
그 가능성을 고심해온 자들은 대체 어디에 있는가?

—

고트프리트 젬퍼,
『공예와 건축예술의 양식 또는 실천 미학』(1860)

I

도시계획과 식민주의

무릇 환등상이란 '지금 여기'의 나로서는 도저히 다가설 수 없는 거리감 때문에 신비한 법이다. 비루한 현실을 훌쩍 뛰어넘는 보다 완전한 세계에 대한 동경이 우리를 허망한 그림자의 세계로 안내한다. 물론 이 그림자의 실루엣은 우리 자신의 것이다. 비록 범접할 수 없는 후광으로 인해 우리의 현재를 초라하게 만들고 미래에 대한 꿈을 부풀게 하지만, 그 그림자는 늘 우리의 손길을 뿌리치고 달아난다. 따라서 '저편'의 세상에 대한 막연한 동경이 사라지지 않는 한 비루한 현실도 지속된다. 더는 예술이 필요 없을 정도로 만사를 성취한 헤겔식 '역사의 끝'은 결코 도래하지 않는다.

제국 일본의 편집증과 분열증

아테네와 프로이센은 각각 중부 유럽과 동아시아의 현실을 반영하는 그림자였다. 그것이 현실의 참모습이었다기보다는 오히려 현실이 그러한 연출을 강박적으로 요구했다. 따라서 그것은 현실과 일치되지 않고 늘 괴리를 빚었다. '저편'의 아테네를 동경하던 독일제국이 '민족문화'의 상상적 원형에 집착하여 이를 어디에든 비타협적으로 관철하려 했다면, 이러한 편집증paranoia적 성향은 아시아의 프로이센을 연출한 일본에서도 일정하게 발견된다. '저편'의 서양에 자신의 모든 욕망을 투사한 제국 일본은 스스로가 서양이라고 의도적으로 '착각'하면서 주변국들을 문명개화가 덜 된 '반개'의 상태로 폄하하고 함부로 지배하려 들었다. 그렇지만 일본인의 자만심은 실은 자신도 여느 주변국과 다를 바 없이 서양의 반식민지 상태에 놓여 있던 반개이며 아무리 서양인이기를 원한다 한들 결코 될 수 없다는 자괴감의 표출에 다름 아니었다. 이처럼 스스로도 불분명한 주체에 대한 과신, 달리 말해 열등감과 자만심의 착종은 전형적인 분열증schizophrenia에 속한다. 아시아의 프로이센은 중부 유럽의 아테네와는 달리 어디에든 비타협적으로 관철할 수 있을 만큼 확고한 자신의 모습을 찾지 못했다.

'서양'과 '동양'은 그 자체가 일본의 요동치던 정체성을 나타내는 이분법적 개념이다. 제국 일본은 서양, 특히 프로이센을 분신으로 삼아 스스로를 손색없는 서양 열강으로 연출함으로써 주변국과의 좁힐 수 없는 거리를 생산해냈다. 그러나 시간이 지나도 서양이 만들어놓은 근대문명의 틀 안에 안착할 가망은 없어 보였기에 일본은 결국 서양에 대적할 동양을 새로이 창조해내지 않을 수 없었다. 일본을 중심으로 먼저 동양을 구축하고 나서 추후 서양까지 모두 편입시킬 새로운 위상학이 구상되었다. 하지만 편집증과 분열증은 실로 종이 한 장 차이만 지닐 뿐이다. 한편으로는 서양 문명을 대변하면서도, 다른 한편으로는 동양의 연대를 강조하는 모순은 위선이기에 앞서 충동적 자기분열 증상이었다. 출구를 찾지 못한 데서 비롯된 역주행이었던 것이다. 이렇게 볼 때 '근대의 초극'은 원대한 이상이라기보다는 차라리 절망의 토로에 가까웠다.

이 같은 좌충우돌 행태의 귀결은 지극히 폭력적인 식민지 건설이었다. 어떤 의미에서 프로이센 고전주의의 텍토닉은 독일제국의 식민지가 아니라 오히려 일본의 식민지에서 진정으로 구현되었다고 할 수 있다. 텍토닉이 단순히 미학적이거나 기술적인 사안이 아니라 철저한 지배의 논리였다면, 그저 변방의 쇼윈도에 불과했던 칭다오보다는, 제국 일본이 거의 사활을 걸고 건설한 근린의 식민지 공간들이야말로 진정한 상상의 아테네였다. 그곳에서는 일본도 아니고 물론 독일도 아닌, 순수한 '근대문명'이 지배하는 듯 보였다. 이는 정작 제국수도 도쿄에서는 불가능했던 모습이다. 식민지에서는 개혁을 둘러싼 주도권 내지는 이권 다툼도, 민족적 건축양식에 대한 논란도 필요치 않았다. 오로지 거역할 수 없는 세계사의 필연만이 존재했다.

　제국 일본의 본토, 이른바 '내지內地'에서 근대적 도시계획과 공공건축이 소기의 목적을 달성할 수 없었던 것은 지배세력의 자기모순 때문이었다. 메이지 정부는 항상 전권을 쥐고 전국을 흔들었는데, 시민사회의 장기적 발전을 도모하기보다는 제국수도를 꾸미는 상징적 건축 프로젝트나 큰 단위의 도시계획에만 관심을 두었다. 지방관청은 내무성의 직접적 통제를 받았고 대체로 내무성의 원로 관료가 지방관청의 수장으로 임명되었다. 시민사회의 자율적 발전이 지체됨에 따라 정부 관료들이 속한 기득권층과 지역 유지들의 이해는 별달리 침해받지 않았고 실무부처는 늘 재정자원 부족에 시달릴 수밖에 없었다. 또한 법안이나 재정상의 문제를 둘러싸고 부처들 간의 주도권 경쟁도 극심하여 효율적 일처리에 지장을 초래했다. 내무성은 긴자 프로젝트를 수행한 대장성의 경쟁을 막아내고 도시계획 행정의 독점권을 확보했으나 내무성이 수도 전체의 포괄적 재건계획을 입안한 데 반대하여 외무성은 관청집중계획을 제안했다. 시구개정의 구체적 사례들에 비추어 볼 때 행정력을 지닌 내무성이 돈줄을 쥔 대장성에 늘 발목 잡히는 구조가 나타난다. 부처들 간의 알력에 비해 구미에서와 같은 국가와 부르주아 시민사회 간의 갈등과 긴장은 두드러져 보이지 않는다. 물론 이는 사회의 혼란이 최소화됨을 의미하지는 않았다. 자율적 공공성 수립이 제한된 만큼 오히려 일상의 혼란이 극대화될 위험성은 상존했다. 극명한 예가 개별 건축물을 규제하는 입법의 부재로, 1900년대 초까지 오사카 등 몇몇 도시를 제외하고는 포괄적 건축물법이 제정되지 못했다.[1]

이처럼 일본 본토에서는 불가능했던 포괄적 도시계획이 식민지에서는 마치 한풀이라도 하듯 공격적 자세와 폭력적 수단을 동원함으로써 관철되었다. 따라서 다양한 혁신적 계획이 먼저 식민지에서 실험되고 나서 일본 본토로 '역수출'되는 과정을 겪은 것은 놀라운 일이 아니다. 도쿄에서 가장 중심이 되는 건축물로서 민족적 건축양식에 대한 논란을 일단락 지은 제국의회 의사당이 1930년대 후반에 이르러서야 준공될 수 있었던 것이 대표적인 예다. 결국 메이지 정부가 야심차게 도입한 독일식 텍토닉의 시공간원리는 합리적 의사일정보다는 무자비한 일본식 식민주의의 작동원리로 탈바꿈함으로써 비로소 현실성을 얻었다.

일본식 도시계획의 탄생

1912년부터 1926년까지의, 이른바 '다이쇼' 시대를 거치며 일본은 비로소 명실상부한 공업국가로 부상한다. 1910년과 1930년 사이에 GNP가 두 배로 상승했고, 탄광과 제조업의 실질생산량, 중화학공업 고

3부 아테나의 섬뜩한 환등상

용이 네 배가량이나 증가했다.[2] 도시도 이 시기에 폭발적 성장을 보였다. 1900년에 112만 명이던 도쿄 인구는 1920년 217만 명으로 급증했다.[3] 그러나 메이지 시대에 확립된 도시계획은 도심부 개조에 치중하여 새로운 성장을 담아내기에는 역부족이었다. 비록 시구개정이 관청집중계획의 관념성을 탈피하여 실용적 노선을 택하기는 했으나 역시 제국수도의 위신을 일신하기 위해 제정된 법제였던 만큼 주로 도쿄 도심부의 기반시설 정비에 국한되었고 그 이외 지역에서는 시행되지 않았다. 도시인구의 급격한 증가는 이른바 교외로의 무질서한 확장, 이른바 '도시 스프롤urban sprawl' 현상을 낳았기에 시구개정으로는 도저히 감당할 수 없는 도시계획상의 '암흑시대'가 도래했다.[4]

　　메이지 정부가 제정한 도시계획 관련 법규는 1888년의 '도쿄시구개정조례'와 1889년의 '도쿄시구개정토지건물처분규칙'이 전부였다. 오랜 논란과 유보 끝에 다이쇼 시대인 1918년에 기존의 시구개정을 5개 대도시 오사카, 교토, 요코하마, 고베, 나고야로 확장하는 계획안이 마련되었으나 이듬해에 아예 새로운 법제가 이를 대체한다. 1919년 4월 4일 드디어 법률 제36호로 도시계획법이, 그 자매법에 해당하는 시가지건축물법이 제37호로 제정·공포되었다. 시구개정과는 달리 처음으로 모든 주요 도시 및 전 구역을 포괄한 이 법령은 도시 주변부에서 활성화되던 경제적 역동성을 구조화하는 데 역점을 두었고 1968년 '신도시계획법'이 제정될 때까지 거의 반세기 동안이나 효력을 유지했다. 더구나 이 법은 구미의 관련법을 추종하는 데 머물지 않고 일본적 조건을 최대한도로 고려했다는 점에서 일대 전환점이라 할 만했다.[5] 1919년의 도시계획법을 낳게 한 일본 사회의 문제는 사실상 당대 모든 선진 공업국가가 공통으로 직면한 문제이기도 했다. 교통체계를 혁신하고 광범위한 도시지역들을 통폐합하면서 도로와 배수로 등 기간시설 확충을 위한 토지를 확보하고 이를 위한 재정을 마련하는 일은 비단 일본만의 사안이 아니었다. 따라서 국제적 도시계획 아이디어와 실천 사례에 일본 지도자들이 주목했던 것은 자연스러운 일이었다. 이들 중 특히 독일 모델이 매력 있게 다가왔던 이유는 도시의 발전을 시민사회의 자율성에 맡겨두기보다는 부국강병이라는 대의 속에 통합해낼 효과적 원리를 보여주었기 때문이다. 제1차 세계대전 이후 세계 5대 강국으로 성장한 '대일본제국'의 국격에 맞도록 도시의 면모를 일신해야 한다는 의지가 새로운 법제에 담겨 있었다.

1919년의 법령은 기존의 시구개정조례와는 차원이 달랐다. 시구개정이 도로와 하수 등의 기반시설 정비에 주력했던 반면, 도시계획법과 시가지건축물법은 도로의 블록 안까지 모든 토지와 건물에 관여하여 총체적인 도시공간 재편을 꾀했다. 무엇보다 독일식 용도지역제를 도입하여 토지의 용도를 주거·상업·공업 등으로 나누고, 이 구분에 따라 건축물의 높이, 재질, 건폐율, 창문 수를 지정했다. 이와 더불어 독일식 '건축선'제도를 도입하여 도로의 폭을 최소한 2.7미터가 되도록 지정함으로써 특히 교외 신시가지의 혼란스러운 성장을 미연에 방지하고 가로가 계획적으로 분할되도록 유도했다. 이 밖에도 어긋난 필지분할을 조정하여 토지의 합리적 이용을 꾀하는 토지구획정리, 효과적인 재정 마련의 수법인 초과수용, 토지 소유자에게 지가 상승분만큼의 금액을 과세하는 수익자부담금제도 등 꽤 급진적인 방안들을 제시했다.[6]

당대 세계 최고 수준이라 할 만한 이 법안은 통과되기 이전에 대장성의 강한 반대에 부딪혀 몇몇 주요 법규가 삭제되고 만다. 무엇보다 19세기 후반 오스만이 파리를 개조하는 데 활용했던 수법인 '초과수용'

관련 항목이 삭제되었다. 땅을 헐값으로 팔아 고가로 사야 하는 부담이 지주층의 강한 반발을 샀기 때문이다. 수익자부담금제도 또한 기득권 세력을 대변하는 대장성의 반발로 삭제되고 말았다.[7] 분명 토지 소유자 입장에서 이 법안은 너무 큰 비용 부담을 안기는 것이었다. 특히 소로가 많은 일본에서 2.7미터에 미치지 못하는 모든 도로가 헐값에 수용되어야 한다면, 토지 소유자의 손실이 너무 컸다. 결국 기존의 소로를 건축법규상의 도로로 취급하지 않는 식의 편의적 운영을 통해 지주층의 사익이 보장될 수 있었다.[8] 형식적인 건축제한선만 지키면 난개발이 허용되던 독일 베를린의 경우보다도 더 파행적인 운영이었다. 물론 사익을 일정하게 보장함에도 불구하고 최소한의 공공시설 확충을 위한 법적 장치는 마련되었다. 도시기반시설을 지정하는 '도시계획시설都市計劃施設'규정은 도쿄 시구개정조례의 유산으로, 도로·상하수도·공원·광장 등 공공시설을 운영하는 데 필요한 제반 사항을 내무성 허가를 받도록 강제했다.[9]

　　비록 법적 체계는 갖추었으나 독일과 일본에서 공통적으로 발견되는 불철저한 토지개혁과 이에 따른 토지 소유의 분절화는 양국 모두에서 토지구획정리land readjustment의 필요성을 대두시켰다.[10] 일본에는 이미 1899년부터 소유권을 재조정하여 토지를 분할하는 이른바 경지정리법耕地正理法이 제정되어 있었는데, 공동체적 토지 관리의 전통은 막부 시대의 봉건적 전통까지 거슬러 올라갈 수 있다.[11] 1919년에 도시계획법과 시가지건축물법이 제정되면서 본격적으로 착수된 구획정리 사업은 기존의 경지정리법을 구획정리의 시행수법으로 응용했다. 공간의 효용성 증진과 공공시설 정비를 위해서는 토지의 난분할 상태를 소거하는 일이 절실했으므로 농촌에서 시행되던 경지정리 수법을 신시가지에 적용하게 된 것이다. 이는 도시 유입 인구에 대한 가부장적 보호의 차원이라는 점에서 독일의 도시정책 기조와 일맥상통하는 면이 있었다. 그러나 독일의 공용환지법, 일명 '아디케스법'을 일본에 본격 도입하는 것은 간토 대지진을 겪고 나서였다. 1923년 대지진의 충격 속에 착수된 이른바 제도부흥계획帝都復興計劃에 의해 비로소 일본 도시들의 전통적 구조는 현대적 기능에 맞게 개선되었고 도시 주변부도 일정하게 정리될 수 있었다. 토지구획정리 사업은 메이지 시대 말기 극도로 취약한 공공재정의 여건 속에서 공공경비를 거의 들이지 않고도 시가지를 정비·건설할 수 있다는 장점으로 말미암아 구미보다 일본에서 더 크게 발전했으며 곧바로 식민지에도 이식되었다.[12]

일본에서 '도시계획'이라는 용어가 쓰이기 시작한 것은 1910년대 전후로 알려져 있다. 하워드의 『전원도시론』이 1907년 내무성 관리에 의해 일역되어 호평을 받으면서 영국식 'town planning'이 처음에는 '시가배치계획'으로 번역되다가 곧 '도시계획'으로 수정되었다.[13] 이 분야에서 가장 선도적이던 영국도 1909년 도시계획법이 제정되기까지는 개념상의 합의가 부재했던 점에 비추어 본다면 일본은 전혀 뒤처진 편이 아니었다. 일본의 도시계획가들은 영국뿐만 아니라 미국 서부의 경험에서도 배운 바가 많았다. 시원스럽게 뚫린 도로와 드넓은 공원, 유럽보다도 오히려 나은 공중위생, 무엇보다 효율성을 강조하는 사회적 분위기가 일본의 현실을 되돌아보게 만들었다. 이와는 대조적이지만 용도지역제나 건축선, 토지구획정리 등 독일식 기법 또한 일본과 같은 후발 자본주의 국가가 참조할 만한 사례로 간주되었다. 그러나 이 모든 목록 중 가장 미래가 있어 보인 것은 역시 영국의 전원도시론이었다. 자본주의가 초래한 필연적 악덕을 중화하면서 현대적 삶을 풍요롭게

하기 위해 이 이상의 대안은 없을 듯 보였다.[14]

　　일본의 도시계획론 정립에 선도적 역할을 수행한 것은 도쿄보다는 오사카에서 활동하던 건축가와 관료였다. 그 누구보다 먼저 언급해야 할 인물은 1923년부터 대략 14년간 오사카 시장을 지낸 세키 하지메關— 로, 오사카 부시장을 역임하던 1917년 시구개정 실시를 위한 목적으로 '간사이 건축협회' 회장 가타오카 야스시片岡安와 함께 '시구개량계획조사회'를 조직하여 법안 마련에 나섰다. 세키는 기존의 시구개정을 넘어 도시 전체를 구조적으로 파악하는 새로운 태도를 보여주었는데, 만성적인 주택 부족과 슬럼화 등의 도시문제를 해결하기 위해 위성도시 건설이라는 당시로서는 획기적인 대안을 제시했다. 시대를 너무 앞선 나머지 공들여 마련한 법안이 제정으로 이어지지는 못했지만 이들의 노력은 헛되지 않았다. 1918년 봄 가타오카 야스시가 당시 간사이 건축협회 부회장으로 내진구조 이론의 선구자인 사노 도시카타佐野利器와 함께 도시계획법 및 시가지건축물법 제정운동을 시작한 것이다.[15]

　　이들의 제안은 의외로 쉽게 현실화될 수 있었다. 내무대신 고토 신페이後藤新平가 이 제안을 즉각 받아들여 1918년 5월 내무성 내에 내무대신 관방 도시계획과와 도시계획조사회를 연달아 설치했기 때문이다. 내무성 관료들 사이에서는 이미 새로운 도시계획법이 필요하다는 공감대가 마련되어 있었다. 한 해 전인 1917년에 고토는 관립 '도시연구회'를 설립하여 도시계획법안 입법을 위한 연구와 로비, 그리고 전문지 『도시공론都市公論』을 발간하는 등 활발한 활동을 벌이던 중이었다. 그는 1929년 타계할 때까지 줄곧 이 연구회 회장을 맡았을 정도로 사안에 관심이 많았다. 1918년에 설치된 도시계획조사회는 도시계획법안을 기초하고 심의할 기구로, 고토 밑에서 차관으로 일하다 신임 내무대신에 오른 미즈노 렌타로水野練太郎가 회장을 맡고 세키 하지메와 가타오카 야스시, 그리고 내무성의 초대 도시계획과장 이케다 히로시池田宏가 중추적 역할을 맡았다.[16] 고토의 두터운 신임을 받던 이케다는 도시연구회 간사직도 맡았는데, 1913년 토목국에서 근무할 때 장기간 구미 시찰에 나설 기회를 얻었고, 이를 통해 독일의 도시계획으로부터 큰 영향을 받은 것으로 알려져 있다.[17] 1918년 7월 이케다 히로시는 도시계획과장 자격으로 도시계획법 초안을 작성하여 제출했으며, 이와 동시에 시가지건축물법안도 도쿄 제대 건축학부 교수인 우치다 요시카즈內田祥三와 사노 도시카타, 내무성 관료 가사하라 도시로笠原敏郎가 공동으로 제출하였다. 두 자매법안은 곧바로 조직된 도시계획조사위원회의 심의를 거쳐 이듬해 제정되기에 이른다.[18]

번갯불처럼 신속히 이루어진 이 모든 과정의 중심에 내무대신 고토 신페이가 있었다. 일본 도시계획의 아버지라 불리는 고토는 본래 의사 출신이지만 내무성 위생 관료로 근무하면서 특출한 행정 능력을 인정받아 1898년 타이완 총독의 보좌역인 민정장관 자리에 올랐고, 타이완 현지조사 사업이나 시구개정 사업 등을 주도하며 식민지 건설에 기여했다. 타이완에서 쌓은 식민통치 경력에 힘입어 그는 1906년 남만주철도주식회사, 일명 '만철滿鐵'의 초대총재 자리에 오른다. 만철은 조선과 중국 침략을 위해 일제가 만든 대표적 기관으로, 단순히 철도 교통만 관리하는 것이 아니라 '국가 안의 국가'인 부속지附屬地까지 경영하는 명백한 권력기관이었다. 제국의 흥망성쇠를 좌지우지할 이 같은 기관의 초대 총재에 올랐다는 사실 자체가 그의 위상을 알려준다. 고토 신페이는 제국에서 둘도 없는 행정의 달인이었다. 그는 체신대신, 철도원총재, 내무대신, 외무대신 등 요직이란 요직을 두루 거쳤으며 1920년에

3부 아테나의 섬뜩한 환등상

는 도쿄 시장이 되었다.[19]

이처럼 명실상부한 제국의 경영자가 추구했던 노선이 1919년의 도시계획법과 시가지건축물법에도 고스란히 관철되었음은 말할 나위가 없다. 두 법령의 가장 특징적인 면은 이른바 '즉물주의'로, 허식적인 프랑스식 도시계획에 대해 독일적 냉철함 혹은 영국식 실용성이 확실히 우위를 점했다고 할 수 있다. 고토가 무엇보다 강조한 것은 도시에 대한 과학적 접근이었다. 의사 출신인 그는 이미 타이완 총독부의 민정장관 시절부터 식민통치는 '생물학 원리'에 따라 토착민의 수준에 맞게 이루어져야 한다고 주장하면서 엄밀한 현지조사를 우선적으로 추진한 바 있었다. 이처럼 정치 논리보다 과학을 앞세우는 태도는 더욱 뚜렷한 식민주의적 함의를 지닌다.[20] 고토가 도쿄 시장이던 1922년, 당시 막 설립한 '도쿄시정조사회'를 통해 미국의 대표적인 '혁신주의progressivism' 역사가 찰스 비어드Charles A. Beard를 초청하여 친교를 맺었던 일은 시사하는 바가 크다. 당시 비어드는 뉴욕시정조사연구소New York Bureau of Municipal Research 소장직을 맡고 있었기에 초청하기에 손색없는 인사였지만, 고토를 움직인 것은 비어드의 직함보다는 그의 혁신주의에 내포된 유물론적 시각이었다.[21] 고토에게 도시계획은 단순히 국가의 위용을 드러낸다거나 막연한 행복 증진의 수법이 아니었던 것이다.

도시계획법 제정을 바로 앞둔 1919년 2월에 고토 신페이는 『도시공론』 제2권 2호의 권두사 「도시계획의 법제 필요」에서 도시 발전이야말로 국가 진보를 위한 열쇠라고 주장했다. 그러나 이듬해 같은 잡지의 제3권 2호에 실린 「도시의 개선과 시민의 각오」라는 기고문에서는 도시개선이 대중의 시정 참여를 진작할 수 있다는 점을 강조했다.[22] 한마디로 도시발전은 국가와 시민이 하나가 되는 길이라는 것이 그의 생각이었다. 고토 신페이 밑에서 일하다 내무대신이 된 미즈노 렌타로도 이 잡지에 기고한 글을 통해 도시계획이 국가의 부(富)와 직결된다고 주장했으며, 시가지건축물법안을 작성한 사노 도시카타도 도시계획이야말로 더 많은 인구를 한자리로 끌어들여 효율적이고 발전된 사회를 이끌 수 있으며 자연재해로부터 벗어날 은신처도 제공한다고 강조했다.[23] 이들 선구자에게 도시계획은 안전한 국가를 만들고 경제적 풍요를 통해 혁명을 미연에 방지하며 합리적이고 진보적일 뿐만 아니라 무엇보다도 새로운 아름다움을 제공해주는 것이었다. 국익과 더불어 '풍치미관'에 대한 강조는[24] 이들이 프로이센식 텍토닉의 계승자임을 입증한다.

제도부흥계획에서 식민지도시계획으로

1919년의 도시계획법과 시가지건축물법은 많은 한계점에도 불구하고 메이지 시대에 터득한 새로운 공간의 원리를 현실 도시에 관철하는 계기를 마련했다. 1923년 9월 1일에 발생한 간토 대지진은 도시계획의 미래를 가늠할 하나의 시험대였다. 도쿄와 요코하마를 강타한 대지진은 14만 명에 달하는 사망자 및 실종자를 낳고 옛 목조 거주지를 포함하여 도시의 44퍼센트를 파괴했으나[25] 새로운 공간의 원리까지 파괴하지는 못했다. 오히려 도쿄의 현대화와 교외화를 한층 촉진하는 계기가 마련되었다. 이른바 '제도부흥계획'의 막이 오른 것이다.

또다시 중심에 선 인물은 풍부한 행정 경력을 지닌 고토 신페이였다. 도쿄 시장이던 그는 지진 바로 다음 날 생애 두 번째로 내무대신에 임명되어 6년간 대대적인 제도부흥 사업을 전개하게 된다. 더는 구질서를 고집할 수 없을 만큼 많은 것이 무너져 내린 상태였기에 고토는 특유의 추진력을 발휘하여 그간 진로가 막혀 있던 도시계획법 원안을 강하게 밀고 나갈 수 있었다. 고토는 제도부흥원을 창설하여 총재를 겸직하면서 사업을 진두지휘했다. 대지진 발생 후 채 한 달도 지나지 않아 제도부흥계획안이 마련되었는데, 7억 엔이 넘게 책정된 사업비는 정부 내의 논란 끝에 대폭 축소된 결과였고, 도쿄 시내 모든 도로의 너비를 50미터 이상으로 하고 300만 평에 달하는 공원을 조성한다는 등의 혁신적 내용을 담고 있었다.[26] 그의 대담한 행보는 아무리 비상 상황이라 해도 기득권 세력의 반발을 피할 수 없었다. 지주층이 보기에 고토 신페이는 도쿄 복구에 관심이 있는 것이 아니라 재난을 핑계 삼아 이전에 못다 이룬 개혁을 관철하려는 듯했다. 실제로 고토의 계획안은 도시 인프라 구축에 편중되어 있었으므로 비판을 면하기가 쉽지 않다. 당시 추밀원의 구성원인 '추밀고문관'으로서 "긴자의 대지주"라고 불렸던 이토 미요지伊東巳代治가 반反고토 전선의 선봉에 서서 계획안에 제동을 걸었다.[27] 결국 지주층의 뜻대로 도시 복구에 주안점을 둔 '특별도시계획법'이 1923년 12월 24일 제정·공포되었다.

비록 소기의 개혁적 의지는 한풀 꺾였으나 법안의 뒷받침 덕분에 큰 경비를 들이지 않고도 기존 밀집 시가지의 재개발 사업을 추진할 수 있었다. 용도지역제와 토지구획정리 사업 등을 시행하려면 여전히 넘어야 할 장애물이 많았지만 이전과 여건이 크게 달라진 것은 분명했다. 예컨대 도쿄 중앙역에서 일직선으로 황궁을 향해 너비 73미터의 간선가로인 이른바 '교코行幸 도로'가 건설된 것은 제도부흥 사업의 열기가 아니고서는 실현 불가능한 일이었다. 인도와 차도를 분리하고 은행나무 가로수를 심었으며 식수대를 설치하고 가로등 디자인도 꼼꼼하게 다듬었다.[28] 또한 국회의사당 재건에 발맞추어 그 주위로 옛 관청집중계획을 부활시키는 법안이 1929년에 확정되었다.[29] 뵈크만과 엔데가 일본을 다녀간 지 장장 40여 년 만이었다. 이 모든 것이 시구개정사업 때와는 확연히 달랐다.

이처럼 새로운 공간의 원리가 관철되는 데 있어 독일 모델이 중요한 역할을 했음은 의심의 여지가 없다. 도시계획법 초안을 작성한 내무성 관료 이케다 히로시는 독일의 도시계획을 특별히 선호했으며 고토 신페이의 제도부흥계획도 독일식 용도지역제와 토지구획정리를 당장 시행하려 했다. 고토는 국비장학생으로 독일 유학을 다녀온 인물이었다.[30] 물론 근대 도시사회의 문제에 대한 합리적 해결책을 굳이 독일 모델에서만 찾을 필요는 없었다. 고토에게 영감을 준 것은 오히려 미국식 '혁신주의'였다. 그러나 이전에도 늘 그러했듯이 일본 중앙정부의 개혁가들이 추구한 것은 문명적 진보나 자본주의적 합리화만은 아니었다. 멀게는 관청집중계획부터, 20세기 들어서는 간토 대지진 이전의 시구개정과 도시계획, 그리고 대지진 이후의 제도부흥계획에 이르기까지 끊임없이 이어진 것은 바로 도쿄의 '중심'에 대한 생각이다. 이 '중심'을 논할 때마다 어김없이 독일이 등장했다. 근대 일본에 있어 프로이센-독일은 분명 기술적이거나 정치적·군사적 모델 이상이었다. 이는 오히려 제국 일본이 모색하던 어떤 원리의 상징이었다. 시공간의 새로운 원리! 바로 프로이센 고전주의가 제시한 텍토닉의 원리였다. 일본의 근대 도시계획과 공공건축이 그토록 구현하고자 부심했던 이 비가시적 원리는 현실의 벽에 부딪히면서도 계속 부활했다. 오랫동안 그 어떤 건조물도 세워지지 않았던 '궁성외원' 부지에 러일전쟁 후 개선 축하 대관병식을 위해 남북 방향으로 폭 66미터의 '개선도로'가 건설되었을 때,[31]

그리고 제도부흥 사업의 열기 속에 교코 도로가 건설되고 관청집중계획이 부활했을 때, 이 원리는 잠시 고개를 쳐들었다.

현실의 벽을 넘지 못하고 번번이 고개를 떨구던 텍토닉이 비로소 진가를 발휘한 것은 다름 아닌 식민지도시에서였다. 충분히 농익지는 못했으나 야심찬 도시계획과 공공건축이 식민지에서 실행될 수 있었다. 일본의 관료들에게 식민지는 그 한복판을 차지하고 앉아 자신의 새로운 지식과 기술적 역량을 마음껏 발휘할 수 있는 '빈' 공간으로 간주되었다.[32] 식민지에 도입된 도시계획은 일상의 파괴와 지배를 마치 당연한 듯 만들어버렸다. 그러나 여기서 간과하지 말아야 할 것은 식민지를 빈 공간으로 보는 일본 관료의 시선은 그들이 일본과 수도 도쿄를 보는 시선과 정도의 차이는 있을지언정 본질적 차이는 없다는 점이다. 새로운 제국수도의 발명은 기존의 시공간을 마치 그전에는 아무것도 없었다는 듯 철저히 부정함으로써만 가능했던 것이다. 이러한 태도는 역사주의를 포함하여 모더니티로 정의되는 모든 충동의 기본 속성이기도 하다. 다만 일본 본토에서는 그러한 시선이 현실의 벽에 부닥쳐 굴절되었던 데 반해, 식민지에서는 시선을 방해하는 장애물들을 마음대로 소거할 수 있었다는 점이 다를 뿐이다.[33]

실제로 식민지도시에서 기술적·이데올로기적 실험을 거친 결과물들이 제국 본토의 도시들에 역수입되어 장기적 영향력을 행사하는 것은 전혀 예외적 현상이 아니었다.[34] 고토 신페이가 타이완 통치 경험을 만철 경영에 활용했으며 그 결과를 바탕으로 일본 내무성 안에 도시계획과를 만들고 제도부흥계획에 활용했던 일련의 과정은 제국과 식민지가 연계되는 메커니즘을 전형적으로 보여준다. 일제는 원거리 식민지를 운영하던 서구 열강과는 달리 이른바 '근린제국주의' 성격을 띠었으므로 식민지 경험이 곧바로 본토에 활용되는 데 무리가 없었다. 일본의 식민지도시들은 토착 사회와 문화적·인종적 친화성을 지녔을 뿐만 아니라 대체로 폭넓은 일본인 사회를 형성했는데, 일본으로부터 관료와 군인만 온 것이 아니라 직업적·계층적으로 다양한 사람이 주로 가족 형태로 이주해 왔으므로 주민 구성상 일본의 도시가 그대로 이식된 듯한 특징을 보였다.[35]

더구나 식민지에서 일본은 민족적 색채보다도 근대적 국가권력으로서 자신을 연출했다. 모든 식민지도시에 세워진 신사와 유곽을 제외하고는 말이다. 이것은 단순히 위장만은 아니었다. 사실상 식민지의 지배자와 피지배자는 근대화로서의 서구화라는 목표에 대해서는 큰 이견이 없었다. 이는 식민통치 종식 이후에도 근대화의 목표는 유지되었으며 일제가 남기고 간 서양풍 건축물들도 간판만 바꾸면 새로운 경관 속에 곧바로 흡수될 수 있었던 이유이기도 하다. 제국 일본이 식민지에서 추구한 것과 본토에서 추구한 것은 근본원리상 다르지 않았다.[36]

그러나 일본의 '근린제국주의'적 성격을 너무 강조할 필요는 없다. 일제가 본토보다 식민지에서 훨씬 권위주의적이었으며 폭력적이었음은 결코 도외시해서는 안 될 역사적 사실이다. 식민지는 제국 본토보다도 진일보한 기술과 법제를 실험해보는 공간이었기에 지역의 토착성은 철저히 부인되고 폭압적인 방식으로 도시계획이 관철되었다. 제국주의 모국에서는 비가시적으로 관철되는 지배 이데올로기와 그 폭력성이 투명하게 드러나는 것은 식민지의 일반적 특징이다.[37] 모든 종류의 부정적 이미지, 예컨대 비일관성, 비도덕성, 퇴폐성, 파편성, 비정형성, 혼란, 균열 그리고 디스토피아 등을 이용해 제국의 문화적 이상을 부각하는 것이야말로 이른바 '식민주의'의 본연 임무로, 식민지도시야말로 그 진

3부 아테나의 섬뜩한 환등상

가가 발휘되는 무대이다. 문명화 내지는 근대화를 기치로 서구풍 건축과 공간 구성의 원리가 식민지도시에 이식되어 물질적·문화적·제도적, 그리고 경관상의 영향을 끼친다.[38]

메이지 시대 초기에 이미 식민화된 홋카이도 삿포로의 경우는 일본의 식민주의가 진화되는 과정의 가장 초기 모습을 보여준다. 당시 도쿄에서도 그러했듯 아직 뚜렷한 도시계획이 나타나지는 않지만, 적어도 도시공간의 합리적 구성을 통한 근대화라는 인식만큼은 분명히 엿보인다. 삿포로의 기본적인 건설계획은 메이지 정부가 등장한 지 6년이 지난 1873년에 입안되었다. 삿포로는 옛 초닌지에 해당하는 남쪽의 상업지구와 부케지에 해당하는 북쪽의 공공지구로 양분되어 두 영역을 가르는 대로가 만들어지고 그 양쪽 끝에 군 주둔지와 신사가 자리 잡았다. 도심부를 보면, 막부 시대의 전통을 따라 가로, 세로가 60×60칸間의 크기를 지닌 정방형 블록을 기본 단위로 삼아 정부청사, 군부대 시설, 교육기관, 병원, 식물원, 공공묘지, 불교사원, 신사, 배수로 등이 체계적으로 배치되고 철도역까지 도로가 연결되었다. 규칙적인 격자형 가로망은 상당 부분 막부 시대 조카마치의 유산을 물려받은 것이었지만, 주소체계까지 포함하여 미국식 모델을 따른 것이었다.[39]

일본의 본격적인 첫 해외 식민지는 타이완으로, 수도 타이베이에서는 도쿄보다도 먼저 시구개정이 이루어졌다.[40] 그러나 그것은 초보적 단계에 불과했다. 일본의 도시계획이 일정한 수준에 오른 것은 비로소 만주에서였다. 러일전쟁 결과 1905년 9월 5일 포츠머스 강화조약Treaty of Portsmouth이 체결됨으로써 일제는 관동주 조차지권과 충칭 철도의 남만주 지선을 획득하여 만주에 공식적으로 진출할 수 있었으며 펑톈, 다롄, 뤼순, 그리고 창춘 등의 관할권을 장악하여 주요 거점도시로 발전

시키게 된다.[41]

상공업 중심도시인 펑톈奉天은 청나라의 옛 수도 선양沈陽이 러일전쟁 이후 명칭을 바꾼 것으로, 1896년에 러시아와의 불평등 조약인 요동 반도 조차조약 체결 이후 철로와 역이 건설되고 러시아식 시가지가 건설되었으나 1905년 일본이 이곳에 진출하면서 만철 부속지 중심으로 신시가지를 건설했다. 기본 간선로와 도로 그리고 시부광장市府廣場 등 세 개의 광장을 기본 골격으로 하는 신도시가 형성되었다.[42]

'만철' 본부와 관동도독부, 관동군사령부가 한데 결집된 항구도시 다롄大連은 일제의 만주 경영 및 대륙 침략을 위한 교두보였다. 다롄은 유럽과 아시아 대륙을 잇는 철도 교통의 시발점이자 종착역으로, 러시아가 나름의 도시계획을 통해 근대적 항구도시로 키워놓은 상태였다. 일본인들이 이곳을 장악했을 때 이미 원형 광장과 방사형 및 환상 도로, 그리고 서구 고전양식의 건축물 등이 동북아에서 보기 드문 서구적 경관을 드러내고 있었다. 일제가 1905년 4월에 공포한 '다롄 전관지구專管地區 설정규칙'과 '다롄 시가 주택건축관리 임시규칙'은 러시아인들이 남긴 도시계획을 바탕으로 다롄을 군용지구, 일본인 거주구역, 중국인 거주구역의 세 구역으로 나누고 도로, 교량, 전기, 수도 등 기반설비 확충에 주안점을 두었다. 물론 일제는 러시아인들의 계획을 실현하는 것으로 만족하지 않았다. 1919년 용도지역제를 도입하여 네 개 지구에 실시했는데 이는 일본 본토보다도 수년 앞선 것으로, 토착민의 상층을 제국으로 흡수하려는 정치적 의도가 깔려 있었다. 이와 더불어 이미 자리 잡은 광장-방사형 도로의 조합이 일본적인 격자형 조합으로 변경되었으며 러시아인들이 남긴 건축물을 압도할 새로운 건축계획도 마련되었다.[43]

러시아인들이 설계한 '니콜라이 광장'이 일제 치하의 '종산광장中山廣場'으로 개편되면서 그 주위로 일련의 공공건축물이 모습을 드러냈다. 그 첫 번째가 관동도독부의 전임 건축사 마에다 쇼인前田松韻이 설계하여 1908년에 준공된 다롄 민정경찰서大連民政署 청사였다. 북독일 네오르네상스 양식을 대표하는 함부르크 시청사Hamburger Rathaus를 모델로 삼은 위엄 있는 벽돌조 시계탑 건물이 일제 치하 다롄의 새 기풍을 시각화했다.[44] 종산광장에 세워진 여러 건축물 중 주목할 만한 것은 1920년에 준공된 조선은행 다롄 지점 사옥이다. 이곳은 일제하 다롄의 중앙은행 기능을 담당했는데, 코린트식 오더를 지닌 여섯 개의 원주가 돋보이는 신고전주의 건물이지만 철골벽돌조인 데다 엔타블러처가 지나치게 단순화되어 추상적인 느낌을 준다. 건물 자체보다 더 시선을 끄는 것은 그 설계자이다. 나카무라 요시헤이中村與資平는 도쿄 제국대학에서 다쓰노 긴고에게 사사한 주류 건축가로, 1907년부터 스승 다쓰노 휘하에서 일본 제일은행 한국총지점, 즉 향후 경성 조선은행의 공사감독관으로 근무한 경력이 있으며 조선은행 군산 지점, 대구 지점, 동양척식회사 목포 지점을 시작으로 한반도에 여러 건축물을 남긴 인물이다.[45] 식민지 주요 도시의 건설에는 나카무라 요시헤이를 위시한 도쿄 제국대학 건축학과 출신들이 대거 참여했다. 이들 주류 건축가에게는 식민지에서 쌓은 경력이 일종의 면허증과도 같았던 것이다.[46]

만주 거점도시 건설은 만철 부속지를 중심으로 이루어졌던 만큼 만철 총재의 역할은 거의 식민지 총독 수준이었다. 만철 총재에 취임한 고토 신페이는 타이완에서의 경험을 적극 살려 만주를 일제 식민지로 만들어가고자 했다. 그의 만주 경영은 네 가지 주요 목표에 집중했다. 첫째 다롄을 일등 수준의 국제항으로 만들 것, 둘째 만주에 철도망을

나카무라 요시헤이가 설계한 조선은행 다롄 지점

확충할 것, 셋째 50만 일본인을 만주에 이민시킬 것, 넷째 다롄을 만주의 견본도시로 발전시킬 것 등이었다. 특히 넷째 목표를 위해서는 러시아인들이 만든 시가지는 존중하면서도 러시아식 격리정책은 폐지하는 편이 효과적이라 판단했다. 중국인과 일본인이 더불어 살도록 장려하는 정책은 타이완에서처럼 중국 본토인들도 발전된 일본 문명을 체험하게 하여 일본의 지배를 자연스럽게 받아들이도록 하자는 데 그 근본 취지가 있었다.[47]

일견 포용력이 큰 이 같은 아시아연대론이 일본의 맹주 역할을 전제로 했다는 사실은 더는 설명을 필요로 하지 않을 것이다. 만주 거점도시들은 대내외에 일본 근대문명을 선전하는 일종의 전시관으로 기능했을 뿐만 아니라 독일제국과 칭다오의 관계와는 판이하게도 일본 본토의 도시공간을 만들어가는 과정과 직결되어 있었다. 1919년의 일본 도시계획법 제정이 만주 경영의 산물임은 다름 아닌 고토 신페이라는 인물을 통해 구체적으로 입증된다. 그의 인맥은 장기적 영향력을 행사했다. 고토의 지휘 아래 도시계획법 초안을 작성했던 독일식 도시계획의 전도사 이케다 히로시는 이후 상하이를 점령한 일본군 고문으로, 또한 시가지건축물법안을 작성했던 건축가 사노 도시카타는 도쿄 제대 교수로서 만주국 국도건설국 고문으로 위촉되어 활동을 이어갔다.[48] 제국과 식민지를 넘나드는 이 뒤얽힌 과정은 이제 전례 없이 새로운 도시의 창조로 수렴된다.

중국 도시 창춘長春은 러시아와 일본의 영향권이 겹치는 곳으로 지정학적 중요성이 매우 높은 곳이었다. 일본이 북만주를 지나 유럽 쪽으로 나아가려면 일본 소유의 남만주철도와 러시아 소유의 충칭 철도가 교차하는 이 도시를 거치지 않을 수 없었다. 따라서 러일전쟁이 종식된

1905년부터 창춘은 일본이 만주에서 영국식의 '비공식적 제국'을 이룩하는 데 핵심 요충지가 된다. 1907년 부속지 부지를 구매하여 르네상스풍 창춘역이 세워지고 그 남쪽에 공공광장과 신시가지가 건설되기 시작했다. 청나라 고도 선양이나 러시아인들의 자취가 강한 다롄에 비하면 창춘의 부속지는 그야말로 텅 빈 공간이나 다름없었기에 무엇이든 세울 수 있었다.[49] 그리고 때마침 놀라운 기회가 찾아왔다. 신생국 만주국의 수도 '신쿄新京'가 바로 이곳에 터를 잡게 된 것이다.

만주국 수도 신쿄의 과시적 모더니티

"국도國都 건설! 신쿄! 신쿄! 얼마나 그 소리가 밝고 명랑한가. 창조의 강력한 힘과 기쁨이 동아東亞의 일각에 넘쳐흐르고 있다."[50]

1932년 6월 『만주건축협회잡지』 제12권 제6호는 만주국 수도 신쿄 특집호를 마련했다. 1931년 9월 18일 선양에서 일본 관동군의 음모로 일어난 만주사변의 결과 만주국滿洲國이라는 신생 국가가 등장한 것이 1932년 3월 1일이었고, 같은 달 10일 창춘이 '국도國都'로 정해졌으며 나흘 후 '신쿄(신징)'라는 명칭이 부여되었다. 그달이 채 끝나기도 전에 이 지역에 토지매매금지령이 포고되고 곧바로 만철 산하 조직에서 도시계획법 입안에 착수했다.[51] 『만주건축협회잡지』 신쿄 특집호는 바로 이 과정의 일부였다. 여기서 만주건축협회 회장 오노키 도시하루小野木孝治는 만주국의 탄생을 "세계사에서 유례가 없는 동기"에서 비롯된 창조라고 미화하면서 신생국의 수도 신쿄의 의미를 그간 만주에서 일본인

이 쌓아온 지식과 경험을 바탕으로 '신시대'를 연다는 데 두었다. 도쿄
제대 건축학과 출신인 오노키는 타이완에서 일한 경력이 있었으며 만철
의 지방공사과 과장도 역임했던 만큼, 과연 어떤 점이 과거에서 비롯된
것이고 어떤 점이 진정으로 새로운 것인지 속속들이 파악하고 있었다.[52]

만주국의 건국이념인 '오족협화伍族協和'는 일본인·한족·조선인·
만주인·몽고인 간의 협력과 화합을 표방했고 이는 신쿄 중앙에 자리
잡은 원형의 '다퉁大同 광장'에 상징적으로 표현되었다. 이곳에는 이미
만철 부속지 시절부터 서양식 공공건축물이 들어차 있었다. 옛 창춘역
의 남쪽에 위치한 광장은 동서 방향으로 네 개의 가로가 만나 총 여덟
개의 모서리를 이루어냄으로써 그 각각에 기념비적 건축물이 들어서기
에 적당한 공간이 형성되었다. 1910년에 들어선 우체국과 경찰청을 필
두로 기능에 따라 다양한 양식의 건물들이 앞다투어 등장했는데, 토착
양식은 아예 무시해버리고 서구 역사주의나 아르누보 혹은 국제주의
양식을 선보여 지배국의 문명적 우월감을 과시했었다. 그러나 철도 교
통 요충지에 불과하던 창춘이 만주국 수도 신쿄로 격상되면서 이제는
건국이념을 드러낼 수 있는 보다 뚜렷하고도 국민통합적 양식을 찾아
내야 할 시점에 이르게 되었다.[53]

신쿄 건설의 공식 주무부서는 만주국 국무원 직속 국도건설국이었
다. 최종 계획안이 1932년 말에 완성되고 행정적 절차를 거쳐 1933년
4월 '국도건설계획법'이 공포되었다. 기본적으로 중앙집중적 성격이 짙
은 건설계획이었고 일본 본토의 관행에 따라 건설 사업의 감독이 경찰
행정의 일부로 취급되기는 했지만 지나친 간섭은 배제하는 것을 원칙
으로 삼았다. 예정된 계획에 따르면, 도시 전체가 촘촘한 가로망으로
짜여 방사선·환상선·격자형 가로 유형이 각각의 장소마다 알맞게 배

분되었다. 또한 간선도로가 만나는 곳은 중앙을 광장으로 만들어 로터리 기능과 광장 기능을 동시에 맡도록 했는데, 한가운데의 다퉁 광장은 바깥 둘레가 1킬로미터나 되도록 설계되었다.[54] 도시의 사방으로부터 접근이 가능한 대형 광장을 설계함에 있어 스위스 건축가 르코르뷔지에의 300만 명을 위한 도시계획 등이 적극 참조되는 등[55] 당대 최고의 선진적 이론과 기법이 총동원되었다. 다퉁 광장의 모더니즘적 성향을 가장 웅변적으로 드러내는 것은 시빅센터シビックセンター, civic center로, 광장의 대각선이 교차하는 정중앙에 배치되었다.[56] 그러나 이 계획은 실현되지 못했다.

신쿄는 마치 거대한 실험실과 같았다. 신쿄역으로 명칭이 바뀐 옛 창춘역을 북극성 삼아 '다퉁다지에大同大街'라 불리는 대로가 다퉁 광장 방면으로 수 킬로미터 이어졌으며 광장 남서 방면에는 만주국궁과 공원이, 더 남쪽으로는 건국기념비와 대학이 배치되었다. 옛 창춘 시가지는 동쪽 방면에 놓여 있었다.[57] 1932년 『만주건축협회잡지』의 신쿄 특집호에는 만주지방부 공사과工事課 소속의 한 관리가 작성한 거창한 '신수도 건설계획'이 실렸는데, 여기서 한 나라의 수도다운 면모를 갖추기 위해 "특별히 필요한 건물"로 꼽힌 것은 "교육과 관련해서는 박물관, 도서관, 미술관, 농업박물관, 공업박물관, 교통박물관, 동물원, 식물원, 응용화학연구소", "체육에 관한 것은 육상경기장, 야구·정구·축구 경기장, 수영장, 스케이트장, 골프장, 경마장, 비행연습장, 사격장", "기념, 종교적인 것으로는 건국기념비, 건국순사자무명비, 공자묘(를 둔) 각종 사원" 등으로, 끝없는 목록이 이어졌다. 그러나 동시에 이 관리는 이상만을 추구하지는 말 것을 당부했다. "보안, 위생, 교통, 미관"에 주안점을 두면서도 이 나라 특유의 풍토와 민도 등을 종합적으로 고려하는 일이

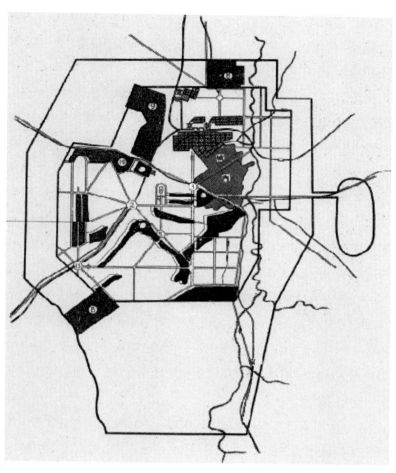

만주국 수도 건설계획 약도. 정중앙의 ③이 다퉁 광장으로 네 개의 도로가 교차한다

야말로 "건축법 제정상의 근본요건"이라는 것이다. 그는 신생 국가가 결코 청나라의 연장이 아니라 여러 개 극동 민족의 결합체임을 새삼 강조했다.[58]

당시의 일제 도시계획가들은 만주 특유의 지방색을 찾아야 한다고 입을 모으면서도 창춘 지역을 서슴없이 야생의 "들판(野原)"이라고 묘사했다.[59] 마치 이전에 아무것도 없었던 듯 한 도시가 순전히 기능적 관점에 따라 행정지역, 상업지역, 공업지역, 주택지역, 혼합지역, 미결정지역의 여섯 구역으로 분할되어 아예 새로이 창조되었다.[60] 1933년 말에 이르면 이미 신쿄의 인구수는 주둔 군인을 포함하여 18만 명을 상회하는 급격한 증가율을 보인다. 국도건설국은 새로운 국도의 인구가 장래 50만 명을 초과할 것으로 예상하고 계획을 수립했다. 건설이 계획된 구역은 구시가지를 포함하여 총 200제곱킬로미터에 달했는데, 근교의 발전된 지역은 제외하기로 함에 따라 건설사업구역이 100제곱킬로미터로 줄어들고 또 기성 시가지를 손대기는 힘들다는 점을 감안하여 실제 사업구역은 79제곱킬로미터로 낮추어 설정했으나 그럼에도 매우 광대한 면적이었다.[61]

만주국은 일본의 젊은 엘리트들에게 본토에서는 억눌렸던 활력과 이상 혹은 공상을 마음껏 펼칠 수 있는 무한한 가능성의 공간이었다. 야심찬 기술관료, 창조적 과학자, 모더니즘 건축가, 군국주의 경제학자, 그리고 투기꾼과 정치적 극단주의자 등 틀에 박힌 일상으로부터의 일탈을 꿈꾸는 각종 '문제적 인간'이 만주국의 신수도로 모여들었다.[62] 이제 고토 신페이류의 '혁신주의' 내지는 자유주의적 보수주의는 급속히 시의성을 잃고 보다 충동적이고 극단적이며 전투적인 파시즘 기풍이 대세를 얻었다. 그간의 모든 자제심과 소심함을 떨쳐버리고 '대일본제국'의 위대함을 세계만방에 입증하려는 과도한 의지가 활화산처럼 분출했던 것이다. 결국 만주국이 창조한 것은 흔히 말하는 '동아시아적 근대'가 아니라 극도의 편집증과 분열증을 넘나드는 동아시아적 '파괴열'이었다. 문명적 가치와 민족적 가치 간의 만주국식 결합은[63] 실로 문명도 민족도 아닌 폭력적인 국가를 낳았다.

'대일본제국'의 민족적 사명과 문명적 보편성을 표현하기 위해 등장한 이른바 '제관양식帝冠樣式'이 다름 아닌 만주국에서 첫선을 보인 것은 당연한 귀결이었다. 1930년대에 등장한 이 새로운 양식은 철근콘크리트 구조의 서양식 건축에 일본식 지붕을 올린 이른바 구아절충歐亞折衷식으로, 서구 모더니즘 건축에 대한 일본의 대응이었다고 할 수 있다.[64] 동양식 맞배지붕과 서양식 박공을 연결하는 사고는 이미 이토 주타의 「호류지 건축론」에서도 전개된 바 있지만, 제관양식은 다소 돌출적으로 등장한 양식이었다. 신고전주의적 파사드와 급경사의 맞배지붕은 어색하기 이를 데 없는 조합이었으나 '제국'의 유일무이한 권위를 과시하려는 의욕이 그 무엇보다 앞섰다. 어차피 경계를 넘어온 모험주의자들에게 정해진 규범이란 없었다. 그들에게 순수한 과거와 새로운 미래, 가장 동양적인 것과 가장 서구적인 것 간의 모순적 결합은 전혀 문제가 되지 않았다. 그것이 '역사적으로 유례가 없는' 새로운 국가와 신수도를 창조하는 데 도움만 된다면 사소한 논리적 모순쯤이야 개의치 않았다.

제관양식으로 지어진 첫 건물이 다퉁 광장에 등장했다. 1932년 공사에 착수하여 1933년 5월과 6월에 각각 제1호와 제2호 정부 청사가 준공되었다. 그해 11월 『만주건축협회잡지』, 제13권 제11호는 이 두 청사를 특집으로 다루었는데, 양자는 구조적으로 동형을 이룸을 밝히고 있다. 모두 좌우 대칭을 이루는 2층 건물이고 장방형 형태로, 건물 중앙부 위에는 28미터의 돔이 올라갔다. 양자 모두 철근콘크리트조 벽체에 흑벽돌을 사용했다. 『만주건축협회잡지』는 양 건물의 양식이 모두 '만주식'이라 기록하고 있지만,[65] 실제로는 제1호는 국제주의, 제2호는 제관양식을 취했다. 네오르네상스와 네오바로크 양식을 결합한, 길게 펼쳐진 파사드에 국적불명의 파고다식 지붕을 얹은 제2호 정부 청사는 당시에는 일단 '홍아식興亞式'이라 불렸으며 '오족협화' 이데올로기와 제국의 권위를 건축적으로 표현한 것이었다. 이 건물에서 조금만 더 남쪽으로 가면 만주국궁이 자리 잡아 경관의 일체성을 이루고 있었다. 이러한 표면적 성격에도 불구하고 평면도에 나타난 기본 구성은 여느 서양식 건물과 다를 바 없는 배치와 기능성을 보여준다.[66]

　　신쿄의 제관양식을 대표하는 건축물로는 1936년에 준공된 만주국 국무원國務院을 꼽을 수 있다. 다퉁 광장 남쪽의 순티안다지에順天大街 길가에 자리 잡은 국무원은 그 장대한 규모로 주위의 늘어선 여타 관청사들을 압도한다. 제2호 정부청사와 마찬가지로 파고다형 지붕을 지닌 중앙탑옥을 갖추고 두 개의 상사형 지붕이 양 모서리 위에 얹혀 있다. 지붕 밑의 중앙부가 안으로 들어가 지붕이 더욱 두드러져 보이며 토스카나풍의 강력한 원주를 지닌 포르티코는 건물 전체의 균형과 비례를 돋보이게 한다. 이 건물은 같은 시기에 지어지고 있던 도쿄의 제국의회 의사당을 상당히 참조했던 것으로 알려져 있다.[67] 의회가 없었던 만주국의 실정에서 국무원이 사실상 국정 최고기관이었다는 점을 고려할 때 이 건물이 도쿄의 의사당보다 더 크고 강력해 보이는 것은 어쩌면 당연했다. 도쿄의 의사당에서 프로이센 고전주의의 파시즘적 변형을 찾을 수 있다면, 만주국 국무원 청사는 이러한 경향에 '대동아大東亞' 이

1933년 11월 『만주건축협회잡지』에 실린 만주국 제2청사 전경

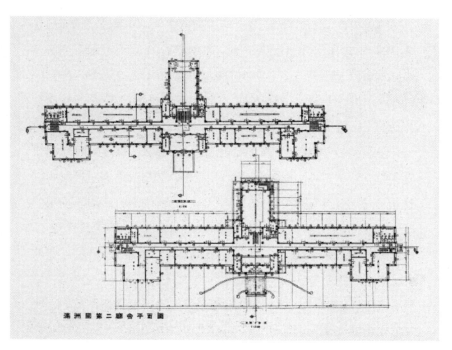

滿洲國第二廳舍平面圖

만주국 제2청사의 1층 평면도

데올로기까지 덧붙여진 것으로 볼 수 있다.

신쿄는 서양 문명을 넘어서려는 일본의 야심이 표현된 도시였다. 제관양식은 국도건설계획이 처음 입안될 때부터 지향했던 이른바 "동양 건축을 기조로 삼은 국제적 신흥 양식"[68]의 잠정적 결론이었다. 만주국 창건과 더불어 만주에서 활동하는 일본 건축가 총동원령이 내려지고 일본 본토로부터도 많은 청년 건축가가 부푼 꿈을 안고 신쿄로 모여들었다.[69] 만주국의 건축가와 도시계획가들은 단순히 서양을 배격하는 것이 아니라 과감히 딛고 넘어서려 했다. 말 그대로 '근대의 초극'을 지향했던 것이다. 따라서 신쿄 건축은 결코 전통주의적이지 않았으며 당대의 독일과 이탈리아의 파시즘 건축과 마찬가지로 충분히 '모던'했다. 1938년 다퉁 광장에 준공된 만주중앙은행 본점滿洲中央銀行總行은 포기된 시빅센터를 대신하여 이 광장의 모더니즘을 대변하는 건축물이었다. 3만 제곱미터에 달하는 면적에 4층을 올린 대리석 건물로, 파사드를 장식하는 열주의 직경은 1미터가 넘었다.[70] 이 으리으리한 건물 주변에는 이미 전화국 및 전보회사, 경무청, 국도건설국, 호텔 등이 광장을 중심으로 빼곡히 들어서 있었다.[71]

신쿄의 도시계획은 일본 본토와 그 식민지 및 관할권 내에서 시행되던 그간의 관행과는 확연히 달랐다. 단순한 기법상의 차이만은 아니었다. 만주국에서 일제는 비로소 '통치성'의 본령에 이르렀다. 한덩어리로서의 인구에 대한 순찰·감시·통제·개입이 가능해짐으로써 말 그대로 '생체권력'이 원활하게 작동할 수 있었다.[72] 이렇게 볼 때 '국체'의 지엄한 원칙이 관철된 곳은 실로 일본 본토가 아니라 만주국이었다고 할 수 있다. 신쿄의 도시계획은 그저 몇몇 기념비적 건축물을 세우는 데 그치지 않고 철로와 자동차도로, 비행장 등 현대도시의 인프라를 구축

1937년 1월 『만주건축잡지』에 실린 만주국 국무원 청사의 정문 및 현관 모습

1938년 『만주건축잡지』에 실린 만주중앙은행 본점 전경

하여 전적으로 현대적인 도시를 구축하고자 했다. 시가지 전역에 녹지 공간, 공원, 호수, 박물관(기념관)과 동물원 등을 충실히 배치한 것은 신 쿄에서 '대일본제국'의 이상향을 실현하려 했음을 알려준다.[73]

특히 박물관과 공원에 대한 집착이 시사하는 바는 매우 크다. 이미 오래전에 이와쿠라 사절단은 유럽의 박물관과 동물원을 두루 방문하여 이 시설들이 단지 유흥공간이 아니라 지식의 체계화를 통해 사회의 합 리적 구성에 이바지한다는 사실을 간파한 바 있다. 1886년부터 일본에 서는 박물관 업무가 궁내성 소관으로 이임되면서 황실의 권위를 신장 하기 위한 목적으로 문화재 보호에 적극 나섰다. 1888년 5월에는 궁내 성이 주도하고 페놀로사와 오카쿠라 덴신 일행을 포함한 대규모 조사 단이 넉 달여에 걸친 고미술 조사를 실시했고 이듬해에는 제국박물관 이 발족되기에 이르렀다.[74] 박물관은 눈앞의 이익에서 벗어나 과거와

3부 아테나의 섬뜩한 환등상

현재를 체계적으로 지배할 수 있는 지적 수단을 제공해주었다. 공원도 마찬가지였다. 개인의 집에 속하는 '정원'과 달리 '공원'은 공간에 대한 국가 차원의 체계적 지배와 관리에 이르는 수단이었다. 일본의 '공公'에는 '관官'의 의미가 깊숙이 배어 있었다.[75] 이러한 점에 비추어 볼 때 신쿄는 시간과 공간의 변화에 잠식되었던 근대 일본이 오히려 그것을 주체적으로 지배하고자 부심해온 오랜 노력의 총결산과도 같았다.

이미 열강 반열에 들어선 제국 일본은 자신의 과거와 미래 그리고 눈앞에 펼쳐진 세계를 전혀 새롭게 설계할 시점에 이르렀다. 1928년 일본 상공성商工省은 구조적 침체에 빠진 산업을 활성화하는 데 디자인을 적극 활용한다는 취지 아래 '공예지도소'를 창설했다. 디자인을 합리화하고 대량생산에 적합하도록 발전시키는 임무를 부여받은 이 신생 기관은 1933년 브루노 타우트를 초대하는 등 활발한 활동을 전개하면서 르코르뷔지에와 바우하우스 예술가들의 작업을 일본에 소개했다. 이 기관은 뚜렷한 군사적 목적도 지니고 있었다. 산업적 합리화야말로 군사력 신장을 위한 비결이었던 것이다. 이러한 공예지도소 창설을 주도했던 젊은 관료 기시 노부스케岸信介는 이후 만주국 산업계를 주름잡으며 경력을 쌓은 뒤 전후에는 수상 자리에까지 오르게 된다. 전후 일본에서 기시 노부스케가 표방한 노선은 이전의 고토 신페이식 노선과는 확연히 달랐다. 그것은 친서양적이지도 친동양적이지도 않았으며, 근대적인 것도 반근대적인 것도 아니었다. 그것은 제관양식처럼 이질적이고 도발적인 동시에 권위주의적이면서 전체주의적이었다.[76]

신쿄 건설이 일단락되고 본격적인 전시체제로 돌입한 1940년대 초에 일본 본토에서는 독일 도시계획가 고트프리트 페더Gottfried Feder의 일역본 『신도시新しい町』가 큰 영향력을 발휘하고 있었다. 열렬한 나치당

원인 페더의 책은 산업사회의 혼돈을 막을 텍토닉적 질서에 대한 요구로 가득 차 있다. 기존의 도시를 각각 농토를 보유하는 자급자족적 구역으로 분할하여 진정한 마을공동체를 회복한다는 발상은 나치의 반모더니즘적 '피와 땅Blut und Boden' 이데올로기에 입각한 것으로, 중산층 지향적인 영국식 정원도시와는 결이 달랐다. 일본에서는 니시야마 우쪼西山夘三가 그것을 수용해 전후 일본 건설에 적극 활용한다.[77] 1930년대 초 만주국을 세우면서 제국 일본은 자신의 임계점을 넘어서고 있었다. 제국이 담아내기에 역부족이었던 새로운 국가와 사회상은 사실 메이지유신 이래 일본 중앙정부가 줄곧 꿈꾸어왔던 이상에서 비롯된 것이었다.

제2차 세계대전이 한창이던 1942년 10월 젊은 건축가 사토 다케오佐藤武夫는 『만주건축잡지』에 기고한 짧은 에세이로 "만주국은 일본의 자기개조상의 큰 실험실"이며 "통제성과 계획성이란 이 나라 건국으로부터 이어져온 큰 특색"이라는 견해를 피력했다. 그는 신흥 만주국에서 실험해본 것의 결과에 일본인들이 감사해야 한다고 말하면서 이제 서구적 자유주의 체제를 과감히 떨쳐버리고 새로운 정치의 권위를 세울 때라고 주장했다.[78] 사토 다케오는 전후 일본에서 경험주의적인 건축음향학의 선구자로 명성을 떨치게 되는 건축가이다. 그의 '과학적' 탐구가 '근대 초극'적 발상의 산물이라는 점은 이른바 '동아시아적 근대'의 실상에 대해 많은 것을 말해준다.

그러나 이 모든 '실험'은 제국 일본이 스스로의 욕망을 확인하는 것일 뿐, 진정으로 타자를 포용할 수는 없었다. 그것은 오로지 자신들만의 이상, 모험, 개조, 과학, '근대의 초극'이었다. 사토 다케오도 만주국이 실험실이라는 발상은 전적으로 일본인의 입장일 뿐임을 시인하지 않을 수 없었다.[79] '오족협화'는 강요된 연대였을 뿐이고 '제관양식'과

'대동아' 이데올로기도 제국의 이해를 앞세움으로써 오히려 대다수 사람들을 국가의 '만들어진 전통'으로부터 배제하는 결과를 초래했다.[80] 따라서 가히 이상적 기반시설과 환경적 여건에도 불구하고 신쿄 인구의 거의 절반이 계속해서 구시가나 근교 공업지대에서 살아갔다는 점은 전혀 이해 못할 바가 아니다.[81]

신쿄의 진정한 모습은 여타 일제 식민지에서 이곳을 찾은 방문객의 눈에 보다 뚜렷이 드러난다. 식민지 조선의 지식인 유진오가 1940년대 초에 쓴 단편소설 「신경新京」은 "훌륭한 근대도시"에 대한 놀라움을 전한다. "남신경 근처로부터 벌써 벌판 이곳저곳에 맘모스 같은 거대한 건축물이 우뚝우뚝 보이더니 인해 웅대한 근대도시가 벌어지기 시작하였다." 무엇보다 식민지 지식인의 눈을 사로잡은 것은 "멀리 보이는 큰 건축물의 동양적인 지붕"으로, "이 건축의 새로운 양식도 동양이 서양의 영향에서 벗어나서 자기의 것을 창조하려는 노력"으로 파악되었다. "신경"의 경관은 분명 감탄할 만한 것이었다. "정거장을 나서서, 사방으로 뻗어나간 큰 길가에 보기 좋게 느러선 큰 집들이며 분주하게 지나다니는 행인들"은 식민지 출신 방문객의 눈에는 신기루 같은 것이었음을 충분히 헤아릴 수 있다. 하릴없이 길을 거니는 주인공에게 도시의 압도적 경관은 고국의 죽은 벗의 모습과 끊임없이 겹쳐진다.[82] 물론 이 소설에서 뚜렷한 반일反日 의식 같은 것은 엿보이지 않지만 저자의 심경이 매우 복잡하다는 점은 분명히 느낄 수 있다. 한편으로는 경탄하면서 동시에 한껏 주눅 든 상태, 이것이야말로 식민성의 민낯이다.

한성에서 경성으로

식민화의 세계사에서 일제 식민지였던 조선은 독특한 지위를 차지한다. 하필이면 이웃나라에 의해, 그것도 오래도록 문화 전수의 대상으로 여겨왔던 나라에 의해 식민화되었다는 기억이 한국인들에게는 트라우마로 남았다. 한국인들에게 근대화 자체는 거부할 만한 것이 아니었으나 이웃나라에 의해 강요되었다는 점이 문제였다. 근대화와 식민화의 모순은 한국인의 집단기억을 짓누르고 있다. 참담한 식민지배의 유산이 근대문명의 요소들과 마치 엉겅퀴처럼 뒤얽혀 있는 것이다. 그러나 이는 현실의 중첩된 측면이라기보다는 일종의 착시효과로 보는 편이 옳다. 이른바 '모던'함이란 새로운 현실의 양상을 지칭하는 용어가 아니라 새로움을 신화화하는 특수한 담론 형성체로서 식민지 치하의 과거를 폄하하고 미래를 재촉하는 강제력을 행사했다. 여느 곳보다도 식민지도시 서울에서 모더니티의 식민성은 첨예하게 드러난다.

한성부 도시개조 사업

1910년 한일병합 직후 조선총독부는 조선왕조의 수도를 재편하는 일련의 작업에 착수했다. 왕도이던 한양漢陽이 제국 일본의 식민지 수위 도시 경성京城, 즉 게이죠けいじょう로 재편되었다. 조선왕조 시작 때부터

대한제국에 이르기까지 사대문을 지닌 도성 한양과 그 주변 십 리, 이른바 성저십리城底十里를 포함하는 지역은 한성부漢城府로 편재되어 있었는데, 식민 치하에 들어서자마자 경기도 소속 경성부로 축소 개편되었다. 존엄한 왕도가 작은 지방도시로 전락한 것이다. 도시공간 재편에서 가장 눈에 띄는 점은 일군의 서구식 건축물의 등장이었다. 이는 말할 나위도 없이 일본제국이 서구의 제국들과 동등한 권위를 지닌다는 점을 가시적으로 드러내고자 한 것이었다. 새로운 건축물들과 더불어, 기존의 건조환경을 파괴하고 도입된 이질적 공간들은 근대세계로 비상하는 제국 일본이 낡은 아시아 왕조에 대해 갖는 정치적·정신적 우월성을 시각적으로 웅변했다.

이미 일본이 지배력을 얻기 이전부터 한성에는 근대화의 물결이 일고 있었다. 대한제국의 한성부 개조 사업은 경복궁을 중심으로 하는 옛 도성의 폐쇄적 가로구조를 도심의 경운궁 중심으로 전환하는 일련의 작업을 추진했다. 도성 한양은 본래가 성곽으로 둘러싸인 닫힌 구조였다. 왕조 초기에 자리 잡았던 궁궐, 종묘와 사직단, 도로망, 시전, 그리고 궁궐이 자리 잡은 북촌과 초가집이 즐비한 남촌의 위계적 질서는 갖은 전란을 겪으면서도 왕조 말기까지 고스란히 유지되고 있었다. 가히 혁명적인 한성부 도시개조 사업은 아관파천俄館播遷 이후 고종이 경복궁이 아닌 경운궁으로 환궁을 결정하면서 시작되었다. 현재의 덕수궁인 경운궁은 도성의 실제적 중심부로 기능하던 곳이었기에 이곳을 중심으로 개방적인 가로구조를 만든다는 것은 국왕과 신민 간의 유리된 관계를 변화시키려는 뚜렷한 개혁 의지의 표명이 아닐 수 없었다.¹ 그것은 참담한 정치적 굴욕의 한가운데에서 거의 반어법적으로 선포된 대한제국으로서는 꽤나 야심찬 기획이었다.

3부 아테나의 섬뜩한 환등상

1896년 9월 28일 내부령內部令 제9호 「한성 내 도로의 폭을 규정하는 건」이 발포되면서 개시된 한성부 도시개조 사업은 고종의 강력한 의지에 따라 개혁파 이채연이 한성부윤으로 임명되면서 그의 지휘 아래 일사천리로 이루어졌다. 이미 갑오개혁 이전에 한성판윤 박영효가 치도론治道論을 내세우며 근대적 도시 건설을 시도한 바 있는데 이 기획이 국왕의 강력한 지원을 받으며 재개된 것이다. 대한제국의 한성부 도시개조 사업은 취약하기 이를 데 없던 '제국'의 정치적 포부와 열린 가능성을 재평가하는 가늠자로 거론되어왔다. 특히 "경운궁을 중심으로 하는 방사선도로와 환상도로 및 그 외접도로"는 당시 계획의 책임자였던 내부대신 박정양, 한성판윤 이채연 등이 외교관으로 근무했던 미국 수도 워싱턴 D. C.의 도로망을 모델로 구성된 것으로 알려지면서 주목받았다.[2]

이 시기의 새로운 움직임은 새 연호의 이름을 따 '광무개혁光武改革'이라고도 불린다. 1897년 고종 황제가 하늘과 땅에 제사를 올리고 대한제국 성립을 대내외에 널리 알리고자 원구단圜丘壇을 세웠다. 당시에는 이곳까지 경운궁이었으니 원구단은 궐 안에 지은 시설인 것이다.[3] 고종은 아관파천 이후 새로운 거처로 삼게 된 경운궁을 1897년부터 대대적으로 수리하도록 했다. 1902년에 완공된 새 정전正殿 중화전中和殿은 경복궁 근정전에 버금가는 위용을 과시했다. 그 두 해 전인 1900년에는 경운궁의 정문인 대안문大安門(현재의 덕수궁 대한문)이 완공되었는데, 신민들의 일상과 가까운 경운궁과 감히 범접할 수 없는 성역인 원구단이라는 대한제국의 양대 상징공간이 서로 마주보고 서게 되었다는 점은 실로 의미심장하다. 이는 피지배층의 광범위한 지지와 천지신명의 보살핌이라는 역사적 정통성을 모두 확보한 강력한 황제권을 모색했음

을 알려준다.[4]

한성은 잠시나마 '황성皇城'으로의 웅비를 위한 날갯짓을 시도했었다.[5] 경운궁을 중심으로 한 환상방사형의 도로체계를 기획하여 시내 주요 도로를 침범하고 있던 가가假家가 철거되고 부분적이기는 하지만 넓고 직선화되고 말끔하게 단장된 격자형 가로들이 건설되었으며, 새로운 제국에 걸맞은 도시경관을 꾸미는 작업으로 경운궁 중건과 원구단 건립 이외에도 삼군부와 흥인지문의 수리 및 확장, 탑골공원 조성 등이 연달아 착수되었다. 여기서 한 발 더 나아가 전기, 전차, 수도 등 근대적 도시설비가 도입되었다. 무엇보다 인상적인 것은 전차선로 개설로, 미국 기업가 콜브란Henry Colbran과 보스트윅Harry R. Bostwick의 권유를 고종이 받아들인 것이었다. 그들은 청량리에 있는 민비의 묘소 홍릉에 행차할 때마다 고종이 겪는 번거로움과 많은 경비 지출을 지적하며 황제를 설득한 것으로 전해진다. 고종은 이들에게 전차만이 아니라 전등·전화 사업까지 단독으로 경영할 수 있는 특권을 주었으며 결국 이들의 주도로 1898년 한성전기회사가 설립되어 1899년 4월에 공사를 마무리하고 초파일에 돈의문에서 종로를 거쳐 동대문 밖 청량리까지 길게 이어지는 전차선로의 개통식이 열렸다.[6] 이후 노선이 연장되어 한강 하류에서 서울로 들어오는 교통의 요충지인 (구)용산과 마포에까지 이르렀다.[7] 한성부의 전차노선 부설은 동아시아 최초라는 기록 달성에는 이르지 못했으나[8] 당시 대한제국의 전반적 여건에 비추어 볼 때 괄목할 만한 성과였음이 분명하다. 여기에 더하여 전등설치 사업도 착착 진행되어 1900년 4월에 유사상 처음으로 종로에 세 개의 가로등이 켜질 수 있었다.[9]

그러나 기록 달성보다 더 중요한 것은 사안의 성격이다. 황성 건설

3부 아테나의 섬뜩한 환등상

은 왕조의 상징적 중심지를 창출하려는 '위로부터의 개혁'의 일환이었
다. 경운궁 중심의 환상방사형 도로를 기획한 데서 엿보이듯 그 중심점
을 축으로 삼아 사회적 신분으로 서열화된 왕조의 신민을 제국의 신민
으로 통합해내려는 의지의 표현이었다. 이미 준식민지 상태에 가까웠
던 조선의 이 같은 필사적 날갯짓을 어떻게 평가할지는 입장마다 다를
수 있겠으나 한 가지 분명한 점은 대한제국이 자신을 '중심'으로 신민
을 '통합'해내려 하는 한 신민은 더는 '신민'이 아니라 근대적 '국민'이
되지 않을 수 없으며, 그 국민을 대변(재현)하는 중심도 더는 옛 궁궐일
수 없다는 사실이었다. 이러한 변화를 감당하지 않는 한 '제국'의 수사
는 그저 권력 유지의 궁색한 변명일 수밖에 없었다.[10] 혹자는 한성부 도
시개조 사업을 시도한 고종의 의지에서 서구 절대왕정의 정신이 엿보
인다고도 하지만,[11] 당시의 전반적 여건에 비추어 볼 때 고종과 그를 둘
러싼 근왕 세력들에게서 발견하게 되는 것은 위풍당당한 절대왕정의
정신이 아니라 오히려 그 슬픈 패러디이다.

경성 시구개수 사업

　비록 위로부터의 제한적 시도에 불과하기는 했지만 변화된 미래로
의 길은 이미 활짝 열려 있었다. 왕실뿐 아니라 지배층 전반에서 '개화'
의 목소리가 터져 나왔다. 자주적으로 서양의 건축양식을 도입한 여러
사례가 이를 입증한다. 왕실은 중화전처럼 왕조의 전통을 살리거나 원
구단처럼 청나라 양식을 도입한 건축물도 지었지만, 영국인 건축가 하
딩John Reginald Harding이 설계한 경운궁 석조전[12] 같은 순전한 '이양관異樣館'

그리고 바로 그 옆에 러시아 건축가 사바찐A. I. S. Sabatin이 지은 정관헌靜觀軒처럼[13] 한양절충식韓洋折衷飾 건축물의 도입도 시도했다. 또한 서재필이 도안한 독립문처럼 왕궁 밖의 지배층이 서양의 건축양식을 도입하여 개화의 의지를 천명한 경우도 있었다. 이와 별도로 러시아 공사관, 독일영사관저, 러시아 공사의 독일인 처제가 운영한 손탁 호텔Sontag Hotel[14]처럼 서양 세력이 자신들의 필요에 따라 지은 이양관들이 잇따라 등장하면서 근대의 이미지를 전달했다.[15]

이러한 흐름은 일반적 차원에서는 '근대문명으로의 진입'을 나타낸다고 할 수도 있겠으나 실제로는 왕권 약화의 산물이기도 했다. 국법에 의한 제한이 점점 느슨해질수록 주로 정동에 모여 있던 각국의 외교 공관 건물은 층수가 올라갔으며 도성의 스카이라인을 급격히 변형시켰다. 국가권력과는 무관해 보이는 명동성당이야말로 그 어떤 외교 공관들보다도 층수 제한을 무력화한 장본인 격으로, 1898년 완공된 이래 한동안 서울에서 가장 눈에 띄는 서양식 건축물로 꼽혔다.[16]

그러나 이러한 다양한 흐름은 결국 일제라는 강력한 급류에 모조리 휩쓸려버리고 만다. 이미 일제는 1879년 부산에 지은 일본관리청 건물이나 같은 해 인천에 지은 일본 제일은행 인천 지점처럼[17] 주로 개항장을 통해 조선에서의 서양식 건축의 흐름에 가세하고 있었지만 1905년 한일늑약韓日勒約 직후 조선통감부가 설치되면서 비로소 건축적 급류를 생성시켰다. 조선통감부는 대한제국 시절부터 왕실과 정부의 재정을 모두 관리하던 탁지부度支部를 개편하여 그 산하에 건축소를 두고 많은 일본인 건축가를 투입하여 일련의 관청사 및 여타의 '근대적' 시설을 건설하기 시작했다. 의정부 청사(1907), 공업전습소 본관(1907), 대한의원 본관(1908), 평리원(1908), 광통관(1909) 등 대규모의 서양식

3부 아테나의 섬뜩한 환등상

경운궁의 중화문中和門과 석조전

건축물이 한성을 비롯하여 몇몇 개항장에 속속 모습을 드러냈다.[18]

1910년 조선총독부가 세워지자 본격적인 건설 사업이 개시되었다. 한양을 경성으로 개조하는 일제의 사업은 사실상 대한제국의 수도 건설 사업을 이어받아 황성을 식민지 거점도시에 적합한 형태로 변용하는 작업이었다. 1896~1898년 사이의 한성부 도시개조 사업이 일단락된 후에도 대한제국의 건설 사업은 계속되었다. 시일이 한참 지난 후인 1936년에 경성부가 발간한 『경성부사』 제2권에 따르면, 대한제국은 1910년에 남대문부터 남대문정차장(현재의 서울역 자리)까지의 도로를 폭 34.54미터로 확장하는 등 가로의 부분개수를 시행했다.[19] 이러한 도시개조 사업은 한일병합과 함께 조선총독부의 시구개정 사업으로 자연스럽게 이어진다. 물론 식민지도시계획으로의 성격 변화는 필연적이었다.

우선적인 변화는 한성부가 경성부로 바뀌는 행정적 변화였다. 이미 1906년 조선통감부는 칙령을 내려 조선의 지방행정구역을 1수부首府 13도 11부 333군으로 개편하는 행정상의 혁신을 감행했다. 대한제국기의 수부 한성부와 13도의 틀은 유지한 채 종전까지는 부에 속했던 농촌 면을 분리하여 인접 군에 편입하고 개항장이 있던 인천과 동래(부산) 등을 새로이 부로 승격시켰다. 병합 직후인 1910년 9월 30일 칙령으로 「조선총독부지방관관제」가 공포되었고, 바로 이튿날 조선총독부령 제6호와 제7호에 의해 전국 12개부와 그 관할구역이 지정되었다. 이에 따라 한성부는 경성부로 개칭되면서 전국의 12부 중 하나로서 경기도에 편입되었다.[20] 1911년 4월 1일 경성부는 성곽 안과 일본인 거주지이던 용산 지역 및 한강변 일부만을 포함하는 지역으로 축소 개편되었다. 이렇게 하여 결국 '황도'로의 비상을 꿈꾸던 오백년 도성은 형편

3부 아테나의 섬뜩한 환등상

없이 왜소해진 모습으로 앙상한 날개를 접고 말았다.[21]

이후 1914년의 행정구역 개편은 '부府'를 순전히 도시지역만을 관할하는 행정상 기초단위로 삼았는데,[22] 새로운 형태의 도시개조 사업과 연계되었다. 조선총독부는 1912년 10월 7일에 각도 장관에게 "주요한 시가지의 시구개정市區改正 또는 확장"에 관한 훈령訓令 제9호를 시달하여 조선 각 지방의 주요 도시 시가지에 대한 대대적 개조의 뜻을 밝혔고,[23] 같은 해 11월 6일에는 총독부고시 제78호로 경성 시구개수 예정노선 29개를 고시했다. 10월의 훈령에서는 그저 총독의 의지를 천명하는 수준으로 그쳤지만 단 한 달 만에 특정 지역에 대한 구체적 시행계획이 공개된 것이다. 이날의 『조선총독부관보』에 실린 「경성시구개수예정계획노선도」를 보면, 경운궁에서 가까운 황금정黃金町(현재의 을지로)광장 중심의 방사상도로망, 그리고 총독부(구 총독부 청사)가 있던 남부와 조선인들의 중심지인 북부를 연결하는 남북도로의 계획이 중심적 대칭축을 이루고 있다. 이는 대한제국의 한성부 도시개조 사업을 경운궁 중심에서 일본인 거주지 중심으로 변형해 이어가는 측면과 경복궁 앞을 중심으로 삼는 새로운 도시공간의 창출이라는 상이한 측면이 비교적 무리 없이 결합되었음을 알려준다. 여기서 무엇보다도 주목할 것은 조선왕조의 중심적 건축물인 궁궐들을 비롯하여 전통이 깊은 청계천 북부 지역과 일본인들이 개발한 남부 지역이 기존의 위계구조를 탈피하여 수평적으로 연결된다는 점이다. 이는 유서 깊은 역사적 공간구조가 와해됨을 의미한다.[24]

경성 시구개수 사업은 도심 가로망의 체계적 정비와 대대적인 도로 신설을 꾀했다. 경성 도심부는 바둑판같은 격자형으로 엮이고 도로의 노선 번호별 순서와 너비가 중요도에 따라 각각 정해졌다. 예컨대

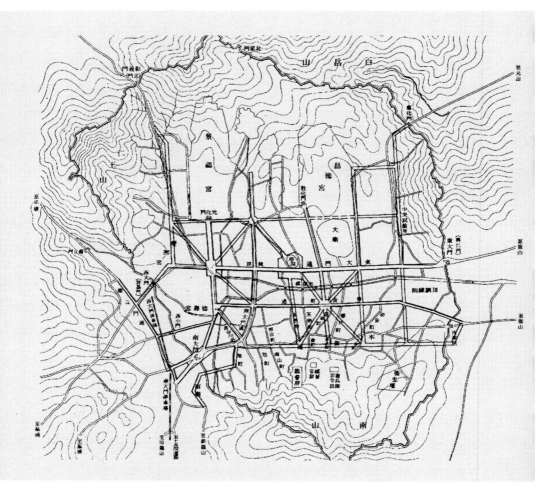

「경성시구개수예정계획노선도」(1912)

광화문에서 황토현광장(지금의 광화문 네거리)에 이르는 제1노선은 너비가 30간(54.54미터), 남대문에서 남대문정차장에 이르는 제2노선은 19간(34.54미터), 그리고 나머지는 15간, 12간, 10간, 8간 등의 순으로 정해졌다. 또한 도로의 주요한 교차지점마다 광장을 설치하여 도시의 면모를 일신하고자 했다. 황토현광장, 대한문전광장, 대안동광장, 황금정광장, 선은전광장, 탑공원전광장이 그것이었다. 물론 단 한 번의 계획으로 모두 확정된 것은 아니고 이후 사업을 진행해가면서 현실에 맞추어 다섯 차례나 개정되었다. 1917년에는 2개 노선이 추가되어 시구개수 노선이 총 31개로 늘어났다. 예정 노선 고시 이전에 이미 개수된 곳도 있었다. 경성으로 들어오는 관문인 제2호 노선은 1911년에 착공하여 준공된 상태였고, 황토현광장에서 경운궁 앞까지 이르는 제3호 노선도 1912년 초에 기공하여 완성되어 있었다. 따라서 1912년 11월의 계획안이 중점을 둔 곳은 경성의 일본인 상업 중심지로 부상한 황금정과 본정本町(현재의 충무로) 거리의 개수였다. 이곳을 사이에 두고 제9호 노선, 즉 창덕궁과 남산 아래 총독관저를 잇는 최단 거리의 직통도로가 신설되었는데, 경성의 남북을 잇는 이 도로가 1918년에 준공됨으로써 1912년도 계획안의 제1기 공사는 대체로 일단락되었다.[25]

1912년의 경성 시구개수 계획안은 나름 야심차게 추진되었다. 중심대로의 노폭 확장과 그 직선화, 교량과 하천 등의 정비라는 일본 시구개정의 기본 취지와 기법이 고스란히 조선에 이식되었으며, 일본과 마찬가지로 오스만의 파리 시가지 계획을 참조하여 도시 전체의 전면 개조를 이루어내고자 했다. 1912년의 계획안을 주도한 모치지 로쿠사부로持地六三郎는 타이완 총독부에 근무하며 그곳의 시구개정 사업을 추진하던 도중 조선총독부 초대 토목국장으로 발령받은 자로서, 나름 이 분야 최고의 전문가에 속했다.[26] 그러나 바로 이러한 전면적이고 근본적인 성격이야말로 오히려 사업이 원안대로 관철되지 못한 이유가 되었다. 무엇보다도 황금정광장을 중심으로 한 방사상도로망은 애초부터 무리한 계획이었다. 예정된 부지는 신천지가 아니라 유구한 전통을 지닌 옛 수도의 도심부였다. 국권을 빼앗자마자 곧바로 수도의 도심부를 강타하려면 과도한 정치적 비용을 감수해야 했다.[27] 결국 계획안의 중심축이 포기됨에 따라 전체 도로망의 수직-수평 구조에 변화가 생겼다. 경성을 이루는 남북축의 중심도로 중 하나인 제9호 노선의 중요성이 현저히 줄어들었으며 이를 동서로 가로지르는 노선들에도 수정이 가해졌다. 특히 돈화문 앞에서 이화동까지 최단 거리로 이어지는 제6호 노선은 실현 여부가 불투명했다. 그것은 다름 아닌 창덕궁과 종묘 사이를 관통하는 도로였는데, 아무리 몰락한 왕조의 유산이라 해도 궁궐을 절단하는 데는 저항이 만만치 않았다. 우여곡절 끝에 결국 개통은 되지만 사업 일정에 큰 차질을 빚었을 뿐만 아니라 정치적 파장도 컸다.[28]

그러나 계획안의 기본 취지에는 변화가 없었다. 단지 중심점이 이동했을 뿐이다. 황금정 중심의 방사상도로망을 대체한 것은 제1호 노선과 여기서 바로 이어지는 제3호와 제2호 노선이었다. 이 노선들은 이미 계획안 고시 이전에 준공된 상태였고 그 중요도는 노선 번호에도 뚜렷이 나타나 있지만, 사업이 진행되면서 유일무이한 중심축으로서의 위상을 확보했다. 몰락한 왕조의 옛 법궁이던 경복궁 앞으로부터 경운궁의 대안문전광장을 거쳐 남대문에 이르는 긴 가로, 도심부의 남북을 관통하는 이 길의 의미는 과연 무엇이었을까? 『경성부사』 기록에 따르면, 조선총독부가 남산에 있던 옛 통감부 건물을 대체하는 총독부 신청사의 입지로 경복궁 앞 부지를 선정한 것은 1912년이었다.[29] 이는 같은 해 11월 경성 시구개수 예정계획 노선을 공지하기 이전의 시점인 것으로 알려진다.[30] 따라서 계획안에는 그저 불투명하게 반영되었던 조선총독부 신청사의 위상이 계획안 수정이 거듭되고 공사가 진행될수록 점차 뚜렷해졌다.

제9호 노선이 미완의 상태로 준공되면서 일단락된 제1기 경성 시구개수 사업은 그 직접적 결과만 놓고 보면 도심부의 도로 정비라는 소극적 차원으로 평가될 여지가 있다. 이후 전개되는 본격적인 도시계획에 견준다면 실제로 기존 도로를 '개수'하는 수준을 크게 벗어나지 못했고 시행 범위도 좁았다. 경성보다 24년이나 앞서 시작된 1888년 도쿄 시구개정이 도로 정비 외에도 상하수도 등 도시민을 위한 시설을 마련하는 사업을 시행했던 것과는 사뭇 비교된다.[31] 그러나 이러한 평가는 지나치게 '성과'에만 주목하여 국권 침탈 직후의 강압적 식민통치라는 역사적 동인을 등한시하는 맹점이 있다. 향후 도시공간의 변화에 비추어 볼 때 사업의 직접적 결과보다 훨씬 중요했던 것은 그 근본 취지이다. 경성 시구개수 사업은 비록 처음에는 불투명하게 반영되었을지라도 총독부 신청사의 입지를 떼어놓고 생각하기 힘들다. 하필이면 경복궁 앞이라는 장소, 몰락한 왕조의 기억이 마치 해 뜨면 사라질 새벽 빗방울처럼 맺혀 있던 그곳을 중심축으로 삼아 식민지 수위도시를 건설한다는 것은 참으로 역발상적 선택이 아닐 수 없었다. 여기에는 시간과 공간에 대한 전적으로 새로운 의식이 개재되었다. 따라서 그것은 단순히 제국의 위용을 드러낸다거나 일본인 거주민의 이익을 대변하는 실용적 차원을 진작에 넘어선 것이었다.

'근대적' 제국 일본이 몰락한 왕조의 옛 도성을 두고 취한 입장은 다른 무엇보다도 성벽 철거에서 극명하게 드러난다. 일제는 한성 주위를 두른 성벽을 철거하고 사대문에 손을 댐으로써 성곽도시의 원형을 훼손했다. 이러한 조치가 큰 저항에 부딪히지 않았던 것은 사실상 그 단초를 제공한 것이 일제가 아니라 대한제국이었기 때문이다. 광무 2년인 1898년 10월에 대한제국 정부는 종로-남대문-원효로를 잇는 전차 궤도를 부설하면서 동대문, 서대문, 남대문의 좌우성벽을 헐 계획까지 세웠으나 성벽은 그대로 두고 전차가 2간밖에 안 되는 좁은 누문을 달리게 만드는 꽤 기이한 절충안을 택했다. 광무 9년인 1905년 초부터는 경부철도가 개통되어 철도 승객들까지 이 누문을 드나들게 되자 성벽은 더더욱 거추장스러운 존재가 되고 말았다. 결국 조선통감부가 창설되면서 한성의 낡디낡은 성벽은 폭풍우와도 같은 정치적 압력을 더는 견디기 힘들었다.[32]

   한성의 성벽 철거는 매우 신속하게 진행되었다. 조선의 마지막 왕 순종이 즉위한 1907년 대한제국 정부는 '성벽처리위원회城壁處理委員會'를 설립하여 동대문과 남대문의 좌우 성첩을 헐어버리고 신작로를 내는 일을 시작으로 대대적인 성벽 철거를 단행했다.[33] 단 반년 만에 위원회는 소기의 목적을 달성하고 곧바로 해산했는데, 이처럼 신속한 '성벽처리'가 필요했던 이유는 의외로 단순했다. 일본 황태자 요시히토 친왕嘉仁親王의 내한 일정에 맞추어 거리를 말끔하게 단장함으로써 차질 없는 송영 행사를 치르기 위해서였다. 그는 메이지 일본의 최고 거물급인 가쓰라 육군대장, 도고 해군대장, 이와쿠라 공작 등을 대동하고 세를 과시하듯 대한제국 황실을 찾았다.[34] 이제 조선 땅은 오로지 일제의 처분에 맡겨져 있었다. 1910년 한일병합 이후에는 이러한 추세가 더욱 강화되어 동대문 양측의 성벽이 철거되고 돈의문(서대문)이 헐렸으며 한성 주위를 타원형으로 감싸던 성곽 대부분이 이내 자취를 감추었다.[35]

서대문을 통과하는 전차(1904)

유구한 세월을 버텨낸 성벽에 대한 신속하고도 전면적인 철거는 식민통치의 폭력성을 뚜렷하게 보여주는 사례임이 분명하다. 그러나 이를 단지 식민지에 대한 억압과 멸시로만 본다면 사안의 핵심을 놓치게 된다. 일제가 꾀했던 것은 자국의 국가적 이익에 부합되도록 식민지 조선에 '근대문명'을 이식하는 일이었지 식민지 토착민들을 불필요하게 자극하는 일이 아니었다. 물론 그것이 식민지 피지배층의 이해를 대변한 것이 아니었음은 말할 나위도 없으며, 이는 목적 달성을 위한 방법의 폭력성에서 여실히 드러난다. 그러나 이미 대한제국 스스로 성벽 철거에 나섰다는 사실이 암시해주듯 사안의 핵심은 파괴 그 자체보다는 오히려 새로운 도시공간의 창조에 있었다.

일제는 1910년 8월 22일 "한국"에 대한 "일체 통치권을 완전히 또 영구히 일본 황제 폐하께 양여"하는 "병합조약"을 체결한 후[36] 같은 해 10월 1일에 조선총독부를 설치하고는 더는 주저함 없이 새로운 도시공간 창조에 나섰다. 도로 건설에 곧바로 군부가 개입하여 도로의 종별과 폭원을 정하는데 군용차량의 통과 여부를 고려하도록 했으며[37] 1911년 4월에는 제령制令 제3호로 '토지수용령'을 발포하여 "공공의 이익을 위한 사업에 필요한 토지를 수용 또는 사용하도록" 조치했다.[38] 두 달 후에는 부령 제80호로 '토지수용령 시행규칙'을 제정·공포하여 법령이 현실성을 갖게 되었다.[39] '토지수용령'은 식민지배의 냉엄한 현실을 성벽 철거의 몇 배로 실감하게 했다. 이 무소불위의 법령은 갖가지 단속규정과 처벌규칙을 수반하며 경찰력으로 강제되었는데, 식민지라는 특수한 조건으로 인해 보다 강압적이고 거리낌 없이 시행되었음은 분명하지만, 실은 일본에서도 도시계획 업무에서 경찰의 역할이 컸으며 이는 프로이센의 방식을 따른 메이지 시대의 유산이었다. 더구나 경성 시구개수 사업을 앞두고 그 사전 조치로 발포된 '토지수용령'은 단순히 승자의 강탈이기보다는 나름의 원칙을 지닌 행정적 계획에 따른 것이었다.

경성 시구개수 사업이 본격화되던 1913년 2월에는 도로 확장에 필요한 가로변 건물의 변형과 수용을 위해 총독부령 제11호 '시가지건축취체규칙市街地建築取締規則'이 공포되었다.[40] 총 9조로 구성된 이 법령은 건폐율, 건축선, 건축물 재료, 부대설비, 미관, 재해 방지 등 향후 건축법에서 명시될 내용을 담고 있으며 또한 방화지구, 고도지구, 준공업지역 등 향후 용도지구제로 발전되는 도시공간의 합리적 재편을 시도하고 있다.[41] 물론 개발보다는 단속에 주안점을 두는 건축규제 법령 수준을 크게 벗어나지는 못한 상태였다.[42]

이처럼 법률적·행정적 장치를 마련하고 차근차근 진행된 시구개정 사업은 가로망과 주변경관의 정비에 국한되지 않고 새로운 근대문명의 요소를 도입하는 기반으로 적극 활용되었다. 경성에 도입된 전차와 철도야말로 신시대의 도상이었다. 대한제국 시절부터 한성부에 부설되기 시작한 전차노선을 일제는 빠른 시일 내에 확장했는데 한일병합 이전인 1910년 7월에 이미 한국주차군사령부를 비롯한 일본인들의 군사기지와 거주지가 들어서 있던 신용산까지 노선이 연결되었다. 경성 시구개수 사업이 진행되면서 도성 안의 동서 및 남북 방향으로 전차노선이 신설되고 복선화되었다. 도로 개수와 전차노선 부설은 모두 도시를 수평적으로 연결하고자 하는 새로운 발상의 산물이었다.[43] 철도 도입은 보다 큰 밑그림을 깔고 진행되었다. 한일병합 이전에 이미 제물포-남대문 구간으로 확장된 경인선이 존재했으며 한반도 서북단의 의주로 가는 경의선도 부설되어 있었다. 한일병합 후인 1911년 11월에 압록강 철교가 개통되어 일본에서 조선을 거쳐 중국으로 이어지는 대륙철도 교통로가 확보됨에 따라 철도가 갖는 전략적 중요성이 한층 배가되었다. 초대 조선총독 데라우치 마사타케寺內正毅는 제국 일본의 육군대신을 겸하던 자로, 제국 전체의 국익이 걸린 사안을 간과할 리 없었다. 조선총독부는 철도 부설에 필요한 토지를 몰수하고 공사를 재촉하여 1914년에는 경원선과 호남선을 완공함으로써 경성을 중심으로 한 X자형 철도망을 구축해냈다. 이 같은 철도의 번성은 경성의 공간을 크게 변모시켰다. 외부로부터 물자와 정보, 인구가 급속히 유입되었을 뿐 아니라 교통수단으로서 철도 그 자체가 갖는 새로움으로 인해 도시의 구조와 경관이 이전과는 비교할 수 없을 정도로 바뀌었다.[44]

경성 시구개수 사업의 제1기 사업이 일단락된 1919년 6월 25일 『조선총독부관보』는 '경성 시구개수 예정계획 노선 개정'을 발표하였다. 여기에 실린 「경성시구개수예정계획선도」에는 1912년의 첫 계획안이 공포된 이후의 변화된 양상이 잘 반영되어 있다.[45] 무엇보다 황금정 중심의 방사상도로망이 사라진 대신 경복궁 앞에서 덕수궁(경운궁) 앞을 지나 남대문으로 이어지는 직선도로가 남북축의 중심으로 자리 잡고 있다. 아직 세워지지 않은 총독부 신청사의 위상이 전체 가로망에 뚜렷이 각인된 것이다. 1912년의 계획안에서 많은 대각선 도로를 발견할 수 있었다면 1919년의 계획안에서는 이전의 제1호, 제3호 노선을 세로축으로 삼아 동서남북으로 펼쳐진 격자형 가로망이 보다 뚜렷해졌다. 또한 눈에 띄는 점은 옛 한성부에서는 도성 밖 지역이던 용산과 마포 일대가 계획안에 포함된 것인데, 경복궁 앞으로부터 그곳까지 최단거리 직선도로가 이어지게 된 것은 군사적인 그리고 치안상의 요구가 반영된 것임이 분명하다. 당시 신용산에는 일제의 병영 및 군사령부가 자리 잡고 있었고 마포에는 경성형무소가 있었다.[46]

「경성시구개수예정계획선도」(1919)

도시계획의 합리성?

전체적으로 볼 때 경성 시구개수 사업은 새로운 '근대적' 도시공간을 구축하려는 노력의 일환이었다. 식민통치 특유의 강압적 성격은 이러한 노력과 모순되는 것이 아니라 오히려 이를 한껏 촉진했다. 총독부가 무소불위의 권력을 휘두를수록 '근대문명'은 더 충격적이고 더 호소력 있게 다가왔던 것이다. 조선총독부 대변지로 전락한 『매일신보』의 1912년 11월 17일자 사설 「시구개정」은 "도로란 문명교통과 직접 관계가 있다"라고 전제한 뒤, 도로를 직선화하여 사통팔달로 뚫어놓음으로써 조선도 이제 문명의 길로 들어섰다고 단언한다. 그리고 이 모든 공은 "조선을 계발"하고자 "노심초사(원문에는 *勞心勞力*)"하는 총독에게 돌리고 있다.[47] 『경성부사』의 회고도 별반 다르지 않은데, "시세의 흐름에 발맞추어 경성시가의 교통을 편리하게 하기 위한" 취지로 시행된 경성 시구개수 사업이 총독부의 부단한 노력 덕분에 매우 성공적으로 추진되었다고 평가한다.[48] 사업의 성과에 대해 재경 일본인들이 꽤 만족하고 있었음은 1912년부터 조선사연구회를 이끌고 1917년에는 경성신문사 사장으로 활동하게 되는 아오야기 쓰나타로淸柳綱太郎의 1915년 저작 『최근 경성 안내기』에 잘 드러나 있다. 아직 경성 시구개수 사업의 초기 단계에 해당하는 시기였음에도 불구하고 아오야기는 꽤나 후한 평가를 내린다.

경성 시가는 참혹하리만치 침체된 모습을 드러내고 있었다. 활기 없고, 생기 없고, 두려움에 떨며 간신히 생명을 유지해오고 있었다. 그런데 한반도의 주권이 일본으로 넘어오면서 총독이 펼치는 과감한 개혁으로 경성 시가지가 몰라보게 정비되었다. 지금은 사방으로 통하는 평탄한 대로가 동서남북을 관통하고 있다. 그 규모의 장대함과 교통의 편리함은 오히려 일본의 대도시를 능가한다. 눈부실 정도로 웅대하고 화려한 신축 건물이 시내 곳곳에 당당한 모습을 유감없이 드러내고 있다.[49]

　당시 아오야기의 지위와 그가 집필한 책의 기본 성격을 염두에 둔다면 이 후한 평가를 액면 그대로 받아들일 수는 없겠으나 적어도 당시 경성의 모습에서 변화의 기운이 역력했다는 사실만큼은 분명히 확인할 수 있다. 1910년대의 경성은 이미 '근대문명'의 환등상에 사로잡혀 있었다. 그것이 주민들의 실생활에 도움을 준 것은 아니었다고 주장한다면, 전혀 틀린 말은 아닐지라도 그다지 설명해주는 바도 없다. 보다 중요한 것은 적어도 이 시점부터는 식민지배자와 피지배자 할 것 없이 누구든 '모던'해져야 한다는 강박관념에 사로잡혔다는 점이다. 식민지 수위도시 경성의 새로운 경관이야말로 모더니티라는 무소불위의 권력을 실감시키는 명징한 표상이었다.

　근대문명이 감히 거역할 수 없는 호소력을 지니는 것은 다른 무엇보다도 '합리성'이라는 요소 때문이었다. 그것은 편파나 자의와는 대조되는 공평무사함의 원리였다. 식민통치마저도 지배 민족의 이익 추구가 아니라 오히려 도덕적 의무를 다하는 것처럼 비치도록 만드는 것이 바로 합리성이었다. 경성 시구개수 사업은 그 구체적 '성과'를 어떻게 판단하든 간에 도시공간을 합리적으로 재편하려는 노력이었다. 교통을 원활히 하고 반듯한 경관을 창출함으로써 통치의 효율성을 극대화하고자 한 것이다. 총독부 내무국의 직할사업소인 경성토목출장소가 전담했던 이 사업은 대체로 1920년대 말까지 지속되었는데, 도쿄 시구개정을 모방하여 도로 좌우에 보도를 설치하고 중앙에 마차보도나 전차노선을 두는 식으로 보도와 차도를 구분했으며, 번잡한 교차지점을 포장할 때는 쇄석을 까는 매캐덤 공법을 사용했다. 기존 한성의 가로망 체계와 자연지형을 일정하게 살리는 동시에 불규칙하게 얽혔던 가로를 격자형 모습으로 변모시켰다.[50] 계획된 총47개 노선 중에서 1927년경까지 실현된 곳은 21개였다.[51] 이러한 장기적 사업이 진행되면서 보다 전문적이고 '합리적인' 계획안들이 제시되는 것은 필연이었다.

서구와 일본에서 유행하던 '도시계획'이 본격적으로 조선에 영향을 끼친 것은 1920년대 들어서였다. 총독부의 소장파 토목 관료들과 재경일본인 자본가들을 중심으로 경성도시계획연구회가 결성되어 보다 전문적인 식견을 갖고 향후 사업을 논의하게 되었다. 1921년 8월 말에 창립총회를 가진 이 모임은 1919년 일본 본국에서 제정된 도시계획법을 식민지 조선에 전파하자는 취지로 결성되었다. 일본 도시계획법 제정에 주도적 역할을 수행한 도시계획조사회 회장 미즈노 렌타로가 1919년에 조선총독부 정무총감으로 부임하여 경성도시계획연구회 창립을 이끌었다는 사실이 이 모임의 기본 성격을 말해준다.[52]

전문적인 도시계획의 필요성이 대두된 것은 직접적으로는 거듭되는 침수 피해에 시달리던 일본인 거주민들의 탄원이 있었기 때문이기도 하지만 보다 근본적으로는 도시공간의 합리화에 대한 총독부 관료들의 분명한 의지에서 비롯되었다. 경성 시구개수 사업에서 보듯 논리적 설득력 없이 힘만 앞세운 총독부의 '문명화 사명'은 식민지의 녹록 잖은 현실과 부딪쳐 거듭 수정되지 않을 수 없었다. 시행착오로 얼룩진 '무단통치'가 어느덧 막을 내리고 식민통치가 안정화 국면으로 들어섰다고 판단되는 시점에서 조선의 일본인 지배층은 제국의 문화적 헤게모니를 식민지 피지배층에 각인할 필요가 있었다. 제3대 조선총독 사이토 마코토齋藤實가 표방한 이른바 '문화통치'의 시기가 도래한 것이다. 1920년대의 경성은 당대의 도쿄나 베를린과 마찬가지로 모더니티라는 유일신을 숭배하는 도시였다. 이곳에서 기능적 합리성의 논리에 맞설 수 있는 대안 논리란 존재할 수 없었다.

　도시계획에 대한 의욕을 부채질한 또 다른 계기는 간토 대지진 이후의 '제도부흥계획' 소식이었다. 비록 제국 본토에서는 뜻대로 관철되지 못한 계획이지만 정책 집행이 훨씬 자유로운 식민지 공간에서는 새롭게 시도해볼 여지가 얼마든지 있었다. 그러나 이론과 현실 간에는 여전히 간극이 존재했다. 경성도시계획연구회는 반관반민 단체로, 총독부 정무총감이 고문을 맡을 정도로 관료사회의 인맥과 직결되었지만 일본 도시계획학계의 중심인물인 가타오카 야스시와 사노 도시카타를 명예회원으로 삼는 등 민간 주도적 연구단체의 성격을 표방했다. 실제로 이 모임은 정책의 결정과 집행에 있어 일종의 자문기관 이상의 역할은 하지 못했는데, 제국 일본의 내무대신 고토 신페이가 주도했던 도시계획조사회의 영향력과는 사뭇 대조적이었다.[53]

　경성도시계획연구회는 1926년부터 1930년까지 세 차례에 걸쳐 경성부 도시계획안을 작성했으나 그중 어느 것도 정책 결정 과정에서 수용되지 못했다. 법률적 검토가 필요한 부분이 많았고 막대한 비용 또한 비현실적으로 비쳐졌다.[54] 그러나 연구회의 활동과 그 결과만큼은 분명 총독부의 정책 수립에 영향을 끼쳤다. 1927년 2월 경성부가 발간한 『경성도시계획자료조사서』에는 외곽 지역의 인구·기후·교통·위생 등의 상황에 대한 새로운 관심이 나타나 있는데, 이는 연구회가 수년간 논의하고 제안했던 내용과 무관하지 않다.[55] 물론 당국은 행정적으로 경성도시계획연구회와는 별도의 도시계획 조사와 계획안 수립을 추진했다. 1921년 총독부 관제 개정을 통해 내무국 토목과에 도시계획계를 설치했고 1926년에는 경성부에도 임시 도시계획조사계가 설치되어 경성의 도시계획조사 사업을 담당했으며 1929년 3월에는 경성부가 오사카시 도시계획부 서무과장 오카자키 소아타로岡崎宇太郎에게 도시계획법안의 작성을 의뢰하기도 했다. 오카자키는 나고야와 오사카에서 가장 선구적으로 도시계획을 추진한 경험이 있었고, 특히 도시계획 관련 법제에서는 일본 최고의 권위자로 꼽히는 자였다.[56]

한국의 도시계획사에서 1920년대는 일본식 도시계획법 제정을 위한 제반 연구와 조사 작업이 이루어진 시기로 자리매김될 수 있다. 한편으로는 1910년대에 개시된 시구개정 사업을 마무리하는 동시에 1930년대에 본격화될 대대적인 공간 재편을 준비한 시기라 할 수 있다.[57] 그러나 이러한 평가는 20세기 한국사를 근대화의 실현 과정으로 보는 통상적 관점을 벗어나지 못한다. 조선총독부가 식민지 수위도시 경성을 만들어가는 데 특유의 국가 텍토닉을 구사했음에 주목할 필요가 있다. 그것은 근대문명 도입이라는 대의로 정당화되었지만, 그럼에도 근대적 국가통치 방식이라든지 산업화 요구에 부응하는 기술적 대응이라는 식의 일반적 설명으로는 포괄될 수 없는 나머지 측면을 지닌다. 왜 민간연구단체의 나름 합리적인 요구가 수용되지 않은 것일까? 관계官界 인맥을 충분히 동원할 수 있는 단체였는데도 말이다. 식민지 토착민들의 생활개선을 위해 굳이 국가재정을 축낼 필요가 없었다고 한다면, 이는 충분한 해명이 못 된다.[58] 왜냐하면 어차피 경성도시계획연구회의 관심 대상도 조선인들은 아니었기 때문이다. 총독부 방침에서 배제되었다는 점에서는 일본인 거주민들도 별반 다를 것이 없었다.

일본인 거주민을 대변했던 민회의 건의문 중에는 남대문 거리에서 철거되는 민가의 매수 가격이 너무 낮게 책정되고 퇴거 기간도 너무 짧다고 성토하는 구절이 나온다.

"도로확장 사업은 오로지 국부局部에 편중되고 있는 느낌입니다. 남대문통 같은 경우는 시의 가장 중요한 장소이기 때문에 관민 합의에 따라 더욱 완전한 시구개정을 도모해야 합니다. (……) 그래야 백년 후에 이 시가지가 더욱 발전하였을 때에도 시의 체면을 유지할 수 있고, 또한 상업의 번성도 기대할 수 있습니다."59

경성의 일본인 민회가 근대적 합리성을 내세웠다면, 총독부가 표방한 입장은 권력의 식민성이다. 총독부가 실로 주안점을 둔 것은 유기체적 총체로서의 제국 일본이었다. 근대적 합리성은 강력한 제국을 만들기 위한 도구일 뿐 그 자체가 목적일 수는 없었다. 식민지에서는 더더욱 근대적 합리성이 오로지 효율적 지배와 동원을 위해 필요한 경우에만 호출되었다. 다시 말해 지배와 동원에 특별히 도움이 되지 않는 한 실생활적 혹은 산업기술적 합리성은 식민통치자의 안중에 없었다.

'조선시가지계획령'

이렇게 볼 때 1920년대 내내 논의되던 도시계획법 제정이 이런저런 이유로 재차 미루어지다 만주사변을 계기로 갑자기 의사일정에 오르게 되는 것은 전혀 놀랄 일이 아니다. 1932년 만주국이 등장하고 만주에서 산출된 자원을 일본 본토로, 일본의 공업생산품을 만주로 보내기 위한 가장 가깝고 경제적인 수송로로 함경북도 나진이 선정되자 조선총독부는 나진을 만주철도의 종착지이자 근대적 항구도시로 개발하기 위해 서둘러 일본식 도시계획법을 입안했다. 1934년 6월 총독부 제령制令 제18호로 '조선시가지계획령'을 발포하고 그다음 달에는 총독부령 제78호로 '시행규칙'도 발포했으며 1935년 9월에는 총독부령 제105호로 '시행규칙 개정안'을 발포하여 총 열 쪽의 지면에 걸쳐 건축물 고도제한에 관한 방침을 깨알같이 밝혔다. 이러한 법률적·행정적 조치는 곧바로 1936년의 '대경성계획'으로 이어진다.[60]

'조선시가지계획령'은 명칭 그대로 전국적 규모의 도시 개발을 지향했다. '시구개정'과는 달리 구시가지 개량보다는 교외지역으로의 확장이나 나진항 같은 신도시 개발에 중점을 두었고 이로 인해 예상되는 지가나 인구의 폭등을 공권력으로 통제하고자 했다. 민의를 수렴하기보다는 총독의 강한 영도력으로 추진되는 일종의 긴급조치로, 계획령 제1장 총칙의 제2조와 제3조에서 드러나듯 오로지 총독이 입안하고 총독이 결정하는 총독 중심의 계획이라는 점이 '조선시가지계획령'의 기본 특징이었다.[61] 전문이 3장 50조로 구성된 이 계획령은 제1조에서 밝히듯 "교통, 위생, 보안, 경제 등에 관한 중요 시설의 계획"을 기본 목적으로 삼았으며, 『매일신보』 사설에서도 확인되듯 "시가지계획, 건축물 제한, 토지구획정리의 3대 사항을 일괄"하였다.[62] 이 긴급한 '제령'에는 1919년 제정된 일본의 도시계획법과 시가지건축물법이 한데 혼합되었으며, 이에 더하여 제도부흥계획의 토지구획정리 사업을 반영한 1923년의 특별도시계획법의 내용도 일부 포함되었다.[63] 민간 참여를 극히 제한하여 정부 주도로 도시계획과 건축물 제한을 실시하고, 실생활에 직접 영

3부 아테나의 섬뜩한 환등상

향을 끼칠 토지구획정리마저 주민의 의사에 아랑곳없이 강행하려 한 것은 사안의 시급성 때문이라기보다는 사적 이해관계에 휘둘린 일본 본토에서의 시행착오를 참작한 측면이 있다.[64] 물론 총독부 입장에서는 식민지라는 유리한 조건의 활용을 마다할 이유가 없었다. 일본에서처럼 기득권층의 이해관계를 고려할 필요가 없었으므로 오로지 통치자의 뜻에 따라 일사천리로 사업을 시행해나갈 수 있었다.

'조선시가지계획령'은 우선 시행규칙 제1조의 2호를 통해 용도에 따른 지역제를 조선에 도입했다. 지역의 종류를 주거지역·상업지역·공업지역으로 분류하는 한편, 풍치지구·풍기지구·미관지구·방화지구·공업지역 내 특별지구로 지구의 용도를 다섯 가지로 구분했으며, 주로 단속 규정에 치우쳤던 1913년의 '시가지건축취체규칙'과는 달리 적극적 도시 개발을 염두에 두고 건축물 고도제한에 관한 다각화된 시행규칙을 마련했다.[65] 이와 더불어 일본의 특별도시계획법을 참조하여 시가지의 토지구획에 관한 규정을 세운 점도 '시가지계획령'이 조선에서 도입한 새로운 측면이다. 총독이 전권을 쥔 만큼 행정상으로는 별 어려움이 없었지만 문제는 재정이었다. 이를 위해 국비와 지방비 보조 등 다양한 방안이 모색되었지만 재원 마련이 쉽지 않았던 식민지 여건상 거의 개발부담금을 통해, 즉 수익자 부담 원칙으로 충당하고자 했다. 이러한 원칙은 '조선시가지계획령' 제1장 총칙 전문에 명시되어 있다.[66]

'조선시가지계획령'이 제시한 여러 사업 중 단연 으뜸은 토지구획정리 사업이었다. 땅을 일일이 구매하지 않고도 "공공의 이익"을 담보로 수용하여[67] 계획적으로 조성하는 이 사업은 예사롭지 않은 연원이 있었으니, 그것은 저 멀리 프로이센 땅에서 발원하여 대지진으로 갈라진 일본의 협곡을 굽이쳐 마침내 조선이라는 불모의 평원에 이르렀다.

조선에서의 토지구획정리 사업은 '조선시가지계획령' 특유의 식민성을 가장 확실히 보여준다. 제1장 총칙에서 식민통치 초기에 발효된 '토지수용령'의 입법 취지를 따른다는 점을 거듭 밝히고 있듯 '조선시가지계획령'은 근대도시계획의 이식이기에 앞서 식민통치의 한 방식이었고 토지구획정리 사업이야말로 그 전형이었다. 프로이센에서 주로 민간 사업으로 진행되던 토지구획정리가 조선에서는 공권력을 동원한 국가 시책으로 관철되었다. 이 계획령 제3장의 제42조는 토지구획정리의 목적이 기존의 땅을 국가시책에 따라 여지없이 '이용'하는 데 있음을 분명히 밝히고 있다. "토지의 교환, 분합, 지목 변경, 기타 구획형질의 변경 또는 도로, 광장, 하천, 공원 등의 설치, 변경 혹은 폐지"라는 사업의 내용은 기본적으로 땅을 사용가치로 판단하고 효율성을 극대화하려 했다는 점에서 근대적·자본주의적 합리성 추구로 볼 수 있지만, 토지 소유자들에게 자발적 신청 기간을 겨우 한 달 주고는, 이 기간이 지나면 부재지주가 많다는 이유로 곧바로 행정명령을 내려 토지를 수용해버리는 폭압적 방식은 합리성의 이면을 드러낸다. 또한 개발이익 환수 내지는 토지투기의 억제 등 총독부가 고수한 기본 방침은 사업의 효율성을 높이는 만큼 또한 사업이 내세웠던 '공공이익'의 정체를 불분명하게 만들었다.[68] 토지구획정리는 1938년 9월 총독부령 제193호의 '시행규칙 개정'을 통해 미개발지에 신규 택지를 조성하거나 도로와 하수도를 새로 조성하는 등 구체적 수법으로 자리를 잡았다.[69]

경성부도 예외는 아니었다. 경성부에는 10차 연도 10개 지구로 토지구획정리가 계획되어 실시되었는데, 이미 시구개수 사업으로 정비된 구도심부보다는 새로이 편입된 구역을 개발하는 데 주안점을 두었다. 신시가지 건설에 초점을 맞춘 '조선시가지계획령'의 입법 취지에 부응한 것이었다. 1936년 3월 26일 조선총독부 고시 제180호로 '경성시가지계획구역'이 공포되면서 개시된 경성 시가지계획 사업은[70] 같은 해 4월 1일에 조선총독부령 제8호로 경성부 행정관할구역 변경안이 최종확정되면서 구체화되었다. 경성부를 중심으로 동쪽으로는 중량천, 서쪽으로는 홍제원천까지, 남쪽으로는 영등포를 포함한 동작리, 번대방리, 도림리 등의 일부를 편입해 기존 면적보다 3.5배 증가한 이른바 '대경성'이 탄생했다.[71]

'대경성'은 이미 1920년대에 경성도시계획연구회 등에서 활발히 논의되던 내용이었다. 일본에서 유행하던 전원도시론의 영향을 받아 식민지 조선에서도 한적한 교외지역의 녹지로 둘러싸인 고급주택지, 이른바 '문화촌'의 필요성이 대두하였다.[72] 1930년대 경성의 행정구역 확대는 이러한 논의를 일정하게 실현한 측면이 있다. 그러나 식민지 조선에서의 토지구획정리 사업이 전반적으로 새로운 도로망 구축과 공업지역의 공장용지 조성 및 이와 결부된 주택지 건설에 주안점을 두었던 만큼, 경성부에서도 공업지역과 연계되고 과밀화된 도심부 인구를 흡수할 신시가지 건설이 사업의 기본 목표로 설정되었으며, 이에 따라 우선권을 얻은 것은 표준화된 대규모 주택단지 건설이었다. 돈암지구의 도시형 한옥과 같이 소규모 필지로 분할된 택지 위에 대량으로 복제된 이른바 '개량한옥'들이 경성부의 경관을 바꾸었다.[73]

1937년 조선총독부가 발간한 『경성시가지계획결정이유서』는 새로이 경성부에 편입된 구역의 개발이 사업의 핵심임을 명백히 보여준다. 먼저 새로운 구역을 동부, 한강 이남, 서부 등 세 지역으로 나누고, 이를 다시 여덟 개의 소지역으로 세분하여 각각 특색 있는 개발을 구상했다. 전체적으로 보면, 경부선·경인선·경원선 등 각 철도와 연계되는 지역을 공업지역으로 개발하는 반면, 기타 지역은 주거지역으로 정하여 그 일부는 고급주거지역으로 만들고자 했다. 도시공간의 새로운 용도별·계층별 위계가 설정된 것이다. 예컨대 동부지역의 세 지역 중 하나인 한강리 부근은 왕십리 서쪽부터 용산 군용지에 접하는 지역까지로, 배후로는 남산을 등지고 앞쪽은 한강과 면한 천연적 입지조건과 더불어 전차노선이 연결된다는 이점에 근거하여 고급주거지역으로 예정되었다. 그러나 대부분의 외곽지역이 그렇듯 빈민 주거지도 산재한다는 점을 고려하여 무질서한 개발 가능성을 사전에 엄격히 통제하고자 했다. 이에 비해 서부지역에 속하는 은평 방면 구역의 상당 부분은 풍치지구風致地區로 묶여 개발이 제한되었다. 이 같은 기본 구상을 바탕으로 경성부는 우선 새로 편입된 지역의 도로 건설에 나섰다. 각 소지역에 배분된 기능적 요소가 최대 효율성을 가지려면 이들 간의 유기적 연결망이 필요했다. 이를 위해 각 구역을 다시 몇 개의 교통 권역으로 나누어 각 권역 내부를 격자형도로망으로 정비하고 다시 구도심부와 부심을 방사상도로망으로 정비했다. 구도심부의 경운궁 맞은편에 세워진 경성부청 앞을 중심으로 외곽지역까지 동심원으로 확장한 도로망이야말로 '조선시가지계획령'의 텍토닉적 이상을 구현하는 것이었다.[74]

이러한 사업의 성격상 필수적으로 갖추어야 할 것은 '원활한' 행정체계였다. 조선총독부 토목과에 도시계획계가 설치되어 실무를 담당하였고, 한일병합 직후부터 식민지 토목 사업을 위한 최고 정책심의기구로 기능했던 조선총독부토목회의가 폐지되면서 그 역할을 시가지계획위원회가 대신하였다. 1935년에 조직되어 1936년부터 실질적 활동에 들어간 이 기구는 실제로는 총독의 결정에 힘을 실어주는 일종의 거수기 역할을 통해 사업에 기여했다.[75] 이처럼 통치자의 신적 권능으로 구

3부 아테나의 섬뜩한 환등상

현된 시가지계획 사업을 과연 '모던'하다고 평가할 수 있을까? 사적인 토지개량 사업인데도 마치 전시작전처럼 국가의 역량과 자원, 주민을 총동원하는 것이 과연 이치에 합당한가? 무엇보다도 사업비 부담은 토지 소유자에게 지우면서 사업 자체는 국가가 통제한다는 방침은 적절치 않아 보인다.[76] 그러나 이러한 모순적 측면은 '공공이익'이라는 논리 앞에서 예각을 잃고 만다. 효율성과 철저함이 나름의 선명한 대의와 합쳐질 때 오히려 모던하고 더욱 선진적인 색채를 띠게 되는 것이다.

시가지계획 사업은 엄격한 과학적 합리성으로 중무장했다. 조사·분석·계획의 합리적 절차에 따라 사업이 진행되었고 토지, 인구, 교통량, 시설용량 등에 대한 실증적 조사를 바탕으로 통계를 산출하는 과학적 방법론이 도입되었으며 풍향·수량·수질·채광·지형 등 자연환경적 요인까지 세심하게 고려하여 용도지역을 구분하고 일관된 틀 속에서 도로 폭원과 건물 높이, 도로망 체계 등의 세부 계획을 마련했다. 이러한 노력에는 기본적으로 모든 대상지역에 표준화된 기준을 적용할 수 있다는 가정이 깔려 있었다.[77] 이른바 '가치중립성'이라는 근대과학 특유의 가치는 권력자의 횡포나 정복자의 성상파괴적 충동과는 거리를 두는 대신 지역 고유의 역사와 정체성에 대한 무자비한 인식론적 폭력을 자행한다.

시가지계획 사업은 결국 도시공간의 혁신적 변화를 이루어냈다. 식민지 조선의 수위도시 경성은 확실히 '모던'해졌다. 합일병합 직후 경성 시구개수 사업이 개시된 이래 1930년대의 시가지계획 사업을 거치며 비로소 경성은 적어도 외형상으로는 근대수도로서의 풍모를 지니게 되었다. 다른 무엇보다도 가로구조가 직선격자형으로 자리 잡게 된 것이 결정적이었다. 경성 시구개수 사업 제1기에 남북축 가로들이 만들어지고 나서 제2기에 해당하는 1920년대에는 동서축 가로들이 구축됨으로써 이미 경성 도심부에는 '대경성'이 등장하기 이전에 동서남북으로 통하는 직선격자형가로망이 완비되었다. 그것은 1930년대에 경성부 전체로 확산되었다. 이처럼 상호 관통하는 등질적 형태의 가로야말로 의심할 바 없는 모더니티의 표상이었다. 이는 효율성을 극대화한다는 점에서도 그렇지만, 왕조시대의 전통과는 판연히 다른 전적으로 새로운 심상지리를 도시민들의 뇌리에 각인한다는 점에서 더더욱 그러했다.[78] 1920년대 말 경성에 소재하던 명산상회가 회사 안내용으로 썼던 「경성시가지도」에는 경성 도심부에 이미 완공된 직선격자형도로가 잘 나타나 있다. 넓은 빈터를 지닌 북쪽(지도의 오른편)의 경복궁은 박람회장으로 표기되어 있고 그로부터 광화문통과 태평통을 거쳐 조선신궁朝鮮神宮까지 긴 대로가 이어지며, 경운궁이라는 명칭을 대신한 '덕수궁'(지도의 왼편) 앞에는 방사상도로가 어느 정도 실현되어 있다. 그리고 이곳부터 황금정을 거쳐 본정에 이르기까지 도로가 잘 엮여 상권이 매우 발달해 있음을 짐작하게 한다.

도시공간에 대한 감각을 바꾸는 데는 거리의 새로운 명칭과 행정적 배치도 크게 기여했다. 대한제국은 오래도록 유지되던 5부 49방제를 동정제洞町制로 바꾼 바 있는데, 이러한 제도적 혁신은 한일병합 이후 조선총독부의 행정개편으로 흡수되었다. 1914년 4월 1일 조선총독부의 경기도 고시 제7호는 에도 시대로부터 기원하는 일본의 정방형 구획단위인 초町와 세 개의 하위 블록인 초메丁目를 이식하여, 도시구역의 기본 단위로 만들도록 했다. 이에 따라 지역의 명칭은 정町, 동洞, 통通, 로路의 네 종류로 정해졌다.[79] 지번 부여는 한 동洞을 일괄하여 필지마다 순차로 부여하는 것을 원칙으로 삼아, 정町이나 동洞의 동북쪽에서 순차

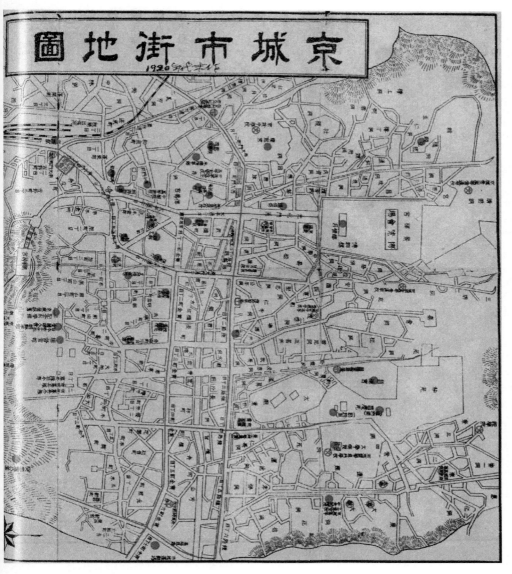

「경성시가지도」(1920년대 말)

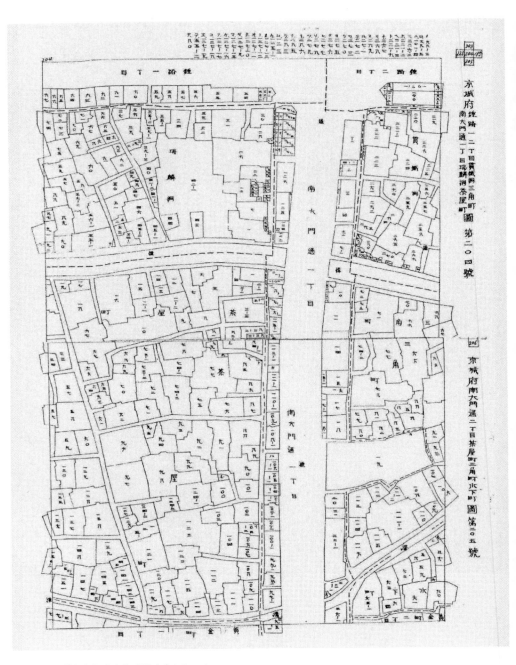

「경성부 일필매 지형명세도」(1929)

로 지번을 부여하고 큰 정町이나 통通에서는 이를 다시 정목丁目으로 나누어 지번을 부여했다. 정목은 우선 경복궁 가까운 곳부터 시작하여 차례대로 지번을 부여했다.[80] 1929년 경성부가 발간한 「경성부 일필매 지형명세도」의 남대문통은 도시의 새로운 구성원리를 전형적으로 보여준다.

사람들의 공간 감각을 바꾸는 데 영향을 끼친 것은 이뿐만이 아니었다. 눈앞에 펼쳐진 새로운 가로경관은 미로처럼 이어지던 자연발생적인 길과는 확실히 다른 체험의 가능성을 열었다. 아스팔트 포장도로가 등장하면서 사람 중심에서 자동차 중심의 도로로 바뀌었고 전차선로가 놓이고 가로등과 전봇대 그리고 정거장이 설치되었다. 1930년대 초부터는 간판과 진열장에 네온사인이 본격적으로 도입되었다.[81] 근대의 환(등)상이 활짝 막을 올렸다.

도시계획의 식민성

근대적 제국 일본이 경성에 도입한 근대문명의 이기利器는 한두 가지가 아니었다. 등질적 공간의 복제와 확장이라는 새로운 경험과 더불어 간선도로, 철도역, 공원, 상하수도 등 도시 기반시설의 효용성도 더할 바 없이 분명해졌다. 그렇지만 당시 '토막민'으로 불리던 도시 빈민들의 주택난 같은 것은 아예 의제가 되지 못할뿐더러 일반 조선인들과 일본인의 거주지가 분리되는 양상도 빚어졌다. 청계천을 사이에 두고 '고가네마치黃金町'의 남쪽 '혼마치本町'를 중심으로 한 왜색풍의 경성과 '고가네마치' 위쪽의 낙후된 북촌이라는 식민지 특유의 차별적 공간 분화가 이루어진 것이다.[82] 시구개정 사업은 이러한 추세를 촉진하였다.[83]

물론 제국 일본 전체에서 식민지 조선이 갖는 독특한 위상에 비추어 볼 때 남북촌의 분리는 정책적으로 일관되게 추진된 것도 아니고 현실 속에서 그렇게 절대적으로 작용한 것도 아니었으나,[84] 어쨌든 수평적인 가로망 구축이 도시공간의 평등성을 보장하지 않았음은 분명하다. 새로운 도시공간의 진정으로 새로운 점이란 오히려 공간을 분할하고 위계화하는 방식에 있었다.

새로운 도시공간은 선진성과 후진성, 서양적인 것과 동양적인 것, 근대와 중세 간의 차이를 물리적으로 재현함으로써 공간적 차이를 생산하고 기능적으로 배분했다. 가로(변)경관이야말로 그러한 재현의 일부로, 남촌의 '모던'한 모습은 그 자체만으로도 여타 지역과의 불평등한 관계를 고착화하는 기제로 작동했다. 본래 경성의 일본인 거주민들은 1880년 4월 일본 정부가 한성에 공사관을 설치한 이래 남산 계곡물이 범람해 질퍽거린다는 '진고개泥峴' 일대에 모여 살았다. 이들은 점차 남대문 방면으로 진출하여 상업적 주도권을 잡아갔는데,[85] 이후 경성 시구개수 사업이 진행되면서 이 지역에 도로망이 촘촘히 부설되고 가로변에 관공서와 금융시설, 회사, 백화점 및 각종 상업시설이 들어서면서 이른바 '대경성'의 대표적 경관으로 자리 잡았다.[86] 월북 작가 김사량의 1940년도 소설 「천마」는 이곳의 모습을 다음과 같이 생생히 묘사하고 있다.

혼마치 거리는 아무리 오전 중이라 해도 메이지 제과 부근부터 거리의 출구 쪽까지는 언제나 인파가 범람할 정도로 북적댔다. 경망스럽게 게다 소리를 내면서 거닐고 있는 내지인이나, 입을 떡하니 벌린 채로 가게 앞을 바라보는 백의 차림새의 상경한 시골 사람들. 진열장에 내놓은 눈동자가 움직이는 인형을 보고 깜짝 놀라는 노파들이나, 물건을 사러 외출하는 내지 부인, 요란스레 벨소리를 내며 달려가는 자전차를 탄 심부름꾼에, 불과 십 전 남짓의 품삯을 차지하려고 짐을 서로 뺏는 지게꾼(……).[87]

　이 같은 모던한 경관은 식민지의 암울한 현실과는 별로 접점이 없어 보인다. 이 괴리는 민족적 차별의 산물로 설명해야 옳을까? 그렇다면 이와는 반드시 일치하지 않는 도심부와 변두리 간의 불평등한 관계는 또 어떻게 설명되어야 하는가?[88] 지배자와 피지배자의 거주지역이 분리되는 이른바 '이중도시'의 형성은 식민지도시에서 전반적으로 나타나는 현상이지만, 사실상 오스만의 파리 개조계획 이래 모든 근대도시에서 보편적으로 나타나는 현상이기도 하다. 일제가 시행한 경성 시구개수가 서구의 근대적 도시계획의 기법을 이식한 것이라면, 경성에서 나타난 양상은 그것의 식민주의적 왜곡이 아니라 오히려 식민주의적 심화로 보아야 하지 않을까?[89] 왜곡된 근대와 정상적 근대가 따로 있다고 보는 것은 지나치게 근대주의적인 사고이다. 그렇지만 원래부터 "근대가 지닌 야누스적 이중성"이 문제의 본질이라는 시각도[90] 수긍하기는 힘들다. 왜냐하면 이러한 시각은 근대문명의 도입을 역사적 필연으로 기정사실화하는 식민지배자의 입장에 가깝기 때문이다.

　텍토닉적 도시개조와 현대적 도시계획 사이에는 식민성의 늪이 가로놓여 있다. 슈프레 강가의 아테네와 황거의 아테네 사이에는 경성과 다롄이 놓여 있다. 야누스적인 것은 근대적 현실 그 자체가 아니라 그것을 오인하도록 만드는 '근대'라는 신화이다. 그것이 불러일으키는 착시 효과로 인해 한때는 합리성과 효율성이 두드러져 보이고 또 어떤 때는 폭력과 억압이 두드러져 보일 뿐이다. 이는 신화가 현실과 맞바뀌어 빛어진 오류이다. 현실의 식민지 조선은 1930년대를 거치며 날로 군국주의의 면모를 노골화해가던 일제의 병참기지에 다름 아니었다. 1931년 제6대 조선총독 우가키 가즈시게宇垣一成의 부임과 함께 일본·조선·만주를 묶는 이른바 '일선만日鮮滿 블록' 가동을 위한 조선공업화정책이 추진되었으며[91] '조선시가지계획령'도 그 정책의 일환이었다. 이런 점에서 볼 때 근대도시계획이 단지 과학적 합리성의 산물이 아니라 그 출생의 비밀을 식민지에서 강압적으로 추진한 도시계획 실험에 두고 있다는 주장은 충분히 설득력이 있다.[92] 다만 그것이 근대의 야누스적 성격이 아니라 오히려 권력의 식민성을 입증하는 사례임을 분명히 해둘 필요가 있다. 식민통치자들에게서 늘 입버릇처럼 회자되던 근대문명이란 사실상 권력의 목표가 아니라 '효과', 쉽게 말해 권력 추구에 수반되는 부산물에 불과했다.

따라서 식민지 수위도시 경성의 경관에 제국의 권력이 아무 거리낌 없이 표출되었던 것은 그다지 놀라운 일이 아니다. 한일병합 이후 경성부를 둘러싼 모든 변화의 중심에는 조선총독부 청사가 자리 잡고 있었다. 오랫동안 비어 있었지만 오로지 그 빈자리를 통해서만 모든 변화는 제자리를 찾을 수 있었다. 경성 시구개수 사업이 거의 처음부터 새 총독부 청사의 경복궁 내 이전을 염두에 두고 진행되었다는 점은 근대도시에 일반적으로 적용되는 기능적 효율성 원리만으로는 설명되지 않는다. 경복궁 앞에서 남쪽으로 뻗은 옛 육조대로가 '광화문통'으로 개편되면서 그로부터 조선신궁 입지로 결정된 남산록南山麓까지 이어지는 대각선 가로는 경성부만이 아니라 식민지 조선 전체의 상징적 중심축을 이루게 된다. 1930년대의 시가지계획 사업이 주로 시가지의 외연 확대에 목적을 두었던 만큼 이미 시구개정 사업을 통해 '재현'된 새로

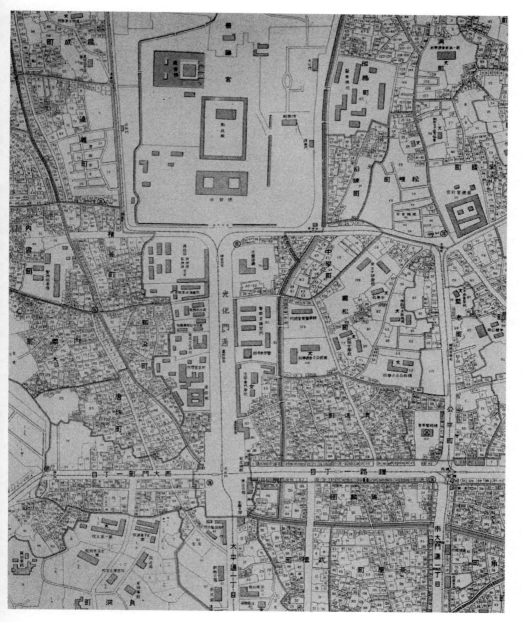

「대경성정도」(1936)

운 공간은 도심부에 뿌리를 내려가며 외곽지역으로의 확대재생산을 꾀했다고 할 수 있다.[93] 경복궁 앞 총독부 신청사를 정점으로 하는 '광화문통'이라는 바로크적 공간의 압도적 위상은 1936년의 「대경성정도大京城精圖」에 여실히 드러난다.

이러한 새로운 위상학 속에서 옛 왕조의 유산이 설 자리를 잃게 되는 것은 명약관화한 일이었다. 궁궐 밖 도심부의 유적 대부분이 원활한 교통을 방해하는 애물단지로 전락해버렸다. 1929년 9월 『별건곤別乾坤』에 실린 한 편의 풍자문은 경성 시구개수 사업에 밀려 자리를 옮기고 방향도 뒤틀어진 채 겨우 철거만은 면했던 한 유서 깊은 전각을 의인화하고 있다. 보신각普信閣은 광화문통 부근에서 겪어온 어수선한 시절을 다음과 같이 한탄한다.

"몇 해 전에는 京城府에서 이른바 도로 확장을 한다는 리유로 나의 집을 잇는 곳으로 억지로 이사를 식히고 또 나의 밋구멍에다 질에질을 하야가면서 로동자들이 '얏사-, 엿사-' 하고 옴기엿습니다. 내의 몸이 원래에 동두철신(銅頭鐵身)으로 튼튼하기에 그럿치 만일 조곰이라도 弱하얏스면 그러한 란리에 벌서 죽어 업서지고 말엇슬 것이올시다. 지금에 와서 넷일을 생각하니 슬픈 눈물이 저절로 흐릅니다."[94]

싱켈에게 바치는 오마주?:
경복궁 앞에 세운 조선총독부 청사

수명이 다한 대한제국의 임종을 지키던 『대한매일신보』의 1910년 5월 15일자 '잡보'란에는 「경복궁 업셔지네」라는 기사가 실렸다. 같은 해 5월 9일과 10일 양일간 궁내부 주최의 경매 행사에 조선인과 일본인 80여 명이 참여하였는데, 이 행사는 경복궁의 "사천여 간을 방매훼철하고 큰 공원을 건축"하려는 취지라는 것이다.[1] 그로부터 1년 후인 1911년 5월 17일 경복궁 소유권이 총독부에 공식적으로 인계되었다.[2] 벌써 몇 달 전에 원구단과 사직단 등은 인계가 완수된 상태였다.[3] 몰락한 왕조의 궁궐과 성역이 정복자의 입맛대로 처분되는 것은 시간문제였다.

"경복궁 업셔지네"

경복궁은 이미 궁궐로서의 기능을 잃은 지 오래였다. 1910년 8월 한일병합조약이 체결되기 훨씬 전부터 이곳은 더는 금단의 땅이 아니었다. 1907년 10월 내한한 일본 황태자가 영친왕을 동반하여 경복궁과 창덕궁을 관람했으며[4] 1908년 3월부터는 아예 일반에 궐내를 공개했다.[5] 한일병합 후 경복궁의 공원화가 가속화되었다. 많은 건물과 전각이 헐려나가 개인이나 단체에 불하 및 방매되었으며 그나마 남은 경회

루 일대는 귀빈들의 연회장으로 전락하고 말았다.[6]

그러나 경복궁 훼철의 분수령은 1915년 9월 11일부터 10월 31일까지 50일간 조선총독부의 통치 5주년을 자축하는 '시정오년기념조선물산공진회施政伍年紀念朝鮮物産共進會' 개최였다. 총독부의 공식 발표에 따르면 이 대대적인 행사는 조선 민중이 새로운 통치의 크나큰 혜택을 깨닫고 일본인 거주민들은 조선의 사정을 제대로 파악하여 조선의 무궁한 발전에 앞장서도록 하자는 취지로 개최되었다.[7] 다시 말해 일제 통치의 빛나는 성과를 대내외에 선전함으로써 조선인들의 자발적 복종을 유도하고 일본 상공인들의 투자를 유치하겠다는 것이었다. 이 행사를 위해 지엄한 경복궁을 행사장으로 택한 것에는 다목적의 포석이 깔려 있었음이 분명하다. 우선 전시관 구축과 관람객 동선 확보에 따른 궁의 훼손은 불을 보듯 뻔했다. 실제로 궁궐의 전각과 궁장이 대거 파괴되거나 훼손되었다. 조선물산공진회는 광화문을 행사장의 정문으로 삼고 그 안쪽의 흥례문을 철거하여 그 앞에 제1호관을 신축했으며 그 동편 부지에 일련의 전시관을 신축했다. 열 동에 달하는 신축 전시관들은 추후 '조선총독부 미술관'으로 전용된 미술관 건물을 제외하면 모두 목재 임시건물로 세워졌다. 이들은 대체로 르네상스 양식을 취하고 부분적으로는 이른바 '세셋숀Secession' 양식도 가미하였으며 외벽도 백담으로 칠해져 경복궁의 원래 모습과는 사뭇 대조적인, 이국적이고 '모던'한 이미지를 연출했다. 이 와중에 비현각과 자선당 등 궁역 동편이 대거 파괴되었으며 제1호관 후면의 근정전과 사정전, 강녕전, 교태전 등은 전시 및 접대시설로 개조되었다.[8]

옛 왕조의 법궁이 관람객이 자유자재로 드나드는 행사장이 된 것은 실질적으로나 상징적으로 시사하는 바가 매우 컸다. 행사 중 하이라이트를 장식했던 시정 5주년 기념식을 겸한 개회식이 어좌御座가 놓여 있던 근정전에서 열렸으며 고종과 순종이 모두 참석한 가운데 조선총독이 용상에 앉아 관리의 보고를 듣는 장면을 연출한 것은 실로 무도한 정복자의 행태가 아닐 수 없었다.[9] 그러나 조선물산공진회는 전체적으로 보면 단순한 과시형 행사만은 아니었다. 그것은 조선총독부 청사를 건립하기 위한 사전 정지 작업이었으며 공사비 조달의 목적도 갖고 있었다. 철거된 흥례문과 근정문 사이의 마당에 배치된 1호관 건물은 비록 행사 후 철거될 임시건물이기는 했으나 매우 의미심장한 면이 있었다. 경복궁 핵심부인 근정전을 가로막고 선 이 건물터는 다름 아닌 총독부 신청사를 위한 부지였던 것이다. 이처럼 옛 왕조의 심장부에 총독부 신청사가 들어서면 하늘로 치솟은 탑의 수직적 구조가 궁궐 안뿐만 아니라 식민지도시의 경관에 깊은 암영을 드리우게 된다.

남의 나라 국권을 침탈하고도 모자라 그 심장부를 파괴한 만행은 그 어떤 이유에서도 정당화될 수 없다. 상징적 차원에서든 실용적 차원에서든 그것은 노골적 폭력이 아닐 수 없다. 그렇지만 이 만행의 역사적 성격을 규정하기란 만행을 비난하기보다 훨씬 어렵다. 과연 경복궁과 그 주변환경의 파괴와 변형은 무엇을 의미하는가? 새로이 등장한 건축물과 도시경관은 역사적 진보의 표현인가? 아니면 그저 착취와 억압의 산물에 불과한가? 남의 장소를 빼앗은 것인가? 아니면 새로운 공간을 창조한 것인가?

경복궁의 이념

조선총독부가 경복궁을 접수하기 이전의 경복궁은 한성의 실질적 중심지가 아니었다. 대한제국 시기 한성의 중심은 시내 한복판에 놓인 경운궁이었으며 그 이전에도 경복궁은 실질적 중심이라기보다는 상징적 중심, 보다 정확히 말하자면 중심의 기억을 불러일으킬 뿐이던 장소, 한마디로 '기억의 터'였다. 일제에 의해 훼철된 경복궁은 500여 년 전 조선왕조의 설계자 정도전이 도성의 이념적 중심지로 창조한 곳이다. 이곳의 중심성은 그 자체가 조선왕조의 시작부터 끝까지 늘 정치적 쟁점이었고 건국의 기억과 결부되어 끊임없이 되살아났다.

경복궁이 수도 한성의 전체 공간에서 갖는 위상은 기본적으로는 자연적 입지에 뿌리박고 있었다. 북쪽은 적절한 높이의 산으로 겹겹이 둘러싸인 평지에 남쪽으로는 큰 강이 흘러 전형적인 배산임수형 지세를 지닌 한성은 예로부터 풍수지리상 명산길지明山吉地로 꼽히던 곳이었다. 고려시대에는 남경南京인 한양, 더 거슬러 올라가면 옛 백제의 위례성이 부근에 자리 잡았을 만큼 특별한 곳이었다. 본래 '풍수'란 바람을 막고 물을 얻는다는 뜻의 '장풍득수藏風得水'의 준말로, 『주역』의 음양오행설을 바탕으로 삼아 땅속을 흘러다니는 생기가 집중된 '혈穴'을 찾아내는 방법적 원리이다. 이것은 집과 묘의 터를 잡는 실용적 지식이기도 하지만, 보다 근본적으로는 우주와 땅, 인간, 조형물을 유기적 총체로 파악하는 심오한 공간학적 사유이다.[10] 전통적인 풍수지리설은 우주의 네 방위를 담당한다고 여겨지는 신화적 동물인 동쪽의 청룡靑龍, 남쪽의 주작朱雀, 서쪽의 백호白虎, 북쪽의 현무玄武라는 이른바 사신四神이 '혈'을 둘러싸는 지형적 요소라고 본다.[11] 이러한 풍수지리상의 이상향이 바로 한성이었다. 주산인 북악이 현무로 북쪽을 받치고 동쪽으로는 낙산이 좌청룡이 되어주었으며, 서쪽으로는 인왕산이 우백호가 되어 도성을 에워싸며, 북악을 마주보는 남산(목멱산)이 주작으로 남쪽의 경계를 이루고, 도성의 중앙으로는 북악에서 흘러나오는 내수인 청계천이 외곽을 흐르는 한강에 합류되는 구조이다. 한강 너머 멀리 남쪽에는 관악산까지 자리 잡고 있어 도성의 혈을 굳건하게 받쳐주는 형상이었다.[12]

그렇지만 수도 한성이 특별한 것은 이 같은 자연적 조건보다는 이념적 기반 때문이었다. 조선왕조의 도성은 처음부터 성리학 이념에 따라 건설된 보기 드문 계획도시였다. 1392년 개성에서 조선을 건국한 태조 이성계가 1394년 고려 남경의 이궁인 연흥전延興殿 터에 왕도를 정하고 신속하게 건설한 한성은 자연이 제공한 기본 질서에 순응하기는 했으나 간선 가로체계와 주요 시설물의 배치, 특히 궁궐의 입지와 구조에 있어서 거의 빈 땅에 신왕조의 이상을 구현한 신도시였다.

그 모델이 된 것은 당나라 장안으로, 『주례』의 「고공기考工記」편에 제시된 도성의 배치 원리가 신수도 한성에도 고스란히 반영되었다. 궁궐 중앙에서 남쪽으로 바라보았을 때 궁궐 전면에 행정관서들을, 궁궐 뒤에 시장을 배치한다는 이른바 '전조후시前朝後市' 원칙, 그리고 왕궁 문 밖의 좌측에 조묘(종묘)를 세우고 우측에는 사직단을 세운다는 이른바 '좌묘우사左廟右社'의 원칙에 따라 법궁인 경복궁이 주산인 북악 아래 배치되고 이를 기준으로 앞에는 '조朝', 즉 중앙 관아들이 모인 육조거리가 형성되었으며 동쪽에는 종묘, 우측에는 곡물신과 토지신에게 제사를 지내는 사직이 배치되었다.[13] 「고공기」에 따르면 도성의 성곽은 정사각형 형태를 띠고 동서남북 사방에 네 개의 대문을 두도록 했는데, 정도전은 신수도 한성에 사대문과 중앙종루를 짓고 이들의 명칭에 음양오행의 원리에서 비롯되는 다섯 가지 덕목, 즉 '오덕伍德'을 반영했다. 인의예지신仁義禮智信의 '오덕'이 흥인지문, 돈의문, 숭례문, 소지문(숙청문), 보신각에 구현된 것이다. 이처럼 「고공기」의 원칙을 철저히 준수하는 가운데 거의 유일하게 누락된 점이라고는 도시의 경제적 중심지인 시장을 궁궐 뒤에 둔다는 '후시'의 원칙뿐인데, 이는 한성 특유의 자연적 조건을 고려한 것으로, 중국의 장안성 역시 전조후시의 원칙을 그대로 따르지는 않았다.[14] 사실상 수도 한성은 성리학의 예제적 질서에 토착의 풍수지리적 요소를 가미했다는 점에서 고유했다. 주산인 북악을 배경으로 명당을 잡아 경복궁을 앉히고 제2의 주산 격인 응봉의 능선 끝자락에 놓인 또 하나의 명당터에 창덕궁, 창경궁, 종묘를 앉혔다. 이와 더불어 각 간선도로가 '기'의 흐름을 분산시킬 것을 우려해 서로 관통하지 않고 어긋나게 구성한 것도 풍수지리설의 영향으로 볼 수 있는데, 이러한 가로망은 이후 광화문 앞 육조거리가 광화문통으로 변모되어 곧바로 남대문으로 이어지는 '근대식' 구조와는 하늘과 땅만큼 달랐다.[15]

1394년 10월에 천도를 단행한 태조는 이듬해 신수도의 명칭을 한양부에서 한성부로 고치고 5부部 52방坊의 행정구역을 확정했다. 고려의 수도 개성의 제도를 계승한 '부방제'에 계契와 동洞의 체계가 더해졌다. 이 같은 제도적 완비와 더불어 신수도 건설이 일단락된다. 중앙의 왕궁, 좌묘우사와 전조를 통한 북-남의 기본 중심축으로 이루어진 도성은 성리학적 중앙집권 국가의 탄생을 알리는 강력한 이념적 상징성을 지녔다. 그리고 그 무엇보다도 1395년 9월 종묘와 더불어 완성된 경복궁이야말로 도성 전체의 질서를 잡는 북극성 같은 위상을 부여받았다. 경복궁 남쪽의 정문인 광화문도 같은 해에 건립되었다.[16]

조선왕조 창건 후 맨 먼저 세운 으뜸 궁궐인 경복궁은 시경詩經의 한 구절에서 인용한 "하늘이 내린 큰 복景福"이라는 이름에 걸맞게 기능성보다는 이상향 구현에 주안점을 두고 만들어졌다. 도성의 중심이라는 입지뿐만 아니라 궐내 주요 시설물의 배치와 건축적 형태까지 모두가 지극히 기념비적이었다. 경복궁의 핵심부는 어좌가 놓인 근정전勤政殿이었다. 이곳은 국왕의 등극의식이나 문무백관의 조례 등 주요한 국가 행사가 앞마당에서 펼쳐지는 정전正殿으로, 남쪽으로는 근정문勤政門과 흥례문興禮門 그리고 궁의 정문인 광화문光化門이, 북으로는 사정문思政門, 사정전思政殿, 향오문嚮伍門, 강녕전康寧殿, 양의문兩儀門, 교태전交泰殿이 일렬로 늘어선 직선축의 결절점이었다. 이 성역을 보호하고 있는 궐 안의 문인 근정문 바깥에는 명당수 금천禁川이 흐르고 그 위에 영제교永齊橋가 놓였는데, 이곳을 지나 흥례문과 광화문만 통과하면 궁궐 밖의 세계이기에 마치 성속의 갈림길과도 같은 위치였다.¹⁷ 경복궁은 엄격한 위계 질서를 근간으로 하는 성리학적 심상지리의 건축적 구현이었다. 대규모 조회를 위한 정전과 임금의 일상적 집무를 위한 편전, 임금의 침소인 침전이 남으로부터 북으로 갈수록 순차적인 금단의 영역으로 나뉘었으며 중심축의 동편은 세자와 종친들의 영역, 서편은 임금과 신하가 만나는 경회루, 집현전 그리고 궐내각사闕內各司가 자리 잡아 혈통과 정사政事를 공간적으로 구분했다. 이 같은 남북축 좌우의 강한 대칭성은 일상세계에서는 찾아보기 힘든 이념적 구현물이었다.¹⁸ 서울역사박물관 소장 「경복궁전도景福宮全圖」는 임진왜란 이전에 작성된 것으로 알려져 있는데 근정전을 중심으로 한 수직축과 좌우 대칭이 잘 드러나 있다.

경복궁의 북-남축선은 광화문 앞의 대로인 육조거리로 곧바로 이어진다. 「고공기」의 '주작대로朱雀大路'를 전범으로 삼은 '육조거리'는 좌

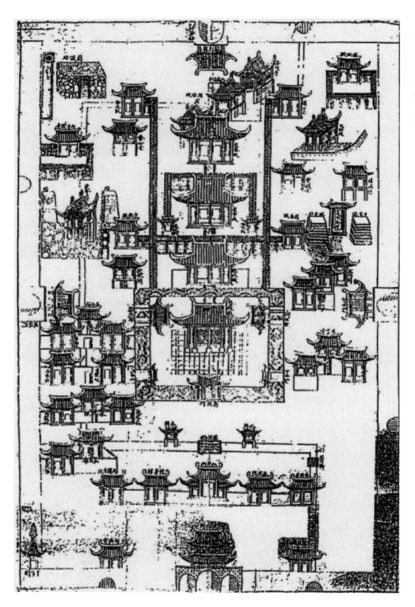

「경복궁전도」(임진왜란 이전)

우에 의정부를 비롯하여 이조, 호조, 예조, 병조, 형조, 공조의 육조六曹 및 여타 중앙 관아들이 자리 잡아 궁궐 안의 수직축과 좌우 대칭을 연장하였다. 이곳은 지엄한 궁궐과 범용한 일상세계가 만나는 곳으로, 군주와 신민이 어우러지는 유교 국가를 염원한 정도전의 정치적 이상을 담은 공간이다.[19] 이곳과 맞닿아 있는 종로는 시전市廛이 열리는 세속적 장소였고 이곳을 경계로 북부의 특권층 지역과 남부의 평민 거주지역이 나뉘었다. 이 같은 남북의 종적 위계는 사대문의 중심점을 이루는 중앙종루 보신각의 축선과 교차됨으로써 도성 전체가 유교적 '오덕'의 광휘에 휩싸이게 된다.[20]

경복궁을 중심으로 건설된 계획도시 한성은 종적 위계질서와 횡적 상호 유대가 유기적 전체를 이루는 아주 특별한 장소였다. 1720년대에 제작된 것으로 알려진 「도성도都城圖」를 보면 뚜렷이 펼쳐진 육조거리와 더불어 경복궁의 중심적 위치가 확인된다. 도심의 가로망은 성문과 궁궐 및 궁궐과 궁궐을 잇는 간선도로를 중심으로 구성되었고 여기에 자연이 내려준 물길이 중첩되었다. 전체적으로 볼 때 배후의 산들과 각각 짝을 이룬 궁궐, 그리고 가로와 물길이 조화를 이룬 이상적 왕도王都의 모습을 갖추었다.

경복궁의 모진 운명

이처럼 덕성과 조화로 충만한 모습에도 불구하고 정작 왕도의 공간적 핵심인 경복궁의 운명은 그리 순탄치 않았다. 경복궁은 명분상의 법궁法宮이었을 뿐 실제로는 이궁離宮인 창덕궁昌德宮이 상당 기간 법궁

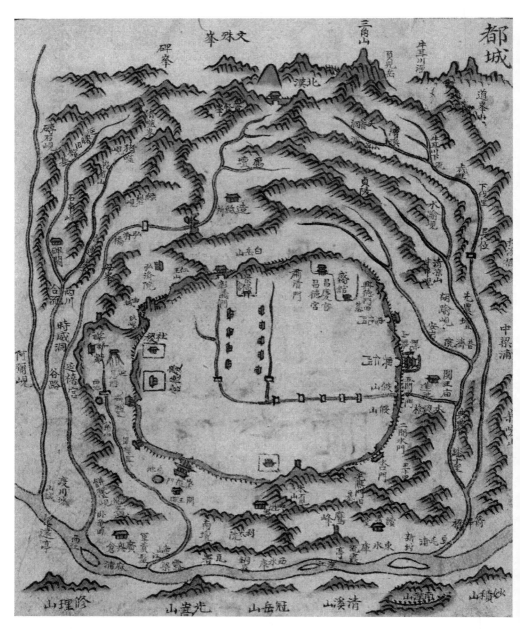

「도성도」(1720년대)

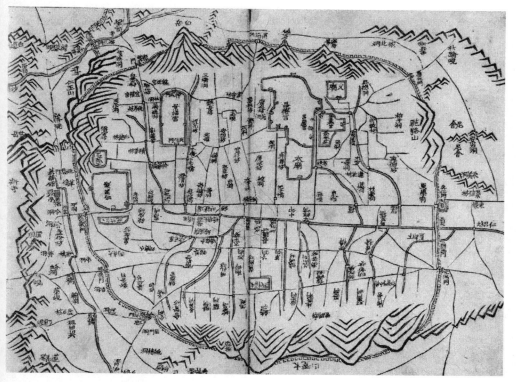

「한성도漢城圖」(대동여지도 첩帖), 김정호 작(1861), 목판채색본

역할을 했음에 주목할 필요가 있다. 이방원이 왕위 계승과 관련하여 자신의 이복동생들과 정도전 같은 개국공신들을 살육한 현장인 경복궁은 창건될 때부터 늘 불안정한 상태에 처해 있었다. 태조 이성계가 한양을 도읍으로 삼아 개경으로부터 천도한 지 채 5년도 지나지 않아 태조의 뒤를 이은 정종이 한양에서 개경으로 다시 도읍을 옮기면서 경복궁은 방치되다시피 하다가 개경에서 태종 이방원이 다시 6년 8개월 만에 재천도를 단행하여 비로소 경복궁이 조선왕조의 법궁 지위를 얻게 된다. 그러나 태종은 창덕궁을 건립하여 주로 그곳에서 거처하다 태종 11년이 되어서야 경복궁으로 옮겼다. 관악산이 화산이어서 그 화기火氣가 경복궁에 미쳐 화재를 빈번히 유발한다는 속설은 이처럼 늘 불안정했던 경복궁의 상황을 방증한다. 세종 치하에 들어서 비로소 경복궁은 기틀을 잡는다. 궁성의 북문인 신무문神武門을 건립함으로써 남문 광화문光化門, 동문 건춘문建春文, 서문 영추문迎秋門의 사문 체제를 완성하고 각 문과 다리의 이름도 지었다. 이로써 경복궁이 390여 년간의 명실상부한 조선 법궁으로서의 면모를 갖추게 되는 것이다.[21]

경복궁은 크고 작은 화재로 빈번하게 해를 입었으나 그럼으로써 많은 개축과 증축이 이루어져 그 규모가 차츰 커졌다. 그러나 선조 25년인 1592년 4월 임진왜란의 화마가 일으킨 대화재는 궁을 완전히 폐허로 만들었고, 선조의 뒤를 이은 광해군이 즉위하자 바로 창덕궁을 중건하여 창덕궁에서 정사를 돌봤으므로, 그 후 흥선대원군이 경복궁을 중건하여 고종이 이어移御하기 전까지 273년간이나 방치되어 창덕궁에 조선의 법궁 역할을 넘겨줄 수밖에 없었다.[22] 이 같은 파란에도 불구하고 경복궁은 그 본연의 중심성을 완전히 잃지는 않았다. 조선왕조의 지배층에게 그곳은 늘 왕조 창건의 기억을 불러일으키는 장소였다. 경복궁은 적어도 왕조의 정통성과 직결된 기억의 영역에서만큼은 중심적 지위를 잃지 않았던 것이다. 앞서 살펴본 「도성도」는 조선 21대 왕 영조의 즉위를 전후로 제작된 것으로 추정되는데 경복궁이 방치되었던 시기였음에도 불구하고 육조거리가 뚜렷이 표현되어 경복궁의 중심적 위치를 웅변한다.

경복궁 중건은 고종 2년인 1865년에 시작되었고 4년간의 공사 후 마침내 궁이 제 모습을 드러내고 이어가 단행되었다. 중건된 경복궁은 총규모가 7481간에 달하고 단독 건물만도 100여 채가 넘었다.[23] 공사 시작 후 단 2년 만에 재건된 근정전은 2단의 장대한 월대月臺 위에 세웠으며 중층 지붕으로 위엄과 격식을 갖추고 실내는 천장을 최대한 높이고 번잡한 치장을 줄였다. 건물 앞 넓은 마당의 중앙에는 품계석을 대칭으로 놓았다. 중건된 경복궁은 왕권을 가시화하는 상징으로 가득 차 있었다. 흥선대원군의 경복궁 중건이 실추된 왕실의 권위를 강화하기 위한 시책이었음은 주지의 사실이다. 이에 더하여 왕실 내부에서 대원군의 입지 강화라는 정략적 의도도 작용한 것으로 알려져 있다.[24] 그런데 왜 하필 쇠락한 궁궐의 중건에 사활을 걸었던 것일까? 그 이유에 대해서는 다양한 논의가 가능하겠지만 확실한 것은 경복궁이야말로 왕조의 정통성을 가늠하는 최적의 상징물이었으며 이것의 부활은 그 자체로 체제의 변혁을 결코 용납하지 않겠다는 정치적 선언에 다름 아니었다는 점이다. 당백전當百錢을 찍는 등 무리한 재정 조달에서 극명하게 드러나듯 신판 경복궁은 결코 민의를 대변하고자 건설된 것이 아니며 근대적 민족의 도상은 더더욱 아니었다.[25]

경복궁 '중건'은 오랫동안 비정상적이었던 상태가 마침내 원상복구된 것이라기보다는 엄연한 19세기 현실의 산물이었다. 그것은 서양

세력의 등장과 중화세계의 몰락이라는 전대미문의 정치적 격변에 대한 보수적 대응이었다. 현재의 절박한 요구에 따라 과거가 소환된 것이다. 전통은 되살아난 것이 아니라 새로이 창조되었다. 보수주의란 본래 근대적 변화에 대한 저항의 산물이 아닌가. 따라서 '중건'된 경복궁이 그 옛날 정도전이 설계했던 '법궁'의 기본 구성을 고수했던 점은 전혀 놀랄 일이 아니다. 새로운 건물과 전각이 세워지고 궁성 동북부와 서북부가 크게 확장되었지만 궁 핵심 부분의 배치형식은 거의 변하지 않았다. 새로운 경복궁은 주역의 음양오행 원리에 집착했다. 강녕전 일곽 다섯 채와 사정전, 만춘전, 천추전 등 세 개의 편전을 합치면 팔괘八卦를 상징하게 된다. 또한 궁성 남쪽 중앙에 자리 잡은 정문인 광화문부터 왕의 침전인 강녕전까지 엄격한 좌우 대칭이 관철되었고, 거의 모든 건물이 남향으로 서고 중심축과 평행을 유지했다. 새로운 경복궁을 지배한 것은 이처럼 권위주의적이고 형식주의적인 아름다움이었다.[26]

그러나 경복궁의 기구한 운명은 그 이후에도 결코 순탄한 길로 들어서지 못했다. 오히려 이때부터 본격적인 불행의 씨앗이 뿌려졌다. 새로 태어난 경복궁에는 여러 차례 화재가 이어져 소실과 중건을 거듭했는데, 이 정도는 그 이후 벌어진 일들에 비하면 사소한 에피소드에 지나지 않았다. 1873년의 대화재로 인해 창덕궁으로 떠났던 고종은 갑신정변이 진압되고 난 1885년 경복궁으로 환궁했지만 이는 그저 잠시에 지나지 않았다. 궁궐 안 깊숙이 신축된 건청궁乾淸宮에 거처하던 명성황후가 일본 낭인들에게 비참하게 시해된 을미사변乙未事變이 발생하고 고종이 1896년 러시아공사관으로 파천俄館播遷하면서 법궁과 이궁을 오가며 국가를 경영하던 조선왕조의 정상적인 궁궐체제, 즉 '양궐兩闕체제'는 붕괴되었고 경복궁은 또다시 주인 없는 신세가 되고 말았다. 이듬해 대한제국을 반포한 고종은 주로 경운궁에 거처하였고 마지막 군주 순종은 1907년 즉위 후 주로 창덕궁에 거처함으로써 경복궁은 다시금 폐궁으로 전락했다.[27] 그리고 일제의 성상파괴적 약탈이 시작되었다. 경복궁은 마침내 숨을 거두었다.

조선총독부 청사의 등장

조선총독부가 이 쇠락한 옛 터에 눈독을 들이고 그 남단을 신청사 입지로 선정한 이유에 대해서는 뚜렷하게 밝혀진 바가 없다. 남산 기슭의 왜성대倭城臺에 자리 잡았던 2층 벽돌조의 옛 통감부 청사를 그대로 총독부 청사로 전용해 사용하고 있었으므로 관료기구의 대대적 확대에 따른 공간 부족은 물론, 분산된 행정부서들을 한데 모아야 할 필요성이 있었던 것이며, 이왕이면 도심부에 방치된 너른 공간을 활용하는 편이 부지 확보에 어려움을 겪던 당국으로는 마땅한 선택이었으리라고 능히 짐작해볼 수 있다. 당시 경복궁은 애써 장악해야 할 만큼 그렇게 정치적으로 민감한 곳이 아니었다. 더구나 일제의 조선 통치 자체가 의외로 그렇게 일사불란하고 계획적이지는 못했으며 상황적 필요에 따른 임기응변적 조치가 많았다.[28] 실지로 총독부 신청사 입지가 확정되고 난 후 작성된 최초의 계획안을 보면 청사의 위치는 영제교 남측으로 근정전 및 광화문이 이루는 중심축에 맞추어져 있고 궁 안의 배수체계와도 조화를 이루고 있다('경복궁 계획안' 참조). 이후 계획안은 전면 변경되고 경복궁은 전면적으로 훼손되고 말지만 조선총독부가 꾀한 것은 파괴 자체였다기보다는 자신들의 계획에 거슬리는 장애물 제거였다고 보는

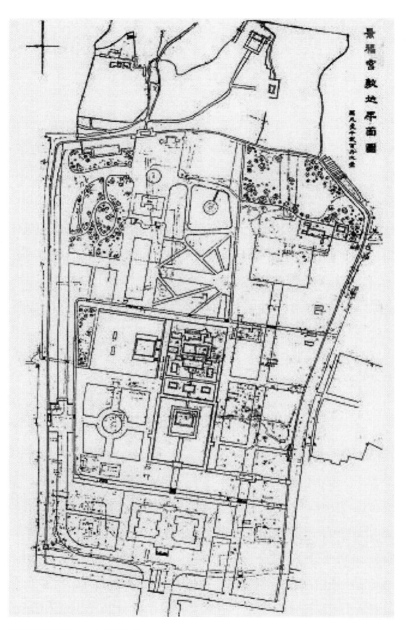

景福宮敷地平面圖

경복궁 계획안 1(1914년경 추정)

편이 적절할 것이다. 일제는 조선인들의 의미심장한 '기억의 터'에 자신들의 '근대적' 심상지리를 덧씌우는 역발상을 택한 것이다. 물론 그것은 실용적이기보다는 관념적인 선택이었기에 늘 너무 과도하거나 너무 부족했고 행정상으로도 번번이 차질을 빚었다.

조선총독부 신청사의 입지 선정은 당초에는 다소 혼선을 빚었다. 나중에 경성제국대학이 들어서게 되는 현재의 대학로 자리와 경성부청이 들어서게 되는 현재의 서울시청 자리 등이 후보로 떠올랐지만[9] 결국은 경복궁 전면부로 최종 결정되었다. 근정문 밖으로부터 광화문에 이르는 궁궐 뜰 거의 전부가 청사 신축부지에 편입되었다. 이러한 결정에 주도적 역할을 한 이는 다름 아닌 이토 주타[2부 3장에서 '일본의 문화민족주의' 참조]였던 것으로 알려져 있다.[30] 고대 일본과 그리스의 관련성을 주장했던 건축사가로, 현직 도쿄 제국대학 교수였던 그가 왜 하필 경복궁 앞을 지목했는지는 많은 해석을 요한다. 그는 물론 단순무식한 파괴주의자가 아니었다. 아니, 동양 건축에 대한 심미안으로는 타의 추종을 불허할 위인이었다. 그러나 고대 그리스와 고대 일본을 겹쳐 보는 그의 시선이 옛 조선왕조의 법궁인 경복궁 전면부에 대한 시선과 겹쳐질 때 어느덧 그것은 미지의 중심부로부터 장막을 치고 뚫어지게 바라보는 권력의 응시로 탈바꿈하게 된다. 식민통치의 사령탑이 자리할 부지로 선정되는 순간, 옛 왕궁은 이미 상징적으로 무너져버렸다. 세계사의 필연적 도정에서 경복궁이 들어설 자리는 없었다.

총독부 신청사의 입지를 제안하면서 이토 주타는 조선신궁의 입지도 함께 묶어 제안한 것으로 알려져 있다.[31] 식민지 조선인들을 황국신민으로 만들려는 '동화'정책의 결정판이었던 조선신궁 건립을 위해 이토는 고문 자격으로 설계와 시공에 적극 개입했고 총독부 신청사보다

한일병합 직후 통감부 청사의 모습

조선신궁이 한 해 앞선 1925년에 모습을 드러냈다. 조선신궁은 그 옛날 태조 이성계가 목멱신사木覓神祠를 세웠던 남산에, 총독부 신청사는 경복궁 궐내에 터를 잡음으로써 경복궁과 남산 그리고 군부대가 있던 용산을 삼각형의 꼭짓점으로 삼는 새로운 공간이 등장했다. 일제는 조선의 수도에 새로운 심상지리를 들여왔다. 경복궁 앞에 조선총독부 신청사를 세우는 것은 심상지리의 극적 교체를 의미했다. 왕조의 상징적 중심이 근대국가의 중심부로 탈바꿈된 것이다.³² 그렇지만 이것으로 파괴의 정당성이 확보되지는 않는다. 식민지의 옛 왕궁을 허물고 펼쳐질 아테네의 환등상은 실로 일본에 짓눌린 동아시아의 현실을 둘러대는 완곡어법과도 같았다. 이토 주타의 지성적 판단과 성상파괴적 충동 간에는 실로 종이 한 장의 차이만이 있을 뿐이다. 콘스탄티노플을 피로 물들인 오스만튀르크인들의 종교적 열정으로부터 '근대'라는 거창한 신화에 바탕을 둔 제국주의자들의 우월감은 과연 얼마나 멀리 떨어져 있는 것일까?

1912년에 조선총독부 신청사의 입지가 확정되고 신축공사계획에 따른 제반 준비가 이루어졌다. 같은 해에 기사가 유럽에 파견되었으며³³ 총독 직속인 관방官房 토목국이 신설되고 종전까지 회계국에 속해 있던 영선과가 토목국으로 이관되어 주무부서 역할을 하게 되었다. 타이완 총독부에 근무 중이던 모치지 로쿠사부로가 조선총독부 초대 토목국장으로 부임한 것도 이때였다. 조선통감부의 탁지부 건축소 시절부터 기사로 활약했던 구니에다 히로시國枝博도 설계 단계에서 공사 초기 단계까지 족적을 남겼다.³⁴ 신청사 설계는 독일인 건축가에게 맡겨졌다. 당시 도쿄에서 설계사무소를 운영하고 있던 게오르크 드 라란데Georg de Lalande가 총독부 고문으로 위촉되었는데 그는 일본에서 왕성한 활동을 하며 지명도를 높여가던 중이었다. 초대 조선총독 데라우치 마사타케와는 그의 도쿄 자택을 설계했을 정도로 진작부터 친분이 두터웠던 것으로 알려져 있다.[35] 그러나 드 라란데는 고종 황제의 주치의였던 독일인 의사 리하르트 분쉬Richard Wunsch의 고향 친구로서 진작부터 조선을 방문하여 고종과도 면식이 있는 상태였다.[36]

게오르크 드 라란데는 건축사에서 거의 잊힌 이름이다. 그는 동프로이센 슐레지엔Schlesien의 소도시 히르쉬베르크Hirschberg 출신으로 전해지나 독특한 이름에 비추어 볼 때 순수 게르만 혈통이 아니라 프랑스에서 독일로 망명한 칼뱅파 신교도, 즉 위그노의 후손임을 짐작게 한다.[37] 그는 베를린 소재 왕립 샤를롯텐부르크 공대(이후의 베를린 공대)에서 건축을 전공했으며 일자리를 찾아 중국 상하이와 텐진으로 왔다가 요코하마에서 건축사무소를 운영하던 독일인 리하르트 젤의 건축사무소의 초대로 1903년 일본에 건너왔다. 젤은 드 라란데처럼 히르쉬베르크 출신이었는데, 엔데-뵈크만 건축사무소 직원으로 일본에 온 이후 자신의 독립 사무소를 요코하마에 설립했으나 곧 귀국하게 되었다. 이에 따라 드 라란데가 사무소를 고스란히 승계한다. 선배 건축가들에 이어 드 라란데는 독일식 건축양식을 일본에 보급하는 역할을 수행했으며, 특히 신시대의 조류에 맞추어 빈 분리파—"세셋숀"—양식에 대응되는 독일식 유겐트슈틸을 도입하는 데 앞장섰다. 그는 이내 자신의 건축사무소를 주요 도시로 확장하고 주로 재일 외국인주택을 설계했으며 은행, 회사, 호텔 등도 지었다.[38]

그의 여러 작품 중 1907년 고베에 세워진 오리엔탈 호텔은 평평한 지붕을 지닌 3층 건물로, 4층으로 된 입방체 탑 두 개가 모서리에 자리 잡고 있고 그 중간에 맨사드 지붕을 한 탑 모양의 기둥이 같은 높이로

3부 아테나의 섬뜩한 환등상

설치되어 있다. 하층 계단이 기둥받침을 이루는 개방된 로지아가 파사드를 지배하고 있으며 3층은 테라스를 갖추고 있다. 고딕과 르네상스 양식이 절충된 이 건축물은 마치 관공서 같은 견고한 느낌을 준다. 유겐트슈틸을 보여주는 그의 대표작으로는 1914년에 문을 연 다카다 상회 본점高田商會本店을 들 수 있다. 4층의 블록형 건물은 꽉 닫힌 상자 같은 느낌을 주며, 신고전주의적 단순명료함과 일본 전통건축을 연상시키는 처마와 지붕 등 유겐트슈틸적 요소가 빈틈없이 결합되어 있다. 현재는 모두 소실된 이 두 건물에서 발견되는 견고함과 단순명료함, 개별 의장에 우선하는 구조적 전체 같은 독일적 요소들은 이제 식민지 수도에 세워질 그의 생애 최대의 작품에 반영된다.

조선총독부 신청사는 드 라란데가 식민지 조선에 구상한 유일무이한 작품이 아니었다. 이후 일본인들 사이에 '조센호테루朝鮮ホテル'로 회자되는 양식 건축물 또한 그의 작품이었다. 준공된 순서로 따지면 조선에서의 첫 작품이었다. 조선 최고의 이 호텔은 총독부 산하 철도 호텔 가운데 하나로 개관 당시부터 장안의 화젯거리였다. 한일병합 이후 경성을 방문하는 일본인 철도이용객 수가 증대하고, 특히 시정오년기념 조선물산공진회를 앞두고 있는 시점에서 총독부 철도관리국이 당시 조선총독부 신청사 설계에 막 착수했던 드 라란데에게 조선을 대표할 철도 호텔의 설계를 의뢰했다. 1913년 대한제국 선포를 하늘과 땅에 알렸던 성역인 원구단을 허물고 이듬해 그 축대가 있던 자리에 등장한 조선호텔은 580평 건평에 지하 1층, 지상 4층의 총 52개 객실을 갖추고 개관했다. 건축가 드 라란데는 이 건물을 통해 식민지 조선에는 참으로 이질적이던 유겐트슈틸의 사례를 보여주었다.[39]

건축적 차원에서 보면, 벽돌조적조로 이루어진 이 건물의 특징은

게오르크 드 라란데의 설계로 지은 작품들. 위부터 시계 방향으로 오리엔탈 호텔(1907), 다카다 상회 본점(1914), 조선호텔(1914)

중국 칭다오에서 주로 보이는 다소 경직된 유겐트슈틸이라 할 수 있다. 주출입구와 1층 하부만 빼고는 전체가 갈색 벽돌로 마감되어 있어 단조롭고 권위주의적인 느낌을 피할 수 없다. 비록 1층과 2층의 창 일부에 조선의 전통양식을 상기시키는 몰딩을 가미함으로써 변화를 주고는 있지만 유겐트슈틸 특유의 '청년다운' 자유로움과 개방성은 찾아보기 힘들다. 어쩌면 이러한 외관은 건물의 기본 성격에 잘 부합했다고 할 수 있다. 1923년 이 호텔에 투숙했던 일본 건축평론가 곤 와지로今和次郎가 호텔 뒤뜰로 변해버린 원구단 터에 남은 황궁우皇穹宇를 바라보며 조선총독부의 독선을 엄중히 경고했듯[40] 이 건물은 식민지 피지배층을 가로막고 위축시키는 문화적 차별의 산실일 수밖에 없었다.

1940년 작품인 김사량의 「천마」나 모두 1941년 작품인 이효석의 『벽공무한』혹은 유진오의 『화상보』에 등장하는 조선호텔은 오로지 특수 계층에게만 허용되는, 식민지 조선의 현실과는 동떨어진 공간으로 그려진다. 호텔 뒤뜰의 황궁우가 몰락한 조선왕조에 대한 감상적 심리를 자극하는 장식물이라면, 호텔 저편에 놓인 일반 도시민들의 공간은, 『벽공무한』의 주인공인 국제적 문화사업가 천일마千一馬 같은 소수 투숙객에게는 그저 실망스러울 따름인 "구저분한 현실"이었다.[41] 근대라는 신기루와 도시민의 보잘것없는 일상은 분명 어긋나 있었다.

그렇지만 조선호텔의 귀족주의는 조선총독부 신청사의 무도함에 비한다면 차라리 고상한 면이 있었다. 황궁우를 남기고 원구단을 해체한 것과 근정전을 남기고 경복궁을 훼철한 것은 아예 비교도 될 수 없는 차원이었다. 총독부 신청사 건립은 그처럼 신속히 이루어지지도 않았고 최상위층의 투숙객에게만 관계되는 별세계 이야기도 아니었다. 당초 무리한 계획이었던 만큼 탈도 많고 처결해야 할 부가적 안건도 한

두 가지가 아니었다. 경복궁 터에 '화기'가 가득하다는 풍수지리적 속설이 정말로 맞는 것인지 청사 신축은 꽤나 우여곡절을 겪었다.

먼저 설계자 게오르크 드 라란데가 1914년 설계도 초안을 거의 마무리한 시점에 요코하마의 한 여관에서 급성 폐렴으로 요절했다.[42] 그는 바로 전해에 자신의 조국으로부터 국위 선양의 공을 인정받아 영광스러운 '건축감독관Baurat' 칭호를 얻은 상태였다.[43] 전도유망하던 기초 설계자의 갑작스러운 죽음으로 인해 청사 건립은 새로운 국면에 들어선다. 드 라란데의 후임자는 일본인 건축가로 타이완의 총독관저를 설계한 경험이 있는 노무라 이치로野村一郎였다. 벽돌조 건축 전문가인 노무라는 1912년 공사가 시작된 타이완 총독부 신축공사가 막 기초공사를 마무리할 무렵 급작스럽게 조선총독부로부터 의뢰를 받은 것이었다.[44] 수완이 좋았던 그는 도쿄 제국대학 출신의 동문 건축가들과 더불어 박길룡 등 7명의 조선인 건축가들까지 대거 참여시켜 1916년까지 설계를 마무리했다. 노무라의 설계는 대체로 드 라란데의 초안을 따른 것으로 알려져 있다. 당초 5개년 계속사업으로 출발했던 신청사 건립은 1916년에 이르러 8개년 계속사업으로 변경되었다. 그러나 사업은 다시금 일본의 제1차 세계대전 참전으로 인한 재정 문제로 제국의회로부터 예산 배정을 받지 못해 하 세월 지연되다가 설계도 완성 후 10년이 지나서야 결국 끝을 보게 되었다. 1926년 10월에 낙성식이 거행되었다.[45] 당시로서는 전 일본제국 영토 안에서 가장 큰 건물이 식민지 수위도시 경성의 심장부에 출현한 것이다.[46]

조선총독부 청사의 건축적 특징과 공간성

조선총독부 청사는 경복궁의 정문인 광화문으로부터 84미터가량, 근정문에서는 불과 31미터 떨어진 곳에 자리 잡았다.[47] 광화문과 근정문 사이에 있던 흥례문과 유화문, 영제교 등이 모두 헐리고 금천의 물길도 광화문 쪽으로 옮겨졌다. 청사의 배치 방향 또한 논란의 여지가 많았는데, 총독부 청사는 경복궁보다 동쪽으로 3.5도 틀어 정남향을 취하도록 배치되었다. 이것은 이론의 여지 없이 남산의 조선신궁을 향한 위치 선정이었다. 광화문로와 태평로, 남대문을 거쳐 남산의 신궁 입구 표석으로 이어지는 경성의 기본축 중심에 청사를 앉혀놓은 것이다.[48] 이것이 지극히 공세적인 배치임은 분명하지만 일제가 경복궁의 구성을 고의적으로 어그러뜨리려는 획책이었다고 볼 필요는 없다. 당시 조선건축회가 발간하던 『조선과 건축朝鮮と建築』 1926년 5월호는 조선총독부 신청사 특별호로 꾸며졌는데, 여기에 실린 「신청사의 설계 개요」에 따르면, 일본인 실무자들이 경복궁 내 모든 건물과 광화문통 및 태평통의 관계를 실측도로 제작해본 결과 경복궁 내 건물의 중심축이 광화문통의 중심선과 일치하지 않고 서쪽으로 기울어져 있으므로 도로의 축선과 합치되도록 신청사의 방향을 조정했다는 것이다. 그래야만 청사의 정면이 도로에서 완벽하게 보일 수 있다는 것이다. 이러한 설명은 총독부가 같은 해 발간한 『조선총독부 청사 신영지朝鮮總督府廳舍新營誌』에서도 그대로 반복된다.[49] 한마디로 일본인들은 오로지 자신들의 계획에 충실했던 것이다. 조선총독부 청사 건립은 단지 건물의 위용으로 피정복자를 기죽이려던 것이 아니라 옛 왕도에 대한 대대적 재편 작업의 일환이었다. 그 옛날의 종적 위계질서와 횡적 상호유대의 조화를 꾀하던 성리

3부 아테나의 섬뜩한 환등상

드 라란데의 설계 작업을 이어받은 일본인 건축가 노무라 이치로의 마무리 설계에 따라
1926년 10월에 준공한 조선총독부 청사 전경

학적 계획도시는 결국 수학적-원근법적 질서에 기초한 근대적 계획도시로 완전히 탈바꿈하였다.

총독부의 사업 진행이 일본 대 한국이라는 평행선적 대립 구도에 입각하지 않았음은 청사의 주요 건축 재료를 전부 조선산으로 한다는 기본 방침에서도 확인된다. 이것은 운송비 문제를 실용적으로 따지는 관료주의적 합리성뿐 아니라 다양한 지역성을 포용한다는 나름의 제국주의적 스케일을 보여주는 부분이기도 하다. 결국 계획대로 모두 조선산으로 하여 청사 외벽에는 화강석을, 내부장식재로는 과감히 대리석을 사용했다. 1916년 설계가 완성되고 나서 공사 전에 토지신을 달래는 일본식 지진제地鎭祭를 거행하고는 곧바로 기초 파기 및 항타抗打 공사에 돌입했다. 예상과 달리 장장 10년에 걸쳐 우여곡절을 겪은 끝에 낙성식을 치르고 그로부터 또다시 2년이 걸려 부속공사까지 모두 완료했다.[50] 남산에 소재하던 조선총독부 구청사는 1929년 4월부터 '일본 최초의 과학관'인 은사과학관恩賜科學館으로 변모하였다.[51]

조선총독부 신청사는 효율적인 업무 기능에 적합할 뿐 아니라 시각적으로도 제국의 위용을 드러낼 수 있도록 지어졌다. 설계도와는 다소 변경된 준공 시 건평은 약 2219평, 연건평은 약 9471평에 달했고 지하 1층 지상 4층 건물의 가로 길이는 대략 130미터, 최상단의 탑을 포함한 높이는 55미터에 달했다. 건물 내에 총 257실이 완비되었고 중앙난방 시스템과 수세식 화장실까지 갖추었다. 여기에 높이가 대략 70미터에 달하는 거대한 돔과 큐폴라를 올려 경복궁의 정전을 완벽하게 가렸다.[52] 이 건물은 압도적 규모만이 아니라 구조적 측면에서도 타의 추종을 불허했다. 회색 화강암과 철근콘크리트로 지어진 명실상부한 석조 건물은 일본에서도 찾아보기 힘들었다. 조선총독부는 식민지의 값싼 노동력과 운송비 절감을 고려하여 과감한 시도를 했던 것이다. 벽돌로 마감한 타이완총독부 청사의 맹점을 잘 알고 있었던 조선총독부 토목국장 모치지 로쿠사부로의 견해가 결정적으로 작용했다.[53]

조선총독부 청사는 석재의 재료적 특성을 구조적으로 극대화하였다. 『조선총독부 청사 신영지』에 따르면 이 건축물은 '근세부흥식近世復興式', 즉 네오르네상스 양식을 택했는데,[54] 실제로 중앙부와 돔을 구심점으로 삼아 펼쳐진 완전한 좌우 대칭구조와 수학적 비례체계는 르네상스 양식의 기본요소에 해당한다. 이는 입면도를 보면 더 선명하게 드러난다. 앞서 설명된 바와 같이, 네오르네상스는 근대 독일 공공건축의 주된 양식이었으며 근대 일본에서도 네오바로크와 혼용되면서 제국의 권위를 대변하는 데 적합한 양식으로 선호되었다. 1920년대 중반이라는 준공 시기로 볼 때 조선총독부 청사는 다소 유행이 지난 양식을 고수했다고 할 수 있다. 그렇지만 좀 더 엄밀히 살펴보면 이 건물은 하나의 건축양식으로 규정하기 힘든 절충적 형태를 띠고 있다. 이 웅장한 건축물은 크게 세 개의 덩어리, 즉 중앙부와 모서리 부분 그리고 양익부로 구성되어 있다. 계단과 발코니의 수평선과 코린트식 오더를 채택한 포르티코 및 큐폴라의 수직선 간에 팽팽한 균형이 이루어져 입방체의 견고함을 느끼게 해준다. 또한 건물의 중앙부를 앞뒤로 돌출시키고 네 개의 모서리 부분 역시 돌출시켜 강한 중심성과 위계를 표현했다. 여기에 더하여 남·동·서 삼면이 뚫린 베란다로 깊은 음영이 생겨나게 하는 구성도 최상의 숭고미를 연출해낸다. 하층부의 거친돌마감 처리 또한 건물의 남성적 이미지를 강화한다. 그러나 그 무엇보다 시선을 자극하는 것은 늑골 구조의 웅장한 청동 돔이다. 열여섯 개의 원주로 지지되는 이 돔은 무색의 스테인드글라스 등 독일식 디테일을 지니고 있지만 최

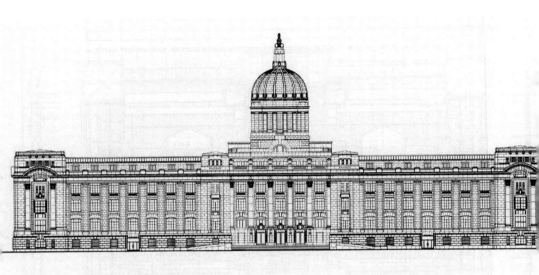

조선총독부 청사 입면도

조선총독부 청사의 돔

상단에는 일본식 황관皇冠 모양의 육중한 탑을 올렸다.[55] 이 건물은 그 웅대한 규모와 대범한 덩어리 구성, 수평면과 수직면의 극적 대조라는 면에서 네오르네상스보다는 네오바로크 양식에 가깝다고 볼 수 있으나 바로크 특유의 과도한 장식이 엿보이지 않고 건물 각 부분 간의 정형적 분절이 이루어졌다는 점에서 르네상스적이기도 하다.

또한 이 건물에는 서양 고전건축의 의장요소들이 두루 나타나지만 식민주의적 요소도 산재한다. 전면에 돌출된 포르티코 위에 마땅히 있어야 할, 팔라디오풍 건축의 핵심인 삼각형 박공이 부재다는 점은 이곳이 유럽이 아님을 웅변하는 듯하며, 파사드는 르네상스 양식에 가까운 데 반해 모서리의 아치형 박공을 처마선보다 높인 입면 처리는 르네상스의 전형에서 상당히 벗어나 있다. 또한 형식화된 출입구와 수직창은 네오바로크적 '제국 양식'의 기본요소들이며 건물 전체를 지배하는 단순 형태의 곡선과 직선의 반복은 드 라란데가 선호하던 유겐트슈틸의 특징으로 볼 수 있다. 건물 실내의 형태는 그 웅장함과 곡선미에서 네오바로크적 풍모를 보여준다. 부담스러울 정도로 딱딱한 느낌을 주는 대현관을 통과하면 백색 대리석으로 빛나는 중앙의 대大홀이 나온다. 화려하고 넓은 계단이 2층으로 이어지며 곡선형 천장을 떠받치는 벽면은 일본 서양화가 와다 산조和田三造가 그린 벽화로 장식되어 있었다. 마주 보는 양 벽면의 벽화 한편은 조선의 전설 '선녀와 나무꾼'을 주제로, 다른 한편은 조선과 일본 간 풍속의 교섭을 주제로 삼았다. 홀의 좌우에는 장방형 형태의 중정이 각각 자리 잡았고 건물 지하에는 의외로 경찰의 취조실과 고문실이 있었다.[56] 이와 같이 다양한 건축적 요소의 절충주의적 결합은 식민지 건축 특유의 혼성성으로 평가할 수도 있겠으나, 적어도 이 건축물의 설계 초안이 작성될 시점까지는 구미 본

3부 아테나의 섬뜩한 환등상

조선총독부 청사 안의 중앙 대홀

국들에서도 다양한 고전 양식을 절충하는 경향이 대세였음을 간과해서는 안 된다.

그 양식을 어떻게 규정하든 간에 조선총독부 청사가 국가와 황실의 권위를 시각적으로 대변하는 묵직한 석조 건물이었음은 분명하다. 이 건물에 표현된 모든 건축적 어휘는 청동 돔으로부터 대홀의 벽화와 지하의 고문실까지 오로지 건물의 존립 목적에 종속되는 시각적·물리적 장치일 뿐이다. 이처럼 건물의 형태에 있어서나 도시공간적 위상에 있어서 그 어떤 부분도 '잉여'로 남겨두지 않는 전일적 구조와 강한 중심성을 지향했다는 점에서 조선총독부 청사는 싱켈식 텍토닉의 식민지적 발현이라고 하지 않을 수 없다. 이러한 측면을 고려할 때 조선총독부 청사가 인도 뉴델리의 대영제국 인도총독부를 모방했다는 견해는 신빙성이 떨어진다.[57] 앞서 밝혀진 대로 지역 고유의 양식을 살리는 데 주안점을 둔 영국제국주의와 지역 고유의 자취를 오히려 없애려 한 일제 사이의 원리적 차이를 간과해서는 곤란하다. 이에 비해 조선총독부 청사가 유럽 본토의 건축물, 특히 독일의 제국의회 의사당을 모델로 삼았다는 견해는[58] 진위 여부를 떠나 일정한 설득력을 갖는다. 강력한 파사드와 모서리 및 창문 처리 등 프로이센 고전주의의 형태적 요소들과 더불어 수도의 중심부라는 위상이 매우 유사하기 때문이다. 더구나 조선총독부 청사의 설계 초안을 작성한 게오르크 드 라란데는 베를린에서 학창 시절을 보냈기에 당시 장안의 화젯거리였던 이 건축물을 몰랐을 리 만무하다. 그러나 독일 제국의회 의사당과 조선총독부 청사의 공통점은 표면적인 모습보다도 양자가 각각의 여건에 맞게 싱켈식 텍토닉의 기본 원리를 구현한다는 데서 찾을 수 있다.

압도적 규모와 외관을 지닌 조선총독부 청사는 쇠락한 왕궁의 정전인 근정전 앞에 우뚝 서서 옛 건물을 극히 왜소하게 만들었을 뿐 아니라 옛 육조거리와의 연결을 끊어버렸다. 물론 육조거리는 사라진 지 오래였고 저 멀리 남대문과 용산으로 거침없이 이어지는 대로가 거대한 석조의 화룡점정畵龍點睛을 이미 한참 전부터 기다리고 있었다. 신청사가 완공되자 까다로운 일은 이제 딱 하나가 남았다. 신청사 앞으로 펼쳐진 광화문통은 더는 광화문을 용인할 수 없게 되었다. 비록 이 문이 지닌 상징성 때문에 성급히 허무는 것은 총독부로서도 부담이 아닐 수 없었고 논란도 많았으나 일단 총독부 청사가 모습을 드러내기 시작하자 그대로 놔두는 것이 오히려 비상식적인 형세가 되고 말았다. 경복궁 정문으로 조선인들 뇌리에 깊이 뿌리박혀 있던 광화문은 실은 경복궁 중건의 일환으로 1864년에 복원된 것인데, 몇 십 년을 채 견디지 못하고 또다시 비운을 맞게 되었다. 1926년 총독부 청사가 완공될 무렵에 철거된 광화문은 이듬해인 1927년 경복궁 동문인 건춘문 북쪽으로 옮겨졌다. 이로써 경복궁에서 광화문을 거쳐 육조거리로 이어지던 오랜 수직적 위계의 맥은 확실히 끊기고, 총독부 청사와 광화문통 대로는 더는 아무런 장애물 없이 마주 서게 되었다.[59]

광화문이 그나마 옮겨진 형태로나마 살아남을 수 있었던 데는 여론의 포화가 적지 않은 역할을 했다. 경복궁과 광화문의 유린은 심지어 일본 지식인들에게도 빈축을 샀는데, 민예民藝 이론가 야나기 무네요시柳宗悅가 「장차 일케된 조선朝鮮의 한 건축建築을 위爲하야」라는 글을 『동아일보』에 연재하여 광화문 철거계획에 적극 반대하고 나섰던 일화는 유명하다.[60] 실로 "가슴을 짜내는 듯한 압흔 생각을 늣긴다"라는 그의 감상적 저항이 일제가 추진하던 새로운 질서 자체에 대한 반발인지, 아니면 그것을 오히려 내적으로 더 강화하는 논리인지에 대해서는 비판적 논의가 필요하겠으나,[61] 어찌하였건 옛 왕궁의 유린은 이미 마무리 단계였고 총독부 청사는 새로운 시공간질서의 체현으로 그 모습을 드러내고 있었다.

신청사 등장과 광화문 철거를 통해 비로소 경성의 중심부는 완성되었다. 앞서 밝힌 바대로, 일제가 꾀한 것은 옛 왕조의 상징권력을 애써 빼앗는 일이 아니었으며 이를 위한 '정치적 스펙터클'은[62] 더더욱 본래 의도와 거리가 멀었다. 물론 총독부 청사의 압도적 외관이 식민지 피지배자들의 자발적 복종을 유도하기 위한 전략적 산물이었음은 이론의 여지가 없지만[63] 적어도 그 뒤의 궁을 가로막는 것이 주안점은 아니었다. 사실상 경복궁은 이미 오래전부터 왕조의 중심도 아니었다. 그러나 역설적으로 오히려 조선총독부 청사를 통해 이 공간은 오랜만에 다시금 중심의 지위를 얻게 된다.[64] 일본의 친독일파 정객들이 제도 도쿄에 구현하고자 했던 '관청집중계획'의 잔영이 총독부 청사 주변에 드리운 것이다. 뵈크만식으로 표현하자면 일종의 '한국광장Forum Koreanum'이 식민지 수위도시 경성에 등장했다고도 할 수 있다. 도쿄와의 관련성은 분명하다. 총독부 청사로부터 광화문통–태평통으로 이어지는 대로가 메이지 시대의 도쿄 관청집중계획과 다이쇼 시대의 도쿄 부흥계획에서 실현되는 '교코 도로' 사이의 간극을 메워주었다면, 청사 뒤에 가려진 경복궁은 실제로 경성의 히비야 공원으로 탈바꿈되어갔다. 조선왕조의 도성이 어느새 상상의 도쿄가 되어버린 것이다. 전혀 존재한 적 없는 중심을 상상했다는 점에서, 조선총독부 청사의 입지를 정한 이토 주타 [2부 3장에서 '일본의 문화민족주의', 3부 3장에서 '경복궁의 모진 운명' 참조] 는 경복궁의 설계자 정도전을 의외로 닮았다.

"동양 제일의 건축물"로 꼽히던[65] 조선총독부 청사는 제국의 위용

조선총독부 청사와 광화문통(항공사진, 1930)

을 드러내는 정치적 기능은 물론이고 건축양식적 특징이라는 측면에서
도 그보다 늦게 등장한 일본의 제국의회 의사당과 친연성을 지닌다.
1920년 착공해 1936년에 문을 연 제국의회 의사당은 중앙의 포르티코
와 유겐트슈틸 모서리를 지닌 파사드가 조선총독부 청사와 유사하다.
물론 두 건물이 보여주는 절충주의적 형태는 양식상으로는 차이가 있
다. 일본의 제국의회 의사당이 1930년대의 독일 파시즘 건축으로부터
영향을 받았다면 조선총독부 청사는 19세기 베를린의 네오바로크 건
축으로부터 영향을 받았다. 그러나 양자 간에는 차이보다 공통분모가
더 많다. 양자 모두 일제의 국가적 권위를 상징하는 건축물로서 이른바
'내지'와 '외지' 수위도시의 심장부에 자리 잡았다. 전자의 입지가 도쿄
의 중심핵을 구축하려는 이노우에 가오루의 관청집중계획에 따른 것이
라면, 후자는 식민지도시 경성의 중심핵을 구축하려는 총독부 관할 경
성 시구개수 사업의 출발점이자 도달점이었다.

그러나 관청집중계획이 도쿄에서 구상 차원으로 끝났듯 식민지 경
성에서도 이상적 구현에 이르지는 못했다. 경성부를 넘어 한반도 전체
의 구심점이 될 만한 제대로 된 '한국광장'은 '일본광장'과 마찬가지로
탄생하지 못했다. 물론 식민지 조선의 여건은 일본과 달랐다. 압도적인
총독부 청사 하나만으로도 중앙의 핵심 기관들을 웬만큼 수용할 수 있
었기에 옛 육조거리인 광화문통에는 다소 중요도가 떨어지는 기관들이
자리 잡게 되었다. 경기도청과 체신국, 조선보병대와 조선주차군사령
부朝鮮駐箚軍司領部 부속청사, 1923년부터는 경성중앙전화국 및 광화문분
국 같은 기관이 들어섰다.[66] 그러나 광화문통의 절대적 우위가 성립될
수 없었던 보다 근본적인 이유는 당시 경성의 상업적 중심지가 지금의
소공동에 해당하는 장곡천정長谷川町과 충무로에 해당하는 본정 주변, 이

3부 아테나의 섬뜩한 환등상

른바 '남촌'이었으므로 그곳에 동양척식주식회사, 조선은행, 경성우편
국, 경성역 등 실생활과 직결된 공공기관이 자리 잡아갔기 때문이다.
총독부 청사 완공을 계기로 상황이 급전될 여지는 있었다. 총독부 관원
들의 주거지가 경복궁 인근으로 대거 옮겨가면서 자연스럽게 '북촌'에
도 도로 개발과 교통수단 확충, 건축물 신축이 이루어졌다.[67] 총독부 신
청사 완공을 앞둔 1926년 신년 벽두에는 광화문통에서 이례적인 대규
모 관병식이 개최되어 그곳의 특별한 가치를 만방에 알렸다.[68] 그러나
권력의 요구와 일상의 요구는 실로 합치되기 어려웠다. 국가권력이 텍
토닉적 효율성을 내세운 반면 상공인 세력은 실용주의적 효율성을 내
세웠으며, 양측은 모두 각자의 기준에 따라 충분히 '모던'했기에 우열
을 가리기가 힘들었다. 식민지공간에서 '통치성'은 노골적이면서도 불
투명하게 작동했다.[69]

시공간의 식민화

비록 텍토닉의 완벽한 구현은 아니었지만 일제는 분명 식민지 조
선에 새로운 차원의 시공간을 이식했다. 시간과 공간의 변화는 긴밀히
맞물려 전개되면서 전적으로 새로운 심상지리를 구축해갔다. 우선 '표
준시' 도입과 더불어 시간의 척도가 획기적으로 변했다. 조선통감부가
설치되고 난 직후인 1906년 6월부터 한반도에 있던 일본 관공서들은
일본표준시를 사용했고 1908년 4월 1일부터는 '대한국표준시'가 반포
되어 일본의 '제국중앙표준시'에서 30분 시차를 두어 표준시로 정해졌
는데, 한일병합 이후인 1912년 1월 1일부터는 이것이 폐지되고 아예

일본의 표준시에 흡수되어버렸다. 일본의 표준시는 동경 135도 자오선을 기준으로 한 시간대로, 영국 그리니치 천문대를 통과하는 자오선을 본초자오선으로 삼아 1886년에 처음으로 지정된 바 있다.[70] 시간의 '근대화'가 시간의 '식민화'로 전이되는 데는 그리 많은 시간이 걸리지 않았다.

이제 시간의 구조가 아예 변모한다. 조선왕조에 대한 기억이 역사적 과거로 재편된다. 나름 풍부하고 곡절 많던 시간들이 제국 일본이 미래를 향해 세운 장대한 역사의 사다리 아래로, 웅대한 총독부 청사의 안온한 뒤뜰로 편입되는 것이다. 1902년 6월 국수주의 성향의 건축사학자 세키노 다다시關野貞를 중심으로 한 '조선건축조사단'이 대한제국에 파견되었다. 이들은 총 62일 동안 한성과 개성, 강화, 부여 등 고도의 궁궐과 유적을 조사하였는데, 세키노 다다시는 1909년 다시금 경성을 출발점으로 하여 1915년까지 장장 7년간 고건축 및 일반조사를 수행했으며 그의 조수였던 야쓰이 세이이치谷井濟一가 치밀한 고적조사 보고서를 남겼다. 이러한 성과를 바탕으로 조선총독부는 1916년부터 5개년 계획으로 대대적인 고적조사 사업에 나섰다.[71] 일제는 이미 이 방면에 이론적 토대와 전문적 인력을 확보하고 있었다. 1888년부터 1897년까지 일본 전국에 걸쳐 진행된 면밀한 문화재 조사에는 오카쿠라 덴신의 지극히 근대적인 일본 미술사관이 일정하게 반영되었다.[72]

세키노 다다시는 1902년 대한제국을 방문했을 당시 도쿄 제국대학 조교수 신분이었고 이미 일본에서 신궁 건립과 고적조사에 적극 참여하고 있던 상태였다. 그는 도쿄 제국대학 조카 학과 출신으로, 스승인 다쓰노 긴고의 휘하에서 일본은행 건설에도 참여한 경험이 있었다. 세키노는 선배 이토 주타의 추천으로 내무성 기사, 나라奈良 현 기사를 역임하며 고건축 조사의 실무를 익히고 1901년 도쿄 제국대학에 부임했다. 한마디로 그는 일본 건축계에서 주류 중의 주류에 속하는 인물이었다. 1916년부터 1935년까지 장장 20년에 걸친 그의 노고를 담은 총 15권의 『조선고적도보朝鮮古蹟図譜』는 발간 도중 프랑스 학술원으로부터 상을 받는 영예까지 얻었다. 그렇지만 이토 주타의 사례에서 보게 되듯 지식과 권력은 아주 드물게만 다투는 금실 좋은 부부와 같다. 1909년 조선통감부 탁지부가 세키노에게 한국 고건축 조사를 의뢰한 것은 미리부터 조선신궁과 총독부 청사 부지를 물색하려는 의도가 깔려 있었음이 분명하다.[73] 혹자는 이미 1902년의 조사도 그러한 취지하에 이루어진 것으로 본다.[74] 당시의 대한제국 정부가 이런 세키노의 조사단에 특별히 여권까지 마련해주며 각 군수와 관리가 이들을 잘 보호해주도록 배려했다는 사실은 부국강병을 위해 연호까지 바꾸었던 '광무개혁'의 실상을 알려준다.[75] 어찌하였건 이 같은 실증적 조사 작업에 힘입어 '임나일본부任那日本府설'을 포함한 '근대적' 역사관이 시간의 준거틀로 자리 잡게 되고 옛 왕조의 기억은 빛바랜 역사책의 자구나 박물관의 암실 속으로 사라졌다.

1911년 2월 1일부터 조선총독부는 이왕직李王職 관제를 시행하여 권력을 잃은 왕실에 대한 관리를 시작했다. 이전에 궁내부에서 돌보던 왕실 관련 사무가 모두 그쪽으로 인계되어 일종의 문화재 관리 차원에서 다루어졌다.[76] 한일병합과 더불어 적극적 동화주의를 표방한 총독부로서는 공식적으로는 조선의 전통과 고적유물, 특히 고건축물을 제국의 문화재로 보호하겠다고 공언했다. 하지만 실제로는 보호와 철거의 기준이 오로지 일제의 필요에 따라 지극히 편의적으로 설정되었으므로 많은 고건축물이 수난을 겪었다. 결국 사라진 유산이나 남은 유산 모두 생명력을 박탈당하고 역사의 뒤안길로 보내졌다.

경복궁 훼철은 '문화재 관리'의 진면목을 보여주었다. 조선물산공진회의 전시장들로 채워졌던 동궁 구역이 큰 피해를 입은 후로도 궁 전체에 걸쳐 훼철이 계속되었다. 1917년에는 창덕궁 대화재로 사라진 침전을 중건한다는 이유로 경복궁에 있던 왕과 왕비의 침전 일곽─郭과 더불어 여타 많은 전각이 헐려나감으로써 고종기의 중건 때 330여 동에 달하던 건물 수가 36동으로 대폭 줄었다. 심지어 조선왕조 역대 왕의 어진을 모셨던 선원전璿源殿이 이토 히로부미의 명복을 빌기 위해 세운 박문사博文寺에 팔려 가 그 사당으로 사용되었다.[77] 이처럼 거칠기 그지없는 '문화재 관리'는 임시응변적인 경우가 적지 않았지만, 전체적으로 보면 나름의 뚜렷한 로드맵에 입각한 것이었다. 1916년 조선총독부 청사의 설계가 마무리되었을 무렵 작성된 「경복궁 내 부지 및 관저 배치도」를 보면 궁궐은 온데간데없이 궁역 전체가 공원화되어 있다. 자세히 들여다보면 왕세자 처소가 있던 동쪽에는 광장이, 민비가 시해된 북단의 건청궁 자리에는 원래부터 아무것도 없었다는 듯 화단이 놓여 있으며 현재의 청와대 일대인 북악산 기슭에는 총독부 관사 부지가 마련되어 있다. 도면에는 심지어 분수대와 야외음악당, 골프장까지 나타난다.[78]

비록 이 도면 그대로 실행되지는 않았지만 경복궁은 결국 얼마 안 가 이전과는 전혀 다른 성격의 공간으로 탈바꿈하고 만다. 궁 전면부에는 총독부 청사가 자리 잡고 동편에는 물산공진회를 위해 지어진 미술관이 조선총독부 박물관으로 개관했으며 여타 공간은 도쿄의 가스미가세키 관청가에 면한 히비야 공원의 예를 따라 총독부 관리들의 휴식처로 전락했다. 조선왕조의 지엄한 법궁이 고색창연하고 벚꽃 만발한 총

3부 아테나의 섬뜩한 환등상

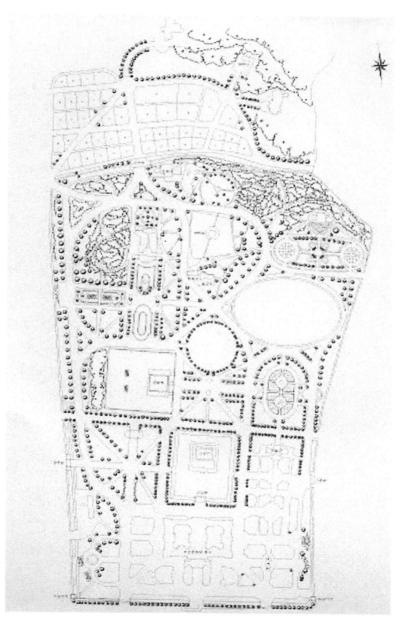

「경복궁 내 부지 및 관저 배치도」(1916)

독부 뒤뜰로 전락하고 만 것이다.[79] 순수한 아름다움이란 냉혹한 현실을 호도하는 비정함의 산물일 뿐이다.

총독부 청사 완공 후 광화문이 철거되면서 이와 연결되어 있던 남쪽 궁장宮牆도 함께 철거되어 그 모서리의 망루인 동십자각의 좌측면이 사라졌으며 이후 서십자각과 동십자각 모두 완전히 사라지고 궁과 궐의 구분 자체가 와해되었다.[80] 궁궐로서의 경복궁은 더는 존재하지 않았다. 경성의 궁궐과 성역들 대부분이 경복궁과 동일한 운명을 맞았다. 조선왕조가 건국되어 한양 천도를 단행하고 나서 가장 우선적으로 만든 시설 중 하나로, 곡물신과 토지신을 모시는 성역이던 사직단도 일개 공원으로 전락하고, 조선의 호국신을 모신 성역이던 남산의 목멱신사도 조선신궁에 자리를 내주었으며 경희궁은 그 일부가 거류민들의 학교 부지로 전용되고 일부는 도로개수를 위해 처분되었다. 창경궁 사례는 희화를 넘어 애절하기까지 하다. 이곳에는 순종 임금의 위안을 도모한다는 명분으로 동물원과 식물원이 생기고 명칭까지 창경원으로 변경되는 바람에 여지없는 민간 오락시설이 되고 말았다. 1929년 발간된 『경성 안내』의 설명에 따르면 창경원에는 "일본에서는 서식하지 않는 산고양이, 늑대, 고려꿩, 호랑이, 노루, 표범 등 조선 산의 진기한 동물들이 많(았)다." 기껏해야 창덕궁과 덕수궁 정도가 최소한도의 원형을 유지한 곳이었는데, 창덕궁은 순종의 거처였고 덕수궁은 고종의 거처였기 때문에 가능한 일이었다. 물론 덕수궁이라는 이름부터가 순종 황제의 반강제적 즉위와 더불어 "이태왕李太王의 장수를 빌기 위해" 태왕에게 '덕수德壽'라는 위호를 부여함에 따라 개칭된 것이었으며 경운궁 시절의 원형에 비할 바 없이 축소된 상태로 살아남았다.[81]

일제 식민통치자들은 식민지 토착민들의 과거를 전혀 새로운 시공

3부 아테나의 섬뜩한 환등상

간질서 속에 편입하는 데 성공했다. 왕조시대 금단의 영역들은 박물관, 공원, 동물원과 식물원으로 희화화되었다. 그렇지만 일본인들 스스로도 깨닫지 못한 측면이 있었다. 일본제국 전체에서 가장 큰 건축물인 조선총독부 청사가 주변 동아시아 문명에 대한 일본 근대문명의 역사적 승리를 자축하는 축포와 같은 것이었다면, 식민지의 '고적'은 일본인 자신들의 과거를 비추는 거울과도 같았다. 뿌리치고 싶은 과거! 실로 일제 식민통치자들이 식민지에서 행한 일들은 파괴 자체가 목적은 아니었더라도 순전히 합리적인 판단으로 간주하기 힘든 깊은 혐오감을 드러내고 있다. 그것은 어쩌면 스스로의 과거를, 동양인이라는 뿌리를 지우고 싶은 내밀한 욕구의 발산이 아니었을까? 서구 근대문명에 대한 일본인들의 열광은 실은 아시아 주변국에 대한 적대감의 원인이자 결과로 볼 수밖에 없다. 왜냐하면 아시아란 일본인들이 직면하기를 꺼려하는 '실재'의 다른 이름이기 때문이다.

이유야 무엇이든 식민통치자들의 뜻은 결국 관철되었다. 일제 시기 경성의 주요 공원이던 사직단공원, 장충단공원, 효창공원 등만 보더라도 하나같이 조선조의 성역을 훼손하여 조성된 곳이었다.[82] 그렇지만 식민통치자들의 광기 어린 파괴열은 민족적 반감을 자극했음에도 불구하고 적어도 대한제국의 수도개조 사업보다는 훨씬 더 근대적 '국민'을 만드는 일에 다가서 있었다. 그들의 과욕은 도로와 토지, 교통, 건축물을 통한 새로운 공간의 질서 그리고 전적으로 새로운 역사의 질서를 관철함으로써 '근대'라는 이름의 특수한 위상학을 형성해갔기 때문이다.[83]

1915년 조선물산공진회에 대해 보인 식민지 조선인들의 폭발적 반응은 단순히 일제의 선전물에 현혹되었다고 보기에는 너무도 의미심장하다. 당국의 집계에 따르면 총 관람객 수가 116만 명을 넘어섰는데,[84] 일본인과 외국인 방문객 수를 감안하더라도 20세기 초의 식민지 조선에서는 상상하기 힘든 숫자였다. 경복궁 '훼철'은 조선인들의 전통과 자존심에 먹칠한 민족적 탄압이었으나 또 그만큼 근대적 '국민'이 스스로의 모습을 확인하는 계기를 제공했던 것이다. 비록 선의의 결과는 아니었더라도, 물산공진회는 폐쇄되었던 옛 왕궁을 근대적 공공장소로 탈바꿈시키는 데 기여했다.[85] 일제가 자신의 문화적 헤게모니를 관철해나가는 과정은 사실상 식민지 토착민들이 '근대적' 시공간에 동화되는 과정이었다. 식민화와 근대화는 동전의 양면과 같았다.[86]

박람회world fair란 본래가 서구 열강이 자국의 자본주의적 발전상을 선전하고 식민통치의 정당성을 호소하는 행사였다. 따라서 최첨단의 기술적 발명품뿐만 아니라 자국 식민지의 물산들을 미개한 문화의 표본으로 전시하는 것은 기본이었다. 1904년 루이지애나 상업박람회 Louisiana Purchase Exposition에서 진행된 필리핀 원주민 전시가 그 대표적 사례에 속한다.[87] 그 바로 한 해 전에 일제는 오사카에서 열린 제5회 국내 산업 박람회에서 아이누 원주민과 오키나와 원주민을 전시물로 삼았는데, 비서구 유색 인종을 '타자'로서 표상하는 서구 제국주의에 뒤질세라 근린 민족들을 타자화하는 데 전혀 거리낌이 없었다.[88] 식민지 조선에서는 1907년 조선통감부 기획의 경성박람회를 시작으로 시정오년기념조선물산공진회(1915), 조선부업품공진회(1923), 통계전람회(1923), 조선가금공진회(1925), 조선박람회(1926), 시정이십주년기념조선박람회(1929), 시정이십오주년기념조선박람회(1935), 조선대박람회(1940) 등이 연이어 경복궁에서 개최되었다. 이들 박람회는 왕실이든 민속이든 유교든 무속이든 상관하지 않고 조선의 전통문화를 이국적 호기심

3부 아테나의 섬뜩한 환등상

의 대상으로 소비했다. 설사 이들 박람회가 조선의 문화를 비문명으로 깎아내리기보다 그 고유한 지역성을 드러내는 데 주안점을 두었다손 치더라도[89] 과거를 박제화하여 역사의 뒤안길로 보냈다는 점에서는 별 반 차이가 없다. 보다 중요한 점은 식민지 조선인들 스스로 이러한 변화에 동조했다는 사실이다. 1926년 다이쇼 황제의 은혼식을 준비하는 일환으로 개최된 조선박람회는 심지어 도중에 순종의 국상이 겹쳤음에도 개의치 않고 연장 개최까지 하여 60만여 명이 관람하는 대성황을 이루었다.[90]

경복궁에서 개최된 박람회들은 초기의 '공진회'에서 '박람회'로 전시의 등급이 향상되었고 스케일도 커져갔다. 1929년의 조선박람회는 그 규모와 성격 면에서 하나의 전기를 이룬다. 시정 20주년을 기념하는 성격이 있었던 이 박람회는 15년 전의 시정오년기념조선물산공진회와 같은 기간 동안 개최되었으나 조선 내부의 행사로 그치지 않고 일본의 주요 도시와 만주 및 타이완 지역에서도 참가자가 오는 등 국제적 성격을 띠었다. 곧이어 1932년에 일제가 만주국을 설립한다는 점을 염두에 둔다면 이 박람회는 제국 일본 전체의 면모를 과시하고 상호 연대와 교역 증진을 도모했다고 할 수 있다. 공간 활용 측면에서 볼 때 1929년의 박람회는 경복궁 동편으로 이전된 광화문을 정문으로 삼아 근정전 북편을 가로질러 서북편 경회루에 이르는 동서축에 따라 전시공간을 마련했다는 점과 일본 지방관 및 당시 일본 세력하에 있던 식민지의 특설관이 세워져 제국의 심상지리를 보다 전면적으로 펼쳐 보였다는 점에서 이전과는 달랐다.[91] 식민지 조선인들은 이 같은 박람회를 경험하는 가운데 모든 과거를 박물관의 유물로 박제화하고 문명의 진보를 펼쳐 보이는 '근대'의 환등상적인 모습에 빠져들면서 어느덧 제국이 만들어

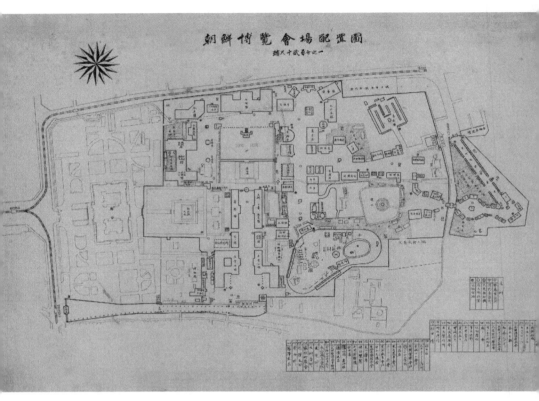

「조선박람회장배치도」(1929)

놓은 단일한 시공간의 철창 속에 감금된 자신을 발견하게 되었다. 물론 수형자는 그 감옥에서 탈출하기를 원치 않았다.

1931년 10월 『삼천리』에 실린 「구궁애사舊宮哀詞」의 작자는 가을의 그윽한 정취 속에 창덕궁, 덕수궁, 경복궁을 거닐며 "눈물겨운 추억"과 "애수"에 사로잡힌다.[92] 이와 유사한 정서가 식민지 조선의 지식인들에게서 널리 발견된다. 『동아일보』 1926년 8월 11일자에 실린 가명의 사설 「헐려짓는 광화문」은 광화문을 의인화하여 '너'라는 2인칭으로 지칭하고 돈호법을 사용하는 등 감성적 접근을 시도한다.

> "風雨伍百年동안에忠臣도드나들고逆賊도드나들며守舊黨도드나들고開化黨도드나들든光化門아!(……)그들을맛고그들을보냄이너의타고난天職이며그들을引渡하고그길을가르침이너의타고난天命이였다(……)總督府에서헐기는헐되總督府에서다시지어놋는다한다그러나다시짓는그사람은상투찬녯날의그사람이아니며(……)다시옴기는그곳은北岳을등진녯날의그곳이아니며다시옴기는그방향은景福宮을正面으로한녯날의그방향이아니다."[93]

이 사설에 흐르는 정서는 매우 감상적이지만 그 저변에는 민족적 정체성에 대한 분명한 의식이 깔려 있다. 일제의 자의에 따라 함부로 옮겨진 광화문은 결코 광화문일 수 없다는 생각은 분명 외래 세력에 대한 반감의 표시이다. 그런데 식민통치 전략에 대한 항의를 반드시 일제가 제공한 위상학 그 자체에 대한 거부로 볼 필요는 없다. 이 사설은 광화문을 더는 왕조의 상징이 아니라 민족의 상징으로, 유구한 민족사의 현장으로 규정하고 있기 때문이다. 민족주의야말로 근대적 시공간의

〈백악춘효〉, 안중식 작(1915),
비단에 채색

이념적 표현이 아닌가.

유사한 사례를 한 편의 회화에서도 찾아볼 수 있다. 근대 한국화의 개척자로 알려진 심전心田 안중식 화백의 1915년작 〈백악춘효白嶽春曉〉는 새벽안개에 휩싸인 광화문의 정경을 보여준다. 근대적 실경산수화로, 위에서 아래를 내려다보는 부감법俯瞰法 구도를 택한 이 작품은 '백악의 봄날 새벽'이라는 제목과는 달리 화면의 중심이 백악이 아니라 광화문과 그 뒤 숲속의 경복궁 건물들이며 봄이 아니라 가을 풍경을 묘사하고 있다는 점에서 독특하다. 화면은 정적이 감돈다. 광화문은 굳게 닫혀 있고 인적 없는 광장의 양 모서리에는 한 쌍의 해태상이 놓여 있어 적막한 분위기를 배가한다. 이러한 분위기는 분명 왕조의 몰락을 암시한다. 그러나 좀 더 자세히 들여다보면 수묵필치의 백악과 그 아래의 건물들 간에는 어딘가 부조화가 발생하고 있음을 알 수 있다. 마치 다른 두 개의 그림을 붙여놓은 것같이 보인다. 왕조의 도상인 광화문은 더는 배후의 자연에 순응하지 않고 스스로가 원근법적 소실점을 이루고 있다. 이제 이 영욕의 문이 사라지고 그 자리에 총독부 청사가 들어서면 비로소 식민지 수위도시 경성이 완성되는 것이다.

4

경성의 역사주의 건축물들

근대적 수도의 등장은 근대적 통치 시설의 도입 없이는 불가능했다. 각종 관청, 재판소, 감옥, 경찰서, 의료원, 관립 학교 등이 구도심의 전통질서를 빠르게 해체하면서 새로운 도시의 구조와 경관을 구축해갔다.[1] 이른바 '공공公共'이라는 표현은 새로운 도시의 기반시설을 가리킬 때 주로 사용되었는데,[2] 이들의 모습은 근대 일본이 받아들인 양식건축의 형태를 띰으로써 주변환경과 뚜렷이 구분되었다. 하늘을 찌를 듯 높고 압도적으로 크고 무엇보다 기하학적 대칭과 비례가 두드러진 그 명징한 모습은 사람들의 뇌리에 근대의 이미지를 뚜렷이 각인해주었다. 식민지 수위도시 경성의 도심부에는 일본 공공건축의 기조가 고스란히 이식되었다.

탁지부 건축소가 이식한 프로이센 고전주의

1905년 을사늑약 이래 일제는 표준화된 설계로 전국에 많은 관공서를 건설할 수 있었다. 이때의 '공통 도면'은 주로 박공이 현관 상부에 설치된 중앙 돌출부와 모서리 돌출부, 돔과 첨탑같이 상징성이 강한 의장 요소들을 선호하여 1930년대에 모더니즘이 강세를 띠게 될 때까지 식민지 조선의 주요 도시들의 경관을 지배했다.[3] 이처럼 권위주의적이고 경직된 동형 공간들의 복제와 확산이야말로 제국의 '근대적' 통치질서의 물리적 표현이었다. 그렇지만 여기에 작용한 것은 사실상 권력의 '근대성'보다는 '식민성'으로 보아야 옳을 것이다. 새로운 동형 공간들은 합리성 그 자체보다는 오히려 과시와 차별에 입각했었기 때문이다.

공통 도면을 만들기 시작한 것은 조선통감부가 장악한 대한제국 탁지부度支部 산하의 건축소였다. 1906년 9월 말에 그 이전까지 궁궐의 건설 및 개수 등을 담당해온 영선도감營繕都監과 공조工曹를 대체하여 설치된 최초의 근대적 상설 건축기구인 탁지부 건축소는 주요 항구의 토목공사까지 관장할 정도로 방대한 기구였다.4 한일병합 후에는 행정조직의 전면적 개편에 따라 총독 관방의 토목국으로 흡수되고 경성 시구 개수 사업과 총독부 청사의 신축 준비가 시작된 1912년에는 다시 총독 관방 토목국 영선과로 소속이 이전되었으며, 1924년에는 내무국 건축과로 바뀌었다. 운영과 수선의 의미를 띤 '영선營繕'에서 보다 적극적인 의미를 띤 '건축'으로 부서 명칭이 바뀐 것만 봐도 1920년대가 관공서 건설의 절정기였음을 알 수 있다. 총독부 청사와 경성부청 등 핵심 시설 건설이 마무리된 1928년에는 건축 부서가 다시금 총독관방 회계과 산하 영선계로 통합되었다.5

일제 관료기구의 일방적 주도하에 식민지도시 경성은 제도 도쿄와 동일한 역사주의 양식의 경연장이 되었다. '내지'에서와 마찬가지로 네오르네상스와 네오바로크 양식이 주를 이루었다. 르네상스 양식은 오더와 돔의 장식 효과를 통해 과시적이고 위압적인 분위기를 표현할 수 있었으며 조선총독부 청사야말로 그 전형이었다. 이 양식은 이미 통감부 시절부터 한일병합 초기까지 일제가 세운 시설에 두루 사용되었다. 공업전습소(1907), 탁지부 및 건축소 청사(1907), 평리원(1908), 광통관

(1909), 농상공부 청사(1910), 그리고 동양척식주식회사(1911) 등이 이에 속한다.[6] 이와 얼핏 유사하기는 하지만 네오바로크 양식은 보다 노골적으로 제국의 힘을 과시했는데, 형태 기복이 심한 덩어리 구성과 과도한 장식성이야말로 핵심 특징이었다. 또한 고색적인 마니에리슴 양식이 앞의 두 경향에 보조적 장식 요소로 활용되었다. 20세기 초에 역사주의 건축의 추상화와 단순화는 세계적 추세였으며, 앞서 언급했듯 역사주의에서 모더니즘으로 넘어가는 과도기적 양상이었다. 그러나 유럽이나 일본에 비해 경성 같은 식민지도시에서는 네오르네상스와 네오바로크 양식이 유독 심하게 위압적 풍모를 띠었다.[7]

조선통감부 치하의 탁지부 건축소가 세운 건물 중 역사주의의 대표작으로 꼽을 수 있는 것은 대한의원 본관이다. 탁지부 건축소는 일본 대장성 임시건축부에 종속된 성격이 짙었는데, 당시 임시건축부를 책임지던 사람은 일본 건축계의 친독일파 거두 쓰마키 요리나카였다. 그의 오른팔로 알려진 인물은 당시 탁지부 건축소 기사였던 야바시 겐키치矢橋賢吉로, 그는 일본 건축계에서 쓰마키와 자웅을 겨루던 다쓰노 긴고에게도 사사한 적이 있어 건축계 양대 산맥에 한 발씩 걸친 주류 건축가였고 1906년 내한하여 탁지부 건축소 기사로 근무하며 대한의원 본관의 설계와 감독을 담당했다.[8] 이 일을 위해 야바시는 일본의 분야별 권위자 여덟 명을 촉탁으로 위촉했는데, 대장성 임시건축부 부장인 쓰마키 요리나카가 공사 고문을 맡아 직접 경성을 방문했다. 경성의 초기 공공건축은 사실상 쓰마키의 독일식 역사주의로부터 직접적 영향을 받았다. 쓰마키가 학계가 아니라 관을 대변하는 건축가였던 만큼 식민지 공공건축이 우선적으로 그의 영향력 아래 놓이게 된 것은 자연스러운 일이었다.

탁지부 건축소에서 설계한 대한의원 본관은 말 머리의 형세를 지녔다는 마두봉馬頭峰 언덕을 부지로 잡았는데, 이곳은 풍수지리상의 좌청룡에 해당하는 위치로 일찍이 창경궁 동편의 외원이던 함춘원含春苑이 있던 터였다. 옛 왕궁을 조망할 수 있는 의미심장한 자리에 근대적 의료시설을 세운다는 발상 자체가 새로운 권력의 위세를 말해준다. 대한의원은 본래 의정부 직속기관으로 국가의 보건위생 사무 전반과 교육 및 연구까지 관장하던 국립 종합의료기관이었다. 1907년 11월에 본관을 준공하고 1908년 10월에 개원하였다. 1910년 9월에는 조선총독부 의원으로 개칭되어 구성원이 모두 일본인으로 바뀌었고 1928년에 이르러 경성제국대학 의학부 부속의원으로 개편되었다.[9] 이 기관의 근본 성격은 본관의 건축적 형태에 고스란히 반영되어 있다.

벽돌조 2층으로 건물 중앙부 시계탑이 돋보이는 이 건물은 현관의 포치가 전면으로 돌출되고 삼각꼴 지붕을 한 좌우 모서리 부분도 조금씩 돌출된 모습이 독일 함부르크 시청사 등에서 전형적으로 보이는 북독일 네오르네상스 양식을 대체로 따르고 있다. 그러나 1층의 반원형 아치창틀 위에 벽돌과 화강석의 재료 및 색채 차이를 이용한 띠 장식을 넣은 것은 버제스식의 빅토리아풍 고딕 양식의 요소이며 둥근 기둥을 지닌 아치형 포치와 그 위의 축소된 신전형 파사드를 대비한 것은 네오팔라디오주의의 특징인데, 이러한 요소들은 설계자 야바시가 다쓰노 긴고로부터 받은 영향으로 볼 수 있다. 전체적 구성 면에서는 들고남이 심한 덩어리와 양익부의 분절화, 과시적으로 늘어선 수직창 그리고 무엇보다 4층 높이의 마름모꼴 시계탑이 영락없는 네오바로크의 풍모를 드러낸다.[10] 이처럼 절충주의적 역사주의는 식민지건축 특유의 혼성적 성격과 더불어 세기말 서구에서 유행하던 '제국 양식'의 면모도 지니고

3부 아테나의 섬뜩한 환등상

구 대한의원 본관 전경

있었다.

탁지부 건축소 설립 이후 관사 건설도 본격화되었다. 그중 중요도와 미적 완성도에서 그리고 설계자의 명성에서도 단연 으뜸가는 건축물은 통감관저였다. 조선통감부가 설치되고 나서 일제는 청사만큼이나 관저 건설에도 열의를 보였다. 물론 보다 시급한 것은 일단 행정사무가 가능한 청사였는데, 곧바로 사용했던 건물은 옛 일본공사관으로, 갑신정변의 결과로 체결된 한성조약(1885)에 따라 대한제국 정부가 제공한 남산 줄기 왜성대 부지에 지어 올린 2층의 목조 건물이었다. 1907년 초에는 이 건물과 이웃하는 언덕 위에 석조형으로 회칠을 한 벽돌조 2층의 통감부 청사가 세워졌다[3부 3장에서 '조선총독부 청사의 등장' 도판 참조]. 청사에 비해 관저의 신축은 다소 차질을 빚었다. 일본 건축학계의 거두 다쓰노 긴고가 일본 도시계획학계의 거두 가타오카 야스시 등과 함께 계획했던 장방형 2층의 르네상스풍 건물은 재정상의 이유로 실현되지 못했고 시간을 끌다가 결국 일본 건축계의 또 다른 거두인 '궁정 건축가' 가타야마 도쿠마의 걸작품이 등장하게 된다. 1908년 용산에 준공된 통감관저는 러일전쟁에서 남은 군비 잉여금으로 지었다고 알려져 있다. 이 건물은 한일병합 후 데라우치 초대총독부터 미나미 총독까지 7대에 걸쳐 총독관저로 사용되다가 1939년 9월에 지금의 청와대 자리에 경무대景武臺 총독관저가 신축되면서 그 기능이 바뀌어 결국은 시정기념관市政記念館으로 일제 패망을 맞았다.[11]

가타야마의 통감관저는 박공지붕과 박공창을 지닌 프랑스풍 네오바로크 양식의 건축물이다. 2층의 장방형 파사드 좌우가 각각 전면과 후면으로 조금씩 돌출되어 있고 중앙부 역시 후면으로 길게 돌출되어 변화를 주고 있다. 평면도를 보면, 중앙의 포치 아래에는 차량 진출입

가타야마 도쿠마가 설계한 통감관저 전경

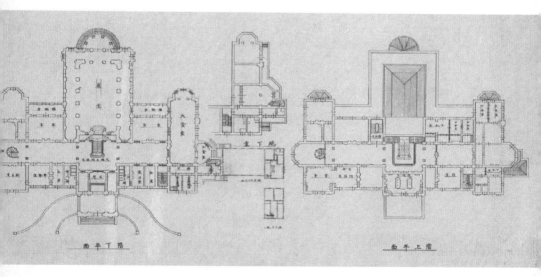

통감관저 평면도(1920~1930년대 추정)

로가 있고 포치와 현관을 지나면 넓은 홀이 나타난다. 홀 좌우로는 넓은 복도가 연결되며 홀의 후면으로는 소규모 사무실들이 자리 잡고 있다. 복도의 좌측 끝에는 계단실이, 우측에는 식당이 배치되어 있다. 프랑스풍의 이 우아한 저택은 정문까지 펼쳐지는 넓은 대지 위에 화려한 정원도 계획되었는데, 전체적으로 프랑스 북중부 맹시Maincy 소재의 보르비콩트 성Château de Vaux-le-Vicomte을 모델로 삼았다.[12] 베르사유 궁을 선취한 것으로 알려진 이 성의 설계자 루이 르보Louis Le Vau는 루이 14세의 첫 직속 건축가로 궁정건축가 가타야마가 숭배한 인물이었다. 실제로 양 건물은 닮은꼴은 아니지만 바로크 스타일의 중앙부와 모서리 처리, 둥근 지붕 위의 열린 랜턴, 수직창, 그리고 정원의 기하학적 형태에서 유사점이 발견된다.

양 건물 간의 연결성을 설명하려면 가타야마가 이듬해인 1909년 완공한 또 하나의 건축물을 논할 필요가 있다. 그것은 도쿄 국립박물관 본관 좌측의 동양관인 효케이칸表慶館으로, 이름이 암시하듯 나중에 다이쇼 황제가 되는 요시히토嘉仁 황태자의 결혼식 때 도쿄 시민들이 축하 기금을 모아 시립미술관으로 헌정한 것이었다.[13] 이 건물은 박공 처리된 좌우 돌출부와 양익 분절부를 지녔다는 점에서 통감관저와 유사하고, 이오니아식 오더를 갖춘 벽기둥과 반구형 돔은 보르비콩트 성과 유사하다. 각각의 공통점과 차이점을 지닌 이들 세 건물 간의 '가족 유사성'은 분명하다. 모두 돔형 지붕과 랜턴을 올린 웅대한 바로크식 파사드를 과시하며 각자의 최고 권력자에게 바쳐진 건축물이었다. 권력이란 참으로 우아하지 아니한가. 1908년 6월 가타야마 도쿠마는 조선통감이 아닌 고종 황제로부터 공을 인정받아 '훈일등 팔괘장勳一等 八卦章'을 수여받기에 이른다.[14]

루이 르보가 설계한 보르비콩트 성의 전경(남쪽 파사드)

가타야마 도쿠마가 설계한 효케이칸의 전경

최고 권력자의 관사가 프랑스 바로크의 귀족적 우아함을 연출했던 데 반해 이보다 실무적인 관공서들에서는 프로이센적 권위와 엄격함이 추구되었다. 그 전형적인 모습을 보여주는 것이 1912년에 준공된 동양척식주식회사 경성 지점 사옥이다. 한국인들에게 일제 강점기 땅 잃은 조선 농민들의 설움을 떠올리게 하는 동양척식주식회사는 실제로 대영제국의 동인도회사를 본뜬 식민지 수탈 기관으로, 토지 매수를 주 업무로 하여 농업, 임업, 수리사업, 금융 등을 통해 엄청난 이득을 챙겼으며 1926년이 저물 무렵에는 나석주 의사의 폭탄투척 사건의 현장이 되기도 했던 곳이다.[15] 기관의 성격만큼이나 건축물의 외관 또한 위압적이었다. 프로이센 고전주의의 변종이라 할 수 있는 이 건물은 일본인들이 지배하는 '남촌'의 길목인 황금정 2정목에 세워졌다.

설계자가 누구인지 알려지지 않은 이 건물은 석조처럼 보이지만 사실은 목조였다.[16] 정사각형의 각 모서리 돌출부에 주출입구가 뚫려 있고 그 좌우에는 한 쌍씩 원주를 두고 2층 정면도 이와 유사한 패턴을 반복하면서 그 위에 다소 형식적인 박공이 설치되어 있다. 건물 상부에는 '황소 눈' 창을 지닌 돔과 랜턴이 설치되어 있다. 전체적으로 볼 때 르네상스 양식에 가깝지만 다소 과장된 출입구 모습에서는 네오바로크 풍도 엿보인다. 동양척식주식회사 경성 지점 사옥은 쓰마키 요리나카의 대표작 중 하나로 꼽히는 요코하마橫浜 정금은행正金銀行 사옥과 외형이 상당히 흡사하다. 1904년 준공된 이 웅대한 건물은 쓰마키의 독일 네오바로크 취향을 웅변적으로 반영한다. 정사각형 건물 모서리의 주출입구에는 '황소 눈' 창을 지닌 웅대한 돔이 설치되어 있고 3층 벽은 두꺼운 화강암으로 처리되어 있다. 동양척식주식회사 건물과 크게 다른 부분은 출입구 위의 박공 좌우에 설치된 코린트식 벽기둥과 3층의

동양척식주식회사 경성 지점 사옥 전경

팔라디오풍 박공창, 그리고 옥상 난간이다.[17] 비록 디테일에는 차이가
있지만, 식민지와 제국 본토에 서 있던 이들 두 건물은 모두 제국의 부富
에 대한 특정한 메시지를 전달한다. 이때 부는 풍요함이나 안락함이 아
니라 국익에 헌신하는 프로이센식 엄격함과 일사불란한 규율 그리고
장대하게 펼쳐진 제국의 형상으로 재현되고 있는 것이다.

요코하마 정금은행 사옥 전경

선은전광장의 대두

식민지 수탈의 상징이던 동양척식주식회사 경성 지점 사옥이 자리 잡은 황금정은 일본인들이 장악한 일종의 경계구역 같은 곳이었다. 이후 조선총독부가 직접 건립하거나 그들의 영향 아래 있게 되는 주요 건축물은 모두 이로부터 반경 1킬로미터 이내에 건립된다. 조선은행(1912), 동양척식주식회사(1912), 경성우편국(1915), 조선식산은행(1918), 경성일보(1924), 경성역(1925), 경성부청(1926), 경성재판소(1928), 경성전기주식회사(1928), 총독부 상공장려관(1929), 부민관(1935) 등이 차례차례 세워졌다.[18] 결국 경성 도심에는 도쿄의 핵심부인 지요다 구와 유사하게도 중앙행정기관들과 여타의 주요 관공서, 재판소, 기차역, 공원이 집결한 공간이 등장하게 된 것이다. 물론 '프리드리히 광장'의 이상을 실현하려던 '일본광장'이 포기되었듯 옛 육조거리를 완전히 대체한 '한국광장'은 등장하지 못했다. 일제강점기가 절반 이상 지날 때까지 경성의 중심은 화룡점정처럼 남아 있던 총독부 신청사 구역과 일본인들에 의해 장악된 '남촌'으로 이원화된 상태였다. 정치 중심지와 경제 중심지가 분화되었던 것이다.[19]

남촌의 랜드마크는 단연 조선은행 사옥(현재 한국은행 화폐박물관)이었다. 일제강점기 동안 근대도시 경성의 대표적 이미지를 제공한 이른바 '선은전鮮銀前광장'의 바로 그 '선은'이었다. 조선은행은 일본에 4개소, 만주에 16개소, 중국에 4개소, 연해주에 2개소, 미국에 1개소의 지점을 거느린 범아시아적 규모의 은행이었다. 1909년 통감부 치하에서 창설된 구 한국은행이 1910년부터 조선은행으로 명칭이 바뀐 것인데, 이 은행은 일본 제일은행 한국총지점인 경성 지점이 실질적으로 맡아

3부 아테나의 섬뜩한 환동상

조선은행 사옥(현재 한국은행 화폐박물관)

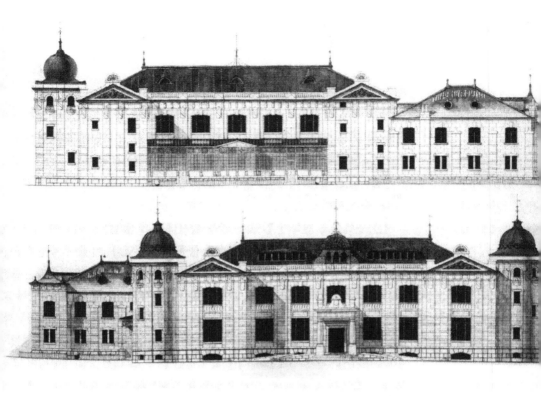

다쓰노 긴고가 설계한 조선은행의 배면도와 정면도

운영하고 있었고 1910년 한일병합과 더불어 조선의 중앙은행으로 거듭나면서 일체의 사무를 계승하게 된 것이다. 사옥은 본래 1907년 11월 일본 제일은행의 한국총지점으로 착공된 것이 1912년 1월 조선은행으로 준공되었다. 이 건물이 들어선 남대문 북쪽 부지는 그 옛날 선조 임금의 후궁이자 인조의 조모인 인빈 김씨仁嬪 金氏의 신위를 봉안했던 저경궁儲慶宮 터였다.[20] 일제강점기에는 제2대 조선총독의 이름을 딴 하세가와초, 즉 장곡천정長谷川町에 속했다.

조선은행 사옥은 식민지 조선의 공공건축에 미치던 쓰마키의 지배적 영향력이 도전받게 되었음을 알려준다. 도쿄에서 그러했듯 경성에서도 관계와 학계를 대표하는 두 세력 간의 경쟁은 끝이 나지 않았다. 마치 조선통감관저계획의 좌절을 만회하려는 듯 다쓰노 긴고는 가타야마와는 다른 독자적인 프랑스풍 네오바로크 건축물을 경성 한가운데에 탄생시켰다. 1912년 준공된 조선은행 사옥은 지하 1층, 지상 2층 석조로, 좌우 대칭의 파사드를 유지하면서도 바로크 특유의 비정형적 형태를 보여준다. 입면도를 보면 중앙 포치에는 화강석으로 만든 네 개의 배흘림기둥이 덮개canopy를 떠받치고 있고 현관 상부 지붕에는 반아치의 천장을 두었다. 좌우 곁채에는 르네상스 팔라초 양식의 돔을 얹었다. 건물 모서리에 돔을 얹어 거리에서 두드러져 보이게 만드는 것은 다쓰노 건축의 징표이다. 그러나 이 건물의 가장 큰 특징은 중앙을 특별히 강조하지 않았다는 점인데, 입구를 돌출시켜 형식화한 것 이외에 측면이 오히려 부각되기에 대칭구도가 두드러지지 않고 전체적으로 안정적인 수평 비례를 유지하고 있다. 규모도 적정하고 덩어리 구성도 다소 비정형적이어서 동양척식주식회사 경성 지점 사옥에 비하면 친밀한 느낌을 준다.[21] 이는 쓰마키식 국가주의에 대한 다쓰노식 자유주의의 응수였을까? 하지만 프랑스 제2제국 양식에 가까운 궁전풍의 은행 사옥은 자유보다는 특권의 상징으로 보인다.

일제가 집중 개발한 '선은전광장'은 실로 자유로운 소통이 아니라 식민지적 특권이 지배하는 장소였다.[22] 1915년 9월 조선은행 맞은편에 문을 연 경성우편국京城郵便局은 설계자가 누구인지는 알려져 있지 않으나 북독일풍 네오르네상스 양식의 권위와 엄격함이 배어 있는 건물이다. 건물의 풍모로 보자면 조선은행보다는 오히려 동양척식주식회사에 가깝다. 본래 경성우편국은 인천 소재 일본우편국의 출장소로 1888년 일본 정부가 한성의 일본공사관 안에 설치했었는데, 1905년 경성우편국으로 확대 개편되면서 당시 일본인 거주자들이 가장 많이 살던 진고개 일대의 본정本町, 즉 '혼마치'에 1915년 청사를 신축하였다. 지하 1층, 지상 3층으로 연건평이 1320평에 이르고 벽돌조와 석조가 혼합된 거대 구조를 자랑하던 이 우체국은 접수창구만 23개소에 달했다. 규모만이 아니라 형태도 압도적이었다. 중앙 돌출부가 강하게 부각되고 그 위에 돔이 얹혀 있으며 모서리 돌출부가 전체적 균형을 잡아주는 점, 이에 더하여 아치 형식의 창틀까지 전형적인 네오르네상스 양식을 보여주지만 석조 기단부 위의 벽돌벽면을 장식하는 흰색 수평띠의 반복은 이슬람풍의 이국적 분위기를 연출한다. 그 밖에 좌우 곁채의 상단을 장식하는 아치 모양의 엔타블러처와 그 아래 각각 한 쌍의 사각형 벽기둥, 단조로운 박공지붕을 다채롭게 장식하는 원형 지붕창 등이 이 건물의 건축적 완성도를 높였다. 경성우편국은 그 기능이나 외관에서 제국 일본이 이끄는 신시대를 대변하기에 부족함이 없었다.[23]

경성우편국이 소재한 본정과 맞은편 조선은행이 소재한 장곡천정은 선은전광장을 위시하여 경성의 '근대적' 경관을 대표하는 구역이었

경성우편국과 선은전광장

남산에서 내려다본 장곡천정(하세가와초)의 경관(1925)

다. 1925년경 남산 위에서 촬영한 것으로 추정되는 하세가와초, 즉 장곡
천정의 경관은 전면의 조선은행과 맞은편의 경성우편국 뒷모습, 오른편
상단에는 조선호텔의 정면부, 그리고 이들 사이를 관통하며 북쪽의 총
독부 청사 방면으로 이어지는 직선의 가로를 보여준다. 이러한 근대적
경관은 사진의 상단을 채우는 불특정한 기와집들의 모습과 상당히 대조
적이다. 비록 선은전광장 구역이 경성의 정치적 중심지가 아니라 경제
적 중심지이긴 했지만, 주변과 뚜렷이 구별되는 역사주의 건축물의 대
거 등장으로 근대의 환등상을 연출했다는 점에서 지극히 전략적인 공간
이었다. 이곳을 오가는 체험이 도시민들의 집단정체성 및 정치의식에
끼친 충격적이고도 장기적인 영향력은 실로 헤아리기 힘들다.

1920년대의 역사주의 건축

　　일제강점기의 경성 도심부는 이미 1910년대 말이면 근대적 구조
와 경관을 상당히 갖추지만 1920년대 중반에 이르러서야 비로소 계획
한 바대로 제 모습을 찾게 되었다. 무엇보다 1926년에 조선총독부 신
청사가 제 기능을 시작했고 그보다 한 해 전에는 경성의 전 시가지를
내려다볼 수 있는 남산 중턱에 조선신궁이 완공되었으며 경성의 가장
핵심적인 기간시설로 꼽을 수 있는 경성역이 그보다 며칠 앞서 현재의
서울역 자리에 문을 열었다. 광화문통에서 남대문통으로 이어지는 경
성의 핵심축이 완성된 것이다.
　　경성역이 자리 잡은 일대는 조선시대에는 도성 밖이라 그다지 인구
가 많지 않던 곳으로, 용산을 중심으로 형성된 일본인 거주지가 본정 지

역으로 확대되는 과정에서 교통의 거점으로 떠올랐다. 이곳에는 1900년 경부선의 역사로 건립된 목조의 남대문정차장이 있었고 1925년 9월 경성역사가 준공되기 이전에 이미 명칭은 경성역으로 바뀐 상태였다. 경인선 개통과 함께 건립되기 시작한 철도역사는 여객보다는 화물 운송용이었고 철도 운영에 직접적으로 필요한 시설만 갖추었던 관계로 인천역사, 남대문정차장, 용산역사 등 모두 규모가 작고 병영식의 조야한 형태에 머물렀다.[24] 보다 크고 다기능적인 새 역사의 필요성이 생긴 것은 직접적으로는 1914년 경원선이 개통되고 서대문역이 폐지되어 복선화된 노선을 감당할 시설이 절실해졌으며 경성 도심부가 개편되면서 도심으로 가는 새 관문이 요청되었기 때문이다. 철도역사가 옛 도시의 성문에 해당한다고 볼 때 조선시대 도성 한양의 관문이던 숭례문을 옆으로 밀쳐내고 등장한 경성역은 새로운 근대도시의 관문에 다름 아니었다.

그러나 경성역사 건설은 제국 일본 전체의 이해와 직결되는 사안이기도 했다. 비록 역사 신축 사업의 실무는 조선총독부 철도국 공무과 건축계에서 담당했지만 그 설립의 주체는 남만주철도주식회사였다. '만철'은 일본-조선-만주를 잇는 제국 팽창의 결절점으로 경성역을 자리매김하여 이러한 목적에 부합하는 첨단의 역사를 만들었다. 1922년 6월에 착공된 경성역은 원래는 1923년 준공 예정이었으나 간토 대지진의 영향으로 공사 기간이 연장되고 공사비도 일부 감액되었으며 마침내 1925년 9월 30일에 준공되었다. 석재와 벽돌의 혼합조적조 건물로서 지하 1층, 지상 2층, 연면적 6631제곱미터의 초대형 규모를 자랑했다. 설계자는 도쿄 제국대학 공학부 교수 스카모토 야스시塚本靖였다. 그는 도쿄 중앙역사를 설계한 다쓰노 긴고의 제자로 경성역을 건설하는 동안 일본건축학회 회장도 역임했다. 그는 자신이 재직하던 도쿄 제국대학 공학부의 강당과 교실을 설계한 것으로도 유명하다.[25]

경성역 준공을 기념하여 시공을 담당했던 시미즈 건설淸水組 서울 지점이 1925년 10월에 발간한『신성기념新成記念』에 실린 경성역사의 모습은 새로이 부여된 위상에 걸맞은 강력함과 장려함을 구현하고 있다. 좌우로 길게 펼쳐지는 덩어리의 중앙을 돌출시켜 입구를 두고 그 상부에는 돔과 랜턴을 설치하였다. 돔의 좌우에는 낮은 높이의 첨탑을 설치하여 돌출된 중앙의 주출입구를 보다 부각했다. 이 건축물에는 다쓰노 긴고가 도쿄 중앙역에 구현했던 고전주의적이면서도 열린 미학의 자취가 엿보인다. 전체적으로 프랑스풍 르네상스 양식을 취한 이 건물은 들고남이 심한 덩어리 구성과 마치 별개 건물처럼 중앙부와 양익부를 분절한 점에서 대한의원 본관이 시도한 바 있는 네오바로크적 변주를 연상시킨다. 마치 앞뒤에서 큰 하중을 받아 양옆으로 펼쳐지고 중심이 솟아오른 한 덩어리의 거석과도 같은 형상이다.

이듬해 조선총독부 청사가 준공될 때까지 경성에서 가장 큰 건물이었던 경성역사는 철근콘크리트 및 혼합조적조로, 2층으로 된 중심 몸체와 1층으로 된 좌우 곁채가 입면을 구성한다. 외벽은 적색 벽돌로 마감하고 화강석을 이용하여 수평돌림띠로 층을 분할하고 벽면 모서리의 귓돌quoin 장식을 첨가하여 역사驛舍 외관에 생기를 불어넣었다. 지붕은 철골조에 천연 슬레이트와 동판으로 마감했고 1층 하부는 르네상스풍의 거친돌마감 수법으로 처리하여 안정감을 주었다. 중앙 출입구의 상부는 궁륭 구조로 처리하고 정면에 거대한 반구형 창을 내서 그 중앙에 벽시계를 부착했다. 벽시계가 건물 전체의 소실점 위치에 자리 잡은 것은 철도역사야말로 근대적 시간을 주재하는 사령탑임을 암시한다.

『신성기념』에 실린 경성역사의 모습

그러나 지나친 엄격함을 누그러뜨리려는 듯 궁륭의 처마는 부드러운
원형 박공으로 처리했다. 경성역사의 건축어휘 중 가장 시선을 끄는 부
분은 반구형 창을 사방으로 뚫어놓은 돔 지붕이다. 펜던티브pendentive가
네 귀퉁이를 이루는 돔은 비잔틴 건축에서 유래한 양식적 형태로, 경성
역의 국제적 성격을 시각화한 것이다. 동판으로 마감하고 그 위에 랜턴
을 얹은 돔 지붕의 수직적 요소야말로 좌우로 뻗은 장축형 역사의 단조
로움을 극복하려는 건축적 장치라고 할 수 있다.[26] 그러나 돔이라는 형
태언어는 제국의 이미지와 결부된 정치적 상징성도 지니고 있었다. 이
점에서 경성역은 도쿄 중앙역의 경우와 별반 다르지 않았다.

　경성역 준공 당시의 평면도를 보면, 중앙부에 큰 홀을 두고 그 앞
쪽에 2층 높이의 큰 출입구를 외부로 돌출시켜 입구로 삼았으며, 홀 좌
우에 2층 건물을 덧붙였다. 1층 대합실 중앙에는 도리아 양식의 원주들

　　　　　　　　　　　　　3부　아테나의 섬뜩한 환등상

경성역의 돔(현재 모습)

경성역 중앙현관 안쪽

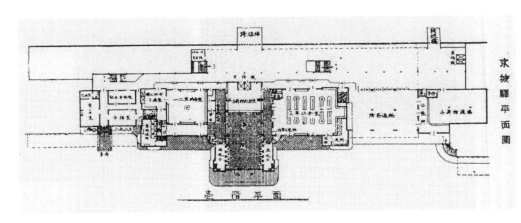

경성역 1층 평면도(1925)

경성역 제1승강장

이 늘어선 큰 홀이 있고, 비잔틴풍 돔지붕의 반구형 창으로부터 자연광선을 끌어들였다. 중앙홀의 좌우측은 업무 기능과 수하물 수송 기능으로 나뉘었다. 2층에 자리 잡은 귀빈실과 식당은 일반인이 드나드는 중앙홀로부터는 접근성이 떨어지는 데 반해 지하층에 자리 잡은 승강장은 중앙홀로부터 접근성이 좋았고 심지어 엘리베이터로도 직접 연결되었다.[27] 전체적으로 엄격하고 선명하며 기능분화가 뚜렷한 것이 새로운 국제도시 경성의 이미지를 압축한 듯한 공간이었다.

경성역은 그 기능이나 형태에서 근대문명의 진면목을 보여주는 시설이었다. 건물 외양을 지배하는 아치와 벽돌벽 등 네오르네상스 양식의 공통적 건축어휘는 일제강점기 관공서의 문명적 권위를 드높이는 장치들로, 각 건물의 기능에 따라 신문명의 이미지를 부각하거나 신권력의 이미지를 부각하는 등 정도의 차이는 있었지만, 양자 간의 경계가 그리 명확지는 않았다. 지배 이데올로기를 실행하는 데 여느 기관에 뒤지지 않았던 경성재판소도 신문명과 신권력의 이미지를 함께 보여준다. 1928년 11월에 준공된 경성재판소 청사는 구 외국공관들이 밀집해 있던 정동 한복판의 가장 높은 지대에 자리 잡았다. 이곳은 1899년 설치된 조선 최초의 근대 사법기관 평리원平理院이 있던 장소로, 일제는 이미 통감부 시절에 사법제도를 장악하여 삼심三審 제도로의 개편을 이루어냈고 그 후 시일은 많이 걸렸지만 지방법원, 복심법원, 고등법원을 모두 입주시킨 합병 청사를 서소문정西小門町에 건립했다. 연면적이 6164제곱미터에 달하는 거대한 재판소의 신축 계획을 담당한 것은 조선총독부 내무부 건축과의 이와이 조사부로岩井長三郎 과장이었고 기사技士 사사 게이이치笹慶一와 이와쓰키 요시유키岩槻善之가 설계를 맡았다. 이들은 모두 도쿄 제국대학 건축학과 동문이었다.[28]

경성재판소(현재 서울시립미술관) 정면

경성재판소 청사의 첫 번째 건축적 특징은 출입구를 세 개의 큰 아치로 돌출시켜 권위적 형식미를 극대화한 점이다. 지하층과 지상 3층을 갖춘 이 건축물은 철근콘크리트조와 벽돌조의 혼용 방식을 취하고 차분한 갈색 타일로 마감했다. 포치의 벽체는 벽돌에 화강암을 붙여 석조 건물 같은 장중한 이미지를 연출했다. 건물의 기본 형태는 견고한 중세 성채를 연상시킨다는 점에서 고딕적이라 할 수 있지만, 르네상스 팔라초 양식의 특징적 요소들이 대거 발견된다. 돌출된 현관 배후의 중앙부를 높이고 상단의 창호를 화려하게 치장했으며, 현관의 가지런한 아치 열을 상단의 창틀에서도 반복하고 현관의 난간띠돌림 장식도 중앙부 3층에서 반복시켰다. 결국 이 건물의 양식적 특징은 르네상스와 고딕의 절충이라 볼 수 있겠으나 장식 없는 수직창과 매끄러운 벽면 등 디테일의 단순화는 고딕적이라기보다는 차라리 모더니즘적 요소로 볼 여지가 있기에 네오르네상스 양식의 모더니즘적 변용이라 규정해도 좋을 것이다. 경우에 따라서는 세 개의 아치형 출입구와 아치창이 퍼즐처럼 조합된 모습에서 영국식 네오팔라디오주의를 엿볼 수도 있다. 1920년대 말에 지어진 경성재판소 청사는 경성에 뿌리내린 역사주의 건축의 종말을 암시하는 듯 보인다.[29]

1920년대는 경성의 경관이 뚜렷한 변환을 보여주는 시점으로, 이전의 여러 구상이 일정하게 실현되는 동시에 새로운 구상이 배태되는 교체의 시기였다. 1919년 일본에서 도시계획법 제정을 계기로 1920년대 초반에는 식민지 조선에도 도시계획 담론이 도입되었으며 도시의 공간적 배치가 큰 폭으로 변모했다. 그러나 이러한 변화의 양상은 사실상 불연속성보다는 연속성의 측면이 더 강했다. 1926년 총독부 청사 준공으로 경성의 무게중심이 남촌으로부터 북향하면서 남촌과 북촌의 이중도시체제는 보다 강력한 텍토닉적 총체성 속에 재구조화되는 일로에 놓인다. 행정중심지와 상업중심지 간의 간극은 여전했지만 적어도 의도된 결과는 아니었다. 1920년대에 활발히 전개된 도시계획운동은 도시의 총체적 재구조화를 지향했으며, 여기에는 총독부 관료들만이 아니라 지방행정기구 공무원, 민간 일본인, 조선인 친일파 세력가들이 광범위하게 참여해 나름의 공론을 형성해갔다.[30]

도시경관 차원에서 볼 때 이러한 변화의 흐름은 상업중심지인 선은전광장 주위로 권력의 이미지가 강한 역사주의 건축물을 모여들게 하는 한편, 그보다 북쪽 공간에서는 상대적으로 탈권위주의적이고 기능주의적인 건축의 가능성을 모색하도록 만들었다. 파사드의 장식적 외관을 강조하는 역사주의 건축으로부터 기능성을 강조하는 모더니즘 건축으로의 변화는 정치권력으로부터 상업세력으로의 주도권 이전이라기보다는[31] 도시공간의 합리화, 텍토닉적 통치 전략의 일환으로 보는 편이 옳다. 선은전광장의 서북쪽 방면에 자리 잡은 모더니즘 건축물인 경성부 신청사야말로 그 명백한 증거를 제공한다.

경성의 모더니즘 건축

일제는 한일병합 후 행정제도를 지속적으로 개편하며 총 22개의 부府를 운영하였는데, 초기에는 대개 일본 거류민의 행정사무를 돌보던 이사청理事廳을 청사로 전용했다. 경성부는 선은전광장에 있던 구 일본 영사관 건물을 사용하다가 1920년경에야 겨우 청사 신축을 논의하였다. 경성부가 떠난 자리에는 곧 낡은 건물을 헐고 도쿄에 본점을 둔 미

쓰코시三越 백화점이 들어섬으로써 선은전광장은 식민지 경성의 신풍조를 상징하는 장소로 거듭난다.[32]

새로운 경성부청(현재의 서울시청)이 자리 잡은 위치는 광화문통에서 선은전광장 방면으로 이어지는 대각선 도로의 결절점이자 황금정과 본정으로 가는 분절점이기도 했다. 이곳은 본래 총독부 기관지를 내던 경성일보사가 있던 자리로, 대한제국의 심장부 덕수궁이 마주보이는 곳이었다. 하지만 옛 대한제국의 기억을 말살하는 것이 입지 선정의 주된 이유였다고[33] 보기는 힘들다. 1920년대의 경성은, 적어도 도심부만큼은 이미 새로운 도시로 탈바꿈한 상태였다. 경성부청 신축을 건의하고 입지 선정을 주도한 것은 경성도시계획연구회였는데,[34] 이 단체의 기본 관심사는 총독부 청사의 완공을 앞두고 '남촌'에 집중된 도시개발을 북쪽으로 확장하는 일이었지 조선인들의 위세를 누르는 데 있지 않았다. 물론 부청사 신축 사업을 집행한 총독부 당국의 기본 목표를 서구 대도시의 예를 따라 탁 트인 전망과 압도적 외관을 창출한다는 의미에서 이른바 '경성부의 오스만화Haussmannization'로 규정하는 것은[35] 지나치게 근대적 측면을 부각한다는 맹점이 있다. 그보다는 차라리 '경성부의 엔데-뵈크만화Ende-Böckmannization'로 보는 편이 어떨까? 비록 실현되지는 못했지만, 행정과 경제의 분리를 극복하고 도시의 텍토닉적 총체성을 이룩하려는 의지가 엿보이지 않는가? 총독부 청사와 선은전광장 사이의 중간 지점에 경성부 청사를 신축하는 사업에서, 도쿄에서는 구상으로 그쳤던 관청집중계획의 자취를 찾을 수 있다면, 이는 근대성보다는 식민성의 표출에 가까울 것이다. 총독부와 식민지 지배계층이 근대문명을 운운하며 관철한 도시적 총체성이 실제로는 이중도시의 존속이라는 '식민지적 차이'를 낳았기 때문이다.

경성부 청사 전경

1925년에 착공하여 1926년에 준공된 경성부 청사는 식민통치의 핵심축인 대각선 가로축을 공고화하는 데 기여했다. 이러한 공간적 기획은 건축양식의 변천과도 긴밀히 연관된다. 한 도시가 공간 전체의 구조적 통일성을 지향하는 만큼 개개의 건축물도 구조 자체에 충실하려는 경향을 띠게 된다. 장식적 외관을 강조하는 역사주의를 배격하는 모더니즘 건축은 극도로 추상적인, 일종의 '기념비적 고전주의' 면모를 지님으로써 싱켈식 텍토닉의 본령에 한층 다가서게 된다. 이러한 변화에는 건축공법상의 변화도 한몫을 했다. 1923년 간토 대지진 이후 일본의 건축이 메이지 시기 서구적 도시경관의 상징이던 적벽돌조에서 보다 견고한 철근콘크리트조로 변모함에 따라 이전처럼 벽체에 전적으로 의존하지 않고도 구조 자체의 내력耐力에 의해 건축물을 지탱할 수 있게 되었으며 이제 구조적 기능으로부터 해방된 벽체는 훨씬 다양한 입면을 만들어낼 수 있었다. 모더니즘 건축의 특징인 모서리 창이야말로 벽체가 구조를 담당하고 있지 않다는 점을 분명히 보여주는 시각적 장치였다. 역사주의의 장식성을 대체한 모더니즘의 특징적 요소는 수평과 수직의 구조를 이용한 디자인으로, 강철 창호로 두른 수평의 연속창 혹은 대형 유리창을 사용한 입면 구성, 평탄하고 연속적인 벽면, 평평한 지붕, 캔틸레버cantilever로 돌출된 발코니 등이 등장하여 새로운 도시경관을 이루어갔다.[36]

모더니즘 건축은 1920년대 중반에 이르러 『조선과 건축朝鮮と建築』 등의 지면을 통해 경성에 소개되었다.[37] 경성부 청사야말로 그 선구적 사례로, 모더니즘 건축이 상업용 건물에 적합한 기능주의적 성격을 지닌다는 가정을 여지없이 무너뜨린다. 경성부청을 시발로 숭례문 옆에 준공된 조선총독부 상공장려관(1929), 태평통에 준공된 부민관(1934)

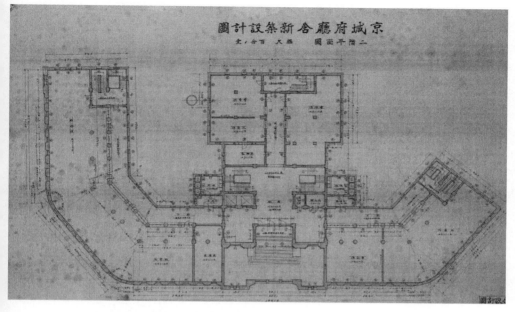

「경성부청사신축설계도」, 이계평면도(1922~1926년 추정)

등 경성에 도입된 모더니즘 건축은 역사주의 건축과 하등 다를 바 없이 자기 우월성을 과시하며 토착민의 생활터전과 기억을 말살하는 '권력의 식민성'을 표출했다.

1926년 9월에 준공된 경성부 청사는 정면 및 좌우는 4층, 정면 중앙부 탑옥은 6층, 후방의 회의실은 3층으로 이루어졌고 연건평 2052평에 총 97실을 갖춘 대형 건물이었다. 철근콘크리트조 주량柱梁 구조를 바탕으로 기둥 사이에 벽돌을 채워 넣는 기법을 구사했다. 설계는 이후 경성재판소 신축에도 참여하게 되는 조선총독부 내무부 건축과의 이와이 죠사부로 과장과 그 휘하의 사사 게이이치, 이와쓰키 요시유키가 맡았다. 정치적 중요성에 비해 외양이 소박한 편이기는 하지만 덕수궁을 훤히 내려다볼 정도의 높이였으며, 긴 수평의 벽면을 수직창으로 분할해 관청사 특유의 위압감을 주고자 했다. 이러한 수직창이야말로 조선총독부를 위시하여 일제강점기에 지어진 주요 관청사의 공통적 건축어휘였다. 또한 출입구를 크게 만드는 등 중앙부를 강조하고 좌우 대칭을 유지했는데, 돔이나 창문 형태 등을 볼 때 당시 시공 중이던 일본 의회의사당의 영향을 받았음이 분명하다.[38]

경성부청의 두드러진 점은 도심부의 핵심 간선도로인 태평로 옆 광장을 향한 정면성인바 실제로는 부지 조건에 맞추어 다소 비대칭으로 구성되었음에도 불구하고 강한 좌우 대칭성과 더불어 수직탑을 부각하고 화강석 기단부 위로 창호를 질서정연하게 배열함으로써 비대칭성을 불식했다. 이처럼 르네상스식 형태언어를 모더니즘적으로 변형함으로써 건물의 정면성은 극대화된다. 신축 청사의 전체적 평면계획에 따르면, 청사 입구를 지나 넓은 홀廣間과 2층으로 이어지는 계단이 정면에 배치되었으며, 계단에 올라서면 2층의 각 실과 연결되는 홀이 있다.

2층 홀의 좌우에는 엘리베이터를 비롯한 계단실과 화장실 등의 부속시설이 위치하였고, 청사 좌우로 길게 뻗은 편복도와 청사 후면으로 이어진 중복도가 연결되어 있었다. 양식적 형태만큼이나 공간의 배치에서도 기능성이 중시된 건축물이었다.[39]

1930년대가 되면 경성의 역사주의는 새로운 단계로 진입한다. 만주국 건설과 더불어 정치적으로 파시즘의 기운이 역력해졌고, 이는 제국 일본의 사회와 문화 전반에 큰 영향을 끼쳤다. 식민지도시 경성도 예외는 아니었다. 1934년 '조선시가지계획령' 발포로 신도시 건설과 기존 도시의 정비 및 부도심 설치가 추진됨에 따라 대동아공영권의 거점 도시 '대경성'이 탄생하였다. 제국의 위대함과 강력함을 대중들의 뇌리에 보다 강하게 각인하기 위해 이제 르네상스풍이나 바로크풍의 의장 요소는 대체로 사라지고 파시즘적으로 극단화된 신고전주의 잔재들이 건축물의 형태를 좌우하게 된다. 파시즘 미학과 모더니즘 미학은 사실상 거의 일치했다. 양자는 모두 장식보다는 기능을, 외관보다는 구조를, 다원성보다는 일체성을 중시했다. 서구에서 시작된 국제주의 양식이 1930년대에 본격적으로 수용되면서 기존의 역사주의 건축이 보여주던 좌우 대칭의 평면은 철근콘크리트조의 구조적 장점을 반영한 기능성 중심의 평면으로 바뀌어갔다.[40]

경성에 등장한 파시즘적 모더니즘 양식의 대표작은 1935년에 준공된 조선저축은행 본점(현재 구 제일은행 본관)이었다. 서민금융을 증진한다는 목표로 설립된 조선저축은행은 1928년 제정된 저축은행령에 따라 1929년 7월 조선식산은행의 저축과 업무를 인수하여 설립되었다. 1931년에 신축 계획이 마련된 은행 본관은 조선 최초로 국제현상설계 공모를 거쳐 건축되었다는 점에서 특기할 만하다. 현상설계 공모는 비교적 짧은 기간 동안 진행되어 1932년 6월 모집공고를 내고 같은 해 9월에 모집결과를 발표하였다.[41] 입지는 경성의 경제적 중심지인 선은전광장 부근으로 정하고 1933년 10월에 착공하여 1935년 11월에 준공되었다. 1등 당선작은 오사카 부청사 등을 설계했던 히라바야시 긴고平林金吾의 안으로, 건물 디자인이 선은전광장 주위에 결집한 양풍 건축물들과 잘 어울리고 은행다운 장중함이 있어 신뢰감을 준다는 것이 심사평이었다.[42] 지하 1층, 지상 5층, 연건평 2129평의 조선저축은행 본점은 철골과 철근의 혼합구조로, 외벽은 화강석을 정교하게 붙이고 전면부에는 중후한 석조 기둥 네 개를 통상적인 엔타블러처 부분까지 올려붙였다. 도리아 양식의 오더를 지니고 배흘림 없는 기둥들에는 세로 홈까지 파서 고전적 느낌을 극대화했다. 건물의 좌우 양끝 부분의 대형 벽면에는 수직창을 세 개씩 두어 건물 전체의 상승감을 고조시켰다.[43]

설계자 히라바야시 긴고는 1930년대 들어 나고야시역소名古屋市役所 본청사 등을 설계하며 일본식 파시즘 양식인 이른바 '제관양식'을 추구하고 있었기에 조선저축은행 본관도 그러한 방향으로 설계하였다. 다만 주변의 역사주의 건축물들과 잘 어우러지도록 신고전주의의 형태언어를 전면에 내세우고 이를 파시즘-모더니즘적으로 단순화 내지는 극단화하였다. 좌우 대칭 및 수평면과 수직면의 교차가 기하학적으로 단순화되어 지나치게 일체성이 부각되고 집중도가 강화됨으로써 오히려 텍토닉의 원리가 희화화된 느낌마저 준다. 수직창과 열주의 반복은 마치 사열을 받는 군대의 대오와도 같이 보인다. 조선총독부 청사에서 발견되는 프로이센 고전주의 특유의 조화와 위엄이 여기서는 경직된 돌덩어리의 뭉침으로 대체되어 있는 것이다.[44]

조선저축은행 본관은 1922년 일본 나고야에 세워진 메이지 은행明

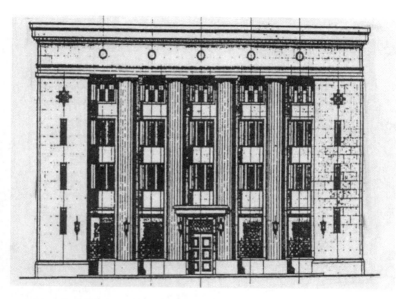

조선저축은행 국제현상설계 공모의 1등 당선작 입면(1932)

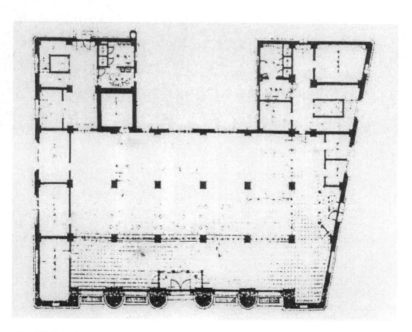

1등 당선작의 평면(1932)

일본 나고야 소재 메이지 은행 사옥

治銀行 사옥과 입면이 상당히 흡사하다. 설계자는 다쓰노 긴고의 제자로 타이완총독부 청사를 설계하여 명성을 떨쳤던 나가노 우헤지長野宇平治인데,[45] 그는 스승과 함께 부산역사를 설계하는 등 조선과도 인연이 있었으며 무엇보다 일본은행 각 지점을 설계하여 은행 건축의 대가로 알려져 있었기에 조선저축은행 설계 시에 그의 건물을 참조했을 가능성은 충분하다. 건물의 시공을 담당한 시미즈 건설이 조선은행과 경성역사 등 경성의 대표적 랜드마크 건축물 시공을 맡았다는 사실도 이러한 추정에 힘을 실어준다. 메이지 은행 사옥은 지상 2층 규모와 지붕과 모서리 처리 등의 디테일에서 조선저축은행 본관과 차이를 지녔지만 적어도 몸체에 세로홈을 판 4개의 석조 기둥과 현관 그리고 이들을 포함한 장방형 입면이 동형을 이룬다. 1920년대 메이지 은행의 신고전주의적 파사드에 층수를 올려 규모를 키우고 좌우 양끝 벽면에 모던한 수직창을 내면 파시즘적 위용을 자랑하는 1930년대의 조선저축은행이 등장하게 되는 것이다.

당시 경성에 지어진 건축물 중 이와 유사한 경향에 속하면서도 파시즘보다는 모더니즘적 풍모를 더 강하게 보여주는 사례가 1935년 태평통에 세워진 부민관府民館이다. 경성부가 1933년 6월 경성전기회사로부터 공공사업 시설비로 기부받은 자금을 바탕으로 여러 가지 사용처를 고심한 끝에 시민을 위한 다목적 공연장으로 지은 건물이다. 연면적 1717평에 지하 1층, 지상 3층 규모의 철근콘크리트조 건물로 1935년 12월에 준공되었다. 설계자는 이토 주타의 제자로, 1937년부터 조선총독부 기사로 일하게 되는 아키하라 고이치萩原孝一였다. 경성부민관(현재 서울시의회 건물)은 광화문통에서 태평통으로 진입하는 길목에 자리 잡아 경성 심장부의 랜드마크 역할을 하게 되었다. 전체 평면은 부지의

1935년 태평통에 건립된 경성부민관(현재 서울시의회 건물) 입면

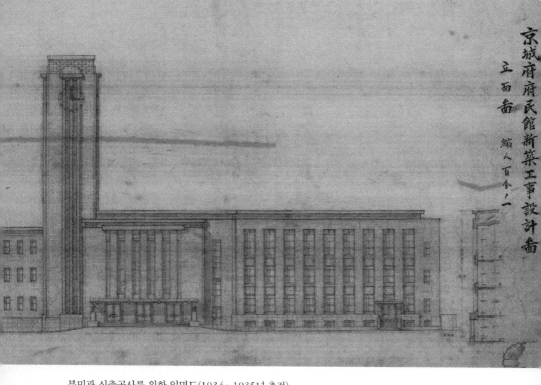

京城府府民館新築工事設計圖

立面圖 縮ハ百分ノ一

부민관 신축공사를 위한 입면도(1934~1935년 추정)

형상에 맞추어 니은(ㄴ)자 형태로 설계되었으며 강연회, 연극, 음악회, 영화상영 등이 이루어질 수 있도록 계획된 대강당은 1800명의 인원을 수용할 수 있는 3층 높이로 설계되었고 그 외에 다양한 목적에 사용될 수 있는 중강당과 소강당도 두었다.[46]

　　직선을 강조하는 장식 없는 입면으로 설계된 부민관은 경성 심장부에 등장한 대표적인 모더니즘 건축물이었다. 가장 눈에 띄는 특징은 건물 남동쪽 모서리에 위치한 높이 44미터가량의 시계탑으로, 그 과시적 수직성은 대단히 모더니즘적인 건축어휘라고 할 수 있다. 대개 탑옥은 출입구 위에 두는 것이 상식인데도 모서리에 둠으로써 그 수직성이 극대화되고 더욱 현저하게 사방의 시선을 끌 수 있었다. 시계탑을 따라 길게 설치된 벽창의 음영, 건물 본체에 극도로 단순화되고 기계적으로 배열된 수직창들, 또 담색으로 마감된 외벽이 마치 칼날처럼 명징한 이미지를 연출해내며 모더니즘 건축의 비수를 도시의 심장부에 꽂는다.[47]

　　경성부민관은 당연히 당대 일본의 문화시설을 참고하여 지었을 것이며[48] 수도의 심장부라는 입지를 고려할 때 도쿄의 히비야 공회당日比谷公會堂을 참작했을 가능성이 가장 크다. 경성부민관처럼 복합문화시설로 만들어진 히비야 공회당은 히비야 공원의 모퉁이 대로변에 자리 잡은 랜드마크인 시정회관市政會館의 부속시설이다. 1929년에 개관한 시정회관은 도쿄 제국대학 건축학과 교수이자 와세다 대학 건축학과의 설립자인 사토 고이치佐藤功一의 작품으로, 르네상스와 고딕의 형태언어를 절충한 모더니즘 건축물이다.[49] 시계탑과 창문의 과장된 수직성과 건물 몸체의 수평선이 극명한 대조를 이룬다는 점에서 경성부민관과 도쿄 시정회관은 모더니즘 건축어휘를 공유한다.

　　이 두 건축물과 '가족유사성'을 지닌다고 추정해볼 수 있는 것이

3부　아테나의 섬뜩한 환등상

도쿄 시정회관(현재 모습)

베를린 시청사이다. 흔히 '붉은 시청Rotes Rathaus'으로 불리는 이 건축물은 훨씬 이전 시기인 1869년에 준공되었고 기본 형태상으로 '성기 르네상스' 양식을 취한다. 설계자는 헤르만 베제만Hermann Friedrich Waesemann이다. 비록 네오르네상스 양식으로 분류되지만 사실상 이 건물은 로마식 아치 출입문, 사각 평면 위에 네 개의 익부를 지닌 북이탈리아식 팔라초 양식의 요소들 그리고 북독일식 적벽돌 외벽을 혼용해 매우 독특한 느낌을 준다. 베를린 중심부라는 입지를 고려한다면, 싱켈식 고전주의의 기념비적 절제미가 독일식 '반원형아치 양식'의 고색창연한 형태언어로 보완되었다고 볼 수도 있다.⁵⁰ 언뜻 보기에 같지는 않지만 일단 도쿄의 시정회관과는 적색 계통의 외벽과 중앙의 높은 시계탑, 입방체를 쌓아올린 것 같은 기본 구조가 유사하며, 또 도시 심장부에 위치하는 '시정' 시설로, 멀리서도 시계탑을 볼 수 있는 랜드마크라는 점도 동일하다. 베를린 시청사, 도쿄 시정회관 그리고 경성부민관은 모두 국가적 구심점이 부재한 세 수도(내지는 수위도시)에서 시민적 구심점을 만들려는 노력의 일환으로 볼 수 있다.

부민관은 시정회관의 부속시설인 히비야 공회당과 마찬가지로 시민을 위한 강연회, 연주, 영화 등 각종 행사를 진행할 수 있는 다목적 공연장이었고 그 건립 취지만큼이나 외관에서도 '모던'했다. 이 건물은 비로소 역사주의의 굴레를 벗어나 확실한 모더니즘의 궤도로 진입했다. 그렇지만 결국은 해방의 메시지가 아닌 극단화된 통제와 억압의 메시지를 전했을 뿐이다. 수직선과 수평선을 인위적으로 강하게 대립시키고 본체에 비해 과도하게 높은 시계탑을 올림으로써 건물은 본래보다 훨씬 크고 위압적으로 보였다. 신고전주의에 내재한 위계질서가 기하학적으로 단순화되고 응축됨으로써 철통같이 강력해진 것이다. 모더

베를린 시청사(현재 모습)

니즘은 신고전주의의 파시즘적 재해석에 다름 아니었던 것이다.

파시즘과 모더니즘의 관계는 총독부 청사가 상징하는 무소불위의 통치권력과 선은전광장이 상징하는 '근대문명' 간의 관계를 닮아 있다. 파시즘과 모더니즘 사이에 자기숭배와 독단이라는 지름길이 이어져 있듯, 총독부 청사와 선은전광장 사이로는 광화문통과 태평통이라는 직선의 차도가 뻗어나가 사람의 횡단을 가로막았다. 여기에는 마치 영화 세트장처럼 모든 것이 미리 주어졌을 뿐 자발적 정치 개입은 철저히 배제되었다. 방사형으로 구축된 선은전광장은 표면적으로는 활기차 보였지만, 정작 주인이 추방된 텅 빈 공간의 와자지껄함이란 마치 미쓰코시 백화점 옥상의 상공으로 펼쳐지려 했던 작가 이상의 『날개』처럼 서글픈 부조리극에 지나지 않았다. 이에 비하면 동양척식주식회사에 폭탄을 투척한 후 경찰과 대치했던 나석주 의사의 활극이 훨씬 현실감 넘쳤다.[51]

멜랑콜리의 도시

일제강점기 동안 역사주의의 경연장으로 자리 잡은 식민지 수위도시 경성은 강점 초기의 구상을 차츰 완성해가고 있었다. 모더니즘 건축의 등장 역시 초기 구상으로부터의 단절이기는커녕 오히려 보다 철저한 완성을 향해 가는 길이었다. 사실 이러한 집요함이야말로 식민성의 표현으로 볼 수 있다. 제국 본토에서는 특정 맥락에 의존하던 주장도 식민지에 도입될 시에는 절대적 철칙으로 강요되기 때문이다. 이렇게 볼 때 식민통치를 받는 토착민들에게 근대적 도시공간이 어떤 불가능성의 표상으로 비쳐졌다는 사실은 전혀 이상한 일이 아니다. 일제강점기 식민지 조선의 문화를 이끌었던 대표적 장르인 소설을 예로 들면, 새로운 도시공간의 모습은 의외로 별달리 재현되지 못하고 작품들 속에서 거의 삭제되다시피 했으며 그나마 언급될 때에도 대개는 좌절감과 멜랑콜리에 잠식되어 작가 개인의 심리적 체험으로 축소되기가 다반사였다.[52] 심지어 친일로 돌아서서 "남의 통치와 남의 사상을 머리에 이고 다니는 허수아비" 노릇을 하던 춘원 이광수마저 경성의 변화에 열광은커녕 무상함을 느끼며 "넷날 컴컴하고 구린내 나던 이십 년 전의 서울과 조선을 그리워하고 울게 되엿다."[53]

그러나 이러한 사실이 일제가 도입한 시공간의 영향력이 의외로 크지 않았음을 입증해주는 것은 아니다. 불가능성의 표상은 표면적으로는 반감을 일으킴에도 불구하고 은연중 자포자기적 인정을 유도한다. 1930년대에 들어서면 "장안의 상공에 우뚝우뚝 높이 솟아 있는 큰 건물들"에 대해 더는 놀라움을 갖지 않고 오히려 "합리적이고 당연"하다고 느끼는 정서가 심심치 않게 발견된다.[54] 이처럼 '근대적' 시공간이 돌이킬 수 없는 대세로 받아들여지는 과정은 멜랑콜리의 감정이 만연해가는 과정과 별반 다르지 않다. 실로 멜랑콜리의 감정이란 과거를 현재로부터 격리한 근대적 시간질서가 빚어낸 정서적 효과에 다름 아니다. 과거가 현재와의 직접적 연결성을 잃고 '역사'나 '전통'이라는 이름으로 재편되는 순간, 근대적 도시공간의 현존은 이미 거부할 수 없는 기정사실로 받아들여지게 된다.

1915년 아오야기 쓰나타로의 『최근 경성 안내기』가 발간된 이후에 주로 일본인 관광객들을 위한 다양한 경성 안내서가 연이어 등장했다. 한편으로는 일제의 '선정善政'을 입증하는 잘 구비된 교통망, 관공서,

병원, 학교, 도서관 등을 소개하고, 다른 한편으로는 관광객의 다양한 취향에 부응할 박물관, 동물원, 공원, 여타의 문화 및 오락 시설들을 소개하는 것이 통례였다. 따라서 식민지 조선의 역사와 전통문화는 제국의 현재와 명암처럼 대조되면서 관광객의 호기심에 맞게 분류되고 재편되어 영락없는 소비품으로 전락했다.[55] 근대도시의 '양풍' 경관과 토착의 '고적'은 잘 어울리는 한 쌍의 장식품이었던 것이다.

이러한 맥락에서 볼 때 매우 상징적인 것이 경복궁 동편에 자리 잡은 총독부박물관이다. 이 건물은 본래 1915년 조선물산공진회에서 미술품 전시를 위해 세운 부속시설 중 하나로 건춘문 부근의 계조전繼照殿을 철거한 자리에 건립한 것이었다. 공진회 폐막 후 다른 부속건물은 모두 철거되었지만 이 건물만은 존치시켜 같은 해 12월 1일 조선총독부의 상설 박물관으로 다시 문을 열었다.[56] 공진회 때의 대부분 부속건물들과 마찬가지로 전면부를 르네상스 양식으로 구성하고 벽돌조 건물이면서도 외벽은 모르타르로 마감하여 마치 석조 건축물처럼 보이게 하였다.[57] 이처럼 전형적인 양풍 외관에도 불구하고 이곳은 식민지 조선의 토착 유물들을 전시하는 박물관이었다. 조선박람회경성협찬회朝鮮博覽會京城協贊會가 1929년에 발간한 『경성 안내』의 소개에 따르면, 총독부박물관은 "낙랑삼한의 발굴물"부터 "이조시대의 칠기, 서화"까지 두루 갖추고 있었다.[58] 이와 같이 조선의 전통 유물들을 전시하는 박물관이 전형적인 서양식 외관을 지녔던 것은 결코 우연이 아니다. 낙랑삼한부터 조선시대까지 수천 수백 년 동안의 갖가지 산물을 한 묶음의 전통으로 엮어내는 발상이야말로 서구적 근대의 시공간질서를 나타내는 것이다.

총독부박물관은 이후 경복궁 전면에 세워질 총독부 청사와 어울리

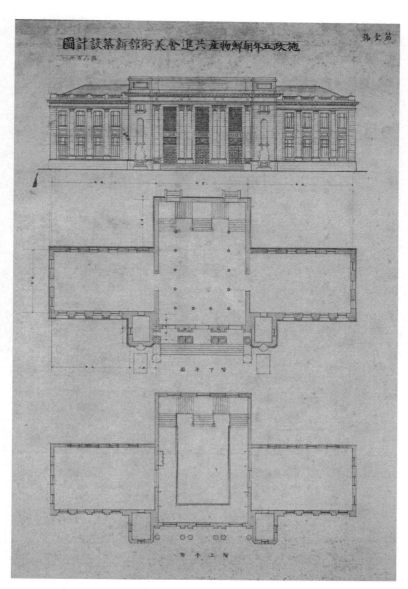

施政五年朝鮮物産共進會美術館新築設計圖

第八百

「시정오년조선물산공진회미술관신축설계도」(1915년 추정)

경복궁 동편에 자리 잡았던 총독부박물관의 전경

도록 지극히 고전적인 외양을 취했다. 정면 중앙부를 돌출시켜 주출입구를 형성하였고 코린트식 원주 네 개가 두 개씩 한 쌍으로 반복되었다. 중앙에는 넓은 석조 계단이 자리 잡았고 돌출된 현관 양쪽의 육중한 벽체는 곡선의 벽감 덕분에 부드러운 느낌을 주었다. 대칭을 이루는 좌우측을 중앙부에 비해 낮게 처리하고 벽기둥을 설치하여 건물 전체의 위계성이 분명히 드러나도록 했으며 기둥들 위에는 전형적인 엔타블러처를 설치하고 수평의 돌림띠를 둘렀으며 그 위쪽에는 낮은 옥상난간도 두었다. 내부의 중앙 홀은 후면의 벽을 따라 2층으로 올라가는 계단을 두고 있으며 1·2층 좌우로 모두 여섯 칸의 전시공간을 펼쳤다. 한마디로 총독부박물관은 서구 고전건축의 문법을 거의 교과서적으로 따르고 있었다. 이곳에서 조선의 전통은 근대적 시공간질서 안에 말 그대로 '안착'했던 것이다.[59]

일제가 박물관을 정치적으로 활용했음은 분명하다. 타자화된 식민지에 대해 문명 수호자로서 자신들이 갖는 우월성을 각인하려 했음은 의심의 여지가 없다.[60] 그러나 단지 그것만은 아니었다. 박물관 건립은 특정한 정치적 효과를 넘어 새로운 세계관을 구현하려는 노력이었다. 1934년 조선총독부는 1935년 시정 25주년 기념행사의 일환으로 박물관 신축을 계획했다. 구 총독부 청사를 전용해 사용하던 남산의 은사과학관과 기존의 총독부박물관을 합쳐 미술·과학·자원의 세 부분을 통합한 종합박물관을 건립할 계획이었으나[61] 실현되지는 못했다. 일제 식민주의는 제국의 통치에 가히 자연과학적 법칙성을 부여하고 이를 누구도 거역할 수 없는 보편진리로 승화하고자 했던 것이다. 현실적 여건상 종합박물관의 꿈을 접고 범위가 옛 유물로 대폭 축소된 박물관을 짓는 데 만족해야 했지만 기본 대의마저 포기한 것은 아니었다. 1938년 덕수궁 내에 개관한 이왕가미술관李王家美術館은 1908년 이래 창경궁에 자리 잡았던 이왕가박물관을 통합하여 식민지 조선의 고미술품을 보다 잘 짜인 역사적 질서 속에 배치함으로써 현재와 격리했다. 이는 해방 후 대한민국 박물관의 전범이 되었다.[62]

이왕가미술관(현재 국립현대미술관 덕수궁관)은 덕수궁 안에 이미 오래전부터 자리 잡고 있던 석조전의 서관으로서 지어졌다. 석조전은 한일병합 직전인 1910년 6월에 준공된 건물로 화강석을 사용한 영국식 신고전주의 양식의 건축물이었다. 당시 덕수궁은 고종이 실권 없는 태황제로 남아 거주하던 이궁으로, 다른 궁궐에 비해서는 훼철이 덜한 편이었다. 그러나 일제는 마지막 임금 순종까지 세상을 떠나고, 1931년으로 접어들자 덕수궁을 공원으로 만들 계획을 세우고 1933년에 궁을 개방하면서 석조전을 미술관으로 개편했는데, 주로 일본 근대 미술품을 전시하여 옛 궁궐을 무색하게 만들었다. 석조전 신관(서관)은 이왕가미술관의 본래 취지에 부응하고자 건립되었다. 동관은 일본 근대미술, 서관은 조선 고미술을 보여주는 이왕가미술관의 식민주의적 이원체계가 비로소 등장한 것이다.[63]

석조전 서관은 나카무라 요시헤이의 설계로 1938년에 준공되었다. 조선은행 다롄 지점과 창춘 지점을 설계하는 등 만주에서 경력을 쌓은 나카무라는 1907년부터 일본 제일은행 한국총지점의 공사감독관으로 근무한 이래 경성에 건축사무소를 개설하여 조선식산은행 본점(1918), 천도교중앙교회(1921), 중앙고등학교 서관(1921) 및 동관(1923) 등 많은 건축물을 설계, 감독한 후 1922년 도쿄로 건너가 활동을 이어갔다. 석조전 서관은 나카무라가 조선을 떠나고 나서 한참 후에 설계한 것으로, 코린트식 오더의 열주와 기본 형태가 네오르네상스 양식을 취하고

이왕가미술관 석조전 서관(현재 국립현대미술관 덕수궁관)

있지만 장식이 거의 없는 수직창과 박공이 없이 단순화된 수평면의 지붕 처리는 모더니즘적 면모도 지니고 있다. 이처럼 추상화된 고전주의는 그가 만주에 설계하여 1920년에 준공한 조선은행 다롄 지점에서도 발견된다. 사실 석조전 서관은 옆에 놓인 동관의 빅토리아식 고전주의에 비하면 훨씬 딱딱하고 위압적인 프로이센 고전주의의 풍모를 자아낸다. 이는 우연이 아니었다. 경성에서 활동하던 시절 나카무라의 건축사무소에는 안톤 펠러Anton Feller라는 오스트리아 태생 직원이 근무했던 덕택으로 천도교중앙교회 등에서 독일식 '세셋숀' 양식을 시도해볼 수 있었던 것이다.[64] 결국 500년 왕조가 마지막으로 남긴 찬란한 빅토리아식 궁전 대신 강고한 열주가 삼엄하게 늘어선 이왕가미술관의 프로이센식 요새 안에서 한국의 전통은 새 보금자리를 찾게 되었다.

총독부 청사와 경복궁 사이에서

새로운 공간의 구축이 몰고 온 충격의 파장에 비한다면 일제의 식민지배는 그리 오래가지 못했다. 나름 심혈을 기울여 건립된 조선총독부 청사는 식민통치에 채 20년도 복무하지 못했다. 1945년 9월 9일 미군이 서울에 들어왔다. 그날 총독부 제1회의실에서 오키나와 주둔 미24군 군단장 존 하지John Reed Hodge 중장과 일본 총독 아베 노부유키阿部信行 사이에 항복문서 서명식이 있었다. 곧바로 이 건물은 한반도 위임통치를 개시한 미군정의 청사가 되어 성조기가 나부꼈다. 3년이 지나 바로 이곳에서 제헌국회가 열렸고 곧 청사 앞뜰에서 대한민국 정부 수립 선포식이 거행되어 다시금 중앙정부의 청사가 되었다. 이에 따라 건물 명칭도 중립적 어감을 지닌 중앙청中央廳으로 변경되었다.[1] 옛 총독부 청사는 이처럼 자신을 창조한 제국이 패망한 후에도 본연의 지위를 유지할 수 있었다. 한국전쟁기 이곳을 배경으로 한 태극기 게양 사진이 한때나마 애국심을 불러일으키는 국가적 도상으로 간주되었던 것은 역사의 아이러니라 하지 않을 수 없다.

모더니티와 식민성의 싸움터, 서울

과연 어떠한 연유로 식민통치의 총본산이 온갖 역사적 파란을 이

겨내며 오래도록 공간적 위계의 핵심에 굳건히 설 수 있었던 것일까? 해답은 의외로 간단하다. 건물의 모습이 왜색을 띠지 않았기 때문이다. 건물의 서구적 외양이야말로 건물의 생명을 유지해준 최상의 보호막이었다. 이곳을 지나치는 서울 시민들은 건물에서 수치스러운 식민지 과거보다는 서구적이며 '근대적인' 측면을 보았기에 굳이 서둘러 건물을 파괴할 필요가 없었던 것이다. 마찬가지로 이 점은 일본인들의 작품인 조선은행 본점이나 경성역, 경성부 청사 등이 각기 한국은행 본점과 서울역, 서울시청으로 간판을 바꿀 수 있었던 반면, 남산의 조선신궁처럼 노골적으로 왜색을 띠는 건물들은 살아남을 수 없었던 이유이다.[2]

국권을 회복하는 시점에 한국인들은 이미 일본 식민통치자들이 구축한 공간에 익숙해 있었고 그것은 급격한 정치적 변화에도 불구하고 쉽게 변하지 않았다. 서울시민들은 구한말과 일제 시기의 유산인 이른바 '근대기 건축물'과 반듯반듯하게 닦인 가로를 자연스러운 일상으로 받아들인 지 오래였다.[3] 동시에 광화문과 경복궁을 언젠가는 복원해야 한다는 생각에도 대체로 동의했다. 이 같은 모순적 행태는 오로지 식민화와 근대화의 착종을 통해 설명할 수 있다. 한국인들은 식민지배는 혐오하지만 그것에 내포된 근대화에는 열광했다. 어쩌면 이미 식민지 시절부터 지배자와 피지배자 간에는 근대화라는 목표에 대한 일정한 합의가 존재했으리라고도 감히 말할 수 있을 것이다. 광화문과 경복궁의 복원이 그러한 장기적 근대화 프로젝트의 완성이라면 이는 불가항력적이던 식민주의와의 단절이라기보다는 오히려 그것의 논리적 귀결이라 보아야 마땅하다. 여기에는 물론 공간과 시간의 새로운 차원이 깊이 연루되어 있다.

'근대'라는 신화에 대한 가히 무속적인 믿음은 무엇보다 식민지도시의 건조 환경에 대한, 수동적인 동시에 주체적인 경험에서 비롯된 것이다. 그것은 모순적 경험이 초래한 분열 증상에 다름 아니다. 식민지 도시에서 토착 주민은 냉혹하게 통제되고 분류되어 도시의 공공 삶에서 배제되는바 이러한 과정은 분명 억압적이고 파괴적이지만 동시에 새로운 가능성을 배태하기도 한다. 예나 지금이나 도시란 인간이 교류하는 장이기에 식민주의 권력은 결코 애초의 의도를 그대로 관철하지 못한다. 식민지 피지배자들이 근대문명, 즉 새로운 삶과 지각의 방식을 마냥 받아들이는 것은 언뜻 맹목적인 듯 보이지만 다분히 전략적인 측면이 있다. 그들은 끊임없는 (시간)지체 및 탈구를 통해 체계적으로 조직된 도시공간에 자신의 존재를 각인하기 때문이다. 제국 본토보다 식민지에서 훨씬 은밀하고 집요하게 관철되던 '통치성'이 어느덧 임계점에 이르게 된다. 이 과정은 식민주의를 한편으로는 변질시키는 동시에 다른 한편으로는 존속시킨다는 점에서 지극히 모순적이다.

어느덧 제국이 해체되어버리면 식민지도시의 시공간질서는 보다 큰 파열음을 내게 된다. 포스트식민지도시의 주민들은 식민통치자가 구축해놓은 시공간질서를 새로운 사회적 연대와 경제적·문화적·정치적 실천을 통해 넘어선다. 예컨대 서구 자본주의의 기계적 시간에 대응되는 자연적 리듬의 토속적 시간, 농민층의 대거 유입에 의한 도시공간의 농촌화 같은 것이 이에 해당한다.[4] 그럼에도 불구하고 탈식민화 과정은 내면에 확고히 자리 잡은 식민주의를 오히려 강화하는 과정이기 쉽다. 신생 엘리트들이 추진하는 근대화 프로젝트는 포스트식민지도시를 국가 발전의 원동력으로 삼고자 시도하면서 이내 옛 식민주의자의 논리와 닮아가는 모순에 봉착한다.[5] 포스트식민지도시는 일견 희망차 보이지만 실은 불가항력적 트라우마의 공간이다. 새로운 주권적 공간은 현재와 과거, 영토적 주권과 주변부적 위상 사이에서 끊임없는 균열을 겪는다. 그것은 무엇이든 새롭게 시도해볼 수 있는 약속의 땅도, 그렇다고 언제든 돌아갈 수 있는 '고향'도 아니다.

이러한 양상은 이른바 '식민지 근대성'이라는 개념틀로는 포괄될 수 없는 체험의 심연을 드러낸다. 자신의 '근대적' 정체성을 수립하기 위해 제국 일본은 프로이센 고전주의의 환등상을 연출했고, 이는 적어도 자신을 주변국에 과시할 때만큼은 꽤 그럴듯해 보였다. 그러나 식민지 조선은 그러한 환등상에 푹 빠져들기에는 너무도 참담한 현실에 처했었다. 만약 식민지 피지배자들의 역사를 적극적으로 평가하려는 취지로 피지배자들이 제국과는 다른 여건에서 문명, 자유와 평등, 권리, 진보 등 근대적 가치를 '주체적으로' 전유했다고 본다면 그것은 곧 진실에 눈감는 태도이다. 그럴듯한 성공담으로 메우기에는 차별과 폭력, 강제의 골이 너무 깊었다.[6] '(포스트)식민지 근대'는 실로 '대안적 근대'라기보다는 무수한 '타자'들의 문화와 가치를 억압하고 말살함으로써 초래된 비극적 결과에 다름 아니다. 따라서 '근대화'에 대한 맹목적 집착은 은연중 역사적 망각을 바라는 것이기도 하다. 언뜻 이와는 정반대로 보이지만 민족의 전통에 대한 집착도 도저히 자신의 모습을 찾을 수 없는 식민지적 분열증의 표출에 다름 아니다. '해방(?)' 후의 포스트식민지도시를 장식하게 되는 옛 궁궐이나 위인의 생가 등 '기억의 터'는 그 전통적 외관에도 불구하고 사실은 기억의 균열, 즉 뿌리 깊은 '기억의 환경'이 식민주의의 잔재로 전락함에 따라 더는 아무런 내실한 기억도 존재하지 않는 상황을 표현할 뿐이다. 수치스러운 과거 흔적이 말끔하게 포장되어 쇼윈도의 기념품처럼 진열되는 것이다.

이 참담한 상황을 진지하게 성찰하고 해결책을 강구하기보다 은폐하고 왜곡해왔다는 것이 대한민국의 비극이다. 이를 위해 동원되었던 가장 손쉬우면서 가장 이율배반적인 수법이 바로 반공주의였다. 서울 수복일 중앙청 앞의 태극기 게양 사진은 모든 식민지 과거를 얼버무리며 딴청 피우는 '반공'의 수사학이다.[7] 이는 공산주의와 식민주의를 의도적으로 혼동하게 만듦으로써 근대화와 식민화라는 골치 아픈 모순을 근대화와 공산화 간의 간명한 대립으로 재구도화한다. 반공주의 국가는 식민지 과거의 기억을 철저히 억압하면서 '조국 근대화'를 유일한 가치로 밀고 나갔다. 그러나 아무리 억누르려 해도 식민주의를 청산하지 않은 반민족적 국가라는 혐의는 사그라지지 않으며, 오히려 반공주의가 식민주의의 연장으로 지목된다. 결국 이 같은 요지경 속에서 근대화와 식민화의 모순은 조금도 해소되지 않았다. 사실상 일제강점기 이래로 근대적이면서 동시에 민족적이기는 쉽지 않았다. '근대'는 민족의 영광은커녕 타민족에 의한 지배와 설움을 표상했기 때문이다. 근대적이면서 반민족적인 옛 총독부 청사야말로 서울의 분열증을 야기하는 애증의 대상이었다.

텍토닉의 희화: 여의도 국회의사당

옛 총독부 청사를 철거하자고 공개적으로 주장한 최초의 인물은 이승만이었다고 한다. 한국전쟁 후 그가 이 건물의 복구를 거부하며 미8군 사령관 테일러 대장에게 폭파를 부탁했다는 것이다.[8] 이것의 진위 여부는 그리 중요하지 않다. 본인의 호불호와는 상관없이 이 건물을 대한민국 건국의 터로 만든 것은 바로 이승만 자신이었기 때문이다. 총독부 청사를 일부나마 파괴한 것은 인민군이었다. 1950년 한국전쟁 초기에 인민군 임시청사로 사용되었으나 인민군이 퇴각하면서 불을 질러 내부가 완전히 소실되었다. 이 와중에 경복궁도 크게 훼손되었으며 건춘문 북쪽으로 이전했던 광화문도 폭격을 받아 문루門樓가 소실되고 홍예 기단만 남았었다.[9] 대한민국 심장부가 잿더미로 화하면서 '동양 최대'의 석조 건물은 존폐의 기로에 서게 되었다.

전후 정부청사의 마련은 매우 시급한 과제였고 중앙청 해체나 복구는 차후의 문제였다. 종전 후인 1954년 정부는 전 경찰전문학교 자리에 정부청사 건립 방침을 세우고 미국의 원조와 통치 자금을 재원으로 건물 두 채를 신축하기로 했다. 하나는 경제원조와 관련된 정부 부처가 사용할 건물이고, 또 하나는 미국의 원조 업무를 관장하는 '유솜 USOM', 즉 주한경제협조처United States Operations Misson to Republic of Korea 청사였다. 이 계획은 모두 유솜에서 추진하였고 1961년 10월에 지극히 미니멀리즘적인 모더니즘 양식의 건물 두 채가 준공되었다. 내부 설비로는 당시 최고였으나 상자형의 단순 형태는 한 나라의 정부청사로서는 초라하기 그지없었다.[10] 그것은 일제 말기에 이미 유행하던 '모던' 건축의 진보적 이미지와도 별 접점이 없었으며 그저 전쟁으로 무너져 내린 국가의 비루한 현실을 상기시킬 뿐이었다. 따라서 국가의 권위를 제대로 드러낼 수 있는 정부청사의 필요성이 대두되는 것은 당연했다.

이들 미국식 건물이 들어서기 이전부터 이미 새로운 중앙청사가 준비되고 있었다. 1961년 5월 16일 군사쿠데타로 권력을 장악한 박정희 세력은 10여 년간 폐허 상태로 방치되었던 중앙청의 대대적 보수에 착수했다. 그해 9월 개시된 공사는 이듬해 어느 정도 마무리되어 11월에 '중앙청 개청식'을 가졌다. 공사가 완료되기까지는 이로부터 두 해가 더 소요되었으나 이때부터 중앙청은 대한민국 정부의 중앙청사가 되었다. 본래는 일장기, 그다음에는 성조기, 한때는 인공기까지 걸렸던 장소에 태극기가 확고히 자리를 잡게 된 것이다.[11] 옛 총독부 청사의 재활용을 그저 빈약한 재정 상황을 고려한 실용적 선택으로만 볼 수는 없다. 그것은 박정희 군사정권의 기본 성격을 나타내는 동시에 대한민국의 태생적 아포리아에서 비롯된 필연적 귀결이었다.

이승만이 시작하여 박정희가 완성한 반공국가 체제는 실로 반민족적 근대화를 지향했다. 박정희의 개인사가 말해주듯 만주국의 망령이 이 국가의 한가운데를 떠돌고 있다. 중앙청의 '근대적' 외양은 이 국가의 성격을 한마디로 말해준다. 그것은 프로이센식 텍토닉이 연출해낸 초월적 이미지를 통해 식민지 과거의 참상을 은폐함으로써 국가의 통치성을 차질 없이 작동시키는 장치였다. 아시아의 프로이센은 사실상 아시아에 짙게 드리운 제국 일본이라는 암영이 만들어낸 환등상에 다름 아니었던 것이다. 이처럼 현실을 호도하는 환등상이 현실의 좌절과 탈구를 낳는 것은 필연적이다. 가히 불가항력적인 모더니티의 권위로 기억의 절규를 억누를수록 식민성의 골은 깊어진다. 대한민국 수도 서울이 국제적 현대도시의 창조라는 미명하에 끊임없는 파괴와 망각을 꾀하면서도 '반복강박'되는 과거의 망령을 결코 떨쳐내지 못하는 것은 바로 이러한 맥락에서 이해될 수 있다.

수도 서울에 도시계획법과 건축법이 제정·공포된 것은 박정희 군사정권이 권력을 장악하고 겨우 반년이 지났을 때였다. 제1차 5개년계획 실시와 때를 같이하여 1962년 1월 20일, 법률 제983호와 제984호로 두 개의 법률이 공포되었다. 1934년 일제 식민통치 아래 '조선시가지계획령'이 발포된 후 거의 30년이 다 되어 서울이 다시금 도시계획의

틀 안으로 들어왔다. 전쟁 중이던 1952년 3월 2일에 서울 전재戰災복구
계획이 세워졌으나 여건의 미비로 인해 간단히 마무리된 바 있었다. 건
국 후 본격적인 도시개조 사업의 출발이라 할 수 있는 1962년의 도시
계획법은 일제 말의 토지구획정리 사업을 계승하는 측면이 강했다. 굳
이 차이가 있다면, 계획의 일부를 지방 장관에 위임하고 녹지지구를 추
가하며 풍기지구 대신 교육지구 및 위생지구를 추가하는 정도였다. 그
러나 수십년 세월이 빚어낸 사회적 조건상의 일대 변화를 간과해서는
곤란하다. 일제가 물러간 1945년 90만 명에서 출발한 서울의 인구는
한국전쟁기에 급격히 줄어들었으나 이내 원상회복되어 1960년에는
250만 명에 육박하게 된다. 이러한 변화에 따라 1966년에는 '토지구획
정리사업법'이 '도시계획법'으로부터 분리되어 민간의 개입을 열어놓
았다. 그로부터 몇 년간은 서울의 경관에서 확실한 변화가 감지되던 시
기였다. 전차 철거 및 청계고가도로 공사, 가로망과 미관지구 건설, 세
운상가와 시민아파트 등 모더니즘 건축물의 등장, 그리고 한강 개발은
분명 획기적이었다. 물론 그렇다고 해서 일제 시기 이래의 중앙집권적
도시계획의 풍토까지 바뀐 것은 아니었다.[12]

　　포스트식민지도시 서울의 도시계획은 중산층의 자구 노력에서 비
롯된 것이 아니었으며 그 기원에서 이미 식민주의 씨앗을 내포하고 있
었다. 일제시기의 대표적 조선인 자본가 박흥식이 친일의 오명을 씻고
자 야심차게 기획했던 1963년의 남서울 신도시계획안은 그나마 민간
인이 자력으로 외자를 도입하여 도로망과 주거지 등을 대대적으로 구
축하려는 시도였으나 한국의 현실 풍토에서 성공하기란 애초 어려웠
다. 현재의 강남 지역과 경기도 과천 일대를 포괄하여 개발 면적이
2400만 평으로 여의도의 30배에 달할 만큼 광대한 데 비해 토지 실소

유자에 대한 대책이나 교통계획 등 도시계획안의 기본 요건을 갖추지 못한 것도 문제였지만, 보다 근본적으로는 도시계획의 열쇠를 군부 집권세력이 쥐고 있어 민간 주도의 사업 추진이 순조롭게 진행될 리 만무했다. 본시 군사정권의 강압에 의해 개시된 사업이었음에도 불구하고 정권의 이해관계나 선호도의 추이에 따라 얼마든지 일방적 백지화가 가능했다.[13] 물론 대규모 인력과 재정을 동원하는 토건사업은 군사정권이 선호하는 것이었으나 주택지보다는 군사 목적의 도로망과 기념비적 관청사 건립에 더 구미가 당길 것은 명약관화한 일이었다.

1965년부터 서울특별시는 제3한강교 건설계획과 아울러 강남지구 도시계획에 착수했고 1966년 4월 서울시장으로 부임한 김현옥이 그해 안으로 서울시 도시기본계획안을 수립했다.[14] 그리고 1967년 9월 22일에는 대대적인 한강종합개발계획이 발표되었다. 한강 전역에 걸쳐 15미터 높이에 달하는 견고한 제방을 구축하여 확보된 '공유수면 매립지'를 택지로 개발하고 한강 제방 위로는 자동차전용도로를 건설한다는 것이 골자였다.[15] 이른바 '개발독재' 시대의 막이 오른 것이다.

이미 일제 시기에 서울시 행정구역이 한강 이남으로 확대되었지만 대한민국 건국 이후에도 몇 차례 행정구역 확대가 이루어졌고 1963년 1월 1일을 기해 법률 제1171호에 따라 경기도 지역 일부를 편입하여 서울시 행정구역이 한강 이남으로 크게 확대되었다.[16] 한강 제방공사의 시발은 1967년에 입안된 여의도 윤중제 건설공사였다. 한강 하류 마포나루터 남쪽에 위치한 하중도河中島인 여의도는 일제 시기부터 비행장으로 사용되던 곳인데, 바로 이곳에서 대통령 박정희의 강력한 의지가 실린 사상 최대의 대역사가 1968년 벽두에 시작되었다. 여의도개발계획은 한강종합개발계획의 핵심이었다.[17]

김현옥 시장이 추진하던 한강종합개발계획은 여의도 윤중제에서 첫 삽을 뜬 지 얼마 되지 않아 본질적 변경을 요구받게 된다. 1968년 2월 여의도가 국회의사당 입지로 선정됨에 따라 여의도 전체를 국회의사당 중심으로 재배치해야 했던 것이다. 참으로 뜻밖의 결정이었다. 대한민국 국회는 제헌국회 이래 제7대 국회에 이르기까지 20년이 넘도록 독자 의사당 없이 전전해왔다. 오랫동안 사용된 '태평로 의사당'은 서울시 소유의 시민회관 별관으로 탈바꿈된 옛 부민관의 일부를 사용했는데, 회의장이 협소하고 제반 시설이 불충분하여 의사당 용도로는 부적합했다. 자유당 독재 시절부터 건물 신축이 끊임없이 제기되어 이승만이 그 위치를 남산의 옛 조선신궁 터로 잡는 등 혼선을 거듭하다가 군사쿠데타 발발 후 제6대 국회가 개원하면서 드디어 의사당건립계획이 재추진되었던 것이다.[18]

1966년 2월 '국회의사당건립위원회'가 발족해 남북통일이 성취되고 양원제가 채택되어도 전혀 운용에 지장이 없도록 한다는 목표 아래 1967년까지는 기본 계획안을 완성했다. 여의도가 관청가 부지로 새롭게 주목받은 것은 서울 도심의 관청가인 세종로에서 반경 5킬로미터 권내에 있어 자동차로는 10분 거리이면서도 번잡한 도심으로부터 벗어나 조용할 뿐만 아니라 멀리 서울의 명산인 인왕산, 남산, 도봉산, 관악산 등의 실루엣을 조망할 수 있다는 점, 이에 더하여 지반 또한 의외로 견고하다는 점 때문이었다.[19] 그러나 이 같은 공식적인 이유보다 더 결정적으로 작용했던 요소는 이곳이 도심부와 가까우면서도 새로운 구상을 실현할 수 있는 텅 빈 공간을 제공한다는 점이었음이 분명하다.

당시 한국종합기술공사 부사장으로 재직 중이던 건축가 김수근이 주도하여 1969년 5월에 성안된 '여의도 및 한강연안 개발계획'은 16미

3부 아테나의 섬뜩한 환동상

터 높이의 제방으로 조성된 인공섬에 복합 기능을 갖춘 신시가지를 건설한다는 야심찬 계획이었다. 마포에서 서울대교(현 마포대교)를 거쳐 영등포로 이어지는 6차선 고속도로를 중심축으로 삼아 국회지구와 시청지구, 대법원지구, 주택지구를 건설함으로써 서울 구도심에 집중되었던 도시 기능을 배분하고자 했다. 서쪽에 국회의사당과 외국공관지역, 동쪽에 시청과 대법원, 주거지를 조성하는 이 계획은 공사기간 20년, 투자금 1000억 원을 요구했으며, 같은 해 10월 말에는 여의도 중앙의 12만 평 부지에 나무 한 그루 없는 아스팔트 광장을 조성하라는 대통령의 지시까지 더해져 어려움에 봉착했다. 이 엄청난 계획은 서울시 도시 기능의 대부분이 강북 도심에 집중된 현실에서 다분히 공상적 측면이 있었기에 전면 재검토가 불가피했다.[20]

김수근의 여의도개발계획은 그로부터 한 세기 전의 도쿄 관청집중계획을 연상시킨다. 드넓은 '5·16광장'과 그 양옆으로 도열한 주요 관청사의 형상은 빌헬름 뵈크만식으로 표현하면 일종의 '한국광장'의 꿈을 담았다고 할 수 있다. 극도로 강압적이던 조선총독부마저 성사시키지 못했던 원대한 꿈, 국가 텍토닉 내지는 국체의 '중심핵'을 구축한다는 꿈을 이제 식민지 과거의 망령이 어른거리는 도심부에서 벗어나 아예 '빈 땅'에서 새롭게 펼쳐보게 된 것이다. 따라서 방파제와 도로를 구축하는 작업과 더불어 최우선 과제로 다름 아닌 국회의사당 건립이 추진되었던 것은 전혀 의외가 아니다. 그 옛날 엔데-뵈크만 건축사무소가 황궁 근처의 도시 핵심부에 의사당을 지으려 함으로써 갖가지 난관에 봉착했던 데 비한다면, 여의도에 지어질 국회의사당은 그 누구도 도전할 수 없는 군부정권의 막강한 지원 아래 이루어졌으므로 훨씬 더 실현성이 높았다.

그러나 일견 아무런 난관이 없을 듯했던 국회의사당 건립은 의외로 녹록지 않았다. 가장 큰 문제는 바로 이 사업의 주최 측이었다. 권력이 지나치게 많이 부여되면 탈을 일으키는 법이다. 국회의사당 입지가 1968년 남산에서 여의도로 옮겨지면서 새로이 현상설계 공모가 진행되었는데, 주최 측의 지나친 관료주의가 건축가들의 분노를 샀다. 현상공모는 완전한 공개도 아니고 그렇다고 지명설계도 아닌 실로 어정쩡한 방식으로 이루어졌다. 즉 공모는 그저 아이디어 모집의 단계일 뿐이고 여기서 얻은 계획안을 기초로 기본설계와 본설계를 하되 협동설계로 하겠다는 것이었다. 설계 기간은 겨우 두 달이 주어졌다. 이는 건축가를 그저 실무기술자쯤으로 여기며 이들의 발언권을 전혀 인정하지 않겠다는 관료주의적 발상의 소산이었다. 결국 희한하게도 당선작 없이 우수작만이 선정되어 김수근, 김중업 등 당대의 지도적 건축가 6인이 지명되었다. 이에 한국건축가협회는 건의서를 제출하여 항의 의사를 표시했고 진통 끝에 결국 김정수를 설계대표로 김중업, 이광노, 안영배 등이 참여하여 1968년 말 기본설계를 완료했다. 그리고 1969년 12월에 기공하여 1975년 9월 1일 마침내 대한민국 국회의사당이 준공되었다.[21]

　　국회의사당은 여의도 양말산羊馬山 일대 10만 평 부지에 2만 1881제곱미터 면적과 높이 70미터로 지어졌으며 뒤늦게 부착된 밑지름 64미터의 거대한 르네상스식 돔은 중앙청보다 높이 올라가도록 배려한 것이었다. 철근콘크리트조인 이 건물은 고전주의를 극도로 추상화하여 양식적 분류가 사실상 불가능하다. 옥상을 제외한 전 건물표면은 화강석으로 처리했고 파사드를 장식하는 스물네 개의 열주는 32.5미터 높이에, 그 간격은 20미터에 달했다. 기단을 중심으로 지상 7층 지하 2층을 이루었고 지상 2층에 본회의장, 원형홀, 의장실 등 주요 공간이 배치되었다. 건축 내장에 있어 디자인의 주안점을 한국적 분위기 조성에 두어, 예컨대 중앙의 원형홀 바닥은 석굴암 천장 주변의 무늬를 본뜬 한국적 문양의 대리석 모자이크로 처리했다. 파사드의 스물네 개 열주도 24절기를 상징하는 경회루 석주를 본뜬 것이었다. 그 밖에 건물 왼편에는 의원회관, 오른편에는 국회도서관이 배치되었다.[22]

국회의사당은 중앙집권적 권력의지로 텅 빈 공간에 세운 권력의 기념비였다. 국회라는 근대적 기관을 극도로 추상화된 서양 고전주의 양식과 한국적 문양을 가미하여 연출해낸 것은 말할 나위도 없이 대한민국의 근대화 의지와 민족적 주체성을 표현한 것이다. 그러나 그 과도한 기념비적 연출에도 불구하고 이 건물에는 식민지 시절의 암영이 드리워 있다. 무소불위의 국가가 무턱대고 자신의 의지를 관철시키는 가운데 그 건립 과정이나 건축적 형태에서 텍토닉 내지는 국체의 식민주의적 희화가 야기되었기 때문이다.

1976년 국회사무처에서 발간한 『국회의사당건립지國會議事堂建立誌』는 거대한 열주와 돔을 가리켜 대립된 의견이 원만하게 하나의 결론으로 귀속된다는 의회정치의 본질을 나타내는 형상이라고 풀이했는데,[23] 이는 당시 건축가들의 견해와는 상반된 것이었다. 1975년 건축 전문지 『공간』의 10·11월호는 국회의사당 건축을 특집으로 다루었고, 여기서 건축가 김원은 국회의사당의 모든 건축적 형태를 "국적 불명의 무대장치"라고 신랄하게 비판했다. 그에 따르면 열주와 돔은 전혀 있을 필요가 없는, 순전히 장식용에 불과하다. 우람한 열주가 받치고 있는 것은 그저 가냘픈 보와 얇은 슬래브일 뿐이며 이들의 가벼움을 위장하고자 처마에 설치된, 회백색 화강석을 입힌 5미터 높이의 난간도 그저 옥상의 전망을 가리는 불편한 장식물일 뿐이다. 또한 "거대한 굴뚝을 연상시키는" 원형홀과 그 공간과는 어울리지도 않는 한국적 문양은 억지로 한국적인 것을 만들려는 "논리적 강박관념의 소산"이다. 그것은 "동양과 서양 두 세계 사이에 정신으로 승화된 다리를 놓는 대신 물리적으로 접합시켜보려는 우리 문화의 성급함"을 잘 보여준다는 것이다.[24] 국회 사무처의 관료적 견해보다 전문 건축가의 견해를 비중 있게 받아들인다면, 결국 국회의사당의 기념비성은 구조적 기능과 미적 형태의 조화라는 텍토닉의 근본원칙을 저버린 채 그저 수평과 수직의 강한 교차만으로 텍토닉의 강고함을 연출해낸 착시 효과라고 볼 수밖에 없다.

당시의 재정적 여건이나 의식상의 제약으로 인해 서울에서 '한국광장'은 이루어지지 못했다. 국회의사당과 광장 조성 그리고 신시가지 건설이 이루어졌으나 그것은 이념이 결여된 실용주의와 무맥락성의 극한을 보여주었을 뿐이다. 만약 김수근의 원래 계획이 박정희의 지시 사항과 더불어 고스란히 실현되었더라도 '일본광장' 혹은 '프리드리히 광장'의 (포스트)식민주의적 패러디에 지나지 않았을 것이다. 여의도개발 계획의 꽃이었던 국회의사당은 민주주의보다는 국가권력의 표상으로 지어졌다. 섬의 한쪽 끝 강가에 치우쳐 사람들의 접근보다는 저녁놀을 반기는 고독한 입지가 이 기관의 성격을 말해준다. 그렇지만 평평한 슬래브 지붕 위에 뜬금없이 거대한 돔이 올라앉은 모습은 저녁놀을 받아들이기에도 버거워 보인다. 이 베레모 쓴 파르테논은 프로이센 고전주의의 망령이 머물기에는 너무나도 권위가 없다. 한국 현대사의 파란 속에서 한때 자취를 감춰버린 듯했던 그 망령은 한강 위의 모래섬보다는 다시금 중앙청 앞에서 출몰하게 된다.

3부 아테나의 섬뜩한 환등상

여의도 국회의사당의 슬래브와 보를 받치고 있는 우람한 열주(1975)

대한민국의 문화민족주의

여의도 모래벌판 위에 대규모 관청가를 만드는 계획이 포기될 무렵 중앙청 앞 세종로 일대가 다시 세간의 이목을 끌었다. 이미 1967년 7월에 착공한 정부종합청사가 1970년 말 완공을 앞두고 있었다. 그해 1월 17일자 『동아일보』 기사에 따르면, 종합청사를 지으면서 원래는 같은 규모의 청사를 건너편에 세우고 주변에 부속건물을 만들어 이 일대를 관청가로 꾸미는 계획이 서 있었으나 재정 문제로 무기한 연기되었다. 이처럼 "벽에 부딪힌 집중안集中案" 대신 수도권의 인구집중을 억제하는 방책으로 정부 기관을 분산하자는 의견이 제기되었다. 청사 자체에 주안점을 두지 말고 능률 위주로 배치하자는 의견이었다.[25] 결국 업무 기능 활성화 차원을 넘어선 국가의 진정한 중심핵으로서의 관청 집중가 건설은 이후 더는 논의되지 않았다. 중앙청도 그저 위치만 중심일 뿐 권력의 핵심으로서 가져야 할 기능은 그보다 '모던한' 종합청사에 빼앗긴 상태였다. 여의도 국회의사당 공사가 한창 진행 중이던 1970년 12월 말 세종로에 준공된 종합청사 본관은 지상 19층, 지하 3층의 모더니즘 건물로, 이전의 관청사와는 결이 완전히 달랐다.[26] 그리고 1981년 12월에는 과천 제2정부종합청사가 준공되어 중앙청이 중앙청사의 역할을 유지하기가 더욱 힘들어졌다. 결국 1983년부터 총 2년의 보수 공사를 거쳐 중앙청은 1986년 8월 21일 국립중앙박물관으로 완전히 용도를 바꾸게 된다.[27]

총독부 청사에서 국립박물관으로의 놀라운 변신은 프로이센 고전주의의 망령이 결코 사라지지 않았음을 알려준다. 정부청사로서의 기능을 잃었던 만큼 전혀 새로운 방식으로 다시금 국가의 중심부를 차지할 수 있었다. 어쩌면 그것은 이 오욕의 상징물이 대한민국에서 장기적으로 살아남는 유일한 길이었다. 일견 전혀 어울리지 않는 총독부 청사와 국립박물관 간에는 어떠한 연관성이 있는 것일까? 그 무엇이 오욕의 역사마저 뛰어넘게 했던가?

옛 총독부 청사가 첫 설계에서부터 체현했던 것은 근대문명의 우월함이었다. 이 건물을 지어 올린 일제 식민주의자들은 근대문명을 아시아에서 일본 민족이 떠맡아야 할 고유 사명이자 자기정체성으로 부각하였다. 일본발 범아시아주의는 서구 근대문명의 쇄도에 능동적으로 대처할 전망을 제시함으로써 구한말부터 한국 지식층 사이에서 광범위한 공명을 이루었다. 낡은 '중화권'이 일본 주도의 근대적 '동양'으로 대체되었던 것이다.[28] 그러나 총독부 청사의 강력한 외관이 대변하는 근대화 이상과 식민지 현실은 결코 봉합될 수 없는 틈을 이루었고, 바로 이 틈새에서 민족주의의 억센 줄기가 자라났다. 일제 시기 문화적 '동화'와 사회·경제적 차별이라는 이중적 정책에 맞섰던 독립운동은 그럼에도 사라진 왕조를 부활시키기는커녕 지배자의 식민주의적 이상을 주체적으로 전유했다.[29] 한국의 민족주의자들은 애초 근대화론자들이었다. 조선의 관혼상제를 구습이라 비판하면서 상류층 자제들이 부모 제사에나 열중한다고 한탄했던 외솔 최현배는 결코 예외적 사례가 아니다.[30] 따라서 한국 민족주의의 필수 과제는 근대화를 지향하면서도 식민 당국의 논리에 빠져들지 않는 길을 개척하는 것이었다. 과연 어떠한 논리로 근대적이면서도 한국적일 수 있을까?[31] 그 해결책은 다름 아닌 '민족문화'의 논리였다. 반만년 역사 속에 한민족이 일구어온 찬란한 '문화'가 근대화의 이상을 식민주의의 유혹으로부터 자유롭게 해주었다.

그러나 이는 참된 해결책이 아니었다. 대한민국의 문화민족주의는 표면적으로는 강한 반일의식의 발로인 듯 보이지만, 실은 일제가 프로이센-독일로부터 영향받은 문화민족주의의 연장선상에 있다. 일본과 독일에서도 그러했듯 문화민족주의는 과거에 대한 '체계적 오인'을 통해 민족의 기원 및 원천 문화에 대한 상투적 이미지를 창출해낸다.[32] 그럼으로써 근대화의 압력이 현실과 빚는 부조화는 자연스럽게 은폐된다. 물론 그것은 지극히 불안정한 '담론 형성체'였을 뿐이다. 때로는 근대화의 일방적 논리를, 때로는 밑도 끝도 없는 전통을 옹호하지만 스스로에 대해서는 어떠한 도전도 용인하지 않는다. 이처럼 억지춘향으로 신성화된 '민족문화' 담론은 권위주의 국가체제에 봉사하기 쉽다. 총독부 청사와 국립박물관이야말로 권위주의 국가의 화신이었다. 양자는 모두 신성불가침의 성역으로 자처하며 각자 정치와 문화의 영역에서 무소불위의 중앙권력을 행사했던 것이다. 양자는 친족관계이다.

대한민국의 문화민족주의에 전범을 제공한 이는 좌익에 속했던 신채호보다는 친일파였던 중도보수주의자 최남선이었다. 1930년대에 친일로 돌아서기 전까지 최남선은 조선인 주체의 '조선학' 연구를 천명하며 중국과 일본에 조금도 뒤처지지 않는 조선 문화의 고유 요소를 발굴해내고자 부심했다. 1920년대에 출간한 『불함문화론』과 『조선 불교』에서 최남선은 단군에 대한 독특한 해석 등을 통해 조선 민족을 중심으로 한 동북아 문화권을 구상했다. 그의 이러한 폭넓은 시각은 1910년대 조선과 일본을 두루 거친 철도 여행에 힘입은 바 컸다. 그는 결코 단순한 전통주의자가 아니었다.[33] 그러나 그의 강점은 동시에 치명적인 맹점이 되고 만다. 『불함문화론』은 꽤나 거창하게도 세계 3대 '문화권'을 설정했는데, 그것은 인도-유럽 계통의 문화와 중국 계통의 문화 그리고 불함문화였다. 여기서 주목할 점은 조선과 일본이 동일 문화권에 포함되었다는 것이다. 이는 고대 일본이 한국을 지배했다는 일본인 학자들의 일선동조론에 대항하는 논리로 볼 수 있으나, 일제의 대동아공영권과도 친화력이 있는 논리였다. 따라서 정치적 국면의 변화에 따라 불함'문화권'의 중심을 한국 민족에서 일본 민족으로 옮겨 갈 여지는 얼마든지 있었다. 이는 제국 내 각 민족의 문화적 독립성을 용인하는 일제의 '문화정치' 정책에 실제로 잘 부합했다.[34]

최남선의 사례는 문화민족주의가 근대적 보편성과 민족주체성 사이에서 갈등을 빚는 모습을 전형적으로 보여준다. 모더니티와 식민성의 틈새에서 솟아난 한국 민족주의는 때로는 저항의 논리로, 때로는 체제수호의 논리로 다양한 가지치기를 할 수 있었다. 집권세력의 변천에 발맞추어 다양한 위치 이동과 전략적 재편이 끊임없이 이루어졌던 것이다. 민족적 정체성이란 늘 불화의 소지를 안고 있다. 이렇게 볼 때 문화민족주의의 팽배는 일제의 '문화통치'로부터 촉발된, 민족주의의 전반적 개량화 내지는 우경화를 의미한다고 할 수 있다.[35]

대한민국에서 오랫동안 무소불위의 권력을 행사한 문화민족주의를 이해하는 데 둘도 없는 실마리를 제공하는 사례가 있다. 천도교 지원을 받던 잡지 『개벽』에 1922년부터 1923년에 걸쳐 당시 젊은 철학도 박종홍이 연재한 「조선 미술의 사적 고찰」이 그것이다. 박종홍은 연재 기획 제1호에서 "우리의 미술사"를 기술함에 있어 세계 미술사 속에서 조선 미술이 갖는 고유한 특색과 원인을 밝혀내고자 한다는 취지를 밝혔다. 그는 먼저 "간다라에서 전래한 북방불교"가 조선 미술의 발전에 결정적 요소로 작용했다고 주장하면서 그리스 문명과의 관련성을 언급했다. 이러한 시각은 말할 나위 없이 이토 주타의 호류지 건축론을 염두에 둔 것이었다. 박종홍의 조선 미술사 해석은 오카쿠라나 이토의 일본 미술사 해석과 기본선이 유사하다. 박종홍은 그리스로부터 인도를 거쳐 중국에서 집대성된 미술이 비로소 한반도에서 풍요한 결실을 맺게 되었다고 말한다. 조선 미술 고유의 특색은 백제와 고구려가 멸망해 당과의 교류가 단절되면서 분명해지지만 이미 삼국시대에 근간이 구축되었으며, 그 증거가 바로 조선 미술을 바다 건너로 전한 고구려인 담징의 "법륭사 금당벽화"라는 것이다.[36] 비록 해석의 기본선은 호류지 건축론과 유사하지만, 한반도에서 건너간 담징의 역할을 강조했다는 점에서 박종홍의 조선 미술사 해석은 일본식 문화민족주의를 조선식으로 전유한 예라고 할 수 있다. 이 글은 전문적 미술사학에는 별다른 영향을 끼치지 못했지만, 적어도 여기서 첫선을 보인 담징론은 해방 후 초등 교과서에 실릴 정도로 국민의 집단기억 속에 뚜렷이 자리 잡게 된다.[37]

그런데 법륭사 금당벽화와 관련된 철학자 박종홍의 시각은 좀 더 눈여겨볼 필요가 있다. 1922년 9월 1일자 『개벽』 제27호에 실린 같은 연재글 제6호에서 그는 고구려 미술을 좀 더 깊이 천착했는데, 여기서 그 웅혼한 기상을 강조하면서 야나기 무네요시류의 조선 미술사 해석[3부 3장에서 '조선총독부 청사의 건축적 특징과 공간성' 참조]을 강도 높게 반박한다. "위대한 정신의 주인이며 비범한 수완의 소유자인 우리 고구려인"은 인도의 불교 사상과 서역의 그리스 계통 기교를 수용하여 조선화함으로써 결국 동양 미술을 주도하게 되었다는 것이다. 따라서 비애를 강조하는 입장은 "근대인의 외관상 선입견에 지배된" 오류이며 벽화의 무미건조함을 강조한 것도 서화일체書畵—體 사상의 결과인 것을 이해하지 못한 소산일 뿐이기에, 이 같은 "부당한 외론外論"에 맞서 조선 미술 고유의 위상을 드높이는 것이 우리의 과제라고 역설했다.[38]

여기서 박종홍은 한국 문화민족주의의 꼬인 매듭을 단칼에 잘라버리고 민족의 주체성과 근대화 과업을 단숨에 일치시킨다. 철학자 박종홍이 이후 박정희 유신체제하에서 「국민교육헌장」을 만든 주역이라는 점을 고려할 때, 1920년대 초반에 펼쳐진 그의 사상편력은 단순히 젊은 혈기로만 보기에는 너무나 의미심장한 측면이 있다. 그의 사상은 10년 후 만주국의 국가이념을 선취한 측면이 있다. 근대화와 민족적 정체성, 가장 동양적인 것과 가장 서구적인 것 간의 모순을 '초극'한 새로운 국가를 건설하고자 한 열망은 만주국을 거쳐 박정희의 반공국가에서 활기차게 부활한다.

박정희 군사정권은 민족의 새로운 구심점을 역사에서 찾았다. 물론 이때의 역사는 전래된 민속신앙과 관습 등이 아니라 주로 지배계급의 선도적 문화, 한마디로 "민족의 얼"을 의미했다. 그것은 과거에 대한 선택적 편집과 집중적 재구성을 요구했다. 한국 민족의 전통은 과거에서 찾아야 할 것이 아니라 미래를 위해 새로이 창조되어야 했다.[39] 따라서 어두운 식민지 과거 따위에 매달릴 필요는 전혀 없었다. 군사쿠데타에 성공한 바로 그해 10월에 문화재청의 전신인 문화재관리국이 설립되고 같은 해 12월 말에 문화재보호법이 서둘러 국회 상임위원회를 통과했다는 사실은 역사를 지배하고자 하는 군사정권의 강한 의지를 엿볼 수 있는 대목이다.

박정희 정권의 역사관은 무엇보다 중앙청과 경복궁을 대하는 방식에서 확연히 드러난다. 1962년 중앙청을 다시 정부청사로 사용하게 되기까지 박 정권은 한국전쟁 때 심각하게 손상된 경복궁에서 미국 카우보이쇼나 국제레슬링대회를 개최하거나 스케이트장을 만들어 운영했으며, 1962년 5월에는 일제 시기를 연상시키는 산업박람회를 "5·16 군사혁명 1주년 기념"으로 개최하기까지 했다.[40] 그중 절정은 1968년에 이루어진 기상천외한 철근콘크리트 광화문의 신축이었다. 중앙청 앞을 가로막고 대충 원래 있던 위치에 광화문을 복원하여 일제에 대한 민족적 응징이라는 이미지를 연출했다. 더구나 목재 현판 외에는 모두 산업화의 상징인 철근콘크리트와 석재를 사용함으로써 "민족중흥"의 이데올로기를 국민 뇌리에 각인하려 했으며 대통령 스스로 현판까지 적어이 민족적 기념비의 새로움을 부각하였다. 그러나 옛것을 전혀 고증하지 않고 급조된 광화문은 마치 잘못 제작된 모조품같이 보였다. 경복궁의 중심축과 비뚤어진 채로 복원된 광화문은 경복궁의 정문이라기보다는 차라리 중앙청의 정문이라 할 만했다.[41] 따라서 신축 광화문은 처음부터 많은 비판과 논란을 불러일으켰다.[42] 이 같은 일련의 과정은 박정희 군사정권이 역사를 철저히 권력의 도구로 삼았음을 알려준다. "민족의 얼"과 "민족중흥"의 정신에 위배되는 과거라면 얼마든지 삭제하고 변조해도 무방했다.

어두운 식민지 과거를 지워버리고 근대적인 것과 민족적인 것을 즉자적으로 통합한 박정희식 문화민족주의는 중앙청 앞 세종로에 보다 뚜렷한 족적을 남겼다. 정부종합청사 옆자리, 즉 일제강점기 체신국 터에 지어진 세종문화회관은 설계공모에서 당선된 엄덕문과 전동훈의 설계안을 수정한 형태로 1974년 착공하여 1978년에 준공했다. 1978년 5월 건축 전문지 『공간』 131권은 '세종문화회관'을 특집으로 다루었는데, 설계자 엄덕문은 이 건물이 "전통과 기능의 조화"를 구현했다고 자평했다. 연건평 1만 6122평에 철골철근콘크리트조로 지어진 세종문화회관은 지하 3층 지상 6층 건물이며 화강석으로 마감되었고 중앙광장을 중심으로 오른쪽이 대강당군, 왼쪽에 소강당군, 중앙에 회의장군으로 배

박정희 정권이 철근콘크리트로 다시 지은 광화문

열되었다. 한국 고유의 건축양식에 현대적 감각을 가미한 이 건물은 세종로를 향해 펼쳐진 파사드를 장엄한 화강석 열주와 더불어 두 개의 비천상이 부조된 좌우 벽면으로 장식했으며 그 밖에 만卍자형 창살을 설치했다.[43] 전례 없이 4200석이나 갖춘 대강당은 당시 평양의 조선문화회관 대강당을 의식한 데다 유신체제하의 대리국회인 통일주체국민회의를 수용하려는 목적도 있었다.[44]

그러나 『공간』의 동권同卷이 기획한 또 하나의 특집 「전통계승과 한국 현대건축의 반성」이 소개하고 있는 '한국 현대건축의 반성'이라는 주제의 좌담회에서는 비판의 목소리가 터져 나왔다. 먼저 "북악산의 스카이라인을 깨뜨려버리고 솟아오른 정부종합청사" 등 삭막한 주변환경과 더불어 "휴먼 스케일을 넘어서는 권위의식", "콘크리트 서까래와 주두", "어떤 강박관념, 즉 한국적인 전통을 이어받는 무엇을 찾아내려고 애쓰는 강박관념"에 대해 진지한 문제 제기가 이루어졌으며, 그 밖에도 건물 서쪽면의 출입 통로가 그저 지나치는 곳으로 설계되어 전용 마당 공간이 없다는 점이 지적되었다.[45] 여러모로 세종문화회관은 박정희식 문화민족주의의 가장 확실한 건축적 표현이었다. 그것은 한국식 '제관양식' 건축이라 할 만한 것이었다. 화강석 열주와 좌우 벽면의 비천상 부조는 서양과 동양, 근대적인 것과 민족적인 것이 결합되는 방식을 생생하게 보여준다. 모순된 양측은 여기서 무조건적 통일을 강요당한다. 그 어디에도 중간은 없다. 쉬어갈 마당을 허용하지 않는 구조는 텍토닉의 극단화로 볼 수 있다. 이곳을 지나치는 보행자들 대부분은 높은 계단 위에 놓인 외부 진입 마당에 올라설 엄두를 내지 못하며 길가를 바짝 죄어드는 거대한 열주 앞에서 발걸음을 재촉하지 않을 수 없다. 마치 권력자의 면전에서 눈길을 마주치지 못하고 움츠러드는 것처럼 말

3부 아테나의 섬뜩한 환등상

박정희식 문화민족주의가 건축으로 표현된 '세종문화회관'의 파사드(1978년 모습)

세종문화회관 외부 진입마당(1978년
모습)

이다. 건축가 정기용의 표현을 빌리면, "추녀 부분이 너무 강조되어 무겁다 못해 바윗덩어리 같은 세종문화회관"은[46] 하향식 복종을 강요하며 말로를 겪던 유신정권의 일그러진 자화상이 아닐 수 없었다.

역사 바로 세우기?

'민족중흥'을 '조국근대화'의 궁극적 목적으로 설정했던 군사정권이 물러나고 이른바 '문민정부'가 출범하면서 민족적인 것과 근대적인 것은 다시금 갈등을 빚게 된다. 1993년 8월 9일 김영삼 대통령은 전두환 군사정권에 의해 국립중앙박물관으로 변모되었던 중앙청 철거를 지시한다. 철거 단행일로는 1995년 8월 15일이라는 시점을 못 박는데, 광복 50주년인 동시에 경복궁 창건 600주년에 해당한다는 점을 부각한 것이다. 철거 시점의 문제와 만만찮은 비용 문제, 건물 자체가 주는 교육적 의의 등을 두고 이견이 많았음에도 정부는 가차 없이 건물 정상의 첨탑을 해체하였고 1996년 말까지 건물을 완전히 철거했다.[47]

'문민정부'의 이러한 조치는 국가 중대사에 대해 충분한 사회적 논의를 방기한 채 대통령이 임의로 독선적 결정을 내렸다는 비판을 피할 수 없다. 민족의 자존심과 정기 회복을 명분으로 내세웠지만 실제로는 정치적 야합으로 탄생한 정권의 정통성을 독립운동과 민주화운동의 권위를 빌려 확보하려던 지극히 정략적인 선택이었음은 누구나 다 아는 비밀이다. 1995년 광복 50주년 기념식에서 건물 중앙 돔의 첨탑을 기중기로 떼어내 바닥에 내려놓는 정치적 스펙터클을 굳이 연출한 것은 정권의 취약성에 대한 반증일 뿐이다. 마치 쫓기기라도 하듯 급하게 건

3부 아테나의 섬뜩한 환등상

구 조선총독부 건물 철거 장면(1995. 8. 15)

물을 허물어버린 정부는 첨탑 등 일부 철거물을 보존하여 역사교육공원을 조성하기로 하고, 또한 관람객이 옛 총독부 건물의 폐허 속으로 들어가보는 임시공간을 마련하는 등 뒷수습에 나섰지만[48] 이미 돌이킬 수 없는 일이었다.

사실 옛 조선총독부 청사 철거는 노태우 정권 시절부터 기획된 것이었다. 군부독재의 모습을 가리기 위해 권위주의 체제의 상징을 철거하려는 의도였는데 실행을 못한 것은 순전히 재정 부담 때문이었다.[49] 이에 비해 '문민정부'는 총독부 철거 사업을 나름 포괄적 정책의 일환으로 기획했다. 김영삼 정권의 통치이념인 '신한국'을 구체화하기 위해 수립된 '역사 바로 세우기' 정책이 바로 그것이다. 정부는 이 정책을 "왜곡된 역사를 바로잡고 민족정기를 되살리는" "일대 혁신"으로 자평했다. 여기에는 첫째, 독립운동의 정신을 계승·발전시키기 위한 독립유공자 발굴 및 포상, 애국선열 유해 국내 봉환, 독립운동 사료 수집 및 문헌 발간, 둘째로 구 조선총독부 건물 철거와 경복궁 복원 그리고 일제가 남긴 쇠말뚝 제거 및 우리 고유지명 되찾기, 셋째로 4·19 민주이념의 계승·발전을 위한 관련 법령 개정과 더불어 의거를 '혁명'으로 다시 자리매김하여 교육과정에 반영하기, 4·19묘지 확장 및 성역화, 넷째로 12·12사건 진상 규명과 내란 및 반란으로 규정하기와 5·18특별법 제정 등 오랫동안 미루어왔던 과제 목록이 두루 열거되었다. 김영삼 대통령은 1995년 12월 21일 청와대 국무회의에서 "역사 바로 세우기"야말로 "제2의 건국"이라고 허세를 부렸다.[50] 이처럼 거창한 기획에 비하면 내실은 빈약했다. 예컨대 "독립공원 사적지 성역화" 사업에 힘입어 1998년 서대문형무소역사관이 개관했는데, 일제가 한국인을 핍박했던 서대문형무소와 일제가 한국 개화파 세력을 지원하여 건립한 독

3부 아테나의 섬뜩한 환등상

립문을 그저 공간적 인접성만을 이유로 "독립공원 사적지"로 한데 엮은 것은 설득력을 얻기 힘들었다.[51]

이 모든 소극笑劇에도 불구하고 시대의 조류가 변한 것만큼은 분명했다. 이러한 변화를 어떻게 설명할 것인가? 한때는 공화국의 아이콘이던 건물을 왜 그리 급작스럽게 없애버렸는가? 단지 일개 정권의 지나친 과시욕 때문이었을까? 서울시민들은 정말로 철거를 원했는가? 대한민국의 비약적 경제 발전은 확실히 '근대화'와 더불어 '근대적' 도시공간에 대한 환상을 점차 소멸시켰고 이와 병행하여 점차 식민지 과거의 어두운 측면이 부각되었다. 이에 따라 중앙청은 수치스러운 과거의 잔재로, 혐오스러운 총독부 건물로 지목되었다. 모더니티의 환등상은 물질적 변화에서 비롯된 새로운 재현의 정치와 그에 상응하는 집단기억을 더는 가릴 수 없었던 것이다.

이러한 변화의 성격을 잘 말해주는 것이 근대적 도시공간에 대한 독특한 대안 논리의 등장이었는데, 다름 아닌 '풍수'였다. 조선의 맥을 끊고 조선 왕가의 기를 누르고자 경복궁을 터로 잡아 조선총독부 청사를 세웠다는 풍설과 더불어 일제가 전국 명산 곳곳에 쇠말뚝을 박아 지맥을 끊어놓고 지역 명칭을 의도적으로 왜곡하며 변경시켰다는 이른바 '일제단맥설'이 갑작스레 힘을 얻었다.[52] 다소 선정적으로 제기된 풍수론과 더불어 근대적 가치에 구속되지 않는 민족의 고유한 정체성 혹은 회복되어야 할 '민족정기'에 대한 요구가 대세를 이루었다. 그것은 신형 문화민족주의였다. 원로 미술사학자 안휘준은 1995년에 쓴 한 편의 글에서 조선총독부 청사를 반드시 철거해야 한다는 견해를 피력했는데, 그 "흉측한 건물의 철거에 따른 의의"를 "우리 이마의 한복판에 박힌 못을 뽑아내는 것"에 비유했다. 이 고명한 학자는 "일제 잔재의 불식

에 대한 확고한 의지, 민족문화에 대한 돈독한 이해와 돈후한 배려"를 새삼 강조했다.[53]

이러한 발상이 경복궁 복원 요구로 이어지는 것은 매우 자연스러웠다. 박정희 치세가 끝날 때까지 근대문명의 뒤안길에 놓였던 곳이 어느새 민족문화의 도상으로 거듭났다. 1991년 6월 5일 노태우 정권하의 경복궁에서는 캠페인적 성격의 '경복궁 복원 기공식'이 개최되었고 1996년 10월 옛 총독부 청사가 완전히 사라지면서 경복궁 복원 사업이 본격화했다. 2006년 12월 4일에는 '광화문 제 모습 찾기 선포식'과 함께 광화문광장 조성 사업도 본격화하였다.[54] 이러한 수순은 놀랄 만한 일은 아니었으나 따지고 보면 그다지 자명한 일도 아니었다. 일제에 의해 유린된 민족의 성역으로 간주된 경복궁이나 광화문은 일제의 강제침탈이 있기 전까지는 실제 성역은 아니었다. 오히려 일제의 식민통치가 이곳을 성역으로 만들어주었다. 사실상 존재한 적도 없는 경복궁의 중심성이 공식적으로 사라진 순간은 동시에 이 가상적 중심점이 근대국가의 소실점으로 재탄생하는 순간이기도 했던 것이다. 그리고 어느덧 마치 경복궁의 운명이 민족이 겪어야 했던 비극적 운명의 은유라도 되는 듯 왕조사가 고스란히 민족사로 탈바꿈되었다.[55] 이는 박정희 군사정권이 민족의 역사를 은근슬쩍 근대화 논리 속에 편입시킨 수법을 그대로 뒤집은 것에 불과했다. 근대적인 것과 민족적인 것 간의 괴리를 한쪽을 가려버림으로써 해소한다는 점에서 사실상 같은 논리였다. 결국 이 와중에 정작 배후의 권력은 별 부대낌 없이 온존할 수 있었다.

총독부 청사와 경복궁이 엎치락뒤치락하는 사이 그 배후에 거뜬히 버티고 선 은밀한 존재가 있었다. 바로 청와대이다. 조선시대에 경복궁의 후원이었던 이곳은 과거시험을 보던 융무당隆武堂 등 건물 몇 채와

　　　　　　　　　　　　　　　3부 아테나의 섬뜩한 환등상

전각 등이 자리 잡았던 곳으로, 고종 5년인 1868년 경복궁이 중건되면서 후원 자리에 4개의 건물이 새로 등장했는데 그 가운데 하나가 경무대景武臺였다. 제7대 조선총독 미나미 지로南次郎는 왜성대 총독관저를 시정기념관으로 개편하면서 이곳을 새로운 총독관저 부지로 선정하여 경복궁 후원 건물들을 철거하고 1939년 7월에 관저를 준공한 뒤 9월부터 이곳에 기거했다. 야산을 포함해 총 17만 1902제곱미터의 부지에 연면적이 1861제곱미터인 적벽돌조적조 2층의 신축 총독관저는 네 개의 굵직한 기둥을 지닌 포치와 에스파냐풍 청기와를 올린 지붕이 특징이다. 설계는 조선총독부 관방회계과 영선계에서 맡았고 도쿄 제대 교수 사노 도시카타가 설계고문으로 위촉받았다.[56]

제7·8·9대 조선총독이 이곳을 관저로 사용했으며 경무대라는 명칭은 이승만 대통령이 처음 썼다. 1961년 윤보선 대통령이 청와대로 이름을 바꾸고 9개월 동안 관저로 사용했으며[57] 1989년 청와대 신축 종합계획이 수립되어 1990년 10월 25일 새 대통령관저가, 1991년 9월 4일 청와대 본관이 완공되었다. 예전에 조선총독이 살던 구 관저는 1993년 8월 김영삼 대통령이 철거했다. 그러나 근본적으로 변한 것은 없었다. 여전히 그곳은 현실권력의 핵심부였다.

1938년경 작성된 것으로 추정되는 「경무대 관저 경내부지 배치도」는 건물의 주위 상황을 잘 보여준다. 도판의 가장 남쪽에 보이는 담장이 경복궁의 북쪽 담장이며 그곳에 설치된 문이 신무문神武門이다.[58] 신무문 바로 바깥쪽으로 북악산 기슭으로 올라가는 도로가 개설되어 있으며 그 초입에는 조선총독부의 각종 관사가 자리 잡았고 더 올라가면 북쪽으로 완만하게 구부러지는 진입로의 끝에 총독관저가 있다. 건물 남쪽에는 연못을 포함해 정원을 꾸몄다. 한마디로 이곳은 가장 은밀

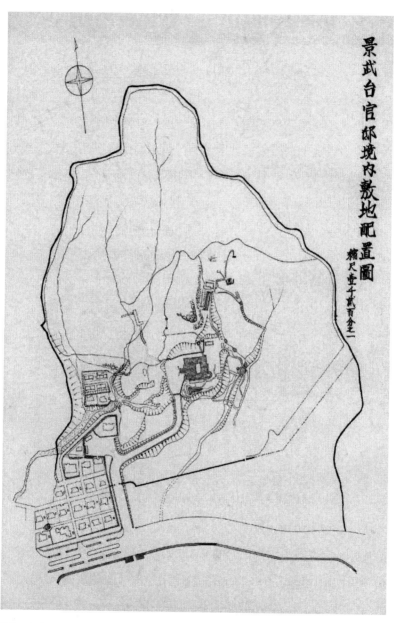

景武臺官邸境內敷地配置圖

縮尺壹千貳百分之一

「경무대 관저 경내부지 배치도」(1938년경 추정)

경무대 전경

한 곳에 도사리고 앉아 만물을 응시하는 권력 그 자체의 형상이라 할
수 있다. 이 장소는 역사적 파란에도 요지부동이었다. 총독부 청사와
경복궁의 화려한 환등상이란 어쩌면 이곳을 감추는 연막에 불과했던
것 아닐까? 결코 실현될 수 없는 상상의 중심부 뒤에는 의외로 현실적
인, 너무나 현실적인 권력이 마치 푸르른 수풀 속의 뱀처럼 도사리고
있었던 것이다.

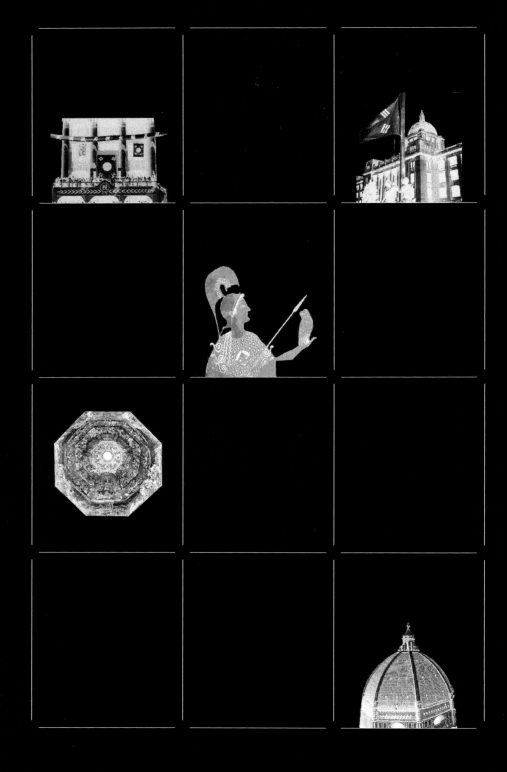

기억의 터와 희망의 공간

부수고 짓는 행위는 그렇게 어려운 일이 아닙니다.

대통령께서는 그 점을 숙고하셔야 합니다.

—

전진삼,
「노태우 대통령 앞으로 띄우는 건축서간」, 「공간」(1991, 1 · 2)

슈프레 아테네의 부활

1989년 11월 동베를린과 서베를린을 갈라놓았던 장벽이 열리면서 베를린 중심부에 위치한 포츠담 광장Potsdamer Platz은 한순간에 공터에서 중심지로 변모했다. 포츠담 광장은 '광장'이라는 명칭과는 달리 본시 교차로였다. 각종 상업 시설로 가득 찬 유럽 최대 번화가였던 이곳은 현대 대도시 특유의 모든 부산스러움, 속도, 운동감을 상징하였으며, 이 곳만을 따로 떼어내 '독일의 시카고German Chicago'라는 상투적 별칭을 붙이기도 했다.¹ 1830년대에는 이곳에 철도 구간이 형성되면서 유명한 포츠담역Potsdamer Bahnhof이 등장했으며 1870년대에는 도시전철이 출현하면서 각종 교통수단이 보행자와 경쟁하는 혼잡스러운 대도시 풍경이 펼쳐졌다. 그러나 곧 역사의 파란에 휩쓸리며 섬뜩한 '죽음의 띠Todesstriefe'가 가로놓인 장소로 전락했다. 독물로 오염된 지뢰밭, 감시탑, 맹견, 철조망, 무장경비대를 통해 철저히 감시되는 베를린 장벽Berliner Mauer은 실제적으로나 은유적으로나 전쟁, 테러, 분단의 폐허 위에 세워졌다. 한 도시를 둘로 쪼개버린 이 '유럽의 만리장성'은 이를 세운 동독 입장에서는 '반파시즘 성벽'이었던 반면 서독 입장에서는 '수치의 벽'에 다름 아니었는데, 1950년대를 거치며 세계대전 때 파손된 건물이 대부분 함몰됨으로써 장벽 주변은 황량한 공터로 전락했다.² 독일 영화감독 빔 벤더스Wim Wenders의 1987년작 〈베를린 천사의 시Wings of Desire〉에 나타나는 베를린은 음산하고 빈곤한 기운으로 가득 찬 회색빛 도시이다. 장벽 주

포츠담 광장의 옛 모습

위의 잡초 우거진 공터는 소란스러웠던 옛 기억이 망령처럼 맴도는 진풍경을 연출한다.

싱켈이 최후 승리를 거두다

1991년 6월 20일 독일연방의회가 통일독일의 수도를 서독 수도 본에서 베를린으로 이전하기로 결정한 것은 베를린이야말로 분단된 독일을 아우르고 그 상처를 치유하며 새로운 민족정체성을 구축할 수 있는 최적의 장소라는 믿음에 근거한 것이었다.[3] 수도 이전이 결정되면서 역사적 정체성과 결부된 수도의 시각적 형태에 대한 논쟁이 불붙었다. 과연 통일독일은 자신의 정통성을 어디서 찾을 것인가? 나치의 파시즘 체제 및 동독의 공산주의 체제와 전혀 무관한 독일 민족사의 흐름을 찾아낼 수 있는가? 역사적 상흔으로 가득한 수도 베를린은 어떻게 새로운 '기억의 터'로 '발명'될 것인가? 과연 위풍당당한 기념비적 풍모로 거듭나야 할 것인가, 아니면 굴곡 많았던 과거사의 흔적을 있는 그대로 드러내며 의도적으로 파편화할 것인가?[4] 베를린을 찾는 사람이면 누구나 느끼듯 이곳의 도시경관은 가히 정신분열적이라 할 만큼 뒤죽박죽이다. 여타 서구 국가들의 수도에서는 일정하게 찾아볼 수 있는 도시계획적·건축양식적 일관성이 이곳에는 부재하다. 수도 베를린은 아예 새로이 발명되어야 했다.

오랜 논란 끝에 장벽이 철거되자 포츠담 광장이 살아났다. 이곳은 오래도록 공터로 남아 있었지만 그 일부는 이미 통일 전부터 변화를 겪고 있었다. 1960년대부터 서베를린 시당국은 이곳을 다시금 세계적 명소로 만드는 장기 계획에 착수했었다. 한스 샤로운Hans Scharoun이 설계한 필하모니Philharmonie가 1963년 완공되고, 1967년에는 미스 반데어로에의 신국립미술관Neue Nationalgallerie, 1978년에는 필하모니와 쌍둥이 건물인 국립도서관Staatsbibliothek 등이 차례로 들어서면서 국제적 아방가르드의 면모를 지닌 '문화광장Kulturforum'이 이미 통일 이전부터 이곳에 자리 잡았다.5 서베를린 정부가 시작한 포츠담 광장 부활 프로젝트는 통일 후 박차를 가한다. 이미 포츠담 광장 서쪽은 새로운 베를린의 모습을 선취하였기에, 변화는 주로 장벽으로 막혀 있던 곳이나 동베를린에 속했던 곳에서 이루어졌다. 베를린 시당국은 포츠담 광장에 세계 유수 기업들의 대대적 투자를 유치하여 이곳을 비즈니스와 유흥의 중심지로 만듦으로써 기존의 칙칙한 이미지를 털어낸 새로운 베를린의 면모를 과시하고자 했다.6

포츠담 광장 재건은 국제적 유럽도시라는 베를린 '원래'의 전통을 회복하는 것을 기조로 삼았다. 나치가 집권한 1933년 이전의 전통, 즉 세기말과 바이마르 공화국 시기의 고전적 모더니즘 전통을 되살리는 한편, 포스트모던적인 유리 건축물도 제한적으로 허용하는 이 기조는 건축사가 디터 호프만-악스텔름Dieter Hoffmann-Axthelm이 제안한 이른바 '비판적 재건critical reconstruction' 원칙을 받아들인 것이었다. 비판적 재건론은 동·서 베를린 모두 전후 재건이 도시의 유기성을 파괴했다는 진단에 기초했다. 전시戰時에 파괴는 되었으나 아직 복구할 수 있었던 건물들 태반을 포기하고 그 자리에 마구잡이로 고층빌딩, 주차장, 고속도로 혹은 단조로운 주택지를 지었다는 것이다. 하나의 도시는 다원적이면서도 유기적 연계성을 지녀야 하기에 도시 본래의 전통을 비판적으로 계승하는 작업이 필요하다고 보았다. 비판적 재건론은 결국 도시의 경제적 활성화를 도모하면서도 엄격한 도시계획하에 무질서한 발전을 규제한다는 원칙을 표방했다.[7] 비판적 재건론에 기초해 새로운 모습으로 부활한 포츠담 광장은 일견 미래지향적으로 보이지만, 사실은 특정한 과거를 마치 잃어버린 황금시대처럼 선별적으로 기억함으로써 '발명'된 것이다. 바이마르 공화국의 수도이자 개방적 국제도시였던 베를린에 대한 기억은 실로 바로 직전의 수십 년간의 장벽의 존재에 대한 의도적 망각의 산물이다. 비록 동서의 융합과 번영을 표방했건만 재건된 포츠담 광장은 동독의 흔적을 지워버린 채 오로지 서독 자본주의 체제의 지배만을 웅변하게 되었다.

비판적 재건론은 서구 건축계에 전반적 영향을 끼치던 이른바 '신전통주의'에 입각한 것이다. 건축계의 신전통주의는 현대사회의 급격한 변화에 대한 보수주의적 대응으로, 옛 왕도王都나 이미 고전이 된 모더니즘 도시의 전통을 부활시키려 한다. 1991년 베를린 시의회에 의해 '시 지정 건축가Stadtarchitekt'라는 직책을 얻은 한스 슈팀만Hans Stimmann은 비판적 재건론에 근거해 베를린 중심부를 재건하는 '가이드라인'을 제시했는데, 이에 따르면 옛 궁정건축가 싱켈의 프로이센 고전주의 양식이야말로 베를린 고유의 건축적 정체성을 대변하는 것이었다. 슈팀만은 싱켈의 건축이 보여주는 단순성과 절제미는 페터 베렌스나 미스 반데어로에 등 초기 모더니스트들에게도 고스란히 이어졌으므로 이들의 건축도 베를린 재건의 전범으로서 유효하다고 주장했다. 기둥이 부각된 위풍당당한 파사드라든지 영구적인 느낌을 주는 화강석 등 고전주의 건축의 의장儀狀요소가 권장되었다. 슈팀만의 가이드라인은 새로운 베를린을 구축하고자 이상화된 전통에 호소하였는데, 이는 자칫 베를린의 정체성을 협소화하여 권위주의적 규제를 낳음으로써 모순과 갈등

속에 형성되어온 베를린의 다양한 역사적 유산을 봉인하는 오류를 빚을 수 있었다.[8]

베를린 궁의 귀환

이러한 오류가 극적으로 드러난 사례가 바로 옛 베를린 궁Berliner Schloß 재건을 둘러싼 논의이다. 1993년과 1994년에 걸쳐 베를린의 옛 중심가인 운터덴린덴에는 사라진 베를린 궁을 옛 모습 그대로 재현한 설치막이 놓였다. 통일독일의 수도 베를린이 향후 어떠한 모습을 띠게 될지를 예시하는 상징적 이벤트였다. 마치 유령처럼 귀환한 베를린 궁의 모습으로 인해 사람들의 관심은 얼마 전 사라진 장벽의 파편 줍기에서 오래전 사라진 베를린 궁으로 이동했다.

베를린 궁은 17세기가 끝날 무렵 건축가 안드레아스 슐뤼터가 호엔촐런 가문의 오래된 궁을 확장 공사하여 만든 도시 안의 궁전으로, 북유럽 바로크 건축의 백미였다. 19세기 중엽 프로이센 왕국 치하에서 싱켈의 제자 아우구스트 슈틸러가 설계한 거대한 돔이 얹힘으로써 권위를 더하였다. 이 건물은 운터덴린덴의 중심핵인 유원지의 맞은편에 위치하여 사실상 베를린의 공간적 중심을 이루었다. 그러나 이 아름다운 궁전은 역사적 격변의 희생양이 되었다.[9]

제2차 세계대전 당시 연합국의 공습으로 80퍼센트가량 파괴된 이 건물은 그나마 기본 골조와 몇 개 동이 사용 가능한 상태였으나 발터 울브리히트Walter Ulbricht의 독일민주주의공화국(동독) 정부는 1950년 9월 6일부터 수개월간 다이너마이트로 궁을 완전히 폭파했다.[10] 물론 베를

옛 베를린 궁

린 궁의 파괴는 무작정한 성상파괴적 충동의 발로는 아니었다. 이는 여타 대부분의 옛 프로이센 유산이 오히려 복원되어 사용되었다는 사실에서 반추할 수 있다. 베를린 궁을 굳이 폭파한 것은 새로운 공화국에서 다른 긴급한 사안을 제쳐두고 왕궁 복원에 엄청난 비용을 할당할 수는 없었으며, 그렇다고 해서 수도의 중앙을 폐허로 방치할 수도 없는 상황에서 나온 고육지책이었다.[11] 그러나 궁이 사라진 자리는 비용 문제로 수십 년간 주차장으로 방치되다가 결국 1976년에야 비로소 이 자리에 건축가 하인츠 그라푼더Heinz Graffunder가 설계한 '공화국의 궁전Palast der Republik'이 건립되었다. 동독 집권당의 전당대회와 동독 의회의 본회의가 여기서 개최되었다. 비록 베를린 궁을 대신해 세운 건물이었으나 공화국 궁전은 그리 큰 규모가 아니었고 흰색 대리석과 갈색 유리창의 파사드를 지닌 장방형의 국제적인 모더니즘 양식을 취했다. 이는 동독의 새 집권자 호네커Erich Honecker의 요구를 반영한 것이었다.[12]

통일 이후 이 장소는 다시금 세간의 이목을 끌었다. 통일독일 정부는 옛 동독의 의회 건물에 의심스러운 시선을 던졌다. 표면적으로는 도시 미관의 문제가 거론되었으나 실질적으로는 동독체제에 대한 정치적 평가가 연루되어 있었다. 공화국 궁전 대신 옛 베를린 왕궁을 재건하자는 움직임이 조금씩 세를 얻었다. 1993년 베를린 시정부는 통일독일의 수도 베를린이 이제는 그늘진 역사에서 벗어나 국가 위신에 걸맞은 통일적 경관을 필요로 하며 또한 동독 난방 시스템의 허술함으로 인해 그을린 석면투성이 공화국 궁전을 그대로 둘 수 없다는 근거를 들어 이 건물의 파괴와 베를린 궁의 재건을 의결했는데, 이는 동베를린 시민들의 격한 분노를 샀다. 청원과 조직 결성이 이어졌다. 이들은 의문을 제기했다. 민주국가가 왜 왕궁을 필요로 하는가? 단지 상업적 요구 때문인가? "황제 없이는 궁도 없다!" 사실 베를린 시정부의 논리는 동독이 왕궁을 파괴한 것과 같은 논리에 지나지 않았다. 반대자들은 독일의 역사적 연속성을 찾는다는 발상이 결국 동독의 역사를 독일 민족사에서 배제하려는 승자의 논리에 다름없다고 비판했다.[13]

베를린 궁의 재건을 둘러싼 논의에는 건축미학, 도시계획, 시민적·민족적 정체성, 역사 유산의 보존, 역사 정의正義 등 다양한 논제가 포함되어 있다. 옛 왕궁을 재건하자는 계획을 지지하는 여론을 형성하는 데 있어, 2년에 걸친 설치막의 존재가 대단히 큰 영향을 끼쳤다. 그러나 이 계획은 여러모로 부조리하고 편파적인 측면이 있었다. 무엇보다 동베를린 시민들의 의견을 전적으로 도외시한 것이 문제였다. 이들에게 공화국 궁전은 동독체제의 억압성을 대표하는 곳이 전혀 아니었다. 동독 의회가 본회의장으로 사용하던 중앙홀은 의외로 대중음악 공연도 활발히 이루어지던 곳이고 심지어는 서방 팝뮤지션 초청 공연도 드물지 않았다. 건물 안에는 레스토랑과 카페가 있어 친교의 장소로도 애용되었다. 동베를린 시민들은 이 건물에 즐거운 개인적 추억이 있었다. 따라서 이 건물의 파괴는 그들이 새로운 통일독일의 동등한 국민일 수 없다는 자괴감을 낳기에 충분했다. 순수한 역사보존론 입장에서 보아도, 나름대로 잘 존립하고 있는 건물을 이전의 건물을 재건하기 위해 인위적으로 파괴한다는 것은 정치적 판단을 앞세운 그릇된 선택에 지나지 않았다. 현재 공화국 궁전은 파괴가 완료된 상태로, 도시궁전Stadtpalast 건립이 추진되고 있다.[14]

베를린 궁을 복원한 도시궁전의 등장은 베를린 재건에서 신전통주의 경향을 강화할 것으로 보인다. 도시궁전이 그 한쪽 끝을 이루는 유서 깊은 가도 운터덴린덴은 프리드리히 싱켈의 신고전주의적 이상이 숨 쉬는 곳으로, 통일독일의 '중앙 추모지'로 탈바꿈한 신위병소를 위시하여 싱켈의 작품인 구 박물관을 포함하여 최고 수준의 박물관 다섯 곳이 모여 있는 박물관섬에 이르기까지 대대적 수리작업을 통해 통일 독일의 뿌리 깊은 역사적 정체성을 대내외에 과시하고 있다. 그러나 근본적인 질문은 여전히 남는다. 독일인들에게 애당초 민족정체성이란 것이 존재했던가? 나치 및 냉전 시기를 건너뛰어 옛 프로이센의 전통에서 과연 그것을 찾아낼 수 있을까?

흥미로운 사실은 동독 정부도 1980년대 들어 나름의 도시재생에 박차를 가했다는 점이다. 오래도록 폐허 상태였던 많은 역사적 건물이 복원되었는데 이는 역사 재발견 작업과 병행되었다. 동독의 역사가들은 독일 노동자계급을 독일 민족사에서 유리시키기보다는 오히려 그 진보적 흐름 속에 위치시키고자 프로이센에서 군국주의보다는 부르주아 혁명의 가치를 발견하려 부심했다.[15] 이러한 경향은 실은 동독 초기부터 발견된다. 1949년 스탈린의 칠순 생일을 경축하여 지어진 '스탈린 가로Stalinallee'의 건축물들은 다소 과장되게 위풍당당한 소련식 모델에 따랐는데 신고전주의풍 정문과 벽기둥, 창문 장식은 보는 이에 따라서는 싱켈의 건축물들을 연상시킨다. 그러나 서독의 비판가들은 행렬을 이룬 넓은 가로와 지나치게 큰 규모의 건물들 그리고 고전적 의장요소들이 나치 전범인 알베르트 슈페어의 건축과 닮았음을 지적했다.[16] 이후 서베를린이 한스 샤로운 등의 모더니즘 건축물을 선보이는 동안,[17] 동독 정부는 오히려 전통주의 노선을 취했다. 운터덴린덴에 자리 잡았던 바로크 양식의 옛 병기고 건물이 독일사박물관으로 탈바꿈해 프랑스혁명 이래 독일 노동자의 진보적 전통을 다룬 전시를 열었으며,[18] 제2차 세계대전 중 크게 파손된 싱켈의 신위병소 건물이 "파시즘과 양차 세계대전의 희생자를 기리는 추모지"로 탈바꿈되어 복구되었다. 또한 운터덴린덴의 유서 깊은 '프리드리히 광장'이 사회주의 혁명가의 이름을 딴 '베벨 광장'으로 되살아났다.[19]

운터덴린덴에서 멀지 않은 니콜라이 지구Nikolaiviertel가 중세 베를린의 기원으로 부각되어 그곳에 고풍스러운 주거지와 상점들이 세워진 것도 이러한 흐름과 무관하지 않다. 서독 건축가들은 콘크리트로 지은 중세식 건물을 '키치kitsch'라고 비아냥거렸지만,[20] 사실은 통일 직전 서독이나 동독 모두 나름의 정체성 찾기에 골몰했다는 점에서는 별반 차이가 없다.[21] 따라서 통일 이후 프로이센에서 바이마르 공화국으로, 그리고 서독으로 이어지는 민족사적 정체성이 독점권을 행사하게 된 것은 체제경쟁의 승자가 전리품을 얻은 것에 진배없다.

희망을 꿈꾸는 공간

베를린의 사례는 도시공간이 어떻게 서로 다른 기억/망각에 의해 '분단'되고 또 일방적인 기억/망각에 의해 '통일'되는지를 알려준다. 일제 시기의 망령이 여전히 맴돌고 있는 대한민국 수도 서울의 사례도 이와 크게 다르지 않다. 베를린이 나치와 동독의 기억을 지우는 데 혈안이 되어 있다면, 서울은 식민지배와 전쟁의 기억을 지우는 데 매진하고 있다. 한쪽은 가해자의 기억, 다른 한쪽은 피해자의 기억이며, 한쪽은 통일국가의 기억, 다른 쪽은 분단국가의 기억이기는 하지만 그러한 차이들이 그보다 훨씬 의미심장한 공통점을 가리지는 못한다. 베를린과 서울은 모두 기억과 망각의 극대화된 불협화음에 시달리는 수도이다. 파란만장한 역사의 부침 속에서 특정한 과거를 기억하는 일은 필연적으로 여타 과거의 망각을 수반하며 올바른 판단을 위한 합의된 기준은 없는 상태이다. 존재한 적도 없는 '원래'의 모습을 상상하는 일은 야심적인 만큼이나 늘 위태롭다. 이 도시들의 공간적 중심부는 늘 '생성' 중이고 도시의 정체성도 텅 빈 중심 주위를 회전하는 형국이다. 민족적 '기억의 터'인 포츠담 광장, 신위병소, 베를린 궁 그리고 경복궁, 광화문 등은 모두 이러한 끊임없는 회전이 만들어낸 효과로, 과거보다는 미래에 대해 진술하고 있다. 그것은 오로지 후세대를 염두에 둔 기억일 뿐이다.

632

텍토닉은 성취되었는가

베를린에서 칭다오로, 도쿄로, 그리고 서울과 창춘으로 옮겨 간 아테나 여신의 섬뜩한 망령은 기념비적 건축물의 찬란한 환등상을 연출해냈지만 결국에는 식민성이라는 차디찬 그림자를 드리웠을 뿐이다. 그 어디에서도 텍토닉적 통일성은 성취되지 못했다. 팔라스 아테나의 체취가 감도는 프로이센 고전주의의 환등상은 이질적 공간인 서울에서 이 도시의 굴곡진 과거를 위장하는 역할을 수행할 뿐이다. 역사의 눈부신 아름다움을 연출하는 환등상! 그 실루엣은 옛 중앙청의 모습이 그러했듯 일견 위풍당당하지만 자세히 들여다보면 경계선이 마구 겹쳐진 채로 각 부분이 심한 균열을 빚고 있다. 실루엣의 경계선에는 제자리를 찾지 못해 파편화된 기억들이 담쟁이넝쿨처럼 듬성듬성 들러붙어 있는 형상이다. 어차피 프로이센 고전주의는 그것과 떼려야 뗄 수 없이 연루된 식민지 과거의 흔적으로 인해 정상적인 '문화유산'의 지위를 얻기 힘들다. 오히려 망령처럼 도시 한가운데를 맴돌며 역사의 담론적 형성을 끊임없이 방해한다. 물론 이를 본래의 프로이센 고전주의와는 무관한 것으로 단정할 필요는 없겠다. 이 환등상을 통하여 유럽 현지에서는 드러나지 않던 고차원적 이념의 비루한 뒷모습이 여지없이 드러났으니 말이다.

수도 서울을 잠식하고 있는 모더니티와 식민성의 오랜 착종은 무허가 주거지와 빈민굴로 뒤덮인 여타 (포스트)식민지도시들의 현실과는 물론 차원이 다르다. 가뭄으로 고통받는 브라질의 한 지역에서 유행하던 속어처럼 "앉아서 죽거나, 떠나서 고생하거나"의 참담한 양자택일의 상황으로부터[22] 대한민국의 수도는 일찌감치 벗어났다. 그렇다고 이를 강압적 '국가 텍토닉'의 혹은 '국체'의 성과로 긍정해야 할 것인가? 서울시청과 동대문운동장의 초현대적 변신은 부단히 추구해온 '근대화'의 완성 혹은 그 '초극'으로 보아야 하는 것인가? 혹여 그것은 억누를 수 없는 트라우마의 발로, 그로 인한 처절한 망각에의 호소가 아닐까? 결국 중요한 것은 건축물의 양식이나 예술적 디자인이 아니라 우리 삶의 알뜰한 보금자리와 공동의 기억을 돌보는 문제 그리고 이를 가능하게 할 정치적 올바름의 문제이다.

베를린과 서울은 모두 다층적 모더니티가 뒤엉킨 도시이다. 베를린에서는 바이마르 공화국 시기의 아방가르드적 모더니즘과 나치 시기의 반동적 모더니즘, 동독의 사회주의적 모더니티와 서독의 자본주의적 모더니티, 그리고 베를린 공화국의 포스트모던적 신전통주의가, 서울에서는 일제 시기의 프로이센 고전주의와 개발독재 시기의 무채색 모더니즘, 그리고 1990년대 이후 신전통주의와 미국식 포스트모더니즘의 양립이 나름대로 질서와 희망을 제시하면서 각각 지울 수 없는 흔적을 남겼다.[23] 어쩌면 이처럼 하나의 정체성으로 환원할 수 없는 혼성적 기억이야말로 두 수도의 도시적 정체성의 근간을 이루는 것이 아닐까? 과연 어떻게 모진 역사가 남긴 트라우마를 극복하고 향후 민주사회에 걸맞은 시민적 정체성을 만들어갈 수 있을까?

뚜렷한 해결책을 제시하기는 힘들지만 대한민국 수도 서울의 한구석에서 움트고 있는 작은 희망을 소개하고자 한다. 원로 건축가 조성룡이 설계한 '꿈마루'는 서울 능동 어린이대공원 안에 마치 수줍은 듯 들어앉아 있다. 꿈마루는 원래 어린이대공원 내에 소재하던 교양관을 리모델링한 것으로, 이곳에 있던 골프장 시설이 어린이공원으로 대체되기 전에는 골프장 내 시설인 서울 컨트리클럽하우스였고 원 건물의 설

꿈마루, 조성룡 설계(조성룡도시건축＋최춘웅)

계자는 세간에 잊힌 대한민국 제1세대 건축가 나상진이다.[24] 1969년 준공되어 얼마 사용되지도 못하고 용도 변경된 이 건물은 당시 접근이 용이하지 않던 도시 외곽에 자리 잡아 특권층의 놀이공간으로 전유되었던 점이나 대통령의 지시로 단번에 기능을 상실한 점에 비추어 그 공간 자체가 권력의 효과로 간주될 수밖에 없다. 이 건축물에 관철된 모더니즘 형식은 개방성보다는 과시적 기능성이 두드러진다. 이 건물은 교양관으로 용도 변경된 이후 설계자의 이름과 함께 점차 유명무실하게 잊혀가다 철거 직전 건축가 조성룡의 제안에 따라 전혀 색다른 공간으로 살아남았다.

꿈마루를 생산한 것은 세간에 잊힌 나상진의 건축에 대한 독특한 기억이었다. 단순히 원래 모습을 찾아내 '복원'한 것이 아니라 그의 건축정신을, 더 나아가 '건축함' 그 자체를 새롭게 기억해냈다. 철거 직전에 이른 쇠락한 건축물에 대한 이 같은 접근은 마땅히 고고학적 탐구라 불릴 만하다. 여기서 '고고학'이란 전문 학문분과가 아니라 프랑스 철학자 푸코의 어법에 따라 과거에 접근하는 독특한 방법을 지칭한다. 푸코는 기존의 역사학이 과거를 역사적 연속성의 선형적 질서로 재단함으로써 과거를 현재의 이해관계에 종속시키는 이데올로기적 폭력을 행사해왔다고 비판하고 시기마다 분절된 단층을 파내려 가는 고고학을 모델로 삼아 역사적 불연속성에 주목하는 대안적 방법론을 제시했다. 푸코적 의미의 고고학적 탐구는 무엇보다 특정한 공간과 시간의 균일적이지 않은 관계망을 발굴해냄으로써 시공간이 일체가 된 과거의 원형을 '객관적'으로 '복원'할 수 있다는 역사학적–역사주의적 통념을 해체한다.[25]

꿈마루, 수도 서울을 변모시키는 헤테로토피아

건축함에 대한 이 같은 고고학적 탐구는 나상진이 설계한 건물을 원형 그대로 복원하는 대신 건물의 과거에서 현재로 이르는 시간의 단층을 드러냈다. 외부 시선을 차단하던 유리 외벽과 현관홀의 천장, 3층의 바닥상판 그리고 지붕 일부를 거둬내고 중심공간을 비워 건축물의 골조 자체가 숨김없이 드러나도록 연출했으며 그간의 훼손된 흔적도 그대로 시간의 흐름에 맡겨두면서 덧칠 없이 건물 재료 본연의 색감을 부각하였다. 중심공간에 일정한 간격으로 새로이 삽입된 콘크리트보는 이 같은 고고학적 탐구를 돕는 발굴 도구 같은 기능을 한다. 건물을 차단하던 장막을 거둬낸 사이사이로 햇빛이 흘러들면서 시간의 단층이 마치 고고학적 지층처럼 가시화된다.

꿈마루는 클럽하우스의 건축적 구조뿐만 아니라 근대건축의 근간을 이루는 텍토닉 원리를 명징하게 가시화한다. 프로이센 궁정건축가 싱켈이 전형적으로 보여주었듯 신고전주의에서 모더니즘으로 이어지는 근(현)대건축은 분명 권력지향적 요소를 지니고 있었다. 기능적 합리성과 꽉 짜인 통일성의 강조는 규율과 통제라는 정치적 원리에 부합했다. 서울 컨트리클럽하우스가 구현한 모더니즘은 그 시대적 조건만큼이나 권력지향적이고 폐쇄적이었다. 꿈마루는 클럽하우스를 관통하는 텍토닉 원리를 극적으로 가시화함으로써 건축함에 대한 새로운 기억과 성찰을 고무한다. 꿈마루는 건물 그 자체가 고고학적 탐구이며 근대적 시공간질서를 파헤치는 삽자루 같은 기억이다. 기억을 통한 공간의 생산은 공간을 특정하게 자리매김하고 차별화한다는 점에서 기본적으로 권력의 요구에 부합하지만, 꿈마루의 경우처럼 기억이 오히려 그러한 차별화에 물음을 던지며 비판적 성찰을 자극하게 될 때는 필연적으로 권력의 요구와 어긋날 수밖에 없다. 권력이 생산한 모더니즘의 유토피아가 색다른 방식의 기억을 통해 전혀 새로운 공간으로 거듭나게 되었다.

푸코는 유토피아에 대한 섣부른 동경의 폐해를 지적한 바 있다. 유토피아utopia는 말뜻 그대로 현실의 대지 위에 뿌리를 내리지 못한 채 가공의 미래를 설계함으로써 자칫 일방적이고 아전인수적인 이념의 폭력을 행사할 수 있다. 이와 다르게 푸코가 제안하는 것은 선택과 다양성 그리고 차이가 중시되는 '헤테로토피아들hétérotopies'이다. 그것은 엄연히 존재하는 현실 자체를 인정하면서 그 구조를 안으로부터 와해시키는 재현의 전략이다.[26] 예컨대 박물관, 도서관, 유적지, 기념공원, 공동묘지처럼 과거의 흔적을 담고 있는 제반 공간은 늘 기억의 정치적 활용을 통해 국민국가나 제국주의 등 지배적 현실을 정당화하는 데 이바지해 왔다. 그러나 이들은 그러한 기억의 정치에 개입하여 역사적 불연속성이나 상이한 기억들 간의 갈등 혹은 치유될 수 없는 상처를 재현하는 공간으로 거듭남으로써 현실 안에 단단한 진지를 구축하고 기존 현실의 권위와 위계를 무너뜨릴 수 있다.

'꿈마루'는 기본적으로 특권층이 아니라 일반 시민들의 안식처이다. 이곳을 찾은 시민들 누구나 계단, 경사로 혹은 엘리베이터를 통해 흘러 다니듯 소요하며 북카페나 카페테리아에 들를 수 있고 또는 열린 하늘과 연못과 나무가 있는 피크닉 정원 벤치에 걸터앉아 충분히 휴식을 취한 후 공연장으로 가거나 어린이공원으로 되돌아갈 수 있다. 이곳은 말 그대로의 의미에서 '마루'를 제공한다. 이곳에는 안과 밖이 따로 없다. 위아래도 열려 있다. 한때 특권층의 전유물로 차별화되었던 공간이 이제는 삭막한 도시에서 보기 드문 '마루'로 차별화된 것이다.

그렇다면 꿈마루에 구현된 이 같은 공간적 개방성과 유동성을 과연 진정으로 '색다른' 공간의 지표로 간주할 수 있을까? 디즈니랜드 같은 유흥장소나 안락한 교외 쇼핑몰 등을 가리켜 미국의 진보적 지리학자 하비David Harvey는 "타락한 유토피아"라고 비판한 바 있다.[27] 물론 유흥장소나 쇼핑몰만이 문제는 아니다. 우리 주변의 별다르지 않던 많은 공간이 언제부터인가 역사와 전통의 이름으로 새롭게 단장되고 소비되는 현상이 쉽게 목격된다. 이러한 현상은 이른바 '문화재 산업heritage industry' 이라 명명되기도 한다. 그러나 조성룡의 꿈마루에는 뭔가 다른 점이 있다. 여기에는 역사나 전통과는 본질적으로 다른 '기억'이 있다. 현재의 정치적·상업적 목적을 위해 과거를 말끔하게 포장하지 않고 시간과 공간의 열린 가능성을 찾게 만드는 기억 말이다.

우리는 사회적 권력의 원천인 시간과 공간의 기본틀에 저항함으로써만 대안적 사회를 건설해갈 수 있다. 물론 막연한 거부가 아니라 현대사회의 물질적 조건에 기반을 두면서도 그것에 매몰되지 않고서 저마다 색다른 '헤테로토피아들'을 여기저기에서 구축해갈 수 있다. '근(현)대'라는 환등상이 결국 우리 자신을 비추는 거울이었음을 깨달아가면서 우리는 그것을 허망한 '유토피아'가 아니라 지금 여기에서 단 한 뼘이라도 걸어서 나아가기 위한 열정의 원천으로 삼는다.

이제 홀가분한 마음으로 두런두런 마루에 걸터앉는다. 더는 기성 정치의 의사일정에 구애받지 않는다. 천금 같은 선잠을 잘 수 있는 곳, 잠시나마 자유롭게 머무는 이곳에서 다시금 우리의 미래를 저 주름진 벽 위에 그려볼 수 있지 않은가. 지리학자 하비는 바로 이 같은 곳을 "희망의 공간들spaces of hope"이라 명명한다. 꿈마루를 통해 우리는 늘 뿌연 서울의 하늘 아래서 비로소 희망을 꿈꾸게 된다.

주

프롤로그

1 헤로도토스의 『역사』에는 이와 관련된 기록이 담겨 있다. "아크로폴리스에는 대지에
   서 태어났다고 전해지는 에레크테우스 신전이 있다. 포세이돈과 아테나가 이 땅의 소
   유권을 둘러싸고 다툴 때 그 권리의 증거로 삼았다는 아테네 전승 속의 올리브나무와
   샘물이 그 경내에 있었는데 페르시아인의 방화로(……) 소실되고 말았다. 그런데 화재
   가 난 다음 날 페르시아 왕으로부터 희생제물을 바치라는 명을 받은 아테네인들이 신
   전에 올라왔을 때 1패키스 정도의 싹이 그루터기에서 자라나는 것을 발견했다." 헤로
   도토스, 박광순 옮김, 『역사. 하』(범우사, 1998), 318쪽.

2 레이 초우, 정재서 옮김, 『원시적 열정: 시각, 섹슈얼리티, 민족지, 현대중국영화』(이산,
   2010), 261쪽 이하. 인용문은 271쪽.

3 오르티스는 1940년대에 이 개념을 '문화접변'과 '문화해체' 개념의 대안으로 제시했
   다. 이들 개념쌍이 제국 본토의 입장을 대변한다는 이유에서였다. 이에 대해서는 Mary
   Louise Pratt, *Imperial Eyes: Travel Writing and Transculturation* (Routledge,
   1992), p. 245 참조. 프랫은 '문화횡단' 개념의 문제의식을 다음 질문들로 정리한다.
   "제국의 피지배자들이 제국 본토식의 재현 양식으로 과연 무엇을 한다는 말인가? 그
   양식들을 어떻게 전유하는가? 어떻게 응수하는가? 이러한 질문들에 대답하려면 과연
   어떠한 자료들을 연구할 것인가?", pp. 7-8.

4 레이 초우, 『원시적 열정』, 282쪽 이하; 사카이 나오키, 후지이 다케시 옮김, 『번역과
   주체: '일본'과 문화적 국민주의』(이산, 2005), 45~67쪽.

5 횡단민족사에 대한 이 같은 시각으로는 Michael Geyer, "Deutschland und Japan
   im Zeitalter der Globalisierung. Überlegungen zu einer komparativen
   Geschichte jenseits des Modernisierungs-Paradigmas", eds. by Sebastian
   Conrad, Jürgen Osterhammel, *Das Kaiserreich transnational: Deutschland in
   der Welt 1871-1914* (Vandenhoeck & Ruprecht, 2006), pp. 68-86 참조.

6   Dipesh Chakrabarty, "Provincializing Europe in Global Times", New Preface to *Provincializing Europe* (Princeton University Press, 2007), xiiii-xiv.

7   Timothy Mitchell, "The Stage of Modernity", ed. by Timothy Mitchell, *Questions of Modernity* (University of Minnesota Press, 2000), pp. 1~34: Dipesh Chakrabarty, *Habitations of Modernity: Essays in the Wake of Subaltern Studies* (Chicago University Press, 2002).

8   Dipesh Chakrabarty, *Provincializing Europe: Postcolonial Thought and Historical Difference* (Princeton University Press, 2000), pp. 27-46.

9   Reinhart Koselleck, *Vergangene Zukunft* (Suhrkamp, 1989), pp. 17-37.

10 Timothy Mitchell, "The Stage of Modernity", pp. 2-3: Frederick Cooper, *Colonialism in Question: Theory, Knowledge, History* (University of California Press, 2005), pp. 116-117, pp. 142-148: 이경원, 「탈식민주의의 계보와 정체성」, 고부응 엮음, 『탈식민주의: 이론과 쟁점』(문학과지성사, 2003), 23~58쪽.

11 윤해동 외, 『근대를 다시 읽는다: 한국 근대 인식의 새로운 패러다임을 위하여』, 제1권 (역사비평사, 2006).

12 이러한 지적으로는 조형근, 「근대성의 내재하는 외부로서 식민지성/식민지적 차이와 변이의 문제」, 『사회와 역사』, 통권 73호(2007), 385~418쪽 참조.

13 유사한 지적으로는 Tani E. Barlow, "Eugenics, Woman, Semi-Colonialism, and Colonial Modernity as Problems for Postcolonial Theory", eds. by Ania Loomba, *Postcolonial Studies and Beyond* (Duke University Press, 2005), p. 372 참조.

14 호미 바바, 나병철 옮김, 『문화의 위치: 탈식민주의 문화이론』(소명출판, 2002), 225~232쪽.

15 Walter D. Mignolo, *Local Histories/Global Designs: Coloniality, Subaltern Knowledge, and Border Thinking* (Princeton University Press, 2012), p. 91, pp. 96-99[국역본은 월터 D. 미뇰로, 이성훈 옮김, 『로컬 히스토리/글로벌 디자인: 식민주의성, 서발턴 지식, 그리고 경계사유』(2013, 에코리브르)]: Walter D. Mignolo, *The Darker side of Western Modernity: Global Future, Decolonial Options* (Duke University Press, 2011), pp. 39-49. 인용문은 p. 43.

16 Mabel Moraña, Enrique Dussel and Carlos A. Jáuregui, eds., *Coloniality at Large: Latin America and the Postcolonial Debate* (Duke University Press, 2008). 이 연구집단에 대해서는 김용규, 『혼종문화론: 지구화시대의 문화연구와 로컬의 문화적 상상력』(소명출판, 2013), 78~123쪽 참조.

17 Enrigue Dussel, "Eurocentrism and Modernity(Introduction to the Frankfurt Lectures)", *boundary 2*, vol. 20, no. 3, *The Postmodernism Debate in Latin America* (Autumn, 1993), pp. 65-76. 인용문은 p. 65, pp. 75-76.

18 Anibal Quijano, "Coloniality and Modernity/Rationality", *Cultural Studies*, vol. 21, no. 2(2007), pp. 168-178. 인용문은 pp. 177-178; Anibal Quijano, "Coloniality of Power, Eurocentrism, and Latin America", *Nepantla: Views from South*, vol. 1, Issue 3(2000), pp. 533-580.

19 Edward Said, *Orientalism* (Vintage, 1994), p. 49 이하.

20 Gyan Prakash, "Introduction", eds. by Gyan Prakash and Kelvin M. Kruse, *The Spaces of the Modern City: Imaginaries, Politics, and Everyday life* (Princeton University Press, 2008), pp. 6-10.

21 P. 프랑카스텔, 안-바롱 옥성 옮김, 『미술과 사회』(민음사, 1998), 29~31쪽. 물론 원근법의 기원에 대해서는 다양한 주장이 가능하다. 가시적 세계를 균일한 좌표의 눈금 안에 포섭함으로써 전 지구를 동일한 축척으로 측량할 수 있도록 만든 메르카토르 지도에서 원근법의 기원을 찾을 수도 있다.

22 Erwin Panofsky, *Perspective as Symbolic Form* (Zone Books, 1997), pp. 27-31, pp. 67-72; 주은우, 『시각과 현대성』(한나래, 2003), 137쪽 이하, 191쪽 이하.

23 르네상스 시대 이래의 원근법적 도시공간에 대해서는 Siegfried Giedion, *Space, Time and Architecture* (1941)[Harvard University Press, 1967], p. 55 이하 참조.

24 Martina Löw, *Raumsoziologie* (Suhrkamp, 2001), p. 158.

25 Martin Heidegger, *Sein und Zeit* (Niemeyer, 2001), pp. 102-113; Martin Heidegger, *Bemerkungen zu Kunst-Plastik-Raum* (Erker, 1996), p. 14.

26 Henri Lefèbvre, *The Production of Space* (Blackwell, 2007), p. 33, p. 38 이하[국역본은 앙리 르페브르 지음, 『공간의 생산』(에코리브르, 2011)]. 그 밖에 Doreen Massey, *For Space* (Sage, 2008).

27 Maiken Umbach, "Urban History: What Architecture Does, Historically Speaking…", *The Journal of the Society of Architectural Historians*, vol. 65, no. 1(2006), pp. 14-15.

28 미셸 푸코, 오생근 옮김, 『감시와 처벌: 감옥의 역사』(나남, 2003), 203~253쪽; Mark Crinson, *Empire Building: Orientalism & Victorian Architecture* (Routledge, 1996), pp. 7-9.

29 앙리 르페브르, 박정자 옮김, 『현대세계의 일상성』(기파랑, 2005), 19쪽, 335쪽; 장세룡,

「앙리 르페브르와 공간의 생산: 역사이론적 '전유'의 모색」, 『역사와 경계』, 제58집 (2006), 293~325쪽; Michel de Certeau, *The Practice of Everyday Life*(1984) [University of California Press, 2002], pp. 34-39.

30 Andreas Huyssen, *Present Pasts: Urban Palimpsests and the Politics of Memory*(Stanford University Press, 2003); Mark Crinson, ed., *Urban Memory: History and Amnesia in the Modern City*(Routledge, 2005), Introduction; Christian M. Boyer, *The City of Collective Memory: Its Historical Imagery and Architectural Entertainments*(1994)[The MIT Press, 2001], p. 4.

31 피에르 노라, 김인중 외 옮김, 『기억의 장소 1. 공화국』(나남, 2010). 이 책은 프랑스어의 lieux를 '장소'가 아니라 '터'로 번역하였다. lieux는 '장소들'로 직역하는 것이 가장 정확하지만 역사가 노라가 이 용어를 사용할 때는 보다 은유적 의미를 지녔다는 점에 주목할 필요가 있다. 이에 관해서는 전진성, 『역사가 기억을 말하다: 이론과 실천을 위한 기억의 문화사』(휴머니스트, 2005), 56~59쪽 참조.

32 Michel Foucault, *The Archeology of Knowledge and The Discourse on Language*(Barnes & Noble Books, 1993), p. 31 이하, pp. 47-48.

33 Michel Foucault, "Nietzsche, Genealogy, History", ed. by Paul Rabinow, *The Foucault Reader*(Pantheon, 1984), pp. 76-100.

34 Edward Said, *Culture and Imperialism*(Vintage, 1994), p. 66, pp. 51-52.

35 일제의 '심상지리'에 대한 비판으로는 강상중, 『오리엔탈리즘을 넘어서』(이산, 1998), 77~109쪽 참조.

36 '뒤얽힌 역사(histoire croisée 혹은 entangled history)'에 대해서는 Michael Werner and Bendicte Zimmermann, "Beyond comparison: Histoire croisée and the challenge of reflexivity", *History and Theory*, vol. 45(2006), pp. 30-50 참조.

1부 프로이센 고전주의를 찾아서

1 베를린, 중부 유럽의 아테네

1 Adolf Max Vogt, *Karl Friedrich Schinkel. Blick in Griechenlands Blüte: Ein*

Hoffnungsbild für Spree-Athen (Fischer, 1985), 특히 pp. 18-21.

2   본래 '신고전주의(Neo-Classicism)'라는 용어 자체는 프랑스와 영국에서 르네상스 이
    래의 팔라디오풍 고전주의(Palladianism)와 구별하기 위해 사용한 것으로, 독일에서는
    1900년경에 이르러서야 사용된다. 이는 현재의 용법과는 차이가 있다. 금요찬, 「Karl
    Friedrich Schinkel의 建築에 關한 考察: 그 建築構法과 形態를 中心으로」, 『동양
    대학교 논문집』, 제7집(2001), 11쪽.

3   Walter Pater, "On Classical and Romantic"(1889), eds. by R. F. Gleckner and G. E.
    Enscode, *Romanticism: Points of View* (Prentice-Hall, 1970), p. 21.

4   원래 이 건물은 프랑스 왕립미술원의 의뢰를 받아 1755년에 설계가 시작된 생주느비
    에브(St. Geneviéve) 교회였다. 이후 몇 차례의 수정안을 거쳐 착공되었으나 계속 공
    사가 지연되다가 1791년 혁명의 열기 속에 미완성이던 건물의 용도가 프랑스 민족의
    영웅들을 기리는 팡테옹으로 변화되었다. 설계자 수플로는 완공 한참 전인 1780년에
    사망했고 제자 롱들레가 공사를 마무리했다. Harry Francis Mallgrave, *Modern
    Architectural Theory: A Historical Survey, 1673-1968* (Cambridge University
    Press, 2005), pp. 15-19, p. 69.

5   스즈키 히로유키, 우동선 옮김, 『서양 근·현대 건축의 역사: 산업혁명기에서 현재까
    지』(시공아트, 2009), 30~43쪽; Barry Bergdoll, *European Architecture 1750-1890*
    (Oxford University Press, 2000), pp. 9-41; Peter Pütz, "The Renaissance to the
    Romantic Movement. An Outline of Ideas", ed. by Rolf Toman, *Neoclassicism
    and Romanticism: Architecture-Sculpture-Painting-Drawings 1750-1848* (h. f.
    Ullmann, 2008), pp. 6-13.

6   Harry Francis Mallgrave, *Modern Architectural Theory: A Historical Survey,
    1673-1968* (Cambridge University Press, 2005), pp. 24-43, pp. 91-113.

7   Johann Joachim Winckelmann, *Gedanken über die Nachahmung der
    griechischen Werke in der Malerei und Bildhauerkunst* (1755)[Reclam, 1969],
    pp. 8-9.

8   Richard Jenkyns, *The Victorians and Ancient Greece* (Harvard University Press,
    1980), pp. 10-14.

9   David Ferris, *Silent Urns: Romanticism, Hellenism, Modernity* (Stanford University
    Press, 2000).

10 Johann Joachim Winckelmann, *Geschichte der Kunst des Altertums* (1764)
    [Darmstadt, 1993], p. 332 이하; Alex Potts, *Flesh and the Ideal: Winckelmann*

and the Origins of Art History(Yale University Press, 1994), pp. 16-17, pp. 54-55; Suzanne L. Marchand, *Down from Olympus: Archaeology and Philhellenism in Germany, 1750-1970*(Princeton University Press, 2003), p. 9.

11   Pim den Boer, "Neohumanism: Ideas, Identities, Identification", eds. by Margriet Haagsma, et al., *The Impact of Classical Greece on European and National Identities*(J. C. Gieben, 2003), p. 10.

12   Pim den Boer, "Neohumanism: Ideas, Identities, Identification", p. 7, pp. 3-5. Pim den Boer에 따르면, '신인문주의'라는 용어 자체는 19세기 말에 이르러서야 쓰였지만 르네상스 이래의 고전고대 수용을 가리키는 '인문주의(Humanismus)'라는 용어도 19세기 초 독일어에서 나왔다는 점을 생각하면 용어의 등장과 현실의 흐름 간에는 일정한 시간적 격차가 있다고 할 수 있다. pp. 1-3.

13   Herwig Blankertz, Kjeld Matthiessen, "Neuhumanismus", ed. by Dieter Lenzen, *Pädagogische Grundbegriffe, rowohlts enzyklopädie*, vol. 2(rowohlt, 2001), pp. 1092-1103.

14   Friedrich Meinecke, *Weltbürgertum and Nationalstaat: Studien zur Genesis des deutschen Nationalstaates*(R. Oldenbourg, 1919), pp. 39-61.

15   프리드리히 횔덜린, 장영태 옮김, 『휘페리온』(을유문화사, 2008); Harry Francis Mallgrave, *Modern Architectural Theory*, p. 92에서 재인용.

16   Suzanne L. Marchand, *Down from Olympus: Archaeology and Philhellenism in Germany, 1750-1970*(Princeton University Press, 2003), pp. 16-24, p. 36 이하; Frank M. Turner, *Contesting Cultural Authority: Essays in Victorian Intellectual Life*(Cambridge University Press, 1993), p. 322 이하. 독일에서 '고대학'의 성립은 19세기를 거치며 점차 쇠락해가던 고전주의의 규범성을 학문적 도그마로 수호하려는 노력으로 볼 수 있다. 이러한 관점으로는 Esther Sophia Sünderhauf, *Griechensehnsucht und Kulturkritik: Die deutsche Rezeption von Winckelmanns Antikenideal 1840-1945*(Akademie Verlag, 2004), p. XI 참조.

17   Thomas Nipperdey, *Deutsche Geschichte 1800-1866: Bürgerwelt und starker Staat*(C. H. Beck, 1983), pp. 455-456; Marchand, *Down from Olympus*, p. 25, pp. 34-35.

18   Marchand, *Down from Olympus*, p. 4.

19   Marchand, *Down from Olympus*, pp. 34-35, p. xix, pp. 152-187. Marchand에 따르면 독일 고고학자들은 올림피아나 페르가몬 등의 대규모 발굴을 위해 국가의 지원

을 전적으로 필요로 하였기에 민족적 자긍심이라는 논리나 편파적 역사 해석 등에 편 승하지 않을 수 없었다. p. 75 이하.

20   Eliza Marian Butler, *The Tyranny of Greece over Germany: A study of the Influence Exercised by Greek Art and Poetry over the Great German Writers of the Eighteenth, Nineteenth, and Twentieth Centuries*(1935)[Beacon Press, 1958].

21   H. J. C. Gierson, "Classical and Romantic. A Point of View"(1923), eds. by R. F. Gleckner and G. E. Enscode, *Romanticism: Points of View*(Prentice-Hall, 1970), pp. 47-49.

22   마틴 버낼은 고대 그리스를 서구 문명의 원천으로 삼는 관념이 독일 '고대학'에서 학 문적으로 정초되었으며 여기에는 계몽주의와 합리성, 프랑스혁명에 반대하는 낭만주 의 전통이 큰 영향을 끼쳤다고 주장한다. 마틴 버낼, 오흥식 옮김, 『블랙 아테나: 서양 고전 문명의 아프리카·아시아적 뿌리』(소나무, 2006), 314~315쪽, 398쪽 이하. 독일 낭만주의와 고전주의의 관련성에 대해서는 Jane K. Brown, "Romanticism and Classicism", ed. by Nicholas Saul, *The Cambridge Companion to German Romanticism*(Cambridge University Press, 2009), pp. 119-131 참조.

23   한스 울리히 벨러, 이용일 옮김, 『허구의 민족주의』(푸른역사, 2007), 112쪽.

24   Andre Rank, *Die Walhalla im Zeitalter des romantischen Nationalismus*(GRIN Verlag, 2008), pp. 28-29.

25   Friedrich Schlegel, *Kritische Ausgabe seiner Werke*, ed. by Ernst Behler, et al., vol. 1(Schöningh, 1958), pp. 287-288. 이에 대해서는 에른스트 벨러, 이강훈·신주철 옮김, 『아이러니와 모더니티 담론』(동문선, 2005), 73~80쪽 참조.

26   Hagen Schulze, *Staat und Nation in der europäischen Geschichte*(C. H. Beck, 1995), pp. 179-187.

27   Stefan Nienhaus, *Geschichte der deutschen Tischgesellschaft*(Niemeyer, 2003).

28   David Watkin and Tilman Mellinghoff, *German Architecture and the Classical Ideal*(The MIT Press, 1987), pp. 59-83; Suzanne Marchand, *Down from Olympus*, p. xxiii.

29   Pim den Boer, "Neohumanism: Ideas, Identities, Identification", pp. 7-8.

30   Dirk van Laak, *Über alles in der Welt: Deutscher Imperialismus im 19. und 20. Jahrhundert*(C. H. Beck, 2005), p. 30.

31   Wilhelm von Humboldt, "Geschichte des Verfalls und Untergangs der griechischen Freistaaten"(1807), *Werke in fünf Bänden, II: Schriften zur*

      Ältertumskunde und Ästhetik. Die Vasken, eds. by Andreas Flitner and Klaus Giel(Klett-Cotta, 2010), pp. 73-124, 특히 pp. 118-119.

32   Wilhelm von Humboldt, "Geschichte des Verfalls und Untergangs der griechischen Freistaaten", p. 92.

33   Christopher Clark, *Iron Kingdom: The Rise and Downfall of Prussia, 1600-1947* (Belknap Press, 2008), pp. 1-18.

34   Jürgen Angelow, "Residenz und Bürgerstadt: Das 17. und 18. Jahrhundert", ed. by Julius H. Schoeps, *Berlin: Geschichte einer Stadt*(Bebra Verlag, 2012), pp. 28-53; Waltraud Volk, "Die Stadterweiterungen in Berlin im 17. und 18. Jahrhundert", *Studien zur Geschichte Berlin: Jahrbuch für Geschichte*, vol. 35(1987), pp. 93-118; Christopher Clark, *Iron Kingdom*, pp. 67-77.

35   Goerd Peschken, Johannes Althoff, *Das Berliner Schloß*(Bebra Verlag, 2000), p. 28 이하.

36   Martin Engel, *Das Forum Fridericianum und die Monumentalen Residenzplätze des 18. Jahrhunderts*, Dissertation der Freien Universität Berlin(2001), pp. 36-52.

37   Martin Engel, *Das Forum Fridericianum und die Monumentalen Residenzplätze des 18. Jahrhunderts*, p. 91, p. 67 이하.

38   이 건물을 설계할 때 크노벨스도르프는 영국의 고전주의, 이른바 '조지 양식(Georgian style)' 창시자인 스코틀랜드 건축가 캠벨(Colen Campbell)의 유명한 건축 판화집 『영국의 비트루비우스(Vitruvius Britannicus) 또는 영국 건축가』(1715~1725)를 참조했던 것으로 알려져 있다. 이에 대해서는 Hans Lange, *Vom Tribunal zum Tempel zur Architektur und Geschichte Deutscher Hoftheater zwischen Vormärz und Restauration: Studien zur Kunst-und Kulturgeschichte*, vol. 2(Marburg, 1985), p. 206. 주 26도 참조. 캠벨의 판화집에는 영국풍 팔라디오 건축물 판화가 여럿 포함되어 있었다. 영국의 팔라디오 수용 및 캠벨의 판화집에 대해서는 Mallgrave, *Modern Architectural Theory*, pp. 47-51 참조.

39   Brian Ladd, *The Ghosts of Berlin*(University of Chicago Press, 1997), p. 53.

40   Martin Engel, *Das Forum Fridericianum und die Monumentalen Residenzplätze des 18. Jahrhunderts*, pp. 96-114, p. 160 이하.

41   Martin Engel, *Das Forum Fridericianum und die Monumentalen Residenzplätze des 18. Jahrhunderts*, pp. 123-155; Martin Engel, "Das 'Forum Fridericianum' in Berlin. Ein kultureller und politischer Brennpunkt im 20. 'Jahrhunderts', *Kunst*

und Politik, no. 11(2009), pp. 35-39.

42 Günter de Bruyn, *Unter den Linden*(Bebra Verlag, 2004), p. 18 이하; Elke Kimmel, Ronald Oesterreich, *Charlottenburg im Wandel der Geschichte: Vom Dorf zum eleganten Westen*(berlin edition, 2005), p. 24.

43 Martin Engel, "Das 'Forum Fridericianum' in Berlin", pp. 39-44; Brian Ladd, "Socialism on Display. East Berlin as a Capital", eds. by Andreas W. Daum, Christof Mauch, *Berlin-Washington, 1800-2000: Capital Cities, Cultural Representation, and National Identities*(Cambridge University Press, 2005), p. 221; Jörn Düwel, "Am Anfang der DDR: der Zentrale Platz in Berlin", eds. by Romana Schneider, Wilfried Wang, *Moderne Architektur in Deutschland 1900 bis 2000: Macht und Monument*(Hatje Cantz Verlag, 1998), pp. 176-180.

44 Martin Engel, *Das Forum Fridericianum und die Monumentalen Residenzplätze des 18. Jahrhunderts*, p. 77; Elke Kimmel, Ronald Oesterreich, *Charlottenburg im Wandel der Geschichte*, p. 34.

45 Günter de Bruyn, *Unter den Linden*(Bebra Verlag, 2004), pp. 167-172; Mallgrave, *Modern Architectural Theory*, p. 94.

2 민족과 국왕 사이에서: 프로이센의 궁정건축가 싱켈

1 Walter Jaeschke, "Ästhetische Revolution. Stichworte zur Einführung", eds. by W. Jaeschke, Helmut Holzhey, *Früher Idealismus und Fruhromantik: Der Streit um die Grundlagen der Ästhetik 1795-1805*(Felix Meiner, 2013), pp. 1-11; Thomas Nipperdey, *Deutsche Geschichte 1800-1866*, p. 30 이하.

2 Wolfram Siemann, "Die deutsche Hauptstadtproblematik im 19. Jahrhundert", eds. by Hans-Michael Körner, Katharina Weigand, *Hauptstadt: Historische Perspektiven eines deutschen Themas*(dtv, 1995), p. 255.

3 David Watkin and Tilman Mellinghoff, *German Architecture and the Classical Ideal*, pp. 59-83.

4 John Edward Toews, *Becoming Historical: Cultural Reformation and Public Memory in Early Nineteenth-Century Berlin*(Cambridge University Press, 2008), p. 19 이하, p. 117, p. 197 이하; Andreas Kahlow, "Karl Friedrich Schinkel und

David Gilly. Aufklärung, Technik und Neuhumanismus in der Architektur", ed. by Susan M. Peik, *Karl Friedrich Schinkel: Aspekte seines Werkes* (Edition Axel Menges, 2001), pp. 20-26. 싱켈에 대한 국내의 연구로는 최장순, 「19세기 전반기 독일건축가 Karl Friedrich Schinkel의 건축 작품에 관한 연구」, 『대한건축학회연합논문집』, 9권, 1호(2007), 1~8쪽; 금요찬, 「Karl Friedrich Schinkel의 建築에 關한 考察: 그 建築構法과 形態를 中心으로」, 5~33쪽 참조.

5   John Toews, *Becoming Historical*, p. 129 이하, p. 142; Mallgrave, *Modern Architectural Theory*, p. 96.

6   Maria Erxleben, "Goethe and Schinkel", eds. by Max Kunze, Jürgen Kraeft, *Karl Friedrich Schinkel und die Antike: Eine Aufsatzsammlung* (Stendal, 1985), pp. 20-32.

7   건축사가 기디온(Siegfried Giedion)은 1800년대 이후 서구 건축이 질적인 변화를 겪었다고 지적하며 고전주의를 "후기바로크적" 고전주의와 "낭만주의적" 고전주의로 구분한다. Siegfried Giedion, *Spätbaroker und romantiker Klassizismus* (University of Michigan Library, 1922).

8   이사야 벌린, 강유원·나현영 옮김, 『낭만주의의 뿌리: 서구 세계를 바꾼 사상 혁명』(이제이북스, 2005), 79~110쪽, 166~173쪽.

9   Friedrich Schlegel, *Der Historiker als rückwärts gekehrter Prophet* (Reclam, 1991).

10   Heinz Ohff, *Karl Friedrich Schinkel oder Die Schönheit in Preußen* (Piper 2007), pp. 25-27; Mitchell Schwarzer, *German Architectural Theory and the Search for Modern Identity* (Cambridge University Press, 1995), p. 64.

11   Carl Friedrich Schinkel, *Sammlung architektonischer Entwürfe* (Ernst & Korn, 1858), p. 7; Kurt Milde, *Neorenaissance in der deutschen Architektur in der deutschen Architektur des 19. Jahrhunderts* (Verlag der Kunst, 1981), p. 115. 원래는 탑이 4개로 설계되었으나 국왕의 요청에 따라 2개가 철회되었다. Heinz Ohff, *Karl Friedrich Schinkel oder Die Schönheit in Preußen*, pp. 132-133.

12   Christian Baur, *Neugotik* (Heyne, 1981), pp. 110-124. 통상적으로는 국회의사당 (House of Parliament)이라 불리는 건물이다.

13   Ernst-Heinz Lemper, "Historismus als Großstadtarchitektur. Die städtebauliche Legitimierung eines Zeitalters", Karl-Heinz Klingenburg, eds., *Historismus: Aspekte zur Kunst im 19. Jahrhundert* (VEB E. A. Seemann Verlgag, 1985), p. 66;

Thomas Nipperdey, "Der Kölner Dom als Nationaldenkmal", *Nachdenken über die deutsche Geschichte* (C. H. Beck, 1992), pp. 189-207; M. Brix, M. Steinhauser, "Geschichte im Dienste der Baukunst", eds. by Brix, Steinhauser, *Geschichte allein ist zeitgemäß: Historismus in Deutschland* (Anabas, 1978), 1978), pp. 243-244.

14   Hans-Joachim Kunst, "Die Friedrichswerdersche Kirche in Berlin. Die bürgerliche Vorstadtkirche als fürstliche Hauptkirche", ed. by Susan M. Peik, *Karl Friedrich Schinkel. Aspekte seines Werkes*, p. 39. 역설적이게도 영국의 네오 고딕건축은 싱켈과 클렌체로 대표되는 독일 신고전주의 건축에 대한 경쟁의식 속에서 성장한 것이었다. 이에 대해서는 John Steegman, *Victorian Taste: A Study of the Arts and Architecture* (The MIT Press, 1971), pp. 83-84 참조.

15   Karl Friedrich Schinkel, *Aus Schinkels Nachlaß: Reisetagebücher, Briefe und Aphorismen* (Berlin, 1862), vol. 3, Christian Baur, *Neugotik*, p. 31에서 재인용.

16   Toews, *Becoming Historical*, p. 182 이하.

17   Heinz Ohff, *Karl Friedrich Schinkel oder Die Schönheit in Preußen*, p. 34; Nikolaus Pevsner, *A History of Building Types* (Princeton University Press, 1976), pp. 15-16; Barry Bergdoll, *European Architecture 1750-1890*, pp. 69-71.

18   Marchand, *Down from Olympus*, pp. 32-33.

19   Martin Steffens, *Schinkel, Ein Baumeister im Dienste der Schönheit* (Taschen, 2003), pp. 25-27; Toews, *Becoming Historical*, p. 141 이하, p. 144.

20   Carl Friedrich Schinkel, *Sammlung architektonischer Entwürfe* (Ernst & Korn, 1858), p. 1.

21   Erik Forssman, "Schinkel und die Architekturtheorie", ed. by Susan Peik, *Karl Friedrich Schinkel. Aspekte seines Werkes*, p. 13에서 재인용.

22   Martin Steffens, *K. F. Schinkel 1781-1841: Ein Baumeister im Dienste der Schönheit* (Taschen, 2003), pp. 25-27; Toews, *Becoming Historical*, p. 141 이하, p. 144; Heinz Ohff, *Karl Friedrich Schinkel oder Die Schönheit in Preußen*, pp. 106-107.

23   Jürgen Tietz, "Schinkels Neue Wache Unter den Linden: Baugeschichte 1816-1993", ed. by Christoph Stölzl, *Die neue Wache Unter den Linden: Ein deutsches Denkmal im Wandel der Geschichte* (Koehler & Amelang, 1993), pp. 10-21.

24 Wallis Miller, "Schinkel and the Politics of German Memory. The Life of the Neue Wache in Berlin", eds. by Scott Denham, et al., *A User's Guide to German Cultural Studies* (University of Michigan Press, 1997), pp. 227-256.

25 Reinhart Koselleck, *Zur politischen Ikonologie des gewaltsamen Todes: Ein deutsch-französischer Vergleich* (Schwabe & Co Ag, 1998), p. 51-53.

26 Friedrich Dieckmann, "Schinkels Wachgebäude als Nationales Mahnmal. Bundesprojekt und Denksmalspflege im Widerstreit", ed. by Christoph Stölzl, *Die neue Wache Unter den Linden: Ein deutsches Denkmal im Wandel der Geschichte* (Koehler & Amelang, 1993), pp. 204-211.

27 Carl Friedrich Schinkel, *Sammlung architektonischer Entwürfe*, p. 1.

28 Carl Friedrich Schinkel, *Sammlung architektonischer Entwürfe*, p. 2.

29 Carl Friedrich Schinkel, *Sammlung architektonischer Entwürfe*, p. 1.

30 Mallgrave, *Modern architectural Theory*, pp. 97-98; Harry Francis Mallgrave, *Gottfried Semper: Architect on the Nineteenth Century* (Yale University Press, 1996), p. 86, p. 122.

31 James J. Sheehan, *Museums in the German Art World: From the End of the Old Regime to the Rise of Modernism* (Oxford University Press, 2000), pp. 70-81.

32 Martin Steffens, *Schinkel, Ein Baumeister im Dienste der Schönheit*, pp. 47-51.

33 James Sheehan, *Museums in the German Art World*, p. 27 이하.

34 Carl Friedrich Schinkel, *Sammlung architektonischer Entwürfe*, pp. 4-5.

35 Theodore Ziolkowski, *German Romanticism and Its Institutions* (Princeton University Press, 1992), p. 314 이하.

36 Monika Wagner, *Allegorie und Geschichte: Ausstattungsprogramme öffentlicher Gebäude des 19. Jahrhunderts in Deutschland* (Ernest Wasmuth, 1989), pp. 103-126; Martin Steffens, *Schinkel: Ein Baumeister im Dienste der Schönheit*, pp. 47-51. 구박물관 외벽의 프레스코화 연작은 2차 대전 때 파괴된 이후 다시는 복원되지 않았다. 현재는 밋밋한 대리석판으로 대체되어 있다.

37 Mallgrave, *Modern Architectural Theory*, p. 89.

38 Carl Friedrich Schinkel, *Sammlung architektonischer Entwürfe*, p. 5, p. 4.

39 Heinz Ohff, *Peter Joseph Lenné: Eine Biographie* (Jaron, 2012), pp. 28-39, pp. 96-98.

3 텍토닉과 프로이센의 국가이념

1 Johann Joachim Winckelmann, *Gedanken über die Nachahmung der griechischen Werke in der Malerei und Bildhauerkunst* (Reclam, 1995), pp. 20-22.

2 Johann Joachim Winckelmann, *Geschichte der Kunst des Altertums* (1764) [Wissenschaftliche Buchgesellschaft, 1972], pp. 324-325.

3 Mallgrave, *Modern Architectural Theory*, pp. 19-23; 김정락, 「프랑스 신고전주의 건축이론에 대한 괴테의 논평으로서의 '독일건축에 대한 소고(Von Deutscher Baukunst)' (1771~1772)」, 『서양미술사학회논문집』, 제40집(2014), 39~61쪽.

4 Erik Forssman, "Schinkel und die Architekturtheorie", p. 17에서 재인용.

5 Erik Forssman, "Schinkel und die Architekturtheorie", p. 13.

6 Goerd Peschken, "Schinkels Klassizismus", ed. by Susan Paik, *Karl Friedrich Schinkel*, pp. 18-19. 텍토닉의 기본 원리는 싱켈에 앞서 이미 프리드리히 길리의 프리드리히 대왕 동상 도안에서 거의 완전하게 드러났다고 보는 견해도 있다. James Sheehan, *Museums in the German Art World*, p. 52 이하 참조. 또한 롱들레(Jean Rondelet)나 뒤랑(Jean-Louis Durand) 등 프랑스 이론가들도 고전고대의 건축을 유용성과 경제성의 관점에서 논구한 바 있다. 이에 대해서는 Mitchell Schwarzer, *German Architectural Theory and the Search for Modern Identity*, pp. 44-45 참조.

7 Karl Friedrich Schinkel, *Das architektonische Lehrbuch,* documented by Goerd Peschken(Deutscher Kunstverlag, 1979), pp. 149-150.

8 금요찬, 「Karl Friedrich Schinkel의 建築에 關한 考察」, 22~23쪽; Heinz Ohff, *Karl Friedrich Schinkel oder Die Schönheit in Preußen*, pp. 57-63; Mitchell Schwarzer, *German Architectural Theory and the Search for Modern Identity*, p. 171 이하.

9 Karl Gottlieb Wilhelm Bötticher, *Die Tektonik der Hellenen, vol. 1. Zur Philosophie der tektonischen Form* (Ferdinand Riegel, 1852), 인용문은 pp. XIV-XV. pp. 76-78.

10 Goerd Peschken, "Schinkels Klassizismus", pp. 18-19; John Toews, *Becoming Historical*, p. 117 이하.

11 Reinhart Koselleck, *Preußen zwischen Reform und Revolution: Allgemeines Landrecht, Verwaltung und soziale Bewegung von 1791 bis 1848* [Klett-Cotta,

1989(1975)], 특히 pp. 23-51.

12 이러한 해석을 선도한 것으로는 Joachim Ritter, *Hegel und die Französische Revolution*(1957)[Suhrkamp, 1996] 참조.

13 G. W. F. Hegel, *Grundlinien der Philosophie des Rechts(oder Naturrecht und Staatswissenschaft in Grundrisse)*, *Werke in 20 Bänden*, vol. 7(Suhrkamp, 1986), §182, §71, §181-188, §198-199.

14 Hegel, *Grundlinien der Philosophie des Rechts*, §195, §236, §230-241, §249-255, §260.

15 Hegel, *Grundlinien der Philosophie des Rechts*, §183.

16 Hegel, *Grundlinien der Philosophie des Rechts*, §258.

17 Hegel, *Grundlinien der Philosophie des Rechts*, §257, §258 Zusatz.

18 낭만주의가 표방하는 개별화 논리가 국가적 통일성을 이루지 못한 독일 현실을 고스란히 반영한다는 생각은 헤겔의 초기 저작에서 나타난다. G. W. F. Hegel, "Die Verfassung Deutschlands(1800-1802)", *Werke in 20 Bänden*, vol. 1(Suhrkamp, 1986), pp. 451-581.

19 Isaiah Berlin, "The Counter-Enlightenment", I. Berlin, *Against the Current*(Princeton University Press, 2001), pp. 10-12: 이사야 벌린, 『낭만주의의 뿌리』, 188쪽, 203~204쪽.

20 Friedrich Meinecke, *Weltbürgertum and Nationalstaat*, p. 132에서 재인용.

21 Lorenz Jacob von Stein, *Handbuch der Verwaltungslehre und des Verwaltungsrechts mit Vergleichung der Literatur und Gesetzgebung von Frankreich, England und Deutschland: Als Grundlage für Vorlesungen*(1870)[Adamant Media Corporation, 2004], pp. 4-7: Lorenz Jacob von Stein, *Gegenwart und Zukunft der Rechts-und Staatswissenschaft Deutschlands*(1876)[Adamant Media Corporation, 2004], p. 132 이하.

22 Lorenz Jacob von Stein, *Handbuch der Verwaltungslehre*, pp. 43-45, p. 401, p. 440, 인용문은 p. 45.

23 Lorenz Jacob von Stein, *Gegenwart und Zukunft der Rechts-und Staatswissenschaft Deutschlands*, pp. 134-138.

24 Lorenz Jacob von Stein, *Geschichte der socialen Bewegung in Frankreich: Von 1789 bis auf unsere Tage, vol. 1. Der Begriff der Gesellschaft und die sociale Geschichte der französischen Revolution bis zum Jahre 1830*(Verlag von Otto

Wigand, 1850)[Ulan Press, 2012], p. 37.

25 Lorenz Jacob von Stein, *Geschichte der socialen Bewegung in Frankreich: Von 1789 bis auf unsere Tage, vol. 3 Das Königtum, die Republik und die Souveränitat der französischen Gesellschaft seit der Februarrevolution 1848* (Otto Wigand, 1850)[Ulan Press, 2012].

26 미셸 푸코, 오트르망 옮김, 『안전, 영토, 인구』(난장, 2012); Mathew Coleman and John A. Agnew, "The Problem with Empire", eds. by Jeremy W. Crampton and Stuart Elden, *Space, Knowledge and Power: Foucault and Geography* (Hampshire, Burlington, 2008), pp. 317-339.

27 Johann Joachim Winckelmann, *Geschichte der Kunst des Altertums*, p. 9.

28 Johann Joachim Winckelmann, *Geschichte der Kunst des Altertums*, pp. 207-237; Alex Potts, *Flesh and the Ideal: Winckelmann and the Origins of Art History*, pp. 67-112, pp. 23-25.

29 그리스의 부활을 우연적인 고고학적 발견에서 비롯된 것이 아니라 모더니티의 생성과 결부된 문화적 현상으로 보는 관점으로는 David Ferris, *Silent Urns: Romanticism, Hellenism, Modernity*(Stanford University Press, 2000) 참조. 특히 그리스 미술의 재현 불가능성과 근대적 역사관의 탄생을 결부한 pp. 16-51 참조.

30 Michel Foucault, *The Order of Things: An Archaeology of the Human Sciences* (Vintage, 1973), pp. 3-16.

31 Alex Potts, *Flesh and the Ideal*, p. 4, pp. 57-60.

32 Johann Joachim Winckelmann, *Geschichte der Kunst des Altertums*, pp. 35-41, pp. 146-147, 인용문은 p. 146.

33 Gotthold Ephraim Lessing, *Laokoon oder über die Grenzen der Malerei und Poesie*(1766)[Reclam, 1987], p. 7, p. 20, p. 26 이하.

34 G. W. F. Hegel, *Vorlesungen über die Ästhetik I., Werke in zwanzig Bänden*, vol. 13(Suhrkamp, 1970), pp. 13-124; G. W. F. Hegel, *Vorlesungen über die Ästhetik II*. vol. 14(Suhrkamp, 1970), pp. 25-27, pp. 302-326, pp. 231-242.

35 프랭클린 보머, 조호연 옮김, 『유럽 근현대 지성사』(현대지성사, 2000), 365~377쪽.

36 Reinhart Koselleck, *Kritik und Krise. Eine Studie zur Pathogenese der bürgerlichen Welt*(Suhrkamp, 1992).

37 신고전주의 건축이 분열된 시대에 연속성과 지속성을 제공하려는 시도라는 입장은 Thomas Nipperdey, *Deutsche Geschichte 1800-1866*, p. 554 참조.

38 Birgit Verwiebe, "Schinkel's Perspective Optical Views: Art between Painting and Theater", ed. by John Zukowsky, *Karl Friedrich Schinkel: The Drama of Architecture* (Art Institute of Chicago, 1994), pp. 36-53, 특히 pp. 49-52.

39 Alois Hirt, *Die Baukunst nach den Grundsätzen der Alten* (Realschulbuchhandlung, 1809), vii.

40 John Toews, *Becoming Historical*, pp. 164-165; Heinz Ohff, *Karl Friedrich Schinkel oder Die Schönheit in Preußen*, pp. 156-176.

41 John Edward Toews, *Becoming Historical*, p. 161 이하; Heinz Ohff, *Karl Friedrich Schinkel oder Die Schönheit in Preußen*, p. 190; Mallgrave, *Modern Architectural Theory*, p. 98.

42 Carl Friedrich Schinkel, *Sammlung architektonischer Entwürfe*, p. 8.

43 Mallgrave, *Modern Architectural Theory*, p. 101-102; Heinz Ohff, *Karl Friedrich Schinkel oder Die Schönheit in Preußen*, pp. 192-193; Barry Bergdoll, *European Architecture 1750-1890*, pp. 192-194.

44 Kurt Milde, *Neorenaissance in der deutschen Architektur in der deutschen Architektur des 19. Jahrhunderts*, p. 115; Mallgrave, *Gottfried Semper*, pp. 89-91.

45 Karl Friedrich Schinkel, *Aus Schinkels Nachlaß: Reisetagebücher, Briefe und Aphorismen* (Berlin, 1862), vol. 3, Mallgrave, *Gottfried Semper*, p. 391, 주 87)에서 재인용.

46 Heinz Ohff, *Karl Friedrich Schinkel oder Die Schönheit in Preußen*, pp. 203-204.

47 Rand Carter, "Gartenreich Potsdam. Schinkel's, Persius's and Lenné's Summer Retreats for The Prussian Princes", ed. by Susan Peik, *Karl Friedrich Schinkel: Aspekte seines Werkes*, pp. 71-81.

48 Heinz Ohff, *Karl Friedrich Schinkel oder Die Schönheit in Preußen*, pp. 214-215.

49 Heinz Ohff, *Karl Friedrich Schinkel oder Die Schönheit in Preußen*, pp. 232-236.

50 이러한 넓은 외연은 단순한 개방성이 아니라 텍토닉의 원리에 기초한다는 점에서 '구성적 절충주의'라고 보는 시각도 있다. Schwarzer, *German Architectural Theory and the Search for Modern Identity*, pp. 64-67.

51 Maiken Umbach, "Memory and Historicism: Reading Between the Lines of the

Built Environment, Germany c. 1900", *Representation*, vol. 88(Fall, 2004), pp. 26-54, pp. 31-32.

4 독일제국의 역사주의 건축

1 Hermann Fillitz, ed., *Der Traum vom Glück: Die Kunst des Historismus in Europa*, vol. 1(Künstlerhaus, 1996).

2 Thomas Nipperdey, *Deutsche Geschichte 1800-1866*, pp. 556-558. 근대미술의 탄생을 18세기 미술의 내재적 위기로 보는 관점은 Werner Busch, *Das sentimentalische Bild: Die Krise der Kunst im 18. Jahrhundert und die Geburt der Moderne*(C. H. Beck, 1993), pp. 9-18 참조.

3 Wolfgang Hardtwig, "Kunst und Geschichte im Revolutionszeitalter. Historismus in der Kunst und der Historismus-Begriff der Kunstwissenschaft", *Archiv für Kulturgeschichte*, no. 1(1979), pp. 154-190.

4 Monika Wagner, *Allegorie und Geschichte*, pp. 31-40; Matthew Jefferies, *Imperial Culture in Germany 1871-1918*(Voker R. Berghahn, 2003), p. 118.

5 Robert Jan van Pelt, *Architectural Principles in the Age of Historicism*(Yale University Press, 1993).

6 Hans-Werner Hahn, *Die Industrielle Revolution in Deutschland*(Oldenbourg, 1998), pp. 24-48.

7 이 시기 독일 사회의 전반적 문화 양상에 대해서는 특히 Matthew Jefferies, *Imperial Culture in Germany 1871-1918*(Voker R. Berghahn, 2003) 참조.

8 Wolfgang J. Mommsen, *Bürgerliche Kultur und künstlerische Avantgarde: Kultur und Politik im deutschen Kaiserreich 1870-1918*(Propyläen, 1994), p. 7 이하.

9 Friedrich Meinecke, *Weltbürgertum and Nationalstaat*, pp. 1-22.

10 Wolfram Siemann, "Die deutsche Hauptstadtproblematik im 19. Jahrhundert", pp. 256-257.

11 M. Brix and M. Steinhauser, "Geschichte im Dienste der Baukunst", eds. by M. Brix and M. Steinhauser, *Geschichte allein ist zeitgemäß: Historismus in Deutschland*(Anabas, 1978), p. 208. 독일 역사주의 건축에 대한 개관으로는 Dieter Dolgner, *Historismus. Deutsche Baukunst 1815-1900*(Seemann, 1993); Ernst-

Heinz Lemper, "Historismus als Großstadtarchitektur. Die städtebauliche Legitimierung eines Zeitalters", Karl-Heinz Klingenburg, eds., *Historismus: Aspekte zur Kunst im 19. Jahrhundert*(VEB E. A. Seemann, 1985), pp. 50-72 참조.

12   Alan Colquhoun, *Modernity and the Classical Tradition. Architectural Essays 1980-1987*(The MIT Press, 1991), pp. 4-18; Maria Erxleben, "Goethe and Schinkel", pp. 20-32.

13   Maiken Umbach, *German Cities and Bourgeois Modernism 1890-1924*(Oxford University Press, 2009), pp. 27-36.

14   Wolfgang J. Mommsen, *Bürgerliche Kultur und künstlerische Avantgarde: Kultur und Politik im deutschen Kaiserreich 1870-1918*, p. 35; Jörg Bahns, *Zwischen Biedermeier und Jugendstil: Möbel des Historismus*(Keysersche Verlagsbuch, 1987).

15   스즈키 히로유키, 『서양 근현대 건축의 역사: 산업혁명기에서 현재까지』, 54~55쪽.

16   Thomas Nipperdey, *Deutsche Geschichte 1800-1866*, p. 558; Barry Bergdoll, *European Architecture 1750-1890*, pp. 269-279.

17   Kurt Milde, *Neorenaissance in der deutschen Architektur in der deutschen Architektur des 19. Jahrhunderts*, pp. 116-124; Mitchell Schwarzer, *German Architectural Theory and the Search for Modern Identity*, pp. 51-53; Mallgrave, *Modern Architectural Theory*, pp. 106-108.

18   Dagmar Waskönig, "Konstruktion eines zeitgemäßen Stils zu Beginn der Industrialisierung in Deutschland. Historisches Denken in H. Hübschs Theorie des Rundbogenstils"(1828), eds. by M. Brix and M. Steinhauser, *Geschichte allein ist zeitgemäß*, pp. 93-105.

19   Harry Francis Mallgrave, *Gottfried Semper*, pp. 165-227; Mitchell Schwarzer, *German Architectural Theory and the Search for Modern Identity*, pp. 72-74; 데이비드 와트킨, 우동선 옮김, 『건축사학사』(시공사, 1997), 19~21쪽.

20   Mallgrave, *Gottfried Semper*, p. 91, pp. 220-225.

21   Gottfried Semper, *Der Stil in den technischen und tektonischen Künsten oder praktische Ästhetik: Ein Handbuch für Techniker, Künstler und Kunstfreunde*, vol. 1 *Textile Kunst*(1860), zweite, durchgesehene Auflage(Friedr. Bruckmanns Verlag, 1878), §61, §62. 이에 대해서는 M. Brix and M. Steinhauser, "Geschichte im Dienste der Baukunst", pp. 258-260; Mallgrave, *Gottfried Semper*, pp. 274-308;

Mari Hvatum, *Gottfried Semper and the Problem of Historicism* (Cambridge University Press, 2004), 특히 pp. 72-75 참조.

22 Gottfried Semper, *Der Stil in den technischen und tektonischen Künsten oder praktische Ästhetik*, §58; Mallgrave, *Modern Architectural Theory*, pp. 77-77, p. 132, p. 130.

23 Kurt Milde, *Neorenaissance in der deutschen Architektur in der deutschen Architektur des 19. Jahrhunderts*, p. 174 이하.

24 Mari Hvatum, *Gottfried Semper and the Problem of Historicism*, p. 167.

25 Thomas Nipperdey, *Deutsche Geschichte 1866-1918*, vol. 1 *Arbeitswelt und Bürgergeist* (C. H. Beck, 1990), pp. 718-719; Walter Krause, ed., *Neorenaissance: Ansprüche an einen Stil* (Verlag der Kunst, 2001); Iain Boyd Whyte, "Modern German architecture", eds. by Eva Kolinsky and Wilfried van der Will, *The Cambridge Companion to Modern German Culture* (Cambridge University Press, 1998), pp. 282-301.

26 Jacob Burckhardt, *Der Cicerone: Eine Anleitung zum Genuss der Kunstwerke Italiens* (Kröner, 1986); 야코프 부르크하르트, 이기숙 옮김, 『이탈리아 르네상스의 문화』(한길사, 2003). 이 작품들의 영향력에 대해서는 Jefferies, *Imperial Culture in Germany*, pp. 95-98 참조.

27 Mallgrave, *Gottfried Semper*, pp. 120-123, pp. 356-357.

28 Mallgrave, *Gottfried Semper*, pp. 95-98.

29 Mallgrave, *Gottfried Semper*, pp. 109-117; James Sheehan, *Museums in The German Art World*, pp. 127-131.

30 James Sheehan, *Museums in the German Art World*, p. 137; Ulrich Großmann, "Renaissance der Renaissance-Baukunst", eds. by Ulrich Großmann, Petra Krutisch, *Renaissance der Renaissance: Ein bürgerlicher Kunststil im 19. Jahrhundert* (Deutscher Kunstverlag, 1992), pp. 201-219.

31 Kurt Milde, *Neorenaissance in der deutschen Architektur*, p. 137.

32 Mallgrave, *Gottfried Semper*, pp. 339-353; K. E. O. Fritsch, "Das neue Hoftheater zu Dresden", *Deutsche Bauzeitung*, vol. 12, no. 34 (April, 1878), p. 167.

33 K. E. O. Fritsch, "Das neue Hoftheater zu Dresden", *Deutsche Bauzeitung*, vol. 12, no. 30 (April, 1878), p. 145.

34 Fritsch, "Das neue Hoftheater zu Dresden", *Deutsche Bauzeitung*, no. 34, p.

167, p. 168.

35 Mallgrave, *Gottfried Semper*, p. 117.

36 Wolfgang J. Mommsen, *Bürgerliche Kultur und künstlerische Avantgarde*, p. 35.

37 Maiken Umbach, "Memory and Historicism: Reading Between the Lines of the Built Environment, Germany c. 1900", pp. 26-54.

38 Ernst-Heinz Lemper, "Historismus als Großstadtarchitektur. Die städtebauliche Legitimierung eines Zeitlaters", p. 50, p. 60.

39 Maiken Umbach, "Memory and Historicism", pp. 39-43; Valentin W. Hammerschmidt, *Anspruch und Ausdruck in der Architektur des späten Historismus in Deutschland 1860-1914* (Peter Lang, 1985).

40 Maiken Umbach, *German Cities and Bourgeois Modernism 1890-1924*, p. 33; Matthew Jefferies, *Imperial Culture in Germany 1871-1918*, pp. 183-228.

41 Heinrich Wölfflin, *Renaissance und Barock: Eine Untersuchung über Wesen und Entstehung des Barockstils in Italien* (Schwabe, 2009).

42 Wolfram Siemann, "Die deutsche Hauptstadtproblematik im 19. Jahrhundert", p. 256.

43 Matthew Jefferies, *Imperial Culture in Germany 1871-1918*, p. 83 이하; Iain Boyd Whyte, "Modern German Architecture", p. 285. 사회민주주의자 베벨 (August Bebel)이 독일제국의회 의사당에 찬사를 보낸 것은 건축 자체에 대한 평가라 기보다는 황제와 대립각을 세우려는 정치적 판단에 의거한 것으로 보인다. 이에 대해 서는 Brix and Steinhauser, "Geschichte im Dienste der Baukunst", p. 298 참조.

44 Wolfgang Hardtwig, "Nationsbildung und Hauptstadtfrage. Berlin in der deutschen Revolution 1848/49", Hardtwig, *Nationalismus und Bürgerkultur in Deutschland 1500-1914* (Vandenhoeck & Ruprecht, 1994), p. 202. 이 건축물은 본 래 의회민주주의와 입헌군주제 간의 타협의 산물로 건립된 것이며, 독일 민주주의의 희망과 좌절을 체현했다. 이에 관해서는 Michael S. Cullen, *Der Reichstag: Im Spannungsfeld deutscher Geschichte* (Bebra Verlag, 2004), pp. 9-10; U. Haltern, "Architektur und Politik. Zur Baugeschichte des Berliner Reichstags", eds. by Ekkehard Mai, Stephan Waetzoldt, *Kunstverwaltung, Bau-und Denkmal-Politik im Kaiserreich* (Mann, Gebr. Verlag, 1981), pp. 75-102 참조.

45 Christian Norberg-Schulz, *The Concept of Dwelling: On the Way to Figurative Architecture* (Rizzoli, 1985), p. 34.

46 Michael S. Cullen, *Der Reichstag*, pp. 32-34; Kurt Milde, *Neorenaissance in der deutschen Architektur*, p. 303.

5   역사주의와 도시계획

1   Jean-François Lejeune, "Schinkel and Lenné in Berlin-from the Biedermeier flâneur to Beuth's Industriegroßstadt", ed. by Susan Peik, *Karl Friedrich Schinkel*, pp. 84-85.

2   Thomas Hall, *Planning Europe's Capital Cities: Aspects of Nineteenth Century Urban Development*(Routledge, 2010), p. 190.

3   Carl Friedrich Schinkel, *Sammlung architektonischer Entwürfe*, pp. 2-3.

4   Peter Springer, *Schinkels Schloßbrücke in Berlin: Zweckbau und Monument* (Propyläen Verlag, 1984).

5   Martin Engel, *Forum Fridericianum*, p. 183.

6   이와 유사한 비판적 시각으로는 금요찬, 「Karl Friedrich Schinkel의 建築에 關한 考察」, 29~31쪽 참조.

7   Thomas Hall, *Planning Europe's Capital Cities*, pp. 187-200; Jean-Francois Lejeune, "Schinkel and Lenné in Berlin", ed. by Susan Peik, *Karl Friedrich Schinkel*, pp. 96-97. 베를린 시의 인구 변동에 대해서는 Ingrid Thienel, "Verstädterung, städtische Infrastruktur und Stadtplanung. Berlin zwischen 1850 und 1914", *Zeitschrift für Stadtsoziologie, Stadtgeschichte und Denkmalpflege*, no. 4(1977), p. 63 참조.

8   Heinz Ohff, *Peter Joseph Lenné*, pp. 117-125.

9   Heinz Ohff, *Peter Joseph Lenné*, p. 118, p. 134, pp. 130-131. 쾨페닉 벌판에 대한 건설 계획은 베를린 시의 건축책임관이었던 슈미트(Schmid)의 1830년도 안을 수정하여 입안되었다. 슈미트의 원안은 재정적 고려로 인해 매우 단순하고 성긴 격자 블록을 지향했었다. 이에 대해서는 Walter Kieß, *Urbanismus im Industriezeitalter: Von der klassizistischen Stadt zur Garden City*(Ernst & Sohn, 1991), p. 69; Jean-Francois Lejeune, "Schinkel and Lenné in Berlin-from the Biedermeier flâneur to Beuth's Industriegroßstadt", ed. by Susan Peik, *Karl Friedrich Schinkel*, pp. 91-97 참조.

10 Heinz Ohff, *Peter Joseph Lenné*, pp. 132-135; Ingrid Thienel, "James Hobrecht", ed. by Historische Kommission bei der bayerischen Akademie der Wissenschaften, *Neue Deutsche Biographie*, vol. 9(Duncker & Humblot, 1972), pp. 280-281; Thomas Hall, *Planning Europe's Capital Cities*, pp. 192-193; Walter Kieß, *Urbanismus im Industriezeitalter*, p. 250.

11 Peter Ring, "Bevölkerung", eds. by Horst Ulrich, et al., *Berlin Handbuch: Das Lexikon der Bundeshauptstadt*(FAB Verlag, 1992), p. 237; Horst Matzerath, "Berlin, 1890-1940", ed. by Anthony Sutcliff, *Metropolis 1890-1940*(The University of Chicago Press, 1984), pp. 293-294; Walter Kieß, *Urbanismus im Industriezeitalter*, p. 238.

12 Thomas Hall, *Planning Europe's Capital Cities*, pp. 63-77.

13 데이비드 하비, 김병화 옮김, 『모더니티의 수도 파리』(생각의나무, 2005), 193~205쪽; Norma Evenson, "Paris, 1890-1940", ed. by Anthony Sutcliff, *Metropolis 1890-1940*(The University of Chicago Press, 1984), pp. 259-287.

14 Patricia L. Garside, "West End, East End: London 1890, 1940", ed. by Anthony Sutcliff, *Metropolis 1890-1940*, pp. 235-243.

15 Gerhard Brunn, "Stadtumbau im 19. Jahrhundert. Zwei Modelle: London und Paris", eds. by Clemens Zimmermann, Jürgen Reulecke, *Die Stadt als Moloch? Das Land als Kraftquell? Wahrnehmungen und Wirkungen der Großstädte um 1900*(Birkhäuser Verlag, 1999), pp. 95-115.

16 Ingrid Thienel, "Verstädterung, städtische Infrastruktur und Stadtplanung, Berlin zwischen 1850 und 1914", p. 79 이하; Walter Kieß, *Urbanismus im Industriezeitalter*, pp. 228-229.

17 Anthony Sutcliffe, "Planung und Entwicklung der Großstädte in England und Frankreich von 1850 bis 1875 und ihre Einflüsse auf Deutschland", eds. by Gerhard Fehl and Juan Rodriguez-Lores, *Stadterweiterungen 1800-1875: Von den Anfängen des modernen Städtebaues in Deutschland*(Hans Christians, 1983), pp. 35-53.

18 Hildegard Schröteler-von Brandt, *Stadtbau-und Stadtplanungsgeschichte: Eine Einführung*(Springer, 2014), p. 104.

19 Daniel Ehebrecht, *Der Hobrechtplan von 1862 und seine Einflüsse auf das Stadtbild von Berlin*(Grin Verlag, 2008), p. 11; Walter Kieß, *Urbanismus im*

Industriezeitalter, pp. 70-71, pp. 230-232.

20   James Hobrecht, *Die Canalisation von Berlin*(Ernst & Korn, 1884), p. 4 이하, p. 55 이하.

21   Walter Kieß, *Urbanismus im Industriezeitalter*, pp. 227-228. 그렇지만 건물의 뒤뜰(Hinterhof)의 최소 면적을 5.34×5.34미터로 규정함으로써 화재 시 소방이 원활하도록 조치한 면도 있었다. Jürgen Reulecke, *Geschichte der Urbanisierung in Deutschland*(Suhrkamp, 1985), p. 52.

22   Werner Hegemann, *Das steinerne Berlin, Geschichte der größten Mietkasernenstadt der Welt*(Gustav Kiepenheuer, 1930), 특히 p. 207 이하. 헤게만은 심지어 싱켈의 도시건축마저 자기만족적 '낭만주의' 성향으로 베를린을 망치는 데 일조했다고 비판한다. pp. 181-182.

23   James Hobrecht, *Über öffentliche Gesundheitspflege und die Bildung eines Central-Amts für öffentliche Gesundheitspflege im Staate*(Th. von der Nahmer, 1868), pp. 14-17.

24   Anthony Sutcliffe, "Planung und Entwicklung der Großstädte in England und Frankreich von 1850 bis 1875 und ihre Einflüsse auf Deutschland", p. 50.

25   Walter Kieß, *Urbanismus im Industriezeitalter*, pp. 231-232.

26   Wilhelm Raabe, *Die Chronik der Sperlinsgasse*(1908), Wilhelm Raabe Sämtliche Werke, Braunschweiger Ausgabe, vol. 1(Vandenhoeck & Ruprecht, 1980), pp. 16-17.

27   발터 벤야민, 윤미애 옮김, 『1900년경 베를린의 유년시절』(길, 2012), 35쪽, 48쪽.

28   Walter Kieß, *Urbanismus im Industriezeitalter*, p. 400 이하, p. 427 이하; Edward Relph, 김동국 옮김, 『근대도시경관』(태림문화사, 1999), 65~79쪽; Mervyn Miller, *Letchworth: The First Garden City*(Chichester, 1989).

29   Walter Kieß, *Urbanismus im Industriezeitalter*, pp. 393-409; Mallgrave, *Modern Architectural Theory*, p. 193; 카를 쇼르스케, 김병화 옮김, 『세기말 비엔나』(구운몽, 2006), 105~119쪽.

30   Mallgrave, *Modern Architectural Theory*, pp. 170-177.

31   M. 칼리니스쿠, 이영욱 외 옮김, 『모더니티의 다섯 얼굴』(시각과언어, 1987), 53쪽, 59~71쪽. 모더니티의 개념사 연구로는 Hans Ulrich Gumbrecht, "Modern, Modernität, Moderne", eds. by Otto Brunner, et al., *Geschichtliche Grundbegriffe: Historisches Lexikon zur politisch sozialen Sprache in Deutschland*, vol.

4(Klett-Cotta, 1978), pp. 93-131 참조.

32 Peter Paret, *The Berlin Secession: Modernism and Its Enemies in Imperial Germany*(Belknap Press, 1989).

33 Joan Campbell, *Der deutsche Werkbund 1907-1934*(Klett-Cotta, 1981), 인용문은 p. 7.

34 무테지우스의 노선은 산업화를 도모하면서도 민족적 화합을 이루어내고자 했다는 점에서 공작동맹에 동참했던 정치가 프리드리히 나우만(Friedrich Naumann)의 '민족자유주의적(nationaliberal)' 사회개혁 노선과 친화성을 지니고 있었다. 이에 대해서는 Joan Campbell, *Der deutsche Werkbund*, p. 25 이하, p. 57 이하; Wolfgang Hardtwig, "Kunst, liberaler Nationalismus und Weltpolitik. Der deutsche Werkbund 1907-1914", Hardtwig, *Nationalismus und Bürgerkultur in Deutschland 1500-1914*(Vandenhoeck & Ruprecht, 1994), pp. 246-273 참조.

35 Joan Campbell, *Der deutsche Werkbund 1907-1934*, pp. 17-23, pp. 37-39. 페터 베렌스와 싱켈 건축의 연관성에 대해서는 Stanford Anderson, "Schinkel, Behrens, an elemental tectonic, and a new classicism", ed. by Susan Peik, *Karl Friedrich Schinkel*, pp. 116-124; Mallgrave, *Modern Architectural Theory*, pp. 226-234 참조.

36 Hermann Muthesius, *Kunstgewerbe und Architektur*(1907), Mitchell Schwarzer, *German Architectural Theory and the Search for Modern Identity*, p. 250에서 재인용.

37 Edward Relph, 김동국 옮김, 『근대도시경관』(태림문화사, 1999), 137~140쪽; Maiken Umbach, "The Deutscher Werkbund, Globalization, and the Invention of Modern Vernaculars", eds. by Maiken Umbach and Bernd Hüppauf, *Vernacular Modernism: Heimat, Globalization, and the Built Environment*(Stanford University Press, 2005), pp. 114-140; Werner Durth, *Deutsche Architekten: Biographische Verflechtungen 1900-1970*(dtv, 1992), pp. 67-73.

38 Mallgrave, *Modern Architectural Theory*, pp. 254-255.

39 Siegfried Giedion, *Space, Time and Architecture*(1941)[Harvard University Press, 1967], p. 496; Peter Gay, *Modernism: The Lure of Heresy*(W. W. Norton & Company, 2008), pp. 298-318; Francesco Passanti, 'The Vernacular, Modernism, and Le Corbusier,' eds. by Maiken Umbach and Bernd Hüppauf, *Vernacular Modernism*, pp. 141-156, 특히 p. 142; Alan Colquhoun, *Modernity and the Classical Tradition. Architectural Essays 1980-1987*, pp. 89-119.

40 독일 바이마르 공화국(Weimarer Republik) 시기의 신즉물주의에 대해서는 Jost Hermand, Frank Trommler, *Die Kultur der Weimarer Republik*(Fischer, 1988), p. 116 참조. 페터 베렌스 이후의 독일 건축에 나타나는 즉물주의 경향에 대해서는 Thomas Nipperdey, *Deutsche Geschichte 1866-1918*, pp. 727-729 참조.

41 공작연맹의 역사주의적 측면에 관해서는 Maiken Umbach, *German Cities and Bourgeois Modernism 1890-1924*, p. 51 이하; Mitchell Schwarzer, *German Architectural Theory and the Search for Modern Identity*, pp. 120-127 참조.

42 Karl Bötticher, "Das Prinzip der hellenischen und germanischen Bauweise", *Allgemeine Bauzeitung*, vol. 11(1846), p. 119. 이에 대해서는 Mallgrave, *Modern Architectural Theory*, p. 111; Mitchell Schwarzer, *German Architectural Theory and the Search for Modern Identity*, p. 184, pp. 187-188 참조.

43 Christian M. Boyer, *The City of Collective Memory: Its Historical Imagery and Architectural Entertainments*(1994)[The MIT Press, 2001], p. 4.

44 Umbach는 부르주아 모더니즘과 역사주의 간의 연속성을 강조한다. Maiken Umbach, *German Cities and Bourgeois Modernism 1890-1924*, p. 32.

45 Mitchell Schwarzer, *German Architectural Theory and the Search for Modern Identity*, p. 84.

46 카를 쇼르스케, 『세기말 비엔나』, 119~144쪽. 이에 대한 논의로는 최용찬, 「세기말 비엔나의 링슈트라세 프로젝트와 근대도시의 이미지 정치」, 『독일연구: 역사, 사회, 문화』, 제21호(2011.6), 31~57쪽 참조.

47 카를 쇼르스케, 『세기말 비엔나』, 165~168쪽.

48 Andreas Nierhaus, "Schauplatz und Handlungsraum. Zur visuellen und räumlichen Inszenierung des Wiener Kaiserforums", *Kunst und Politik*, no. 11(2009), pp. 48-53; Mallgrave, *Gottfried Semper*, pp. 314-339.

49 *Deutsche Bauzeitung*, vol. 51, no. 14(1917. 2. 17), p. 68.

50 카를 쇼르스케, 『세기말 비엔나』, 107쪽.

51 Walter Kieß, *Urbanismus im Industriezeitalter*, p. 227 이하.

52 '프로이센 건축 및 건축선법'의 원문은 아래의 웹사이트 참조. https://www.berlin.de/imperia/md/content/dienstleistungsdatenbank/verm/preussisches_fluchtliniengesetz_1875_gs.pdf?start&ts=1329464810&file=preussisches_fluchtliniengesetz_1875_gs.pdf. 이 법령에 대해서는 Helmuth Croon, *Staat und Städte in den westlichen Provinzen Preußens 1817-1875. Ein Beitrag zum*

Entstehen des Preußischen Bau-und Fluchtliniengesetzes von 1875, eds. by Gerhard Fehl and Juan Rodriguez-Lores, Stadterweiterungen 1800-1875, pp. 55-79. 특히 pp. 72-75 참조.

53 Daniel Ehebrecht, Der Hobrechtplan von 1862 und seine Einflüsse auf das Stadtbild von Berlin, pp. 14-15.

54 당시 프랑크푸르트 시 토목국에서 발간한 건설지를 참조. Städtisches Tiefbauamt, ed. Umlegung von Grundstücken in Frankfurt am Main (Schirmer & Mahlau, Frankfurt am Main, 1903) [https://archive.org/stream/umlegungvongrun00 tiefgoog#page/n4/mode/2up]. 이 법의 제정에 관해서는 Anthony Sutcliffe, Towards the Planned City: Germany, Britain, and the United States and France, 1780-1914 (Basil Blackwell 1981), p. 32, p. 37 참조.

55 Horst Matzerath, "Berlin, 1890-1940", pp. 297-298. 예컨대 베를린의 발전된 급수 체계는 티푸스로 인한 사망자 수의 급감으로 입증된다. Jürgen Reulecke, Geschichte der Urbanisierung in Deutschland, pp. 60-61.

56 Mark Twain, "Berlin-the Chicago of Europe", New York Sun, 1892, 4. 3(Berlinica Publishing LLC, 2013), pp. 77-316. 인용문은 p. 77. 이에 대해서는 Ralf Thies, Dietmar Jazbinsek, "Berlin-das europäische Chicago. Über ein Leitmotiv der Amerikanisierungsdebatte zu Beginn des 20. Jahrhunderts", eds. by Clemens Zimmermann, Jürgen Reulecke, Die Stadt als Moloch?, pp. 53-94 참조.

57 Ralf Thies, Dietmar Jazbinsek, "Berlin - das europäische Chicago", pp. 70-73; 나인호, 『개념사란 무엇인가: 역사와 언어의 새로운 만남』(역사비평사, 2011), 225~261쪽. 라테나우의 언명은 Walter Rathenau, Die schönste Stadt der Welt(1902), Ralf Thies, Dietmar Jazbinsek, "Berlin-das europäische Chicago", p. 69에서 재인용.

58 August Julius Langbehn, Rembrandt als Erzieher(1890)[C. L. Hirschfeld, 1925], p. 264, pp. 280-281. 당대의 '문화 비관주의'에 대해서는 전진성, 『보수혁명: 독일 지식인들의 허무주의적 이상』(살림, 2002), 25~29쪽 참조

59 Fritz Stern, The Politics of Cultural Despair: A Study in the Rise of the German Ideology(University of California Press, 1974), p. 174.

60 Nikolaus Bernau, Museuminsel Berlin(Stadtwandel, 2010); Mallgrave, Gottfried Semper, p. 105.

61 Suzanne Marchand, Down from Olympus, p. 136.

62 Esther Sophia Sünderhauf, Griechensehnsucht und Kulturkritik, pp. 295-364, p.

55 이하, pp. 128-138; Joachim Petsch, *Kunst im Dritten Reich: Architektur-Plastik-Malerei-Alltagsästhetik* (Gesellschaft für Literatur und Bildung, 1994), pp. 47-49.

63   Johann Gustav Droysen, *Weltreich des Alexander des Großen* (1833) [Paul Aretz, 1934].

64   Johann Gustav Droysen, *Geschichte des Hellenismus* (1836), vol. 3, *Geschichte der Epigonen* (Wissenschaftliche Buchgesellschaft, 2008), p. 434.

65   Marchand, *Down from Olympus*, p. 238 이하; Suzanne L. Marchand, *German Orientalism in the Age of Empire: Religion, Race, and Scholarship* (Cambridge University Press, 2009), pp. 53-55.

2부 아시아의 프로이센을 넘어

1   독일 역사주의 건축의 결정판, 칭다오

1   데이비드 어윈, 『신고전주의』(한길아트, 1998), 346쪽 이하; 박순관, 『동남아 건축문화 산책』(한국학술정보, 2013), 207~209쪽.

2   Stanford Anderson, "Schinkel, Behrens, an Elemental Tectonic, and a New Classicism", ed. by Susan M. Peik, *Karl Friedrich Schinkel*, pp. 116-117; Wolfgang Pehnt, "Schinkel after Schinkel: Heirs of the Prussian Master Architect", ed. by John Zukowsky, *Karl Friedrich Schinkel* (Art Institute of Chicago, 1994), p. 134.

3   Dirk van Laak, *Über alles in der Welt: Deutscher Imperialismus im 19. und 20. Jahrhundert*, p. 10; Hartmut Pogge von Strandmann, "The Purpose of German Colonialism, or the Long Shadow of Bismarck's Colonial Policy", eds. by Volker Langbehn and Mohammad Salama, *German Colonialism: Race, The Holocuast, and Postwar Germany* (Columbia University Press, 2011), pp. 200-202; Sebastian Conrad, *Deusche Kolonialgeschichte* (C. H. Beck, 2012), p. 18, p. 23.

4   Horst Gründer, *Geschichte der deutschen Kolonien* (UTB, 2004), pp. 55 이하.

5   Russel A. Berman, "Der ewige Zweite Deutschlands Sekundärkolonialismus", ed. by Birthe Kundrus, *Phantasiereiche: Zur Kulturgeschichte des deutschen Kolonialismus*(Campus, 2003), pp. 23-24.

6   이러한 연구로는 Michael Perraudin and Jürgen Zimmerer, eds., *German Colonialism and National Identity*(Routledge, 2010); Sara Friedrichsmeyer, Sara Lennox and Susanne Zantop, eds., *The Imperialist Imagination: German Colonialism and Its Legacy*(The University of Michigan Press, 1998) 참조.

7   Birthe Kundrus, "German Colonialism: Some Reflections on Reassessments, Specificities, and Constellations", eds. by Volker Langbehn and Mohammad Salama, *German Colonialism*, p. 34.

8   에드워드 사이드는 제국주의(imperialism)와 식민주의(colonialism)를 구분하는데, 전자는 이데올로기적 차원을, 후자는 그에 따른 실행을 가리킨다. Edward Said, *Culture and Imperialism*(Vintage, 1994), p. 8. 이와 달리 양자를 모순적 실천으로 보는 입장으로는 로버트 J. C. 영, 김택현 옮김, 『포스트식민주의 또는 트리컨티넨탈리즘』(박종철출판사, 2005), 39쪽 이하 참조. 식민주의의 다양한 함의에 관해서는 위르겐 오스터함멜, 박은영·이유재 옮김, 『식민주의』(역사비평사, 2006) 참조.

9   David Blackbourn, "Das Kaiserreich transnational. Eine Skizze", eds. by Sebastian Conrad und Jürgen Osterhammel, *Das Kaiserreich transnational: Deutschland in der Welt 1871-1914*(Vandenhoeck & Ruprecht, 2006), p. 323.

10 Dirk van Laak, *Über alles in der Welt*, pp. 15-23.

11 Ariane Isabelle Komeda, "Kolonialarchitektur als Gegenstand transkultureller Forschung. Das Beispiel der deutschen Bauten in Namibia," eds. by Michael Falser, Monica Juneja, *Kulturerbe und Denkmalpflege transkulturel: Grenzgänge zwischen Theorie und Praxis*(transcript, 2013), pp. 119-137; George Steinmetz, *The Devil's Handwriting: Postcoloniality and the German Colonial State in Qingdao, Samoa, and Southwest Africa*(University of Chicago Press, 2007).

12 Suzanne L. Marchand, *German Orientalism in the Age of Empire*, pp. 334-336.

13 Gerhild Komander, *China in Sanssouci? Die Chinamode in friderizianischer Zeit und deren Rezeption durch Friedrich II.* http://www.gerhildkomander.de/kuenste/134-brandenburg-chinamode.html; Suzanne Marchand, *German Orientalism in the Age of Empire*, pp. 367-377.

14 여기서는 광의의 '식민도시'와 구별되는 의미에서 '식민지도시' 개념을 사용하고자 한다. 즉 이것은 전통적인 도시가 식민지배세력의 진출에 의해 공간적 변용을 겪는 경우를 지칭한다. 이러한 개념적 구별에 대해서는 현재열·김나영,「비교적 전망에서 본 식민지도시의 역사적 전개와 공간적 특징」,『石堂論叢』, 50집(2011), 661쪽 참조.

15 Jork Artelt, "Die Befestigungsanlagen Tsingtau und deren Bewährung im Ersten Weltkrieg", Hans-Martin Hinz and Christoph Lind, eds., *Tsingtau: Ein Kapitel deutscher Kolonialgeschichte in China 1897-1914*(Minerva, 1999), pp. 62-63; 김춘식,「독일제국과 바다: 독일의 동아시아 해양정책과 식민지 건설계획을 중심으로」,『대구사학』, 91집(2005). 연구사 정리로는 Bernd Martin, "Gouvernement Jiaozhou" —Forschungsstand and Archivebestände zum deutschen Pachtgebiet Qingdao (Tsingtau) 1897-1914, ed. by Hengyu Guo, *Deutschland und China: Beiträge des Zweiten Internationalen Symposiums zur Geschichte der Deutsch-Chinesischen Beziehungen*(Minerva, 1994), pp. 375-398 참조.

16 Heiko Herold, *Deutsche Kolonial-und Wirtschaftspolitik in China 1840 bis 1914: Unter besonderer Berücksichtigung der Marinekolonie Kiautschou* (Ozeanverlag Herold, 2006), pp. 21-25.

17 Jürgen Osterhammel, "Forschungsreise und Kolonialprogramm. Ferdinand von Richthofen und die Erschließung Chinas im 19. Jahrhundert", *Archiv für Kulturgeschichte*, vol. 69(1987), p. 172.

18 Wolfgang J. Mommsen, *Großmachtstellung und Weltpolitik 1870-1914: Die Außenpolitik des Deutschen Reiches*(Ullstein Tb, 1993), p. 107 이하; Heiko Herold, *Deutsche Kolonial-und Wirtschaftspolitik in China 1840 bis 1914*, pp. 26-28; Sebastian Conrad, *Deutsche Kolonialgeschichte*(C. H. Beck, 2012), pp. 33-34; 정상수,「독일제국주의와 교주만 점령 1897/98년」,『역사학보』, 제194집, 327~362쪽.

19 Mechthild S. Leutner, Klaus Mühlhahn, "Interkulturelle Handlungsmuster. Deutsche Wirtschaft und Mission in China in der Spätphase des Imperialismus", eds. by Leutner and Mühlhahn, *Deutsch-chinesische Beziehungen im 19. Jahrhundert: Mission und Wirtschaft in interkultureller Perspektive*(LIT, 2001), pp. 9-42.

20 김형렬,「독일의 칭다오 경략과 식민공간의 확장(1898~1914)」,『중국사연구』, vol. 70(2011), 266~268쪽; Horst Gründer, *Geschichte der deutschen Kolonien*, pp.

228-231.

21 Gisela Graichen and Horst Gründer, *Deutsche Kolonien: Traum und Trauma* (Ullstein, 2005), p. 212.

22 김형열, 「산동 근대도시의 서구문화 수용과 교육환경—칭다오(靑島), 지난(濟南)에서 의 문화식민주의 성격을 중심으로」, 동의대학교 인문사회연구소 편, 『동아시아 교류 와 문화변용: 사회·문화·번역으로 본 동아시아 근대상』(박문사, 2013), 147∼148쪽, 153∼161쪽, 169∼173쪽; 김춘식, 「독일제국의 중국 교주만 식민지 문화정책 1898∼ 1914」, 『역사학연구』 32집(2008), 379∼407쪽; Horst Gründer, *Geschichte der deutschen Kolonien*, pp. 232-235.

23 Maurice Amutabi, "Buildings as Symbols and Metaphors of Colonial Hegemony: Interrogating Colonial Buildings and Architecture in Kenya's Urban Spaces", ed. by Fassil Demissie, *Colonial Architecture and Urbanism in Africa: Intertwined and Contested Histories*(Ashgate Pub Co, 2012), pp. 325-346.

24 Jonathan Schneer, *London 1900: The Imperial Metropolis*(Yale University Press, 1999); Felix Driver and David Gilbert, "Imperial Cities: Overlapping Territories, Interwined Histories", eds. by Felix Driver and David Gilbert, *Imperial Cities: Landscape, Display and Identity*(Manchester University Press, 1999), pp. 1-17.

25 Mark Crinson, *Empire Building: Orientalism & Victorian Architecture*(Routledge, 1996), pp. 114-120, pp. 167-168, p. 267. 이와 달리 식민지 토착민의 입장에서 영국 식민지도시의 사례를 다룬 Brenda Yeoh, *Contesting Space in Colonial Singapore: Power Relations and the Urban Built Environment*(Singapore University Press, 2003) 참조.

26 Andreas Volwahsen, *Imperial Delhi: The British Capital of the Indian Empire*(Prestel, 2002), pp. 22-28; Robert Grant Irving, *Indian Summer: Lutyens, Baker, and Imperial Delhi*(Yale University Press, 1981), p. 17 이하.

27 Gwendolyn Wright, "Tradition in the Service of Modernity: Architecture and Urbanism in French Colonial Policy, 1900-1930", eds. by Frederick Cooper and Ann Laura Stoler, *Tensions of Empire: Colonial Cultures in a Bourgeois World* (University of California, 1997), p. 328 이하.

28 송도영, 「상징공간의 정치: 프랑스의 북아프리카 식민도시정책」, 『한국문화인류학』, 35-2(2002), 127∼155쪽; 송도영, 「다문화적 관점에서 본 지중해 이슬람 도시-모로코 페스의 사례 연구」, 『지중해지역연구』, 10-4(2008), 59∼83쪽; Hassan Radoine,

"French Territoriality and Urbanism: General Lyautey and Architect Prost Morocco(1912-1925)", ed. by Fassil Demissie, *Colonial Architecture and Urbanism in Africa: Intertwined and Contested Histories*(Ashgate Pub Co, 2012), pp. 11-31.

29 Gwendolyn Wright, "Tradition in the Service of Modernity", pp. 325-326.

30 Jean-Louis Cohen and Monique Eleb, *Casablanca: Colonial Myths and Architectural Ventures*(The Monacelli Press, 2002), pp. 12-13, pp. 51-119.

31 Gwendolyn Wright, "Tradition in the Service of Modernity", p. 330.

32 우신구, 「식민시대 하노이의 제국주의적 경관: 도시 가로구조와 기념비적 건축을 중심으로」, 『大韓建築學會論文集 計劃系』, 제24권, 제2호(2008), 175~184쪽.

33 Gwendolyn Wright, "Tradition in the Service of Modernity", pp. 334-335; 우동선, 「하노이에서 근대적 도시 시설의 기원」, 『大韓建築學會論文集 計劃系』, 제23권, 제4호(통권222호, 2007), 154쪽.

34 Jean-Louis Cohen and Monique Eleb, *Casablanca*, p. 96.

35 "Die Stadterweiterung von Straßburg", *Deutsche Bauzeitung*, no. 68(1878. 8. 24), pp. 343-347, 특히 p. 346; "Die Stadt-Erweiterung von Straßburg", *Deutsche Bauzeitung*, no. 80(1878. 10. 5), p. 411. 독일제국의 변방도시 슈트라스부르크에 대해서는 Matthew Jefferies, *Imperial Culture in Germany 1871-1918*, pp. 79-80 참조.

36 Johann Wolfgang von Goethe, "Von deutscher Baukunst"(1772), *Goethes Werke, vol. 12, Schriften zur Kunst, Schriften zur Litratur, Maximen und Reflexionen*(C. H. Beck, 2005), 14, p. 12.

37 Winfried Speitkamp, *Deutsche Kolonialgeschichte*(Reclam, 2005), p. 119.

38 박순관, 『동남아 건축문화 산책』, 218쪽.

39 백지운, 「식민지의 기억, 그 재영토화를 위하여: 존스턴 별장을 통해 본 동아시아 조계(租界) 네트워크」, 『중국현대문학』, 제42호(2007), 220~224쪽. 동아시아 개항장 특유의 수변공간인 와이탄(外灘)에 대해서는 김주관, 「개항도시 공간의 전형, 외탄」, 김능우 외, 『중국 개항도시를 걷다: 소통과 충돌의 공간, 광주에서 상해까지』(현암사, 2013), 27~43쪽; 리어우판, 장동천 외 옮김, 『상하이 모던: 새로운 중국 도시문화의 만개 1930~1945』(고려대학교출판부, 2007), 38~50쪽 참조.

40 Pouyan Shekarloo, *Musterkolonie Kiatschou: The Expansion of the German Empire into China*(Grin Verlag, 2013); Klaus Mühlhahn, *Herrschaft und Widerstand in der "Musterkolonie" Kiautschou: Interaktionen zwischen China*

und Deutschland, 1897-1914(Oldenbourg, 2000).

41 김춘식, 「제국주의 공간과 융합: 독일제국의 중국 식민지도시 건설계획과 건축을 중심
으로」, 임경순, 김춘식 편, 『과학기술과 공간의 융합』(한국학술정보, 2010), 238~239쪽;
Mechthild Leutner and Klaus Mühlhahn, eds, *"Musterkolonie Kiautschou": Die
Expansion des Deutschen Reiches in China. Deutsch-chinesische Beziehungen
1897-1914. Eine Quellensammlung*(Akademie Verlag, 1997), p. 176.

42 Gert Kaster, "'Image-Pflege' Geschichte und lokale Aneignung von deutschem
Architekturerbe in Qingdao, China", eds. by Michael Falser, Monica Juneja,
*Kulturerbe und Denkmalpflege transkulturell: Grenzgänge zwischen Theorie
und Praxis*(Transcript, 2013), pp. 168-169.

43 Torsten Warner, "Der Aufbau der Kolonialstadt Tsingtau: Landordnung,
Stadtplanung und Entwicklung", eds. by Hans-Martin Hinz and Christoph Lind,
Tsingtau: Ein Kapitel deutscher Kolonialgeschichte in China 1897-1914, pp. 84-
86; 김춘식, 「제국주의 공간과 융합: 독일제국의 중국식민지도시건설계획과 건축을
중심으로」, 241~242쪽; 이한석 외, 「항구도시 칭다오의 식민지시대 도시 변천과 근대
건축 형성에 관한 연구」, 『한국항해항만학회지』, 제34권, 제5호(2010), 357~358쪽;
김형열, 「산동 근대도시의 서구문화 수용과 교육환경」, 169~171쪽.

44 김춘식, 「제국주의 공간과 인종주의: 독일제국의 인종위생과 식민지 교주만의 인종정
책을 중심으로」, 『역사와 문화』, 23호, 113~137쪽; Winfried Speitkamp, *Deutsche
Kolonialgeschichte*, p. 109; Birthe Kundrus, "German Colonialism: Some
Reflections on Reassessments, Specificities, and Constellations", pp. 31-32.

45 김춘식, 「제국주의 공간과 융합」, 249~250쪽; 백지운, 「식민지의 기억, 그 재영토화를
위하여: 존스턴 별장을 통해 본 동아시아 조계 네트워크」, 232쪽; 김형열, 「산동 근대
도시의 서구문화 수용과 교육환경」, 169~173쪽; Gert Kaster, "'Image-Pflege'
Geschichte und lokale Aneignung von deutschem Architekturerbe in Qingdao,
China", pp. 167-180; 왕흠, 「독일 점령 시기 발전된 중국 칭다오 건축에 관한 연구」,
『대한건축학회 학술발표대회 논문집』, vol. 33 no. 1(2013), pp. 129-130; Winfried
Speitkamp, *Deutsche Kolonialgeschichte*, p. 119.

46 Torsten Warner, *Deutsche Architektur in China: Architekturtransfer*(Ernst &
Sohn, 1994), pp. 210-212.

47 Torsten Warner, *Deutsche Architektur in China: Architekturtransfer*, pp. 206-
208.

48 Torsten Warner, *Deutsche Architektur in China*, pp. 244-246, p. 288; 백지운, 「식민지의 기억, 그 재영토화를 위하여」, 229~232쪽; 김정동, 「아시아의 작은 독일, 청도(칭다오)에서 건축가 로트케겔의 건축을 찾는다」, 『建築』, 45집, 7호(2001), 59~62쪽.

49 Torsten Warner, *Deutsche Architektur in China*, pp. 214-216, p. 222, p. 248; 김형열, 「산동 근대도시의 서구문화 수용과 교육환경」, 172-173쪽.

50 이 점과 연관하여 김형열, 「근대 산동의 도시건설 유형과 사회갈등 구조: 칭다오와 지난의 도시 근대화를 중심으로」, 김태승 외, 『도시화와 사회갈등의 역사』(심산, 2011), 135~186쪽 참조.

51 Mechthild Leutner, "Kiautschou—Deutsche "Musterkolonie" in China?", eds. by Ulrich van der Heyden and Joachim Zeller, "···*Macht und Anteil an der Weltherrschaft* ": *Berlin und der deutsche Kolonialismus* (Unrast, 2005), p. 206.

52 일제 치하의 칭다오에 대해서는 김형열, 「산동 근대도시의 서구문화 수용과 교육환경」, 173~178쪽 참조.

53 백지운, 「식민지의 기억, 그 재영토화를 위하여」, 231쪽.

54 Dirk van Laak, "Kolonien als 'Laboratorien der Moderne'?" eds. by Sebastian Conrad und Jürgen Osterhammel, *Das Kaiserreich transnational*, pp. 257-279; 안영진, 「독일 공간정책의 변화과정과 이념상에 관한 연구」, 『지리학연구』, vol. 33 no. 2(1999), 121~136쪽.

2   메이지 일본과 프로이센: 이와쿠라 사절단의 시선

1 Kenneth B. Pyle, "Meiji Conservatism", eds. by Marius B. Jansen, et al., *The Cambridge History of Japan*, vol. 5. *The Nineteenth Century* (Cambridge University Press, 1989), pp. 704-710; Wolfgang Schwentker, "Fremde Gelehrte. Japanische Nationalökonomen und Sozialreformer im Kaiserreich", eds. by Gangolf Hübinger and Wolfgang J. Mommsen, *Intellektuelle im deutschen Kaiserreich* (Fischer, 1993), pp. 172-197.

2 Erik Grimmer-Solem, "German Social Science, Meiji Conservatism, and the Peculiarities of Japanese History", *Journal of World History*, vol. 16, no. 2(2005), pp. 187-222.

3 Hirakawa Sukehiro, "Japan's Turn to the West", eds. by Marius B. Jansen, et al.,

The Cambridge History of Japan, vol. 5, pp. 432-498.

4   Tetsuo Najita and H. D. Harootunian, "Japanese Revolt against the West: Political and Cultural Criticism in the Twentieth Century", ed. by Peter Duus, *The Cambridge History of Japan*, vol. 6, *The Twentieth Century* (Cambridge University Press, 1989), pp. 711-774; Minamoto Ryoen, "The Symposium on Overcoming Modernity", eds. by James W. Heisig and C. Marajdo, *The Rude Awakening: Zen, the Kyoto School, and the question of Nationalism* (University of Hawaii Press, 1995), pp. 197-229.

5   Henry D. Smith II, "Tokyo as an Idea: An Exploration of Japanese Urban Thought Until 1945", *Journal of Japanese Studies*, vol. 4, no. 1(winter, 1978), pp. 60-61.

6   藤森照信, 『日本の近代建築(下): 大政・昭和篇』(岩波新書, 2010), p. 206 이하; David B. Stewart, *The Making of a Modern Japanese Architecture. 1868 to the Present* (Kodansha America, 1987), p. 90 이하.

7   다나카 아키라, 현명철 옮김, 『메이지유신과 서양 문명: 이와쿠라 사절단은 무엇을 보았는가』(소명출판, 2006), 18~19쪽; 최연식, 이필영, 「이와쿠라 사절단이 본 서양: 모방과 습합(習合)」, 『동서연구』, 25권, 2호(2013), 35~63쪽; 西川長夫・松宮秀治 編集, 『米欧回覧実記を読む: 1870年代の世界と日本』(法律文化社, 1995).

8   하가 토오루, 손순옥 옮김, 『명치유신과 일본인』(예하, 1989), 20쪽 이하, 146쪽 이하; 이노우에 가쓰오, 이원우 옮김, 『막말 유신』(어문학사, 2013), 14~21쪽, 103~115쪽; Ian Buruma, *Inventing Japan 1853~1964* (Modern Library, 2003), pp. 9~62.

9   후쿠자와 유키치, 임종원 옮김, 『문명론의 개략』(제이앤씨, 2012), 97쪽 이하, 395~396쪽.

10   Takii Kazuhiro, *The Meiji Constitution: The Japanese Experience of the West and the Shaping of the Modern State* (International House of Japan, 2007), pp. 1-48; 성희엽, 「이와쿠라 사절단의 國家構想 연구: 『米歐實記』에 나타난 國家構想을 중심으로」, 『국제지역학논총』, 제4권, 1호(2011), 23~47쪽.

11   구메 구니타케, 박삼헌 외 옮김, 『특명전권대사 미구회람실기』, 총 5권(소명출판, 2010).

12   다나카 아키라, 『메이지유신과 서양 문명: 이와쿠라 사절단은 무엇을 보았는가』, 75~80쪽, 170~192쪽; 후쿠자와 유키치, 『문명론의 개략』, 29쪽.

13   Michel Foucault, *The Archeology of Knowledge and The Discourse on Language* (Barnes & Noble Books, 1993), p. 31 이하, pp. 47-48.

14   이 같은 담론 분석의 원리는 이른바 '역사의미론(historical semantics)'의 방법론과 상

통한다. Reingard Eßer, "Historische Semantik", eds. by J. Eibach and G. Lottes, *Kompass der Geschichtswissenschaft*(Vandenhoeck & Ruprecht, 2002), pp. 281- 292; Dietrich Busse, *Historische Semantik: Analyse eines Programms*(Klett- Cotta, 1987); 나인호, 『개념사란 무엇인가: 역사와 언어의 새로운 만남』, 27~67쪽.

15 구메 구니타케, 박삼헌 옮김, 『특명전권대사 미구회람실기』, 제3권, 소명출판, 2010, 372쪽.

16 Josef Kreiner, *Deutsche Spaziergänge in Tokyo*(Iudicium, 1996), pp. 71-74.

17 Ulrich Wattemberg, "Germany", ed. by Ian Nish, *The Iwakura Mission in America and Europe: A New Assessment*(Curzon Press Ltd, 1998), p. 74. 『쾰른인 민일보』에는 1873년 3월 7일, 『신프로이센일보』에는 3월 11일 및 3월 26일자에 실렸 다. 그 밖에 *Vossische Zeitung, Spenersche Zeitung* 등에도 관련 기사가 실렸다.

18 비스마르크가 사절단을 만찬에 초대한 사실은 당시의 독일 언론에서도 확인할 수 있 으나 그의 연설문은 전적으로 일본 측의 기록에만 남아 있다. 연설문은 차후 『비스마 르크 전집』 제8권에 수록되었는데, 이는 사절단의 일원이었던 이토 히로부미가 1901 년 일본 수상의 자격으로 베를린을 방문했을 때, 일본 측이 메모로 남긴 연설문의 존 재를 현지에 소개함으로써 비로소 가능했던 것이다. 이에 관해서는 Ulrich Wattemberg, "Germany", p. 76 참조.

19 구메 구니타케, 『특명전권대사 미구회람실기』, 제3권, 327쪽, 347~348쪽, 350쪽.

20 Philipp Sarasin, *Geschichtswissenschaft und Diskursanalyse*(Suhrkamp, 2003), pp. 10-60; Luise Schorn-Schütte, "Neue Geistesgeschichte", eds. by Joachim Eibach, *Günther Lottes, Kompass der Geschichtswissenschaft*, pp. 270-280.

21 라캉의 '응시(le regard)' 개념에 관해서는 Jacques Lacan, *The Four Fundamental Concepts of Psycho-analysis*(W. W. Norton & Co, 1981), p. 72 이하 참조.

22 구메 구니타케, 『특명전권대사 미구회람실기』, 제3권, 340쪽.

23 독일에 대한 사절단의 경도에 대해서는 방광석, 「메이지 관료의 '문명' 인식: 이와쿠라 사절단의 재조명」, 임성모 외, 『동아시아 역사 속의 여행 2: 네트워크, 정체성』(산처럼, 2008), 359~360쪽 참조.

24 구메 구니타케, 정애영 옮김, 『특명전권대사 미구회람실기』, 제1권(소명출판, 2010), 160쪽.

25 구메 구니타케, 『특명전권대사 미구회람실기』, 제1권, 285쪽.

26 구메 구니타케, 『특명전권대사 미구회람실기』, 제1권, 283쪽, 287쪽.

27 근대적 의미의 '숭고'에 대한 가장 고전적인 견해로는 에드먼드 버크, 김동훈 옮김,

『숭고와 아름다움의 이념의 기원에 대한 철학적 탐구』(마티, 2006) 참조.

28 이에 관해서는 정애영, 「신생 미국과의 만남」, 구메 구니타케, 『특명전권대사 미구회람실기』, 제1권, 30쪽 참조.

29 구메 구니타케, 『특명전권대사 미구회람실기』, 제1권, 160쪽, 371쪽.

30 구메 구니타케, 『특명전권대사 미구회람실기』, 제1권, 161~162쪽.

31 구메 구니타케, 방광석 옮김, 『특명전권대사 미구회람실기』, 제2권(소명출판, 2010), 139~140쪽.

32 구메 구니타케, 『특명전권대사 미구회람실기』, 제2권, 276쪽

33 구메 구니타케, 『특명전권대사 미구회람실기』, 제1권, 239쪽.

34 구메 구니타케, 『특명전권대사 미구회람실기』, 제3권, 59쪽, 83쪽, 94쪽, 109쪽.

35 구메 구니타케, 『특명전권대사 미구회람실기』, 제3권, 340쪽.

36 구메 구니타케, 『특명전권대사 미구회람실기』, 제3권, 305쪽.

37 구메 구니타케, 서민교 옮김, 『특명전권대사 미구회람실기』, 제4권(소명출판, 2010), 57쪽, 106쪽, 136~137쪽.

38 구메 구니타케, 정선태 옮김, 『특명전권대사 미구회람실기』, 제5권(소명출판, 2010), 35, 340쪽.

39 구메 구니타케, 『특명전권대사 미구회람실기』, 제5권, 384쪽.

40 구메 구니타케, 『특명전권대사 미구회람실기』, 제5권, 340쪽.

41 구메 구니타케, 『특명전권대사 미구회람실기』, 제5권, 347쪽, 414쪽.

42 구메 구니타케, 『특명전권대사 미구회람실기』, 제3권, 366~367쪽.

3 국가적 텍토닉으로서의 제국헌법

1 Edward W. Said, *Orientalism*, p. 5.

2 일반적으로 옥시덴탈리즘(Occidentalism)은 비서구세계에 대한 서양의 편견에 대응되는 근대 서양에 대한 비서구세계의 편견을 지칭하며 오리엔탈리즘의 쌍생아로 여겨진다. 바루마, 이언·아비샤이 마갤릿, 송충기 옮김, 『옥시덴탈리즘』(민음사, 2007) 참조.

3 윤치호, 박정신 옮김, 『국역 윤치호 일기 1』(연세대학교 출판부, 2005), 224~227쪽; 황호덕, 『근대 네이션과 그 표상들』(소명출판, 2005), 233~248쪽.

4 W. G. Beasley, "Meiji political institutions", eds. by Marius Jansen, et al., *The*

Cambridge History of Japan, vol. 5, pp. 635-636.

5   메이지 일본의 '독일로의 전환'과 관련된 전반적 상황에 대해서는 Bernd Martin, *Japan and Germany in the modern world*(Berghahn Books, 1995), pp. 20~27 참조. 유학생 비율은 p. 22에서 인용.

6   구메 구니타케, 『특명전권대사 미구회람실기』, 제3권, 384~385쪽.

7   구메 구니타케, 『특명전권대사 미구회람실기』, 제3권, 355~356쪽.

8   근대 일본의 외교정책이 동아시아 주변국에 대한 공세로 전환하는 과정에 대해서는 이노우에 가쓰오, 『막말 유신』, 229~250쪽; Akira Iriye, "Japan's drive to great-power status", eds. by Marius B. Jansen, et al., *The Cambridge History of Japan*, vol. 5, p. 747 이하 참조.

9   후쿠자와가 "전형적인 시민적 자유주의자"라는 정치사상가 마루야마 마사오(丸山眞男)의 교과서적 해석에 반대하는 입장으로는 야스카와 주노스케, 이향철 옮김, 『후쿠자와 유키치의 아시아 침략사상을 묻는다』(역사비평사, 2011), 167~184쪽 참조. 그 밖에 니시카와 나가오, 한경구·이목 옮김, 『국경을 넘는 방법. 문화·문명·국민국가』(일조각, 2006), 119쪽, 206~209쪽 참조.

10 Takii Kazuhiro, *The Meiji Constitution*, pp. 2-6.

11 日本史籍協會 編, 『木戸孝允文書』, 第8(東京大學出版會, 2003), pp. 118-124. 기도 다카요시의 헌법 제정에 대한 인식과 열의에 대해서는 방광석, 「메이지 관료의 '문명' 인식. 이와쿠라 사절단의 재조명」, 364~367쪽 참조.

12 대표적으로 오쿠보 도시미치는 기도 다카요시보다 자유주의적인 노선을 취하여, 인민을 계몽해야 할 필요성을 역설하고 군주와 인민이 주권을 공유하는 국가를 구상했다. 이에 대해서는 日本史籍協會 編, 『大久保利通文書』(東京大學出版會, 1983), 第4, 第5 참조.

13 日本史籍協會 編, 『大久保利通文書』, 第4, p. 492.

14 이러한 시각은 Takii Kazuhiro, *The Meiji Constitution*, pp. 41-43, pp. 47-48 참조.

15 '독일학협회'에 대해서는 堅田剛, 『獨逸學協會と明治法制』(木鐸社, 1999) 참조. 그 밖에 이에나가 사부로 엮음, 연구공간 '수유+너머' 일본근대사상팀 옮김, 『근대 일본 사상사』(소명출판, 2006), 43쪽.

16 후쿠자와 유키치, 『문명론의 개략』, 49쪽 이하.

17 Louis Frédéric, *Japan Encyclopedia*(Belknap Press of Harvard University Press, 2005), p. 552; Hirakawa Sukehiro, "Japan's Turn to the West", eds. by Marius Jansen, et al., *The Cambridge History of Japan*, pp. 495-498; 최경옥, 「日本에 있

18   어서의 教育基本法의 思想的 背景」,『憲法學研究』, vol. 12, no. 5(2006), 303~328쪽.

18   박석순 외,『일본사』(대한교과서주식회사, 2005), 303쪽 이하.

19   최경옥, 日本의 明治憲法制定에 있어서 外國人의 影響」,『헌법학연구』, 제7권, 제1
호(2001), 233~266쪽; 淸水伸,『明治憲法制定史』(上): 獨奧における伊藤博文の
憲法調査(原書房, 1971); Takii Kazuhiro, *The Meiji Constitution*, pp. 49~89. 가쓰
히로에 따르면 로렌츠 폰 슈타인은 이토 히로부미의 방문 이전부터 일본에 관심이 많
았다. 유럽에서는 각광받지 못한 자신의 이론을 펼칠 대안으로서 신흥국 일본에 기대
를 걸었던 것이다. 폰 슈타인은 요코하마에서 발행되던 잡지『재팬 위클리 메일(*Japan
Weekly Mail*)』의 구독자였으며 후쿠자와 유키치와도 편지 왕래를 하고 있었다. pp.
72~73 참조. 가쓰히로는 또한 루돌프 폰 그나이스트도 빈에서 베를린으로 돌아온 이
토 히로부미와의 만남을 이어갔으며 이후 메이지 일본과 밀접한 관계를 유지했었다
는 사실을 서신 자료를 통해 입증한다. pp. 85~87 참조.

20   '오쿠마 참의원 국회개설 건의(大隈參議國會開設建議)'는 와세다 대학 도서관에서
제공하는 온라인 서비스를 통해 접근이 가능하다. http://archive.wul.waseda.ac.jp/
kosho/wa09/wa09_06404/wa09_06404.html.

21   이에나가 사부로 엮음, 연구공간 '수유+너머' 일본근대사상팀 옮김,『근대일본사상사』
(소명출판, 2006), 1편, 2장; 방광석,『근대일본의 국가체제 확립과정: 이토 히로부미와
'제국헌법체제'』(헤안, 2008), 89~100쪽.

22   牧英正, 藤原明久,『日本法制史』(靑林書院, 1993), p. 332; 이에나가 사부로,『근대
일본사상사』, 62~63쪽.

23   구메 구니타케,『특명전권대사 미구회람실기』, 제5권, 185쪽, 380쪽.

24   구메 구니타케,『특명전권대사 미구회람실기』, 제4권, 68쪽.

25   방광석,『근대일본의 국가체제 확립과정』, 111~121쪽; 이에나가 사부로,『근대일본사
상사』, 68~69쪽.

26   Takii Kazuhiro, *The Meiji Constitution*, pp. 69-84; 방광석,『근대일본의 국가체제
확립과정』, 133~158쪽.

27   大石眞,『日本憲法史』(有裴閣, 1995), p. 61 이하; 방광석,『근대일본의 국가체제 확
립과정』, 197~219쪽.

28   이에나가 사부로,『근대 일본 사상사』, 71쪽.

29   루돌프 폰 그나이스트뿐만 아니라 심지어 황제 빌헬름 1세가 이토 히로부미에게 준
조언에 관해서는 Takii Kazuhiro, *The Meiji Constitution*, pp. 60-64 참조.

30   Bernd Martin, *Japan and Germany in the Modern World*, p. 31이하; 최경옥,「日

本의 明治憲法上 天皇의 法的地位」, 『헌법학연구』, 제10권, 제3호(2004), 487~510
쪽. 왕이 '나', 즉 '짐'이라는 대명사를 사용하여 국가를 대변하는 방식은 로렌츠 폰 슈
타인이 이토 히로부미에게 권고했던 것으로 알려진다. 이에 관해서는 淸水伸, 『明治
憲法制定史』(上): 獨奧における伊藤博文の憲法調査, p. 353 참조.

31 이에나가 사부로, 『근대 일본 사상사』, 198~201쪽; Ian Buruma, *Inventing Japan 1853-1964*, p. 126.

32 니시다의 철학 전반에 대한 개괄적 설명으로는 오쿠보 다카키, 송석원 옮김, 『일본문
화론의 계보』(소화, 2012), 124~137쪽 참조.

33 Ian Buruma, *Inventing Japan*, pp. 53-55.

34 Ian Buruma, *Inventing Japan*, p. 55.

35 방광석, 「메이지 관료의 유럽 '지식순례'」, 김유철 외, 『동아시아 역사 속의 여행 I. 경
계, 정보, 교류』(산처럼, 2008), 343~352쪽, 359~360쪽; Takii Kazuhiro, *The Meiji
Constitution*, pp. 107-130; Akira Iriye, "Japan's drive to great-power status",
eds. by Marius B. Jansen, et al., *The Cambridge History of Japan*, vol. 5, pp.
763-764.

36 Stefan Tanaka, *Japan's Orient*(University of California Press, 1993), pp. 115-152.

37 김경일 · 강창일, 「동아시아에서 아시아주의: 1870~1945년의 일본을 중심으로」, 『역
사연구』, 제8호(2000), 269~332쪽. 그 밖에 좀 더 실용적 차원에서 아시아주의에 접
근한 마쓰우라 마사타카, 「'소일본주의', '민간재계주의', '대아시아주의': 근대 일본에
서의 아시아주의의 세 가지 가능성」, 동북아역사재단 편, 『동아시아의 지식교류와 역
사기억』(동북아역사재단, 2009), 115~175쪽 참조.

38 다케우치 요시미, 서광덕 · 백지운 옮김, 『일본과 아시아: 다케우치 요시미 평론선』(소
명출판, 2006), 101쪽, 213~216쪽. 인용문은 213~214쪽.

39 藤森照信, 『日本の近代建築(上): 幕末 · 明治篇』(岩波新書, 2010), pp. 22-28;
David B. Stewart, *The Making of a Modern Japanese Architecture*, p. 13 이하.

40 David B. Stewart, *The Making of a Modern Japanese Architecture*, pp. 13-32; K.
Abe, "Early Western Architecture in Japan", *Journal of the Society of
Architectural Historians*, vol. 13, no. 2(1954), pp. 13-18.

41 다카시 후지타니, 한석정 옮김, 『화려한 군주: 근대일본의 권력과 국가의례』(이산,
2003), 115쪽.

42 Dallas Finn, *Meiji Revisited: The Sites of Victorian Japan*(Weatherhill, 1995), p. 95.

43 박순관, 『동남아 건축문화 산책』, 265~306쪽.

44   고모리 요이치, 송태욱 옮김, 『포스트콜로니얼』(삼인, 2002), 35쪽; 황호덕, 『근대 네이
     션과 그 표상들: 타자·교통·번역·에크리튀르』(소명출판, 2005), 248~254쪽.

45   스즈키 사다미, 정재정·김병진 옮김, 『일본의 문화내셔널리즘』(소화, 2008), 39~40쪽.

46   니시카와 나가오, 『국경을 넘는 방법. 문화·문명·국민국가』, 113쪽, 120쪽, 212쪽 이
     하; 마루야마 마사오, 임성모 옮김, 『번역과 일본의 근대』(이산, 2000).

47   Bruno Taut, Japans Kunst mit europäischen Augen gesehen(1936), ed. by
     Manfred Speidel(Gebrüder Mann Verlag, 2011), p. 8, pp. 18-28, pp. 114-118.

48   이러한 시각에 대한 비판으로는 니시카와 나가오, 『국경을 넘는 방법: 문화·문명·국
     민국가』, 258~304쪽 참조. 그 밖에 Carola Hein, "The Transformation of Planning
     Ideas in Japan and Its Colonies", eds. by Joe Nasr and Mercedes Volait,
     Urbanism: Imported or Exported?(Wiley-Academy, 2003), pp. 65-66 참조.

49   藤森照信, 『日本の近代建築(下)』, pp. 156-157; Werner Durth, Deutsche Architekten,
     p. 123.

50   Harry Francis Mallgrave, Gottfried Semper, pp. 92-94.

51   롤랑 바르트, 김주환·한은경 옮김, 『기호의 제국』(산책자, 2008), 11쪽, 146쪽.

52   Gordon Millan, et al., "Industrialiszation and its discontents, 1870-1944", eds.
     by Jill Forbes and Michael Kelly, French Cultural Studies(Oxford University
     Press, 1996), pp. 19-20.

53   김용철, 「오카쿠라 텐신(岡倉天心)과 일본 미술사의 성립」, 『일본사상』, 제7호(2004.
     10), 185쪽, 188쪽.

54   David Carrier, Museum Skepticism: A History of the Display of Art in Public
     Galleries(Duke University Press, 2006), pp. 126-145.

55   다카기 히로시, 「일본 미술사와 조선 미술사의 성립」, 임지현·이성시 엮음, 『국사의
     신화를 넘어서』(휴머니스트, 2004), 165~196쪽.

56   오카쿠라 텐신, 정천구 옮김, 『동양의 이상』(산지니, 2011). 오카쿠라의 헤겔 미학 수용
     에 대해서는 다네히사 오타베, 「일본의 미학 확립기에 있어서 동서교섭사: 동양적 예
     술을 중심으로 본 오카쿠라 텐신, 와츠지 테츠로, 오오니시 요시노리」, 『미학·예술학
     연구』, 27집(2008), 239~241쪽 참조.

57   오쿠보 다카키, 『일본문화론의 계보』, 58쪽.

58   김용철, 「오카쿠라 텐신(岡倉天心)과 일본 미술사의 성립」, 179쪽.

59   오카쿠라 텐신, 『동양의 이상』, 인용문은 23쪽, 26쪽, 38쪽.

60   伊東忠太, 「法隆寺 建築論」, 『建築雜誌』, 第82號(1893), pp. 318-350; 藤森照信,

『日本の近代建築(下): 大政・昭和篇』, pp. 7-8; Cherie Wendelken, "The Tectonics of Japanese Style. Architect and Carpenter in the Late Meiji Period", *Art Journal*, vol. 55, Issue 3(1996), pp. 30-34, 특히 p. 32.

61 Stefan Tanaka, *New Times in Modern Japan*(Princeton University Press, 2004), pp. 170-175.

62 Stefan Tanaka, *Japan's Orient*, pp. 11-13, pp. 58-62.

63 가라타니 고진, 「미술관으로서의 역사: 오카쿠라 덴신과 페놀로사」, 하루오 시라네・스즈키 토미 엮음, 왕숙영 옮김, 『창조된 고전』(소명출판, 2002), 299~321쪽; 가라타니 고진, 「근대의 초극에 대하여」, 히로마쓰 와타루, 『근대초극론』, 239~247쪽. 그 밖에 니시다 기타로의 동양관에 대해서는 藤田正勝, 「哲學と世界認識—西田幾多郎おける'東洋'と'世界'」, 山室信一 責任編集, 『帝國日本の學知』, 第8卷: 空間形成と世界認識(岩波書店, 2006), pp. 77-110 참조.

64 히로마쓰 와타루, 『근대초극론』, 208~209쪽; 다케우치 요시미, 『일본과 아시아: 다케우치 요시미 평론선』, 104~121쪽. 미키 기요시의 마르크스주의 역사철학에 대해서는 平子友長, 「戰前日本マルクス主義哲學の到達点—三木淸と戸坂潤」, 山室信一 責任編集, 『帝國日本の學知』, 第8卷: 空間形成と世界認識(岩波書店, 2006), pp. 112-126, pp. 145-147 참조.

65 이 책에 대한 개괄적 설명으로는 오쿠보 다카키, 『일본문화론의 계보』, 197~209쪽 참조.

4 도쿄의 발명

1 Andre Sorensen, *The Making of Urban Japan: Cities and planning from Edo to the Twentieth-First Century*(Routledge, 2002), p. 11 이하, p. 36 이하; 오이시 마나부(大石學), 「일본 근세도시 에도의 기능과 성격」, 『도시인문학연구』, 제1권, 1호 (2009), 123~137쪽.

2 Sheldon Garon, *Molding Japanese Minds: The State in Everyday Life*(Princeton University Press, 1997), pp. 3-59.

3 이노우에 가쓰오, 『막말 유신』, 202~215쪽.

4 Andre Sorensen, *The Making of Urban Japan*, pp. 52-57.

5 Andre Sorensen, *The Making of Urban Japan*, pp. 22-36; 김백영, 「상징공간의 변용과 집합기억의 발명: 서울의 식민지 경험과 민족의 장소성 재구성」, 『공간과 사회』,

통권 제28호(2007), 195~196쪽.

6 이에 관해서는 민유기, 「이와쿠라 사절단의 프랑스 근대도시 체험과 인식」, 『사총』, 80호(2003), 66~71쪽 참조.

7 Andre Sorensen, *The Making of Urban Japan*, p. 50, p. 60 이하.

8 도쿄를 하나의 이념으로 보는 관점으로는 Henry D. Smith II, "Tokyo as an Idea: An Exploration of Japanese Urban Thought Until 1945", pp. 45-80 참조.

9 나리타 류이치, 서민교 옮김, 『근대도시공간의 문화경험: 도시공간으로 보는 일본근대사』(뿌리와이파리, 2011), 24쪽. 도쿄의 인구가 감소한 것은 참근교대 제도로 인해 에도에 머물고 있던 지방의 다이묘와 그 가신들이 메이지유신 이후 지방으로 귀환한 것이 크게 작용했다. 이에 대해서는 오카타 준이치로, 「근대 도쿄의 도시계획: 교외화와 도시변신」, 『서울, 베이징, 상하이, 도쿄의 대도시로의 성장과정 비교연구 I』(서울시립대학교 서울학연구소, 2006), 104쪽; Shun-Ichi J. Watanabe, "Metropolitanism as a Way of Life: In Case of Tokyo, 1868-1930", ed. by Anthony Sutcliffe, *Metropolis 1890-1940*, p. 407 참조.

10 나리타 류이치, 『근대도시공간의 문화경험』, 73~79쪽.

11 藤森照信, 『明治の東京計劃』(岩波書店, 2012), pp. 57~59.

12 긴자 벽돌거리 건설의 전반적 과정에 대해서는 藤森照信, 『明治の東京計劃』, pp. 1-55; 永松栄, 『図説 都市と建築の近代—プレ・モダニズムの都市改造』(學芸出版社, 2008), pp. 176-179; Andre Sorensen, *The Making of Urban Japan*, p. 60 이하 참조.

13 石田賴房, 『日本近代都市計劃の百年』(自治体研究社, 1987), p. 39; 김경리, 「'문명개화'와 긴자의 도시공간성에 관한 니시키에 연구: 긴자렌가도리니시키에(銀座煉瓦通り錦絵)를 중심으로」, 『도시연구: 역사, 사회, 문화』, 제10호(2013), 45~49쪽.

14 David B. Stewart, *The Making of a Modern Japanese Architecture*, p. 22.

15 John Steegman, *Victorian Taste*, p. 102, p. 105; Barry Bergdoll, *European Architecture 1750-1890*, pp. 132-133; Thomas Hall, *Planning Europe's Capital Cities*, p. 86.

16 유모토 고이치, 연구공간 수유+너머 동아시아 근대 세미나팀 옮김, 『일본 근대의 풍경』(그린비, 2004), 152~153쪽.

17 藤森照信, 『日本の近代建築(上): 幕末・明治篇』, p. 70, pp. 77-80.

18 藤森照信, 『日本の近代建築(上)』, p. 118 이하; David B. Stewart, *The Making of a Modern Japanese Architecture*, p. 13 이하, p. 22.

19 Shun-Ichi J. Watanabe, "Metropolitanism as a Way of Life", ed. by Anthony Sutcliffe, *Metropolis 1890-1940*, p. 408; Andre Sorensen, *The Making of Urban Japan*, p. 62; 藤森照信, 『明治の東京計劃』(岩波書店, 2004), p. 43 이하. 후지모리에 따르면 긴자는 1870년대 이래 일본에서 상가 임대료가 가장 높은 곳이었다. 긴자 벽돌거리 건설계획은 도쿄 중심부의 부동산 가격을 높이는 데 한몫을 했다. 토지소유권 변화에 힘입어 이 지역의 장기적 경제 번영을 위한 기틀이 마련된 것이다.

20 Henry D. Smith II, "Tokyo as an Idea".

21 David Stewart, *The Making of a Modern Japanese Architecture*, p. 31; Carola Hein, "The Transformation of Planning Ideas in Japan and Its Colonies", pp. 56-57.

22 石田賴房, 『日本近代都市計劃の百年』(自治体硏究社, 1987), pp. 55-56; 藤森照信, 『明治の東京計劃』, pp. 100-101.

23 Dallas Finn, *Meiji Revisited*, p. 94; 다카시 후지타니, 『화려한 군주: 근대 일본의 권력과 국가의례』, 101~115쪽; 하즈다 토오루, 김동영·조극래 옮김, 『모방과 창조의 공간사』(보문당, 2003), 20쪽.

24 Carola Hein, "The Transformation of Planning Ideas in Japan and Its Colonies", p. 58; 藤森照信, 『明治の東京計劃』, p. 277 이하.

25 藤森照信, 『日本の近代建築(上)』, pp. 195-197; Josef Kreiner, *Deutsche Spaziergänge in Tokyo*, pp. 107-122; Andre Sorensen, *The Making of Urban Japan*, p. 38 이하.

26 Wilhelm Böckmann, *Reise nach Japan*(Reichsdruckerei, 1886), p. 56, p. 97.

27 헤르만 엔데와 빌헬름 뵈크만의 이력 및 엔데-뵈크만 건축사무소에 대해서는 堀內正昭, 『明治のお雇い建築家: エンデ&ベックマン』(井上書院, 1989), pp. 60-169 참조.

28 堀內正昭, 『明治のお雇い建築家: エンデ&ベックマン』, pp. 172-194; Josef Kreiner, *Deutsche Spaziergänge in Tokyo*, p. 114.

29 藤森照信, 『日本の近代建築(上)』, pp. 198-199; 藤森照信, 『明治の東京計劃』, pp. 316-319; Michiko Meid, *Europäische und nordamerikanische Architektur in Japan seit 1542*(Abteilung Architektur des Kunsthistorischen Instituts Köln, 1977), pp. 213-215.

30 Michiko Meid, *Europäische und nordamerikanische Architektur in Japan*, p. 222; 堀內正昭, 『明治のお雇い建築家』, pp. 240-244.

31 "Deutsche Entwürfe für japanische Monumental-Bauten. I.", *Deutsche*

Bauzeitung, vol. 25, no. 21(14. März 1891), pp. 121-122.

32 "Der Brand des provisorischen Parlamants-Gebaudes in Tokio", *Deutsche Bauzeitung*, vol. 25, no. 26(31. März 1891), p. 157; Michiko Meid, *Europäische und nordamerikanische Architektur in Japan*, p. 225.

33 藤森照信, 『明治の東京計劃』, pp. 304-311; Michiko Meid, *Europäische und nordamerikanische Architektur in Japan*, pp. 203-221.

34 藤森照信, 『日本の近代建築(上)』, pp. 200-201.

35 Josef Kreiner, *Deusche Spaziergänge in Tokyo*, pp. 137-152.

36 다구치 우키치는 '문명개화'운동의 지도자 중 한 명으로, 유명한 저서 『일본개화소사』를 집필했으며 영국의 선례를 따라 『도쿄경제잡지(*Tokyo Journal of Economics*)』를 창간하기도 했다. 1894년에는 하원의원으로도 당선되었다. Andre Sorensen, *The Making of Urban Japan*, p. 63 이하; 藤森照信, 『明治の東京計劃』, p. 127 이하.

37 石田賴房, 『日本近代都市計劃の百年』(自治体硏究社, 1987), p. 51.

38 森照信, 『明治の東京計劃』, pp. 247-255.

39 이명규, 「한국 근대도시계획 제도의 발달과 서울」, 최상철 외, 『동양 도시사 속의 서울』(서울시정개발연구원, 1994), 432~435쪽; Andre Sorensen, *The Making of Urban Japan*, pp. 71-74; 永松栄, 『図説 都市と建築の近代──プレ·モダニズムの都市改造』(學芸出版社, 2008), pp. 179-183; 藤森照信, 『明治の東京計劃』, p. 138 이하, p. 242 이하.

40 이노우에 가쓰오, 『막말 유신』, 251~253쪽; Andre Sorensen, *The Making of Urban Japan*, p. 55 이하.

41 Shun-Ichi J. Watanabe, "Metropolitanism as a Way of Life," ed. by Anthony Sutcliffe, *Metropolis 1890-1940*, p. 411, p. 407.

42 Henry D. Smith II, "Tokyo as an Idea", pp. 54-55.

43 Andre Sorensen, *The Making of Urban Japan*, p. 71 이하; 藤森照信, 『明治の東京計劃』, p. 263 이하.

44 이토 다케시, 「근대 도쿄의 도시공간」, 『서울, 베이징, 상하이, 도쿄의 대도시로의 성장과정 비교연구 I』(서울시립대학교 서울학연구소, 2006), 198쪽.

45 藤森照信, 『明治の東京計劃』, pp. 249-250; 유모토 고이치, 『일본 근대의 풍경』, 428~429쪽.

46 고시자와 아키라, 장준호 옮김, 『도쿄 도시계획 담론』(구미서관, 2007), 110~113쪽.

47 '황거 앞 광장'에 대해서는 藤森照信, 『建築探偵の冒險·東京篇』(筑摩書房, 1989),

pp. 155-191 참조.

48 Andre Sorensen, *The Making of Urban Japan*, pp. 69-71.

49 모리 오가이, 손순옥 옮김, 「무희」, 『모리 오가이 단편집』(지식을만드는지식, 2012). 이
   작품을 베를린의 도시공간과 관련지은 비평으로는 Maeda Ai, "Berlin 1888: Mori
   Ōgai's 'Dancing Girl'", Maeda Ai, trans. by Leslie Pincus, *Text and the City:
   Essays on Japanese Modernity*(Duke University Press, 2004), pp. 295-328 참조. 마
   에다의 도시문화사적 비평은 나름의 장점이 있지만 일본인의 정체성과 관련된 질문,
   무엇보다 일본 남성이 독일 여성을 지배하는 것이 시사하는 의미를 포착하지는 못하
   고 있다.

50 모리 오가이, 「무희」, 10쪽.

51 롤랑 바르트, 『기호의 제국』, 46~47쪽; 매티 포러, 「도시 상징주의」, 김주관 외, 『사상
   가들 도시와 문명을 말하다』(한길사, 2014), 171쪽.

5 '빅토리아' 혹은 '빌헬름'?: 메이지 시대의 공공건축

1 藤森照信, 『日本の近代建築(上)』, p. 169 이하; William H. Coaldrake, *Architecture
   and Authority in Japan*(Routledge, 1996), pp. 217-218.

2 穂積和夫, 『(絵で見る)明治の東京』(草思社, 2010), pp. 70-72; 藤森照信, 『日本の
   近代建築(上)』, pp. 169-171; Toshio Watanabe, "Josiah Conder's Rokumeikan.
   Architecture and National Representation in Meiji Japan", *Art Journal*, vol. 55,
   no. 39(1996), pp. 21-27; William H. Coaldrake, *Architecture and Authority in
   Japan*, pp. 21-27. 1883년에 준공된 로쿠메이칸은 『시경(詩經)』에서 따온 "사슴의 울
   음소리가 들리는 집"이라는 고상한 이름만큼이나 최고위층을 위한 사치스러운 건축
   물로 일본의 유럽화의 상징물이었다. 외무대신 이노우에 가오루는 1885년 황제의 생
   일을 기념하여 대홀에서 사교춤과 카드게임을 즐기는 서양식 연회를 열어 인구에 회
   자되었다. 이에 관해서는 하가 도루, 『명치유신과 일본인』, 350~355쪽; Ian Buruma,
   Inventing Japan, p. 46; Dallas Finn, *Meiji Revisited*, p. 97 참조.

3 中谷礼仁, 「近代(明治 · 大政 · 昭和前期)」, 太田博太郎+藤井惠介 監修, 『日本建築
   樣式史』(美術出版社, 2010), pp. 137-139.

4 Dallas Finn, *Meiji Revisited*, pp. 188-190.

5 '앤 여왕 양식'에 대해서는 Mallgrave, *Modern Architectural Theory*, p. 174; David

B. Stewart, *The Making of a Modern Japanese Architecture*, pp. 37-38 참조.

6   Akira Iriye, "Japan's drive to great-power status," eds. by Marius B. Jansen, et al., *The Cambridge History of Japan*, vol. 5, pp. 768-769, p. 773 이하.

7   하즈다 토오루, 『모방과 창조의 공간사』, 15쪽, 25쪽; Michiko Meid, *Europäische und nordamerikanische Architektur in Japan*, pp. 204-206. 1873년에 건립된 구 공대(工學校)에서는 8개 분야를 가르쳤고 그중 하나가 조카(造家)였다. 이 학교는 1877년에 고부 대학교로 재편되었다.

8   藤森照信, 『日本の近代建築(上)』, pp. 219-224; David B. Stewart, *The Making of a Modern Japanese Architecture*, pp. 37-38. 영국 네오고딕 건축의 제국주의적 성 격에 대해서는 Mark Crinson, *Empire Building and Orientalism*, pp. 48-61 참조.

9   藤森照信, 『日本の近代建築(上)』, pp. 224-227.

10 Coaldrake, *Architecture and Authority in Japan*, p. 235.

11 David Stewart, *The Making of a Modern Japanese Architecture*, pp. 52-54.

12 藤森照信, 『日本の近代建築(上)』, pp. 228-231; Dallas Finn, *Meiji Revisited*, p. 101.

13 西澤泰彦, 「建築の越境と植民地建設」, 山室信一 責任編集, 『帝國日本の學知』, 第8卷: 空間形成と世界認識(岩波書店, 2006), p. 244.

14 藤森照信, 『日本の近代建築(上)』, pp. 210-218.

15 藤森照信, 『日本の近代建築(上)』, pp. 238-241; Dallas Finn, *Meiji Revisited*, p. 158; 하즈다 토오루, 『모방과 창조의 공간사』, 24쪽.

16 Wilhelm Böckmann, *Reise nach Japan*, p. 93.

17 Wilhelm Böckmann, *Reise nach Japan*, p. 97; 堀內正昭, 『明治のお雇い建築家』, pp. 245-252.

18 Michiko Meid, *Europäische und nordamerikanische Architektur in Japan*, p. 228.

19 "Deutsche Entwürfe für japanische Monumental-Bauten. III.", *Deutsche Bauzeitung*, vol. 25, no. 35(2. Mai 1891), pp. 209-210; 堀內正昭, 『明治のお雇い 建築家』, pp. 252-263.

20 Dallas Finn, *Meiji Revisited*, p. 95.

21 藤森照信, 『日本の近代建築(上)』, p. 204; Michiko Meid, *Europäische und nordamerikanische Architektur in Japan*, pp. 236-237.

22 Michiko Meid, *Europäische und nordamerikanische Architektur in Japan*, p. 274.

23 藤森照信, 『日本の近代建築(上)』, pp. 236-238.

24 德川慶喜公筆, 『日本橋記念誌』(東京部, 1911). 혹자는 쓰마키 요리나카가 1900년 파리 박람회에서 본 알렉상드르 3세 다리(Pont Alexandre Ⅲ)에서 니혼바시의 착상을 얻었다고 주장하지만, 설사 그렇다 하더라도 싱켈의 영향을 배제할 수는 없다. 이에 대해서는 Dallas Finn, *Meiji Revisited*, pp. 148-150 참조.

25 하즈다 토오루, 『모방과 창조의 공간사』, 18~19쪽, 24쪽.

26 藤森照信, 『日本の近代建築(上)』, p. 246.

27 Thomas Nipperdey, *Deutsche Geschichte 1800-1866*, p. 557.

28 스즈키 히로유키, 『서양 근현대건축의 역사』, 228쪽 이하.

29 이러한 시각으로는 가라타니 고진, 조영일 옮김, 『네이션과 미학』(도서출판 b, 2009), 232쪽 참조.

30 William H. Coaldrake, *Architecture and Authority in Japan*, pp. 214-215; David Stewart, *The Making of a Modern Japanese Architecture*, pp. 55-59; 穗積和夫, 『(絵で見る)明治の東京』, pp. 218-220.

31 藤森照信, 『日本の近代建築(上)』, pp. 249-257; Dallas Finn, *Meiji Revisited*, pp. 114-115.

32 하즈다 토오루, 『모방과 창조의 공간사』, 24~26쪽.

33 Iain Boyd Whyte, "Modern German architecture", p. 285.

34 藤森照信, 『建築探偵の冒險·東京篇』(筑摩書房, 1989), pp. 117-154.

35 Michiko Meid, *Europäische und nordamerikanische Architektur in Japan*, p. 278.

36 Coaldrake, *Architecture and Authority in Japan*, p. 222 이하; David Stewart, *The Making of a Modern Japanese Architecture*, pp. 37-38; 유모토 고이치, 『일본 근대의 풍경』, 362~363쪽.

37 하즈다 토오루, 『모방과 창조의 공간사』, 141~142쪽, 160~161쪽; 藤森照信, 『日本の近代建築(下)』, p. 170 이하.

38 藤森照信, 『日本の近代建築(下)』, pp. 129-131.

39 윤인석, 「일본의 근대화 과정과 일본 근대 건축의 변천 과정」, 『建築』, 제40권, 8호 (1996), 13~14쪽; David Stewart, *The Making of a Modern Japanese Architecture*, pp. 75-76 참조.

40 하즈다 토오루, 『모방과 창조의 공간사』, 167쪽.

41 藤森照信, 『日本の近代建築(上)』, pp. 235-241; Jonathan M. Reynolds, "Japan's Imperial Diet Building. Debate over Construction of a National Identity", *Art Journal*, vol. 55, no. 3(1996), p. 46.

42 알베르트 슈페어, 김기영 옮김, 『기억: 제3제국의 중심에서』(마티, 2007), 93~142쪽, 275~276쪽; Alan Tansman, *The Aesthetics of Japanese Fascism*(University of California Press, 2009), p. 22; Graham Pakes, "Heidegger and Japanese Fascism", eds. by Bret W. Davis, et al., *Japanese and Continental Philosophy: Conversations with the Kyoto School*(Indiana University Press, 2010), pp. 247-265.

43 Adrian von Buttlar, "'Germanische Tektonik'? Leo von Klenzes patriotische Interpretation des Klassizismus", eds. by Annette Dorgerloh, et al., *Klassizismus-Gotik: Karl Friedrich Schinkel und die patriotische Baukunst*(Deutscher Kunstverlag, 2007), p. 281; Paul P. Jaskot, *The Architecture of Oppression: The SS, Forced Labor and Nazi Monumental Building Economy*(Routledge, 2000).

3부 아테나의 섬뜩한 환등상

1 도시계획과 식민주의

1 Andre Sorensen, *The Making of Urban Japan*, pp. 81-84; David Stewart, *The Making of a Modern Japanese Architecture*, p. 75 이하.

2 K. Yamamura, "The Japanese Economy, 1911-1930: Concentration, Conflicts, and Crises", eds. by B. S. Silberman and H. D. Harootunian, *Japan in Crisis: Essays in Taisho Democracy*(Princeton University Press, 1974), pp. 299-328, 특히 pp. 327-328.

3 石田賴房, 『日本近代都市計劃の百年』, p. 110.

4 石田賴房, 『日本近代都市計劃の百年』, p. 112.

5 고시자와 아키라, 윤백영 옮김, 『동경의 도시계획』(한국경제신문사, 1998), 32~34쪽; 이명규, 「일본 본국과 조선총독부 도시계획 비교연구: 도시계획법령을 중심으로」, 한국국가기록연구원 엮음, 『조선총독부 도시계획 공문서와 기록평가론』(진리탐구, 2008), 272~281쪽.

6 고시자와 아키라, 『동경의 도시계획』, 31쪽, 133쪽; 손정목, 『일제강점기 도시계획 연

구』, 279쪽; David Stewart, *The Making of a Modern Japanese Architecture*, pp. 119-121.

7   고시자와 아키라, 『동경의 도시계획』, 42~43쪽; David Stewart, *The Making of a Modern Japanese Architecture*, p. 110.

8   오카타 준이치로, 「근대 도쿄의 도시계획: 교외화와 도시변신」, 108~110쪽.

9   藤森照信, 『明治の東京計劃』, p. 248.

10   Andre Sorensen, *The Making of Urban Japan*, p. 58.

11   Yasuo Nishiyama, "Western Influence on Urban Planning Administration in Japan: Focus on Land Management", ed. by Nagamine Haruo, *Urban Development Policies and Programmes, Focus on Land Management*(United Nations Centre for Regional Development, 1986), p. 331.

12   고시자와 아키라, 『동경의 도시계획』, 66~68쪽; 永松栄, 『図説 都市と建築の近代 ―プレ・モダニズムの都市改造』(學芸出版社, 2008), pp. 194-196; 손정목, 『일제강점기 도시계획 연구』, 383쪽.

13   Shun-Ichi J. Watanabe, "Metropolitanism as a Way of Life", ed. by Anthony Sutcliffe, *Metropolis 1890-1940*, pp. 416-417; 이명규, 「일본 본국과 조선총독부 도시계획 비교연구: 도시계획법령을 중심으로」, 273쪽.

14   Shun-Ichi J. Watanabe, "Garden city Japanese Style: the case of Den-en Toshi Company Ltd., 1918-1928", ed. by Gordon E. Cherry, *Shaping an Urban World* (Mansell, 1980), pp. 129-143; 고시자와 아키라, 『동경의 도시계획』, 139~158쪽.

15   David Stewart, *The Making of a Modern Japanese Architecture*, pp. 133-136; 박진한, 「오사카, 도쿄를 넘어 동북아의 중심으로」, 이영석 외, 『도시는 역사다』(서해문집, 2011); 박진한, 「근대도시 오사카의 도시계획론과 도시계획사업」, 박진한 외, 『제국 일본과 식민지 조선의 근대도시 형성』(심산, 2013), 52~80쪽; 박세훈, 「1920년대 경성의 도시계획과 도시계획운동」, 박진한 외, 『제국 일본과 식민지 조선의 근대도시 형성』, 87~90쪽.

16   고시자와 아키라, 『동경의 도시계획』, 25~27쪽; 越沢明, 『東京の都市研究會』(岩波書店, 1991).

17   渡辺俊一, 『'都市計劃'の誕生. ―國際比較からみた日本近代都市計劃』(柏書房, 1993), pp. 170-171.

18   고시자와 아키라, 『동경의 도시계획』, 27~30쪽; 박세훈, 「1920년대 경성도시계획의 성격: '경성도시계획연구회'와 '도시계획운동'」, 『서울학연구』, 제15호(2000), 174~175쪽.

19 고시자와 아키라, 『동경의 도시계획』, 23쪽 이하; 越沢明, 『後藤新平: 大震災と帝都復興』(筑摩書房, 2011). '만철 부속지'에 대해서는 郭鐵椿 외 엮음, 신태갑 외 옮김, 『일본의 대련 식민통치 40년사』, 제2권(선인, 2012), 285~304쪽 참조.

20 越沢明, 『後藤新平: 大震災と帝都復興』, p. 87 이하.

21 고시자와 아키라, 『도쿄 도시계획 담론』, 8쪽; William Shaw Sewell, *Japanese Imperialism and Civic Construction in Manchuria: Changchun, 1905-1945*(The University of British Columbia, 2000), pp. 67-68. 그러나 비어드가 견지했던 중산층 특유의 자유주의적 시각과 고토의 관료주의적 시각은 근본적 차이를 노정했다. Shun-Ichi J. Watanabe, "Metropolitanism as a Way of Life", ed. by Anthony Sutcliffe, *Metropolis 1890-1940*, p. 421.

22 後藤新平,「都市計劃と法制必要」,『都市公論』, 第2卷, 第2号(1919. 2), p. 1; 後藤新平,「都市の改善と市民の覚惡」,『都市公論』, 第3卷, 第1号(1920. 1), p. 3.

23 水野練太,「都市改良問題,『都市公論』, 第2卷, 第2号(1919. 2), pp. 2-16; 佐野利器,「大都市の建築物」,『都市公論』, 第3卷, 第3号(1920. 3), pp. 18-28.

24 岡田周造,「都市計劃と都市の風致美観」,『都市公論』, 第9卷, 第9号(1926. 9), pp. 2-16; 고시자와 아키라, 『동경의 도시계획』, 168쪽.

25 渡辺俊一,『都市計劃の誕生—國際比較からみた日本近代都市計劃』, p. 219.

26 고시자와 아키라, 『동경의 도시계획』, 46~65쪽; 손정목, 「식민도시계획과 그 유산」, 서울시정개발연구원,『서울 20세기 공간 변천사』(서울시정개발연구원, 2001), 470~471쪽.

27 越沢明,『後藤新平: 大震災と帝都復興』, p. 199 이하.

28 David Stewart, *The Making of a Modern Japanese Architecture*, p. 127 이하; 고시자와 아키라, 『도쿄 도시계획 담론』, 16~27쪽, 118~119쪽; Wolfgang Schwentker, "Die Doppelgeburt einer Megastadt: Tokyo 1923-1964", ed. by Wolfgang Schwentker, *Megastädte im 20. Jahrhundert*(Vandenhoeck & Ruprecht, 2009), pp. 146-151.

29 고시자와 아키라, 『동경의 도시계획』, 40~41쪽.

30 Louis Frédéric, *Japan Encyclopedia*, p. 264.

31 고시자와 아키라, 『도쿄 도시계획 담론』, 109~125쪽.

32 Mark R. Peattie, "The Japanese Colonial Empire, 1895-1945", ed. by Peter Duus, *The Cambridge History of Japan*, vol. 6, p. 264; David Stewart, *The Making of a Modern Japanese Architecture*, pp. 142-144.

33 동아시아에서 일제의 공간 지배 방식에 대해서는 특히 村松伸,『討伐支配の文法』,

『現代思想』, 第23卷, 第10号 (1995. 10), pp. 8-21 참조.

34 하시야 히로시, 김제정 옮김, 『일본제국주의, 식민지도시를 건설하다』 (모티브북, 2005), 72~75쪽, 87쪽 이하: Carola Hein, "The Transformation of Planning Ideas in Japan and Its Colonies", p. 54.

35 하시야 히로시는 이를 이종발생적 변용(heterogenetic transformation)이 아니라 계통발생적 변용(orthogenetic transformation)이라 정의한다. 하시야 히로시, 『일본제국주의, 식민지도시를 건설하다』, 117쪽 이하.

36 하시야 히로시, 『일본제국주의, 식민지도시를 건설하다』, 87~107쪽, 138~139쪽.

37 Alsayyad Nezer, ed., *Forms of Dominance: On the Architecture and Urbanism of the Colonial Enterprise* (Aldershot, 1992), p. 5.

38 Anthony King, *Urbanism, Colonialism and the World-Economy* (Routledge, 1990), p. 9.

39 藤森照信, 『日本の近代建築(上)』, pp. 36-43; Andre Sorensen, *The Making of Urban Japan*, p. 79; 김백영, 「상징공간의 변용과 집합기억의 발명: 서울의 식민지 경험과 민족의 장소성 재구성」, 197쪽.

40 주완요, 『대만: 아름다운 섬, 슬픈 역사』 (신구문화사, 2003), 160~161쪽; Chu-joe HSIA, "Theorizing Colonial Architecture and Urbanism: Building Colonial Modernity in Taiwan", *Inter-Asia Cultural Studies*, vol. 3, no. 1 (2002), pp. 8-10; Andre Sorensen, *The Making of Urban Japan*, pp. 60-84.

41 郭鐵椿 외 엮음, 신태갑 외 옮김, 『일본의 대련 식민통치 40년사』, 제1권 (선인, 2012), 125쪽 이하: 하시야 히로시, 『일본제국주의, 식민지도시를 건설하다』, 164쪽 이하: Louise Young, *Japan's Total Empire: Manchuria and the Culture of Wartime Imperialism* (University of California Press, 1999), pp. 3-20.

42 이경찬·허준, 「沈陽의 都市空間構造 變遷過程에 대한 計劃史的 考察」, 『韓國傳統造景學會誌』, vol. 24, no. 4 (2006. 12), 93~94쪽; 김정동, 『남아 있는 역사, 사라지는 건축물』 (대원사, 2000), 28~39쪽; 하시야 히로시, 『일본제국주의, 식민지도시를 건설하다』, 45~48쪽; Carola Hein, "The Transformation of Planning Ideas in Japan and Its Colonies", p. 69 이하.

43 김영신, 「개항, 조차와 근대 만주 신흥도시의 흥기」, 유지원 외, 『근대 만주 도시 역사지리 연구』 (동북아역사재단, 2007), 85~91쪽; 越澤明, 장준호 엮고옮김, 『중국의 도시계획: 만주의 도시론』 (태림문화사, 2000), 99~114쪽; 郭鐵椿, 『일본의 대련 식민통치 40년사』, 제2권, 233~255쪽.

44 西澤泰彦, 『日本植民地建築論』(名古屋大學出版會, 2008), pp. 77-78; 郭鐵椿, 『일본의 대련 식민통치 40년사』, 제2권, 251~261쪽. 함부르크 시청사에 대해서는 Hermann Hipp, "Das Rathaus der freien und Hansestadt Hamburg", eds. by Ekkehard Mai, et al., Das Rathaus im Kaiserreich: Kunstpolitische Aspekte einer Bauaufgabe des 19. Jahrhunderts(Mann, Gebr., 1982), pp. 179-231 참조.

45 西澤泰彦, 『日本植民地建築論』, pp. 134-136; 西澤泰彦, 「建築家中村與資平の経歴と建築活動について」, 『日本建築學會計劃系論文報告集』, 第450号(1993. 8), pp. 151-160; 김영재, 「나카무라 요시헤이의 서양 건축양식의 수용과정과 그 의미」, 『大韓建築學會論文集 計劃系』, 제29권, 제5호(2013), 159~170쪽.

46 이하늘·김태영, 「20세기 초 한국에서 활동한 일본인 건축가의 조직과 계보에 관한 연구」, 『大韓建築學會聯合論文集』, 11권 3호(2009. 9), 59~61쪽.

47 William Shaw Sewell, Japanese Imperialism and Civic Construction in Manchuria, pp. 64-65; 越澤明, 『중국의 도시계획: 만주의 도시론』, 76쪽 이하; 郭鐵椿, 『일본의 대련 식민통치 40년사』, 제1권, 209~243쪽; 西澤泰彦, 「建築の越境と植民地建設」, 山室信一 責任編集, 『帝國日本の學知』, pp. 255-258.

48 越澤明, 『중국의 도시계획: 만주의 도시론』, 80쪽, 133쪽.

49 越澤明, 『중국의 도시계획: 만주의 도시론』, 73~75쪽; Sewell, Japanese Imperialism and Civic Construction in Manchuria, pp. 76-77, p. 107, p. 154.

50 山邊鋼, 「新京に就いて」, 『滿州建築協會雜誌』, 第12卷, 第6号(1932. 6), p. 50.

51 越澤明, 『중국의 도시계획: 만주의 도시론』, 115~124쪽.

52 小野木孝治, 「滿洲國首都建設に就いて」, 『滿州建築協會雜誌』, 第12卷, 第6号(1932. 6), p. 3. 오노키 도시하루에 대해서는 Sewell, Japanese Imperialism and Civic Construction in Manchuria, p. 32 참조.

53 越澤明, 『중국의 도시계획: 만주의 도시론』, 125~133쪽.

54 Sewell, Japanese Imperialism and Civic Construction in Manchuria, pp. 162-164; 西澤泰彦, 『日本植民地建築論』, p. 138.

55 中澤潔, 「新國都計畫に對する所見」, 『滿州建築協會雜誌』, 第12卷, 第6号(1932. 6), p. 33.

56 小野木孝治, 「滿洲國首都建設に就いて」, 『滿州建築協會雜誌』, 第12卷, 第6号, p. 2.

57 Sewell, Japanese Imperialism and Civic Construction in Manchuria, p. 155, p. 174.

58 植木茂, 「滿洲國新首都建設都市計畫に就いて」, 『滿州建築協會雜誌』, 第12卷, 第6号, pp. 16-17.

59 湯本三郎, 「新國首都の建設」, 『滿州建築協會雜誌』, 第12卷, 第6号(1932. 6), pp. 5-6.

60 小野木孝治, 「滿洲國首都建設に就いて」, 『滿州建築協會雜誌』, 第12卷, 第6号, p. 1.

61 「滿洲國國道建設計畫槪要」, 『滿州建築協會雜誌』, 第13卷, 第11号(1933. 11), pp. 34-35.

62 프래신짓트 두아라, 한석정 옮김, 『주권과 순수성: 만주국과 동아시아적 근대』(나남, 2008), 437쪽; Louise Young, *Japan's Total Empire*, pp. 254-303.

63 프래신짓트 두아라, 『주권과 순수성: 만주국과 동아시아적 근대』, 184~187쪽, 193~194쪽.

64 藤森照信, 『日本の近代建築(下): 大政·昭和篇』(岩波書店, 1993), pp. 21-23; 西澤泰彦, 「建築の越境と植民地建設」, pp. 248-250; 西澤泰彦, 『日本植民地建築論』, pp. 386-390; 하시야 히로시, 『일본제국주의, 식민지도시를 건설하다』, 122~124쪽.

65 「滿洲國第二廳舍新築工事槪要」, 『滿州建築協會雜誌』, 第13卷, 第11号(1933. 11), pp. 41-42.

66 西澤泰彦, 『日本植民地建築論』, pp. 95-102.

67 西澤泰彦, 『日本植民地建築論』, pp. 103-107.

68 小野木孝治, 「滿洲國首都建設に就いて」, 『滿州建築協會雜誌』, 第12卷, 第6号, p. 2.

69 岡大路, 「滿洲に於ける新興建築待望す」, 『滿州建築協會雜誌』, 第13卷, 第6号(1933. 6), pp. 1-3.

70 西澤泰彦, 『日本植民地建築論』, pp. 137-142; 藤森照信, 『日本の近代建築(下)』, pp. 100-101.

71 Sewell, *Japanese Imperialism and Civic Construction in Manchuria*, pp. 180-181.

72 프래신짓트 두아라, 『주권과 순수성: 만주국과 동아시아적 근대』, 66쪽.

73 越澤明, 『중국의 도시계획: 만주의 도시론』, 134~157쪽.

74 이성시, 「조선왕조의 상징 공간과 박물관」, 임지현·이성시 엮음, 『국사의 신화를 넘어서』(휴머니스트, 2004), 273~275쪽; 김용철, 「오카쿠라 텐신(岡倉天心)과 일본 미술사의 성립」, 181~182쪽, 189~190쪽.

75 다나카 아키라, 『메이지유신과 서양 문명: 이와쿠라 사절단은 무엇을 보았는가』, 140~154쪽.

76 엘리스 K. 팁튼·존 클락, 이상우 외 옮김, 『제국의 수도, 모더니티를 만나다: 다이쇼 데모크라시에서 쇼와 모더니즘까지』(2012, 소명출판), 117~122쪽; Sewell, *Japanese*

  Imperialism and Civic Construction in Manchuria, p. 156.

77 Gottfried Feder, *Die neue Stadt: Versuch der Begrundung einer neuen Stadtplanungskunst aus der sozialen Struktur der Bevölkerung* (Julius Springer, 1939). 일본에서 수용된 양상에 관해서는 Carola Hein, "Visionary Plans and Planners", eds. by Nicolas Fiévé and Paul Waley, *Japanese Capitals in Historical Perspective: Place, Power and Memory in Kyoto, Edo and Tokyo* (Routledge, 2003), pp. 333-341 참조.

78 佐藤武夫, 「滿洲國の建築に寄す」, 『滿州建築協會雜誌』, 第22卷, 第11号 (1942. 11), p. 8; Sewell, *Japanese Imperialism and Civic Construction in Manchuria*, pp. 160-161.

79 佐藤武夫, 「滿洲國の建築に寄す」, 『滿州建築協會雜誌』, 第22卷, 第11号. p. 8.

80 프래신짓트 두아라, 『주권과 순수성: 만주국과 동아시아적 근대』, 242쪽.

81 David Tucker, "City Planning without Cities: Order and Chaos in Utopian Manchuko", ed. by Mariko Asano Tamanoi, *Crossed Histories: Manchuria in the Age of Empire* (University of Hawaii Press, 2005), pp. 53-81; Sewell, *Japanese Imperialism and Civic Construction in Manchuria*, p. 194.

82 유진오, 「신경(新京)」(1942), 진영복 엮음, 『유진오 단편집』(지식을만드는지식, 2012), 3 ~38쪽. 인용문은 8쪽, 10쪽.

2 한성에서 경성으로

1 김광우, 「대한제국 시대의 도시계획: 한성부 도시개조 사업」, 『鄕土서울』, 제50호 (1991), 95~122쪽.

2 이태진, 「1896~1904년 서울 도시개조 사업의 주체와 지향성」, 『한국사론』, 제37호 (1997), 181~206쪽.

3 임석재, 『사회미학으로 읽는 개화기: 일제강점기 서울 건축』(이화여자대학교출판부, 2011), 163쪽 이하.

4 박희용, 「조선 황제의 애달픈 역사를 증명하다: 원구단의 철거와 조선호텔의 건축」, 우동선·박성진 외, 『궁궐의 눈물, 백년의 침묵』, 48~78쪽; 안창모, 『덕수궁』(동녘, 2010), 특히 59~147쪽.

5 Todd A. Henry, "Respatializing Chŏson's Royal Capital", eds. by Timothy R.

Tangherlini and Sallie Yea, *Sitings: Critical Approaches to Korean Geography* (University of Hawai'i Press, 2008), pp. 18~22.

6   서울특별시 시사편찬위원회 편, 『국역 경성부사』, 제1권(1934, 2012, 예맥), 672~673 쪽; 아오야기 쓰나타로, 구태훈·박선옥 편역, 『100년 전 일본인의 경성 엿보기』(『최근 경성 안내기』, 1915)(재팬리서치21, 2011), 139~143쪽. 당시 고종은 미국의 기업인들 에게 기반시설의 개발이권을 주었는데 이는 미국 정부의 정치적 지원을 염두에 둔 것 이었다. 물론 역사적 결과가 말해주듯 소기의 정치적 목적은 달성되지 못했다.

7   이혜은, 「서울 20세기 교통의 발달」, 서울시정개발연구원, 『서울 20세기 공간 변천사』 (서울시정개발연구원, 2001), 165쪽; 최인영, 「일제 시기 경성의 도시공간을 통해 본 전 차노선의 변화」, 『서울학연구』, 제41집(2010. 11), 33쪽.

8   이순우, 『통감관저: 잊혀진 경술국치의 현장』(하늘재, 2010), 196~203쪽에 따르면, 동 아시아에서 노면전차 방식의 전기철도 부설이 가장 빨랐던 도시는 일본 교토였다. 1895년 1월 31일 제4회 내국권업박람회 개최를 앞두고 6.6킬로미터의 노면전차선로 가 부설되어 정식으로 영업용 전차 운행이 시작되었다. 시기적으로 서울보다 4년이 빨랐다. 도쿄의 경우 서울보다 4년가량 늦었지만 이는 철도마차의 성행으로 굳이 서 두를 이유가 없었기 때문이다. 그 밖에 서울의 전차선로 개설에 동원된 기술자와 운전 수 등을 일본 교토전기철도 회사에서 데려왔다는 점도 수치상의 기록 달성이 큰 의미 를 갖지 못함을 입증한다. 그 밖에 아오야기 쓰나타로, 『100년 전 일본인의 경성 엿보 기』, 139~143쪽 참조.

9   이혜은, 「서울 20세기 교통의 발달」, 164쪽, 167쪽.

10   앙드레 슈미드, 정여울 옮김, 『제국 그 사이의 한국 1895~1919』(휴머니스트, 2007), 207~208쪽.

11   염복규, 『서울은 어떻게 계획되었는가』(살림, 2005), 8쪽과 주 3) 참조; 이규철, 『대한 제국기 한성부 도시공간의 재편』, 서울대학교 대학원 박사학위 논문(2010).

12   송석기, 「궁궐에 들어선 근대 건축물」, 우동선·박성진 외, 『궁궐의 눈물, 백년의 침묵』 (효형출판, 2009), 254~257쪽; 尹一柱, 『한국 양식건축 80년사: 解放前篇』(治庭文化 社, 1966), 63~66쪽; 김정동, 『고종황제가 사랑한 정동과 덕수궁』(발언, 2004), 180쪽; 안창모, 『덕수궁』, 174~185쪽; 「덕수궁 석조전 1898년 설계도 원본 찾았다」, 『중앙일 보』, 2011. 8. 19, 1면.

13   김정동, 『남아 있는 역사, 사라지는 건축물』, 174쪽; 송석기, 「궁궐에 들어선 근대 건축 물」, 우동선·박성진 외, 『궁궐의 눈물, 백년의 침묵』, 253~254쪽.

14   이순우, 『손탁 호텔』(2012, 하늘재).

15   김정동, 「도래한 서양인 건축가에 관한 연구(1). 서울에서의 역할과 환경을 중심으로」, 『大韓建築學會論文集 計劃系』, 5권, 4호(1989), 84~85쪽; 하시야 히로시, 『일본제 국주의, 식민지도시를 건설하다』, 150~157쪽.

16   서울특별시사편찬위원회 편, 『서울건축사』(서울특별시, 1999), 707~709쪽.

17   西澤泰彦, 『日本植民地建築論』, p. 130.

18   김정동, 『남아 있는 역사, 사라지는 건축물』, 17~19쪽.

19   서울특별시 시사편찬위원회 편, 『국역 경성부사』, 제2권(1936)[2013, 예맥], 270쪽.

20   『朝鮮總督府官報』, 第28號(1910. 9. 30), 勅令第357號, 「朝鮮總督府地方官官制」, 三-四면; 『朝鮮總督府官報』, 第29號(1910. 10. 1), 朝鮮總督府令 第6號, 第7號, 十三-十四면; 이혜은, 「조선시대 이후 서울의 토지이용과 경관변화」, 이혜은 외, 『서 울의 景觀變化』(서울학연구소, 1994), 200~201쪽; 이광희, 「일제 강점기 도시행정의 이중성에 대한 연구」, 한국국가기록연구원 엮음, 『조선총독부 도시계획 공문서와 기 록평가론』(진리탐구, 2008), 231~263쪽; 손정목, 『한국 지방제도 자치사 연구: 갑오경 장-일제강점기上』(일지사, 1992), 80~124쪽.

21   『朝鮮總督府官報』, 第174號(1911. 4. 1), 朝鮮總督府京畿道令第3號, 「京城府部及 面ノ名稱及區域」, 三면; 손정목, 『한국 지방제도 자치사 연구: 갑오경장-일제강점기 上』, 154~155쪽.

22   『朝鮮總督府官報』, 第449號(1914. 1. 30), 朝鮮總督府京畿道令第1號, 「京城府, 仁 川府, 高陽郡及陰竹郡內面ノ區域變更」, 二면; 『朝鮮總督府官報』, 第520號(1914. 4. 27), 朝鮮總督府京畿道告示第7號, 「京城府町洞ノ名稱及區域」, 六-九면.

23   『朝鮮總督府官報』, 第56號(1912. 10. 7), 朝鮮總督府訓令 第9號, 一면.

24   『朝鮮總督府官報』, 第81號(1912. 11. 6), 告示 第78號, 「京城市區改修豫定計畫路 線」, 一면. 이에 대해서는 박세훈, 「1920년대 경성의 도시계획과 도시계획운동」, 박진 한 외, 『제국 일본과 식민지 조선의 근대도시 형성』(심산, 2013), 81쪽; 염복규, 『일제하 경성 도시계획의 구상과 실행』, 서울대학교 국사학과 박사학위 논문(2009), 21~34쪽; 김영근, 「도시계획과 도시공간의 변화」, 49쪽; 김백영, 「왕조 수도로부터 식민도시로: 경성과 도쿄의 시구 개정에 대한 비교연구」, p. 82 참조.

25   손정목, 『일제강점기 도시계획연구』, 102쪽; 손정목, 「식민도시계획과 그 유산」, 서울 시정개발연구원, 『서울 20세기 공간 변천사』(서울시정개발연구원, 2001), 464쪽; 김기 호, 「일제시대 초기의 도시계획에 대한 연구: 경성부 시구개정을 중심으로」, 『서울학 연구』, 제6호(1995); 이순우, 『통감관저』, 264~267쪽.

26   손정목, 『일제강점기 도시계획연구』, 98~114쪽; 김영근, 「일제하 경성지역의 사회공

간 구조의 변화와 도시경험. 중심-주변의 지역분화를 중심으로」,『서울학연구』, 제20
호(2003), 152쪽.

27 박세훈,「1920년대 경성의 도시계획과 도시계획운동」, 93쪽; 염복규,『서울은 어떻게
계획되었는가』(살림, 2005), 12쪽.

28 김백영에 따르면, 현재의 율곡로인 창덕궁-종묘 관통도로 건설은 1926년 순종이 승
하하자 1927년 초부터 곧바로 재론되었다. 물론 그 이후에도 저항이 끊이지 않아 계
속 연기되다가 1930년에 비로소 완성되었다. 김백영,「상징공간의 변용과 집합기억의
발명」, 213~214쪽; 염복규,『일제하 경성도시계획의 구상과 실행』, 63~68쪽.

29 서울특별시 시사편찬위원회 편,『국역 경성부사』, 제2권, 217쪽.

30 김대호,「일제강점 이후 경복궁의 毁撤과 '活用'(1910~현재)」,『서울학연구』, 제29호
(2007), 92쪽.

31 이명규,「한국 근대도시계획제도의 발달과 서울」, 438쪽; 박세훈,「1920년대 경성의
도시계획과 도시계획운동」, 101~108쪽. 그러나 시구개정은 억압적인 식민통치하에
서만 효과적일 수 있다는 견해도 있다. 토지 소유자에게 헌납 등의 명분으로 기부를
강제하는 방법은 식민지가 아니고서는 실행되기 힘들다는 것이다. 아오이 아키히토
(青井哲人), 김하나·우동선 옮김,「계획의 식민지/일상의 식민지: 도시사의 시각」,
『건축역사 연구』, 제16권, 2호(2007), 195쪽.

32 이규목,「서울 근대도시경관 읽기」, 서울시정개발연구원,『서울 20세기 공간 변천사』
(서울시정개발연구원, 2001), 121쪽; 손정목,「식민도시계획과 그 유산」, 454~456쪽;
김백영,「러일전쟁 직후 서울의 식민도시화 과정-비교식민도시사적 고찰」,『한국학
보』, 8권, 2호(2005).

33 『순종실록』, 1卷, 卽位年, 1907 丁未, 大韓 光武 11年, 7月 30日(陽曆), 內閣令 第1號,
「城壁處理委員會에 關한 件」.

34 『국역 경성부사』, 제2권, 271쪽, 69~70쪽.

35 조재모,『궁궐, 조선을 말하다: 궁궐로 읽는 조선의 제도와 이념』(2012, 아트북스), 111
쪽; 김정동,『고종황제가 사랑한 정동과 덕수궁』, 33쪽.

36 『순종실록』, 4卷, 1910 庚戌, 大韓 隆熙 4年, 8月 22日(陽曆),「日韓倂合條約成」.

37 조병로,「식민지 시기 도로정책과 재조일본인의 대응」, 조병로 외,『조선총독부의 교
통정책과 도로건설』(국학자료원, 2011), 22~23쪽.

38 『朝鮮總督府官報』, 第186號(1911. 4. 17), 制令 第3號「土地收用令」, 一면.

39 『국역 경성부사』, 제2권, 270~271쪽.

40 『朝鮮總督府官報』, 第169號(1913. 2. 25), 朝鮮總督府令 第11號,「市街地建築取

締規則」, 一-二면.

41 손정목, 「식민도시계획과 그 유산」, 467쪽; 이왕무, 「일제시대 경복궁 주변도로의 변화
    와 宮牆의 훼철: 총독부 신청사 완공 전후를 중심으로」, 조병로 외, 『조선총독부의 교
    통정책과 도로건설』(국학자료원, 2011), 83쪽.

42 이명규, 「한국 근대도시계획제도의 발달과 서울」, 『동양 도시사 속의 서울』, 427쪽.

43 최인영, 「일제 시기 경성의 도시공간을 통해 본 전차노선의 변화」, 33쪽.

44 정재정, 『일제침략과 한국철도』(서울대출판부, 1999), 164~165쪽.

45 『朝鮮總督府官報』, 第2062號(1919. 6. 25), 「京城市區改修豫定計畵路線改正」.

46 이명규, 「한국 근대도시계획제도의 발달과 서울」, 428~429쪽, 444~445쪽; 염복규,
    「일제하 경성도시계획의 구상과 실행」, 52~60쪽.

47 『每日申報』, 社說, 「市區改正」, 1912. 11. 7, 一면.

48 『국역 경성부사』, 제2권, 270쪽, 274~275쪽.

49 아오야기 쓰나타로, 『100년 전 일본인의 경성 엿보기』, 16~17쪽.

50 『국역 경성부사』, 제2권, 279쪽; 손정목, 「식민도시계획과 그 유산」, 466쪽; 이규목, 「서
    울 근대도시경관 읽기」, 121쪽.

51 손정목, 『일제강점기 도시계획연구』, 105쪽.

52 박세훈, 「1920년대 경성의 도시계획과 도시계획운동」, 박진한 외, 『제국 일본과 식민
    지 조선의 근대도시 형성』(심산, 2013), 90쪽.

53 손정목, 『일제강점기도시계획연구』, 115쪽; 박세훈, 「1920년대 경성의 도시계획과 도
    시계획운동」, 박진한 외, 『제국 일본과 식민지 조선의 근대도시 형성』, 96~101쪽; 문
    정희·이병렬, 「도시계획 활동과 이념: 조선시대 및 일제시대의 도시계획을 중심으로」,
    『국토계획』, 제25권, 제2호(통권 57호, 1990), 22~24쪽; 야마베 겐타로, 최혜주 옮김,
    『일본의 식민지 조선통치 해부』(어문학사, 2011), 163쪽 이하.

54 손정목, 『일제강점기도시계획연구』, 170~176쪽; 손정목, 「식민도시계획과 그 유산」,
    469쪽 이하.

55 京城府 編, 『京城都市計劃資料調査書』(山口印刷所, 1927).

56 이송순, 「조선총독부 도시계획 관련 조직 및 기구 분석」, 한국국가기록연구원 엮음,
    『조선총독부 도시계획 공문서와 기록평가론』(진리탐구, 2008), 303-304쪽; 박세훈,
    「1920년대 경성의 도시계획과 도시계획운동」, 101쪽; 김주야·石田潤一郎, 「경성부
    토지구획사업에 있어서 식민도시성에 관한 연구」, 『大韓建築學會論文集 計劃系』,
    제25권, 제4호(통권246호)[2009. 4], 170~171쪽.

57 김백영, 『지배와 공간: 식민지도시 경성과 제국 일본』(문학과지성사, 2009), 68쪽.

58 조선총독부가 도시계획안을 집행하는 데 주저했던 직접적 원인이 재정 문제였음은 분명하다. 총독부는 1926년 도시계획 시행을 보다 현실적으로 고려하면서 경성, 평양, 대구, 부산 등 4개 도시를 선정하여 대대적 조사를 마친 뒤 그 결과를 같은 해 연말 일본제국회의에 1927년도 집행 사업의 하나로 보고했으나 국고 보조를 얻는 데 실패한 바 있다. 이에 대해서는 손정목, 『일제강점기 도시계획 연구』, 170~176쪽 참조.

59 『국역 경성부사』, 제2권, 707쪽.

60 『朝鮮總督府官報』, 第2232號(1934. 6. 20), 朝鮮總督制令 第18號, 「朝鮮市街地計劃令」, 一-三면; 『朝鮮總督府官報』, 第2264號(1934. 7. 27), 朝鮮總督府令 第78號, 「朝鮮市街地計劃令施行規則」, 一-四면; 『朝鮮總督府官報』, 第2593號(1935. 9. 2), 朝鮮總督府令 第105號, 「朝鮮市街地計劃令施行規則中改正」, 一-十면. 이에 대해서는 손정목, 『일제강점기 도시계획 연구』, 177쪽; 염복규, 『일제하 경성도시계획의 구상과 실행』, 97쪽 이하 참조.

61 이명규, 「일본 본국과 조선총독부 도시계획 비교연구」, 한국국가기록연구원 엮음, 『조선총독부 도시계획 공문서와 기록평가론』, 282~283쪽; 손정목, 『일제강점기 도시계획연구』, 184~186쪽.

62 『每日申報』, 1934. 6. 21, 社說 「朝鮮市街地計劃令公布」, 二면.

63 손정목, 『일제강점기 도시계획연구』, 187쪽, 195~200쪽.

64 김홍순, 「일제강점기 도시계획에서 나타난 근대성: 조선시가지계획령을 중심으로」, 『서울도시연구』, 제8권, 제4호(2007), 165쪽.

65 이명규, 「일본본국과 조선총독부 도시계획비교연구」, 한국국가기록연구원 엮음, 『조선총독부 도시계획 공문서와 기록평가론』, 290~291쪽; 손정목, 『일제강점기 도시계획연구』, 106쪽 이하. 186~194쪽.

66 김경남, 「1930년대 일제의 도시건설과 부산시가지계획의 특성」, 『역사문화학회 학술대회 발표 자료집』(2004), 156쪽, 173쪽; 염복규, 『서울은 어떻게 계획되었는가』, 49~50쪽.

67 『每日申報』, 1934. 6. 21, 「旣成市街의 統制보다 新市街發達에 置重」, 一면.

68 이명규, 「일본 본국과 조선총독부 도시계획 비교연구」, 한국국가기록연구원 엮음, 『조선총독부 도시계획 공문서와 기록평가론』, 291~295쪽; 염복규, 「식민지도시계획의 유산과 그에 대한 인식: 손정목, '일제강점기도시계획연구'를 중심으로」, 『한국사연구』, 제149호(2010. 6), 413쪽; 손정목, 『일제강점기 도시계획 연구』, 253~281쪽, 383쪽; 김경남, 「1930년대 일제의 도시건설과 부산시가지계획의 특성」, 171쪽.

69 『朝鮮總督府官報』 第3506號(1938. 9. 21), 朝鮮總督府令第193號, 「朝鮮市街地計

劃令施行規則中改正」, 一一十四면. 이에 대해서는 이송순, 「조선총독부 시가지계획 관련 공문서의 분류와 평가」, 한국국가기록연구원 엮음, 『조선총독부 도시계획 공문서와 기록평가론』(진리탐구, 2008), 200쪽 참조.

70 『朝鮮總督府官報』, 第2758號(1936. 3. 26), 朝鮮總督府告示第180號, 「京城市街地計畫區域」, 二면.

71 『朝鮮總督府官報』, 第2796號(1936. 5. 12), 朝鮮總督府京畿道告示第44號, 「昭和 11年朝鮮總督府令第8號ニ依リ府、郡ノ管轄區域變更」, 十二면; 염복규, 『일제하 경성도시계획의 구상과 실행』, 113~123쪽; 손정목, 「식민도시계획과 그 유산」, 480쪽 이하.

72 김백영, 「1920년대 '대경성계획'을 둘러싼 식민권력의 균열과 갈등」, 공제욱·정근식 엮음, 『식민지의 일상 지배와 균열』(문화과학사, 2006), 259~300쪽.

73 서울특별시, 『서울시 토지구획정리 연혁지』(서울특별시, 1984. 3), 73~76쪽; 김주야·石田潤一郎, 「경성부 토지구획 사업에 있어서 식민도시성에 관한 연구」, 171~177쪽; 전남일 외, 『한국 주거의 사회사』(돌베개, 2009), 134쪽 이하; 전남일, 『한국 주거의 공간사』(돌베개, 2011), 94~98쪽.

74 이에 대해서는 염복규, 『서울은 어떻게 계획되었는가』(살림출판사, 2005), 30~41쪽 참조.

75 이승일, 「조선총독부 공문서의 기록학적 평가: 조선총독부 도시계획 관련 공문서군을 중심으로」, 63쪽; 이송순, 「조선총독부 도시계획 관련 조직 및 기구 분석」, 302~327쪽.

76 염복규, 『서울은 어떻게 계획되었는가』, 26쪽.

77 김흥순, 「일제강점기 도시계획에서 나타난 근대성: 조선시가지계획령을 중심으로」, 155~173쪽; 김영근, 「도시계획과 도시공간의 변화」, 연세대학교 국학연구원 편, 『일제의 식민지배와 일상생활』, (혜안, 2004), 57~60쪽.

78 김영근, 「일제하 경성 지역의 사회공간 구조의 변화와 도시경험: 중심-주변의 지역분화를 중심으로」, 167~171쪽; 부산대학교 한국민족문화연구소, 『한국 근대의 풍경과 지역의 발견 2: 경성 I』, 『한국 근대의 풍경과 지역의 발견 3: 경성 II』(국학자료원, 2013).

79 『朝鮮總督府官報』, 第520號(1914. 4. 27), 朝鮮總督府京畿道告示第7號, 「京城府町洞ノ名稱及區域」, 六~九면.

80 『국역 경성부사』, 제2권, 272쪽; Todd A. Henry, "Respatializing Chosŏn's Royal Capital", eds. by Tangherlini and Yea, *Sitings*, pp. 23~29.

81 허영란·류준범·김제정, 「한국 근현대 속의 거리광고물과 가로경관: 서울 도심의 간판을 중심으로」, 서울시립대학교 서울학연구소 함께엮음, 『서울 20세기 생활·문화변천

사』(서울시정개발연구원, 2001), 611~668쪽: 이경택, 『서울의 都市景觀 形成과 變化에 관한 動因 硏究』, 고려대학교 대학원 지리학과 박사학위 논문(2012), 328~330쪽.

82 矢野干城·森川淸人 共編, 新版 『大京城案內』(京城都市文化硏究所, 1936), 12쪽; 하상복, 「광화문의 정치학, 예술과 권력의 재현」, 『한국정치학회보』, 제43호(2009 가을), 84쪽 이하; 장규식, 『서울, 공간으로 본 역사』(혜안, 2004), 72~73쪽; 이경수, 『일제시기 경성부의 가로정비계획에 의한 가로 변화에 관한 연구』, 연세대학교 건축공학과 석사학위 논문(1991), 69~70쪽; 김백영, 「왕조 수도로부터 식민도시로」, 93~94쪽, 100쪽.

83 이광희, 「일제강점기 도시행정의 이중성에 대한 연구」, 한국국가기록연구원 엮음, 『조선총독부 도시계획 공문서와 기록평가론』(진리탐구, 2008), 250~257쪽.

84 이중도시(dual city)로서의 식민지도시 개념에 대한 비판으로는 김종근, 「식민도시 경성의 이중도시론에 대한 비판적 고찰」, 『서울학연구』, 제38호(2010), 1~68쪽 참조.

85 『국역 경성부사』, 제2권, 458쪽, 542~544쪽.

86 김영근, 「일제하 경성 지역의 사회공간 구조의 변화와 도시경험: 중심-주변의 지역분화를 중심으로」, 139쪽; 이규목, 「서울 근대도시 경관 읽기」, 123쪽.

87 김사량, 「천마」(1940), 김재용·곽형덕 편역, 『김사량, 작품과 연구 2』(역락, 2009), 19쪽.

88 김영근, 「일제하 경성 지역의 사회공간 구조의 변화와 도시경험」, 148쪽, 158쪽.

89 염복규, 「식민지도시계획의 유산과 그에 대한 인식: 손정목, '일제강점기 도시계획 연구'를 중심으로」, 149쪽, 406~407쪽. 이런 점에서 억압과 착취의 측면만을 강조하는 박형용의 다음과 같은 견해, "개항기는 외형상의 근대법제로서 도시계획이 존재했을 뿐이고 일제시대는 외세의 이익에 이끌려 존재"했으나 드디어 "해방 후 도시계획은 개발정책과 더불어 한국의 산업화를 이끄는 제도로 존재했다"라는 것에는 동의하기 힘들다. 박형용, 「한국의 근대도시계획 형성」, 『공간과 사회』, 특권 제9호(1997), 74~93쪽. 인용문은 91쪽.

90 김흥순, 「일제강점기 도시계획에서 나타난 근대성: 조선시가지계획령을 중심으로」, 171쪽.

91 전상숙, 「우가키 총독의 내선융화 이데올로기와 농공병진 정책: 우가키 조선총독정치의 지배정책사적 의미에 대한 재고찰」, 『현상과 인식』, 제34집(2010), 43~47쪽.

92 김백영, 「1920년대 '대경성계획'을 둘러싼 식민권력의 균열과 갈등」, 260~262쪽.

93 이규목, 「서울 근대도시경관 읽기」, 서울시정개발연구원, 『서울 20세기 공간 변천사』(서울시정개발연구원, 2001), 122쪽.

94 松雀生, 「오래인 벙어리. 鐘路 인경의 신세타령」, 『별건곤』 23호(1929. 9), 부산대학교

한국민족문화연구소, 『(잡지로 보는) 한국 근대의 풍경과 지역의 발견 3: 경성 II』(국학
자료원, 2013), 244~251쪽. 인용문은 250쪽.

3   싱켈에게 바치는 오마주?: 경복궁 앞에 세운 조선총독부 청사

1   「경복궁 업셔지네」, 『대한매일신보』, 1910. 5. 15, 잡보, 2면.

2   『순종실록 부록』, 2卷, 1911 辛亥, 大韓 隆熙 4年, 5月 17日(陽曆).

3   『순종실록 부록』, 2卷, 1911 辛亥, 大韓 隆熙 4年, 2月 20日(陽曆).

4   『순종실록』, 1卷, 1907 丁未, 隆熙 卽位年, 10月 19日(陽曆).

5   『대한제국 관보』, 第4014號, 1908, 大韓 隆熙 2年, 3月 5日(陽曆), 十伍-十六면.

6   김대호, 「일제강점 이후 경복궁의 毁撤과 '活用'(1910~현재)」, 90~92쪽. 김대호에
    따르면 북궐도형에 도시된 건물의 수는 509동 6806간, 총독부 건립 이전까지 남아 있
    던 건물의 수는 396동 5505간이었다. 현재 남아 있는(본래의) 건물 수는 40동 857간
    이다. 그 밖에 김정동, 『남아 있는 역사, 사라지는 건축물』, 183~227쪽; 홍순민, 「일제
    의 식민침탈과 경복궁 毁損: 통치권력의 상징성 탈취」, 『문명연지』, 제5권, 제1호
    (2004), 5~34쪽; 이왕무, 「일제시대 경복궁 주변도로의 변화와 宮牆의 훼철」, 조병로
    외, 『조선총독부의 교통정책과 도로건설』, 71~72쪽; 정규홍, 『우리 문화재 수난사: 일
    제기 문화재 약탈과 유린』(학연문화사, 2005) 참조.

7   『每日申報』, 1915년 9월 4일, 「공진회를 개최하는 목적」; 강상훈, 『일제강점기 근대시
    설의 모더니즘 수용』, 서울대학교 건축학과 박사학위 논문(2004), 40쪽.

8   박성진, 「평양의 황건문이 남산으로 내려온 까닭은?」, 우동선·박성진 외, 『궁궐의 눈
    물, 백년의 침묵』, 156~158쪽; 김대호, 「일제강점 이후 경복궁의 毁撤과 '活用'(1910
    ~현재)」, 99~100쪽, 92쪽 이하; 조재모, 『궁궐, 조선을 말하다』, 253쪽; 강상훈, 『일제
    강점기 근대시설의 모더니즘 수용』, 41쪽, 48쪽.

9   「共進會 開會式」, 『每日申報』(1915. 10. 2), 二면; 서울특별시 시사편찬위원회 엮음,
    『국역 경성부사』, 제3권(1941)[2014, 예맥], 262~263쪽.

10 이상해, 「풍수」, 한국건축개념사전 기획위원회 엮음, 『한국건축개념사전』(동녘, 2013),
    841~846쪽.

11 강영환, 『(새로 쓴) 한국 주거문화의 역사』(기문당, 2013), 129쪽 이하.

12 임덕순, 「朝鮮初期 漢陽 定都와 首都의 象徵化」, 이혜은 외, 『서울의 景觀變化』(서
    울학연구소, 1994), 18~19쪽, 34쪽; 이상구, 「서울의 도시 형성」, 최상철 외, 『동양 도

시사 속의 서울』(서울시정개발연구원, 1994), 313~361쪽.

13 이경택, 『서울의 都市景觀 形成과 變化에 관한 動因 硏究』, 39~41쪽.

14 남영우·곽수정, 「고대도시 장안성의 입지적 의미와 도시구조」, 『한국도시지리학회지』, 제140권, 1호(2011), 1~16쪽; 이경택, 『서울의 都市景觀 形成과 變化에 관한 動因 硏究』, 39~41쪽; 임덕순, 「朝鮮初期 漢陽 定都와 首都의 象徵化」, 45쪽 이하.

15 이규목·김한배, 「서울 도시경관의 변천 과정 연구」, 『서울학연구』, 제2호(1994), 3~19쪽; 이경택, 『서울의 都市景觀 形成과 變化에 관한 動因 硏究』, 43~46쪽; 한영우, 『왕조의 설계자 정도전』(지식산업사, 1999).

16 이상구, 「서울의 도시 형성」, 336쪽.

17 조재모, 『궁궐, 조선을 말하다』, 131쪽; 임덕순, 「朝鮮初期 漢陽 定都와 首都의 象徵化」, 55~58쪽; 김정동, 『남아 있는 역사, 사라지는 건축물』, 186쪽 이하 참조.

18 김동욱, 「조선 초기 창건 경복궁의 공간구성: 고려 궁궐과의 관계에 대해서」, 『건축역사연구』, 제7권, 2호(1998), 15~21쪽. 건축사가 임석재에 따르면 경복궁의 개별 건물은 중심 전각들은 대칭으로 보이지만 오로지 정면에 국한할 때 그러할 뿐 비대칭이 곳곳에서 발견된다. 급격히 떨어지는 수직선을 가능한 한 회피하고 건물들 간의 어울림과 각각의 고유한 모습을 허용했다는 점에서 경복궁도 한국적 미학을 대변하고 있다는 것이다. 임석재, 『사회미학으로 읽는 개화기-일제강점기 서울 건축』(이화여자대학교 출판부, 2011), 25쪽 이하.

19 이순우, 『광화문 육조앞길』(하늘재, 2012), 19쪽 이하; 임덕순, 「朝鮮初期 漢陽 定都와 首都의 象徵化」, 45~49쪽; 손정목, 『일제강점기 도시계획 연구』(일지사, 1990), 102쪽.

20 임덕순, 「朝鮮初期 漢陽 定都와 首都의 象徵化」, 51~52쪽.

21 조재모, 『궁궐, 조선을 말하다』, 118~122쪽; 양택규, 『경복궁에 대해 알아야 할 모든 것: 친절하면서도 꼼꼼한 경복궁 답사기』(책과함께, 2007), 28~41쪽.

22 양택규, 『경복궁에 대해 알아야 할 모든 것』, 42~50쪽.

23 서울특별시사편찬위원회 편, 『서울건축사』, 603쪽.

24 홍순민, 「고종대 경복궁 중건의 의미」, 『서울학연구』, 제29호(2007. 8), 57~82쪽.

25 Koen de Ceuster, "The Changing Nature of National Icons in the Seoul Landscape", *The Review of Korean Studies*, no. 4(2000), p. 81; 하상복, 『광화문과 정치권력』(서강대학교출판부, 2010), 142~148쪽.

26 Michael Kim, "Collective Memory and Commemorative Space: Reflections on Korean Modernity and the Kyŏngbok Palace Reconstruction 1865-2010",

International Area Review, vol. 13, no. 4(winter 2010), pp. 7-8; 안창모, 「고종삼천지교: 창덕궁에서 경복궁을 거쳐 덕수궁까지」, 우동선·박성진 외, 『궁궐의 눈물, 백년의 침묵』, 23쪽; 서울특별시사편찬위원회 편, 『서울건축사』, 603~608쪽.

27 김대호, 「일제강점 이후 경복궁의 毀撤과 '活用'(1910~현재)」, 83~131쪽, 특히 85쪽.

28 김백영, 『지배와 공간: 식민지도시 경성과 제국 일본』, 344~349쪽; 김백영, 「상징공간의 변용과 집합기억의 발명」, 215쪽.

29 국립중앙박물관, 『舊 總督府 建物 實測 및 撤去 報告書』, 上(1997), 341쪽.

30 1926년 조선총독부가 발간한 『조선총독부 청사 신영지(朝鮮總督府廳舍新營誌)』에는 이에 대한 언급이 없다. 김동현 옮김, 『조선총독부 청사 신영지』(국립중앙박물관, 1995) 참조. 조선총독부 신청사의 입지를 선정한 장본인이 이토 주타라는 견해는 김정동, 『남아 있는 역사, 사라지는 건축물』, 196쪽; 윤홍기, 「경복궁과 구 조선총독부 건물 경관을 둘러싼 상징물 전쟁」, 『공간과 사회』, 제15호(2001), 295쪽 참조.

31 伊東忠太, 「神社建築に對する考察」, 『朝鮮と建築』, 第5輯, 第1號(1926), pp. 3-19.

32 김대호, 「1910~1920년대 조선총독부의 조선신궁 건립과 운영」, 『한국사론』, 50집(2004), 312~313쪽; 김백영, 「상징공간의 변용과 집합기억의 발명」, 199쪽, 203~206쪽; 김정동, 『남아 있는 역사, 사라지는 건축물』, 193~196쪽; 하상복, 『광화문과 정치권력』, 199~200쪽.

33 『국역 경성부사』, 제2권, 217쪽.

34 이금도, 『조선총독부 건축기구의 건축사업과 일본인 청부업자에 관한 연구』, 부산대학교 건축공학과 박사학위 논문(2007), 51쪽; 손정목, 『일제강점기 도시사회상 연구』, 520~528쪽; 이하늘·김태영, 「20세기 초 한국에서 활동한 일본인 건축가의 조직과 계보에 관한 연구」, 62쪽.

35 김정동, 『남아 있는 역사, 사라지는 건축물』, 199쪽.

36 Takehiko Hirose, *Königlich preußischer Baurat Georg de Lalande*(winterwork, 2012), p. 234 이하.

37 허영섭은 이 독일 건축가가 일본에서는 프로이센 출신으로 자처했지만 실제로는 프로이센의 지배를 받던 폴란드 출신이라 주장하며 식민지배자 편에서 일했던 그가 가졌을 자괴감에 대해 추측한다. 그의 이른 죽음은 내면적 번민 때문이라는 주장도 개진한다. 허영섭, 『일본, 조선총독부를 세우다』(채륜, 2010), 105~109쪽. 그러나 이러한 견해는 드 라란데의 생애와 활동에 대해 소개한 Takehiko Hirose, *Königlich preußischer Baurat Georg de Lalande*의 내용과는 배치된다.

38 손정목, 『일제강점기 도시사회상 연구』, 529~530쪽; Meid, *Europäische und*

nordamerikanische Architektur in Japan seit 1542, pp. 266-268; 하상복, 「광화문의 정치학, 예술과 권력의 재현」, 87쪽.

39 박희용, 「조선 황제의 애달픈 역사를 증명하다: 원구단의 철거와 조선호텔의 건축」, 80~81쪽; 정영효, 「'조선호텔': 제국의 이상과 식민지 조선의 표상」, 『한국어문학연구』, 제55집(2010), 320쪽; 김정동, 「도래한 "서양인 건축가"에 관한 연구(1): 서울에서의 역할과 영향을 중심으로」, 84쪽; 이순우, 『손탁호텔』, 115~120쪽; 西澤泰彦, 『日本植民地建築論』, p. 269.

40 今和次郞, 「總督府新廳舍は露骨すぎ」, 『朝鮮と建築』, 第2券, 第4號(1923), pp. 17-19.

41 이효석, 「碧空無限」(1941), 『이효석 전집』 5(창미사, 1983), 186쪽; 유진오, 『화상보』(한성도서주식회사, 1941). 이에 대해서는 정영효, 「'조선호텔': 제국의 이상과 식민지 조선의 표상」, 『한국어문학연구』, 제55집(2010), 317~348쪽 참조.

42 김정동, 「도래한 서양인 건축가에 관한 연구(1)」, 84~85쪽.

43 Takehiko Hirose, *Königlich preußischer Baurat Georg de Lalande*, pp. 23-24.

44 타이완 총독부 청사와 조선총독부 청사를 비교하는 Chu-joe HSIA, "Theorizing Colonial Architecture and Urbanism: Building Colonial Modernity in Taiwan", pp. 10-12 참조.

45 손정목, 『일제강점기 도시사회상 연구』(일지사, 1996), 520~557쪽; 하시야 히로시, 『일본제국주의, 식민지도시를 건설하다』, 117~120쪽; 김정동, 『남아 있는 역사, 사라지는 건축물』, 183~252쪽, 217쪽; 『조선총독부 청사 신영지』, 56쪽.

46 손정목, 『일제강점기 도시사회상 연구』, 552쪽.

47 『조선과 건축(朝鮮と建築)』 보고에 따르면, 청사 위치는 광화문으로부터는 46간, 근정문 정면으로부터는 17간의 거리를 두었다. 富士岡重一, 「新廳舍의 計劃槪要」, 朝鮮建築會, 김동현 옮김, 『朝鮮과 建築』, 第伍號, 朝鮮總督府新廳舍號(1926. 5. 1), 국립중앙박물관(1995), 31쪽.

48 정운현, 『서울시내 일제유산답사기』(한울, 1996), 56쪽; 조재모, 『궁궐, 조선을 말하다』, 117~118쪽; 이순우, 『광화문 육조앞길』, 192~194쪽; 홍순민, 「일제의 식민 침탈과 경복궁 훼손」, 25~26쪽.

49 富士岡重一, 「新廳舍의 計劃槪要」, 31쪽; 조선총독부, 김동현 옮김, 『朝鮮總督府廳舍新營誌』(국립중앙박물관. 1995), 56쪽.

50 조선총독부, 『朝鮮總督府廳舍新營誌』(국립중앙박물관, 1995), 60~67쪽.

51 林耕一, 「文化機關과 京城」, 『조광』, 6권, 9호(1940. 9), 부산대학교 한국민족문화연

구소, 『(잡지로 보는) 한국 근대의 풍경과 지역의 발견 3: 경성 II』(국학자료원, 2013), 117쪽: 이순우, 『통감관저: 잊혀진 경술국치의 현장』, 51~56쪽.

52 국립중앙박물관, 『구조선총독부 건물 실측 및 철거보고서 上』(국립중앙박물관, 1997), 39쪽: 『조선총독부 청사 신영지』, 57쪽; 하상복, 「광화문의 정치학, 예술과 권력의 재현」, 88쪽.

53 岩井長三郎, 「新廳舍의 計劃에 대하여」, 朝鮮建築會, 김동현 옮김, 『朝鮮과 建築』, 第伍號, 朝鮮總督府新廳舍號(1926. 5. 1), 국립중앙박물관(1995), 29쪽.

54 조선총독부, 『朝鮮總督府廳舍新營誌』, 57쪽.

55 장기인, 「조선총독부 청사」, 『建築』, 제35권, 제2호(1991), 44~50쪽; 송석기, 「궁궐에 들어선 근대 건축물」, 우동선·박성진 외, 『궁궐의 눈물, 백년의 침묵』, 240~279쪽. 게오르크 드 라란데는 완전한 독일풍의 지붕을 설계했으나 이후 일본식 탑옥으로 형태가 수정되었다. 이에 대해서는 김정동, 『남아 있는 역사, 사라지는 건축물』, 210쪽 참조.

56 西澤泰彦, 『日本植民地建築論』, pp. 80-86.

57 김정동, 『남아 있는 역사, 사라지는 건축물』, 200쪽.

58 임석재, 『사회미학으로 읽는 개화기: 일제강점기 서울 건축』, 191쪽.

59 『조선총독부 청사 신영지』, 63쪽: 「光化門移轉と其跡工事」, 『朝鮮と建築』, 5-9(1926), pp. 39-40; 「慶福宮光化門の移轉工事」, 『朝鮮と建築』, 5-10(1926), p. 56: 이왕무, 「일제시대 경복궁 주변도로의 변화와 宮牆의 훼철」, 조병로 외, 『조선총독부의 교통정책과 도로건설』, 67~88쪽.

60 이 글은 『동아일보』에 1922년 8월 24일부터 28일까지 5회 연재되었으며 여기서 삭제된 것으로 예상되는 부분까지 포함한 전문이 같은 해 9월 일본 월간지 『가이조(改造)』에 실렸다. 柳宗悅(寄), 「장차 일케된 朝鮮의 한建築을 爲하야」(一-伍), 『동아일보』, 제726호-제730호(1922), 一면. 이 글은 그의 저작 『조선과 예술』(1922)에도 실렸다. 야나기 무네요시, 「아, 광화문이여」, 박재삼 옮김, 『조선과 예술』(범우문고, 1989), 99~111쪽 참조.

61 이에 대해서는 특히 염운옥, 「야나기 무네요시와 '오리엔탈 오리엔탈리즘'」, 『역사와 문화』, vol. 14(2007), 235~252쪽 참조. 그 밖에 야나기의 사상에 대한 개괄적 설명으로는 오쿠보 다카키, 101~120쪽 참조. 인용문은 柳宗悅(寄), 「장차 일케된 朝鮮의 한建築을 爲하야」(一), 『동아일보』, 제726호(1922), 一면.

62 하상복, 『광화문과 정치권력』, 172쪽.

63 이규목, 「서울 근대도시경관 읽기」, 18쪽.

64   유사한 시각으로는 Michael Kim, "Collective Memory and Commemorative Space: Reflections on Korean Modernity and the Kyŏngbok Palace Reconstruction 1865-2010", p. 9 참조.

65   吉村傳, 『京城案內』(朝鮮博覽會京城協贊會, 1929), p. 25.

66   이순우, 『광화문 육조앞길』(하늘재, 2012), 173쪽 이하, 195쪽 이하.

67   이왕무, 「일제시대 경복궁 주변도로의 변화와 宮牆의 훼철」, 조병로 외, 『조선총독부의 교통정책과 도로건설』, 87쪽; 최인영, 「일제시기 경성의 도시공간을 통해 본 전차 노선의 변화」, 45쪽.

68   김백영, 「식민권력과 광장공간: 일제하 서울시내 광장의 형성과 활용」, 『사회와 역사』, 제90집(2011), 298쪽.

69   식민지 특유의 '동원'을 강조하는 입장으로는 박세훈, 「동원된 근대: 일제시기 경성을 통해 본 식민지 근대성」, 『한국근대미술사학』, 13(2004), 119~149쪽 참조. 남촌의 '선은전광장'을 중심으로 한 도심 개발에 대해서는 염복규, 「일제하 경성도시계획의 구상과 실행」, 34쪽 이하.

70   『국역 경성부사』, 제2권, 265쪽; 이순우, 『통감관저』, 320~335쪽.

71   이순자, 『일제강점기 고적조사사업 연구』, 숙명여자대학교 사학과 박사학위 논문(2007), 26쪽, 45쪽; 우동선, 「세키노 다다시(關野貞)의 한국 고건축 조사와 보존에 대한 연구」, 『大韓建築學會論文集 計劃系計劃系』, 22권, 7호(2006), 135~146쪽.

72   다카기 히로시, 「일본 미술사와 조선 미술사의 성립」, 170~175쪽. 다카기에 따르면, 오카쿠라 덴신이 도쿄 미술학교에서 강의한 '일본 미술사' 강의는 아직 책으로 발간되지 않은 상태였다. 이 책은 1922년 일본 미술원에서 발행한 『오카쿠라 덴신 전집』의 일환으로 처음 출간되었다. 172쪽, 175쪽.

73   아라이 신이치, 이태진·김은주 옮김, 『약탈문화재는 누구의 것인가: 일제의 문화재 반출과 식민주의 청산의 길』(태학사, 2014), 63~79쪽; 문화재청 편, 『景福宮 變遷史: 경복궁 변천 과정 및 지형분석 학술조사 연구용역(下)』(2007), 28~29쪽.

74   김정동, 『남아 있는 역사, 사라지는 건축물』, 190~192쪽.

75   『고종시대사』, 5집: 光武 4~7年(국사편찬위원회, 1971), 光武 6年(1902) 7月 17日(木).

76   『순종실록부록』, 2卷, 1911 辛亥, 大韓 隆熙 4年, 2月 1日(陽曆).

77   국립중앙박물관, 『구 조선총독부 건물 실측 및 철거 보고서 上』(1997), 342쪽; 손정목, 『한국현대도시의 발자취』(일지사, 1989), 66~69쪽. 박문사 건립과 활용에 대해서는 미즈노 나오키, 「식민지 조선에서의 이토 히로부미의 기억: 서울(京城)의 박문사(博文寺)를 중심으로」, 이성환, 이토 유키오 엮고지음, 『한국과 이토 히로부미』(선인, 2009),

369~401쪽 참조.

78 「"일제 경복궁 없애려 했다": 정부기록보존소 '설계도면' 발견」, 『동아일보』(1995. 12. 28), 47면.

79 김정동, 『남아 있는 역사, 사라지는 건축물』, 201~202쪽; 김대호, 「일제강점 이후 경복궁의 毀撤과 '活用'(1910~현재)」, 107~115쪽.

80 이왕무, 「일제시대 경복궁 주변도로의 변화와 宮牆의 훼철」, 77~80쪽; 이순우, 『테라우치 총독, 조선의 꽃이 되다』(하늘재, 2004), 124~134쪽.

81 인용문은 吉村傳, 『京城案內』, pp. 16-17, p. 31. 그 밖에 조재모, 『궁궐, 조선을 말하다』, 250~251쪽; 황기원, 「서울 20세기 공원·녹지의 변천. 자연 속의 도시에서 도시 속의 자연으로」, 서울시정개발연구원, 『서울 20세기 공간 변천사』(서울시정개발연구원, 2001), 396~400쪽; 정재정, 「덕수궁 주변 근대화의 자취」, 서울학연구소 편, 『서울의 문화유산 탐방기』(1997), 264쪽.

82 강신용·장윤환, 『한국근대도시공원사』(대왕사, 2004), 165~205쪽.

83 Todd A. Henry, "Respatializing Chŏson's Royal Capital", eds. by Tangherlini and Yea, *Sitings*, p. 23.

84 주윤정, 「조선물산공진회와 식민주의의 시선」, 『문화과학』, 33호(2003), 159쪽.

85 신주백, 「박람회, 과시, 선전, 계몽, 소비의 체험공간」, 『역사비평』, 67호(2004), 357~394쪽; 김영희, 「조선박람회와 식민지 근대」, 『동방학지』, 140집(2007), 221~267쪽; 요시미 순야, 이태문 옮김, 『박람회: 근대의 시선』(논형, 2004), 210~248쪽.

86 Jong-Heon Jin, "Demolishing Colony: The Demolition of the Old Government-General Building of Chosŏn", eds. by Tangherlini and Yea, *Sitings*, p. 43; 나카네 타카유키, 건국대학교 대학원 일본문화언어학과 옮김, 『조선 표상의 문화지: 근대 일본과 타자를 둘러싼 지의 식민지화』(소명출판, 2011).

87 Carol Breckenridge, "The aesthetics and politics of colonial collecting: India at world fairs", *Comparative Studies in Society and History*, vol. 31, no. 2(1989), pp. 195-216, 특히 pp. 200-201; 吉田憲司, 『文化の發見』(岩波書店, 1999), p. 35. 요시다에 따르면, 도쿄 박물관의 '토속품', 즉 민족지 콜렉션은 "바라다보이면서" "바라보는" 시선의 이중성, 제국주의적 식민통치의 진전을 고스란히 반영한 구성이다. p. 94.

88 주윤정, 「조선물산공진회와 식민주의의 시선」, 145~160쪽.

89 김제정, 「식민지기 박람회 연구 시각과 지역성」, 『도시연구: 역사·사회·문화』, 9호(2013), 7~32쪽.

90 이순우, 『통감관저』, 53쪽.

91 김영희, 「조선박람회와 식민지 근대」, 『동방학지』, 140(2007), 224~228쪽; 최석영, 『한국 근대의 박람회 · 박물관』(서경문화사, 2001), 49~60쪽; 강상훈, 『일제강점기 근대시설의 모더니즘 수용』, 62~86쪽.

92 「구궁애사(舊宮哀詞)」, 『삼천리』, 3권, 10호(1931. 10), 부산대학교 한국민족문화연구소, 『(잡지로 보는) 한국 근대의 풍경과 지역의 발견 3: 경성 II』(국학자료원, 2013), 252~256쪽.

93 「헐려짓는 광화문」, 『동아일보』, 2129호(1926. 8. 11), 三면.

4 경성의 역사주의 건축물들

1 식민통치제도의 형성과 근대 시설의 도입에 관해서는 주상훈, 『조선총독부의 근대 시설 건립과 건축계획의 특징』, 서울대학교 대학원 건축학과 박사학위 논문(2010), 70~152쪽

2 신예경 · 김진균, 「20세기 이후 서울 도심 내 주요 공공건축의 형성 및 공간적 특성: 서울시청, 서울중앙우체국, 서울역을 중심으로」, 『大韓建築學會論文集 計劃系』, 제25권, 4호(2009. 4), 109쪽.

3 주상훈, 『조선총독부의 근대 시설 건립과 건축계획의 특징』, 255~363쪽.

4 『(舊韓國)官報』, 光武十年九月二十八日(1906. 9. 28), 勅令第伍十伍號, 「建築所官制」(光武十年九月二十四日), 十六면; 西澤泰彦, 『日本植民地建築論』, pp. 38-41.

5 이금도, 『조선총독부 건축기구의 건축사업과 일본인 청부업자에 관한 연구』, 부산대학교 건축공학과 박사학위 논문(2007), 51쪽, 32~39쪽; 이금도, 「조선총독부 영선 조직」, 『한국건축개념사전』, 736~738쪽; 이금도 · 서치상, 「조선총독부 건축기구의 조직과 직원에 관한 연구」, 『大韓建築學會論文集 計劃系』, 제23권, 제4호(2007), 138쪽; 김태중, 「탁지부 건축소」, 『한국건축개념사전』, 808~810쪽.

6 이에 대해서는 강상훈, 『일제강점기 근대 시설의 모더니즘 수용』 참조.

7 임석재, 『사회미학으로 읽는 개화기: 일제강점기 서울 건축』, 191쪽 이하.

8 이하늘 · 김태영, 「20세기 초 한국에서 활동한 일본인 건축가의 조직과 계보에 관한 연구」, 『大韓建築學會聯合論文集』, 제11권, 제3호(2009. 9), 60쪽.

9 이순자, 『조선의 숨겨진 왕가 이야기』(평단문화사, 2013), 139~141쪽; 尹一柱, 『한국양식건축 80년사. 解放前篇』, 84~85쪽.

10 임석재, 『사회미학으로 읽는 개화기: 일제강점기 서울 건축』, 163쪽 이하; 임석재, 『서

울, 건축의 도시를 걷다 1』(인물과사상사, 2010), 400~405쪽; 西澤泰彦, 『日本植民地建築論』, pp. 203-204.

11 이순우, 『통감관저: 잊혀진 경술국치의 현장』, 12~37쪽; 김정동, 『남아 있는 역사, 사라지는 건축물』, 194쪽.

12 David Stewart, *The Making of a Modern Japanese Architecture*. p. 62.

13 Finn, *Meiji Revisited*, pp. 185-186. 러일전쟁으로 공사가 지연되면서 황태자는 선물을 받아들이는 것을 연기했다.

14 김정동, 『남아 있는 역사, 사라지는 건축물』, 194쪽.

15 조동걸, 『식민지 조선의 농민운동』(역사공간, 2010), 134쪽 이하, 210쪽 이하.

16 윤인석, 「남촌의 근대 건축물」, 김기호 외, 『서울 남촌: 시간, 장소, 사람』(서울학연구소, 2003), 134쪽.

17 Finn, *Meiji Revisited*, pp. 192-194; 西澤泰彦, 『日本植民地建築論』, pp. 166-168. 쓰마키 요리나카는 요코하마 정금은행과 동양척식주식회사 경성 지점 사옥이 준공되는 사이의 시점에 요코하마 정금은행 다롄 지점을 설계한 바 있다. 오타 쓰요시(太田毅)와의 공동 설계로 1909년 다롄 종샨 광장에 준공된 이 건물은 시기적으로 앞뒤에 지어진 양 건물에 비해 간소한 독일식 네오르네상스 양식을 취했다. 西澤泰彦, 『日本植民地建築論』, pp. 131-135.

18 손정목, 『일제강점기 도시계획연구』, 110~111쪽.

19 김백영, 『지배와 공간: 식민지도시 경성과 제국 일본』, 66~67쪽.

20 『국역 경성부사』, 제2권, 252~253쪽; 이순자, 『조선의 숨겨진 왕가 이야기』, 160~165쪽, 169~171쪽; 송석기, 「궁궐에 들어선 근대 건축물」, 우동선·박성진 외, 『궁궐의 눈물, 백년의 침묵』, 275쪽.

21 임석재, 『사회미학으로 읽는 개화기: 일제강점기 서울 건축』, 218~223쪽; 西澤泰彦, 『日本植民地建築論』, pp. 124-131.

22 정재정, 『서울 근현대 역사기행』(서울학연구소, 1996), 164~166쪽.

23 신예경·김진균, 「20세기 이후 서울 도심 내 주요 공공건축의 형성 및 공간적 특성: 서울시청, 서울중앙우체국, 서울역을 중심으로」, 110~111쪽; 尹一柱, 『한국 양식건축 80년사: 解放前篇』, 109~110쪽.

24 김종록, 『근대를 산책하다』(다산초당, 2012), 300~309쪽; 철도청, 『사진으로 보는 한국철도 100년』(1999), 90쪽.

25 尹一柱, 『한국 양식건축 80년사: 解放前篇』, 112~113쪽.

26 임석재, 『사회미학으로 읽는 개화기: 일제강점기 서울 건축』, 228~233쪽; 西澤泰彦,

『日本植民地建築論』, pp. 240-241.

27 신예경, 김진균, 「20세기 이후 서울 도심내 주요 공공건축의 형성 및 공간적 특성」, 113쪽, 117쪽.

28 서울특별시사편찬위원회 편, 『서울건축사』, 637~638쪽; 이하늘·김태영, 「20세기 초 한국에서 활동한 일본인 건축가의 조직과 계보에 관한 연구」, 60쪽.

29 주상훈, 『조선총독부의 근대 시설 건립과 건축계획의 특징』, 234쪽, 238~251쪽; 임석재, 『사회미학으로 읽는 개화기: 일제강점기 서울 건축』, 209~217쪽. 임석재는 아치와 오더의 독특한 배합 등을 근거로 이 건물의 양식을 '네오로마네스크'로 규정한다. 임석재, 『서울, 건축의 도시를 걷다 1』, 212쪽.

30 염복규, 「식민지도시계획의 유산과 그에 대한 인식: 손정목, '일제강점기 도시계획 연구'를 중심으로」, 408쪽.

31 김백영, 『지배와 공간』, 123쪽.

32 西澤泰彦, 『日本植民地建築論』, pp. 244-246.

33 정운현, 『서울시내 일제유산답사기』, 170~171쪽.

34 염복규, 「식민지근대의 공간 형성: 근대 서울의 도시계획과 도시공간의 형성, 변용, 확장」, 『문화과학』 39호(2004), 197~219쪽.

35 김백영, 『상징공간의 변용』, 208

36 김백영, 『지배와 공간』, 123쪽; 서울특별시사편찬위원회 편, 『서울건축사』, 597~601쪽.

37 모더니즘 건축 사조에 대한 소개는 경성고등공업학교(京城高等工業學校) 교수 후지시마 가이지로(藤島亥治郎)가 시작하였다. 그는 1925년『조선과 건축(朝鮮と建築)』에 「근대건축 노트」 시리즈를 4회 연재했다. 이에 관해서는 김용범, 「1920~1930년대 경성의 근대 건축활동에 관한 기초연구: [朝鮮と建築]의 잡보 기사를 중심으로」, 『서울학연구』, 제42호(2011. 2), 1~48쪽 참조.

38 서울특별시사편찬위원회 편, 『서울건축사』, 637쪽; 임석재, 『사회미학으로 읽는 개화기: 일제강점기 서울 건축』, 193쪽 이하; 서울특별시사편찬위원회 편, 『서울六百年史』, 제4권(1977), 353~357쪽.

39 『朝鮮と建築』, 第5輯, 第10號(1926), 京城府廳舍新築記念篇, pp. 2-41; 김명선·박정대, 「일제강점기 도청사·부청사 건립의 배경과 성격」, 『大韓建築學會論文集 計劃系』, 제24권, 제2호(2008), 199~205쪽; 손정목, 『일제강점기 도시사회상 연구』, 557~587쪽.

40 주상훈, 「식민지 통치 시설」, 『한국건축개념사전』, 591쪽.

41 김용범, 「1920~1930년대 경성의 근대 건축 활동에 관한 기초연구: '朝鮮と建築'의

잡보 기사를 중심으로」, 44쪽.

42 윤인석,「남촌의 근대 건축물」, 138~139쪽; 서울특별시 중구(편),『옛 제일은행 본점: 정밀실측조사보고서』(2010), 87쪽, 73쪽.

43 서울특별시 중구(편),『옛 제일은행 본점: 정밀실측조사보고서』, 90쪽, 120쪽.

44 임석재는 이를 '전체주의 양식'으로 규정한다. 임석재,『사회미학으로 읽는 개화기: 일제강점기 서울 건축』, 237쪽.

45 藤森照信,『日本の近代建築(下)』, pp. 87-92, pp. 99-100; 沢井鈴一,「廣小路にそびえる摩天樓」,『名古屋廣小路ものがたり』, 第4講, 大正時代の廣小路, 第4回. http://network2010.org/article/1103

46 손정목,「I. 태평로 1가의 경성부민관」, 세종문화회관 전사 편집위원회,『世宗文化會館 全史』(세종문화회관, 2002), 71쪽; 萩原孝一,「府民館の工事に就朝て」,『朝鮮と建築』, 15輯, 3號(1936. 3), 6쪽.

47 임석재,『사회미학으로 읽는 개화기: 일제강점기 서울 건축』, 238~241쪽; 서울특별시 사편찬위원회 편,『서울건축사』, 725~727쪽.

48 김호열,「1930년대 서울 주민의 문화수용에 관한 연구: '府民館'을 중심으로」,『서울학연구』, 제15호(2000), 201쪽.

49 사토 고이치의 1927년 작품인 '와세다 대학 오쿠마 기념 강당(早稻田大學大隈記念講堂)'은 역사주의를 기하학적으로 추상화한 작품으로, 건물 한쪽 모서리에 탑옥을 올렸다는 점에서 부민관과 매우 유사한 외관을 보여준다. 이 건물에 대해서는 藤森照信,『日本の近代建築(下)』, pp. 110-111 참조.

50 Thomas Nipperdey, *Deutsche Geschichte 1866-1918*, p. 718; Christa Schreiber, "Das Berliner Rathaus. Versuch einer Entstehungs-und Ideengeschichte", eds. by Ekkehard Mai, et al., *Das Rathaus im Kaiserreich: Kunstpolitische Aspekte einer Bauaufgabe des 19. Jahrhunderts*(Berlin: Mann, Gebr., 1982), pp. 91-150.

51 경성의 광장들이 가졌던 식민지적 성격에 대해서는 김백영,「식민권력과 광장공간: 일제하 서울시내 광장의 형성과 활용」,『사회와 역사』, 제90집(2011), 271~311쪽, 특히 300~301쪽 참조.

52 윤대석,「경성의 공간분할과 정신분열」,『국어국문학』, 144호(2006), 91~112쪽; 조은애,「식민도시의 상징과 잔여: 염상섭 소설의 在京城 일본인, 그 재현(불)가능의 장소들」,『한국문학 이론과 비평』, 제57집(16권 4호), 2012, 454~459쪽.

53 李光洙,「大京城回想曲. 主人좃차 그리운 二十年 前의 京城」,『별건곤』, 18호(1929. 1), 부산대학교 한국민족문화연구소,『(잡지로 보는) 한국 근대의 풍경과 지역의 발견

3: 경성 II』(국학자료원, 2013), 163~168쪽. 인용문은 168쪽.

54 「大京城의 近代建築物展望」, 『三千里』, 7권, 8호(1935. 9), 129~130쪽; 「大京城삘딩 建築評」, 『三千里』, 7권, 9호(1935. 10), 178~182쪽.

55 Todd A. Henry, "Sanitizing Empire: Japanese Articulations of Korean Otherness and the Construction of Early Colonial Seoul, 1905-1919", *The Journal of Asian Studies*, vol. 64, no. 3(2005), pp. 664-666; Hyung Il Pai, 「Navigating Modern Keijō: The Typology of Reference Guides and City Landmarks」, 『서울학연구』, 제44호(2011), 1~40쪽.

56 『국역 경성부사』, 제3권, 265쪽; 이성시, 「조선왕조의 상징 공간과 박물관」, 265~295쪽에 따르면 이 건물의 설계자는 조선총독부 청사를 설계한 게오르크 드 라란데이며 이 건물을 박물관으로 상설한 것은 데라우치 총독으로, 그의 명령에 따라 처음부터 계획되어 있었다고 한다. 278쪽, 주)29 참조.

57 서울특별시사편찬위원회 편, 『서울건축사』, 720쪽.

58 吉村傳, 『京城案內』, p. 26. 총독부 박물관의 전시에 대해서는 목수현, 『일제하 박물관의 형성과 그 의미』, 서울대학교 고고미술사학과 석사학위 논문(2000), 44~50쪽 참조.

59 西澤泰彦, 『日本植民地建築論』, pp. 225-226; 송석기, 「궁궐에 들어선 근대 건축물」, 266~267쪽.

60 최석영, 『한국 근대의 박람회·박물관』, 105~109쪽.

61 「綜合博物館 建設計劃內容」, 『동아일보』(1934. 9. 5), 一면; 西澤泰彦, 『日本植民地建築論』, pp. 225-226.

62 목수현, 「일제하 이왕가박물관(李王家博物館)의 식민지적 성격」, 『미술사학연구』, 227집(2000), 99~101쪽; 송석기, 「궁궐에 들어선 근대 건축물」, 257~258쪽.

63 김정동, 『고종 황제가 사랑한 정동과 덕수궁』, 108~109쪽, 235쪽; 이성시, 「조선왕조의 상징공간과 박물관」, 285~292쪽.

64 西澤泰彦, 「建築家中村與資平의 経歴と建築活動について」, pp. 154-157; 西澤泰彦, 『日本植民地建築論』, pp. 226-229; 김영재, 「나카무라 요시헤이의 서양 건축양식의 수용과정과 그 의미」, 163~164쪽, 167~168쪽.

5 　총독부 청사와 경복궁 사이에서

I 김정동, 『남아 있는 역사, 사라지는 건축물』, 227~231쪽. '중앙청'이라는 명칭은 위당

정인보(鄭寅普)가 미국 국회의사당(Capitol Hall)을 번역한 말인 것으로 전해진다. 김대호, 「일제강점 이후 경복궁의 毁撤과 '活用'」, 116~117쪽.

2   하시야 히로시, 『일본제국주의, 식민지도시를 건설하다』, 137~139쪽.

3   이규목·김한배, 「서울 도시경관의 변천 과정 연구」, 34~37쪽.

4   Alfred Ndi, "Metropolitanism, capital and patrimony", ed. by Fassil Demissie, *Postcolonial African Cities: Imperial legacies and postcolonial predicaments* (Routledge, 2013), pp. 11-23; Jane M. Jacobs, *Edge of Empire: Postcolonialism and the City* (Routledge, 1996), pp. 29-34.

5   Chungmoo Choi, "The Discourse of Decolonization and Popular Memory: South Korea", ed. by Tani E. Barlow, *Formations of Colonial Modernity in East Asia* (Duke University Press, 1997), pp. 349-372; Fassil Demissie, "Imperial legacies and postcolonial predicaments: an introduction", ed. by D. Fassil, *Postcolonial African Cities*, pp. 1-9.

6   이러한 점에서 도면회의 다음 글은 새롭게 곱씹어볼 필요가 있다. 도면회, 「옮긴이의 글: 탈민족주의 관점에서 바라본 식민지 시기 역사」, 신기욱·마이클 로빈슨 엮음, 도면회 옮김, 『한국의 식민지 근대성: 내재적 발전론과 식민지 근대화론을 넘어서』(삼인, 2006), 16~20쪽. 그 밖에 이승일 외, 『일본의 식민지 지배와 식민지적 근대』(동북아역사재단, 2009); Keith Pratt, *Everlasting Flower: A History of Korea* (Reaktion Books, 2007), pp. 218-223 참조.

7   Jong-Heon Jin, "Demolishing Colony: The Demolition of the Old Government-General Building of Chosŏn", eds. by Tangherlini and Yea, *Sitings*, p. 53.

8   김정동, 『남아 있는 역사, 사라지는 건축물』, 233쪽; 손정목, 『일제강점기 도시사회상 연구』, 558쪽.

9   김대호, 『일제강점 이후 경복궁의 毁撤과 '活用'』, 117쪽.

10 서울특별시사편찬위원회 편, 『서울건축사』, 940~944쪽; 이순우, 『광화문 육조앞길』, 371~373쪽.

11 이순우, 『광화문 육조앞길』, 369쪽.

12 안창모, 「해방 이후 서울의 도시계획과 도시·건축의 변화」, 『서울, 베이징, 상하이, 도쿄의 대도시로의 성장과정 비교연구 I』(서울시립대학교 서울학연구소, 2006), 75~77쪽, 54~55쪽, 82~83쪽; 서울특별시사편찬위원회 편, 『서울건축사』, 818~824쪽, 827~829쪽; 손정목, 『서울 도시계획 이야기: 서울 격동의 50년과 나의 증언 1』(한울, 2003), 89~138쪽, 252~286쪽. 서울시 인구 변화에 대해서는 권용우, 『수도권의 이해』(보성

각, 1999), 73쪽 참조.

13 손정목, 『서울 도시계획 이야기: 서울 격동의 50년과 나의 증언 1』, 167~205쪽.

14 손정목, 『서울 도시계획 이야기』, 201~203쪽, 221~225쪽.

15 안창모, 「해방 이후 서울의 도시계획과 도시·건축의 변화」, 『서울, 베이징, 상하이, 도쿄의 대도시로의 성장과정 비교연구 I』, 58~60쪽; 손정목, 『서울 도시계획 이야기』, 301~308쪽. 손정목은 한강 개발이 너른 백사장을 지녔던 "한강에의 접근성, 친수성(을) 박탈"했으며 "한강변이 지녔던 전원적·목가적 풍경의 말살, 예술적 정취의 말살"이었다고 비판한다. 326~327쪽.

16 안창모, 「해방 이후 서울의 도시계획과 도시·건축의 변화」, 『서울, 베이징, 상하이, 도쿄의 대도시로의 성장과정 비교연구 I』, 52~53쪽.

17 서울시사편찬위원회, 『漢江史』(1985), 874~877쪽; 서울특별시사편찬위원회 편, 『서울건축사』, 830쪽 이하; 안창모, 「해방 이후 서울의 도시계획과 도시·건축의 변화」, 60~61쪽; 손정목, 『서울 도시계획 이야기』, 309~316쪽; 서울특별시, 『漢江 綜合開發事業 建設誌』(1988).

18 손정목, 『서울 도시계획 이야기』, 247~251쪽; 남산 국회의사당의 건립계획 및 좌절에 대해서는 강신용·장윤환, 『한국근대도시공원사』, 279~283쪽 참조.

19 대한민국국회사무처, 『國會議事堂建立誌』(1976), 89쪽.

20 서울특별시사편찬위원회 편, 『서울건축사』, 831~834쪽.

21 송기형, 『여의도 국회의사당의 건립배경과 건설과정에 관한 연구』, 한양대학교 공학대학원 석사학위 논문(2007), 18~21쪽; 정인하, 「국회의사당 현상설계」, 『한국건축개념사전』, 197~199쪽; 서울특별시사편찬위원회 편, 『서울건축사』, 944~950쪽.

22 「특집: 국회의사당」, 『공간』, 101권(1975. 10·11), 28~42쪽; 대한민국국회사무처, 『國會議事堂建立誌』(1976), 31~68쪽, 89~90쪽.

23 대한민국국회사무처, 『國會議事堂建立誌』, 90쪽.

24 김원, 「韓國的 折衷主義의 時急한 정돈을 위하여」, 『공간』 101권(1975. 10·11), 39~41쪽.

25 「官廳街 分散의 虛實」, 『동아일보』(1970. 1. 17), 3면.

26 이순우, 『광화문 육조앞길』, 375~376쪽; 서울특별시사편찬위원회 편, 『서울건축사』, 942~944쪽.

27 김정동, 『남아 있는 역사, 사라지는 건축물』, 240쪽.

28 Gi-Wook Shin, *Ethnic Nationalism in Korean: Genealogy, Politics, and Legacy*(Stanford University Press, 2006), pp. 25-40.

29 Todd A. Henry, "Respatializing Chŏson's Royal Capital", eds. by Tangherlini and Yea, *Sitings*, p. 36. 한국의 민족주의는 '범아시아주의' 내지는 '동양주의'와 마찬가지로 사회진화론(social Darwinism)에 입각해 있었다. Gi-Wook Shin, *Ethnic Nationalism in Korean: Genealogy, Politics, and Legacy*, pp. 27-30, p. 40.

30 崔鉉培, 「朝鮮民族 更生의 道」, 『동아일보』 16회 연재(1926. 10. 12), 1면, 외솔 최현배 전집 1. 『조선민족갱생의 도(동아일보 연재본) 1926년판』(연세대학교출판부, 2012), 33쪽.

31 앙드레 슈미드, 『제국 그 사이의 한국 1895~1919』, 73~74쪽, 118~121쪽: Michael E. Robinson, "Nationalism and the Korean Tradition, 1896-1920: Iconoclasm, Reform, and National Identity", *Korean Studies*, vol. 10(1986), pp. 35-53.

32 프래신짓트 두아라, 『주권과 순수성: 만주국과 동아시아적 근대』, 68쪽, 87쪽.

33 류시현, 『최남선 연구: 제국의 근대와 식민지의 문화』(역사비평사, 2009), 109~124쪽, 149쪽 이하.

34 류시현, 『최남선 평전』(한겨레출판, 2011), 163~166쪽.

35 김명구, 『한말 일제강점기 민족운동론과 민족주의 사상』, 부산대학교 대학원 사학과 박사학위 논문(2002), 131~163쪽; 신기욱·마이클 로빈슨, 「서론: 식민지 시기 한국을 다시 생각하며」, 신기욱·마이클 로빈슨 엮음, 도면회 옮김, 『한국의 식민지 근대성: 내재적 발전론과 식민지 근대화론을 넘어서』(삼인, 2006), 42~59쪽; Michael Edson Robinson, *Cultural Nationalism in Colonial Korea, 1920-1925*(University of Washington Press, 2014), p. 73 이하. 민족문화 내지는 민족정체성의 본질화가 식민지 현실과는 동떨어진 재현 양식이라는 주장으로는 Gyan Prakash, "Introduction: After Colonialism", ed. by Gyan Prakash, *After Colonialism: Imperial Histories and Postcolonial Displacements*(Princeton University Press, 1995), pp. 3-17 참조.

36 박종홍(朴鍾鴻), 「조선미술의 사적 고찰」, 『개벽』, 제22호(1922. 4. 1), 13~21쪽.

37 김은숙, 「중·고등학교 '국사' 교과서의 고대 한일관계사 서술 내용 검토」, 『역사교육』, 제74집(2000), 240~242쪽에 따르면 담징의 이름이 교과서에 처음 실리는 것은 이병도가 1948년 초등학생용으로 펴낸 『새국사교본』이지만 그가 무엇을 근거로 삼았는지는 분명치 않다.

38 박종홍, 「조선 미술의 사적 고찰」, 『개벽』, 제27호(1922. 9. 1), 13~26쪽. 인용구는 26쪽.

39 Jong-Heon Jin, "Demolishing Colony: The Demolition of the Old Government-General Building of Chosŏn", eds. by Tangherlini and Yea, *Sitings*, p. 47: 은정태, 「박정희 시대 성역화 사업의 추이와 성격」, 『역사문제연구』, 제15집(2005), 241~277쪽.

40 김대호, 「일제강점 이후 경복궁의 毁撤과 '活用'」, 119~120쪽.

41 윤홍기, 「경복궁과 구 조선총독부 건물 경관을 둘러싼 상징물 전쟁」, 300쪽; 김대호, 「일제강점 이후 경복궁의 毁撤과 '活用'」, 122~123쪽; 하상복, 「광화문의 정치학, 예술과 권력의 재현」, 90~91쪽; 하상복, 『광화문과 정치권력』, 224쪽.

42 「광화문 복원(光化門 復元)에 이론(異論)」, 『경향신문』(1968. 3. 20), 5면.

43 「특집: 세종문화회관」, 『공간』, 131권(1878. 5), 11쪽.

44 이규목, 「서울 근대도시경관 읽기」, 137쪽.

45 「특집: 전통계승과 한국 현대건축의 반성」, 『공간』, 131권(1978. 5), 共同討論 II. 한국 現代建築의 反省, 31~37쪽.

46 정기용, 「광화문에서 남대문까지」, 『문화과학』, 5호(1994), 56쪽.

47 하상복, 「광화문의 정치학, 예술과 권력의 재현」, 92쪽; 하상복, 『광화문과 정치권력』, 258~277쪽.

48 국립중앙박물관, 『구 조선총독부 건물 실측 및 철거 보고서 上』, 385~386쪽.

49 Jong-Heon Jin, "Demolishing Colony: The Demolition of the Old Government-General Building of Chosŏn", eds. by Tangherlini and Yea, *Sitings*, p. 51 이하.

50 공보처, 『변화와 개혁: 김영삼 정부 국정 5년 자료집』, 1권: 정치, 외교, 통일, 국방(삼화, 1997), 71~91쪽. 인용구는 71쪽, 77쪽; 하상복, 『광화문과 정치권력』, 251쪽 이하.

51 김백영, 「상징공간의 변용과 집합기억의 발명」, 190쪽.

52 일제단맥설에 대해서는 김백영, 「상징공간의 변용과 집합기억의 발명」, 192~194쪽 참조.

53 안휘준, 「조선총독부(국립중앙박물관) 건물의 철거 시비」(1995), 『한국의 미술과 문화』(시공아트, 2001), 392~394쪽.

54 하상복, 『광화문과 정치권력』, 291쪽 이하; Michael Kim, "Collective Memory and Commemorative Space", pp. 16-18.

55 Koen De Ceuster, "The Changing Nature of National Icons in the Seoul Landscape", p. 99.

56 대통령비서실, 『청와대건설지』(1992), 138~146쪽.

57 김정동, 『남아 있는 역사, 사라지는 건축물』, 193쪽.

58 신무문에 대해서는 양택규, 『경복궁에 대해 알아야 할 모든 것』, 386~391쪽 참조.

에필로그

1   Brian Ladd, *The Ghosts of Berlin*(University of Chicago Press, 1997), p. 117.

2   Brian Ladd, *The Ghosts of Berlin*(University of Chicago Press, 1997), pp. 7-39;
    Andreas Huyssen, "The Voids of Berlin", *Critical Inquiry*, no. 24(Autumn, 1997),
    pp. 57-81; Hans-Hermann Hertle, *The Berlin Wall: Monument of the Cold War*
    (Christoph Links Verlag, 2008); Edgar Wolfrum, *Die Mauer: Geschichte einer*
    Teilung(C. H. Beck, 2009). '수치의 벽(Schandmauer)'은 서독 수상을 역임한 빌리 브
    란트(Willy Brandt)가 베를린 시장 시절 사용한 어법이다. 이에 대해서는 최호근, 「베
    를린, 냉전의 상징에서 유럽의 중심으로」, 이영석·민유기 외, 『도시는 역사다』(서해문
    집, 2011), 215~219쪽 참조.

3   Christoph Stölzl, "Bonn oder Berlin?", eds. by Hans-Michael Körner, Katharina
    Weigand, *Hauptstadt: Historische Perspektiven eines deutschen Themas*(Dtv,
    1995), pp. 269-275; Brian Ladd, *The Ghosts of Berlin*, p. 224 이하.

4   Laurence McFalls, "Living with Which Past? National Identity in Post-Wall,
    Postwar Germany", eds. by Scott Denham, et al., *A User's Guide to German*
    Cultural Studies(University of Michigan Press, 1997), pp. 297-308.

5   Philipp Meuser, et al., *Berlin: The Architecture Guide*(Braun Publish, 2007), pp.
    172-173.

6   Karen E. Till, *The New Berlin: Memory, Politics, Place*(University of Minnesota
    Press, 2005), pp. 31-35; Philipp Meuser, *Berlin*, p. 261 이하.

7   Dieter Hoffmann-Axthelm, "Ein Niemandsland, das nur der Geschichte
    gehört", Frankfurt Allgemeine Zeitung(1993. 1. 20); Brian Ladd, *The Ghosts of*
    Berlin, pp. 229-231. 포츠담 광장 재건정책의 뿌리는 1980년대 서베를린 재건을 위
    한 국제 건축전시 기획, 일명 'IBA(Internationale Bauausstellung)' 프로젝트였다. 베
    를린 장벽 주위의 주거 여건을 개선하기 위해 건축가, 도시계획가, 역사가 들이 한데
    모여 베를린의 근대건축 전통을 연구하고 재발견하여 새로운 도시공간을 구축해나간
    이 프로젝트는 소외계층의 삶을 개선한다는 진보적 관념에 입각했었는데, 비판적 재
    건론은 IBA의 기술적·디자인적 요소는 적극 수용했으나 사회적 의제는 공유하지 않
    았다. 이에 대해서는 Karen Till, *The New Berlin*, pp. 45-51 참조.

8   Philipp Meuser, *Berlin: The Architecture Guide*, pp. 250-251; Karen Till, *The*
    New Berlin, pp. 46-47, pp. 36-38, p. 50.

9   Goerd Peschken, Johannes Althoff, *Das Berliner Schloß* (Bebra Verlag, 2000).

10   Rudy Koshar, *Germany's Transient Pasts: Preservation and National Memory in the Twentieth Century* (The University of North Carolina Press, 1998), p. 205. 베를린 궁 전체에서 오로지 1개 동만이 살아남았는데, 이곳은 다름 아닌 혁명가 칼 리프크네히트(Karl Liebknecht)가 서독의 전신인 바이마르 공화국(Weimarer Republik) 선포에 앞질러 1918년 11월 9일 동독의 전신인 '독일사회주의공화국'을 선포한 곳이었다.

11   Rudy Koshar, *From Monuments to Traces. Artifacts of German Memory 1870-1990* (University of California Press, 2000), pp. 157-161.

12   Kirsten Heidler, ed., *Von Erichs Lampenladen zur Asbestruine: Alles über den Palast der Republik* (Argon Verlag, 1998).

13   Wilhelm von Boddien, Helmut Engel, eds., *Die Berliner Schloßdebatte: Pro und Contra* (Berliner Wissenschafts-Verlag, 2000); Svetlana Boym, *The Future of Nostalgia* (Basic Books, 2002).

14   Moritz Holfelder, *Palast der Republik: Aufstieg und Fall eines symbolischen Gebäudes* (Ch. Links Verlag, 2008).

15   Mitchell Ash, "Geschichtswissenschaft, Geschichtskultur und der ostdeutsche Historikerstreit", *Geschichte und Gesellschaft*, no. 24 (1998), pp. 283-304; 전진성, 「나치 과거 해석의 주도권 경쟁」, 김승렬·신주백 외, 『분단의 두 얼굴』 (역사비평사, 2005), pp. 317-334.

16   Werner Durth, Niels Gutschow, Jörn Düwel, *Architektur und Städtebau der DDR* (Jovis, 1998), pp. 126-193; Bernd Wilczek, ed., *Berlin-Hauptstadt der DDR 1949-1989: Utopie der Realitat* (Elster Verlag, 1995), pp. 33-50.

17   서베를린의 모더니즘 건축 기조에 대해서는 Gabi Dolff-Bonekämper, *Das Hansaviertel: internationale Nachkriegsmoderne in Berlin* (Verlag Bauwesen, 1999) 참조.

18   H. Glenn Penny III, "The Museum fur deutsche Geschichte and German National Identity", *Central European History*, vol. 28 (1995), pp. 343-372.

19   베를린의 상징물인 '브란덴부르크 문'의 복원 사례는 매우 이색적이다. 운터덴린덴이 시작되는 지점에 위치한 베를린의 옛 출입구는 제2차 세계대전 시에 파손을 입었고 1950년대 말 이를 복구하자는 데 동·서 베를린이 합의를 이끌어냈다. 문의 상단에 놓였던 고트프리트 샤도의 걸작품인 '전차상'을 서독 측이 복원하면 이를 새로 단장한 문 위에 설치하는 일은 동독 측이 맡기로 했는데, 서독 측은 약속을 이행했으나 동독

측이 합의를 깨고 넘겨받은 전차상을 훼손했다. 전차를 끄는 승리의 여신이 든 봉의 철십자가와 그 끝의 독수리 장식이 잘려 나갔는데, 이 철십자가는 본래 싱켈이 설계했던 것으로, 동독 측은 프로이센 군국주의의 상징물을 사회주의공화국에서는 결코 용인할 수 없다고 여겼던 것이다. 이에 대해서는 Jürgen Reiche, "Symbolgehalt und Bedeutungswandel eines politischen Monuments", eds. by Willmuth Arenhövel, Rolf Bothe, *Das Brandenburger Tor 1791-1991: Eine Monographie*(Arenhövel, 1991), p. 304 참조.

20 Rudy Koshar, *Germany's Transient Pasts*, p. 226.

21 서독의 경우는 Charles Maier, *The Unmasterable Past: History, Holocaust, and German National Identity*(Harvard University Press, 1988), pp. 121-159 참조.

22 Joel Kotkin, *The City: A Global History*(The Modern Library, 2006), pp. 132-133.

23 Karen Till, *The New Berlin*, p. 51.

24 이행철·윤인석, 「건축가 나상진의 작품 활동에 관한 연구」, 『大韓建築學會論文集 計劃系』, 제21권, 제2호(2001), 577~580쪽.

25 Michel Foucault, *The Archeology of Knowledge and The Discourse on Language*(Barnes & Noble Books, 1993).

26 미셸 푸코, 이상길 옮김, 『헤테로토피아』(문학과지성사, 2014). 앙리 르페브르(Henri Lefèbvre)는 『도시 혁명(La Révolution Urbaine)』(Gallimard, 1969)이라는 저작에서 차이의 공간이자 타자의 공간으로서의 '헤테로토피아'를 푸코에 앞서 제시한 바 있다. 르페브르와 푸코의 개념 차이에 대해서는 장세룡, 「헤테로토피아: (탈)근대공간 이해를 위한 시론」, 『대구사학』 95(대구사학회, 2009), 285~317쪽 참조.

27 데이비드 하비, 최병두 옮김, 『희망의 공간: 세계화, 신체, 유토피아』(한울, 2001), 230쪽.

도판 출처

23쪽   대한민국 정부 수립 경축식 사진, 출처: 문교부, 「사회 6-2」(1990)

27쪽   아티카 지역의 접시에 새겨진 아테나, Johannes Laurentius 촬영, Antiken-
        sammlung, Staatliche Museen zu Berlin, 출처: http://www.bpk-images.de

44쪽   '꽃의 성모마리아' 성당의 돔과 시가지, Benjamin Deibert 촬영, 출처: http://
        www.google.de

45쪽   피렌체 돔의 천장화 〈최후의 심판〉, Giorgio Vasari 작(1572-1579), 출처:
        http://commons.wikimedia.org/

60~61쪽 〈그리스 번영기 관상〉, August Wilhelm Julius Ahlborn 작, 유화 94×235cm
        (1826), 출처: Nationalgalerie zu Berlin, http://ww2.smb.museum/schinkel/
        image_zeit.php?id=57

64쪽   팡테옹, 출처: http://fr.wikipedia.org/wiki/

71쪽   발할라, 출처: Niklaus Pevsner, *A History of Building Types*(Princeton
        University Press, 1976), illustration no. 1.1.8

78쪽   베를린-쾰른 옛 지도, Johann Gregor Memhard 도안, 동판화(1652), 출처:
        Das historische Berlin(Michael Imhof Verlag, 2010)

82쪽   베를린 왕립오페라극장과 성 헤트비히 성당, Joseph Maximilian Kolb 작, 강
        판화(1850), 출처: http://de.wikipedia.org/

87쪽   오페라극장 앞 광장에서의 열병식, 작자 미상, 식각요판화(1825년경), 출처: *Karl
        Friedrich Schinkel: Eine Ausstellung aus der Deutschen Demokratischen
        Republik*(Henschelverlag Berlin, 1982)

88~89쪽 브란덴부르크 문, Thomas Wolf 촬영, 출처: www.foto-tw.de

100쪽   프리드리히스베르더 교회 입면도와 평면도, 출처: Carl Friedrich Schinkel,
        Sammlung architektonischer Entwürfe(Verlag von Ernst & Korn, 1858),
        plate 86

103쪽   프리드리히 대왕 기념비 설계안, Friedrich Gilly 작(1797), 출처: http://

de.wikipedia.org/

105쪽   신위병소 투시도와 박공 부분의 저부조 및 프리즈 장식, 출처: Schinkel, *Sammlung architektonischer Entwürfe*(1858), plate 2, 3

110쪽   왕립극장 투시도, 출처: Schinkel, *Sammlung architektonischer Entwürfe* (1858), plate 7

111쪽   왕립극장 전경, 출처: http://www.alt-berlin-archiv.de/index.html

113쪽   왕립극장 관객석 투시도, 출처: Schinkel, *Sammlung architektonischer Entwürfe*(1858), plate 13

114쪽   구박물관 입면도, 출처: Schinkel, *Sammlung architektonischer Entwürfe* (1858), plate 38

115쪽   구박물관 평면도 출처: Schinkel, *Sammlung architektonischer Entwürfe* (1858), plate 39

119쪽   구박물관의 원형홀, Carl Emanuel Conrad 작, 불투명 채색 수채화 45.7× 42.1cm(1830년경), 출처: *Karl Friedrich Schinkel: Eine Ausstellung aus der Deutschen Demokratischen Republik*(1982)

122쪽   구박물관과 돔교회가 보이는 유원지 풍경, 작자 미상, 강판화, 출처: *Karl Friedrich Schinkel: Eine Ausstellung aus der Deutschen Demokratischen Republik*(1982)

129쪽   라오콘, Marie-Lan Nguyen 촬영, 바티칸 미술관 소장, 출처: http://commons. wikimedia.org/

150쪽   베를린 건축학교 입면도, 출처: Schinkel, *Sammlung architektonischer Entwürfe*(1858), plate 117

150쪽   베를린 건축학교 중앙 출입구의 장식 도안, 출처: Schinkel, *Sammlung architektonischer Entwürfe*(1858), plate 120

152~153쪽 베를린 건축학교와 프리드리히스베르더 교회의 투시도, 출처: Schinkel, *Sammlung architektonischer Entwürfe*(1858), plate 115

155쪽   오리안다 성 상상도 속의 해안가 테라스, Schinkel 작(1838), 출처: *Karl Friedrich Schinkel: Eine Ausstellung aus der Deutschen Demokratischen Republik*(1982)

171쪽   드레스덴의 왕립궁정극장, Carl Täubert 작, 채색 동판화(1850년경), 출처: http://commons.wikimedia.org/

173쪽   고트프리트 젬퍼의 쌍둥이궁 궁정 설계도(1841), Semper Archiv, ETH-Zurich

소장, 출처: Harry Francis Mallgrave, *Gottfried Semper: Architect on the Nineteenth Century* (Yale University Press, 1996)

173쪽   고트프리트 젬퍼의 회화관 평면도, Semper Archiv, ETH-Zurich 소장, 출처: Harry Francis Mallgrave, *Gottfried Semper: Architect on the Nineteenth Century* (Yale University Press, 1996)

179쪽   신궁정극장 관련 기사, 출처: *Deutsche Bauzeitung*, 12. Jg., no. 30 (1878. 4. 13).

185쪽   독일제국의회 의사당, Georg Pahl 촬영(1926), 출처: Bundesarchiv, Bild 102-03034

191쪽   궁성교 도안, 출처: Schinkel, *Sammlung architektonischer Entwürfe* (1858), plate 24

200쪽   제임스 호프레히트의 베를린 교외지역 건축계획안(1862), 출처: Senatsverwaltung für Stadtentwicklung Berlin, ed., *Berliner Plane 1862-1994* (Berlin, 2002), http://www.stadtentwicklung.berlin.de/planen/fnp/pix/historie/Berliner_Plaene_1862_bis_1994.pdf

212쪽   황제 포럼 조감도(1869), 오스트리아 국가문서보관소 산하의 Haus-, Hof-und Staatsarchiv(HHStA) 소장, 출처: http://www.oeaw.ac.at/kunst/projekte/hofburg/0_kaiserforum_g.html

213쪽   도심광장 도면, 출처: *Deutsche Bauzeitung*, 51. Jg., no. 14 (1917. 2. 17).

239쪽   라쉬트라파티 바반, 출처: http://commons.wikimedia.org/

244쪽   슈트라스부르크의 황제광장, 독일 엽서(1910년경)

250쪽   칭다오의 독일 총독부 청사, 출처: Bundesarchiv, Bild 137-003364

251쪽   칭다오의 독일 총독관저, 출처: Bundesarchiv, Bild 137-023557

253쪽   칭다오 그리스도교회, 출처: Bundesarchiv, Bild 137-003847

255쪽   칭다오 중앙역사, 출처: Bundesarchiv, Bild 137-005517

263쪽   이와쿠라 사절단의 주역들(1872), 출처: https://commons.wikimedia.org/

264쪽   이와쿠라 도모미(1872), 출처: Illustrated London News(1872. 10. 12), https://www.google.com

283쪽   베를린 중심대로 운터덴린덴 스케치, 출처: 구메 구니타케, 『특명전권대사 미구회람실기』, 제3권

301쪽   헌법 발포식 장면, 井上探景 작(1889), 早稻田大圖書館 소장, 출처: http://www.wul.waseda.ac.jp/kotenseki/html/chi05/chi05_03941/

308쪽   글로버의 주택, 출처: http://ja.wikipedia.org/

321쪽   호류지 중문과 에트루리아 사원의 비례 비교, 출처: 伊東忠太, 「法隆寺 建築論」,
         『建築雜誌』, 第82號(1893)

333쪽   〈도쿄 제2명소 긴자벽돌거리 풍속도〉, 歌川廣重 3代目 작, 錦絵(1874~1875),
         출처: http://www.ginza.jp/wp/wp-content/uploads/06_2.jpg

334쪽   긴자 벽돌거리 사진(1874), 출처: 日本建築學會編, 『明治大正建築寫眞集覽』
         (1936), http://www.aij.or.jp/da1/zumenshasin/pdf/mt.pdf

337쪽   런던 리젠트가의 쿼드란트 삽화(1872), 출처: London(illustrated), vol. 1(1872),
         p. 033, http://commons.wikimedia.org

342쪽   히비야에서 본 관청가 조감도 도안(1887), 출처: 日本建築學會, 妻木文庫,
         http://www.aij.or.jp/da1/bunko/tsumaki_047.html

343쪽   '관청집중계획'의 설계도(1887), 출처: 日本建築學會, 妻木文庫

345쪽   일본 제국의회 의사당 입면도 도안(1891), 출처: Deutsche Bauzeitung, 25. Jg.
         (1891. 3. 14)

363쪽   도쿄 제국대학 공과대학(1888), 출처: 日本建築學會編, 『明治大正建築寫眞
         集覽』(1936)

365쪽   일본은행 본관의 남쪽 전경, 출처: David B. Stewart, The Making of a Modern
         Japanese Architecture: 1868 To the Present(Kodansha America, 1987)

368쪽   도쿄 재판소(1896), 출처: 日本建築學會編, 『明治大正建築寫眞集覽』(1936)

368쪽   도쿄 재판소 평면도(1896), 출처: 日本建築學會, 妻木文庫

370쪽   사법성 청사(1895), 출처: 日本建築學會編, 『明治大正建築寫眞集覽』(1936)

371쪽   사법성 일층 평면도(1895), 출처: 日本建築學會, 妻木文庫

373쪽   일본인 건축가들과 독일인 동료들의 사진(1887), 日本建築學會 소장, 출처:
         Michiko Meid, Europäische und nordamerikanische Architektur in Japan
         seit 1542(Abteilung Architektur des Kunsthistorischen Instituts Köln, 1977)

375쪽   니혼바시, 출처: 德川慶喜公筆, 『開橋記念日本橋誌』(東京印刷, 1912),
         http://www.aij.or.jp/da1/bunko/pdf/J7010410.pdf

375쪽   니혼바시의 기린 장식, 출처: 德川慶喜公筆, 『開橋記念日本橋誌』(東京印刷,
         1912)

376쪽   도쿄부청, 출처: 德川慶喜公筆, 『日本橋記念誌』(東京部, 1911), http://www.
         aij.or.jp/da1/bunko/pdf/J7010409_01.pdf

379쪽   아카사카 이궁, 출처: 日本建築學會編, 『明治大正建築寫眞集覽』(1936)

382쪽   베를린 돔교회, 출처: http://www.alt-berlin-archiv.de/index.html

384~385쪽	도쿄 중앙정차역(1914), 출처: 日本建築學會編,『明治大正建築寫眞集覽』 (1936)
412쪽	조선은행 다롄 지점, 中村與資平記念館別館 소장, 출처: http://blogs.yahoo. co.jp/yosihei8jp/GALLERY/show_image.html?id=10625355&no=4
417쪽	만주국 수도 건설계획 약도, 출처:『滿州建築協會雜誌』, 第13卷, 第11号 (1933. 11)
421쪽	만주국 제2청사 전경, 출처:『滿州建築協會雜誌』, 第13卷, 第11号(1933. 11)
421쪽	만주국 제2청사 평면도(1층), 출처:『滿州建築協會雜誌』, 第13卷, 第11号 (1933. 11)
423쪽	만주국 국무원 청사의 정문 및 현관, 출처:『滿州建築雜誌』, 第17卷, 第1号 (1937. 1)
424쪽	만주중앙은행 본관 전경, 출처:『滿州建築雜誌』, 第18卷, 第11号(1938)
437쪽	경운궁의 중화문과 석조전, 출처: 이규헌 해설,『사진으로 보는 근대 한국 上. 산하와 풍물』(서문당, 1986)
440쪽	「경성시구개수예정계획노선도」(1912), 출처:『朝鮮總督府官報』(1912. 11. 6).
445쪽	서대문을 통과하는 전차(1904), 출처: 서울특별시립박물관,『서울의 옛 모습: 개 항 이후 1960년대까지』(1998)
449쪽	「경성시구개정계획선도」(1919), 출처:『국역 경성부사』, 제3권
463쪽	「경성시가지도」(1920년대 말), 출처: 허영환,『定都 600年 서울地圖』(범우사, 1994)
464쪽	「경성부 일필매 지형명세도」(1929), 출처: 일그러진 근대 역사의 흔적, http:// cafe.daum.net/distorted/
469쪽	「대경성정도」(1936), 출처: 허영환,『定都 600年 서울地圖』(범우사, 1994)
480쪽	「경복궁전도」, 서울역사박물관 소장, 출처: 문화재청 편,『景福宮 變遷史: 경복 궁 변천 과정 및 지형분석 학술조사 연구용역』(上)(2007), http://www. albummania.co.kr/gallery/view.asp?seq=82946&path=&rpage=5
482쪽	「도성도」(1720년대), 출처: 허영환,『定都 600年 서울地圖』(범우사, 1994)
483쪽	「한성도」(大東興地圖 帖), 김정호 작, 목판채색본(1861), 보물 제850호, 성신여 자대학교 박물관 소장(1861), 출처: 허영환,『定都 600年 서울地圖』(범우사, 1994)
488쪽	경복궁 계획안 1, 출처: 문화재청 편,『景福宮 變遷史: 경복궁 변천 과정 및 지 형분석 학술조사 연구용역』(上)(2007), http://www.albummania.co.kr/

gallery/view.asp?seq=82946&path=&rpage=5

490쪽   통감부 청사, 출처: 이규헌 해설,『사진으로 보는 근대 한국 上. 산하와 풍물』(서
                    문당, 1986)

494~495쪽   고베 오리엔탈 호텔(1907), 출처: http://www.orientalhotel.jp/concept/
                    다카다 상회 본점(1914), 출처: 日本建築學會編,『明治大正建築寫眞集覽』(1936)
                    조선호텔(1914), 출처: 關根要太郎研究室, http://fkaidofudo.exblog.
                    jp/6627663

499쪽   조선총독부 청사 전경, 출처: 부산박물관,『사진엽서로 보는 근대풍경. 1, 도시』
                    (민속원, 2009)

502쪽   조선총독부 청사 입면도, 출처: 국립중앙박물관,『構 總督府 建物 實測 및 撤
                    去 報告書 上』(1997)

503쪽   조선총독부 청사의 돔, 출처: 국립중앙박물관,『構 總督府 建物 實測 및 撤去
                    報告書 上』(1997)

505쪽   조선총독부 청사 안의 중앙 대홀, 출처: 국립중앙박물관,『構 總督府 建物 實
                    測 및 撤去 報告書 上』(1997)

509쪽   조선총독부 청사와 광화문통(항공사진, 1930), 출처: 코레일,『사진으로 보는 해
                    방 이전의 철도 역사』(2004)

515쪽   「경복궁 내 부지 및 관저 배치도」(1916), 출처:『景福宮 變遷史: 경복궁 변천
                    과정 및 지형분석 학술조사 연구용역』(下), http://www.albummania.co.kr/
                    gallery/view.asp?seq=82948&path=&rpage=183

520쪽   「조선박람회장 배치도」(1929), 출처: 행정안전부 국가기록원,『일제 시기 건축
                    도면 해제』II(2009)

522쪽   〈백악춘효〉, 심전(心田) 안중식 작(1915), 출처:『한국근대 회화선집: 한국화』
                    (금성출판사, 1990)

531쪽   구(舊) 대한의원 본관 전경, 출처: 문화재청,『대한의원본관 실측조사 보고서』
                    (2002)

533쪽   조선통감관저 전경, 출처: 이규헌 해설,『사진으로 보는 근대 한국 上. 산하와
                    풍물』(서문당, 1986)

533쪽   통감관저 평면도(1920~1930년대 추정), 출처: 행정안전부 국가기록원,『일제
                    시기 건축도면 해제』II(2009)

535쪽   보르비콩트 성 전경(남쪽 파사드), 출처: http://commons.wikimedia.org/

536쪽   효케이칸 전경, 출처: 日本建築學會編,『明治大正建築寫眞集覽』(1936)

538쪽   동양척식주식회사 전경, 출처: 이규헌 해설, 『사진으로 보는 근대 한국 上. 산하와 풍물』(서문당, 1986)

539쪽   요코하마 정금은행 사옥 전경(1904), 출처: 日本建築學會編, 『明治大正建築寫眞集覽』(1936)

541쪽   조선은행 사옥 전경, 출처: 한국은행(편), 『한국은행 60년사』(2010)

542쪽   조선은행의 배면도와 정면도, 출처: 한국은행(편), 『한국은행 60년사』(2010)

545쪽   경성우편국과 선은전광장, 출처: 이규헌 해설, 『사진으로 보는 근대 한국 上. 산하와 풍물』(서문당, 1986)

546쪽   장곡천정(1925), 출처: 이규헌 해설, 『사진으로 보는 근대 한국 上. 산하와 풍물』(서문당, 1986)

550쪽   경성역사, 『新成記念』(1925), 출처: 코레일, 『사진으로 보는 해방 이전의 철도 역사』(2004)

551쪽   경성역의 돔, 출처: 문화재청, 『서울역사 정밀실측보고서』(2004)

552쪽   경성역의 중앙현관 안쪽, 출처: 코레일, 『사진으로 보는 해방 이전의 철도 역사』(2004)

552쪽   경성역 1층 평면도(1925), 출처: 문화재청, 『서울역사 정밀실측보고서』(2004)

553쪽   경성역 제1승강장, 출처: 코레일, 『사진으로 보는 해방 이전의 철도 역사』(2004)

559쪽   경성부 청사 전경, 출처: 부산박물관, 『사진엽서로 보는 근대풍경. 1. 도시』(민속원, 2009)

561쪽   「경성부청사신축설계도」, 이계평면도(1922~1926년 추정), 출처: 행정안전부 국가기록원, 『일제 시기 건축도면 해제』VII(2009)

565쪽   조선저축은행 1등 당선작 입면, 출처: 서울특별시 중구(편), 『옛 제일은행 본점: 정밀실측조사보고서』(2010)

565쪽   조선저축은행 1등 당선작 평면, 출처: 서울특별시 중구(편), 『옛 제일은행 본점: 정밀실측조사보고서』(2010)

566쪽   메이지 은행 사옥(1922), 출처: 日本建築學會編, 『明治大正建築寫眞集覽』(1936)

568쪽   부민관 입면, 출처: 부산박물관, 『사진엽서로 보는 근대풍경. 1. 도시』(민속원, 2009)

569쪽   부민관 신축공사 입면도(1934~1935년 추정), 출처: 행정안전부 국가기록원, 『일제 시기 건축도면 해제』VII(2009)

577쪽   「시정오년조선물산공진회미술관신축설계도」(1915년 추정), 출처: 『일제 시기

건축도면 해제』 II(2009)

578쪽   총독부박물관의 전경, 출처: 이규헌 해설,『사진으로 보는 근대 한국 上. 산하와
풍물』(서문당, 1986)

581쪽   이왕가미술관 석조전 서관, Otraff 촬영, 출처: http://ja.wikipedia.org/

599쪽   국회의사당의 슬래브와 보를 받치고 있는 열주, 출처:『공간』, 101권(1975.10 ·
11), 국회의사당 특집

607쪽   철근콘크리트 광화문, 출처: 국립중앙박물관,『構 總督府 建物 實測 및 撤去
報告書 上』(1997)

609쪽   세종문화회관의 파사드(1978), 출처:『공간』, 131권(1978. 5)

609쪽   세종문화회관 외부 진입마당(1978), 출처:『공간』, 131권(1978. 5)

611쪽   구 조선총독부 건물 철거 장면(1995. 8. 15), 출처: 교육부,『사회 6-2』(1997)

616쪽   「경무대 관저 경내부지 배치도」(1938년경 추정), 출처:『일제 시기 건축도면 해
제』 II(2009)

617쪽   경무대 전경, 출처: 대통령비서실,『청와대건설지』(1992)

622쪽   포츠담 광장의 옛 모습, 출처: http://www.alt-berlin-archiv.de/index.html

627쪽   베를린 왕궁, 출처: http://www.alt-berlin-archiv.de/index.html

635쪽   꿈마루, 김재경 촬영

* 이 외에 현재 모습을 담은 도판들은 저자가 직접 촬영한 것이다.

참고문헌

1차 문헌

Böckmann, Wilhelm, *Reise nach Japan* (Reichsdruckerei, 1886)

Bötticher, Karl Gottlieb Wilhelm, *Die Tektonik der Hellenen,* vol. 1, *Zur Philosophie der tektonischen Form* (Ferdinand Riegel, 1852)

Bötticher, Karl, "Das Prinzip der hellenischen und germanischen Bauweise", *Allgemeine Bauzeitung,* vol. 11 (1846), pp. 111-125

Bötticher, Karl, *Die Tektonik der Hellenen,* vol. 1 (Ernst & Korn, 1874)

Burckhardt, Jacob, *Der Cicerone: Eine Anleitung zum Genuss der Kunstwerke Italiens* (1855) [Kröner, 1986]

Deutsche Bauzeitung

Droysen, Johann Gustav, *Geschichte des Hellenismus* (1836), vol. 3, *Geschichte der Epigonen* (Wissenschaftliche Buchgesellschaft, 2008)

Droysen, Johann Gustav, *Weltreich des Alexander des Großen* (1833) [Paul Aretz, 1934]

Feder, Gottfried, *Die neue Stadt: Versuch der Begründung einer neuen Stadtplanungskunst aus der sozialen Struktur der Bevölkerung* (Julius Springer, 1939)

Goethe, Johann Wolfgang von, "Von deutscher Baukunst" (1772), *Goethes Werke,* vol. 12, *Schriften zur Kunst, Schriften zur Literatur, Maximen und Reflexionen* (C. H. Beck, 2005), pp. 7-15

Goethe, Johann Wolfgang von, "Einleitung in die Propyläen" (1798), *Goethes Werke,* vol. 12, pp. 38-55

Hegel, G. W. F., "Die Verfassung Deutschlands (1800-1802)", *G. W. F. Hegel Werke in 20 Bänden,* vol. 1 (Suhrkamp, 1986), pp. 451-581

Hegel, G. W. F., "Über Grundlage, Gliederung und Zeitenfolge der Weltgeschichte von J. Görres (1831)", *G. W. F. Hegel Werke in 20 Bänden,* vol. 11 (Suhrkamp, 1986), pp.

504-512

Hegel, G. W. F., *Grundlinien der Philosophie des Rechts*(oder *Naturrecht und Staatswissenschaft in Grundrisse*), *G. W. F. Hegel Werke in 20 Bänden*, vol. 7 (Suhrkamp, 1986)

Hegel, G. W. F., *Vorlesungen über die Ästhetik I, II, III, G. W. F. Hegel Werke in 20 Bänden*, vol. 13, 14, 15(Suhrkamp, 1986)

Hegemann, Werner, *Das steinerne Berlin, Geschichte der größten Mietkasernenstadt der Welt*(Gustav Kiepenheuer, 1930)

Hirt, Alois, *Die Baukunst nach den Grundsätzen der Alten*(Realschulbuchhandlung, 1809)

Hobrecht, James, *Die Canalisation von Berlin*(Ernst & Korn, 1884)

Hobrecht, James, *Über öffentliche Gesundheitspflege und die Bildung eines Central-Amts für offentliche Gesundheitspflege im Staate*(Th. von der Nahmer, 1868)

Humboldt, Wilhelm von, "Geschichte des Verfalls und Untergangs der griechischen Freistaaten"(1807), *Werke in fünf Bänden, II: Schriften zur Ältertumskunde und Ästhetik. Die Vasken*, eds. by Andreas Flitner and Klaus Giel(Klett-Cotta, 2010), pp. 73-124

Langbehn, August Julius, *Rembrandt als Erzieher*(1890)[C. L. Hirschfeld, 1925]

Lessing, Gotthold Ephraim, *Laokoon oder über die Grenzen der Malerei und Poesie*(1766)[Reclam, 1987]

Preußisches Bau-und Fluchtliniengesetz(1875), https://www.berlin.de/imperia/md/content/dienstleistungsdatenbank/verm/preussisches_fluchtliniengesetz_1875_gs.pdf?start&ts=1329464810&file=preussisches_fluchtliniengesetz_1875_gs.pdf

Raabe, Wilhelm, "Die Chronik der Sperlingsgasse"(1864), *Wilhelm Raabe Sämtliche Werke*. Braunschweiger Ausgabe, vol. 1(Vandenhoeck & Ruprecht, 1980), pp. 9-171

Schinkel, Carl Friedrich, *Sammlung architektonischer Entwürfe*(Verlag von Ernst & Korn, 1858)

Schinkel, Karl Friedrich, *Das architektonische Lehrbuch*, documented by Goerd Peschken(Deutscher Kunstverlag, 1979)

Schlegel, Friedrich, *Der Historiker als rückwärts gekehrter Prophet*(Reclam, 1991)

Schlegel, Friedrich, *Kritische Ausgabe seiner Werke*, ed. by Ernst Behler, et al., vol. 1

(Schöningh, 1958)

Semper, Gottfried, *Der Stil in den technischen und tektonischen Künsten oder praktische Ästhetik: Ein Handbuch für Techniker, Kunstler und Künstfreunde*, vol. 1. *Textile Kunst*(1860), zweite, durchgesehene Auflage(Friedr. Bruckmanns Verlag, 1878)

Städtisches Tiefbauamt, ed. *Umlegung von Grundstücken in Frankfurt am Main* (Schirmer & Mahlau, 1903), https://archive.org/stream/umlegungvongrun00 tiefgoog#page/n4/mode/2up

Stein, Lorenz Jacob von, *Gegenwart und Zukunft der Rechts- und Staatswissenschaft Deutschlands*(1876)[Adamant Media Corporation, 2004]

Stein, Lorenz Jacob von, *Geschichte der socialen Bewegung in Frankreich: Von 1789 bis auf unsere Tage*, vol. 1. *Der Begriff der Gesellschaft und die sociale Geschichte der französischen Revolution bis zum Jahre 1830*(Otto Wigand, 1850) [Ulan Press, 2012]

Stein, Lorenz Jacob von, *Geschichte der socialen Bewegung in Frankreich: Von 1789 bis auf unsere Tage, vol. 3, Das Königtum, die Republik und die Souveränität der französischen Gesellschaft seit der Februarrevolution 1848*(Otto Wigand, 1850) [Ulan Press, 2012]

Stein, Lorenz Jacob von, *Handbuch der Verwaltungslehre und des Verwaltungsrechts mit Vergleichung der Literatur und Gesetzgebung von Frankreich, England und Deutschland: Als Grundlage für Vorlesungen*(1870)[Adamant Media Corporation, 2004]

Taut, Bruno, *Japans Kunst mit europäischen Augen gesehen*(1936), ed. by Manfred Speidel(Gebrüder Mann Verlag, 2011)

Twain, Mark, *Berlin-the Chicago of Europe*(New York Sun, 1892, 4. 3)[Berlinica Publishing LLC, 2013]

Winckelmann, Johann Joachim, *Gedanken über die Nachahmung der griechischen Werke in der Malerei und Bildhauerkunst*(1755)[Reclam, 1995]

Winckelmann, Johann Joachim, *Geschichte der Kunst des Altertums*(1764) [Wissenschaftliche Buchgesellschaft, 1972]

『(舊韓國)官報』

大隈重信·矢野龍溪·前島密,「大隈參議國會開設建議」(1881), 明治 14年 6月, 早稻田
　　大學圖書館 소장(청구기호: ㄴ709 06404), http://archive.wul.waseda.ac.jp/kosho/
　　wa09/wa09_06404/wa09_06404.html
京城府 編,『京城都市計畵資料調查書』(山口印刷所, 1927)
『建築雜誌』
『朝鮮總督府官報』
『朝鮮と建築』
『都市公論』
日本史籍協會 編,『大久保利通文書』, 第4(東京大學出版會, 1983)
日本史籍協會 編,『木戶孝允文書』, 第8(東京大學出版會, 2003)
『每日申報』
『滿州建築雜誌』,『滿州建築協會雜誌』
矢野干城·森川淸人 共編, 新版『大京城案內』(京城都市文化硏究所, 1936)
吉村傳,『京城案內』(朝鮮博覽會京城協贊會, 1929)

『개벽』
『경향신문』
『공간』
『대한매일신보』
『동아일보』
『三千里』
『순종실록』『순종실록 부록』
『조광』
『조선일보』
『중앙일보』
「경성의 名勝과 古蹟」,『개벽』, 48호(1924. 6), 부산대학교 한국민족문화연구소,『(잡지로 보
　　는) 한국 근대의 풍경과 지역의 발견 3: 경성 II』(국학자료원, 2013), 152~154쪽
『고종시대사』, 5집: 光武 4~7년(국사편찬위원회, 1971)
공보처,『변화와 개혁: 김영삼 정부 국정 5년 자료집』, 1권: 정치, 외교, 통일, 국방(삼화, 1997)
「구궁애사(舊宮哀詞)」,『三千里』, 3권, 10호(1931. 10), 부산대학교 한국민족문화연구소,『(잡
　　지로 보는) 한국 근대의 풍경과 지역의 발견 3: 경성 II』(국학자료원, 2013), 252~256쪽
김사량,「천마」(1940), 김재용·곽형덕 편역,『김사량, 작품과 연구 2』(역락, 2009), 13~66쪽

대한민국국회사무처, 『國會議事堂建立誌』(1976)

대통령비서실, 『청와대건설지』(1992)

벤야민, 발터, 윤미애 옮김, 『1900년경 베를린의 유년시절』(길, 2012)

부르크하르트, 야코프, 이기숙 옮김, 『이탈리아 르네상스의 문화』(1860)[한길사, 2003]

富士岡重一, 「新廳舍의 計劃槪要」, 朝鮮建築會, 김동현 옮김, 『朝鮮과 建築』, 第伍號, 朝
    鮮總督府新廳舍號(1926. 5. 1), 국립중앙박물관(1995), 31∼36쪽

부산대학교 한국민족문화연구소, 『한국 근대의 풍경과 지역의 발견 2: 경성Ⅰ』; 『한국 근대의
    풍경과 지역의 발견 3: 경성Ⅱ』(국학자료원, 2013)

서울특별시 시사편찬위원회 편, 『국역 경성부사』, 제1권(1934)[2012, 예맥]

서울특별시 시사편찬위원회 편, 『국역 경성부사』, 제2권(1936)[2013, 예맥]

서울특별시 시사편찬위원회 편, 『국역 경성부사』, 제3권(1941)[2014, 예맥]

松雀生, 「오래인 벙어리: 鐘路 인경의 신세타령」, 『별건곤』 23호(1929. 9), 부산대학교 한국
    민족문화연구소, 『(잡지로 보는) 한국 근대의 풍경과 지역의 발견 3: 경성Ⅱ』(국학자료원,
    2013), 244∼251쪽

아오야기 쓰나타로, 구태훈·박선옥 편역, 『100년 전 일본인의 경성 엿보기』(『최근 경성 안내
    기』, 1915)[재팬리서치21, 2011]

岩井長三郎, 「新廳舍의 計劃에 대하여」, 朝鮮建築會, 김동현 옮김, 『朝鮮과 建築』, 第伍
    號, 朝鮮總督府新廳舍號(1926. 5. 1), 국립중앙박물관(1995), 23∼30쪽.

안휘준, 「조선총독부(국립중앙박물관) 건물의 철거 시비」(1995), 안휘준, 『한국의 미술과 문
    화』(시공아트, 2001), 392∼394쪽

야나기 무네요시, 「아, 광화문이여」(1922), 박재삼 옮김, 『조선과 예술』(범우문고, 1989), 99∼
    111쪽

柳宗悅(寄), 「장차 일케된 朝鮮의 한建築을 爲하야」 一-伍, 『동아일보』, 제726∼730호
    (1922. 8. 24∼28), 一면

오카쿠라 덴신, 정천구 옮김, 『동양의 이상』(1903)[산지니, 2011]

유진오, 「華想譜」(1938), 『韓國文學全集』, vol. 82. 華想譜(上), vol. 83. 華想譜(下)[삼성출
    판사, 1972]

유진오, 「신경(新京)」(1942), 진영복 엮음, 『유진오 단편집』(지식을만드는지식, 2012)

윤치호, 박정신 옮김, 『국역 윤치호 일기 1』(연세대학교 출판부, 2005)

李光洙, 「大京城回想曲. 主人좃차 그리운 二十年 前의 京城」, 『별건곤』, 18호(1929. 1), 부
    산대학교 한국민족문화연구소, 『(잡지로 보는) 한국 근대의 풍경과 지역의 발견 3: 경성
    Ⅱ』(국학자료원, 2013), 163∼168쪽

이효석,「碧空無限」(1941),『이효석 전집』5(창미사, 1983)

林耕一,「文化機關과 京城」,『조광』, 6권, 9호(1940. 9), 부산대학교 한국민족문화연구소,『(잡
　　지로 보는) 한국 근대의 풍경과 지역의 발견 3: 경성 II』(국학자료원, 2013), 114~119쪽

전진삼 외,『건축은 없다? 舊 조선총독부 철거 반대 건축·미술전문가 발언集』(간향미디어,
　　1995)

정기용,「광화문에서 남대문까지」,『문화과학』, 5호(1994), 45~64쪽

조선총독부, 김동현 옮김,『朝鮮總督府廳舍新營誌』(국립중앙박물관, 1995)

崔鉉培,「朝鮮民族 更生의 道」,『동아일보』16회 연재(1926. 10. 12), 1면, 외솔 최현배 전집
　　1,『조선민족갱생의 도(동아일보 연재본) 1926년판』(연세대학교출판부, 2012), 33쪽

헤로도토스, 박광순 옮김,『역사 下』(범우사, 1998)

후쿠자와 유키치, 임종원 옮김,『문명론의 개략』(제이앤씨, 2012)

횔덜린, 프리드리히, 장영태 옮김,『휘페리온』(을유문화사, 2008)

2차 문헌

Abe, K., "Early Western Architecture in Japan", *Journal of the Society of Architectural
　　Historians*, vol. 13, no. 2(1954), pp. 13-18

Amutabi, Maurice, "Buildings as Symbols and Metaphors of Colonial Hegemony:
　　Interrogating Colonial Buildings and Architecture in Kenya's Urban Spaces", ed.
　　by Fassil Demissie, *Colonial Architecture and Urbanism in Africa: Intertwined
　　and Contested Histories*(Ashgate Pub Co, 2012), pp. 325-346

Angelow, Jürgen, "Residenz und Bürgerstadt: Das 17. und 18. Jahrhundert", ed. by
　　Julius H. Schoeps, *Berlin: Geschichte einer Stadt*(Bebra Verlag, 2012), pp. 28-53

Appadurai, Arjun, "Disjuncture and Difference in the global cultural economy",
　　Theory, Culture and Society, no. 7(1990), pp. 295-310

Appadurai, Arjun, "Sovereignty without Territoriality: Notes for a Postnational
　　Geography", ed. by P. Yeager, *The Geography of Identity*(University of Michigan
　　Press, 1996), pp. 40-58

Artelt, Jork, "Die Befestigungsanlagen Tsingtau und deren Bewaehrung im Ersten
　　Weltkrieg", eds. by Hans-Martin Hinz and Christoph Lind, *Tsingtau: Ein Kapitel
　　deutscher Kolonialgeschichte in China 1897-1914*(Minerva, 1999), pp. 62-63

Ash, Mitchell, "Geschichtswissenschaft, Geschichtskultur und der ostdeutsche Historikerstreit", *Geschichte und Gesellschaft*, no. 24(1998), pp. 283-304

Augé, Marc, *Non-Places: Introduction to an Anthropology of Supermodernity* (1992) (Verso, 2000)

Bahns, Jörg, *Zwischen Biedermeier und Jugendstil: Möbel des Historismus* (Keysersche Verlagsbuch, 1987)

Barlow, Tani E., "Eugenics, Woman, Semi-Colonialism, and Colonial Modernity as Problems for Postcolonial Theory", eds. by Ania Loomba, *Postcolonial Studies and Beyond* (Duke University Press, 2005), pp. 359-384

Barlow, Tani E., ed., *Formations of Colonial Modernity in East Asia* (Duke University Press, 1997)

Baur, Christian, *Neugotik* (Heyne, 1981)

Benjamin, Walter, "Passagen-Werk", *Gesammelte Schriften*, vol. 5-2(Suhrkamp, 1982)

Bergdoll, Barry, *European Architecture 1750-1890* (Oxford University Press, 2000)

Berlin, Isaiah, "The Counter-Enlightenment", Isaiah Berlin, *Against the Current* (Princeton University Press, 2001), pp. 1-24

Berman, Russel A., "Der ewige Zweite Deutschlands Sekundärkolonialismus," ed. by Birthe Kundrus, *Phantasiereiche: Zur Kulturgeschichte des deutschen Kolonialismus* (Campus, 2003), pp. 19-32

Bernau, Nikolaus, *Museuminsel Berlin* (Stadtwandel, 2010)

Blankertz, Herwig, Kjeld Matthiessen, "Neuhumanismus", ed. by Dieter Lenzen, *Pädagogische Grundbegriffe, rowohlts enzyklopädie*, vol. 2(rowohlt, 2001), pp. 1092-1103

Boddien, Wilhelm von, and Helmut Engel, eds., *Die Berliner Schloßdebatte: Pro und Contra* (Berliner Wissenschafts-Verlag, 2000)

Boer, Pim den, "Neohumanism: Ideas, Identities, Identification", eds. by Margriet Haagsma, et al., *The Impact of Classical Greece on European and National Identities* (J. C. Gieben, 2003), pp. 1-23

Boyer, Christian M., *The City of Collective Memory: Its Historical Imagery and Architectural Entertainments* (1994)[The MIT Press, 2001]

Boym, Svetlana, *The Future of Nostalgia* (Basic Books, 2002).

Bourdieu, Pierre, "The Berber House", eds. by Setha M. Low and Denise Lawrence-

Zúñiga, *The Anthropology of Space and Place*(Wiley-Blackwell, 2008), pp. 131-141.

Breckenridge, Carol, "The aesthetics and politics of colonial collecting: India at world fairs", *Comparative Studies in Society and History*, vol. 31, no. 2(1989), pp. 195-216

Brix, M., M. Steinhauser, eds. *Geschichte allein ist zeitgemäß: Historismus in Deutschland*(Anabas, 1978)

Brown, Jane K., "Romanticism and Classicism", ed. by Nicholas Saul, *The Cambridge Companion to German Romanticism*(Cambridge University Press, 2009), pp. 119-131

Brunn, Gerhard, "Stadtumbau im 19. Jahrhundert. Zwei Modelle: London und Paris", eds. by Clemens Zimmermann, Jürgen Reulecke, *Die Stadt als Moloch? Das Land als Kraftquell? Wahrnehmungen und Wirkungen der Großstädte um 1900* (Birkhäuser Verlag, 1999), pp. 95-115

Bruyn, Günter de, *Unter den Linden*(Bebra Verlag, 2004)

Budde, Gunilla, et al., eds., *Transnationale Geschichte: Themen, Tendenzen und Theorien* (Vandenhoeck & Ruprecht, 2006)

Burton, Antoinette, ed. *After the Imperial Turn: Thinking with and through the Nation* (Duke University Press, 2003)

Buruma, Ian, *Inventing Japan 1853~1964*(Modern Library, 2003)

Busch, Werner, *Das sentimentalische Bild: Die Krise der Kunst im 18. Jahrhundert und die Geburt der Moderne*(C. H. Beck, 1993)

Busse, Dietrich, *Historische Semantik: Analyse eines Programms*(Klett-Cotta Verlag, 1987)

Butler, Eliza Marian, *The Tyranny of Greece over Germany: A Study of the Influence Exercised by Greek Art and Poetry over the Great German Writers of the Eighteenth, Nineteenth, and Twentieth Centuries*(1935)[Beacon Press, 1958]

Buttlar, Adrian von, "'Germanische Tektonik'? Leo von Klenzes patriotische Interpretation des Klassizismus", eds. by Annette Dorgerloh, et al., *Klassizismus-Gotik: Karl Friedrich Schinkel und die patriotische Baukunst*(Deutscher Kunstverlag, 2007), pp. 279-293

Campbell, Joan, *Der deutsche Werkbund 1907-1934*(Klett-Cotta, 1981)

Carrier, David, *Museum Skepticism: A History of the Display of Art in Public Galleries*

(Duke University Press, 2006)

Carter J., E. Donald and J. Squires, eds., *Space and Place: Theories of Identity and Location* (Lawrence & Wishart, 1994)

Casey, Edward, "How to get from space to place in a fairly short stretch of time: Phenomenological Prolegomena", eds. by S. Feld and K. Basso, *Senses of Place* (School of American Research Press, 1996), pp. 13-52

Chakrabarty, Dipesh, *Provincializing Europe: Postcolonial Thought and Historical Difference* (Princeton University Press, 2000)

Chakrabarty, Dipesh, "Provincializing Europe in Global Times", New Preface to *Provincializing Europe* (Princeton University Press, 2007), xiiii-xiv

Chakrabarty, Dipesh, *Habitations of Modernity: Essays in the Wake of Subaltern Studies* (University of Chicago Press, 2002)

Clark, Christopher, *Iron Kingdom: The Rise and Downfall of Prussia, 1600-1947* (Belknap Press, 2008)

Coaldrake, William H., *Architecture and Authority in Japan* (Routledge, 1996)

Cohen, Jean-Louis, and Monique Eleb, *Casablanca: Colonial Myths and Architectural Ventures* (The Monacelli Press, 2002)

Coleman, Mathew and John A. Agnew, "The Problem with Empire", eds. by Jeremy W. Crampton and Stuart Elden, *Space, Knowledge and Power: Foucault and Geography* (Ashgate Publishing Limited, 2008), pp. 317-339

Colquhoun, Alan, *Modernity and the Classical Tradition: Architectural Essays 1980-1987* (The MIT Press, 1991)

Conrad, Sebastian, *Deutsche Kolonialgeschichte* (C. H. Beck, 2012)

Conrad, Sebastian, Jürgen Osterhammel, eds. *Das Kaiserreich transnational: Deutschland in der Welt 1871-1914* (Vandenhoeck & Ruprecht, 2006)

Cooper, Frederick, *Colonialism in Question: Theory, Knowledge, History* (University of California Press, 2005)

Cooper, Frederick, and Ann Laura Stoler, *Tension of Empire: Colonial Cultures in a Bourgeois World* (University of California Press, 1997)

Crawford, Margaret, *Variations on a Theme Park: The New American City and the End of Public Space* (Hill and Wang, 1992)

Crinson, Mark, ed., *Urban Memory: History and amnesia in the modern city* (Routledge,

2005)

Crinson, Mark, *Empire Building: Orientalism & Victorian Architecture* (Routledge, 1996)

Croon, Helmuth, "Staat und Städte in den westlichen Provinzen Preußens 1817-1875. Ein Beitrag zum Entstehen des Preußischen Bau-und Fluchtliniengesetzes von 1875", eds. by Gerhard Fehl and Juan Rodriguez-Lores, *Stadterweiterungen 1800-1875: Von den Anfängen des modernen Städtebaues in Deutschland* (Hans Christians, 1983), pp. 55-79

Cullen, Michael S., *Der Reichstag: Im Spannungsfeld deutscher* Geschichte (Bebra Verlag, 2004)

De Ceuster, Koen, "The Changing Nature of National Icons in the Seoul Landscape", *The Review of Korean Studies*, no. 4(2000), pp. 73-103

de Certeau, Michel, "Praktiken im Raum"(1980), *Kunst des Handelns* (Merve, 1988), pp. 179-238

de Certeau, Michel, *The Practice of Everyday Life* (1984)[University of California Press, 2002]

Demissie, Fassil, "Imperial legacies and postcolonial predicaments. an introduction", ed. by D. Fassil, *Postcolonial African Cities. Imperial legacies and postcolonial predicaments* (Routledge, 2007), pp. 1-9

Dieckmann, Friedrich, "Schinkels Wachgebäude als nationales Mahnmal. Bundesprojekt und Denksmalspflege im Widerstreit", ed. by Christoph Stölzl, *Die neue Wache Unter den Linden: Ein deutsches Denkmal im Wandel der Geschichte* (Koehler & Amelang, 1993), pp. 204-211.

Dolff-Bonekämper, Gabi, *Das Hansaviertel: internationale Nachkriegsmoderne in Berlin* (Verlag Bauwesen, 1999)

Dolgner, Dieter, *Historismus: Deutsche Baukunst 1815-1900* (Seemann, 1993)

Driver, Felix, and David Gilbert, *Imperial Cities: Landscape, Display and Identity* (Manchester University Press, 1999)

Durth, Werner, *Deutsche Architekten: Biographische Verflechtungen 1900-1970* (dtv, 1992)

Durth, Werner, Niels Gutschow, Jörn Düwel, *Architektur und Städtebau der DDR* (Jovis, 1998)

Dussel, Enrigue, "Eurocentrism and Modernity(Introduction to the Frankfürt Lectures)", boundary 2, vol. 20, no. 3, *The Postmodernism Debate in Latin America* (Autumn, 1993), pp. 65-76

Duus, Peter, eds. *The Cambridge History of Japan*, vol 6. *The Twentieth Century* (Cambridge University Press, 1989)

Düwel, Jörn, "Am Anfang der DDR. der Zentrale Platz in Berlin", eds. by Romana Schneider, Wilfried Wang, *Moderne Architektur in Deutschland 1900 bis 2000. Macht und Monument* (Hatje Cantz Verlag, 1998), pp. 176-180

Ehebrecht, Daniel, *Der Hobrechtplan von 1862 und seine Einflüsse auf das Stadtbild von Berlin* (Grin Verlag, 2008)

Engel, Martin, *Das Forum Fridericianum und die Monumentalen Residenzplätze des 18. Jahrhunderts*, Dissertation der Freien Universitat Berlin (2001)

Engel, Martin, "Das 'Forum Fridericianum' in Berlin. Ein kultureller und politischer Brennpunkt im 20. Jahrhunderts", *Kunst und Politik*, no. 11 (2009), pp. 35-46

Erxleben, Maria, "Goethe and Schinkel", eds. by Max Kunze, Jürgen Kraeft, *Karl Friedrich Schinkel und die Antike: Eine Aufsatzsammlung* (Stendal, 1985), pp. 20-32.

Eßer, Reingard, "Historische Semantik", eds. by J. Eibach, G. Lottes, *Kompass der Gesc hichtswissenschaft* (Vandenhoeck & Ruprecht, 2002), pp. 281-292

Ethington, Philip J., "Placing the Past. 'Groundwork' for a Spatial Theory of History", *Rethinking History*, vol. 11, no. 4 (Routledge, 2007), pp. 465-493

Ferris, David, *Silent Urns: Romanticism, Hellenism, Modernity* (Stanford University Press, 2000)

Fillitz, Hermann, ed., *Der Traum vom Glück: Die Kunst des Historismus in Europa*, vol. 1 (Künstlerhaus, 1996)

Finn, Dallas, *Meiji Revisited: The Sites of Victorian Japan* (Weatherhill, 1995)

Foucault, Michel, *The Order of Things: An Archaeology of the Human Sciences* (Vintage, 1973)

Foucault, Michel, "Von anderen Räumen", ed. by Jörg Dünne, Stephan Günzel, *Raumtheorie* (Suhrkamp, 2006), pp. 317-329

Foucault, Michel, *The Archeology of Knowledge and The Discourse on Language* (Barnes & Noble, 1993)

Foucault, Michel, "Nietzsche, Genealogy, History", ed. by Paul Rabinow, *The Foucault Reader* (Pantheon, 1984), pp. 76-100

Frédéric, Louis, *Japan Encyclopedia* (Belknap Press of Harvard University Press, 2005)

Friedrichsmeyer, Sara, Sara Lennox and Susanne Zantop, eds., *The Imperialist Imagination: German Colonialism and Its Legacy* (The University of Michigan Press, 1998)

Garon, Sheldon, *Molding Japanese Minds: The State in Everyday Life* (Princeton University Press, 1997)

Gay, Peter, *Modernism: The Lure of Heresy* (W. W. Norton & Company, 2008)

Giedion, Siegfried, *Spätbaroker und romantiker Klassizismus* (University of Michigan Library, 1922)

Giedion, Siegfried, *Space, Time and Architecture* (1941) [Harvard University Press, 1967]

Gierson, H. J. C. "Classical and Romantic. A Point of View" (1923), eds. by R. F. Gleckner and G. E. Enscode, *Romanticism: Points of View* (Prentice-Hall, 1970), pp. 41-54

Gilloch, Graeme and Jane Kilby, "Trauma and memory in the city. From Auster to Austerlitz", ed. by Mark Crinson, *Urban Memory* (Routledge, 2005), pp. 1-19

Graichen, Gisela, Horst Gründer, *Deutsche Kolonien: Traum und Trauma* (Ullstein, 2005)

Großmann, Ulrich, "Renaissance der Renaissance-Baukunst", eds. by Ulrich Großmann, Petra Krutisch, *Renaissance der Renaissance: Ein bürgerlicher Kunststil im 19. Jahrhundert* (Deutscher Kunstverlag, 1992), pp. 201-219.

Gründer, Horst, *Geschichte der deutschen Kolonien* (UTB, 2012)

Gumbrecht, Hans Ulrich, "Modern, Modernität, Moderne", eds. by Otto Brunner, et al., *Geschichtliche Grundbegriffe: Historisches Lexikon zur politisch sozialen Sprache in Deutschland*, vol. 4 (Klett-Cotta, 1978), pp. 93-131

Hahn, Hans-Werner, *Die Industrielle Revolution in Deutschland* (Oldenbourg, 1998)

Hall, Thomas, *Planning Europe's Capital Cities: Aspects of Nineteenth Century Urban Development* (Routledge, 2010)

Hammerschmidt, Valentin W., *Anspruch und Ausdruck in der Architektur des späten Historismus in Deutschland 1860-1914* (Peter Lang, 1985)

Haltern, U., "Architektur und Politik. Zur Baugeschichte des Berliner Reichstags", eds. by Ekkehard Mai, Stephan Waetzoldt, *Kunstverwaltung, Bau-und Denkmal-Politik im Kaiserreich* (Mann, Gebr. Verlag, 1981), pp. 75-102

Hardtwig, Wolfgang, *Nationalismus und Bürgerkultur in Deutschland 1500-1914* (Vandenhoeck & Ruprecht, 1994)

참고문헌

Hardtwig, Wolfgang, "Kunst und Geschichte im Revolutionszeitalter. Historismus in der Kunst und der Historismus-Begriff der Kunstwissenschaft", *Archiv für Kulturgeschichte*, no. 1(1979), pp. 154-190

Radoine, Hassan, "French Territoriality and Urbanism: General Lyautey and Architect Prost Morocco(1912-1925)", ed. by Fassil Demissie, *Colonial Architecture and Urbanism in Africa: Intertwined and Contested Histories*(Ashgate Pub Co, 2012), pp. 11-31

Heidegger, Martin, *Bemerkungen zu Kunst—Plastik—Raum*(Erker, 1996)

Heidegger, Martin, *Sein und Zeit*(Niemeyer, 2001)

Haym, Rudolf, *Hegel und seine Zeit*(1857)[Ulan Press, 2012]

Heidler, Kirsten, ed., *Von Erichs Lampenladen zur Asbestruine: Alles über den Palast der Republik*(Argon Verlag, 1998)

Hein, Carola, "The Transformation of Planning Ideas in Japan and Its Colonies", eds. by Joe Nasr and Mercedes Volait, *Urbanism: Imported or Exported?*(Wiley-Academy, 2003), pp. 51-82

Hein, Carola, "Visionary Plans and Planners", eds. by Nicolas Fiévé and Paul Waley, *Japanese Capitals in Historical Perspective: Place, Power and Memory in Kyoto, Edo and Tokyo*(Routledge, 2003), pp. 309-346

Henry, Todd A., "Sanitizing Empire: Japanese Articulations of Korean Otherness and the Construction of Early Colonial Seoul, 1905-1919", *The Journal of Asian Studies*, vol. 64, no. 3(2005), pp. 639-675

Hermand, Jost, Frank Trommler, *Die Kultur der Weimarer Republik*(Fischer, 1988)

Herold, Heiko, *Deutsche Kolonial-und Wirtschaftspolitik in China 1840 bis 1914: Unter besonderer Berücksichtigung der Marinekolonie Kiautschou*(Ozeanverlag Herold, 2006), pp. 26-28

Hertle, Hans-Hermann, *The Berlin Wall: Monument of the Cold War*(Christoph Links Verlag, 2008)

Hinz, Hans-Martin, and Christoph Lind, *Tsingtau: Ein Kapitel deutscher Kolonialgeschichte in China 1897-1914*(Minerva, 1999)

Hirose, Takehiko, *Königlich preußischer Baurat Georg de Lalande*(winterwork, 2012)

Hoffmann-Axthelm, Dieter, "Ein Niemandsland, das nur der Geschichte gehört", *Frankfürt Allgemeine Zeitung*(1993.1.20)

Holfelder, Moritz, *Palast der Republik: Aufstieg und Fall eines symbolischen Gebäudes* (Ch. Links Verlag, 2008)

HSIA, Chu-joe, "Theorizing Colonial Architecture and Urbanism. Building Colonial Modernity in Taiwan", *Inter-Asia Cultural Studies*, vol. 3, no. 1(2002), pp. 7-23

Huyssen, Andreas, *Present Pasts: Urban Palimpsests and the Politics of Memory* (Stanford University Press, 2003)

Huyssen, Andreas, "The Voids of Berlin", *Critical Inquiry*, no. 24(Autumn, 1997), pp. 57-81

Hvatum, Mari, *Gottfried Semper and the Problem of Historicism*(Cambridge University Press, 2004)

Irving, Robert Grant, *Indian Summer: Lutyens, Baker, and Imperial Delhi*(Yale University Press, 1981)

Jacobs, Jane M., *Edge of Empire: Postcolonialism and the City*(Routledge, 1996)

Jaeschke, Walter, "Ästhetische Revolution. Stichworte zur Einführung," eds. by W. Jaeschke und Helmut Holzhey, *Früher Idealismus und Frühromantik: Der Streit um die Grundlagen der Ästhetik 1795-1805*(Felix Meiner, 1990), pp. 1-11

Jansen, Marius B., eds. *The Cambridge History of Japan*, vol. 5. *The Nineteenth Century*(Cambridge University Press, 1989)

Jan van Pelt, Robert, *Architectural Principles in the Age of Historicism*(Yale University Press, 1993)

Jaskot, Paul P., *The Architecture of Oppression: The SS, Forced Labor and Nazi Monumental Building Economy*(Routledge, 2000)

Jefferies, Matthew, *Imperial Culture in Germany 1871-1918*(Voker R. Berghahn, 2003)

Jenkyns, Richard, *The Victorians and Ancient Greece*(Harvard University Press, 1980)

Kaster, Gert, "'Image-Pflege' Geschichte und lokale Aneignung von deutschem Architekturerbe in Qingdao, China", eds. by Michael Falser, Monica Juneja, *Kulturerbe und Denkmalpflege transkulturell: Grenzgänge zwischen Theorie und Praxis*(Transcript, 2013) pp. 167-180

Kazuhiro, Takii, *The Meiji Constitution: The Japanese Experience of the West and the Shaping of the Modern State*(International House of Japan, 2007)

Kieß, Walter, *Urbanismus im Industriezeitalter: Von der klassizistischen Stadt zur Garden City*(Ernst & Sohn, 1991)

Kim, Michael, "Collective Memory and Commemorative Space. Reflections on Korean Modernity and the Kyŏngbok Palace Reconstruction 1865-2010", *International Area Review*, vol. 13. no. 4(winter 2010), pp. 3-23

Kimmel, Elke, Ronald Oesterreich, *Charlottenburg im Wandel der Geschichte: Vom Dorf zum eleganten Westen*(Berlin Edition, 2005)

King, Anthony, *Urbanism, Colonialism and the World-Economy*(Routledge, 1990)

Kocka, Jürgen, Manuel Frey, eds., *Bürgerkultur und Mäzenatentum im 19. Jahrhundert* (Berlin, 1998)

Komander, Gerhild, *China in Sanssouci? Die Chinamode in friderizianischer Zeit und deren Rezeption durch Friedrich II*. http://www.gerhildkomander.de/kuenste/ 134-brandenburg-chinamode.html

Komeda, Ariane Isabelle, "Kolonialarchitektur als Gegenstand transkultureller Forschung. Das Beispiel der deutschen Bauten in Namibia," eds. by Michael Falser, Monica Juneja, *Kulturerbe und Denkmalpflege transkulturel: Grenzgänge zwischen Theorie und Praxis*(transcript, 2013), pp. 119-137

Koselleck, Reinhart, *Kritik und Krise: Eine Studie zur Pathogenese der burgerlichen Welt*(Suhrkamp, 1992)

Koselleck, Reinhart, *Vergangene Zukunft*(Suhrkamp, 1989)

Koselleck, Reinhart, "Raum und Geschichte", Koselleck, *Zeitschichten: Studien zur Historik*(Suhrkamp, 2000)

Koselleck, Reinhart, *Preußen zwischen Reform und Revolution: Allgemeines Landrecht, Verwaltung und soziale Bewegung von 1791 bis 1848*[Klett-Cotta(1975) 1989]

Koselleck, Reinhart, *Zur politischen Ikonologie des gewaltsamen Todes: Ein deutsch-französischer Vergleich*(Schwabe & Co Ag, 1998)

Koshar, Rudy, *Germany's Transient Pasts: Preservation and National Memory in the Twentieth Century*(The University of North Carolina Press, 1998)

Koshar, Rudy, *From Monuments to Traces: Artifacts of German Memory 1870-1990* (University of California Press, 2000)

Kotkin, Joel, *The City: A Global History*(The Modern Library, 2006)

Krause, Walter, ed., *Neorenaissance: Ansprüche an einen Stil*(Verlag der Kunst, 2001)

Kreiner, Josef, *Deutsche Spaziergänge in Tokyo*(Iudicium, 1996)

Kundrus, Birthe, "German Colonialism. Some Reflections on Reassessments, Specificities, and Constellations", eds. by Volker Langbehn and Mohammad Salama, *German Colonialism: Race, The Holocuast, and Postwar Germany* (Columbia University Press, 2011), pp. 29-47

Laak, Dirk van, *Über alles in der Welt: Deutscher Imperialismus im 19. und 20. Jahrhundert* (C. H. Beck, 2005)

Lacan, Jacques, *The Four Fundamental Concepts of Psycho-analysis* (W. W. Norton & Co, 1981)

Ladd, Brian, *The Ghosts of Berlin* (University of Chicago Press, 1997)

Ladd, Brian, "Socialism on Display. East Berlin as a Capital", eds. by Andreas W. Daum, Christof Mauch, *Berlin-Washington, 1800-2000: Capital Cities, Cultural Representation, and National Identities* (Cambridge University Press, 2005), pp. 217-231

Lange, Hans, *Vom Tribunal zum Tempel zur Architektur und Geschichte Deutscher Hoftheater zwischen Vormärz und Restauration: Studien zur Kunst-und Kulturgeschichte*, vol. 2 (Marburg, 1985)

Lefèbvre, Henri, *Writings on Cities* (Blackwell, 1996)

Lefèbvre, Henri, *The Production of Space* (Blackwell, 2007)

Lefèbvre, Henri, *La Révolution Urbaine* (Gallimard, 1969)

Lemper, Ernst-Heinz, "Historismus als Großstadtarchitektur. Die städtebauliche Legitimierung eines Zeitalters", Karl-Heinz Klingenburg, eds., *Historismus: Aspekte zur Kunst im 19. Jahrhundert* (VEB E. A. Seemann, 1985), pp. 50-72

Leuthner, Mechthild, Klaus Mühlhahn, eds, "*Musterkolonie Kiautschou*": *Die Expansion des Deutschen Reiches in China. Deutsch-chinesische Beziehungen 1897-1914. Eine Quellensammlung* (Akademie Verlag, 1997)

Leuthner, Mechthild, Klaus Mühlhahn, "Interkulturelle Handlungsmuster. Deutsche Wirtschaft und Mission in China in der Spätphase des Imperialismus", eds. by Leutner and Mühlhahn, *Deutsch-chinesische Beziehungen im 19. Jahrhundert: Mission und Wirtschaft in interkultureller Perspektive* (LIT, 2001), pp. 9-42

Leuthner, Mechthild, "Kiautschou. Deutsche 'Musterkolonie' in China?", eds. by Ulrich van der Heyden, Joachim Zeller, "*...Macht und Anteil an der Weltherrschaft*": *Berlin und der deutsche Kolonialismus* (Unrast, 2005), pp. 203-207

Löw, Martina, *Raumsoziologie* (Suhrkamp, 2001)

Maeda Ai, "Berlin 1888: Mori Ōgai's 'Dancing Girl'", Maeda Ai, trans. by Leslie Pincus, *Text and the City: Essays on Japanese Modernity* (Duke University Press, 2004), pp. 295–328

Mai, Ekkehard, et al., eds., *Das Rathaus im Kaiserreich: Kunstpolitische Aspekte einer Bauaufgabe des 19. Jahrhunderts* (Mann, Gebr., 1982)

Maier, Charles, *The Unmasterable Past: History, Holocaust, and German National Identity* (Harvard University Press, 1988)

Mallgrave, Harry Francis, *Gottfried Semper: Architect on the Nineteenth Century* (Yale University Press, 1996)

Mallgrave, Harry Francis, *Modern Architectural Theory: A Historical Survey, 1673–1968* (Cambridge University Press, 2005)

Marchand, Suzanne L., *Down from Olympus: Archaeology and Philhellenism in Germany, 1750–1970* (Princeton University Press, 2003)

Marchand, Suzanne L., *German Orientalism in the Age of Empire: Religion, Race, and Scholarship* (Cambridge University Press, 2009)

Martin, Bernd, *Japan and Germany in the Modern World* (Berghahn Books, 1995)

Martin, Bernd, "'Gouvernement Jiaozhou.' Forschungsstand and Archivebestände zum deutschen Pachtgebiet Qingdao (Tsingtau) 1897–1914", ed. by Hengyu Guo, *Deutschland und China: Beiträge des Zweiten Internationalen Symposiums zur Geschichte der Deutsch-Chinesischen Beziehungen* (Minerva, 1994), pp. 375–398

Massey, Doreen, *For Space* (Sage, 2008)

McFalls, Laurence, "Living with Which Past? National Identity in Post-Wall, Postwar Germany", eds. by Scott Denham, et al., *A User's Guide to German Cultural Studies* (University of Michigan Press, 1997), pp. 297–308

Meid, Michiko, *Europäische und nordamerikanische Architektur in Japan seit 1542* (Abteilung Architektur des Kunsthistorischen Instituts Koln, 1977)

Meinecke, Friedrich, *Weltbürgertum and Nationalstaat: Studien zur Genesis des deutschen Nationalstaates* (R. Oldenbourg, 1919)

Meuser, Philipp, et al., *Berlin: The Architecture Guide* (Braun Publish, 2007)

Middell, Matthias, "Der Spatial Turn und das Interesse an der Globalisierung in der Geschichtswissenschaft", eds. by Jörg Döring, Tristan Thielmann, *Spatial Turn: Das Raumparadigma in den Kultur-und Sozialwissenschaften* (Transcript, 2008), pp. 103-123.

Michel, Karl Markus, "Die Magie des Ortes", *Die Zeit* (1987. 9. 11)

Mignolo, Walter D., *The Darker side of Western Modernity: Global Future, Decolonial Options* (Duke University Press, 2011)

Mignolo, Walter D., *Local Histories/Global Designs: Coloniality, Subaltern Knowledge, and Border Thinking* (Princeton University Press, 2012)

Milde, Kurt, *Neorenaissance in der deutschen Architektur in der deutschen Architektur des 19. Jahrhunderts* (Verlag der Kunst, 1981)

Millan, Gordon, et al., "Industrialiszation and its discontents, 1870-1944", eds. by Jill Forbes and Michael Kelly, *French Cultural Studies* (Oxford University Press, 1996), pp. 9-53

Miller, Mervyn, *Letchworth: The First Garden City* (Chichester, 1989)

Mitchell, Timothy, "The Stage of Modernity", ed. by Timothy Mitchell, *Questions of Modernity* (University of Minnesota Press, 2000), pp. 1-34

Mommsen, Wolfgang J., *Bürgerliche Kultur und künstlerische Avantgarde: Kultur und Politik im deutschen Kaiserreich 1870-1918* (Propyläen, 1994)

Mommsen, Wolfgang J., *Großmachtstellung und Weltpolitik 1870-1914: Die Außenpolitik des Deutschen Reiches* (Ullstein Tb, 1993)

Moraña, Mabel, Enrique Dussel and Carlos A. Jáuregui, eds., *Coloniality at Large: Latin America and the Postcolonial Debate* (Duke University Press, 2008)

Mühlhahn, Klaus, *Herrschaft und Widerstand in der "Musterkolonie" Kiautschou: Interaktionen zwischen China und Deutschland, 1897-1914* (Oldenbourg, 2000)

Ndi, Alfred, "Metropolitanism, capital and patrimony", ed. by Fassil Demissie, *Postcolonial African Cities: Imperial legacies and postcolonial predicaments* (Routledge, 2013), pp. 11-23

Nienhaus, Stefan, *Geschichte der deutschen Tischgesellschaft* (Niemeyer, 2003)

Nipperdey, Thomas, *Deutsche Geschichte 1800-1866: Bürgerwelt und starker Staat* (C. H. Beck, 1983)

Nipperdey, Thomas, *Deutsche Geschichte 1866-1918*, vol. 1. *Arbeitswelt und Bürgergeist* (C. H. Beck, 1990)

Nipperdey, Thomas, "Der Kölner Dom als Nationaldenkmal," *Nachdenken über die deutsche Geschichte* (C. H. Beck, 1992), pp. 189-207

Nezer, AlSayyad, ed., *Forms of Dominance: On the Architecture and Urbanism of the Colonial Enterprise* (Avebury, 1992)

Nierhaus, Andreas, "Schauplatz und Handlungsraum. Zur visuellen und räumlichen Inszenierung des Wiener Kaiserforums", *Kunst und Politik*, no. 11(2009), pp. 47-60

Nishiyama, Yasuo, "Western Influence on Urban Planning Administration in Japan. Focus on Land Management", ed. by Nagamine Haruo, *Urban Development Policies and Programmes, Focus on Land Management* (United Nations Centre for Regional Development, 1986), pp. 315-533

Norberg-Schulz, Christian, *The Concept of Dwelling: On the Way to Figurative Architecture* (Rizzoli, 1985)

Ohff, Heinz, *Karl Friedrich Schinkel oder Die Schönheit in Preußen* (Piper 2007)

Ohff, Heinz, *Peter Joseph Lenné: Eine Biographie* (Jaron, 2012)

Osterhammel, Jürgen, "Die Wiederkehr des Raumes: Geopolitik, Geohistorie und historische Geographie", *Neue Politische Literatur*, no. 43(1998), pp. 374-397

Osterhammel, Jürgen, "Forschungsreise und Kolonialprogramm. Ferdinand von Richthofen und die Erschließung Chinas im 19. Jahrhundert", *Archiv für Kulturgeschichte*, vol. 69(1987), pp. 150-195

Pakes, Graham, "Heidegger and Japanese Fascism", eds. by Bret W. Davis, et al., *Japanese and Continental Philosophy: Conversations with the Kyoto School* (Indiana University Press, 2010), pp. 247-265.

Paret, Peter, *The Berlin Secession: Modernism and Its Enemies in Imperial Germany* (Belknap Press, 1989)

Pater, Walter, "On Classical and Romantic" (1889), eds. by R. F. Gleckner and G. E. Enscode, *Romanticism: Points of View* (Prentice-Hall, 1970), pp. 19-25

Peik, Susan M., *Karl Friedrich Schinkel: Aspekte seines Werkes* (Edition Axel Menges, 2001)

Pevsner, Nikolaus, *A History of Building Types* (Princeton University Press, 1976)

Passanti, Francesco, "The Vernacular, Modernism, and Le Corbusier", eds. by Maiken Umbach and Bernd Hüppauf, *Vernacular Modernism: Heimat, Globalization, and the Built Environment* (Stanford University Press, 2005), pp. 141-156

Pratt, Mary Louise, *Imperial Eyes: Travel Writing and Transculturation* (Routledge, 1992)

Pai, Hyung Il, 「Navigating Modern Keijō: The Typology of Reference Guides and City Landmarks」, 『서울학연구』, 제44집(2011), pp. 1-40

Panofsky, Erwin, *Perspective as Symbolic Form* (Zone Books, 1997)

Pehnt, Wolfgang, "Schinkel after Schinkel: Heirs of the Prussian Master Architect", ed. by John Zukowsky, *Karl Friedrich Schinkel: The Drama of Architecture* (Art Institute of Chicago, 1994), pp. 134-151

Penny III, H. Glenn, "The Museum für deutsche Geschichte und German National Identity", *Central European History*, vol. 28(1995), pp. 343-372

Perraudin, Michael and Jürgen Zimmerer, eds., *German Colonialism and National Identity* (Routledge, 2010)

Peschken, Goerd, Johannes Althoff, *Das Berliner Schloß* (Bebra Verlag, 2000)

Petsch, Joachim, *Kunst im Dritten Reich: Architektur-Plastik-Malerei-Alltagsästhetik* (Gesellschaft für Literatur und Bildung, 1994)

Piltz, Eric, "'Trägheit des Raums'. Fernand Braudel und die Spatial Stories der Geschichtswissenschaft", eds. by Jörg Döring, Tristan Thielmann, *Spatial Turn* (Transcript, 2008), pp. 75-102

Potts, Alex, *Flesh and the Ideal: Winckelmann and the Origins of Art History* (Yale University Press, 1994)

Prakash, Gyan, "Introduction", eds. by Gyan Prakash and Kelvin M. Kruse, *The Spaces of the Modern City: Imaginaries, Politics, and Everyday life* (Princeton University Press, 2008), pp. 9-10

Prakash, Gyan, "Introduction: After Colonialism", ed. by Gyan Prakash, *After Colonialism: Imperial Histories and Postcolonial Displacements* (Princeton University Press, 1995), pp. 3-17

Pratt, Keith, *Everlasting Flower: A History of Korea* (Reaktion Books, 2007)

Pratt, M. L., *Imperial Eyes: Travel Writing and Transculturation* (Routledge, 1992)

Pütz, Peter, "The Renaissance to the Romantic movement. An Outline of Ideas", ed. by Rolf Toman, *Neoclassicism and Romanticism: Architecture—Sculpture—Painting—Drawings 1750-1848* (h. f. Ullmann, 2008), pp. 6-13

Quijano, Anibal, "Coloniality and Modernity/Rationality", *Cultural Studies*, vol. 21, no. 2(2007), pp. 168-178

Quijano, Anibal, "Coloniality of Power, Eurocentrism, and Latin America", *Nepantla:*

Views from South, vol. 1, Issue 3(2000), pp. 533–580

Rank, Andre, *Die Walhalla im Zeitalter des romantischen Nationalismus* (GRIN Verlag, 2008)

Reulecke, Jürgen, *Geschichte der Urbanisierung in Deutschland* (Suhrkamp, 1985)

Reynolds, Jonathan M., "Japan's Imperial Diet Building, Debate over Construction of a National Identity", *Art Journal*, vol. 55, no. 3(1996),

Reiche, Jürgen, "Symbolgehalt und Bedeutungswandel eines politischen Monuments", eds. by Willmuth Arenhövel, Rolf Bothe, *Das Brandenburger Tor 1791-1991: Eine Monographie* (Arenhövel, 1991), pp. 270–316

Richie, Alexander, *Faust's Metropolis: A History of Berlin* (Basic Books, 1998).

Ring, Peter, "Bevölkerung", eds. by Horst Ulrich, et al., *Berlin Handbuch: Das Lexikon der Bundeshauptstadt* (FAB Verlag, 1992), pp. 236–248

Ritter, Joachim, *Hegel und die Französische Revolution* (1957)[Suhrkamp, 1996]

Robinson, Michael Edson, *Cultural nationalism in colonial Korea, 1920-1925* (University of Washington Press, 2014)

Robinson, Michael E., "Nationalism and the Korean Tradition, 1896-1920: Iconoclasm, Reform, and National Identity", *Korean Studies*, vol. 10(1986), pp. 35–53

Rodman, Margaret, "Empowering Place: Multilocality and Multivocality", *American Anthropologist*, vol. 94, no. 3(1992), pp. 640–656

Ryoen, Minamoto, "The Symposium on Overcoming Modernity", eds. by James W. Heisig and C. Marajdo, *The Rude Awakening: Zen, the Kyoto School, and the question of Nationalism* (University of Hawaii Press, 1995), pp. 197–229

Said, Edward, *Orientalism* (Vintage, 1994)

Said, Edward, *Culture and Imperialism* (Vintage, 1994)

Sarasin, Philipp, *Geschichtswissenschaft und Diskursanalyse* (Suhrkamp, 2003)

Schneer, Jonathan, *London 1900: The Imperial Metropolis* (Yale University Press, 1999)

Schorn-Schütte, Luise, "Neue Geistesgeschichte", eds. by Joachim Eibach, Günther Lottes, *Kompass der Geschichtswissenschaft* (UTB, 2011), pp. 270–280

Schröteler-von Brandt, Hildegard, *Stadtbau-und Stadtplanungsgeschichte: Eine Einführung* (Springer, 2014)

Schwarzer, Mitchell, *German Architectural Theory and the Search for Modern Identity* (Cambridge University Press, 1995)

Shin, Gi-Wook, et al., ed., *Colonial Modernity in Korea* (Harvard University Asia Center, 2001)

Schlegel, Friedrich, *Der Historiker als rückwärts gekehrter Prophet* (Reclam, 1991)

Schneer, Jonathan, *London 1900: The Imperial Metropolis* (Yale University Press, 1999)

Schulze, Hagen, *Staat und Nation in der europäischen Geschichte* (C. H. Beck, 1995)

Schwentker, Wolfgang, "Fremde Gelehrte. Japanische Nationalökonomen und Sozialreformer im Kaiserreich", eds. by Gangolf Hübinger, Wolfgang J. Mommsen, *Intellektuelle im deutschen Kaiserreich* (Fischer, 1993), pp. 172-197

Schwentker, Wolfgang, "Die Doppelgeburt einer Megastadt. Tokyo 1923-1964", ed. by Wolfgang Schwentker, *Megastädte im 20. Jahrhundert* (Vandenhoeck & Ruprecht, 2009), pp. 139-164

Sewell, William Shaw, *Japanese Imperialism and Civic Construction in Manchuria: Changchun, 1905-1945* (The University of British Columbia, 2000)

Sheehan, James J., *Museums in the German Art World: From the End of the Old Regime to the Rise of Modernism* (Oxford University Press, 2000)

Shekarloo, Pouyan, *Musterkolonie Kiatschou: The Expansion of the German Empire into China* (Grin Verlag, 2013)

Shin, Gi-Wook, *Ethnic Nationalism in Korean: Genealogy, Politics, and Legacy* (Stanford University Press, 2006)

Siemann, Wolfram, "Die deutsche Hauptstadtproblematik im 19. Jahrhundert", eds. by Hans-Michael Körner, Katharina Weigand, *Hauptstadt: Historische Perspektiven eines deutschen Themas* (dtv, 1995), pp. 249-260

Simmel, Georg, *Aufsätze und Abhandlungen 1901-1908*, vol. 1 (Suhrkamp, 1995)

Smith II, Henry D., "Tokyo as an Idea: An Exploration of Japanese Urban Thought Until 1945", *Journal of Japanese Studies*, vol. 4, no. 1 (winter, 1978), pp. 45-80

Smith, Michael Peter, *Transnational Urbanism: Locating Globalization* (Wiley-Blackwell, 2001)

Soja, W. Edward, *Postmodern Geographies: The Reassertion of Space in Critical Social Theory* (Verso, 1989)

Soja, W. Edward, *Thirdspace: Journey to Los Angeles and other Real-and-Imagined Places* (Wiley-Blackwell, 1996)

Sorensen, Andre, *The Making of Urban Japan: Cities and planning from Edo to the twentieth-first century* (Routledge, 2002)

Grimmer-Solem, Erik, "German Social Science, Meiji Conservatism, and the Peculiarities of Japanese History", *Journal of World History*, vol. 16, no. 2(2005), pp. 187-222

Speitkamp, Winfried, *Deutsche Kolonialgeschichte* (Reclam, 2005)

Springer, Peter, *Schinkels Schloßbrücke in Berlin: Zweckbau und Monument* (Propyläen, 1984)

Steegman, John, *Victorian Taste: A Study of the Arts and Architecture* (The MIT Press, 1971)

Steffens, Martin, *K. F. Schinkel 1781-1841: Ein Baumeister im Dienste der Schönheit* (Taschen, 2003)

Steinmetz, George, *The Devil's Handwriting: Postcoloniality and the German Colonial State in Qingdao, Samoa, and Southwest Africa* (University of Chicago Press, 2007)

Stern, Fritz, *The Politics of Cultural Despair: A Study in the Rise of the German Ideology* (University of California Press, 1974)

Stewart, David B., *The Making of a Modern Japanese Architecture: 1868 To the Present* (Kodansha America, 1987)

Stölzl, Christoph, "Bonn oder Berlin?", eds. by Hans-Michael Körner, Katharina Weigand, *Hauptstadt: Historische Perspektiven eines deutschen Themas* (Dtv, 1995), pp. 269-275

Strandmann, Hartmut Pogge von, "The Purpose of German Colonialism, or the Long Shadow of Bismack's Colonial Policy", eds. by Volker Langbehn and Mohammad Salama, *German Colonialism: Race, The Holocuast, and Postwar Germany* (Columbia University Press, 2011), pp. 193-214

Sünderhauf, Esther Sophia, *Griechensehnsucht und Kulturkritik: Die deutsche Rezeption von Winckelmanns Antikenideal 1840-1945* (Akademie Verlag, 2004)

Sutcliffe, Anthony, "Planung und Entwicklung der Großstädte in England und Frankreich von 1850 bis 1875 und ihre Einflüsse auf Deutschland", eds. by Gerhard Fehl, Juan Rodriguez-Lores, *Stadterweiterungen 1800-1875: Von den Anfängen des modernen Städtebaues in Deutschland* (Hans Christians, 1983), pp. 35-53

Sutcliffe, Anthony, *Towards the Planned City: Germany, Britain, and the United States and France, 1780-1914*(Basil Blackwell 1981)

Sutcliffe, Anthony, ed., *Metropolis 1890-1940*(The University of Chicago Press, 1984)

Tanaka, Stefan, *Japan's Orient*(University of California Press, 1993)

Tanaka, Stefan, *New Times in Modern Japan*(Princeton University Press, 2004)

Tangherlini, Timothy R., and Sallie Yea, eds., *Sitings: Critical Approaches to Korean Geography*(University of Hawai'i Press, 2008)

Tansman, Alan, *The Aesthetics of Japanese Fascism*(University of California Press, 2009)

Thienel, Ingrid, "James Hobrecht", ed. by Historische Kommission bei der bayerischen Akademie der Wissenschaften, *Neue Deutsche Biographie*, vol. 9(Duncker & Humblot, 1972), pp. 280-281

Thienel, Ingrid, "Verstädterung, städtische Infrastruktur und Stadtplanung. Berlin zwischen 1850 und 1914", *Zeitschrift für Stadtsoziologie, Stadtgeschichte und Denkmalpflege*, no. 4(1977), pp. 55-84

Thies, Ralf, Dietmar Jazbinsek, "Berlin-das europäische Chicago. Über ein Leitmotiv der Amerikanisierungsdebatte zu Beginn des 20. Jahrhunderts", eds. by Clemens Zimmermann, Jürgen Reulecke, *Die Stadt als Moloch? Das Land als Kraftquell? Wahrnehmungen und Wirkungen der Großstädte um 1900*(Birkhäuser Verlag, 1999), pp. 53-94

Tietz, Jürgen, "Schinkels Neue Wache Unter den Linden. Baugeschichte 1816-1993", ed. by Christoph Stölzl, *Die neue Wache Unter den Linden: Ein deutsches Denkmal im Wandel der Geschichte*(Koehler & Amelang, 1993), pp. 9-93

Till, Karen, E., *The New Berlin: Memory, Politics, Place*(University of Minnesota Press, 2005)

Toews, John Edward, *Becoming Historical: Cultural Reformation and Public Memory in Early Nineteenth-Century Berlin*(Cambridge University Press, 2008)

Trommler, Hermand, *Die Kultur der Weimarer Republik*(Fischer, 1988)

Tuan, Yi-Fu, *Topophilia: A Study of Environmental Perceptions, Attitudes, and Values*(Columbia University Press, 1990)

Tucker, David, "City Planning without Cities: Order and Chaos in Utopian Manchuko", ed. by Mariko Asano Tamanoi, *Crossed Histories: Manchuria in the Age of Empire*(University of Hawaii Press, 2005), pp. 53-81

Turner, Frank M., *Contesting Cultural Authority: Essays in Victorian Intellectual Life*

참고문헌

(Cambridge University Press, 1993)

Umbach, Maiken, *German Cities and Bourgeois Modernism 1890-1924* (Oxford University Press, 2009)

Umbach, Maiken, "Urban History: What Architecture Does, Historically Speaking...", *The Journal of the Society of Architectural Historians*, vol. 65, no. 1 (2006), pp. 14-15

Umbach, Maiken, "The Deutscher Werkbund, Globalization, and the Invention of Modern Vernaculars", eds. by Maiken Umbach and Bernd Hüppauf, *Vernacular Modernism: Heimat, Globalization, and the Built Environment* (Stanford University Press, 2005), pp. 114-140

Umbach, Maiken, "Memory and Historicism. Reading Between the Lines of the Built Environment, Germany c. 1900", *Representation*, vol. 88 (Fall, 2004), pp. 26-54

Verwiebe, Birgit, "Schinkel's Perspective Optical Views. Art between Painting and Theater", ed. by John Zukowsky, *Karl Friedrich Schinkel: The Drama of Architecture* (Art Institute of Chicago, 1994), pp. 36-53

Vogt, Adolf Max, *Karl Friedrich Schinkel. Blick in Griechenlands Blüte: Ein Hoffnungsbild für Spree-Athen* (Fischer, 1985)

Volk, Waltraud, "Die Stadterweiterungen in Berlin im 17. und 18. Jahrhundert", *Studien zur Geschichte Berlin: Jahrbuch für Geschichte*, vol. 35 (1987), pp. 93-118

Volwahsen, Andreas, *Imperial Delhi: The British Capital of the Indian Empire* (Prestel, 2002)

Wagner, Monika, *Allegorie und Geschichte: Ausstattungsprogramme öffentlicher Gebäude des 19. Jahrhunderts in Deutschland* (Ernest Wasmuth, 1989)

Warner, Torsten, *Deutsche Architektur in China: Architekturtransfer* (Ernst & Sohn, 1994)

Watanabe, Shun-Ichi J., "Garden city Japanese Style. the case of Den-en Toshi Company Ltd., 1918-1928", ed. by Gordon E. Cherry, *Shaping an Urban World* (Mansell, 1980), pp. 129-143

Watanabe, Toshio, "Josiah Conder's Rokumeikan. Architecture and National Representation in Meiji Japan", *Art Journal*, vol. 55, no. 39 (1996), pp. 21-27

Wattemberg, Ulrich, "Germany", ed. by Ian Nish, *The Iwakura Mission in America and Europe: A New Assessment* (Curzon Press Ltd, 1998), pp. 71-79

Watkin, David and Mellinghoff, Tilman, *German Architecture and the Classical Ideal* (The MIT Press, 1987)

Weigel, Sigrid, "Zum 'topographical turn'. Kartography, Topographie und Raumkonzepte in den Kulturwissenschaften", *KulturPoetik*, no.2/2(2002), pp. 151-165

Wendelken, Cherie, "The Tectonics of Japanese Style. Architect and Carpenter in the Late Meiji Period", *Art Journal*, vol. 55, Issue 3(1996), pp. 28-37

Werner, Michael and Zimmermann, Bendicte, "Beyond comparison. Histoire croisée and the challenge of reflexivity", *History and Theory*, vol. 45(2006), pp. 30-50

Whyte, Iain Boyd, "Modern German Architecture", eds. by Eva Kolinsky and Wilfried van der Will, *The Cambridge Companion to Modern German Culture*(Cambridge University Press, 1999), pp. 282-301

Wilczek, Bernd, ed., *Berlin-Hauptstadt der DDR 1949-1989: Utopie der Realität*(Elster Verlag, 1995), pp. 33-50

Williams, Raymond, "Metropolitan Perceptions and the Emergence of Modernism, The Politics of Modernism(1989)", eds. by Malcolm Miles and Tim Hall, *The City Cultures Reader*(Routledge, 2004), pp. 58-65

Wolfrum, Edgar, *Die Mauer: Geschichte einer Teilung*(C. H. Beck, 2009)

Wölfflin, Heinrich, *Renaissance und Barock: Eine Untersuchung über Wesen und Entstehung des Barockstils in Italien*(Schwabe, 2009)

Wright, Gwendolyn, "Tradition in the Service of Modernity: Architecture and Urbanism in French Colonial Policy, 1900-1930", eds. by Frederick Cooper and Ann Laura Stoler, *Tensions of Empire: Colonial Cultures in a Bourgeois World*(University of California, 1997), pp. 322-345

Yamamura, K., "The Japanese Economy, 1911-1930. Concentration, Conflicts, and Crises", eds. by B. S. Silberman and H. D. Harootunian, *Japan in Crisis: Essays in Taisho Democracy*(Princeton University Press, 1974), pp. 299-328

Yeoh, Brenda, *Contesting Space in Colonial Singapore: Power Relations and the Urban Built Environment*(Singapore University Press, 2003)

Young, Louise, *Japan's Total Empire: Manchuria and the Culture of Wartime Imperialism*(University of California Press, 1999)

Ziolkowski, Theodore, *German Romanticism and Its Institutions*(Princeton University Press, 1992)

永松榮,『図説 都市と建築の近代—プレ·モダニズムの都市改造』(學芸出版社, 2008)

穂積和夫,『(繪で見る)明治の東京』(草思社, 2010)

堀内正昭,『明治のお雇い建築家: エンデ&ベックマン』(井上書院, 1989)

石田頼房,『日本近代都市計畵の百年』(自治体研究社, 1987)

堅田剛,『獨逸學協會と明治法制』(木鐸社, 1999)

越澤明,『東京の都市研究會』(岩波書店, 1991)

越澤明,『滿州國の首都計畵』(筑摩書房, 2002)

越澤明,『後藤新平: 大震災と帝都復興』(筑摩書房, 2011)

越澤明, 장준호 편역,『중국의 도시계획: 만주의 도시론』(태림문화사, 2000)

澤井鈴一,「廣小路にそびえる摩天樓」,『名古屋廣小路ものがたり』, 第4講, 大正時代の廣
    小路, 第4回, http://network2010.org/article/1103

清水伸,『明治憲法制定史』(上): 獨奧における伊藤博文の憲法調査(原書房, 1971)

徐禎完·增尾伸一郎 編集,『植民地朝鮮と帝國日本—民族·都市·文化』(勉誠出版, 2011)

中谷礼仁,「近代(明治·大政·昭和前期)」, 太田博太郎&藤井惠介 監修,『日本建築樣式
    史』(美術出版社, 2010), pp. 129-154

西川長夫·松宮秀治 編集,『米歐回覽實記.を讀む: 1870年代の世界と日本』(法律文化社,
    1995)

西澤泰彦,『日本植民地建築論』(名古屋大學出版會, 2008)

西澤泰彦,「建築家中村與資平の経歴と建築活動について」,『日本建築學會計畵系論文
    報告集』, 第450号(1993. 8), pp. 151-160

藤森照信,『明治の東京計畵』(岩波書店, 2012)

藤森照信,『建築探偵の冒險·東京篇』(筑摩書房, 1989)

藤森照信,『日本の近代建築(上): 幕末·明治篇』(岩波新書, 2010)

藤森照信,『日本の近代建築(下): 大政·昭和篇』(岩波新書, 2010)

牧英正·藤原明久,『日本法制史』(青林書院, 1993)

村松伸,「討伐支配の文法」,『現代思想』, 第23券, 第10号(1995. 10), pp. 8-21

山室信一 責任編集,『帝國日本の學知』, 第8卷: 空間形成と世界認識(岩波書店, 2006)

吉田憲司,『文化の發見』(岩波書店, 1999)

渡辺俊一,『'都市計畵'の誕生: —國際比較からみた日本近代都市計畵』(柏書房, 1993)

가라타니 고진,「미술관으로서의 역사: 오카쿠라 덴신과 페놀로사」, 하루오 시라네·스즈키
    토미 엮음, 왕숙영 옮김,『창조된 고전』(소명출판, 2001), 299~321쪽

가라타니 고진,「근대의 초극에 대하여」, 히로마쓰 와타루, 김항 옮김,『근대초극론: 일본 근대

사상사에 대한 시각』(민음사, 2003), 239~247쪽

가라타니 고진, 조영일 옮김, 『네이션과 미학』(도서출판 b, 2009)

강상중, 『오리엔탈리즘을 넘어』(이산, 1998)

강상훈, 『일제강점기 근대시설의 모더니즘 수용』, 서울대학교 건축학과 박사학위 논문(2004)

강영환, 『(새로 쓴) 한국 주거문화의 역사』(기문당, 2013)

강신용 · 장윤환, 『한국근대도시공원사』(대왕사, 2004)

고모리 요이치, 송태욱 옮김, 『포스트콜로니얼』(삼인, 2002)

고시자와 아키라, 윤백영 옮김, 『동경의 도시계획』(한국경제신문사, 1998)

고시자와 아키라, 장준호 편역, 『도쿄 도시계획 담론』(구미서관, 2007)

郭鐵椿 외 엮음, 신태갑 외 옮김, 『일본의 대련 식민통치 40년사』, 제1~2권(선인, 2012)

구메 구니타케, 박삼헌 외 옮김, 『특명전권대사 미구회람실기』, 총 5권(소명출판, 2010)

권용우, 『수도권의 이해』(보성각, 1999)

권태환 외, 『서울의 전통 이해』(서울학연구소 1997)

금요찬, 「Karl Friedrich Schinkel의 建築에 關한 考察: 그 建築構法과 形態를 中心으로」,
『동양대학교 논문집』, 제7집(2001), 5~33쪽

기로워드, 마크, 민유기 옮김, 『도시와 인간: 중세부터 현대까지 서양도시문화사』(책과함께,
2009)

김경남, 「1930년대 일제의 도시건설과 부산 시가지계획의 특성」, 『역사문화학회 학술대회 발
표자료집』(2004), 149~180쪽

김경리, 「'문명개화'와 긴자의 도시공간성에 관한 니시키에 연구: 긴자렌가도리니시키에(銀座
煉瓦通り錦繪)를 중심으로」, 『도시연구: 역사, 사회, 문화』, 제10호(2013), 39~67쪽

김경일 · 강창일, 「동아시아에서 아시아주의: 1870~1945년의 일본을 중심으로」, 『역사연구』,
제8호(2000), 269~332쪽

김광우, 「대한제국시대의 도시계획: 한성부 도시개조 사업」, 『鄕土서울』, 제50호(1991), 95~
122쪽

김기호, 「일제시대 초기의 도시계획에 대한 연구: 경성부 시구개정을 중심으로」, 『서울학연
구』, 제6호(1995), 41~66쪽

김대호, 「일제강점 이후 경복궁의 毀撤과 '活用'(1910~현재)」, 『서울학연구』, 제29호(2007.
8), 83~131쪽

김대호, 「1910~1920년대 조선총독부의 조선신궁 건립과 운영」, 『한국사론』, 50집(2004),
291~368쪽

김동욱, 「조선 초기 창건 경복궁의 공간구성: 고려궁궐과의 관계에 대해서」, 『건축역사연구』,

제7권, 2호(1998), 9〜27쪽

김명구, 『한말 일제강점기 민족운동론과 민족주의 사상』, 부산대학교 대학원 사학과 박사학
　　위 논문(2002)

김명선·박정대, 「일제강점기 도청사·부청사 건립의 배경과 성격」, 『大韓建築學會論文集
　　計劃系』, 제24권, 제2호(2008), 195〜206쪽

김영희, 「조선박람회와 식민지 근대」, 『동방학지』, 140집(2007), 221〜267쪽

김백영, 「식민지 시기 한국 도시사 연구의 흐름과 전망」, 『역사와 현실』, 81집(2011), 395〜
　　411쪽

김백영, 「식민지도시 비교연구를 위한 이론적 고찰」, 민유기 외, 『공간 속의 시간』(심산, 2007),
　　329〜368쪽

김백영, 「상징공간의 변용과 집합기억의 발명: 서울의 식민지 경험과 민족의 장소성 재구성」,
　　『공간과 사회』, 통권 제28호(2007), 188〜221쪽

김백영, 「왕조 수도로부터 식민도시로: 경성과 도쿄의 시구 개정에 대한 비교연구」, 『한국학
　　보』, 112권(2003), 76〜102쪽

김백영, 「1920년대 '대경성계획'을 둘러싼 식민권력의 균열과 갈등」, 공제욱·정근식 옮김,
　　『식민지의 일상. 지배와 균열』(문화과학사, 2006), 259〜300쪽

김백영, 「식민권력과 광장공간: 일제하 서울시내 광장의 형성과 활용」, 『사회와 역사』, 제90집
　　(2011), 271〜311쪽

김백영, 『지배와 공간: 식민지도시 경성과 제국 일본』(문학과지성사, 2009)

김영근, 「일제하 경성 지역의 사회 공간 구조의 변화와 도시경험: 중심-주변의 지역분화를 중
　　심으로」, 『서울학연구』, 제20호(2003), 139〜180쪽

김영근, 「도시계획과 도시공간의 변화」, 연세대학교 국학연구원 엮음, 『일제의 식민지배와 일
　　상생활』(혜안, 2004), 39〜74쪽

김영신, 「개항, 조차와 근대 만주 신흥도시의 흥기」, 유지원 외, 『근대 만주 도시 역사지리 연
　　구』(동북아역사재단, 2007), 64〜106쪽

김영재, 「나카무라 요시헤이의 서양건축양식의 수용과정과 그 의미」, 『大韓建築學會論文集
　　計劃系』, 제29권, 제5호(2013), 159〜170쪽

김영희, 「조선박람회와 식민지 근대」, 『동방학지』, 140집(2007), 221〜267쪽

김용규, 『혼종문화론: 지구화시대의 문화연구와 로컬의 문화적 상상력』(소명출판, 2013)

김용범, 「1920〜1930년대 경성의 근대 건축활동에 관한 기초연구: [朝鮮と建築]의 잡보 기
　　사를 중심으로」, 『서울학연구』, 제42호(2011. 2), 1〜48쪽

김용철, 「오카쿠라 텐신(岡倉天心)과 일본 미술사의 성립」, 『일본사상』, 제7호(2004. 10), 177

~197쪽

김은숙, 「중·고등학교 '국사'교과서의 고대 한일관계사 서술 내용 검토」, 『역사교육』, 제74집
(2000), 235~272쪽

김웅종, 「페르낭 브로델의 지리적 역사」, 국토연구원 엮음, 『현대 공간의 사상가들』(한울아카
데미, 2005), 413~431쪽

김정동, 「도래한 서양인 건축가에 관한 연구(1). 서울에서의 역할과 환경을 중심으로」, 『大韓
建築學會論文集 計劃系』, 5권, 4호(1989), 84~85쪽

김정동, 『남아 있는 역사, 사라지는 건축물』(대원사, 2000)

김정동, 『고종황제가 사랑한 정동과 덕수궁』(발언, 2004)

김정동, 「아시아의 작은 독일, 청도(칭다오)에서 건축가 로트케겔의 건축을 찾는다」, 『建築』,
45집, 7호(2001), 59~62쪽

김정락, 「프랑스 신고전주의건축이론에 대한 괴테의 논평으로서의 '독일건축에 대한 소고
Von Deutscher Baukunst'(1771~1772)」, 『서양미술사학회논문집』, 제40집(2014), 39
~61쪽

김제정, 「식민지기 박람회 연구 시각과 지역성」, 『도시연구: 역사·사회·문화』, 9호(2013), 7
~32쪽

김종근, 「식민도시 경성의 이중도시론에 대한 비판적 고찰」, 『서울학연구』, 제38호(2010), 1~
68쪽

김종록, 『근대를 산책하다』(다산초당, 2012)

김주관, 「개항장 공간의 조직과 근대성의 표상」, 『지방사와 지방문화』, 9-1(2006), 129~157쪽

김주관, 「개항도시공간의 전형, 외탄」, 김능우 외, 『중국 개항도시를 걷다: 소통과 충돌의 공
간, 광주에서 상해까지』(현암사, 2013), 27~43쪽

김주야·石田潤一郎, 「경성부 토지구획사업에 있어서 식민도시성에 관한 연구」, 『大韓建築
學會論文集 計劃系』, 제25권, 제4호(2009. 4), 169~178쪽

김종근, 「식민도시 경성의 이중도시론에 대한 비판적 고찰」, 『서울학연구』, 제38호(2010), 1~
68쪽

김춘식, 「제국주의 공간과 인종주의: 독일제국의 인종위생과 식민지 교주만의 인종정책을 중
심으로」, 『역사와 문화』, 23호, 113~137쪽

김춘식, 「독일제국의 중국 교주만 식민지 문화정책 1898~1914」, 『역사학연구』, 32집(2008),
379~407쪽

김춘식, 「제국주의 공간과 융합: 독일제국의 중국식민지도시건설계획과 건축을 중심으로」,
임경순·김춘식 엮음, 『과학기술과 공간의 융합』(한국학술정보, 2010), 231~258쪽

김춘식,「독일제국과 바다: 독일의 동아시아 해양정책과 식민지 건설계획을 중심으로」,『대구
　사학』, 91집(2005), 157~187쪽

김형열,「근대 산동의 도시건설 유형과 사회갈등 구조: 청다오(靑島)와 지난(濟南)의 도시 근
　대화를 중심으로」, 김태승 외,『도시화와 사회갈등의 역사』(심산, 2011), 135~186쪽

김형열,「산동 근대도시의 서구문화 수용과 교육환경: 청다오, 지난에서의 문화식민주의 성격
　을 중심으로」, 동의대학교 인문사회연구소 엮음,『동아시아 교류와 문화변용: 사회 · 문
　화 · 번역으로 본 동아시아 근대상』(박문사, 2013), 137~191쪽

김형렬,「독일의 청다오 경략과 식민공간의 확장(1898-1914)」,『중국사연구』, vol. 70(2011),
　253~290쪽

김호열,「1930년대 서울 주민의 문화수용에 관한 연구: '府民館'을 중심으로」,『서울학연구』,
　제15호(2000), 199~236쪽

김흥순,「일제강점기 도시계획에서 나타난 근대성: 조선시가지계획령을 중심으로」,『서울도
　시연구』, 제8권, 제4호(2007), 155~173쪽

나리타 류이치, 서민교 옮김,『근대도시공간의 문화경험: 도시공간으로 보는 일본근대사』(뿌
　리와이파리, 2011)

나인호,『개념사란 무엇인가. 역사와 언어의 새로운 만남』(역사비평사, 2011)

나카네 타카유키, 건국대학교 대학원 일본문화언어학과 옮김,『'조선' 표상의 문화지: 근대 일
　본과 타자를 둘러싼 지의 식민지화』(소명출판, 2011)

남영우 · 곽수정,「고대도시 장안성의 입지적 의미와 도시구조」,『한국도시지리학회지』, 제140
　권, 1호(2011), 1~16쪽

노라, 피에르, 김인중 외 옮김,『기억의 장소 1. 공화국』(나남, 2010)

니시카와 나가오, 한경구 · 이목 옮김,『국경을 넘는 방법. 문화 · 문명 · 국민국가』(일조각, 2006)

다나카 아키라, 현명철 옮김,『메이지유신과 서양 문명: 이와쿠라 사절단은 무엇을 보았는가』
　(소화, 2006)

다카기 히로시,「일본 미술사와 조선 미술사의 성립」, 임지현 · 이성시 엮음,『국사의 신화를
　넘어서』(휴머니스트, 2004), 165~196쪽

다카시 후지타니, 한석정 옮김,『화려한 군주: 근대일본의 권력과 국가의례』(이산, 2003)

다케우치 요시미, 서광덕 · 백지운 옮김,『일본과 아시아: 다케우치 요시미 평론선』(소명출판,
　2006)

두아라, 프래신짓트, 한석정 옮김,『주권과 순수성: 만주국과 동아시아적 근대』(나남, 2008)

레이 초우, 정재서 옮김,『원시적 열정: 시각, 섹슈얼리티, 민족지, 현대중국영화』(이산, 2010)

Relph, Edward, 김동국 옮김,『근대도시경관』(태림문화사, 1999)

류시현, 『최남선 평전』(한겨레출판, 2011)

류시현, 『최남선 연구: 제국의 근대와 식민지의 문화』(역사비평사, 2009)

르페브르, 앙리, 박정자 옮김, 『현대세계의 일상성』(기파랑, 2005)

리어우판, 장동천 외 옮김, 『상하이 모던: 새로운 중국 도시 문화의 만개 1930~1945』(고려대
　　학교 출판부, 2007)

마쓰우라 마사타카, 「'소일본주의', '민간재계주의', '대아시아주의': 근대 일본에서의 아시아
　　주의의 세 가지 가능성」, 동북아역사재단 엮음, 『동아시아의 지식교류와 역사기억』(동북
　　아역사재단, 2009), 115~175쪽

모리 오가이, 손순옥 옮김, 「무희」, 『모리 오가이 단편집』(지만지, 2012)

목수현, 『일제하 박물관의 형성과 그 의미』, 서울대학교 고고미술사학과 석사학위 논문(2000)

목수현, 「일제하 이왕가박물관(李王家博物館)의 식민지적 성격」, 『미술사학연구』, 227집
　　(2000), 81~104쪽

문정희·이병렬, 「도시계획 활동과 이념: 조선시대 및 일제시대의 도시계획을 중심으로」, 『국
　　토계획』, 제25권, 제2호(통권 57호, 1990), 13~36쪽

미즈노 나오키, 「식민지 조선에서의 이토 히로부미의 기억: 서울(京城)의 박문사(博文寺)를
　　중심으로」, 이성환·이토 유키오 엮음, 『한국과 이토 히로부미』(선인, 2009), 369~401쪽

민유기, 「이와쿠라 사절단의 프랑스 근대도시 체험과 인식」, 『사총』, 80호(2003), 59~90쪽

바루마, 이언, 아비샤이 마갤릿, 송충기 옮김, 『옥시덴탈리즘』(민음사, 2007)

바르트, 롤랑, 김주환·한은경 옮김, 『기호의 제국』(산책자, 2008)

바바, 호미, 나병철 옮김, 『문화의 위치: 탈식민주의 문화이론』(소명출판, 2002)

바슐라르, 가스통, 곽광수 옮김, 『공간의 시학』(동문선, 2003)

박석순 외, 『일본사』(대한교과서주식회사, 2005)

박세훈, 「동원된 근대: 일제시기 경성을 통해본 식민지 근대성」, 『한국근대미술사학』, 제13집
　　(2004), 119~149쪽

박세훈, 「1920년대 경성도시계획의 성격: '경성도시계획연구회'와 '도시계획운동'」, 『서울학
　　연구』, 제15호(2000), 167~198쪽

박세훈, 「1920년대 경성의 도시계획과 도시계획운동」, 박진한 외, 『제국 일본과 식민지 조선
　　의 근대도시 형성』(심산, 2013), 81~113쪽

박순관, 『동남아 건축문화 산책』(한국학술정보, 2013)

방광석, 『근대일본의 국가체제 확립과정: 이토 히로부미와 '제국헌법체제'』(혜안, 2008)

방광석, 「메이지 관료의 '문명'인식. 이와쿠라사절단의 재조명」, 임성모 외, 『동아시아 역사 속
　　의 여행 2: 네트워크, 정체성』(산처럼, 2008), 347~368쪽

방광석,「메이지 관료의 유럽 '지식순례'」, 김유철 외,『동아시아 역사 속의 여행 I: 경계, 정보, 교류』(산처럼, 2008), 341~363쪽

박형용,「한국의 근대도시계획 형성」,『공간과 사회』, 특권 제9호(1997), 74~93쪽

백지운,「식민지의 기억, 그 재영토화를 위하여: 존스턴 별장을 통해 본 동아시아 조계(租界) 네트워크」,『중국현대문학』, 42집(2007), 201~240쪽

버넬, 마틴, 오흥식 옮김,『블랙 아테나. 서양고전 문명의 아프리카, 아시아적 뿌리』(소나무, 2006)

버크, 에드먼드, 김동훈 옮김,『숭고와 아름다움의 이념의 기원에 대한 철학적 탐구』(마티, 2006)

벅모스, 수전, 김성호 옮김,『헤겔, 아이티, 보편사』(문학동네, 2012)

벌린, 이사야, 강유원·나현영 옮김,『낭만주의의 뿌리: 서구세계를 바꾼 사상 혁명』(이제이북스, 2005)

벨러, 에른스트, 이강훈·신주철 옮김,『아이러니와 모더니티 담론』(동문선, 2005)

벨러, 한스 울리히, 이용일 옮김,『허구의 민족주의』(푸른역사, 2007)

보머, 프랭클린, 조호연 옮김,『유럽 근현대 지성사』(현대지성사, 2000)

사카이 나오키, 후지이 다케시 옮김,『번역과 주체. '일본'과 문화적 국민주의』(이산, 2005)

서울특별시,『서울시 토지구획정리 연혁지』(1984)

서울특별시사편찬위원회 엮음,『서울건축사』(서울특별시, 1999)

서울특별시사편찬위원회 엮음,『서울六百年史』, 제4권(1977)

서울시사편찬위원회,『漢江史』(1985)

서울특별시,『漢江 綜合開發事業 建設誌』(1988)

성희엽,「이와쿠라(岩倉) 사절단의 國家構想 연구:『米歐回覽實記』에 나타난 國家構想을 중심으로」,『국제지역학논총』, 제4권, 1호(2011), 23~47쪽

손정목,『한국현대도시의 발자취』(일지사, 1989)

손정목,『일제강점기 도시사회상 연구』(일지사, 1996)

손정목,『일제강점기 도시계획 연구』(일지사 1990)

손정목,『한국 지방제도 자치사 연구(上)』(일지사, 1992)

손정목,「식민도시계획과 그 유산」, 서울시정개발연구원,『서울 20세기 공간 변천사』(서울시 정개발연구원, 2001), 449~506쪽

손정목,『한국 지방제도 자치사연구: 갑오경장~일제강점기 上』(1992)

손정목,『서울 도시계획 이야기: 서울 격동의 50년과 나의 증언 1』(한울, 2003)

손정목,「I. 태평로 1가의 경성 부민관(府民館)」, 세종문화회관전사편집위원회,『世宗文化會

館 全史』(세종문화회관, 2002), 66~75쪽

송기형, 『여의도 국회의사당의 건립배경과 건설과정에 관한 연구』, 한양대학교 공학대학원 석사학위 논문(2007)

송도영, 「다문화적 관점에서 본 지중해 이슬람 도시: 모로코 페스의 사례연구」, 『지중해지역 연구』, 10-4(2008), 59~83쪽

송도영, 「상징공간의 정치: 프랑스의 북아프리카 식민도시정책」, 『한국문화인류학』, 35- 2(2002), 127~155쪽

쇼르스케, 카를, 김병화 옮김, 『세기말 비엔나』(구운몽, 2006)

슈미드, 앙드레, 정여울 옮김, 『제국 그 사이의 한국 1895~1919』(휴머니스트, 2007)

슈페어, 알베르트, 김기영 옮김, 『기억: 제3제국의 중심에서』(마티, 2007)

스즈키 사다미, 정재정·김병진 옮김, 『일본의 문화내셔널리즘』(소화, 2008)

스즈키 히로유키, 우동선 옮김, 『서양 근현대 건축의 역사: 산업혁명기에서 현재까지』(시공아 트, 2009)

신기욱·마이클 로빈슨 엮음, 도면회 옮김, 『한국의 식민지 근대성: 내재적 발전론과 식민지 근대화론을 넘어서』(삼인, 2006)

신예경·김진균, 「20세기 이후 서울 도심 내 주요 공공건축의 형성 및 공간적 특성: 서울시청, 서울중앙우체국, 서울역을 중심으로」, 『大韓建築學會論文集 計劃系』, 제25권, 제4호 (2009), 107~118쪽

신주백, 「박람회, 과시, 선전, 계몽, 소비의 체험공간」, 『역사비평』, 67호(2004), 357~394쪽

아라이 신이치, 이태진·김은주 옮김, 『약탈문화재는 누구의 것인가: 일제의 문화재 반출과 식 민주의 청산의 길』(태학사, 2014)

아오이 아키히토, 김하나·우동선 옮김, 「계획의 식민지/일상의 식민지: 도시사의 시각」, 『건 축역사 연구』, 제16권, 2호(통권 51호, 2007), 182~207쪽

안영진, 「독일 공간정책의 변화과정과 이념상에 관한 연구」, 『지리학연구』, 제33권, 제2호 (1999), 121~136쪽

안창모, 『덕수궁』(동녘, 2010)

안창모, 「해방 이후 서울의 도시계획과 도시·건축의 변화」, 『서울, 베이징, 상하이, 도쿄의 대 도시로의 성장과정 비교연구 I』(서울시립대학교 서울학연구소, 2006), 49~101쪽

야마베 겐타로, 최혜주 옮김, 『일본의 식민지 조선통치 해부』(어문학사, 2011)

야머, 막스, 이경직 옮김, 『공간 개념: 물리학에 나타난 공간론의 역사』(나남, 2008)

야스카와 주노스케, 이향철 옮김, 『후쿠자와 유키치의 아시아 침략사상을 묻는다』(역사비평사, 2011)

양택규, 『경복궁에 대해 알아야 할 모든 것: 친절하면서도 꼼꼼한 경복궁 답사기』(책과함께, 2007)

영, 로버트 J. C., 김택현 옮김, 『포스트식민주의 또는 트리컨티넨탈리즘』(박종철출판사, 2005)

염복규, 「식민지 근대의 공간 형성: 근대 서울의 도시계획과 도시공간의 형성, 변용, 확장」, 『문화과학』, 39호(2004), 197~219쪽

염복규, 『일제하 경성도시계획의 구상과 실행』, 서울대학교 국사학과 박사학위 논문(2009)

염복규, 『서울은 어떻게 계획되었는가』(살림, 2005)

염복규, 「식민지 도시계획의 유산과 그에 대한 인식: 손정목, '일제강점기 도시계획 연구'를 중심으로」, 『한국사연구』, 제149호(2010. 6), 401~422쪽

염운옥, 「야나기 무네요시와 '오리엔탈 오리엔탈리즘'」, 『역사와 문화』, 14호(2007), 235~252쪽

오스터함멜, 위르겐, 박은영·이유재 옮김, 『식민주의』(역사비평사, 2006)

오이시 마나부, 「일본 근세도시 에도의 기능과 성격」, 『도시인문학연구』, 제1권, 1호(2009), 123~137쪽

오카타 준이치로, 「근대 도쿄의 도시계획: 교외화와 도시변신」, 『서울, 베이징, 상하이, 도쿄의 대도시로의 성장과정 비교연구 I』(서울시립대학교 서울학연구소, 2006), 103~186쪽

오쿠보 다카키, 송석원 옮김, 『일본문화론의 계보』(소화, 2012)

요시미 순야, 이태문 옮김, 『박람회: 근대의 시선』(논형, 2004)

와트킨, 데이비드, 우동선 옮김, 『건축사학사』(시공사, 1997)

왕흠, 「독일 점령시기 발전된 중국 칭다오 건축에 관한 연구」, 『대한건축학회 학술발표대회 논문집』, 제33권, 제1호(2013), pp. 129~130

우동선, 「세키노 다다시(關野貞)의 한국 고건축 조사와 보존에 대한 연구」, 『大韓建築學會論文集 計劃系』, 제22권, 제7호(2006), 135~146쪽

우동선, 「하노이에서 근대적 도시시설의 기원」, 『大韓建築學會論文集 計劃系』, 제23권, 제4호(2007), 147~158쪽

우동선·박성진 외, 『궁궐의 눈물, 백년의 침묵』(효형출판, 2009)

유모토 고이치, 연구공간 수유+너머 동아시아 근대 세미나팀 옮김, 『일본 근대의 풍경』(그린비, 2004)

윤대석, 「경성의 공간분할과 정신분열」, 『국어국문학』, 144호(2006), 91~112쪽

윤인석, 「남촌의 근대 건축물」, 김기호 외, 『서울 남촌: 시간, 장소, 사람』(서울학연구소, 2003), 129~172쪽

윤인석, 「일본의 근대화 과정과 일본 근대 건축의 변천 과정」, 『建築』, 제40권, 8호(1996), 11~16쪽

尹一柱, 『한국 양식건축 80년사: 解放前篇』(治庭文化社, 1966)

윤치호, 김상태 엮고옮김, 『윤치호 일기(1916~1943)』(역사비평사, 2007)

윤해동 외, 『근대를 다시 읽는다: 한국 근대 인식의 새로운 패러다임을 위하여』, 제1권(역사비
　　평사, 2006)

윤홍기, 「경복궁과 구 조선총독부 건물 경관을 둘러싼 상징물 전쟁」, 『공간과 사회』, 제15호
　　(2001), 282~305쪽

은정태, 「박정희 시대 성역화 사업의 추이와 성격」, 『역사문제연구』, 제15집(2005), 241~277쪽

이경찬, 허준, 「沈陽의 都市空間構造 變遷過程에 대한 計劃史的 考察」, 『韓國傳統造景
　　學會誌』, 제24권, 제4호(2006. 12), 92~101쪽

이경택, 『서울의 都市景觀 形成과 變化에 관한 動因 研究』, 고려대학교 지리학과 박사학위
　　논문(2012)

이규목, 「서울 근대도시경관 읽기」, 서울시정개발연구원, 『서울 20세기 공간 변천사』(서울시
　　정개발연구원, 2001), 99~158쪽

이규목 · 김한배, 「서울 도시경관의 변천 과정 연구」, 『서울학 연구』, 제2호(1994), 1~56쪽

이규철, 『대한제국기 한성부 도시공간의 재편』, 서울대학교 박사학위 논문(2010)

이금도 · 서치상, 「조선총독부 건축기구의 조직과 직원에 관한 연구」, 『大韓建築學會論文集
　　計劃系』, 제23권, 제4호(2007), 137~146쪽

이금도, 『조선총독부 건축기구의 건축사업과 일본인 청부업자에 관한 연구』, 부산대학교 건
　　축공학과 박사학위 논문(2007)

이기봉, 「지역과 공간 그리고 장소」, 『문화역사지리』, 제17권, 제1호(2005), 121~137쪽

이노우에 가쓰오, 이원우 옮김, 『막말 유신』(어문학사, 2013)

이명규, 「한국 근대도시계획제도의 발달과 서울」, 최상철 외, 『동양 도시사 속의 서울』(서울시
　　정개발연구원, 1994), 421~452쪽

이영석 · 민유기 외, 『도시는 역사다』(서해문집, 2011)

이성시, 「조선왕조의 상징공간과 박물관」, 임지현 · 이성시 엮음, 『국사의 신화를 넘어서』(휴머
　　니스트, 2004), 265~295쪽

이순우, 『통감관저: 잊혀진 경술국치의 현장』(하늘재, 2010)

이순우, 『손탁호텔』(하늘재, 2012)

이순우, 『테라우치 총독, 조선의 꽃이 되다』(하늘재, 2004)

이순우, 『광화문 육조앞길』(하늘재, 2012)

이순자, 『일제강점기 고적조사사업 연구』, 숙명여자대학교 사학과 박사학위 논문(2007)

이순자, 『조선의 숨겨진 왕가 이야기』(평단문화사, 2013)

이승일 외, 『일본의 식민지 지배와 식민지적 근대』(동북아역사재단, 2009)

이에나가 사부로 엮음, 연구공간 '수유+너머' 일본근대사상팀 옮김, 『근대일본사상사』(소명출판, 2006)

이태진, 「1896~1904년 서울 도시개조 사업의 주체와 지향성」, 『한국사론』, 제37호(1997), 181~206쪽

이토 다케시, 「근대 도쿄의 도시공간」, 『서울, 베이징, 상하이, 도쿄의 대도시로의 성장과정 비교연구 I』(서울시립대학교 서울학연구소, 2006), 187~223쪽

이하늘·김태영, 「20세기 초 한국에서 활동한 일본인 건축가의 조직과 계보에 관한 연구」, 『大韓建築學會聯合論文集』, 제11권, 제3호(2009. 9), 59~66쪽

이한석 외, 「항구도시 칭다오의 식민지 시대 도시변천과 근대 건축형성에 관한 연구」, 『한국항해항만학회지』, 제34권, 제5호(2010), 355~365쪽

이행철·윤인석, 「건축가 나상진의 작품활동에 관한 연구」, 『大韓建築學會論文集 計劃系』, 제21권, 제2호(2001), 577~580쪽

이혜은, 「서울 20세기 교통의 발달」, 서울시정개발연구원, 『서울 20세기 공간 변천사』(서울시정개발연구원, 2001), 159~223쪽

임덕순, 「朝鮮初期 漢陽 定都와 首都의 象徵化」, 이혜은 외, 『서울의 景觀變化』(서울학연구소, 1994), 17~64쪽

임석재, 『사회미학으로 읽는 개화기: 일제강점기 서울 건축』(이화여자대학교 출판부, 2011)

임석재, 『서울, 건축의 도시를 걷다 1』(인물과사상사, 2010)

장규식, 『서울, 공간으로 본 역사』(혜안, 2004)

장기인, 「조선총독부 청사」, 『建築』, 제35권, 2호(1991), 44~50쪽

장세룡, 「앙리 르페브르와 공간의 생산: 역사이론적 '전유'의 모색」, 『역사와 경계』, 제58집(2006), 293~325쪽

장세룡, 「헤테로토피아:(탈)근대 공간 이해를 위한 시론」, 『대구사학』, 95권(대구사학회, 2009), 285~317쪽

전남일 외, 『한국 주거의 공간사』(돌베개, 2011)

전남일 외, 『한국 주거의 사회사』(돌베개, 2009)

전상숙, 「우가키 총독의 내선융화 이데올로기와 농공병진 정책: 우가키 조선 총독정치의 지배정책사적 의미에 대한 재고찰」, 『현상과 인식』, 제34집(2010), 41~63쪽

전진성, 『보수혁명: 독일 지식인들의 허무주의적 이상』(살림, 2001)

전진성, 『역사가 기억을 말하다: 이론과 실천을 위한 기억의 문화사』(휴머니스트, 2005)

전진성, 「나치 과거 해석의 주도권 경쟁」, 김승렬·신주백 외, 『분단의 두 얼굴』(역사비평사,

2005), 317~334쪽

정규홍, 『우리 문화재 수난사: 일제기 문화재 약탈과 유린』(학연문화사, 2005)

정상수, 「독일제국주의와 교주만 점령 1897/98년」, 『역사학보』, 제194집, 327~362쪽

정영효, 「'조선호텔': 제국의 이상과 식민지 조선의 표상」, 『한국어문학연구』, 제55집(2010),
    317~348쪽

정운현, 『서울시내 일제유산답사기』(한울, 1996)

정재정, 「덕수궁 주변 근대화의 자취」, 서울학연구소 편, 『서울의 문화유산 탐방기』(1997),
    261~293쪽

정재정, 『서울 근현대 역사기행』(서울학연구소, 1996)

정재정, 『일제침략과 한국철도』(서울대출판부, 1999)

조동걸, 『식민지 조선의 농민운동』(역사공간, 2010)

조명래, 『현대사회의 도시론』(한울아카데미, 2006)

조병로 외, 『조선총독부의 교통정책과 도로건설』(국학자료원, 2011)

조은애, 「식민도시의 상징과 잔여: 염상섭 소설의 在京城 일본인, 그 재현(불)가능의 장소
    들」, 『한국문학이론과 비평』, 제57집(2012), 453~482쪽.

조재모, 『궁궐, 조선을 말하다: 궁궐로 읽는 조선의 제도와 이념』(아트북스, 2012)

조형근, 「근대성의 내재하는 외부로서 식민지성/식민지적 차이와 변이의 문제」, 『사회와 역
    사』, 통권 73호(2007), 385~418쪽

주완요, 『대만: 아름다운 섬, 슬픈 역사』(신구문화사, 2003)

주윤정, 「조선물산공진회와 식민주의의 시선」, 『문화과학』, 33호(2003), 145~160쪽

주은우, 『시각과 현대성』(한나래, 2003)

최경옥, 「日本의 明治憲法制定에 있어서 外國人의 影響」, 『헌법학연구』, 제7권, 제1호
    (2001), 233~266쪽

최경옥, 「日本의 明治憲法上 天皇의 法的地位」, 『헌법학연구』, 제10권, 제3호(2004), 487
    ~510쪽

최경옥, 「日本에 있어서의 教育基本法의 思想的 背景」, 『헌법학연구』, 제12권, 제5호
    (2006), 303~328

최병두, 「도시발전 전략으로서 정체성 형성과 공적 공간의 구축에 관한 비판적 성찰」, 서울시
    립대학교 도시인문학연구소 엮음, 『도시공간의 인문학적 모색』(메이데이, 2009), 189~
    245쪽

최석영, 『한국 근대의 박람회·박물관』(서경문화사, 2001)

최연식·이필영, 「이와쿠라 사절단이 본 서양: 모방과 습합(習合)」, 『동서연구』, 25권, 2호(2013),

35~63쪽

최인영, 「일제 시기 경성의 도시공간을 통해 본 전차 노선의 변화」, 『서울학연구』, 제41호 (2010. 11), 31~62쪽

최장순, 「19세기 전반기 독일건축가 Karl Friedrich Schinkel의 건축 작품에 관한 연구」, 『대한건축학회연합논문집』, 제9권, 제1호(2007), 1~8쪽

칼리니스쿠, M., 이영욱 외 옮김, 『모더니티의 다섯 얼굴』(시각과언어, 1987)

컨, 스티븐, 박성관 옮김, 『시간과 공간의 문화사』(휴머니스트, 2004)

다네히사 오타베, 「일본의 미학 확립기에 있어서 동서교섭사: 동양적 예술을 중심으로 본 오카쿠라 텐신, 와츠지 테츠로, 오오니시 요시노리」, 『미학·예술학 연구』, 27집(2008), 235~265쪽

팁튼, 엘리스 K., 존 클락, 이상우 외 옮김, 『제국의 수도, 모더니티를 만나다: 다이쇼 데모크라시에서 쇼와 모더니즘까지』(2012, 소명출판)

포러, 매티, 「도시 상징주의」, 김주관 외, 『사상가들 도시와 문명을 말하다』(한길사, 2014), 159~182쪽

푸코, 미셸, 오생근 옮김, 『감시와 처벌: 감옥의 역사』(나남, 2003),

푸코, 미셸, 오트르망 외 옮김, 『안전, 영토, 인구』(난장, 2012)

푸코, 미셸, 이상길 옮김, 『헤테로토피아』(문학과지성사, 2014)

프랑카스텔, P., 안-바롱 옥성 옮김, 『미술과 사회』(민음사, 1998)

하가 도루, 손순옥 옮김, 『명치유신과 일본인』(예하, 1989)

하비, 데이비드, 최병두 옮김, 『희망의 공간: 세계화, 신체, 유토피아』(한울, 2001)

하비, 데이비드, 김병화 옮김, 『모더니티의 수도 파리』(생각의나무, 2005)

하상복, 「광화문의 정치학, 예술과 권력의 재현」, 『한국정치학회보』, 제43집, 제3호(2009 가을), 77~98쪽

하상복, 『광화문과 정치권력』(서강대학교 출판부, 2010)

하시야 히로시, 김제정 옮김, 『일본제국주의, 식민지도시를 건설하다』(모티브북, 2005)

하즈다 도루, 김동영·조극래 옮김, 『모방과 창조의 공간사』(보문당, 2003)

한국건축개념사전 기획위원회 편, 『한국건축개념사전』(동녘, 2013)

한국국가기록연구원 엮음, 『조선총독부 도시계획 공문서와 기록평가론』(진리탐구, 2008)

한국기록연구원, 『조선총독부 공문서 종합목록집』(한울, 2005)

한영우, 『왕조의 설계자 정도전』(지식산업사, 1999)

허병식, 「식민지 조선과 '신라'의 심상지리」, 황종연 엮음, 『신라의 발견』(동국대학교출판부, 2008), 115~144쪽

허영란·류준범·김제정, 「한국 근현대 속의 거리광고물과 가로경관: 서울 도심의 간판을 중심으로」, 서울시립대학교 서울학연구소 공편, 『서울 20세기 생활·문화변천사』(서울시정개발연구원, 2001), 611~668쪽

허영섭, 『일본, 조선총독부를 세우다』(채륜, 2010)

현재열·김나영, 「비교적 전망에서 본 식민지도시의 역사적 전개와 공간적 특징」, 『石堂論叢』, 50집(2011), 655~689쪽

황기원, 「서울 20세기 공원·녹지의 변천. 자연속의 도시에서 도시속의 자연으로」, 서울시정개발연구원, 『서울 20세기 공간 변천사』(서울시정개발연구원, 2001), 379~447쪽

황호덕, 『근대 네이션과 그 표상들: 타자·교통·번역·에크리튀르』(소명출판, 2005)

홍순민, 「고종대 경복궁 중건의 의미」, 『서울학연구』, 제29호(2007. 8), 57~82쪽

홍순민, 「일제의 식민침탈과 경복궁 훼손: 통치권력의 상징성 탈취」, 『문명연지』, 제5권, 제1호(2004), 5~34쪽

히로마쓰 와타루, 김항 옮김, 『근대초극론: 일본 근대 사상사에 대한 시각』(민음사, 2003)

히야마 히사오, 정선태 옮김, 『동양적 근대의 창출: 루쉰과 소세키』(소명출판, 2004)

찾아보기

주제어

가스미가세키 거리 · 342, 350

가쓰라이 궁 · 313, 314, 323

간토 대지진 · 351, 385, 400, 404, 406, 453, 560

개항장 양식 · 243, 307, 336, 360

견본 식민지 · 232, 235, 246, 256

경성 시구개수 사업 · 435, 439, 443, 447, 448, 450, 451, 452, 461, 468, 470

경성부민관 · 567, 570, 572

경성도시계획연구회 · 452, 453, 454, 558

경성부 청사(경성부청) · 558, 560, 562, 586

경성 시가지계획 사업 · 459

경성역 · 511, 540, 547~550, 554, 567, 586

경성우편국 · 540, 544, 547

경성재판소 · 540, 554, 556, 562

경성토목출장소 · 451

경운궁(덕수궁) · 22, 432~435, 439, 441, 448, 460, 462, 476, 487, 516

경지정리법 · 399

경회루 · 478, 519, 597

공예지도소 · 425

공작연맹 · 207~209, 215, 218, 313, 314, 377

공화국의 궁전Palast der Republik · 628

관청사광장Place Administrative · 241, 242

관청집중계획 · 339, 345~349, 367, 369, 372, 406, 508, 510, 558

광무개혁 · 433, 513

교코行幸 도로 · 405, 407, 508

구박물관Altes Museum · 62, 102, 108, 112, 116, 117, 120, 121, 123, 131, 139, 147, 152, 174, 190, 219

구아절충식 · 419

국가(적) 텍토닉 · 132, 133, 137, 139, 294, 195, 305, 312, 595, 634

국가유기체설 · 137, 139

국도건설계획법 · 415

국립도서관Staatsbibliothek · 624

국립오페라극장Staatsoper · 84

국립중앙박물관 · 22, 600, 610

국민교육헌장 · 605

국회의사당(여의도) · 589, 594, 595~598, 600

궁성 앞 광장Schloßplatz · 80, 121, 190

궁성교Schloßbrücke · 190, 374

궁성외원(황거 앞 광장) · 350, 351, 354, 406

그리스해방전쟁 · 104

그리스도교회Christuskirche · 252

근린제국주의 · 407, 408

근정전勤政殿 · 433, 474, 475, 479, 485, 487, 496, 507, 519

긴자 벽돌거리銀座煉瓦通り · 330, 331, 335, 336, 338, 339, 340, 347, 351, 359

꿈마루 · 634, 636~639

나고야시역소 본청사名古屋市役所 本廳舍 · 564

남대문정차장 · 438, 441, 548

남만주철도주식회사(만철) · 402, 407, 410, 411, 414, 415, 548

낭만주의 · 70, 73, 74, 98, 123, 136, 146, 169, 207

네오고딕 · 101, 156, 160, 163, 164, 170, 175, 183, 211, 237, 350, 362, 263

네오로마네스크 · 184, 254

네오르네상스 · 164, 165, 169, 170, 172, 174, 180, 181, 183, 184, 211, 227, 228, 245, 248, 254, 307, 309, 344, 367, 369, 377, 380, 420, 501, 504, 529, 530, 544, 556, 572, 580

네오바로크 · 62, 160, 164, 181, 182, 183, 210, 211, 227, 245, 248, 249, 364, 374, 380, 381, 420, 501, 504, 510, 528, 529, 530, 537, 543

네오팔라디오주의 · 182, 363, 374, 556

니주바시二重橋 · 309, 372

니콜라이 지구Nikolaiviertel · 631

니혼바시日本橋 · 331, 374

다롄 민정경찰서大連民政署 · 411

다이묘 · 327, 328, 329, 348

다채장식(론) · 167, 175

다통 광장大同廣場 · 416, 419, 420, 422

담론 형성체 · 48, 52, 180, 183, 245, 267, 268, 289, 330, 431, 602

대경성계획 · 456

대안문大安門 · 433

대영박물관 · 67, 276, 282

대일본제국헌법(메이지 헌법) · 295, 296, 298, 300, 302, 303, 304, 309

대한의원 본관 · 436, 529, 530, 549

데지마 · 307

도구고쇼東宮御所 · 379, 380

도로텐슈타트 · 79

도리아 양식 · 103, 550, 564

도시 스프롤 · 397

도시계획조사회 · 401, 452

도시궁전Stadtpalast · 629

도시미화운동 · 204

도시연구회 · 401

도쿄 재판소 · 367, 369, 372

도쿄 제국대학 공과대학 건물 · 363

도쿄 시정회관 · 570, 572

도쿄 제국호텔 · 264

도쿄부청東京府廳 · 372, 374

도쿄시구개정조례 · 346~351, 372

도쿄시구개정토지건물처분규칙 · 397

도쿄 중앙(정차)역 · 342, 350, 381

독립문 · 436

독일 돔Deutscher Dom · 112

독일 오찬회 · 74, 97

독일 클럽German Club · 245, 252

독일제국의회 의사당 · 186, 207

동양척식주식회사 경성 지점 사옥 · 537, 540, 543

드레스덴 왕립궁정극장Königliches Hoftheater in Dresden · 170

라쉬트라파티 바반Rashtrapati Bhavan · 239

라오콘Laocoön · 127, 128, 143

라인스베르크 성Schloß Rheinsberg · 81, 90

란트베어 운하Landwehrkanal · 194

러일전쟁 · 232, 252, 349, 379, 383, 406, 409,

413, 532

로마 판테온Roman Pantheon · 81, 118

로코코 · 63, 65, 77, 86, 91, 128, 130, 142, 151, 180, 232

로쿠메이칸鹿鳴館 · 359

로톤다 별장Villa Rotonda · 84

루아얄 광장Place Royale · 81

르네상스 팔라초 양식 · 543, 556

리젠트가 · 336

링슈트라세 · 211, 214, 215

마니에리슴 · 182, 529

마루노우치 거리(오피스빌딩가) · 331, 350, 359, 383

마리엔부르크 성곽Schloß Marienburg · 99, 104

만주국 국무원 · 415, 420

만주중앙은행 본점滿洲中央銀行總行 · 422

메캐덤 공법 · 335, 452

메이지 은행明治銀行 사옥 · 567

명동성당 · 436

문화광장Kulturforum · 172, 180, 624

문화민족주의 · 7, 8, 312, 323, 600, 602~606, 608, 613

문화프로테스탄티즘 · 75

미술·공예운동 · 205~207, 377

미술사 박물관Kunsthistorisches Museum · 214

미쓰비시 1호관三菱一号館 · 350, 359, 360

미쓰코시 백화점三越百貨店 · 574

바벨스베르크 성Schloß Babelsberg · 153

바우하우스 · 209, 425

바이마르 공화국 · 217, 624, 625, 631, 634

박문사博文寺 · 514

박물관섬Museuminsel · 218, 630

발할라Walhalla · 72

법륭사 금당벽화 · 604

베르사유 궁 · 534

베를린 건축학교Bauakademie · 66, 96, 148, 149, 151, 341

베를린 공원Parc de Berlin · 90

베를린 궁Berliner Schloß · 80, 626, 628, 629, 632

베를린 대학Friedrich Wilhelm Universität · 62, 69, 86, 148, 289, 296

베를린 돔교회Berliner Dom · 62, 381

베를린 동물원Zoologischer Garten · 341, 344

베를린 시청사Berliner Rathaus · 572

(베를린) 역사박물관Zeughaus · 62, 108

베를린 왕궁Berliner Schloß · 62, 86, 112, 121, 628

베를린 장벽 · 621

베벨 광장Bebelplatz · 90, 631

병영식 임대주택 · 165, 202, 215, 216, 218

보나파르티즘 · 196, 197

보르비콩트 성Château de Vaux-le-Vicomte · 534

보신각普信閣 · 470, 478, 481

분리파(세셋슌) · 206, 254, 384, 385, 474, 492, 582

브란덴부르크 문Brandenburger Tor · 62, 90, 92, 95, 96, 106, 121, 184, 190, 290, 352

비공식적 제국주의 · 237

비스타vista · 195

빌헬름주의 · 182, 186, 244, 378

사법성 청사 · 367, 369, 372

사쓰마 번 · 288, 297

사직단 · 432, 473, 477, 516

상수시Sanssouci · 85, 153, 193, 232

생체정치 · 139, 295

샤를로텐부르크 궁Schloß Charlottenburg · 86, 90

샤를로텐호프Charlottenhof · 153

샹젤리제 · 61, 278

서대문형무소역사관 · 612

선은전광장鮮銀前廣場 · 441, 540, 544, 547, 557, 558, 564, 574

성 마르크 교회St. Mark Church · 237

성 헤트비히 성당St. Hedwigs-Kathedrale · 81, 85

성벽처리위원회 · 444

세종문화회관 · 606, 608, 610

소小글리니케 궁Schloß Klein-Glienicke · 153

손탁 호텔Sontag Hotel · 436

수정궁Crystal Palace · 163

슈베트 궁Palais Schwedt · 95

슈타인 참예 · 304

슈트라스부르크 대성당Straßburger Münster · 99

슐레지엔전쟁 · 81, 85

스탈린 가로Stalinallee · 630

스투파 · 238

승전가도Via Triumphalis · 107

승전기념탑Siegessäule · 90, 352

시가지건축물법 · 397~399, 401~404, 413, 456

시가지건축취체규칙 · 447, 457

시부광장市府廣場 · 410

시빅센터シビックセンター · 416, 422

시정기념관市政記念館 · 532, 615

시정오년기념조선물산공진회 · 474, 518, 519

신즉물주의 · 209

신고전주의 · 63, 65, 66, 77, 85, 95~99, 101, 102, 104, 108, 117, 118, 120, 127, 128, 133, 139, 140, 145, 148, 151, 154, 156, 162, 167, 168, 170, 175, 183, 190, 193, 201, 219, 227, 232, 243, 244, 262, 307, 319, 336, 360, 363, 364, 369, 374, 378, 380, 383, 387, 411, 419, 493, 563, 564, 567, 572, 574, 580, 629, 630, 637

신국립미술관Neue Nationalgallerie · 624

신무문神武門 · 484, 615

신박물관Neues Museum · 219

신위병소Neue Wache · 86, 102, 104, 106~108, 112, 139, 147, 189, 190, 630, 632

신인문주의 · 67, 68, 70, 76, 147

신전통주의 · 625, 629, 634

신쿄新京 · 414~416, 418, 420, 422, 424, 425, 427

신호프부르크Die neue Hofburg · 214

싱켈 축제 · 166

쌍둥이궁Zwinger · 170, 172, 175, 315

아고라 · 80, 117

아관파천 · 432, 433, 486

아디케스법 · 216, 400

아르누보 · 160, 206, 210, 384, 415

아시아주의 · 306

아카사카 이궁赤坂離宮 · 379

아크로폴리스 · 62, 103, 106, 112, 154, 313

아탈로스의 스토아Stoa of Attalos · 117

알브레히트 궁Albrecht Palais · 153

앤 여왕 양식 · 182, 360, 362~364, 366, 378

양권체제 · 586

에도 막부 · 265, 327, 347

에콜 데 보자르 · 66, 96, 241

엔데-뵈크만 건축사무소 · 341, 344, 367, 369, 372, 377, 383, 384, 492, 595

엘긴 경의 대리석Elgin Marbles · 67

여의도개발계획 · 593, 595, 598

영일동맹 · 360

영제교永濟橋 · 479, 487, 498

5·16광장 · 595

오리안다 성Schloß Orianda · 154, 156

오리엔탈 호텔 · 492

오리엔탈리즘 · 156, 230, 287, 305

오사카 부청사 · 564

오스만튀르크(오스만 제국) · 59, 75, 76, 141, 219

오족협화 · 415, 420, 426

오페라극장 앞 광장Platz am Opernhaus · 80, 84 ~86

옥시덴탈리즘 · 287, 316, 318, 319

왕립극장Königliches Schauspielhaus · 108, 109, 112, 139, 147, 180

왕립도서관Königliche Bibliothek · 84, 624

우라카미 대성당現川大聖堂 · 307

운터덴린덴 · 5, 62, 79, 86, 90, 107, 123, 152, 190, 192, 194, 203, 243, 278, 282, 351, 352, 626, 629~631

원구단 · 433~435, 473, 493, 496

웨스트민스터 궁Palace of Westminster · 101

유겐트슈틸 · 206, 210, 211, 245, 248, 249, 252, 387, 492, 493, 496, 504, 510

유리집Glashaus · 314

유숌USOM · 590

유원지Lustgarten · 62, 80, 81, 86, 102, 108, 112, 121, 123, 190, 282, 626

육조거리 · 477~479, 481, 485, 507, 510, 540

은사과학관 · 500, 579

의화단의 난 · 235, 236, 256

이세 신궁伊勢神宮 · 313, 314

이오니아 양식 · 117, 131, 167

이와쿠라 사절단 · 259~284, 290, 293, 294, 330, 348, 359, 424

이왕가미술관李王家美術館 · 580, 582

이중도시 · 77, 79, 240~242, 467, 558

일본광장Forum Japanum · 341, 346, 385, 510, 540, 598

일본 인터내셔널 건축회 · 314, 385

일본 제일은행 인천 지점 · 436

제국의회 의사당(일본) · 38, 340, 344, 384, 385, 387, 396, 420, 510, 562

일본궁Japanisches Palais · 314

일본수준원점 표석日本水準原点 表石 · 309

일본은행 본관 · 364, 381

일선만日鮮滿 블록 · 468

자연사 박물관Naturhistorisches Museum · 214

자유민권운동 · 297

자포니즘 · 315, 318, 319

작센 왕국 · 104, 170

장곡천정(하세가와초) · 510, 543, 544, 547

장다르멘 시장 · 80, 109, 112, 121

전승기념탑 · 204

정관헌靜觀軒 · 436

정부종합청사 · 600, 606, 608

정한론 · 288, 297, 305

제2제국 양식 · 182, 366, 378, 380, 544

제관 양식 · 564, 608

제국 양식 · 96, 378, 504, 530

제국박물관 · 316, 380, 424

제도부흥계획 · 400, 404, 406, 407, 453, 456

젬퍼오페라(신궁정극장)Semperoper(Neues Hoftheater)
 · 175, 178, 181

조각미술관Glyptothek · 117

조선문화회관 대강당(평양) · 508

조선시가지계획령 · 455~458, 460, 468,
 563, 591

조선신궁朝鮮神宮 · 462, 468, 489, 491, 498,
 513, 516, 547, 586, 594

조선은행 다롄 지점 사옥 · 411, 580, 582

조선은행 사옥 · 540, 543

조선저축은행 본점 · 563, 564

조선주차군사령부 · 510

조선총독부 청사(중앙청) · 6, 8, 21, 22, 25,
 26, 28, 29, 49, 51, 52, 468, 475, 487, 498,
 501, 506, 508, 510, 514, 517, 528, 549,
 564, 585, 589~591, 596, 598, 600, 605,
 606, 610, 612, 613, 633

조선총독부토목회의 · 460

조선통감부 · 436, 438, 444, 491, 511, 513,
 518, 528, 529, 532

조선호텔朝鮮ホテル · 493, 496

조지 양식 · 164, 307

조카마치 · 329, 409

종묘 · 432, 442, 477, 478

종산광장中山廣場 · 411

중앙 추모지zentrale Gedenkstatte · 107, 108, 630

중화전中和殿 · 433, 435

지조개정법 · 348

짱띠엔 로Pho Trang Tien · 242

차크리마하프라삿 궁전Chakri-Mahaprasad Hall ·
 312

창덕궁 · 441, 442, 473, 478, 481, 484, 486,
 487, 514, 516, 521

창춘역 · 414~416

천도교중앙교회 · 580, 582

청일전쟁 · 232, 349, 360, 379, 381

초빙사 · 336, 340, 357, 369

초원prairie 양식 · 385

총독부박물관 · 514, 576, 579

추밀원 · 300, 302, 348, 405

친그리스주의 · 75, 76, 219, 220

칭다오 약국(의약상점) · 252

(칭다오) 독일 총독관저Gouverneurswohnhaus
 · 249

(칭다오) 제국법원 · 254

(칭다오) 총독부 청사Gouvernements-Dienstgebaude
 · 249

코르뉘데법 · 241

코린트식(코린트 양식) · 81, 118, 175, 411,
 501, 537, 579, 580

콩코르드 광장Place de la Concorde · 80

쿼드란트Quadrant · 336

탁지부 · 436, 491, 513, 527, 528~530, 532

탈아론 · 306

토지구획정리 · 398~400, 405, 406, 456~
459, 502

토지수용령 · 446, 447, 458

통감관저 · 532, 534

트라팔가 광장Trafalgar Square · 80

트랜스모더니티 · 11, 37~39, 41

티어가르텐Tiergarten · 86, 90, 193~195, 199,
350

파르테논 신전Parthenon · 28, 67, 72, 320

파시즘 건축 · 422, 510

판적봉환 · 328

팔라스 아테나 · 26, 29, 39, 633

팡테옹Panthéon · 65

평화의 문Friedenstor · 91

폐번치현 · 329

포룸 로마눔Forum Romanum · 80

포스트식민주의 · 35, 36

포츠담 광장Potsdamer Platz · 621, 623~625,
632

프랑스 돔Französischer Dom · 112

프랑스혁명 · 41, 68, 90, 95, 98, 227, 274, 630

프로이센 고전주의 · 9, 28, 29, 31, 39, 40, 49,
51~53, 77, 84, 91, 95, 96, 103, 104, 108,
112, 117, 123, 139, 146, 162, 178, 180,
186, 189, 198, 215, 221, 227~229, 231,
306, 309, 314, 327, 341, 366, 378, 395,
406, 420, 506, 527, 537, 564, 582, 588,
598, 600, 625, 633, 634

프로이센 왕국 · 6, 7, 67, 75, 77, 79, 95, 123,
133, 139, 147, 626

프로이센·프랑스 전쟁 · 90

프로필레온Propylaeon · 62, 91, 106, 313

프리드리히 광장Forum Fridericianum · 76, 77,
81, 84~86, 90, 123, 189, 540, 598, 631

프리드리히 대왕 기념비 설계안Entwurf eines
Denkmals als für Friedrich den Großen · 103

프리드리히슈타트 · 79

프리드리히스베르더 교회Friedrichswerdersche
Kirche · 99, 101, 102, 121, 152, 254

피렌체 돔Duomo · 43

하인리히 왕자궁Palais des Prinzen Heinrich · 84~
86, 106

한강종합개발계획 · 593, 594

한국광장Forum Koreanum · 508, 510, 540, 595,
598

한성부 도시개조 사업 · 431~433, 435, 438,
439

함부르크 시청사Hamburger Rathaus · 411, 530

함춘원含春苑 · 530

헤테로토피아 · 634, 638, 639

혁명건축 · 65, 66, 98

혁신주의 · 403, 406, 418

현대건축국제회의 · 208

현충소Ehrenmal · 107

호류지法隆寺 · 316, 317, 319, 320, 603

호프레히트 계획안 · 195, 199, 201, 202, 215

황궁우皇穹宇 · 496

황금정(고가네마치) · 439, 441, 442, 448,
462, 465, 537, 540, 558

황제광장Kaiserplatz · 243

황제 포럼Kaiserforum · 211, 214, 215

황태자궁Kronprinzenpalais · 85, 104, 379

황화론 · 248

회화관(젬퍼 미술관)Gemaldegalerie(Sempergalerie)
· 172, 174, 175

효케이칸表慶館 · 380, 534

히비야 공원日比谷公園 · 350, 508, 514

히비야 공회당日比谷公會堂 · 570, 572

인물

가라타니 고진柄谷行人 · 322

가사하라 도시로笠原敏郎 · 402

가쓰시카 호쿠사이葛飾北斎 · 315

가와이 고조河合浩場藏 · 346, 372

가우, 프란츠Gau, Franz Christian · 166, 168

가타야마 도쿠마片山東熊 · 380, 532, 534, 543

가타오카 야스시片岡安 · 401, 402, 453, 532

겐츠, 하인리히Gentz, Heinrich · 96

고종 · 22, 432, 433~435, 475, 484~487,
492, 514, 516, 534, 580, 615

고토 신페이後藤新平 · 401~407, 411, 413,
418, 425, 453

곤 와지로今和次郎 · 496

괴케, 테오도르Goecke, Theodor · 295

괴테, 요한 볼프강 폰Goethe, Johann Wolfgang von
· 68, 74, 96, 98, 99, 123, 128, 131, 170,
220, 243

구니에다 히로시國枝博 · 491

기도 다카요시木戸孝允 · 264, 288, 293

기시 노부스케岸信介 · 425

길리, 다비드Gilly, David · 96

길리, 프리드리히Gilly, Friedrich · 96, 99, 103

김사량 · 466, 496

김수근 · 594~596, 598

김영삼 · 610, 612, 615

김원 · 597

김정수 · 596

김중업 · 596

김현옥 · 593, 594

그나이스트, 루돌프 폰Gneist, Rudolf von · 296,
302, 304

그라푼더, 하인츠Graffunder, Heinz · 628

그로피우스, 발터Gropius, Walter · 208, 209,
228, 385

글로버, 토머스Glover, Thomas Blake · 307

나가노 우헤지長野宇平治 · 567

나상진 · 636, 634

나석주 · 637, 574

나카무라 요시헤이中村與資平 · 13, 411, 580,
582

나폴레옹Napoleon · 59, 65, 72, 75, 91, 95~
97, 104, 116, 146, 164, 219, 220, 270, 336

나폴레옹 3세Napoleon III. · 182, 195, 211, 277,
329

내시, 존Nash, John · 336

노라, 피에르Nora, Pierre · 50

노무라 이치로野村一郎 · 497

노태우 · 612, 614

니시다 기타로西田幾多郎 · 303, 322

니시야마 우죠西山夘三 · 426

니시카와 나가오西川長夫 · 313

니체, 프리드리히Nietzsche, Friedrich · 180

니토베 이나조新渡戸稲造 · 317

다구치 우키치田口卯吉 · 347

다쓰노 긴고辰野金吾 · 362~364, 366, 367,
372, 374, 377, 379~381, 383, 411, 512,
529, 530, 532, 543, 548, 549, 567

다케우치 요시미竹內好 · 306

다케우치 신시치竹內新七 · 387

데라우치 마사타케寺內正毅 · 448, 492, 532

도데, 알퐁스Daudet, Alphonse · 243

도쿠가와 이에야스德川家康 · 327~329

두셀, 엔리케Dussel, Enrigue · 37, 38

드로이젠, 요한 구스타프Droysen, Johann Gustav
· 219, 220

라란데, 게오르크 드Lalande, Georg de · 491~
493, 497, 504, 506

라베, 빌헬름Raabe, Wilhelm Karl · 203

라쉬도르프, 율리우스 카를Raschdorff, Julius Carl
· 381

라이트, 프랭크 로이드Wright, Frank Lloyd · 264,
313, 385

라첼, 프리드리히Ratzel, Friedrich · 229

라캉, 자크Lacan, Jacques · 271

라테나우, 발터Rathenau, Walter · 217, 218

랑벤, 율리우스Langbehn, August Julius · 217, 218

랑한스, 카를 고트하르트Langhans, Carl Gotthard
· 91, 96, 109

러티언스, 에드윈Lutyens, Edwin Landseer · 238

레벳, 니콜라스Revett, Nicholas · 66

레싱, 고트홀트 에프라임Lessing, Gotthold Ephraim
· 143

렌네, 페터요제프Lenné, Peter-Joseph · 123, 154,
190, 192~194, 198, 203, 215

로베스피에르, 막시밀리앵Robespierre, Maximilien
· 96

로지에, 마르크 앙투안Laugier, Marc-Antoine · 128

로트케겔, 쿠르트Rothkegel, Curt · 252, 257

롱들레, 장 밥티스트Rondelet, Jean-Baptiste · 65

뢰슬러, 헤르만Rösler, Herman · 296, 299

루소, 장자크Rousseau, Jean-Jacques · 128

루트비히, 카를 아우구스트Ludwig, Karl August ·
72

르보, 루이Le Vau, Louis · 534

르코르뷔지에Le Corbusier · 208, 209, 240, 416,
425

르페브르, 앙리Lefèbvre, Henri · 47, 48

리요테, 위베르Lyautey, Hubert · 240, 241

리히트호펜, 페르디난트 폰Richthofen, Ferdinand
von · 233

마르크스, 카를Marx, Karl · 383

마에다 쇼인前田松韻 · 411

마이네케, 프리드리히Meinecke, Friedrich · 161

마쓰다 미치유키松田道之 · 339, 340, 347

마쓰카타 마사요시松方正義 · 348

말케, 프리드리히Mahlke, Friedrich · 249

모리 오가이森鷗外 · 351

모세, 알베르트Mosse, Albert · 296

모치지 로쿠사부로持地六三郎 · 441, 491, 501

몰트케, 헬무트Moltke, Helmuth Karl Bernhard von
· 289, 290, 292, 293

무테지우스, 헤르만Muthesius, Hermann · 207,
208, 209, 218, 377

뮐러, 아담Müller, Adam Heinrich · 74, 136

미나미 지로南次郎 · 532, 615

미노베 다쓰키치美濃部達吉 · 302
미뇰로, 월터Mignolo, Walter D. · 36, 37
미쓰쿠리 린쇼箕作麟祥 · 297
미즈노 렌타로水野練太郎 · 402, 404, 452
미키 기요시三木清 · 323
민비 · 434, 514

바르트, 롤랑Barthes, Roland Gérard · 315
바바, 호미Bhabha, Homi K. · 36
바일러, 루이스Weiler, Luis · 254
바자리, 조르조Vasari, Giorgio · 140
박길룡 · 497
박영효 · 433
박정양 · 433
박정희 · 590, 591, 593, 598, 605, 606, 608, 614
박종홍 · 603~605
박흥식 · 592
반데어로에, 미스van der Rohe, Ludwig Mies · 208, 228, 624, 625
발더제, 알프레트 폰Waldersee, Alfred von · 256
발로트, 파울Wallot, Paul · 184, 207
배제만, 헤르만Waesemann, Hermann Friedrich · 572
버제스, 윌리엄Burges, William · 362, 363, 530
번햄, 대니얼Burnham, Daniel · 204
베벨, 아우구스트Bebel, August · 90
베이커, 허버트Baker, Herbert · 238
베렌스, 페터Behrens, Peter · 208, 209, 228, 625
벤더스, 빔Wenders, Wim · 621
벤야민, 발터Benjamin, Walter · 203, 204
보들레르, 샤를Baudelaire, Charles · 206

보머, 프랭클린Baumer, Franklin L. · 145
보스트윅, 해리Bostwick, Harry R. · 434
보우만, 요한, 1세Boumann, Johann, d. Ä · 85, 123, 190
보이트, 페터Beuth, Peter Christian Wilhelm · 148, 149
뵈크만, 빌헬름Böckmann, Wilhelm · 262, 341, 342, 367, 369, 377, 406, 508, 595
뵈티허, 카를Bötticher, Karl · 131, 132, 166, 210
뵐플린, 하인리히Wölfflin, Heinrich · 183
부르크하르트, 야콥Burckhardt, Jacob · 170
부앙비유Boinville, C. de · 357
분쉬, 리하르트Wunsch, Richard · 492
뷜로, 프리드리히 빌헬름 폰Bülow, Friedrich Wilhelm Freiherr von · 107, 190
브렌타노, 클레멘스Brentano, Clemens · 74
브루넬레스키, 필리포Brunelleschi, Filippo · 43
브리진스Bridgens, R. P. · 357
블로흐, 에른스트Bloch, Ernst · 37
비스마르크, 오토 폰Bismarck, Otto von · 268, 284, 229, 234, 268, 269, 284, 293
비어드, 찰스Beard, Charles A. · 403
비트루비우스, 마르쿠스Marcus Vitruvius Pollio · 108
빌헬름 2세Wilhelm II. · 182, 184, 218, 232~234
빙켈만, 요한 요아힘Winckelmann, Johann Joachim · 66~69, 127, 128, 140~144, 167, 218, 219

사노 도시카타佐野利器 · 401, 402, 404, 413, 453, 615

사바찐Sabatin, A. I. S. · 436

사사 게이이치笹慶一 · 554, 562

사이고 다카모리西鄉隆盛 · 288, 293, 297, 305

사이드, 에드워드Said, Edward · 41, 287

사이토 마코토齋藤實 · 453

사카구치 안고坂口安吾 · 323

사타치 시치지로佐立七次郎 · 309

사토 고이치佐藤功一 · 570

사토 다케오佐藤武夫 · 426

샤도, 고트프리트Schadow, Gottfried · 91, 106

샤로운, 한스Scharoun, Hans · 624, 630

샤른호르스트, 게르하르트 폰Scharnhorst, Gerhard
   J. D. von · 107, 190

서재필 · 436

세종 · 484

세키 하지메關一 · 401, 402

세키노 다다시關野貞 · 512, 513

셸리, 퍼시Shelley, Percy Bysshe · 67

쇼르스케, 카를Schorske, Karl · 211

수플로, 자크 제르맹Soufflot, Jacques-Germain · 65

순종 · 444, 475, 516, 519, 580

슈타인, 로렌츠 폰Stein, Lorenz von · 137~139,
   296, 299, 304

슈타인, 카를Stein, Karl · 294

슈테크뮐러, 아돌프Stegmüller, Adolph · 344, 384

슈퇼츨, 크리스토프Stölzl, Christoph · 108

슈튈러, 프리드리히 아우구스트Stüler, Friedrich
   August · 97, 166, 219, 626

슈팀만, 한스Stimmann, Hans · 625

슈페어, 알베르트Speer, Albert · 387, 630

슐라이어마허, 프리드리히Schleiermacher,
   Friedrich · 74

슐레겔, 프리드리히Schlegel, Friedrich · 72, 99,
   145, 220

슐뤼터, 안드레아스Schlüter, Andreas · 79, 626

슐리만, 하인리히Schliemann, Heinrich · 69

시라토리 구라키치白鳥庫吉 · 322

시부사와 에이이치澁澤榮一 · 364

실러, 프리드리히Schiller, Friedrich · 72, 74

싱켈, 카를 프리드리히Schinkel, Karl Friedrich · 6,
   59, 62, 63, 65, 74, 86, 91, 96~99, 101~
   104, 106, 108,109, 112, 116~118, 120,
   121, 123, 127, 128, 130, 131, 133, 139,
   140, 145~149, 151~154, 156, 162, 163,
   165~168, 170, 172, 174, 178, 180, 189,
   190, 192, 193, 198, 199, 202, 203, 208,
   209, 215, 218, 219, 221, 227~229, 243,
   254, 374, 377, 506, 560, 572, 623, 625,
   626, 629, 630, 637

스미스, 로저Smith, T. Roger · 362

스카모토 야스시塚本靖 · 548

스튜어트, 제임스Stuart, James · 66

쓰마키 요리나카妻木賴黃 · 346, 367, 369, 372,
   374, 377, 529, 537, 543

아디케스, 프란츠Adickes, Franz B. E. · 216, 400

아르님, 아힘 폰Arnim, Ludwig Achim von · 74

아리스가와 다루히토有栖川宮熾仁 · 297

아베 노부유키阿部信行 · 585

아오야기 쓰나타로靑柳綱太郎 · 450, 451, 575

아오키 슈조靑木周藏 · 341

아우구스트 2세August der Starke · 315

아키하라 고이치萩原孝一 · 567

안도 히로시게安藤廣重 · 315

안영배 · 596

안중식 · 523

안휘준 · 613

알렉산드라 표도로브나Alexandra Fjodorowna · 154

알베르티, 레온 바티스타Alberti, Leon Battista · 43

알보른, 빌헬름Ahlborn, August Wilhelm Julius · 59

야나기 무네요시柳宗悅 · 507, 604

야마가타 아리토모山縣有朋 · 289, 294, 303, 304, 348

야마구치 한로쿠山口半六 · 262

야바시 겐키치矢橋賢吉 · 529, 530

야쓰이 세이이치谷井濟一 · 512

언윈, 레이먼드Unwin, Raymond · 205

엄덕문 · 606

영조 · 485

영친왕 · 473

에브라르, 에르네스트Hébrard, Ernest · 242

엔데, 헤르만Ende, Hermann · 262, 341, 342, 344, 377, 406

오노키 도시하루小野木孝治 · 414, 415

오르티스, 페르난도Ortiz, Fernando · 31

오스만, 조르주 외젠Haussmann, Georges-Eugène · 196, 197, 211, 262, 330, 347, 349, 398, 441, 467

오일렌부르크 백작Friedrich Albrecht Graf zu Eulenburg · 233

오카자키 소아타로岡崎早太郎 · 454

오카쿠라 덴신岡倉天心 · 316~319, 322, 424, 512, 604

오쿠마 시게노부大隈重信 · 297~299

오쿠보 도시미치大久保利通 · 264, 288, 293

오토 1세Otto I. · 154

와다 산조和田三造 · 504

와일드, 제임스Wild, James William · 237

와타나베 유즈루渡辺讓 · 372

와타나베 후크조渡辺福三 · 387

요시이 도모자네吉井友實 · 293

요시카와 아키마사芳川顯正 · 347

요시히토 친왕嘉仁親王 · 444, 534

우에스기 신키치上杉愼吉 · 302

우치다 요시카즈內田祥三 · 402

우가키 가즈시게宇垣一成 · 468

울브리히트, 발터Ulbricht, Walter · 626

워터스, 토머스Waters, Thomas J. · 335, 336, 359, 360

위안스카이袁世凱 · 256

유길준 · 289

유진오 · 427, 496

윤보선 · 615

윤치호 · 289

이광노 · 596

이광수 · 575

이노우에 가오루井上馨 · 289, 294, 332, 335, 340, 341, 345, 348~350, 367, 372, 510

이노우에 고와시井上毅 · 299

이방원 · 484

이상 · 574

이성계 · 22, 477, 478, 484, 491

이승만 · 589, 591, 594, 615

이와쓰키 요시유키岩槻善之 · 554, 562

이와이 조사부로岩井長三郎 · 554

이와쿠라 도모미岩倉具視 · 264, 302, 444

이채연 · 433

이케다 히로시池田宏 · 402, 406, 413

이타가키 다이스케板垣退助 · 298

이토 미요지伊東巳代治 · 405

이토 주타伊東忠太 · 319, 320, 322, 362, 419, 489, 491, 508, 512, 513, 567, 603, 604

이토 히로부미伊藤博文 · 261, 264, 289, 294, 296~300, 302~304, 348, 350, 377, 514

이토르프, 자크이냐스Hittorff, Jacques-Ignace · 168

인빈 김씨仁嬪 金氏 · 543

자비니, 프리드리히 카를 폰Savigny, Friedrich Karl von · 74

장이머우張藝謀 · 30

전동훈 · 606

전두환 · 610

정기용 · 610

정도전 · 476, 477, 481, 484, 486, 508

젤, 리하르트Seel, Richard · 369, 492

젬퍼, 고트프리트Semper, Gottfried · 163, 165~170, 172, 174, 175, 178, 180, 181, 208, 211, 214, 215, 219, 228, 314, 315

젬퍼, 만프레트Semper, Manfred · 175

조성룡 · 10, 634, 636, 639

조지 4세George IV. · 336

지테, 카밀로Sitte, Camillo · 205, 206, 215, 242

차크라바르티, 디페시Chakrabarty, Dipesh · 34

초우, 레이Chow, Rey · 29

최남선 · 602, 603

최현배 · 601

카펠레티Cappelletti, G. V. · 357

켕시, 콰트르메르 드Quincy, Quatremère de · 167

코르넬리우스 페터 폰Cornelius, Peter von · 120

콜브란, 헨리Colbran, Henry · 434

크노벨스도르프, 게오르크 폰Knobelsdorff, Georg Wenceslaus von · 77, 81, 84, 85, 90, 97

콘더, 조사이어Conder, Josiah · 262, 357, 359, 360, 362, 363, 367, 372, 379

콜, 헬무트Kohl, Helmut · 107

콜비츠, 케테Kollwitz, Käthe · 108

클라우제비츠, 카를 폰Clausewitz, Carl von · 74

클렌체, 레오 폰Klenze, Leo von · 65, 72, 117

키츠, 존Keats, John · 67

키하노, 아니발Quijano, Anibal · 38, 39

타우트, 브루노Bruno, Taut · 13, 228, 313, 314, 315, 323, 385, 425

트루펠, 오스카Truppel, Oscar · 248

트웨인, 마크Twain, Mark · 217

티어피츠, 알프레트 폰Tirpitz, Alfred von · 234

티체Tietze, O. · 372

파커, 배리Parker, Richard Barry · 205

팔라디오, 안드레아Palladio, Andrea · 77, 228

페놀로사, 어니스트Fenollosa, Ernest Francisco · 316, 317, 319, 424

페더, 고트프리트Feder, Gottfried · 425, 426

페르지우스, 루트비히Persius, Ludwig · 96, 166

페리, 매튜 캘브레이스Perry, Matthew Calbraith · 265

페이터, 월터Pater, Walter · 63

펠러, 안톤Feller, Anton · 582

뵈펠만, 마테우스 다니엘Pöppelmann, Matthäus Daniel · 315

푸코, 미셸Foucault, Michel · 52, 139, 142, 267, 269, 636, 638

프란츠 요제프Franz Josef · 214

프란치우스, 게오르크Franzius, Georg · 246

프레벨, 알프레트Fräbel, Alfred · 254

프로스트, 앙리Prost, Henri · 240, 241

프리드리히 1세Friedrich I. · 79

프리드리히 대왕(프리드리히 2세)Friedrich der Große · 79~81, 84, 90, 91, 103, 123, 133, 232

프리드리히 빌헬름 1세Friedrich Wilhelm I. · 80, 86, 121

프리드리히 빌헬름 3세Friedrich Wilhelm III. · 96, 104

프리드리히 빌헬름 4세Friedrich Wilhelm IV. · 96, 153, 192, 194, 201

프리치, 카를Fritsch, Karl Emil Otto · 178

피트카우, 한스Fittkau, Hans · 254

피히테, 요한 고틀립Fichte, Johann Gottlieb · 74

하딩, 존 레지널드Harding, John Reginald · 435

하르덴베르크, 칼 아우구스트 폰Hardenberg, Karl August von · 294

하비, 데이비드Harvey, David · 639

하이데거, 마틴Heidegger, Martin · 46, 47

하워드, 에버니저Howard, Ebenezer · 204, 400

하이제, 빌헬름Heise, Wilhelm · 309

하제나우어, 카를Hasenauer, Carl · 214

하지, 존Hodge, John Reed · 585

하케, 하랄트Haacke, Harald · 108

헤게만, 베르너Hegemann, Werner · 202

헤겔, 게오르크 빌헬름 프리드리히Georg Wilhelm Friedrich Hegel · 134~137, 143~145, 292, 296, 303, 316~318, 320, 322, 323, 393

호네커, 에리히Honecker, Erich · 628

호프레히트, 제임스Hobrecht, James · 194, 195, 198, 199, 201~203, 341

호프만-악스텔름, 디터Hoffmann-Axthelm, Dieter · 624

횐, 빌헬름Höhn, Wilhelm · 346

횔덜린, 프리드리히Hölderlin, Friedrich · 68

후이센, 안드레아스Huyssen, Andreas · 50

후쿠자와 유키치福澤諭吉 · 261, 265, 292, 295, 306, 312

훔볼트, 빌헬름 폰Humboldt, Wilhelm von · 68, 76, 220

휩시, 하인리히Hüsch, Heinrich · 164, 165, 168, 377

홍선대원군 · 484, 485

히라바야시 긴고平林金吾 · 564

히어트, 알로이스Hirt, Alois · 148

히틀러, 아돌프Hitler, Adolf · 387

간행물과 저작물

『건축잡지建築雜誌』· 319, 362

「경무대 관저 경내부지 배치도」· 615

「경복궁 내 부지 및 관저 배치도」· 514

「경복궁 업셔지네」· 473

「경복궁전도景福宮全圖」· 479

『경성도시계획자료조사서』· 453

『경성부사』· 438, 442, 450

「경성부 일필매 지형명세도」· 465

「경성시가지계획결정이유서」· 459

「경성시가지도」· 462

「경성시구개수예정계획노선도」· 439

「경성시구개수예정계획선도」· 448

『경성 안내』· 516, 576

『공예와 건축예술의 양식 또는 실천 미학』·
　166

『과학, 산업 그리고 예술』· 165

『고전고대 미술사』· 128

「구궁애사傴宮哀詞」· 521

『국회의사당건립지國會議事堂建立誌』· 597

〈그리스 번영기 관상〉· 59

『그리스 자유국가들의 쇠퇴와 몰락의 역사』·
　76

『날개』· 574

「대경성정도大京城精圖」· 470

『대한매일신보』· 473

「도성도都城圖」· 481, 485

『도시공론都市公論』· 401, 403

『독일건축신문』· 178, 214, 341, 344, 345

『동아일보』· 507, 521, 600

〈마적Zauberflöte〉· 146

「마지막 수업」· 243

『만주건축협회잡지』(『만주건축잡지』)· 414,
　416, 419, 420

『말과 사물』· 142

『매일신보』· 450, 456

『무사도武士道』· 317

『무희』· 351, 352

『문명론의 개략』· 265, 292, 295

『미술사학보』· 11

『미학 강의』· 143

『르네상스와 바로크』· 183

〈백악춘효白嶽春曉〉· 523

『법철학 강요』· 134

〈베를린 천사의 시Wings of Desire〉· 621

『벽공무한』· 496

『별건곤別乾坤』· 470

『불함문화론』· 602

『비극의 탄생』· 180

『소년의 마술피리』· 74

『슈페틀링 가街 연대기』· 203

「시구개정의견초안」· 347

『유럽적 시각으로 본 일본 예술』· 313

『이탈리아 르네상스의 문화』· 170

『일리아드』· 130

『일본문화사관』· 323

『일본 미술사』· 316

「장차 일케된 조선朝鮮의 한건축建築을 위爲하
　야」· 507

『전원도시론』· 400

「전통계승과 한국 현대건축의 반성」· 608

『조선고적도보朝鮮古蹟圖譜』· 513

『조선과 건축朝鮮と建築』· 498, 560

「조선 미술의 사적 고찰」· 603

『조선 불교』· 602

『조선총독부관보』· 439, 448

『조선총독부 청사 신영지朝鮮總督府廳舍新營誌』
　　· 498, 501

「고공기考工記」· 477~479

『주례』· 477

〈죽은 아들을 안은 어머니〉· 108

『중국과 일본 예술의 시대 구분: 동아시아 디
　　자인의 역사 개요』· 316

『차茶의 책』· 317

『1900년경 베를린에서의 유년시절』· 203

「천마」· 466, 496

『최근 경성 안내기』· 450, 575

『특명전권대사 미구회람실기』· 266

「헐려짓는 광화문」· 521

『헬라인들의 텍토닉』· 131

『헬레니즘의 역사』· 220

『황태자의 첫사랑』· 74

「호류지 건축론」· 319, 322, 419

『화상보』· 496

『회화와 조각 예술에서 그리스 작품의 모방에
　　관하여』· 66, 127

『휘페리온』· 68

상상의 아테네, 베를린·도쿄·서울
기억과 건축이 빚어낸 불협화음의 문화사

지은이   전진성

2015년 8월 3일 초판 1쇄 발행
2022년 2월 14일 초판 3쇄 발행

책임편집   남미은
기획편집   선완규 김창한
마케팅   신해원
디자인   민진기디자인

펴낸곳   천년의상상
등록   2012년 2월 14일 제2020-000078호
전화   031 8004-0272
이메일   imagine1000@naver.com
블로그   blog.naver.com/imagine1000

ISBN   979-11-85811-08-6 93900

■ 이 도서의 국립중앙도서관 출판예정도서목록(CIP)은 서지정보유통지원시스템 홈페이지(http://seoji.nl.go.kr)와 국가
자료공동목록시스템(http://www.nl.go.kr/kolisnet)에서 이용하실 수 있습니다.
(CIP제어번호: CIP2015019245)